Wolfgang Hinrichs, Markus Porsche-Ludwig & Jürgen Bellers (Hg.)

Eduard Spranger
Verstehende Kulturphilosophie der Politik – Ökonomie – Pädagogik
Originaltexte & Interpretationen

Verlag Traugott Bautz GmbH

Wolfgang Hinrichs, Markus Porsche-Ludwig & Jürgen Bellers (Hg.)

EDUARD SPRANGER
Verstehende Kulturphilosophie der Politik – Ökonomie – Pädagogik
Originaltexte & Interpretationen

Eduard Spranger zum 50. Todesjahr

Verlag Traugott Bautz GmbH

UMSCHLAG, LAYOUT & SATZ: Elke Molkenthin
mo.tif visuelle kunst | www.mo-tif.de

Bildnachweis „Spranger mit Buch" auf dem vorderen Bucheinbanddeckel:

Das Recht zum Abdruck auch dieses Bildes wurde uns großzügig gewährt vom Verlag Quelle & Meyer Heidelberg, jetzt Wiebelsheim. An dieser Stelle danken wir auch dafür.

Zu dem dankenswert erteilten Recht zum Abdruck des Bildes des jungen Spranger auf dem hinteren Einbanddeckel, das auch im Buchtext eingefügt ist – wie auch zu allen sonstigen gewährten Abdruckrechten: siehe S. 8 f. (in der Einleitung).

Bibliografische Information der Deutschen Nationalbibliothek

Die Deutsche Nationalbibliothek verzeichnet diese Publikation in der Deutschen Nationalbibliografie; detaillierte bibliografische Daten sind im Internet über http://dnb.d-nb.de abrufbar.

ISBN 978-3-88309-851-7

November 2013
© Verlag Traugott Bautz GmbH
Ellernstr. 1
D-99734 Nordhausen
Tel.: 03631/466710
Fax: 03631/466711
E-Mail:bautz@bautz.de
Internet: www.bautz.de

Inhalt

Vorwort
der Herausgeber . . . . I–VI

Einleitung
von Wolfgang Hinrichs 7

Eduard Spranger:
Wirtschaft und Macht (1), Erziehung und Bildung (2–4)
– Originaltexte 61

1. Aus den „Lebensformen" 1950 (^{1}1914), ^{2}1921, ^{8}1950, ^{9}1965
   Einleitende Auszüge
   „Der ökonomische Mensch" (Kulturgebiet Wirtschaft)
   „Der Machtmensch" (Kulturgebiet Politik) 63

2. Aus „Gedanken zur staatsbürgerlichen Erziehung" 1957, 1963
   „Grunddimensionen des Zusammenlebens"
   „Volksmoral" und der „innere Regulator"
   „Nachwort 1963" Didaktik des Naturrechts via neue „*Robinsonade*" 95

3. Aus „Der geborene Erzieher" 1958 u.ö.
   Einleitende Auszüge und
   „Das Hebelproblem" und der „innere Regulator"
   „Die pädagogische Liebe" und „Schluß" 107

4. Aus „Der Eigengeist der Volksschule" 1955 u.ö.
   Aus der „Einleitung"
   „Die Eigentümlichkeit der Bildungsgüter in der Volksschule"
   „Die Kulturfunktion" des Lehrers
   „Die Theorie von der Vielheit der Erlebniswelten" 124

Interpretationen

Wolfgang Hinrichs
**Verstehende Kulturphilosophie und Kulturpädagogik.
Wege und Irrwege der „Hermeneutik" und Sprangers Position** 149

Gottfried Bräuer
**Ein Blick auf das Verhältnis von Eduard Spranger
und Carl Schmitt** 177

Edgar Weiß
**Eduard Spranger im Kontext seiner „dienenden Hingabe an eine
einheitlich organisierte Kollektivmacht".
Politische Optionen eines Pädagogen** 211

Heinz-Elmar Tenorth
**Paulsen als Historiker der Erziehung und seine Stellung
an der Berliner Universität** 235

Jürgen Bellers
**Spranger als politischer Bildner und Hintergrundpolitiker
der 50er Jahre** 253

Markus Porsche-Ludwig
Spranger und die Lebensphilosophie 265

Johannes Bottländer
**Individuum und Gemeinschaft im Spannungsfeld von kirchlicher
Jugendarbeit, Jugendbewegung und pädagogischem Diskurs.
Parallele, beeinflussende und befruchtende Faktoren 1880–1930** .. 315

Vorwort

Zu diesem Buch und dem vorausgehenden Siegener Spranger-Kongreß 2012 haben glückliche Begegnungen und Zufälle geführt. Einer von uns Herausgebern, der „biblisches Alter" erreicht hat (*1929), hat die beiden anderen, aus seiner Sicht vergleichsweise „jungen" Kollegen getroffen. Einen von uns nennt er scherzhaft einen „geläuterten 68er", der andere ist 1968 (sic) geboren. Wir fanden uns darin, den Kongreß gemeinsam zu Ehren Eduard Sprangers zu organisieren und das Buch zu gestalten. Jürgen Bellers wollte das Wiederaufleben des echt geisteswissenschaftlichen Denkens und hat überhaupt zur Anberaumung des Kongresses angeregt, der „junge" 45-jährige Markus Porsche-Ludwig wollte den Kongreßband mit Originaltexten Sprangers anreichern, was den Wert des Bandes wesentlich erhöht. Der Sprangerschüler Wolfgang Hinrichs hat die Auswahl und zitierfähige Erstellung der relativ umfangreichen Sprangertexte besorgt. Schließlich haben die beiden jüngeren Initiatoren und Herausgeber den Sprangerschüler überrascht und vor die Tatsache gestellt, sich in der ungebundenen Verlagsfassung als ersten der Herausgeber gedruckt zu sehen, woraufhin er sich bewegt zeigte.

Die Herausgeber danken dem Verlag für das außerordentliche Entgegenkommen bei der würdigen Aufmachung des Buches und der vollständigen preiswerten Extraausgabe, die vor allem für Studenten und alle Kaufwilligen gedacht ist, denen der Preis des gebundenen Buches zu hoch ist. Der alte der Herausgeber will als Sprangerschüler betont wissen, daß sein Dank, auch gegenüber den „jungen" Herausgebern, besonders tiefempfunden ist.

Spranger wurde von radikal „linker" und von wenig informierter Seite beharrlich Nazi-Affinität unterstellt. Daß er mit dem Widerstand gegen den Nationalsozialismus und dessen Leiter Generaloberst Ludwig Beck in der Berliner „Mittwochsgesellschaft" einig und vertraut war – ohne von Attentatsabsichten gegen Hitler zu wissen –, hat ihn fast zehn Wochen lang, vom 8. September bis 14. November 1944, in Haft gebracht und zum Todgeweihten gemacht in Berlin-Moabit, wo die Besten des Widerstandes einsaßen, bevor er auf Betreiben seiner Frau Susanne durch Intervention des japanischen Botschafters freikam. Von Anfang an war er unbeugsamer, aber nicht leichtfertig provozierender, Antinationalsozialist (s. Einleitung), was auch der zitierende Beitrag von Bellers, darin u.a. Frau Sprangers Gesprächsbeitrag, belegt.

Drei Grundgedanken betonen wir, die uns den Wert dieses Bandes auszumachen scheinen.

1.

Die „westliche Welt", namentlich Deutschland und Europa, lebt heute unter dem Diktat des „Aufstiegs". Aufstieg wohin? Niemand hat klar geantwortet. Oder doch? Es heißt in Deutschland: Zum Abitur, zum Akademiker! Jetzt wartet man auf Antwort auf die Frage: Abitur, Akademiker wozu? Man nennt additiv Berufe, Fächer, Inhalte. Ohne letzten Anker des Sinnes. Aufstieg, Obenseinwollen heißt: andere *unter sich* lassen wollen, herrschen wollen. Dem stehen die Mode-Vokabeln des Humanen entgegen: „sozial", „herrschaftsfrei". Wir widersprechen uns selbst letztlich im Namen der Humanität: Wir reden inhaltsfrei, wenn das heißt: ohne Gesamtsicht des Inhalts der Humanität, also insgesamt sinnfrei, sinnlos.

Hier scheint es uns wichtig, die idealtypische Analyse Sprangers der „Lebensform" der *Macht*, der Befähigung zur *Herrschaft*, der Vergessenheit zu entreißen und unüberhörbar in Erinnerung zu rufen. Nach langen Jahrzehnten des von Spranger-Schriften „gereinigten" Marktes können wir endlich diesen Originaltext „Der Machtmensch" aus der für die Gelehrtenwelt bearbeiteten Fassung von 1921 bzw. der 8. Auflage seines Buches „Lebensformen" von 1950 wieder veröffentlichen. Wer diesen Text möglichst unvoreingenommen liest, wird merken, daß er unter dem unausgesprochenen, aber durchgeführten Gedanken steht: Machtgewinn und Politikerdasein sind dann *sinnvoll*, wenn dies begleitet ist von dem Bewußtsein: „Was hülfe es dem Menschen, wenn er die ganze Welt gewönne und nähme doch Schaden an seiner Seele" (Matthäus 16.26).

Machtgewinn und Machtausübung darf nicht ohne Rücksicht auf den ganzen Menschen, das ganze Humanum, nicht auf Kosten des Innersten, der Seele, nicht auf Kosten eines Ethos der Politik geschehen. Es darf nicht ein Sichbesser-*Dünken* als die anderen sein, die dem Mächtigen Macht zugestehen wollen oder müssen. *Jeder* politisch Tätige im Staat muß heute „erster Diener des demokratischen Staates" sein. Seine *politische* Lebensform ist nicht besser. Die Lebensformen der anderen sind zwar *andersartig*, aber *ihre* Gebiete sind *geistig gleichwertig*. Sie *alle* haben arbeitsteilig an der humanen Gesamt-*Kultur* dienend tätig zu sein.

2.

Daher ist von den sechs idealtypischen „Lebensformen", die Spranger unterscheidet, hier die idealtypische Darstellung einer weiteren Lebensform ausgewählt, unter deren Diktat ebenfalls Deutschland, Europa und die Welt zu stehen scheint: der *Wirtschaft*. Das Kapitel „Der ökonomische Mensch" liegt gedruckt zur Lektüre vor. Meistens wird unter Wirtschaft verstanden:

Wettlauf um Herrschaft über den Markt, Konkurrenz, Karriere, Karrierismus, Managertum. Eine enge Verbindung besteht mit Technik und technischen Erfindungen, mit Ingenieurleistungen, heute genannt: „Innovationen". Wo bleibt aber der ehrbare, der gebildete Kaufmann? Wo bleibt die Wertschätzung dessen, der das Erfundene und das zu Verkaufende herstellt? Des Arbeiters, des Handwerkers, des Meisters, der Meisterwerkstatt, des Unternehmers, des Kleinunternehmers?

Wir brauchen eine „Kultur" und *Bildung* des Ökonomischen, das *stete* Bemühen um Verwirklichung des Gedankens der *freien*, aber auch *sozialen* Marktwirtschaft, und eine „Kultur" des Politischen, das stete Bemühen um *konkrete* demokratische „Kultur".

Wer möglichst unvoreingenommen Sprangers Text über den „ökonomischen Menschen" liest, wer liest, was Spranger über politische und wirtschaftliche Führungskräfte, auch in den 1950er Jahren neu, schreibt (siehe Einleitung), wird hängenbleiben an seinen Formulierungen „Durchseelung des Werks", was ein ursprünglicher Handwerker und mit Freude am Werk tätiger Arbeiter noch verstehen kann, und: „Werkfreudigkeit der Seele". Da vergißt man das platte, hektische sinnlose Oben-unten-Denken – das uns gegen das in Deutschland geheiligte Wort „höhere" Bildung aufbringt. Nein: *andersartige Bildungswege*, „Aufstiege" je *innerhalb* solcher verschiedenartiger Wege exemplarischer Allgemeinbildung! Das ist der neue Gedanke, zu dem in der bildungspolitischen Diskussion noch der Mut allgemein fehlt.

3.

a) Man vergißt Oben-unten-Denken besonders, wenn man sich darauf besinnt, was es heißt: mit Liebe bei der Sache sein. *Ohne* dies kommt kein Politiker, kein Manager, kein Arbeiter aus, wenn ihm ein erfülltes Leben vergönnt sein soll.

Vor allem betrifft das die Berufe, zu deren Ausübung echte *Liebe* zu Mensch und Kreatur wesentlich gehört: die unterschätzte Krankenschwester, Altenpflegerin, den Pfleger, die Kindergärtnerin, den Erzieher, den Lehrer.

Lehrer und Ausübung der Liebe? Liebe überhaupt? Hier rühren wir an Abgründe unserer Kultur und Menschlichkeit, wo Schlimmeres, Schrecklicheres als Allzumenschliches passieren kann, Verbrechen unter der Maske der „Liebe". Unter der Maske des Höchsten überhaupt. Denn es heißt: Gott ist die Liebe. Und selbst die Kirche ist vom Abgrund der Menschheit nicht verschont geblieben. Die sichtbare Kirche. Während die unsichtbare Kirche die stete Aufgabe der *Reinigung* der Herzen, der Seelen, des Gewissens zu erfüllen hat.

Spranger wurde sich der eigenen Lebensform früh bewußt, im Alter von 18–21 Jahren: zwar Philosophie und Wissenschaft, aber als *Lehrer seines Volkes*, Erziehungs-, Bildungs-, Kulturphilosoph: „Wenn Erziehung nicht möglich ist, wozu sollte ich leben?" (Spranger an Käthe Hadlich, 01.07.1904). Erziehung ist *Bildung* des Gewissens, des Kulturgewissens.

b) Drei Monate vor seinem, deutlich herannahenden, Tod (17. September 1963) hat Spranger in Liebe und tiefer Sorge um sein politisch und demokratisch unreifes Volk die Schrift von 1956 neu veröffentlicht: „Gedanken über staatsbürgerliche Erziehung". Im Juni 1963 hat er sie mit einem bedeutenden Nachwort versehen publiziert – wie ein Vermächtnis an die Lehrer und die Jugend. Das wir jetzt zusammen mit Auszügen aus der Schrift von 1956 mit deren Grundgedanken neu den Lehrern an deutschen Schulen gedruckt anbieten und dringend zur Nutzung in Unterrichtsvorhaben ans Herz legen und empfehlen können. Spranger regt dazu an, wie phantasievolle und mit Ernst durchgeführte Planspiele und Gespräche mit Schülern deren tastende, irrende, suchende Beiträge und Ahnungen wecken können, die zu den Urgedanken der Menschheit führen über Herrschaft, Freiheit, Geben und Nehmen in Gesellschaft, Politik, Staat, Rechtsstaat und Wirtschaft. Dies kann sich ereignen, *wenn* dieses Suchen und Tasten vom Lehrer geweckt wird, indem er Probleme störend an lebendigen Beispielen und Ernstfällen in der Schule und im Leben der Schüler aufwirft. Die Erschütterung der ernstgenommenen Selbstverständlichkeiten der Schüler und die dann entstehende so ernste „Fragehaltung" der Schüler soll so lebendig geweckt und ernstgenommen werden, wie Sokrates, vielen nicht mehr bewußt, seine Gesprächspartner im Irren und Suchen *ernstgenommen und ganz für voll genommen* hat. Denn die „*Grunddimensionen*" des Zusammenlebens sind schon im Leben der Schüler selbst spürbar. In scheinbar einfachsten Verhältnissen wie Familie, Kameradschaft, Freundschaft, in der Schulklasse, im Mit- und Gegeneinander von Schülern sind sie *verborgen und verpackt als Probleme*, die aufbrechen können in Streit und der Schwierigkeit der Streitschlichtung, des Sichvertragens usw., so daß Schüler merken: Politik, Recht, Wirtschaft ..., das sind ja Probleme, die *mich ganz persönlich angehen* und mein verantwortliches, gewissenhaftes Denken und Handeln erfordern. Es gibt keinen ernsteren und wertvolleren Vorgang als dieses Suchen des Menschen nach Wahrheit und gewissenhafter Lebensführung.

c) Ferner haben wir das Kernstück von Sprangers paradox und sokratisch-ironisch betitelter pädagogischer Zentralschrift neu veröffentlicht: „Der geborene Erzieher": das Kapitel über die *pädagogische Liebe* des Erziehers, des Lehrers (s.o.) mit einem Feinschliff abendländischer Formen der Liebe.

d) Schließlich ist der Weg über Volksschule und Berufsschule (Duale Berufsausbildung) für Spranger der Königsweg der Bildung. Nicht den Weg über Abitur und Studium zur *Wissenschaft* und zu akademischen Berufen betont Spranger, obwohl er auch ihm Sorgfalt widmet, nicht den Weg, dem er sich verschrieben hat. Denn es ging ihm in seinem wissenschaftlichen Denken bei höchstem Niveau und äußerster Denkschärfe doch vor allem um eins: Wesen *und* Grenzen der – freilich unentbehrlichen – Wissenschaft auszuloten. Entgegen der Glorifizierung des Szientifischen, die ihr schlecht bekommen ist.

In der Schrift „Der Eigengeist der Volksschule" widerspricht Spranger dem immer wieder aufkommenden gutgemeinten, aber zu Aufstiegsideologie neigenden Denken in Kategorien wie: 1. alle auf den *einen* Weg zur Bildung, 2. nach *oben!* – Als ob – bei allem ehrlichen Bemühen um jedes der Kinder – alle Kinder von jedem Lehrer und Erzieher wie von Seelenklempnern „begabt" werden könnten, ihre Sozialisationsbedingungen einfach negiert statt respektiert werden könnten. Spranger begründet kraftvoll die Pflicht, auf die *Kindheit als eine eigene Welt* einzugehen, eine andere Welt als unsere Erwachsenenwelt, die Vielfalt der Begabungen in ihrer ganzen keimhaften kindlichen Fülle mit allen Sensoren wahrzunehmen, damit sich der werdende Mensch seiner Hauptbegabungen überhaupt bewußt werden und sie ausbilden kann. Jede Begabung richtet sich ja auf ein Gebiet, wie etwa *Politik, Wirtschaft, Gesellschaft, Wissenschaft (theoretisch), Kunst, Religion*. Jeder dieser *Begabungsrichtungen*, jedem dieser *Kulturgebiete* entspricht wieder ein anderes Welterleben, eine andere Weltsicht. Der Künstler und der Handwerker leben in anderen „Erlebniswelten" als der Politiker und der Kaufmann. Wir betonen heute und schon lange zu sehr die – freilich unverzichtbare – kognitive, theoretische Begabung und ihre „rationale Welt". Spranger kommt es an auf Pflege der „Wurzelwelt", der kindlichen Quelle und Begabungsfülle *in uns*, der Kultur-*Basis*, ohne die einseitige Hochbauten der Kultur, der Wissenschaft usw. zum Einstürzen verdammt sind.

Wer Spranger verstehen will und seine *Verstehende Kulturphilosophie* der verschieden-*artigen*, aber gleich-*wertigen* Kulturgebiete und persönlichen Begabungen, der wird auch von seiner pädagogischen Volksschultheorie und -philosophie gefesselt. Sie enthält ein Kapitel über die *biologische Umweltlehre* von Jakob von Uexküll, dessen „Bausteine zu einer biologischen Weltanschauung" (München 1913) Spranger schon für seine heute zu Unrecht längst vergessenen oder ignorierten „Lebensformen" anregend fand, für seine Kultur- und Bildungsphilosophie, anders gesagt: „psychologische" Begabungsphilosophie. Was Uexküll über die *biotische* Natur bahnbrechend entdeckte, hat Spranger streng geisteswissenschaftlich gleichsam übersetzt und weiterentwickelt in eine *Theorie* der *dynamischen* geistigen, der *kulturellen* „Welten" des Menschen. Sie geht hervor aus seinen, Sprangers Hauptwerken: „Lebensformen" und „Psychologie des Jugendalters" – welch letztere hier nicht berücksichtigt wird, jedoch in den oben genannten pädagogischen Schriften durchscheint.

Daß Arbeiter, Krankenschwestern, Mütter, Väter, Lehrer in ihrem je spezifischen Kulturwert Anerkennung verdienen, dazu haben uns die nötige Denk-Kultur angebahnt: Pestalozzi, Schleiermacher, Paulsen, Kerschensteiner und dessen Lebensfreund Spranger. Paulsen, dessen philosophische und wissenschaftliche Kreativität, dessen Kämpfe und Wirken neben Dilthey und mißgünstigen anderen Kollegen in der weltbekannten Berliner philosophischen Fakultät Tenorth in seinem Beitrag anschaulich schildert, war der für den Berufsweg Sprangers im Krisenpunkt seiner Studienzeit weichenstellende Professor, Förderer, Lehrer.

Dieses Buch mit den erwähnten „Originaltexten" Sprangers im ersten Hauptteil enthält im zweiten Hauptteil „Interpretationen" der Herausgeber und anderer (zu denen der Beitrag Tenorths nachträglich hinzugewonnen werden konnte). Sie vergegenwärtigen uns das Für und Wider zu Spranger, sein Leben, Wirken und Umfeld in unseren beiden Jahrhunderten, in deren fundamentalen Kulturbrüchen und atemberaubenden Entwicklungen jenes Denken entstanden, umkämpft ist und sich behauptet hat, das uns heute bitter not tut.

Siegen und Hualien, den 10. Oktober 2013,
Die Herausgeber

Einleitung

Vorbemerkungen

Jürgen Bellers, Politikwissenschaftler an der Universität Siegen, hielt es für nötig, die *geisteswissenschaftliche Methode* wieder zu aktualisieren. Sie war lange Zeit durch positivistische und marxistische „sozialwissenschaftliche" Konzepte in Westdeutschland und nach der Wiedervereinigung in Gesamtdeutschland unterdrückt. Deren entschiedene Vertreter waren zusammengeschmolzen. – Führende geisteswissenschaftliche Pädagogen, Blankertz, Klafki und andere, waren fristgerecht mit der weißen Fahne zu den „Sozialwissenschaftlern", kritisch anknüpfend an ihren geisteswissenschaftlichen Gewährsmann Erich Weniger, übergelaufen (Ilse Dahmer/Wolfgang Klafki 1968). – Darum bat Bellers den Verfasser dieser Einleitung, der längst „im Ruhestand" arbeitete, um einen Vortrag in seinem Siegener Seminar. Mein Vortrag über die geisteswissenschaftliche Methode in der Pädagogik (vgl. Hinrichs 2012a) fand erfreulich starken Anklang und Zuspruch, so daß Bellers anregte, einen „Internationalen Spranger-Kongreß" für 8./9 August 2012 vorzubereiten: Eduard Spranger zum 130. Geburtstag (*27. Juni 1882). Markus Porsche-Ludwig, Professor für Philosophie und Politikwissenschaft an der Universität Hualien in Taiwan, wurde zum Mitorganisator und Mitherausgeber des Tagungsbandes.

Die Herausgeber bekamen freie Hand für die Aufnahme ins Verlagsprogramm und für die besondere, dem Anlaß gemäße Ausstattung des vorliegenden Kongreßbandes, der nicht gerade dem Zeitgeist huldigt, durch den Verlag Traugott Bautz Nordhausen. Dieses mutige Entgegenkommen des Verlages verdient auch *meinen* besonderen Dank.

Der Band kann jetzt 2013 meinem Tübinger Lehrer Eduard Spranger (1882–1963) zum 50. Todestag (†17. September 1963) gewidmet werden. Für die Freiheit und das Verständnis, das die Herausgeber mir dafür gewähren, bin ich den Herausgebern wiederum sehr dankbar.

Warum Eduard Spranger? Ihn, den mit dem älteren, väterlichen *Georg Kerschensteiner* (1854–1932) eine Lebensfreundschaft verband, kann man zusammen mit diesem als klassisches und als größtes und wirksamstes Pädagogenpaar des 20. Jahrhunderts bezeichnen, ähnlich wie Goethe und Schiller die Literatur des 19. Jahrhunderts beherrschten. Das rechtfertigt den Aufwand.

Besonderheiten des Bandes

Dieser Band zeichnet sich, worüber ich als Spranger-Schüler besonders froh bin, dadurch aus, daß er erstmals eine Reihe ganzer oder annähernd ganzer Kapitel mit in sich geschlossenen Gedankengängen als repräsentative Quellentexte und Auszüge aus dem großen Werk Sprangers veröffentlicht. Wir haben damit eine Einführung in sein kulturpädagogisches Gesamtwerk, die uns lange gefehlt hat. Das Gesamtwerk ist großenteils erfaßt in den 11 Bänden der Gesammelten Schriften (GS) Sprangers, hg. von Hans Walter Bähr und Hans Wenke, Tübingen und Heidelberg 1968 ff. Jedoch die beiden Hauptwerke, die zur Zeit der Veröffentlichung der Bände der *Gesammelten Schriften* noch käuflich waren, sind längst nicht mehr auf dem Markt und im Gebrauch.

Die Quellentexte, Originaltexte Sprangers, sind *Auszüge* aus folgenden Werken:
1) *Lebensformen*, 8. Auflage 1950, Neomarius-Verlag Tübingen, Faksimile 1966 bei Nachfolger Niemeyer Tübingen, heutiger Nachfolger de Gruyter, Berlin – 1. Hauptwerk (^{2}1921)
2) *Der Eigengeist der Volksschule*, 1955 u.ö. im Verlag Quelle & Meyer Heidelberg
3) *Der geborene Erzieher*, 1958 u.ö., Quelle & Meyer Heidelberg
4) *Gedanken zur staatsbürgerlichen Erziehung*, Bonn 1956 (Beilage zur Wochenzeitung „Das Parlament", H. 48 v. 28. Nov., hg. v. d. Bundeszentrale für Heimatdienst), Neuaufl. in Heft 26 d. Schriftenreihe der Bundeszentrale für Heimatdienst, Bonn (2 Aufl'n) 1957 u.ö. – 5. unveränderte Neuaufl., um ein Nachwort erweitert, Bochum 1963 (Kamps pädagogische Taschenbücher, Bd. 18). Auch diese letzte Ausgabe ist von Spranger selbst veröffentlicht: *1963 in seinem Todesjahr.* – Die Bundeszentrale für politische Bildung (Verlagsvorgängerin) hat ohne Auflagen der Veröffentlichung sofort großzügig zugestimmt. – Offensichtlich war Spranger die Schrift so wichtig, daß er sie der deutschen Schuljugend und Lehrerschaft noch einmal als Neudruck mit Nachwort hinterlassen und gleichsam *als eine Art Vermächtnis* ans Herz legen wollte.

Alle eingeholten Verlags-Abdruckrechte gelten nur für die ihnen mitgeteilten, hier gedruckten Auszüge. Wir danken den Verlagen 1–3 für großzügige, sofortige Überlassung der Abdruckrechte. – Wir sind bemüht, allen Rechtsinhabern mindestens 1 Belegexemplar zukommen zu lassen.

Wir danken auch an dieser Stelle dem Autor *Prof. Dr.h.c. Heinz-Elmar Tenorth* herzlich, ebenso dem Verlag Husum und dem Herausgeber der Quelle seines Beitrages, *Thomas Steensen (Hg.) Friedrich Paulsen – Weg, Werk und Wirkung ..., Husum 2010*, für freundliche Einwilligung zum Abdruck des Beitrages von Tenorth (2010, S. 43–58) in unserem Buch. Prof. Dr. Steensen danken wir – nach dort S. 261 bestätigter Einholung der Abdruck-Genehmigungen 1. des Nordfriisk-Instituut Bräist/Brestedt, auch unsererseits, 2. der Humboldt-Universität zu Berlin, Bibliothek/Archiv und 3. des Steglitz Museums, Berlin 51 – für die freundliche Genehmigung seinerseits des Abdrucks der *Bilder: 1)* S. 52 der Titelseite von Paulsens „Geschichte des gelehrten Unterrichts", 3. Auflage; ferner folgender weiterer *Archivbilder* aus dem Verlag Husum: *2)* S. 45 Bild der alten Berliner Universität, *3)* S. 51 Bild des Steglitzer Paulsen-Gymnasiums. Verbunden damit gilt unser Dank den drei genannten Instituten.

Die Rechte der Fotografien des jungen und des alten Spranger waren leider nicht deutlich zuzuordnen. Evtl. Rechtsinhaber werden gebeten, ihre Ansprüche gegebenenfalls geltend zu machen. Der Bibliothek für Bildungsgeschichtliche Forschung (BBF) Berlin, verbunden mit dem Deutschen Institut für Pädagogische Forschung (DIPF), danken wir für freundliche Gewährung evtl. Abdruckrechte für das Bild des jungen Prof. Spranger aus der Webpräsentation des „Briefwechsels Eduard Spranger/Käthe Hadlich" © 2003. Ferner hat Quelle & Meyer freundlich Abdruckrechte gewährt für Bilder 1. des alten Spranger auf dem Papierumschlag der Festschrift für *Eduard Spranger zum 75. Geburtstag* 1957, hg. v. Hans Wenke, Bildnis eines geistigen Menschen unserer Zeit, und 2. des etwa 80-jährigen auf dem Prospekt mit dort erschienenen Sprangerwerken anläßlich Sprangers Tod 1963.

Auch die Inhaber des Verlages Kamp haben sofort gerne zugestimmt. Der Verlag Kamp Bochum ist jedoch eingegangen in den Cornelsen Verlag. Dieser hat nach den üblichen auch andere Einwendungen vorgebracht, die ich ausgeräumt habe. Am Ende dieser Korrespondenz im Internet war mein Resümee unbeantwortet: da ich 2012 vergeblich auf Antwort gewartet hätte, stehe dem Abdruck wohl nichts mehr im Wege. Und er hat auch nichts mehr gefordert. Auch für diese Großzügigkeit danken wir.

Die Ausgaben der Sprangerwerke 1–3 (s.o.) der 1950er Jahre und 4 von 1963 sind in Verlagen erschienen, die heute nicht mehr existieren bzw. ihre Rechte abgegeben haben – außer Quelle & Meyer, der seinen Schwerpunkt verlagert hat. Dem Nachlaßverwalter Professor Hans Walter Bähr kamen sämtliche Autorenrechte der Originalschriften Sprangers zu. Diese Rechte hat nach Bährs Tod sein Sohn Prof. Dr. Johannes Bähr in vollem Umfang geerbt. Wir sind Prof. Dr. Johannes Bähr zu besonderem Dank verpflichtet für sein Vertrauen und den Großmut, womit er den Abdruck o.g. Werke dem Verfasser der Einleitung zu diesem Band sofort und unbesehen gewährt hat.

Zu den Originaltexten

Wenigstens eine exemplarische Einführung in die Konzeption eines der beiden Hauptwerke Sprangers, der *Lebensformen* kann hier geschehen (1914, ²1921 zu großem Umfang für die Gelehrtenwelt ausgearbeitet und aktualisiert). Der Grundgedanke der *Psychologie des Jugendalters*, des *zweiten*, schon damals und auch in den 1950er Jahren höchst erfolgreichen, *Hauptwerks* (¹1924) ist natürlich in die entwicklungspsychologischen Aspekte der hier veröffentlichten Auszüge der pädagogischen Werke des späten Eduard Spranger eingegangen. Ihre spezielle Würdigung für die Diskussion unserer Zeit und hoffentlich spätere Neuauflage bleibt vorbehalten. Die beiden für Sprangers realistische Kulturphilosophie kennzeichnenden Kapitel der *Lebensformen* behandeln die Kulturgebiete und Lebensformen *Wirtschaft und Staat* („Der ökonomische Mensch" und „Der Machtmensch"). Sie konnten hier vollständig abgedruckt werden. Sie stehen beispielhaft für die Konzeption der sechs „Lebensformen" überhaupt, die im Gedankengang der Darstellung jeder einzelnen Lebensform „durchscheint". Damit bricht in die kulturphilosophische Elfenbeinturm-Diskussion *vor, zu,* und *seit* Lebzeiten Sprangers *bis heute* endlich der Geltungsanspruch der *Merkmale* von Sprangers epochal bedeutsamer *realistischer kulturphilosophischer Leistung* ein.

1. Die Konzeption der „Lebensformen" oder: der sechs Kulturgebiete und Begabungen

a) *Staat, Wirtschaft, Gesellschaft* sind Gebiete eher der *vita activa. Wissenschaft, Kunst, Kirche* verkörpern eher die *vita contemplativa.* Die *Begabungen, Begabungs-Richtungen*, ohne welche diese *Gebiete* nicht entständen, spiegeln sich „idealtypisch" im „politischen" oder „ökonomischen" oder „sozialen" – oder im „theoretischen" oder „ästhetischen" oder „religiösen Menschen". So viel vorläufig summarisch zu Sprangers *Kulturphilosophie* der *sechs objektiven humanen Lebensgebiete* und seiner *Bildungsphilosophie* der *subjektiven Anlagen, Neigungen und der Sozialistionswirkungen,* die derartige *notwendige Begabungs-Richtungen* dazu individuell stärken oder behindern.

b) Der Begabungsaspekt akzentuiert die Seite der *Subjektivität* dieser Kultur, wie Spranger sie sieht: mit der damals bis in die 1920er Jahre allgemein bevorzugten Sichtweise der Psychologie. Der Aspekt der eher institutionell bedeutsamen Gebiete: Staat, Wirtschaft usw. akzentuiert die Objektivitäten der Kultur.

c) Weil aber *keine statische* Kulturphilosophie, *keine bloß positivistisch konstatierende* Psychologie Sprangers Absicht ist, sondern *ethische Abwägung und Stellungnahme bei empirischer Forschung und Vergleich mit bereits vorliegenden Forschungsergebnissen*, ist Spranger Geisteswissenschaftler, wird seine Kultur- und Begabungs-Konzeption dynamisch und normativ und heißt der Untertitel des Buches „*Lebensformen*": „*Geisteswissenschaftliche Psychologie und Ethik der Persönlichkeit*".

d) Gerade deutsche intellektuelle Moralisten ignorieren bisher Wirtschaft und Politik eher pauschal mit ihrer geringschätzenden Gesinnung, statt sie in ihrer jeweiligen *Eigenart* als (ethisch) bedeutsame *Wertgebiete* zu sehen. Hegels Spruch bewahrheitete sich 1789 und fürchterlicher 1933:
„Die subjektive Tugend, die bloß von der Gesinnung aus regiert, bringt die fürchterlichste Tyrannei mit sich."

Es gab vor Spranger keine kulturphilosophische *Gesamtkonzeption*, welche die Theorie des Politiker-Ethos und des Wirtschafts-Ethos mit ihrem jeweiligen *Stellenwert* so entwickelt hat, daß sie ins allgemeine gesellschaftliche Bewußtsein aufgenommen werden konnte. Heute *kann* das geschehen, wenn unser vorliegendes Buch Verbreitung findet. Heute kann im berechtigten Ringen der öffentlichen Parteiendebatten das *übergeordnete Gewissens*-Motiv der (z.B. staatsmännischen oder ökonomischen) *Verantwortung fürs Ganze* nach genauer Spranger-Lektüre über Leerformeln hinweghelfen und *präziser* für die *Praxis* umgesetzt werden. Zumal die Diskussion über Spranger nüchterner zu werden scheint. Selbstverständlich sind mit ihm die Probleme nicht ausdiskutiert. Auch er bedarf der konstruktiven Kritik. Dazu muß man ihn erst gründlich lesen.

Denn überall geht es darum, daß die *speziellen* Sach-Tätigkeiten sich nicht erschöpfen dürfen im partikularen „Funktionieren" und bloß indifferenten puren Versachlichen ohne humane Rücksichten, überall ist die größte Gefahr *die Funktionärsgesinnung und das Funktionärsverhalten, der öffentliche Bürokratismus und anonyme Schreibtisch- und Federstrich-Usus, das besinnungslose Verabsolutieren*, massenmediales Jakobinertum, das die politischen Kriegs-Ideologien des 20. Jahrhunderts bestimmt hat und das von der *überweltlichen* Absolutheit einer Religion zum heutigen *weltlichen* Fundamentalismus verleitet. Dieser tarnt und schmückt sich neuerdings mit einer der abrahamitischen Weltreligionen, so daß ein Rückfall ins Zeitalter der religiösen Konfessions- und Religionskriege im Zeitalter der Massenverbreitungs- und -vernichtungsmittel droht.

Ob es sich um Politiker oder Manager handelt, überall geht es um Vermeidung von Großorganisationen, soweit sie ohne humane Genauigkeit im Kleinen wirken, um Probleme, die sich durch Praxisferne nicht bewältigen lassen. Die bewährte totalitäre destruktive Strategie dagegen ist der anonyme Guerillakrieg und der Mißbrauch demagogisch mit Heilsversprechen Verführter und Verhetzter dazu. Statt anonymer menschlicher Verhältnisse ist das geltend zu machen, was der Freiherr vom Stein der Preußischen Reformen gefordert hat:

„Kenntnis der Örtlichkeit ist die Seele der Verwaltung."

Womit nicht nur etwas Räumliches (Örtlichkeit) gemeint war, sondern ein ganzer *menschlicher Lebenskreis*.

Im Blick auf die Kultur der Wirtschaft und speziell des *Managertums* hat Spranger das Wort nochmals besonders betont, das für ihn immer zentrale Bedeutung hat: *Seele*. Jeder Produktion und Vermarktung eines Werkes, jeder Firma könnte man das, später auf „Manager" gemünzte, Wort Sprangers als Motto voranstellen. Gegenüber *Führungspersönlichkeiten* in Wirtschaft und Politik, deren Berufsarbeit, ja für das *Werk* im weitesten Sinne, etwa das produzierte Werk oder – das Lebenswerk fordert er:

„das Werk im weitesten Sinne und den Menschen wieder zusammenbringen"! Die „Führer" sollen „über den großen Objektivitäten der Wirtschaft und des Staates nicht die *Seele* der lebendigen Menschen vergessen, von der jene Mächte allein getragen und weitergebildet werden können." Oder kurz:

„*Durchseelung des Werkes, Werkfreudigkeit der Seele.*" Dafür muß nach Spranger zur herkömmlichen Bildung solcher Menschen „eine starke historisch-politische Bildungsrichtung" hinzutreten. (Spranger 1926 in GS V, 103; vgl. zur verleumderisch wirkenden Mißdeutung seitens Bollenbeck 1990/1994: Hinrichs 2008, 632–634 bzw. 2009, 207–209, vgl. beide Passagen mit Anmerkungen).

1954 war der schon über 70-jährige emeritierte Spranger gebeten worden, die Tübinger Immatrikulationsrede zu halten. Er sprach über „Studium und Lebensführung". Da äußert er sich nochmals, jetzt ausdrücklich, zu (meist studierten) „Managern", und deren „Lebensführung", zur Kultur der Bildungsvorstellungen für Manager sowie zum *Begriff* des neuen Berufs „Manager".

„Auch hier fehlt noch die Definition. Übersetze ich es ins Lateinische, so ist es der Procurator, derjenige, der alles besorgt und alles beschafft. Er ist, mit anderen Worten, der weitblickende und energiegeladene Organisator. Das Organisieren großen Stils ist heutzutage eine Notwendigkeit; denn die Kulturarbeit geht in gewaltige Dimensionen .... Niemand wird dem Manager seine Hochachtung versagen. Er ist weder einseitig noch weltfremd. Er muß Menschenkenner sein und Sachkenner, Gesetzeskenner und ein politischer Kopf zugleich. Aber es macht doch oft den Eindruck, daß er alles im Leben nach dem Modell der

Maschine behandelt. Indem er ein besonderes maschinelles System steuert, ist er selbst noch einem größeren Getriebe eingefügt, das ihn unerbittlich vorwärts treibt. Bei aller Geistesgröße fehlt diesem Typus doch die Berührung mit dem Ursprünglichen, die allein schöpferisch macht: dies Schauenkönnen in den reinen Himmel von Gottes Urgedanken, aus dem der Mensch sich immer wieder erneuern muß, wenn er nicht lahm werden soll unter der Forderung des Tages und dem Druck der Arbeitslast." (GS X, 373.)

„Besorgen und beschaffen." Die Sorge um Material und um die Sache ist klar. Wie steht es mit der *Sorge* um das Wohl der Menschen, mit denen es der Manager zu tun hat? Es „funktioniert" zweifellos *eher* hinsichtlich des hygienischen Menschenwohls *für's Betriebswohl*. Wie steht's aber mit der Sorge um die *Sinnerfüllung* der Arbeit, Erfüllung im Arbeiterberuf, kurz mit der *Sorge um die (Hygiene der) Seele des Arbeiters* und um die *eigene* Seele des *Managers*?

Exkurs: „Managertum" als Zeichen unserer Zeit?
Heutiger Wert der frühen und späten kulturkorrektiven Analysen Sprangers?

Liest man diese Analysen Sprangers von 1926 und 1954, so fällt einem heute sein zutiefst menschlich sorgender und bei all seiner warnenden Kritik sein menschlich warm *verstehender kulturphilosophischer Weitblick* auf. Man meint, die Warnung sei eine heutige Analyse des burnout-gefährdeten Karrieremenschen und „Bildungs"-Strebers. „Haben wir nicht alle inzwischen die ‚Managerkrankheit'?", könnte man mit der Sprache jüngerer Vergangenheit überspitzt fragen. *Sehen wir einmal mit scharfem Blick auf diese Seite der Gefahr.* Diese Sprangerlektüre lenkt unseren Blick, und verschärft ihn, auf eine heute sich schon als Krise in der europäischen Wirtschaft zuspitzende Fehlentwicklung, einen Strudel verhängnisvoller Folgen.

Der heute *bildungspolitisch gängige Begriff von „Bildung"* ist, blickt man hinter die kinderfreundliche Fassade, eine *Verwechslung* mit: *Karrierestreben (und Anstachelung dazu)*; Symptom der *Verschulung Deutschlands*. Sprangers Sorge spricht aus ihm, verkörpert sich im Bild seines gealterten gütigen Gesichts.

Es geht nicht mehr um den Menschen selbst, sondern um die Produktion möglichst vieler „Aufsteiger". Anders gesagt: Alle in die Startlöcher – und: Los! Das nennt man „Chancengleichheit". Wird dies im Namen der *sozialen*

„Gleichheit" gefordert, was geschieht dann? Einseitiger *Egalitarismus* wird, wenn dann das Rennen losgeht, zur *aufgeheizten* einseitigen *Konkurrenzmentalität*. Und die nennt man in der Wirtschaft auch: *schrankenlos liberal oder Liberalismus*. Dies im Namen des Sozialen, der „Brüderlichkeit"?

Heute wird diese rücksichtslos extreme und unsoziale Konkurrrenz- und Wirtschaftshaltung gern mit dem Wort „neoliberal" (als Kampfparole oft unterstellend) mißverstanden. „*Neo*liberal" nannten sich aber schon in den 1930er Jahren gerade die *Ordoliberalen*: im *Unterschied* zur Unklarheit des damals *herkömmlichen* Begriffs „liberal". Warum? Sie wollten Mißbrauch und Mißverständnis, sie wollten *schrankenlosen* Liberalismus *vermeiden*. Sie hatten eine *soziale* Marktwirtschaft statt des entfesselten Marktes vor Augen.

Welche Begriffsverwirrung heute! Welche Gefahr, welche rasante Entwicklung, wenn man sie zu Ende denkt! *Einseitige Chancengleichheit und „Aufstiegs"-Konkurrenz wird zum Kapitalismus, zur Ausbeutung*. Der Mensch – auch als lernendes Wesen in der „Bildung" – wird zur Maschine, die man nach Gebrauch wegwirft. Der Arbeiter zum Arbeitslosen nach Gebrauch, die Frau zum Rädchen oder Rad im Betrieb. Deren Kinder sind lästige Verhinderer der Frauenarbeit im Betrieb. Also ab in die Kita. Die Mutter und Hausfrau stört. Also wird sie als Heimchen am Herd schlecht gemacht. Über tausend im Monat vom Steuergeld pro Kind für die Kita, um Frauenarbeitskräfte zu gewinnen, sind für *Betriebe auf kurze Sicht* günstiger als ein bescheidenes Monatssalär von hundert, verspottet als Herdprämie, für Familien zur Ersparnis eines Kitaplatzes, folglich für Kinderpflege und Kindererziehung zu *Hause*. So wurde das katholische Mädchen vom Lande einst in die Universität weggehöhnt. Der Mensch: reduziert zum Kostenfaktor, zur Münze, die sich auszahlt, Rendite bringt. Die *Sorge* um die Menschenseelen von Kind und Mutter droht zu verkümmern. Die Menschenseelen brennen aus, sogar Kindern wird die Mutter weggeredet.

Ausgebrannte Manager, die einen Betrieb spekulierend und fusionierend „vor die Wand fahren", oder Fußballtrainer nach Mißerfolgen, werden in die Wüste geschickt, wenn sie „lahm" werden, wie Spranger sagt (s.o.). Vermehrt werden Kurse dagegen angeboten und besucht, werden „Aus-Zeiten" von ausgebrannten Industrieleuten begehrt zum „Auftanken". Ja, man vergleiche Sprangers abschließende Worte zum Managertum 1954 über das „Schauenkönnen": Öfter schon erscheint sogar „Meditation" als Lösung. Immerhin. – Aber welche und wozu? *Esoterik* blüht. *Dies* hat Spranger zweifellos auch nicht gemeint.

Bei diesem Gleichheits-Aufsteiger-Wahn läßt sich Ungleichheit gar nicht vermeiden. Im eindimensionalen Unten→Oben bleiben, sichtbar, sogar extreme Benachteiligungen gar nicht aus. Ganze Systeme scheitern, werden aufgelöst oder fusioniert. Die Gesellschaft überaltert, weil *Kinder riskant und zum Kostenfaktor* geworden sind. Der Nachwuchs fehlt im Betrieb. Auch weil die ganze schwindende junge Generation studieren soll. – „Bildung" nach neuer Lesart. – Analog leben wir neuerdings bei alternder Gesellschaft sogar im *System Schule* im *rechnenden* Bürokratie-Zeitalter: *Schulschließungen*: Kleine Schulen ins Nichts gestoßen! *Denn Lehrer sind Kostenfaktoren*, rentieren sich eher für Mammutschulen. Schließungen besonders der Hauptschulen der „unteren Schicht" zwecks Schulfusionierungen nach vermeintlich „oben" (etwa Real-, Gesamtschule), Verlegung in die Städte. Verstädterung. Dörfer sterben aus. Auf die „Unteren", *wähnt man*, sehen die „Oberen" nicht herab. – – Ein verblüffendes Beispiel verwirrter Denkgewohnheiten, das zeigt, wie weitblickend Spranger einst für unmöglich gehaltene gefährliche Folgen sah, die heute eingetreten sind und sich verbreiten, hoffentlich *nicht* als eine *alle* ansteckende Gesellschafts-Krankheit. – –

Führung als politische und wirtschaftliche Kulturaufgabe

Wirtschaftsführung großen Stils und politische Führung, Konkurrenz und Macht, sind in der Realität eng verwoben. Mit „politisch" ist bei Spranger, wie mit „wirtschaftlich", das zugehörige *Ethos* gemeint: *Wirtschafts-Kultur, politische Kultur*. Auch das „kulturpolitische" Feld ist gemeint, eben nicht sofort das heutige globale „Wettrennen". Hier kommt der *normative* Kulturbegriff zur Geltung im Gegensatz zum vereinseitigt objektivistischen Begriff: der Kultur als bloßer „schöner" Gegebenheit, und zum subjektivistischen Kulturbegriff: der Kultur, „die ich meine". Echte Kultur ist immer *mehr* als die notwendige erarbeitete *objektive* und *subjektive Kultur*. Sie ist zukunftgerichtet, „Kultivierung", bringt ethische *Dynamik*. Sie ist *echte Bildung*. (Vgl. Nida-Rümelin 2013).

Was Spranger detailliert und doch als Ganzes herausarbeitet, führt eine Tradition weiter, die Schleiermacher (1768–1834, vgl. 1805/06), Vordenker des im vollen Sinne *geisteswissenschaftlichen* und kulturethischen Denkens oder des im *umfassenden* Sinne *kulturwissenschaftlichen* Denkens, als gleichsam in Stein gehauene Gebotstafel vor uns allen aufgestellt hat. Zur humanen, *kulturellen Bildungs*-Grundaufgabe in der *Welt*, der *echten* Bildung der *Erdenmenschen* sagt er:

„Beseelung der menschlichen Natur durch Vernunft. ...zur Bildung der Erde sind wir berufen." (1805/06, 87, 149).

Beruf hat in der geisteswissenschaftlichen Tradition einer „verstehenden Kulturphilosophie" nicht nur die Wort-, sondern auch die Sinn-Wurzel: Berufensein als Ideal.

Damit ist Einführendes auch zu den Auszügen aus den *drei* (kleinformatigen) *pädagogischen Büchlein Sprangers* vorab mitgesagt:

2. Staatsbürgerliche Erziehung (1956, 1963)

Das Büchlein *Gedanken zur staatsbürgerlichen Erziehung* stellt einen bedeutenden Versuch Sprangers dar, aus den „Lebensformen":
1. die *Grunddimensionen* des Zusammenseins systematisch für Lehrer herauszudestillieren, das *„Koordinatenkreuz"*, $+$, gleichsam von *Macht und Liebe*. Die *Oben-unten-Dialektik der Macht (vertikal)* bedeutet: Herrschaft = Freiheit *(oben)* ⟵⟶ Abhängigkeit = Unfreiheit (*Unter*-Ordnung). Die *Dialektik der Liebe auf Augenhöhe (horizontal)* ist: Selbstbezogenheit ⟵⟶ Selbstverleugnung (Hingabe, Dienst) oder: Für-sich-sein ⟵⟶ Für-andere-sein.
2. Spranger schlägt vor, dies mit Hilfe des Hinweises auf die *Familie* den Schülern nahezubringen, wo schon dieses *Kreuz von Macht und Liebe, Liebe und Macht* wirkt.
3. Durch solches Finden von *Urphänomenen* der Liebe und der Macht mögen ahnende Gedankenbewegungen und Begriffe in den Schülern geweckt werden zu dem, was:
a) das Politische (Macht) ist und was genauer
b) als *staatliche und rechtliche Ordnung* heute notwendig ist mit dem Ziel, das im Denk-Grund wirkende *Naturrechts-Ideal* in den Köpfen der Schüler zu wecken. – Das „Naturrecht" stand auch Pate bei den „Menschenrechten" und bei unserem ins *Grundgesetz* eingegangenen Gedanken der *Menschenwürde* – einer steten und nie endenden Aufgabe, eines unverzichtbaren Ideals.
c) Damit soll auch *dieser* ethische Grundbegriff, nämlich das *Grundgesetz der gleichen Menschenwürde aller*, ursprünglich der „Brüderlichkeit", Geschwisterlichkeit, eingrenzend wirksam werden auf den in den Köpfen entstehenden liberalen *Wirtschafts*begriff, wenn z.B. Schüler auf dem *Markt* unter verschiedenen Angeboten wählen, einer mit 10 Mark, der andere mit 100 Mark in der Tasche. – Daß die „Kluft zwischen Sollen und Sein" zu *respektieren – und* daß sie stets *lebendig* zu überwinden ist, ist *unabdingbar* zum Verständnis des Umganges mit der unverzichtbaren „Norm", unserem Staatsrechts-*Ideal*. So erläutert es kristallklar *im Gegensatz zum*

verfassungswidrigen Marxismus der bekannte Staatsrechtler Josef Isensee (2011, 310–313, bes. 312 f., 315–317).

Im demokratischen Rechtsstaat zeigt sich somit als notwendige Dialektik zwischen Recht und Markt: das Ideal der *sozialen* Marktwirtschaft, im Unterschied zur grenzenlos „freien".
Die für jeden gebotene Unverletzlichkeit der Menschenwürde in der europäischen Kulturgeschichte geht auf die christliche sozialethische Grundmotivation „Geschwisterliebe", „Brüderlichkeit" zurück (Solidarität): „Was ihr getan habt einem unter diesen meinen geringsten Brüdern, das habt ihr mir getan." (Matth. 25.40). Zusammen mit der Lebensform des „Ökonomischen" kommt der *Motivations-Zusammenhang der Lebensformen* politisch und wirtschaftlich, sozial und religiös ans Licht, der z.B. in den politischen Parteimotiven liberal, sozial und christlich wirkt. Und es kommt als Grundlage unseres *Grundgesetzes* eine Ahnung auf vom Sinn der „Würde", des mitgedachten *Naturrechts*, des Menschenrechts auf Leben und Unverletzlichkeit.
Sprangers Leitmotiv: „Beseelung" – „Durchseelung des Werkes, Werkfreudigkeit der Seele" – bedeutet auch Vergeistigung der Seele im Sichabarbeiten an der Welt. Für den Erzieher wird sich in der staatsbürgerlichen Erziehung das Problem stellen: Wie kann er in den Schülern den Gedanken wecken: *Tua res agitur.* Es ist deine eigene Sache, um die es geht. Es geht dich persönlich (in deiner Seele), also *existentiell* an! –
Wo also setzt der Lehrer, der Erzieher *in der Seele* des Schülers „den Hebel" an, damit die *Regeln* und Gesetze des Zusammenlebens „diesem" individuellen jungen Menschen grundsätzlich zu *eigen* werden – Tua res agitur – und er sich aufgerufen fühlt, dazu begründet Stellung zu nehmen. Ein *Ansatzpunkt* kann also sein das *Gespräch über* den Sinn der *Familie* mit ihrem Neben-, Miteinander, Oben und Unten. Vom äußeren Gehorchen und Widerstehen soll es zum Sichselbst-Gehorchen und Sichselbst-Beherrschen kommen. Nach Kant soll der Mensch als biotisches, als *Natur*-Lebewesen der „sinnlichen Welt" (mundus sensibilis) zum „Untertan" seines *Selbst* werden (Kant), Neigungen, Begehrungen sollen nicht wuchern, sondern verfügbar sein – der Mensch als Vernunft-Wesen in der geistigen Welt (mundus intelligibilis) soll sein der *Selbstgesetzgeber*, der sein Ego, sein Neigungs- und Naturwesen „beherrscht". Er soll „*autonom*" sein: Oder er soll sein: *Kultur*-Lebewesen. Das „Regelwerk" der Gesellschaft (Recht und Moral) soll von *innen* wirken, Zustimmung-Ablehnung erfahren. Ein *eigenes ethisches* „Regulierwerk" soll sich mit der geistigen Strukturierung des Lebens und der Seelen bilden, ein „innerer Regulator", ein Ethos. Anders gesagt: das *Gewissen* als Weg *von Moral zu Sittlichkeit*, das

politisch-ökonomisch-soziale Gewissen soll erwachen, sich präzisieren – oder: ein *staatsbürgerliches Verantwortungsbewußtsein* soll sich regen.

Existentiell könnte also *einmal* wirken der Hinweis des Erziehers auf die *eigenen* Grundverhältnisse der Schüler zu den *Eltern* in der *Familie*. Er könnte anregen nachzudenken darüber, welche Verhältnisse, Dimensionen des Zusammenlebens *hier* und *allgemein* in der *Gesellschaft* wirken.

Da Spranger jedoch längst merkt, daß das deutsche (und europäische) Familien-Ethos brüchig, zunehmend macht-, konfliktbezogen wird, abnehmend liebevoll, hat er im Jahr seines Todes 1963 noch für ein *Nachwort* gesorgt. Die existentielle Wirksamkeit auf Schüler möge man (zusätzlich oder alternativ) erproben durch *Experiment* des Lehrers mit den Schülern eingedenk der Grunddimensionen der *Schulklassenkameradschaft*. Sie mögen sich, wie Robinson, in ihrer Klasse vorstellen: sie seien auf hoher See als Schiffbrüchige auf eine Insel verschlagen und ordnungsbedürftig untereinander, damit es nicht Mord und Totschlag etwa um ein Stück Essen gibt. Über diese *neue Robinsonade* (im Unterschied zu früheren Erziehungsrobinsonaden) können Grundlagen einer Debatten-, Diskussions-Entscheidungskultur, über *verschiedene Ordnungsformen* und deren Ausprobieren gewonnen werden: Wer soll bestimmen, wo es lang geht. Alle? Keiner? Diskussion – Chaos? Diskussions-Leiter. Recht des *Stärkeren: Diktatur*? Regelung einer *demokratischen* Ordnung? Zuteilung von verschiedenen Aufgaben (Arbeitsteilung)? – Das ist eine Übung in Demokratie. – Ist das imperative (Räterepublik) oder repräsentative Mandat (Gewissen des Mandatsträgers) besser? Wie schafft man eine Rechtsordnung? Welche? Naturrecht. Grundgesetz.

3. Der geborene Erzieher (1958 u.ö.)

Es ging bisher um den Schülerweg von *äußeren* Regeln bis man nach innen, von der *gesellschaftlichen* Gesetzgebung zur *Selbst*gesetzgebung kommt: Regeln im Inneren, von innen, und Regeln des inneren Umganges mit sich selbst. Spranger kam so zum Begriff des Gewissens als des „inneren Regulators". Mit *Gewissen* ist im *gleichnishaft* technischen Bild des „inneren Regulators" am Beispiel solcher „fachlichen", „politischen", jedoch überfachlich wirksamen Bildung die *zentrale* Stelle gemeint, wo der Lehrer in *jedem* Unterrichtsfach und in jedem Umgang mit dem Schüler als *Erzieher* den „Hebel" ansetzen soll. Schön wär's, „easy", wenn das jedesmal so gelänge, daß der junge Mensch ein Bewußtsein seiner selbst und der Verantwortung vor sich selbst gewönne. Dazu braucht das Kind günstige Umstände und einen langen Weg. Schön wär's, wenn Erziehung so lernbar, *verfügbar* wäre wie *äußere*, technische, Hebelkunst, wie in der Mechanik. Den „geborenen Erzieher", dem alles von Anfang an glückt, den man sich wünscht, gibt es nicht. Er braucht einen langen Weg der praktischen Erfahrung. Aber vielleicht gibt es ein Talent dazu, *insofern* ein Geborensein dazu. Was ist lernbar? Was ist in der Erziehung innere Hebelkunst? Was hängt aber ab vom persönlichen Verhältnis Lehrer-Schüler, Erzieher-Kind und von der jeweiligen Situation, vom *unverfügbaren* Geschick und Glück? Und wie kann man das *Unergründliche*, das Taktproblem, das Problem der Menschenwürde lösen, die Störfaktoren minimieren, die Unsicherheits- und Fehlerquellen? Wie auf die unergründliche individuelle Einzigartigkeit dieses bestimmten je anderen und einzigartigen jungen Menschen eingehen, auf die *individuelle* Unfaßbarkeit und das ständige Werden, Wachsen, die Überraschungen der verschiedenen, für jeden Menschen anfangs neuen, *Lebensphasen*? Wie auf die Stimmungen, Launen, die *sozialkulturellen* Einflüsse reagieren, die heute anders wirken als morgen? Wie auf die Vielheit in einer *Schulklasse*?

Das Hauptproblem des *Lernbaren und Nichtlernbaren* sieht Spranger
1. Als *Hebelproblem*, das nicht mit purer Machbarkeit zu verwechseln ist und einen Erzieher erfordert mit großem *Kulturhorizont*, da doch die „Fächer" erzieherisch wirken sollen, wie z.B. staatsbürgerliche Erziehung gerade nicht nur „Wissensvermittlung" sein soll, sondern unendlich viel intensiver, tiefer wirken soll. Das Hebelproblem ist es also, dessen Lösung an das Selbst, den „inneren Regulator", das Gewissen heranführen kann, nicht muß.
2. Steckt darin das Problem des pädagogischen Bezuges zwischen dem Erzieher und dem „Zögling", was Spranger auch *pädagogische Liebe* nennt. – Liebe – ein „weites Feld":
a) Liebe ein ungelöstes Problem der Menschheit überhaupt, unergründlich. Problem jugendlichen tastenden Schwankens in der *fragilen*, aber letztlich hoffentlich unlöschbaren kindlichen Liebe zu den Eltern – und in andersartigen erwachenden Regungen zum anderen Geschlecht. Liebe zwischen←→Eltern als fragile, hoffentlich unlöschbare Grundlage für Elternliebe: Liebe von Mutter-Vater←→zu den Kind(ern). Das gilt, auch wenn Wut, Trotz, Haß, Machtkämpfe zwischendurch störend und vielleicht zerreißend aufkommen können. Liebe wachsend zwischen dieser kindlichen Liebe zu den Eltern und ←→(vs.) dem gleichzeitig wachsenden Problem: Emanzipation als Erziehungsziel! Loslösung vom Elternhaus, Selbstgesetzgebung, Autonomie.
b) Liebe auf den Ebenen (1) des (sexuell begierdefreien) Eltern-*Kind*-Bezuges, *Caritas*, im Extrem aufopferungsvolle Liebe – (2) der *jugendlichen* begier-

defreien Liebe zum Schönen: *Eros* – (3) der *erwachsenen*, biotisch reifen Natur: *Sexualität* (Begierde) zwischen den Eltern – (4) Geheimnis und Kulturproblem der Liebe, Elternschaft als Lebensgemeinschaft (auch Gattin-Gatte), Wohn-, Tischgemeinschaft (Gemahlin-Gemahl), *Agape*. (Vgl. W. Hinrichs 2008, besonders 29–32.)

In meinem Aufsatz von 2000 „*Auf der Suche nach Lehrerbildern-Vorbildern* – Pädagogische Liebe und Professionalität: Eduard Sprangers realistischer Beitrag" habe ich u.a. darauf hingewiesen, wie *Sprangers Lehrerbild* in seiner Schrift „Der geborene Erzieher" aussieht, im lebendigen Umgang mit den Schülern einer *Klasse*, im pädagogischen Bezug, der *pädagogischen Liebe*, wobei jeder einzelne Schüler merken soll, daß es dem Lehrer an Hand der *Sache* des Unterrichts doch um das Weiterkommen dieses Schülers *um seiner selbst willen*, um Hochschätzung der Würde gerade dieser jungen Menschenpersönlichkeit geht. Dies ist zwar „nur" *Ideal* in der manchmal grausam scheinenden Schulalltagswirklichkeit, jedoch als Leitstern und Kraftquell für das Lehrerdenken, Lehrerhandeln, Lehrersein unentbehrlich (Hinrichs 2000).

Sprangers Kapitel über die *pädagogische* Liebe bietet „eine Phänomenologie auf kleinstem Raum ... – ein feingeschliffenes Pendant zu dem großen Werk von Max Scheler über die Liebe und Sympathie als *kosmische* Erscheinung überhaupt." (Vgl. Hinrichs 2000, 134–146, bes. 134–136 ff.; hier 135; ferner Scheler 1913/1973).

Daß die „platonische Liebe" (Platon: Symposion – Das Gastmahl) gerade die griechische Kultur befreien sollte von den homosexuell-*päderastischen Unsitten*, überhaupt von der Übersexualisierung in einer stark ästhetisierten Kultur, war Spranger wichtig. Auf diese eindeutige Ablehnung der Höchstbewertung und gar der sexuellen Pervertierung des pädagogischen Eros legt Spranger (1958, 86–88) größten Wert (vgl. Hinrichs 2000, 136). Der begierdefreie Eros ist eine Errungenschaft der europäischen Kultur, ein Schutz vor platter Sexualität. Spranger fordert aber bei der verständlichen Freude des Lehrers an von Natur und Elternhaus auch äußerlich bevorzugten Kindern und Jugendlichen ein *Erzieherverhalten* „der strengsten Askese" beim „pädagogischen Eros".

Er *distanziert* sich (schon 1909, 15 f., stärker 1910a, 4) in der Bewertung selbst des *begierdefreien* ästhetisch-pädagogischen Eros von Wilhelm von Humboldts bloß platonisch-pädagogischer Haltung und billigt Pestalozzi ein unvergleichlich höheres, echt pädagogisches Ethos zu, der sich den von Natur, Elternhaus, gesellschaftlichem Stand, Schicksal benachteiligten, schmutzigen, „häßlichen" Kindern mit *karitativer Liebe* zuwandte. Aus zutiefst *christlichem* Antrieb. Das kann gerade heute nicht energisch genug dem z.T. aggressiv antireligiösen Laizismus und Atheismus (nichts gegen toleranten Atheismus!)

entgegengesetzt werden (vgl. Hinrichs 2000, 136 f.). An dieser Schrift Sprangers über den pädagogischen Genius zeigt sich exemplarisch Sprangers *pädagogischer Grundgedanke*: Kultur- und Personalitäts-Pädagogik sieht er als wechselseitigen (Gesamt)-Zusammenhang.

Ein gewichtiges zeitüberlegenes, wenn auch zeitbezogen gefärbtes, wirksames Contra gegen essayistisch-nebulös hin und her schwankende Schwarzweißmalerei, gegen materialistische und pseudometaphysische Anwandlungen, gegen ideologisch-parteiliche Polemik. Geisteswissenschaftlich-philosophisch begründete Gedanken, einfach formuliert und bildkräftig, beleuchten schwierige reale Motiv-Verflechtungen.

Spranger beschäftigt sich aber auch – entgegen verbreitetem Vorurteil angesichts der komplexen und oft grausamen Wirklichkeit der Schulen (mit Klassen, die oft zu groß sind) – mit dem *didaktischen* Aspekt der „pädagogischen Liebe" oder des „pädagogischen Bezugs". Ein Übel unserer Zeit ist es, daß Lehrer von heute sich wegen ignorierter volksschulpädagogischer Didaktik-Traditionen zu oft nicht so gut sachlich und didaktisch vorbereiten, es auch gar nicht können. Weil sie in der Lehrerbildung seitens der „jungen" Professoren zwangsläufig meist weniger praxisnah und genau *didaktisch* lernen, worauf es *pädagogisch* im Unterrichtsalltag ankommt, als das früher ohnehin schon der Fall war. Stattdessen haben wir mehr den Mainstream altuniversitärer Manier in der „Erziehungs-" und „Bildungswissenschaft". Studierende werden öfter zu Rezipienten und Hilfskräften einseitiger, partikularer „Forschungen" degradiert, ohne daß die Gesamtaufgabe des Pädagogen, des Lehrers und Erziehers und sein *Ethos* „Grundmelodie" von Forschung und Lehre ist.

Spranger ist der wohl *realistischste systematische* Kulturphilosoph und Pädagoge des vergangenen Jahrhunderts. Wenn er vom Ideal spricht und alles Wissenschaftliche als Versuch sieht, mit *Linienziehung* und *Konstruktionen* die unendliche humane = kulturelle Faktoren-Vielfalt vorläufig fürs Denken zugänglich zu machen, mit hypothetischen *Dimensionen* die nie ganz verständliche kosmische Welt-„Wirklichkeit" darin und dahinter zu verstehen. Wenn er so das unausschöpfbare „Leben" und „Erleben" zu begreifen, das humane Leben als Realität *annähernd* zu verstehen sucht. Wie er geisteswissenschaftlich verfährt, so kann man es mit der reinen naturwissenschaftlichen Experimentiermethode nicht erreichen, das Ganze grundsätzlich zu durchleuchten. Unvermeidlich melden sich im Wissenschaftsstreit sofort Empiristen, Pragmatisten, Positivisten, Materialisten und Vertreter der einen oder anderen phänomenologischen Schule kritisch dagegen. Einseitige Existenzphilosophen ebenso. Wenn sie nicht vornehm schweigen und verschweigen. Vorausgesetzt z.B., sie haben etwas gegen systematisches Denken.

Jedoch die Anerkennung der phänomenalen, nie adäquat ganz verstehbaren „Wirklichkeit" des unausschöpflichen „Lebens" und „Erlebens", die Anerkennung des „Empirischen" geschieht bei Spranger ständig beispielhaft, exemplarisch in der ausgearbeiteten Theorie. Spranger publiziert eben nicht nach der Devise publish or perish. *In und nach intensivsten Studien der Fülle der unendlich differenzierten phänomenalen Wirklichkeit und Praxis* erprobt er seine vereinfachenden Konstruktionen. Im Erfassen der Wirklichkeit und ihres *Sinnes* will er größtmögliche Nähe zur Objektivität des „Verstehens" anbahnen. Das Fleisch und Blut dieses *theoretischen* Gerippes gleichsam ist seine sprachlich und stilistisch kunstvolle begriffliche Darstellung an Hand ständiger veranschaulichender *„Exempel" oder Beispiele der Praxis*.

„Wie das Bild des geborenen Erziehers ... eine Idealkonstruktion ist, so ist auch mit der pädagogischen Liebe ein Höchstfall gemeint." Den es in „Wirklichkeit" nicht gibt. Jedoch: „Es wird erwartet, daß jeder echte Erzieher etwas von dieser geistigen Einstellung in sich trage. Das allgemeine Medium oder das Klima der Liebe ist sehr viel weniger." Es ist unentbehrlich und grundsätzlich wichtig im Unterricht, aber noch unzureichend (conditio sine qua non) „... Erzieher werde ich erst dann, wenn wenigstens ein Funke von jener höheren persönlichen Liebe in mir lebendig ist, die zentral pädagogisch ist." (1958, 96; vgl. Hinrichs 2000, 134–146, bes. 142–146.)

Es genügt nicht, wenn ich als Lehrer „ein bißchen kinderlieb" bin und Freude am regen, phantasievoll kreativen und witzigen jugendlichen Übermut habe (pädagogischer Eros). Autorität – nicht „autoritärer" Gesinnungsdruck – ist unerläßlich. Theodor Litt (1927/1964) spricht von der Dialektik von „Führen" und „Wachsenlassen".

„Die pädagogische Liebe will künftige Enttäuschungen" (wenn auch unausbleiblich, doch soweit möglich) „verhüten. 1. Sie muß *heute* streng sein, damit das Schicksal nicht künftig über einen Blinden hereinbreche. 2. Sie *fordert* diesmal und ist darauf gefaßt, daß es nicht verstanden wird, wie viel lenkende *Liebe* in solchen Ansprüchen liegt. Auch sehr warmherzige Pädagogen haben das bisweilen nicht verstanden. Ein Besonnener muß ihnen vorwerfen, daß sie deshalb nicht die ‚rechte' Liebe gehabt haben. 3. Das Dritte also, das zu ihr gehört, ist die milde Hinführung zum Anerkennen der – untereinander sehr verschiedenen – Gesetzlichkeiten, denen alles naturhafte und geistige" (oder kulturelle) „Leben unterworfen ist. Nur auf dieser Grundlage kann die ‚rechte' Freiheit erwachen. Wahre Liebe will den Geliebten frei machen." (99; einmal ist das Wort „Liebe" hervorgehoben und ebenso sind Numerierungen eingefügt von W.H.)

Mit dem von Spranger betonten Fordern ist die Seite der Schulpflicht, der notwendigen Leistungsorientierung und Führung gemeint, die *kulturpädagogisch-didaktische* Seite des unterrichtenden Lehrers. Dagegen das „Klima" muß „freundlich" und „heiter" sein.

„Die ganze Kunst gipfelt darin, das Gebot ‚Liebet eure Pflichten' so in die Herzen der Werdenden hineinzuschreiben, daß sie" vom Nichtverstehen zum Ahnen kommen, daß sie „mehr und mehr spüren: diese Forderungen kommen *aus* Liebe. 4. Das vierte Kennzeichen der pädagogischen Liebe ist also, „daß sie *mit* Liebe eine Saat sät, die *als* Liebe aufgehen kann" (100) – somit auch *gemeinschaftsfähig* macht (99 f., Numerierg. W.H.).

Damit zeigt Spranger die Einheit auf von „fordernder und fördernder" pädagogischer Liebe, wie wir das heute gerne nennen, von Gegenwartsbezug und Zukunftsbezug der Erziehung (Schleiermacher hat Zukunftsbezug ohne „Aufopferung" des gegenwärtigen „Moments" mit und gegen Rousseau gefordert. – Klafki ebenfalls in seiner ersten Theorie der „didaktischen Analyse").

Wenn Spranger von den 1. natur- und 2. kulturgesetzlichen Schicksalsgrenzen der Freiheit spricht, so spiegelt das Zweite seine *Kulturphilosophie* der Eigengesetzlichkeiten der jeweiligen humanen idealtypisch unterschiedenen „Wertgebiete", „Sinnrichtungen", *Begabungs*-Richtungen wider. Die „objektiven" Kultur- oder *Sach-Gesetzlichkeiten* entsprechen den *allgemeinsubjektiven Motiven und Potenzen, woraus erst Kulturgebiete entstehen können.* (Vgl. z. Ganzen d. pädagogisch-didaktischen *Kriterien* der pädagogischen Liebe: Hinrichs 2000, 134–146, bes. 141–146, s.o.).

4. Höhere Kindheit und Kulturfunktion des Lehrers – Sprangers Volksschultheorie: „Der Eigengeist der Volksschule" (1955 u.ö.)

In dem Büchlein Der *Eigengeist der Volksschule* hat Spranger 1955 vorausgesetzt, was bis rund 1970 verbreitet Realität war und heute weitgehend verlorengegangen ist in Deutschland. Dazu ist Walter Kempowskis autobiographisch angehauchter Roman „Heile Welt" (²1998) über seine Landlehrerzeit im Westdeutschland der 1960er Jahre eine treffliche Lektüre: *Der Lehrer muß ein freier Mensch sein, sonst kann er nicht freie Menschen erziehen.* Echte Freiheit ist das Gegenteil von Funktionärs-Einstellung, von „*Systemgebundenheit*". Der Mensch wird erst dann ein verantwortungsbewußter Kulturbürger, wenn er *nicht nur denken* kann (in Begriffs-Systemen), sondern auch *offen* ist für *fruchtbare* Einfälle. Das wiederum ist er, so habe ich *das Neue* an Spranger weiterinterpretiert, nur, wenn er *Muße und Freizeit zur Besinnung und Kreativität* hat. Und das wiederum ist nur sinnvoll, wenn er in ihr *spielen* kann. Also muß jeder zeitlebens *auch Kindlichkeit und Jugendlichkeit wecken und kultivieren können*, unbedingt der Lehrer: *in sich selbst und in der jungen Generation.* Dem dient nach Spranger, und das war neu, *vorrangig die Volksschule*: Sie soll also der *Bildungs-Jungbrunnen unserer Kultur* sein. (Vgl. Hinrichs 1970.)

Daher darf echte Wissenschaft sich niemals in der Deduktionsmethode als Deduktion von einem postulierten System erschöpfen. Vielmehr ist einzig ein für empirisch-praktische Bewährung offenes Systemdenken wissenschaftlich.

Die Gefahr des deutschen Idealismus und speziell des Hegelianismus und Marxismus ist die des geschlossenen Systems. Daß sein philosophisches System das des „absoluten Geistes" sei, war die hybride Dekadenz des großen Hegel. Sie kam im Linkshegelianismus einerseits, andererseits in falscher Deutschtümelei zur Reife. Dem einsamen idealistischen Geistesgiganten Hegel ist sein Denkkonstrukt zuletzt zum babylonischen Denkturm angewachsen.

In der Berliner Universität hat Hegel den Weltruhm deutscher Wissenschaft und Universitäten mitbegründet, einer Wissenschaft *nach* Hegel. Denn die *maßgebenden* „ideellen" *Statuten* für diese 1810 gegründete Universität wurden formuliert nach meiner Überzeugung von dem damals größten Wissenschaftler und Philosophen: Schleiermacher in seiner Denkschrift: *„Gelegentliche Gedanken über Universitäten in deutschem Sinn"*, 1808 (vgl. Spranger 1910b, XXXII f.).

Dies ist der eigentliche Begründer der geisteswissenschaftlichen (hermeneutischen) Methode des „Verstehens": Friedrich Schleiermacher. Mit seinem maßgebenden „deutschen" Wissenschaftsbegriff sieht die Lebensgrundlage der Wissenschaft und Philosophie in der Pflicht eines jeden Wissenschaftlers, auch jedes Philosophen:
1. seine Thesen empirisch zu bewähren/zu korrigieren, seine empirischen Daten systematisch zu ordnen, damit das Ergebnis als Beitrag zur *Kulturaufgabe* der Wissenschaft *verstanden* werden kann;
2. die Ergebnisse so *geschichtlich* einzuordnen und *philosophisch* zu prüfen.
– Die weitsichtigen Begründer der Berliner Universität Schleiermacher, Humboldt, Fichte u.a. sind mit ihrer Kulturpolitik zu Pestalozzi hingeführt worden. Dieser wieder hat den Gedanken der *Volkserziehung* als an den größeren eigenen *Lebenskreis* geknüpfte *allgemeine Menschenbildung auch für den Stand der Proletarier* theoretisch und praktisch in seinen Schulinternaten verwirk-

licht. Das war die Quelle der Pädagogik der deutschen Volksschule und der *Volksschulpflicht* – ab 1920 für die ersten vier Schuljahre sowie, falls keine andere weiterführende Schule besucht wurde, *für mindestens 8*, (vgl. Spranger 1949 u.ö.: 51 u.a.) *ab etwa 1960 mindestens 9 Schuljahre.* (Vgl. auch Hinrichs 2012, 2012a.)

Wie Objektivität das Ideal der Wissenschaft und des rationalen Denkens ist, so fehlt *Erziehung zur Objektivität* keineswegs als Erziehungsziel der Volksschule nach 1945. Und sie würde heute wohl oft besser in der Volksschule erreicht als das manchmal sogar in der Universität der Fall ist, wo heutige Kampftheorien im Umkreis der sog. „Kritischen Theorie" der „Frankfurter Schule" und ihrer wissenschaftlichen Gefolgsleute – noch – z.T. übermächtig sind, Intoleranz über Objektivität stellen.

Exponenten der „Sozialwissenschaften" haben diese erwählt als Kampfmittel gegen andere Wissenschaftstheorien und das Ethos der klassischen Geisteswissenschaften zum Feind erkoren. Denn die marxistische „Sozialwissenschaft" hat das Ideal *Objektivität verabschiedet*, das in den Naturwissenschaften noch gilt. Wenn aber die deutschen Universitäten – schon seit den 1960er Jahren – zunehmend davon infiziert sind, ist das ein Anschlag auf diese Institution der Wissenschaft, und sie ist dort nicht mehr aufgehoben. Im Gegensatz zu ihrer Tradition seit 1810. Kein Zweifel, daran ist der Positivismus nicht unbeteiligt, der von Frankreich im fortgeschrittenen 19. Jahrhundert auch die deutsche Wissenschaft und Philosophie beeinflußt hat und heute im sog. „Kritischen Rationalismus" weiterlebt (Karl Popper). Obzwar ihm das Ideal Objektivität eher zugeschrieben werden kann, aber nur für den Bereich der exakten empirisch-experimentellen Wissenschaften, den er verabsolutiert. (Vgl. den Beitrag Hinrichs in diesem Buch.)

Was also bedeutet *„Der Eigengeist der Volksschule"*? Der am Sprangerbüchlein von 1955 wissenschaftlich interessierte Leser kann im II., bei uns gedruckten, Kapitel *„Die Eigentümlichkeit der Bildungsgüter in der Volksschule"* die Eine große, *die Volksschule kennzeichnende Aufgabe* mitbehandelt sehen, die Spranger im I., nicht abgedruckten, Kapitel dem Leser möglichst nahe bringen will. Daher nennt er das I. Kapitel, wie im Abdruck des Inhaltsverzeichnisses aus dem Büchlein ersichtlich: „*I. Die vom Kinde her bedingte Aufgabe der Volksschule*".

a) Zum II. Kapitel:
„Die Eigentümlichkeit der Bildungsgüter in der Volksschule"

1. Eigenwelt – Pädagogik vom Kinde aus und zum Kinde hin

Die Bildungsgüter der Volksschule, wie sie in den westdeutschen Lehrplänen von 1955 vorgeschrieben waren, sind es, die
„fast durchweg von dem ‚Nahen' ausgehen und nicht von der subjektfreien Sicht, die dem Ideal der Wissenschaft entspräche" (Spranger 1955 u.ö., 29).

Wird also *gegen* die Objektivität als Ziel erzogen, wie es notorisch ein halbes Jahrhundert lang behauptet wurde in Kreisen der Erziehungs-„Wissenschaft"? Keineswegs. Zu beachten ist das Wort „ausgehen". Ausgehen von etwas heißt nicht Ankommen bei diesem Etwas, sondern das Gegenteil. Aber das ist die neue Logik der neuen „Wissenschaft", die Verabschiedung der einfachen Logik und damit der Logik überhaupt. Daß Objektivität *zu den Zielen* der Volksschulerziehung *gehört*, ist also keineswegs ausgeschlossen. Daß es in technisch-wissenschaftlicher Kultur verpflichtend wird, sieht man schon in Sprangers einleitender *Definition* der Volksschule („Einleitung": 1955 u.ö., 7–14), bei uns kursiv abgedruckt (im *Original* gesperrt, also „groß und breit" gedruckt, weithin sichtbar):
„Die Volksschule ist die pädagogische Brücke zwischen den Eigenwelten und der einen maßgebenden Kulturwirklichkeit." Und nun heißt es aber weiter: *„Es liegt im Wesen einer Brücke, daß man sie in zwei Richtungen beschreiten kann."* (1955 u.ö., 13.)

So etwas kann fast schon jedes Schulkind verstehen, hätten auch die pädagogischen Hochschullehrer und Lehrerbildner von damals besser verstehen können, konnte aber kaum noch der typische Erziehungs-„Wissenschaftler" seit der galoppierenden Schulreformen-Sucht verstehen. Das Elend der „deutschen" Bildungs-*Reformkatastrophe* (Baumert 2001!) wäre nicht erfolgt, hätten nicht Kognitivismus-Propheten ihr „Reform"-Zerstörungswerk verrichten können (Georg Picht 1964!).

2. Pflege der Eigenwelten

Spranger konnte 1955 fast nahtlos an die vornationalsozialistische Reformbewegung „vom Kinde aus" anknüpfen, die im Volksschullehrerbewußtsein überwiegend unter der Decke der Ideologie überwintert hatte. Jedoch die vom

Kriege noch übriggebliebenen und die über die Pension hinaus herangezogenen älteren Volksschullehrer und deren junge, in Schnellkursen ausgebildete und im 4-Semester-Studium bis etwa 1960 gebildeten Volksschullehrer waren von Illusionen befreit und nicht mehr so leicht für die gut gemeinte Parole zu gewinnen „Alles vom Kinde aus", als ob es keine Rezeption, kein Bildungsziel gäbe. *Wohin denn*, wenn nur der Ausgangspunkt gilt? Dieser einfache Gedanke führte Spranger zu seiner Definition und dem Büchlein „Der Eigengeist der Volksschule", als die ersten *neuen demokratischen* Lehrpläne in den westdeutschen Ländern erschienen.

Daher war das Büchlein so verbreitet, daß es in immer neuen Auflagen bis in die 1960er Jahre erschien. Dann wurde der Büchermarkt im Geiste der „Verwissenschaftlichung" und im Kotau der Alten vor der „jungen" 1968er-„Demokratisierung" von den Schriften Sprangers freigefegt und gereinigt. Eine Bücherverbrennung fand nicht statt, und in der sog. „DDR" im Ostblock war der Markt von Anfang an „frei" von den ideologisch mißliebigen Werken des Klassenfeindes Spranger.

Der *Grundgedanke* der Volksschultheorie ist der von der Eigenwelt des Kindes, Eigenwelt des Jugendlichen, Eigenwelt als Heimat jedes Menschen. Und wenn er keine Heimat mehr hat und keine neu gründet, ist er wurzellos und ohne Charakter, ohne seine ganz persönliche Identität, ohne Ethos, ein Schilf, das im Wind unserer grausamen politökonomischen Welt von heute umgeweht wird.

Daher stand die westdeutsche Volksschule nach 1945 auch unter dem nachkriegsbedingten *Leitgedanken* Sprangers, den er 1955 nennt

„Heimatlichkeit in weiterer Bedeutung" (1955 u.ö., 30).

Damals war *Heimatkunde in Deutschland* (sogar noch in der Sowjetzone [„DDR"]) eine Selbstverständlichkeit (wenn auch in der „DDR" offiziell ideologisiert). Aber im vorauseilenden Gehorsam waren *westdeutsche* Grundschul-„Erziehungswissenschaftler" an den Hochschulen bald unisono im Punkt „Verwissenschaftlichung" *„östlicher* als der Osten", „päpstlicher" als der marxistisch-leninistische „Papst" der Pädagogischen Hochschulen Ostdeutschlands, die bis zur Wiedervereinigung und kurze Zeit weiterbestanden und durch westdemokratische „Wissenschafts"-Arroganz „abgewickelt" und „integriert" wurden in „Universitäten" unter westdeutscher Professoren-Führerschaft. Damals, 1992 hatte sich schon das westdeutsche pseudowissenschaftlich-„fachchinesische", öde langweilige, vage Klappern verbreitet mit gesuchter leerer Fremdwortterminologie in der pädagogisch-didaktischen Fachsprache in Westdeutschland. Es begann die Zeit des *gesamtdeutschen*

„Sachunterrichts" anstelle der Heimatkunde. Begonnen hatte es z.B. in Nordrhein-Westfalen 1969 mit dem neuen Versuchslehrplan für die Grundschule, dessen Ausmaße sich gegenüber 1955 nicht nur vervielfacht, sondern zusätzlich potenziert hatten: rund 1 Seite für 8 Schuljahre 1955, 273 Seiten für 4 Schuljahre im Versuchslehrplan 1969. Viel später erkannte man: Von der Konzeptions- und Methodenfreiheit der Volksschullehrer war nicht mehr viel übriggeblieben. Dann wurden die Lehrpläne einfach nicht mehr gelesen, und man wurde bezüglich des Umfanges vernünftig. Schließlich blieben 10 Seiten Sachunterricht übrig für die vierjährige Grundschule NRW. Ein Lehrer hat ein *freier* Mensch zu sein? – Das war keine Ermutigung.

Spranger geht in dem hier abgedruckten II. Kapitel aus von der Aufgabe aller „allgemeinbildenden Schulen". Sie sollen *nicht* wie heute sehr laut propagiert wird, „bilden" für „die Wissensgesellschaft". Denn gerade dieser Verkopfung – im Dienst einer ökonomistischen Welt, wie sie gegenwärtig verstärkt angestrebt wird und wie Spranger sie bereits kommen sah –, gerade dieser für die Person und „Sache" des Menschen tödlichen Entwicklung wollte er *vorbeugen*. Die Schule sollte nicht derart zum Instrument ehrgeiziger Kultur-Politiker, verblendeter Wissenschaftler und führender medialer Gesellschaftsplaner und -steuerer werden. Vielmehr geht es Spranger

darum, „Subjektwelt und Objektwelt", die „so radikal zerrissen" sind, „wie es Descartes sich ausgedacht hat" (vgl. 1955 u.ö., 33), wieder zusammenzubringen. Es gebe aber „eine Zwischenzone zwischen dem Subjekt und den nackten Objekten, von deren Gehalten man sagen darf: sie sind sowohl ein Stück Seele wie ein Stück Außenwelt. Sie sind ein Stück *durchseelter Welt*. Und eben dies ist der Charakter aller ‚Eigenwelten'." „... an dieser Stelle" komme es auf eine „Entscheidung" des Lehrers an, die *gesamtkulturell* bedeutsam sei (ebd.).

Soll es so weitergehen wie heute: zur „Wissensgesellschaft", einer *entseelten Kulturruine*? Oder nicht! – Das *Kindliche der Eigenwelten besteht in der allein hierin* hervorquellenden *Kreativität*. Das ist Leitmotiv in Sprangers Schrift. Er findet dies noch in dem, was man auch *volkstümlich* nennt, in Sprichwörtern, Volksliedern, Märchen, Bräuchen, Trachten (wie sie aus Bayern z.B. kommend, weltbekannt geworden sind), Heimatdialekten (Mundarten), Feiertagen im Jahres-Rhythmus, Weihnachten, Ostern, Pfingsten (christlichen Feiertagen). Geburtstage usw. können dazugezählt werden. Spranger hat über Bräuche *kritisch weiterführend* geschrieben, die damals, in den 1950er Jahren selbstverständlich waren, heute inhaltlich erläutert werden müssen.

Soweit das Volkstümliche abgestorben ist, soll es nach Spranger nicht künstlich belebt werden. Aber alles, was noch lebendig glimmt und glüht soll zu neuem Leben erweckt werden. Dazu kann die *ganze* Volksschule beitragen, nicht nur *Heimatkunde*, das heißt heimatkundlich-weltkundlicher „Sachunterricht", wie Spranger *selbst* ihn versteht und wie ich ihn auf der Ebene didaktischer Wissenschaft für die Lehrer und mißtrauischen Hochschulkollegen erläutert habe als das *Bezugsfach „Standortwissenschaft"* für den Sachunterricht (vgl. Hinrichs 2000a, vgl. Klaus Giel 2000).

Für die sog. Sachfächer, *Realfächer* der Schule, gilt das ohnehin, soweit sie als Aspekte der Heimatkunde verwertbar sind (vgl. Hinrichs ebd. und Hinrichs/Bauer [Hg.] 2000b). Aber die Volksschule nach Sprangers Theorie hat eine Gesamtkonzeption der Inhalte des Unterrichts. Spranger nennt sie *Bildungsgüter*. Die vertiefte Heimatkunde, die zur Weltkunde im weiten Sinne wird, ist der tiefere *Gehalt* der Volksschule und all ihrer Fächer (etwa der Muttersprache, der Sprache und Inhalte im Sachunterricht, in Rechnen und Raumlehre – „Mathematik" und Geometrie –, im „bildhaften Gestalten" – „Kunst" –, im musisch-technischen Grundschul-„Werken", den „Wurzeln der menschlichen Wirkkraft", bis zum streng „technischen Werken" im Sinne Kerschensteiners in der Volksschuloberstufe. Usw. – . Vgl. 1955 u.ö., 60 unten). Daher kann man sagen: *Die Volksschule ist eine Volkserziehungs*-Schule. Sie ist ein wesentlicher *Förderer und Versittlicher der Volksmoral, der Moral unserer deutschen Gesellschaft.* Der Volksschullehrer hat eine Kulturaufgabe. Seine „Kulturfunktion" wird im III. Kapitel behandelt.

3. Der Kerngedanke zum Erziehungsziel

So entlehne ich die *Kernsätze aus der Schrift „Der Eigengeist der Volksschule"* dem I. Kapitel dieser Schrift über die vom Kinde her bedingte Aufgabe:

Aufgabe 3: „Die Aufgabe der Volksschule .. ist es", die Schüler zu befähigen für „den Eintritt ... in einfache Berufe", die ich auch Kultur-*Basisberufe* nenne. Insofern macht sie die Schüler „kulturfähig", „indem sie sie aus ihrer Eigenwelt herausholt und für die Eine gemeinsame Welt herausbildet, die im Abendland wesentlich Arbeitswelt ist. – Aufgabe 2: „Vorher aber hat" sie schon „... das Kind schulfähig gemacht" (Grundschule 1.–4. Schuljahr). „Davon ist in der Öffentlichkeit wenig die Rede, weil diese dazu neigt, entscheidend wichtige Vorgänge, die sich immer wiederholen" (in jedem Schuleingangsjahrgang), „als selbstverständlich hinzunehmen." Spranger *bewertet mindestens so hoch* – Aufgabe 1: *der Eltern, der Mütter und Väter: erziehungsfähig zu machen.*

Erziehungsfähig, schulfähig, kulturfähig werden, das sind „drei normale Stationen im Entwicklungsgang des Jugendlichen unserer Kultur". (1955 u.ö., 22 f.) – Extremer Kontrast zur heutigen Kita- und Frauenberufsnorm!

b) Zur „Kulturfunktion des Volksschullehrers – III. Kapitel – Mehrdimensionalität der Aufgabe

Es gehört zu Sprangers Hauptbemühen, die Verbindungen, die *Bänder zum Ganzen* hervorzuheben, von einzelnen Menschen, von Gruppen, von Institutionen. Dabei die Seelen der verschiedenen Menschen in ihrer Eigenart, ihrem *Eigenwert* mit ihren verschiedenen *Eigenwelten* schätzen zu lernen und künftige Lehrer das zu lehren. Isolationen, das ununterbrochene Zumachen der Klassenzimmertür vor anderen, hindern das Verstehen. Weil
„die Schule... in das Gesamtleben des Volkes eingelagert ist", erschöpft sich „der Auftrag des Volkserziehers nicht in der Schulstube". Daraus folgt „seine eigentümliche, höchst wichtige und weitgreifende Kulturfunktion". (1955 u.ö., 4/8).

Kulturfunktion in „drei Richtungen": *Schätzung* des „Eigenwertes" und „Eigenrechtes" in unserer Kultur hochhalten:
1. der *verschiedenen Jugendstufen*
2. der *verschiedenartigen Familienherkunft* der Schüler
3. des *geschichtlichen sozialkulturellen* industriegesellschaftlichen oder mehr ländlichen „*Kontextes*" der jeweiligen Schule, deren Einzugsbereichs, des Landes, Volkes, *dessen besonderer Welt der Gegenwart.* (Vgl. 49–51 f.)

Zu 1. Eigenwert der Altersstufen (Entwicklungsphasen)

Großen Wert legt der geisteswissenschaftliche Psychologe Spranger auf die Elemente der Entwicklungspsychologie seit Rousseau. Dies hebt er sehr deutlich hervor (gesperrt gedruckt):
„Es ist für eine gesunde Entwicklung des Menschen notwendig, daß er jede von der Natur gewollte Altersstruktur mit voller Intensität durchlebt, weil jede ihren eigentümlichen Sinn für die Gesamtentwicklung in sich trägt und durch ihn Notwendiges für das spätere Leben beiträgt. Wie die Pflanze nur in der Weise wächst, daß sie zugleich ihre Wurzeln ausbreitet", so könne auch der Mensch nicht „die Spätformen ausbilden ohne die Frühformen" (51).

Es dürfe – das ist ein Appell auch an die verschiedensten Instanzen, nicht zuletzt an Wirtschaft und Politik – nicht bloß darauf ankommen, hier, im Vorgang der Alters-Entwicklung:
„möglichst schnell ‚fertig' zu werden" (ebd.)

Spranger spricht (1) vom „magischen" Alter, auch *Märchen*-Alter genannt, wo Seele und Sache *noch* verwoben sind, Subjekt-Objekt-Einheit – (2) vom nüchtern beobachtenden, vom Objekt Distanz nehmenden *Knabenalter*, auch oft *Robinsonalter* genannt, der die Kausalität beachtenden Vorstufe des „technischen Menschen". Dieser, der „homo faber" ist im Abendland überbetont worden, einerseits bis zu höchsten, atemberaubenden, bewundernswerten Spitzenleistungen in Produkten der Technik, bis heute perfektioniert, wovon schon Sprangers rasante Zeit des Technikfortschritts damals noch kaum träumen konnte: anderseits dekadenzträchtig in der massenmedialen und Internet-Sucht der Massen. – Spranger skizziert (3) das *Jugendalter*, das der „Reife" (heute mit 18, früher mit 21) entgegengeht. Darin erwache das (ethische) *Wertorgan* (51 f.):
„das selbständige Organ für Werterlebnisse und Wertsetzungen". Verschiedene Möglichkeiten probiert die *Jugend experimentierend* aus, wobei „Umstände" helfen oder hindern. Überhaupt *spiele* „die Natur" hier mit den menschlichen Werdens-Möglichkeiten – so im, anderen, „Phänomen des Spielens" im *Kindesalter*. (Ebd.)

Doch die Schule sei eine unvermeidliche Beschränkung für die Ausbildung einer Kultur des Spielens, die Schiller für das Höchste hält (vgl. auch Huizinga, Homo ludens, 1938). Die *unentbehrliche* Schule dürfe *nicht alles* sein. Man kann auch sagen: Wegen bisheriger Verschulung
„ist die Gesamtentfaltung unserer Kultur bedroht durch den Phantasiemangel. Schule und industrielle Umgebung haben gleichmäßig dahin gewirkt", daß der „reife Mensch ... die bewegliche Hülle um seine Seele herum verloren" hat, „die ihn gegen die enge Realität ringsum lebendig erhält. ...
Derartige ‚Auszehrungen' zu verhüten, ist die Pflicht der Volksschule". (52 f.)

Die Volksschule hat also mit Schonung und Pflege der Eigenwelten wirksam zu werden gegen unsere hastende industriegesellschaftliche, ökonomistisch bedrohte Gegenwartswelt.
„Auch die Arbeit in der grundlegenden Schule ist eine echte Kunst." (1.–8./9. Schuljahr.)

Für diese *Lehrerkunst besonderer Art* muß man einen pädagogischen Begabungs- und Neigungskeim mitbringen, kann man nicht im Schnellkurs „abgerichtet" werden. Der Weg führe
„durch Studium, Selbstbesinnung und Praxis zu echtem Meistertum! Was in dem Wort *Schulmeister* liegen kann, muß wieder zu Ehren kommen." (53 f.)

„Neue" Erziehungs-„Wissenschaftler" der Pädagogischen Hochschule schon der 1960er Jahre haben gemeint, schulpraktische „Meisterlehre" im Studium verächtlich machen zu müssen. Heute wird „Meisterschaft" bestenfalls erst im technischen Beruf wieder schätzen gelernt. Ohne sie ginge der Lehrer unter in Grundschule und Hauptschule. Ein *erfahrener* Volksschullehrer, Oberlehrer Dr. F. Neukam, dem Spranger für seinen Rat ausdrücklich im Vorwort (1955, 5) dankt, betont

„die große Anforderung an den Volksschullehrer ..., mit dem warmen Sinn für das Bodenständig-Wurzelhafte die Liebe zu den überindividuellen Werten unserer Kultur zu verbinden. Nicht die wissenschaftliche Eingleisigkeit des Studienrates, nicht die rationale Vereinfachungskunst des Demagogen" sei seine besondere Aufgabe. „Das Mehrdimensionale ist immer das Schwierigere. Dieser Tatbestand rückt die Arbeit des Volksschullehrerstandes in das rechte Licht." (54)

Zu 2. Familienherkunft wertschätzen
Wächteramt des Volksschullehrers

Im heutigen Zeitalter der Kinderlosigkeit und Überalterung unserer Gesellschaft werden mehr Frauen in der Wirtschaft gebraucht – meint man. Daß damit der Nachwuchsmangel nur noch größer wird und somit auch der Mangel an Fachkräften in der Wirtschaft, wird kurzsichtig übersehen. Zweifellos wollen Frauen heute mit Recht auch in die Öffentlichkeit dürfen – und müssen es auch aus finanziellen Gründen mehr als früher. Ob sie damit im Einzelfall mehr den öffentlichen Erwartungen oder mehr ihren innersten Neigungen folgen, sei dahingestellt. Und wohin dann mit den Kindern? In die Krippe, in die Kindertagesstätte („Kita") – so heißt das neue kalte Wort für „Kindergarten". Welchen Wert hat dagegen die Erziehung durch die Eltern, zumindest die Mutter?

Eine *dauerhafte Bindung, Wohn- und Erziehungsgemeinschaft von Mann und Frau* schafft „Urvertrauen". Mannigfache elterliche Anregung galt bisher als bester Schutz und Stärkung kindlichen Werdens, selbst bei kriminellen Müttern, wenn sie dauerhaft Bezugspersonen bleiben (vgl. Spitz 1945/1968, 1954/1960), was vielfach wiederholte Forschungen und Experimente bestätigt haben (Erikson 1957, Nitschke 1962). Doch selbst der „häusliche" Intimbereich wird heute von einer wuchernden, ins Wohnzimmer eindringenden *Massen-Medien-Industrie* gestört, geprägt, ja gesprengt; die Absicht: Steigerung der Konsumenten-„Quoten" fast mit allen Mitteln.

Das Problem allgemein der *Miterzieher* ist das Gemisch von mehr, weniger *Wertvollem*, sehr viel Wertlosem und noch mehr destruktiv *Schädlichem für die Seele*, die Zunahme medienbedingter Kriminalität und Zunahme der psychischen Erkrankungen, die mit dem Auseinanderbrechen von Familien gesteigert wird. Die geschichtlich überlieferten *volkseigenen Traditionen* von Musik, Lied, Theater, Moralnormen, Bräuchen, Riten, Aufklärungsweisen, Erziehungsgewohnheiten, ob gut oder schlecht, werden weitgehend wegrasiert von uniformer Massenware, u.a. von *weltweit medial* verbreitetem trommelfellschädigenden gleichförmigen Wummern, ohrenbetäubend und die Sinne abstumpfend. Das Eindringen von Uniformem, seit den 1920er Jahren beschleunigt, potenziert sich.

Angesichts dessen versteht sich der realistisch gemäßigte Wunsch Sprangers für den Volksschullehrer und seine Kulturaufgabe:

„Es wäre zu wünschen, daß er mithülfe, den gesunden Stand der Familie nach Kräften zu fördern in dem Bewußtsein, daß alle Volkserziehung mit der Familie anfängt und von ihrer sittlichen Höhenlage abhängt." Mindestens aber möge er „sorgsam beobachten" welche Welt von zu Hause das Kind in seiner Seele „gleichsam mitbringt". Denn zwischen häuslicher Welt und Schulwelt „muß er ‚Brücken schlagen' ". (55, vgl. 54 f.)

Brücken *zwischen* Familien, die in einer je „eigenen" Welt leben (nach innen und im äußeren Kontext) *und* der offiziellen Schulwelt, die wiederum zur Erwachsenen-„Welt" zu führen hat. Daß der Lehrer *Heimatpfleger* und in beschriebener Weise *Volkstumspfleger* sein möge, hängt damit zusammen. Die *Notwendigkeit der Wissenschaft* als eines der Ziele der Schule sieht Spranger schon damals, aber auch ihr rationalisierendes „Übergewicht" in unserer Erwachsenenwelt, welche

„mannigfach rational überbaut" ist. „Mag" der Reichtum an erwähnten Volkstraditionen „aus zum Teil verschütteten *Urschichten* stammen". Derartiges „lebt noch fort, wie auch für den Gelehrtesten noch immer die Sonne aufgeht und untergeht, trotz Kopernikus." (56)

Und so darf man nicht hochmütig herabschauen auf das ungelehrte, naive, als „bildungsfern" deklassierte „Volk", nicht bei prekären Haushalten, wenn man z.B. als Lehrer Hausbesuche macht und für Elternabende einlädt. *Die darin enthaltene große Kulturaufgabe sieht man noch nicht. Zumindest die Volksschullehrerschaft (Grund-, Haupt-, Realschul-, Sekundarschullehrer) muß dieses neue Feld als den in unserer Zeit brennend notwendigen Aufgabenbereich erst noch entdecken und schätzen lernen, wenn die weitere Erkrankung unserer Schulpolitik und Gesellschaft überwunden werden soll.* (Vgl. Hinrichs 1977.) Es geht bei alledem um eine *Ant*wort, soweit von Seiten der *Pädagogik* nur möglich, *auf die uniformierende und nivellierende* (58) Rationalisierung der Welt, Verarmung der Kultur im Wirtschaftswachstums- und Medienwahn.

Zu 3. Industriell-technische Wirtschaft und Massenmedien
Ersatzbefriedigung und Rausch – Wächteramt als Kulturaufgabe

Spranger wehrt sich gegen das mögliche Mißverständnis „antiquierter" Vorstellungen, die ihm tatsächlich inzwischen längst notorisch unterstellt werden. Schon damals gilt für ihn die unvermeidliche *Anerkennung dessen, was man nicht zurückdrehen kann*.

Keineswegs solle der Lehrer „im Nebenamte so etwas wie Konservator" werden. „Selbst die traditionelle bäuerliche Kultur erliegt in schnellem Tempo der Rationalisierung, Technisierung, ansteckenden Verstädterung." Diesen „Prozeß abzudrehen", sei „aussichtslos". Es gebe ein *neues* gleichsam aufgesetztes, unechtes „Volkstümliches", „für das man ... noch keinen Namen hat", wo energischer und schwerer noch als beim alten Volkstümlichen, weil viel verwirrender, *auszuwählen* sei: das *Wertvollere* „*innerhalb* der Massengüter" sei dem weniger Wertvollen und Schädlichen vorzuziehen. (58 f.)

Uniformierung, Nivellierung, Vermassung durch die moderne Technik dieser neuen „Volkskultur" unter falscher „Flagge", etwa beim verschlagerten Volkslied, habe zwei durchgehende Merkmale: *Ersatzcharakter* für direkte Wirklichkeit und die „Nebenfunktion" als *Berauschungsmittel*. Sie soll einen Mangel an *Eigen*bewußtsein der Seele und der Geborgenheit übertönen (Vgl. ebd.). Z.B. importierte „schräge" Tänze von Schwarzen sind nicht „schlecht", doch darin wertvollere zu wählen.

„Filmbild statt des Theaters, Rundfunk statt lebendiger Rede, Motorrad statt Wandern, Negertanz statt Volkstanz, Kreuzworträtsel statt Meditation, Flirt statt Liebe usw." (58)

Bevor sich die Empörung des heutigen guten Menschen mit selbstverständlicher Erfahrung des Jazz, Blues usw. und mit inzwischen völlig geändertem, politisch korrektem Wortschatz regt, empfehle ich die zu jeder Interpretation notwendige *Nüchternheit* der Analyse und des historischen wissenschaftlichen Studierens, wie ich es im Seminar an dieser Stelle auch gehalten habe – mit erstaunlich nach gewaltigem Aufbäumen sich wandelnden studentischen Gedanken und Einsichten. – Zehn Jahre nach dem Krieg, 1955, und dem, zuerst erschreckten, Kennenlernen von Besatzungssoldaten, sogar „farbigen", waren Besatzung und „Neger" und ihre Musik inzwischen längst eine interessante neue Erscheinung in unserer Gesellschaft, nichts schlicht Geringgeschätztes. Es gab „Negerkinder" mit „Eigenwelten", besonders in der Volksschule, die als etwas interessantes Neues angesehen und geschätzt wurden. Das war meine Erfahrung als Volksschullehrer, auch unter Kollegen, seit 1955. Natürlich hing auch damals alles davon ab, ob der Lehrer gut war. Der „Negertanz" wurde von Deutschen, denen er von Herkunft her nicht so „lag", schon in den 1920er Jahren nachgemacht, nicht so gelenkig wie die Tanzweise des anderen Volkes. Und der *deutsche* Volkstanz war im Aussterben. – Von Ausnahmen wie in Bayern (ebenfalls absterbend) abgesehen. – Also kam der Negertanz – nach der davon 1933 relativ „gereinigten" NS-Zwangskultur – nach 1945 als bequem von Hollywood lieferbarer Ersatz für Absterbendes zurück, besonders in die Massenmedien. Im Absterben war das Schulsingen von eigenen Volksliedern erst seit etwa 1966. Es hinterläßt eine Leerstelle, die man nicht so leicht füllen kann. Musik und Theater: *früher* „live" auf dem Dorfplatz und im Gasthaus mit Bühne und Versammlungsraum – *jetzt* mehr und mehr Musik und Theater im technischen *Wunderwerk Radio*. Bequemer. Früher *Selbstspielen und Mitmachen aller*. Jetzt „Konsumieren" allein zu Haus „auf der Couch". Musik-Import, Tanz-Import, Theater-Import. Bequemer, doch geliefert, statt kulturell selbst erzeugt, statt in kultureller Gemeinschaft getätigt. Woanders Erzeugtes hier neu eingesetzt in eine leergewordene Stelle: „Ersatz".

„… oft bewundernswerte Leistungen der Technik …; man ist von dem Staunen darüber noch nicht zur Besinnung gekommen, und jetzt würde sie auch nichts mehr helfen." (58 f.)

Anders gesagt. Wir Europäer und Deutschen haben *versäumt, Stellung zu nehmen*. Der Lehrer könne sich dieser „stürmischen Bewegung" (zur Couchmentalität) nicht entgegenwerfen, zumal bei seiner ohnehin schweren Aufgabe, aber er könne sie
„hier und da in gesündere Bahnen lenken", er könne *„innerhalb* der Massengüter … dem Besseren zum Siege … verhelfen", ob in „Lektüre, …Lichtspiel, …Rundfunk" oder „Tanz". „Und die Natur bietet noch immer eine mütterliche Zuflucht" etwa beim Wandern, bei Lerngängen, Erkundung. – Erholung bieten *Natur* und, sehr wichtig, „die Welt der *Kunst*, … ein freieres und verschöntes Reich über der harten Realität, auch noch in der industriellen Gesellschaft." (59 f. – „Kunst" hervorgehoben von W.H.)

Gerade die Volksschule darf sich nicht als trocken kognitive inaktive „Buchschule" (Kerschensteiner) erschöpfen. Spranger legt großen Wert auf Umgang im Schulalter mit Kunst, auf die befreienden „musischen Fächer der Volksschule ... den Umgang mit der Musik und der Malerei", mit „Dichtkunst" im Deutschunterricht, auf alles ästhetische „Ergriffensein", das im kindlichen „magischen Verhältnis" zur Welt „wurzelt". Weil „alles künstlerische Gestalten eine Art von Wiederverzaubern der Wirklichkeit ist". (Vgl. 59 f.)

Er führt unter anderem an: Karl Hils, „Werken für alle. Von den Wurzeln der menschlichen Wirkkraft" (1953). Kindliches Werken, beginnend mit Kartoffeln, Kastanien usw., *musisches* Werken (schön gestaltend) nach Hils, *handwerkliche* Werkstattarbeiten nach Kerschensteiner (1908 u. 1925/1957) bereiten auf Kunst, Handwerks- und Industrietechnik vor. (Vgl. 8; 60 u. Anm. ebd.)

„Je bescheidener die Rolle wird, die das Bewahren alter Volkskunst (Volkslieder, Volksdichtung, Volkstanz, Gebrauchskunst usw.) noch spielen kann, um so mehr gilt es, unter dem Neuen, das sich in Fülle anbietet, eine Auswahl von solchen Werken zu treffen, die für die Seele eine heilsame Nahrung gewähren. Denn es ist bekannt: nirgends ist die Vermählung von Seele und Sache so eng wie im Gebiet des Ästhetisch-Bedeutsamen; nirgends wird so stark assimiliert; nirgends kann daher auch so viel Gift eingesogen werden." „Wo der einzelne Vertreter auch politisch stehe", Spranger war gegen einseitige Parteipolitisierung der Volksschullehrer, „in jedem Fall übt er als Mitglied seines Standes ein *Wächteramt* aus, das seine zentrale Aufgabe in der Bildung der Jugend hat, jedoch alles Wurzelhafte des gesamten Volkslebens mit umfaßt." (60 f. – Hervorhebung von W.H.)

c) Zum IV. Kapitel: Die Theorie von der Vielheit der Erlebniswelten

Spranger ist ein dankbarer Leser nicht nur der pädagogischen, didaktischen und philosophischen, sondern auch der philologischen, historischen und naturwissenschaftlichen Literatur. Schon in seinem Hauptwerk „Lebensformen" bekennt der Kulturphilosoph, angeregt zu sein von dem bekannten Biologen Jakob Freiherr von Uexküll und seiner Umwelttheorie, die ich selbst gern als eine *Beschränkung* des Terminus „Umwelt" auf den *biotischen* Bereich verstehen würde. Denn seinen empirischen Beweis hat er vor allem in der Tierwelt erbracht.

1. Spranger betont den Gegensatz dieser neuen Umweltlehre zur alten „Milieutheorie", welch letztere bis hin zur nationalsozialistisch adaptierten *einseitigen* Abstammungslehre, Darwins Kampf-ums-Dasein-Theorie, in die Propaganda ab 1933 und zur Ideologie der nordischen als der leib-seelisch-geistig stärksten „Rasse" geführt hat. (Vgl. 64.)

Spranger aber sieht den leisen Ursprung aller schließlich tödlichen, weil *einseitigen* ideologischen Systeme in einer ganz *einfachen Gedankenlosigkeit* (vgl. 64), die im selben „volkstümlichen" Alltag mit anderem Nebensächlichem unterläuft, ohne daß Böses dabei gedacht wird, wenn daraus eine große, einseitige einflußreiche Theorie gemacht wird. Daraus läßt sich dann ideologisch eher Honig saugen als aus Theorien mit offener Systematik. Um hier die zwei Ideologien zu erwähnen, die sich auf diese Milieutheorie oder Theorie der *Anpassung* an die Umwelt berufen: eben diese NS-Ideologie des Rechts des im Daseinskampf (Rassenkrieg) rassisch Angepaßteren, „Stärkeren", ferner die stalinistische (T. D. Lyssenko), die auf unmögliche pflanzliche „Anpassung" eine mißwirtschaftliche Landwirtschafts-Methode größten Ausmaßes baute.

Jeder fragt sich, warum er selbst nicht auf das gekommen ist, was Uexküll erkannt und benannt hat. Aber das ist das Geheimnis aller wissenschaftlichen Kreativität: *Alle großen Gedanken sind einfach.* So z.B. auch die Relativitätstheorie Einsteins, die auch Spranger nennt: Die „Umwelt" nach Uexküll einer Zecke ist 1. ihre *Merkwelt*: Schweißgeruch eines Tieres usw., 2. ihre *Wirkwelt*: Sichfallenlassen zum Blutsaugen. Außer diesem „Nahrungskreis" unterscheidet Uexküll drei weitere: den „Feindeskreis", den „Geschlechtskreis" und das „Medium" (Luft, Erde oder Wasser) der Bewegung.

„Buytendijk hat ... die Spielsphäre hinzugefügt, ... für unser pädagogisches Thema besonders wichtig." (67)

2. Spranger, der Hermeneutiker des *Sinn-Verstehens* hebt ein Zitat Uexkülls u.a. hervor: dasjenige Zitat, das die Brücke bildet zwischen dem *Tier* und dem Tier mit Geist oder Kultur, dem *Menschen*. Es weist auf den *Bedeutsamkeitsaspekt* jeder Umwelt, auch der des Menschen, hin. Denn diesen gibt es nur bei *Lebewesen*, sofern sie eine *Seele* haben.

„Der Frage nach der Bedeutung gebührt ... bei allen Lebewesen der erste Rang. Erst wenn sie gelöst ist, hat es einen Sinn, nach den kausalbedingten Vorgängen zu forschen, die immer äußerst begrenzt sind, da die Tätigkeit der lebenden Zellen durch ihre Ichtöne geleitet wird." (Uexküll: Bedeutungslehre 1940, S. 14, zit. nach Spranger 68.)

Welche Bedeutung, welchen Sinn und Wert hat diese und jene Erscheinung in meiner Welt für mich? Das kann sich nur der Mensch *bewußt fragen*, das Tier nicht, obwohl es (für uns) so ist, als ob es sich das fragte. Deswegen schreiben wir dem Tier und vielleicht den Pflanzen auch eine Seele zu. Dann hat nur der Mensch diejenige Seele, die nach dem *Sinn* seines Daseins und der Welt des

Seins überhaupt *fragen* kann und versuchen kann, ein sinnvolles Leben durch Haltung und Handeln zu leben, Kultur zu haben und zu bauen.

Diese meine Gedanken schließen sich an Sprangers Übertragung der Umweltlehre Uexkülls auf die geisteswissenschaftliche Ebene an, ohne dem genauen Gedankengang dieses Kapitels zu folgen. Spranger schreibt dem *Menschen im Unterschied zum Tier* mit dem durch Dilthey bedeutungsschwer gewordenen Begriff „Erlebnis" *die Vielheit der Erlebniswelten* zu. Inwiefern er als *verstehender Kulturphilosoph und Kulturpädagoge* über Dilthey hinausgeht, das soll mein Beitrag über die Hermeneutik als „Verstehende Kulturphilosophie …" in diesem Buch erörtern.

Seine philosophisch-pädagogische Anthropologie knüpft er nicht mehr wie Uexküll philosophisch an dessen höchst anregende Umweltlehre über den Menschen an. Sondern sie ist eine von ihr angeregte *geisteswissenschaftliche* Pädagogik, Kulturphilosophie, Ethik und Psychologie der *Persönlichkeit*.

Spranger hat aus dieser seiner Gesamtkonzeption die Theorie der sechs (Erlebnis-)„Welten" oder Sinnzusammenhänge 1. des ökonomischen Seins entwickelt (Wirtschaft), 2. des politischen Seins (Macht), 3. des sozialen Seins (Liebe), 4. des theoretischen (Wissenschaft), 5. des ästhetischen (Kunst) und 6. des religiösen Seins. *Ohne endgültigen Anspruch auf Vollständigkeit dieser Seins- oder Lebensformen und Kulturgebiete zu erheben, ohne sie als statische und im Leben selbst isolierte „Gebiete" zu konzipieren, ohne die Ausführung der Theorie je eines dieser Gebiete, einer dieser „Lebensformen" als abgeschlossen zu betrachten.* Mir hat er als einem Doktoranden für meine Arbeit über die „Theorie der Geselligkeit" bei Schleiermacher (Hinrichs 1965) die selbstkritische Bemerkung mitgegeben: Er sei nicht zufrieden mit seiner Lebensform des Sozialen, der Gesellschaft, und es sei noch offen, ob überhaupt, und wenn ja, wo die Pädagogik in seiner Theorie der „Lebensformen" unterzubringen sei. Anders gesagt. Durch die Blume hat Spranger mir gesagt: Mach du etwas Eigenes als Erzieher draus! – Doch zurück zu Sprangers Volksschultheorie.

Dem hier besprochenen 2. Abschnitt des IV. Kapitels seiner Volksschultheorie folgen noch die Abschnitte 3, 4 und 5, die mit dem Begriff *Standortwechsel*, „Sichhineinversetzen", dem Beginn alles Verstehens (Abschnitt 3) überleiten zu seiner Gesamtkonzeption, wie ich es anders in meinem Beitrag über die Hermeneutik in diesem Buch versucht habe. Die wertbezogene Voraussetzungsabhängigkeit alles Denkens und die Neutralisierungsfunktion der Wissenschaft (Abschnitt 4) und schließlich die *Gesamtaufgabe der Geisteswissenschaften* im Zusammenhang (4 und 5) mit dem Thema der Volkstümlichkeit, des Volks- und Zeitgeistes. – Mindestens das IV. Kapitel halte ich für so lehrreich, daß es Pflichtlektüre für unsere Lehrer sein sollte. Wer es im Originaltext nicht versteht, versteht Spranger nicht.

Zu den Interpretationen

Am 8./9. August 2012 fand an der Universität Siegen ein „Internationaler Spranger-Kongreß" statt zum 130. Geburtstag von Eduard Spranger (27.06.1882–17.09.1963), organisiert von Jürgen Bellers (Siegener Professor für Politikwissenschaft, Fakultät I), Markus Porsche-Ludwig (Professor für Philosophie, Politikwissenschaft u.a., Universität Hualien, Taiwan) und Wolfgang Hinrichs (Siegener Professor für Pädagogik/Allgemeine Didaktik und Schulpädagogik, Fakultät II). Spranger war ab 1911 an der Universität Leipzig, 1920–1946 an der Universität Berlin Professor für Philosophie und Pädagogik. 1946–1963 wirkte er an der Universität in Tübingen, wo er 1952 seine Vorlesungen einstellte. In Europa und bis nach Südamerika und Ostasien wurden Werke von ihm übersetzt.

Die Kongreß-Vorträge behandelten Sprangers Bedeutung für die Berufspädagogik, seine politische Position und leitmotivisch Spranger als Philosoph, Pädagoge und Geisteswissenschaftler.

Der Kongreß erhielt nicht zufällig einen politischen Akzent. Eduard Spranger war als kulturphilosophisch-pädagogischer „Klassiker" anerkannt bis in die 1950er/60er Jahre und ist es trotz mächtiger gegenläufiger Trends in nicht geringem Maß bis heute. Er ist im 20. Jahrhundert politischer Extreme und totaler Kriege zum Lehrer und Verteidiger der *Freiheit und Selbstgesetzgebung* (Autonomie) der Wissenschaft und der Erziehung geworden und mit den extremen politischen Systemen in Konflikt geraten. Im „3. Reich" Hitlers wurde er kaltgestellt und hatte aufgrund seines Weltrufes trotzdem internationale und nationale pädagogische Wirkung. 1945 im Sowjetsektor Berlins versuchte der wegen seiner politischen Integrität bei Kriegsende zum Rektor gewählte Spranger vergeblich, die Universität Berlin dem kommunistischen Oktroy zu entziehen und unter Viermächtekontrolle zu bringen.

Die *Gliederung* der Interpretationen in unserem Buch ist *nicht* chronologisch an den *Lebensstationen* Sprangers ausgerichtet, obwohl wir hier zu *jeder* der Stationen des erwachsenen Spranger Interpretationen bieten können: zur *Berliner* Zeit Sprangers seit etwa 1900, ferner *vor, in* bzw. *am und nach Ende* der Zeit des Hitlerregimes 1945 – und zur Tübinger Zeit der Bundesrepublik. Vielmehr soll am Anfang das von Hinrichs behandelt werden, was Verstehen und „verstehende Kulturphilosophie" nach Spranger (Buchtitel) heißt. „Verstehen" ist entweder hermeneutische als *geisteswissenschaftlich-kulturphilosophische* Methode, oder diese Verstehenstheorie spielt in anderen „Hermeneutik"-Auffassungen zumindest nicht die entscheidende Rolle (vgl. Hinrichs 2012, 2012a).

Die politische und kollegiale Haltung Sprangers zum und im nationalsozialistischen Regime und grundsätzlich zur NS-Ideologie behandeln Bräuer und Weiß auf grundverschiedene Weise explizit, wird aber auch in anderen Interpretationen mitberücksichtigt. Im übrigen ist sie Leitmotiv wie überhaupt auch die Haltung zur „verstehenden" bzw. „hermeneutischen" Denkweise und die damit verbundenen Kontroversen. Das Wegweisende der Haltung Sprangers (bei Bräuer implizite) und seiner Leistung wird vor allem behandelt von Porsche-Ludwig, Bellers und Hinrichs.

Die Studienzeit ab 1900 wird in dieser Einleitung indirekt als Einblick ins Professorenkollegium der Berliner Philosophischen Fakultät von Tenorth behandelt, direkt von Tenorth, sofern er ein Bild des Lehrers Paulsen liefert, dem Spranger die Ermutigung und freie Anbahnung seiner Entwicklung zu seiner kulturphilosophisch, pädagogisch, kultur- und bildungspolitisch führenden öffentlichen Position sowie entscheidende inhaltlich geistige Anstöße dazu verdankt. So daß Spranger ganz neu konzipierend *Wirtschaft* und *Politik* als *gleich-höchstwertige Kultur*-Gebiete untersucht *mit* den anderen, den alten, gewöhnlich als Kultur geltenden Gebieten in einer neuen Philosophie der Gesamtkultur – im Gegensatz zu den gängigen Kulturvorstellungen.

Dies ist das *größte Interpretationswagnis* meines Bildes der Kulturphilosophie Sprangers, das ich aber durch meine Schriften über Spranger vielfach *belegt und bestätigt* glaube – *gleichzeitig mein energischstes Plädoyer*. Man müßte in Sprangers „Lebensformen" die schwierigen Kapitel über „Die Rangordnung der Werte" und „Das persönliche Ideal" lesen, hier nicht abgedruckt (1950, 312–354; 1965, 269–306). – Die hier gedruckten Originaltexte sollen ja zum Weiterlesen anregen. – Ich habe das ausführlicher erörtert unter dem Thema „Hierarchie oder Pluralismus der Kulturmotive und -gebiete?" bei Spranger (Hinrichs 2004, 173–182) – und für *Pluralismus* entschieden: Unter der Voraussetzung der Umfassung des *persönlichen ganzen* Wert-Inneren durch *religiös-metaphysisch-vertieftes* Gestalten und Erleben, jedoch *aus* der eigenen *bevorzugten individuellen Wertrichtung* und Kulturgebietsorientierung. – *Gebiet und Motivationsrichtung „Staat" oder „Kirche" etwa dürfen nicht zur Alternative Staatspartei-Ideologie oder Gottesstaat führen.* (Vgl. Hinrichs ebd.)

Die Beurteilung Sprangers als entschiedener Gegner des politischen Extremismus war in den 1950er Jahren in Westdeutschland fast einhellig. Seit den 1960er/70er Jahren aber wurde besonders in sozialwissenschaftlichen und erziehungswissenschaftlichen Kreisen eine neue akademische Generation herrschend, die fast durchweg durch gleichsam investigative, manchmal übereifrige Forschung ihren Verdacht gegen die in den 1950er Jahren Maßgebenden, namentlich den Verdacht einer „Affinität" zum Nationalsozialismus, besonders bei dem weit überlegenen Wissenschaftler und Pädagogen Spranger, behauptete und erhärten wollte. Inzwischen ist die Diskussion sachlicher geworden. Einer der Vertreter der weiter vorbehaltlos politisch kämpfenden Extrem-Verdächtiger ist Edgar Weiß.

Zu Weiß' Beitrag

Gewiß ist auch Spranger Kind seiner Zeit. Aber kaum einer hat dies so gut gewußt und war so selbstkritisch wie er. Für die beckmesserischen nachgeborenen „Forscher" bloß nach bräunlich scheinenden Flecken ist die hier vertretene Sicht Sprangers als Vertreter der Freiheit und Autonomie gegen *beide* extremistischen Systeme „obsolet". Dieser Streit war nicht im Fokus des Kongresses, wurde aber von dem Siegener Kollegen Dr. habil. Edgar Weiß gleich am Anfang der Diskussion des Siegener Kongresses entfacht. Daher wurde Weiß für diesen Sprangerband um Mitarbeit gebeten. Er berichtet zwar über Würdigungen, liefert jedoch einen extremen Verriß, den man auf Schritt und Tritt mit *vollständigen* Sprangerzitaten konfrontieren müßte, in seinem Beitrag *„Eduard Spranger im Kontext seiner ‚dienenden Hingabe an eine einheitlich organisierte Kollektivmacht' – Politische Optionen eines Pädagogen",* womit er sofort quasi *Kollektivismus unterstellt.* Er stellt zu Spranger aus marxistischer, anti-„autoritärer" Sicht „auch heute in besorgniserregendem Maße Zuspruch" fest, verurteilt also eine „aktualisierte Spranger-Rezeption", somit dieses Buch, in dem er freies Wort hat.

Weiß führt u.a. für NS-„Affinität" den in den letzten vier Jahrzehnten viel mit z.T. vernichtender Kritik zitierten Text Sprangers an: *März 1933.* Aber Sprangers *Rücktrittsgesuch* vom 25.04.1933 (später wegen Wirkungslosigkeit u.a. zurückgenommen) spricht dagegen: *inhaltlich* begründet mit seinem (wissenschaftlichen) *Gewissen* – und *förmlich*: aus Anlaß seiner Brüskierung als ordentlicher Professor der Philosophie und Pädagogik durch die Bugsierung des Nationalsozialisten Alfred Baeumler an die Universität Berlin zum Ordinarius für politische Pädagogik, also zum Aufpasser „neben" Spranger. Ohne ordentliches Berufungsverfahren über Sprangers Kopf hinweg.[1] Spranger scheint im Blick auf *März 1933,* der Gründung der Diktatur („Ermächtigungsgesetz"), für heutige *Nachgeborene* dem Nationalsozialismus weit entgegenzukommen. Doch *wohlgemerkt im neuen Terrorstaat,* durch klares öffentlich

---
1 *Wortlaut:* Sylvia Martinsen/Werner Sacher 2002, 428, Anm. 234; genaue Vorgänge: vgl. Briefe 27.04.–16.07. 33 ff. S. 290 ff.

wirksames offenes Wort, *„schwimmt" er kritisch „gegen den Strom" schon* mit eben seinem Aufsatz *März 1933* im *Juliheft*, der vier Monate zurückblickt in der damals bekanntesten, von ihm maßgebend betreuten pädagogischen Zeitschrift „Die Erziehung".

„Wofür ich gelebt und gekämpft habe, ist nicht mehr da." (Spranger in existentieller Empörung und Not an Käthe Hadlich 10. Mai 1933, Martinsen/Sacher 2002, auch über „Terror" 16 Tage nach Rücktrittsgesuch 292 f.)

Spranger muß also im Aufsatz *März 1933* sehr *vorsichtig* sein. Gegen „Terror" (s.o.) der braunen „Bewegung", welche *(physische)* „Rasse" und „Volk", „Blut und Boden" absolutsetzt, versucht er, von ihrem *„positiven* Kern" – Verabsolutierung des „Lebens" des „Volks" – eine *ethische* Linie zu ziehen. Zur „Volkssittlichkeit" (1933, 407), zum *Meta-Physischen* – als preußischer Protestant zur
„Freiheit eines Christenmenschen" (403), zu „geistiger Volksgesundheit" (401, Hervorhebg. von W.H.).

Das konnte dem kirchenfeindlichen Nationalsozialismus nicht recht sein. Für Spranger geht es vor allem um *sittliche* Vitalität, nicht um physische, *nicht* um eine Jugend „hart wie Kruppstahl" (Hitler). Er sucht, vom wirren Beginn des irrationalen „3. Reichs" ein *ideelles* Band zu knüpfen:
zum „Gefühl für die metaphysischen Wurzeln des Daseins, den christlichen Glauben an Gott und das demütige Bewußtsein, daß das wahre Leben nur durch Einsatz des Lebens für Göttliches und Mehr-als-Irdisches gewonnen werden kann" (1933, 401).

Also vom *scheinbar* zum für Spranger *wahrhaft* Positiven, den *metaphysischen Wurzeln*. Dies klingt gar nicht nach Lob der Ideologie des bloß weltlichen Führen-, Herrschen-, Siegenwollens des martialischen Nationalsozialismus und seiner Forderung blinder Unterordnung. Das ideologisch verabsolutierte Physische, „Blut und Boden", ist hier gerade aus dem Zentrum gerückt und dessen Privilegierung in Frage gestellt. Vielmehr wendet sich Spranger *dagegen wie* gegen Materialismus, Marxismus, Freudianismus (ebd.), Kommunismus *und* „Staatsklaventum" (403), trifft mit der Wendung gegen Sowjetrußland auch den totalitären braunen *Staat*, ruft *dagegen* die „Freiheit eines Christenmenschen" auf: Unmittelbar bevor Spranger den *„positiven* Kern", die Volksorientierung, erwähnt (402 f.). Nicht das deutsche „Blut" hält er für zentral wichtig, obgleich er die zeitgemäße Stärkung des „Lebens" des politisch und wirtschaftlich am Boden liegenden deutschen Volkes damals ausführlich und differenziert erörtert (vgl. 404–406), sondern die *volksmoralische Tradition* des deutschen Dichter- und Denker-Volkes, „Wissenschaft, Kunst und Volks-

bildung" (407). Und so wendet er sich gerade gegen eine einseitige Erziehung, wie sie die Ideologie betont. Er *warnt* (sic),
„daß darüber das ‚Ganze' der Volkserziehung nicht gefährdet werde" (ebd.).

Zum Schluß erwägt Spranger seinem Stil gemäß *zwar* die ihm entgegenstehende NS-Position *fragend*: Ist der (unklare damalige) Ruf nach dem „Erziehungsdiktator" berechtigt? Doch will die
Frage sokratisch: die Stellungnahme herausfordern *gegen* das „Gesinnungmachen", also *gegen Gesinnungsdiktatur*, und weiter dagegen zu plädieren mit dem Satz: „Der Geist läßt sich nicht zwingen", „nur ... *herausholen*" (ebd.).

Erziehung heißt: *jeden* zu sich *selbst, seiner (geistigen) Eigenart*, befreien (vgl. ebd.): Das ist seine Stellungnahme wieder *gegen* bloß physische „Lebens"-Orientierung! Sprangers eindeutig gegen NS-Linientreue gerichtete Aufsatzstellen werden in der *verdächtigenden* Kritik gewöhnlich *nicht* zitiert. Sprangers Aufsatz ist nach dieser hier vom Verfasser der Einleitung bescheiden vorgeschlagenen Deutung allenfalls *scheinbar* NS-affin, *in Wahrheit aber gerade nicht*! Spranger unternimmt den verzweifelten Versuch, im verstehenden Entgegenkommen: den ideologischen Strom *umzulenken*. Das *hatte* Spranger schon *eindeutig* als *Protest* bekräftigt mit seinem bekannten Rücktrittsgesuch.

Endlich legt schon Weiß' *Titel seines Beitrages mit Sprangerzitat* ein fatales Mißverständnis von blind hingebendem Dienst am Kollektiv nahe. „Kollektivmacht", die in Weiß' Titelzitat dominiert, versteht Spranger in seinem von Weiß gemeinten *Aufsatz von 1928* nur als den *einen Teil (unter anderen)* seiner *Rechts*-Staats- (!) Definition (Spranger 1928, 81 [1932, 172], vgl. 84 [174] zu Weiß' Titelzitat). Politische Erziehung zum „Dienst" (vgl. 84, 79 f., [174, 171]) meint Spranger *in der Weimarer Zeit 1928* entgegen allen Unterstellungen als *Beschwörung der Demokratie*, als
Dienst am „demokratischen Staat". Er sieht dies als an „jeden herantretende Forderung", sittliche „Konflikte" in seinem *Gewissen verantwortungsbewußt* auszutragen: (ideales) *Ziel für jeden, aus dem „bestehenden" Staat einen „Vernunftstaat" machen* zu helfen (178 [89]). Aufforderung zur „sinnbestimmte(n) *Stellungnahme*", gegen *bloßes, blindes* „Bejahen und ... Mittragen des gegebenen Staates", gegen Mitläufertum (169 [77] – Hervorhebg'n v. W.H.).

Gegen den erweckten Anschein ist zumindest hier, für *1928*, gezeigt: Spranger ist für *Demokratie*.
Zuzugeben ist: Ein und derselbe Text kann verschieden gedeutet werden. Jedoch nicht beliebig. Es gilt, die einfachsten Interpretationsregeln zu wahren,

und zwar sowohl für den von Edgar Weiß *verfochtenen* wie aber auch – nicht minder streng – für den hier in der Einleitung dagegen *vorgeschlagenen* Interpretationsansatz. Jeder Leser sollte *seine* Stellungnahme erarbeiten.

Es scheint sich gut zu treffen, daß der Vortrag und Buchbeitrag von Wolfgang Hinrichs „ ... *Wege und Irrwege der Hermeneutik*" von vornherein auf verschiedene theoretische Ansätze des Verständnisses von Hermeneutik (Interpretationstheorie?, Lehre vom „Verstehen" – oder von „Verständigung" wie bei einer Vertragsverhandlung?) eingehen will. Die Leser mögen sich durch dieses Buch zum Weiterstudium angeregt fühlen, um selbst begründet Stellung zu beziehen.

Zu Bräuers Beitrag

Der Vortrag und Beitrag von Prof. Dr. Gottfried Bräuer (Professor für Allgemeine Pädagogik, Pädagogische Hochschule Ludwigsburg) stellt den *bis 1945* nationalsozialistischen (mit anderer Stoßrichtung *nach* 1945) *politisch* kämpfenden Star-*Juristen* Carl Schmitt dem leise und bescheiden fragenden Spranger nach Kriegsende 1945 gegenüber. Gottfried Bräuer ist philosophischer Pädagoge. Bekannt als Mitherausgeber der Gesammelten Schriften Sprangers (GS), sprach er als erster, und zwar zum Thema „*Ein Blick auf das Verhältnis von Eduard Spranger und Carl Schmitt*".

Zunächst einige Vor-Informationen: Nach dem Krieg 1945 war die weltbekannte Berliner Universität zerstört, wie fast ganz Berlin, und Eduard Spranger zum kommissarischen Rektor gewählt. – Seine Unbestechlichkeit im NS-System, seine Nähe zum Widerstand vom 20. Juli 1944, sein vertrauter Umgang mit Generaloberst Ludwig Beck in der Mittwochsgesellschaft, drohende Hinrichtung, zehnwöchige Haft als Widerstandsverdächtiger im berüchtigten NS-Gefängnis Moabit waren bekannt. Doch Beck hatte ihn nicht zum Mitwisser gemacht. Erst durch Intervention des japanischen Botschafters konnte Sprangers Ehefrau Susanne seine Freilassung aus der Haftanstalt erwirken. – Vergeblich wollte Spranger, wie erwähnt, als Rektor die dem Sowjetsektor Berlins zugehörige Universität dem kommunistischen Einfluß entziehen und unter Viermächtekontrolle bringen. Unter wachsendem Druck in der Sowjetzone wurde Spranger als Rektor amtsenthoben, machtlos und nahm den Ruf an die Universität Tübingen an, wo er bis zu seinem Tode wirkte.

Zur Entnazifizierung sofort nach Kriegsende 1945 mußte Spranger zu Beginn seiner Zeit als Rektor in Berlin einen „Fragebogen" den Berliner Kollegen zustellen, so auch Prof. Dr. Carl Schmitt, dem bis Kriegsende führenden

NS-Staatsrechtler. Spranger besuchte den Kollegen und suchte taktvoll den persönlich-vertraulichen Austausch, um ihm dann nahezulegen, das Formular nicht auszufüllen. Er begann das Gespräch vorsichtig: der „überaus geistvolle" Schmitt erscheine ihm „undurchsichtig". Spranger suchte offensichtlich das Gewissen des Pro-Hitler-Staatsrechtlers wachzurufen, ohne inhaltlich in Gewissensbezirke anderer, hier Carl Schmitts, deren innere Kämpfe, überheblich eindringen zu wollen. Gottfried Bräuer konnte all dies glaubwürdig belegen an Hand schriftlicher Aufzeichnungen Schmitts und Sprangers. Denn vor kurzem ist die wichtige *Biographie* über Carl *Schmitt* von Reinhard Mehring (2009) erschienen, der die Dokumente aufgefunden, benannt und den Vorgang beschrieben hat (2009, 439 f.). Schmitt hat Bericht und Stellungnahme zum Gespräch aus seiner (!) Sicht geschrieben und *veröffentlicht!* in seinem Buch (1950) „Ex Captivitate Salus. Erfahrungen ... 1945/47" (deutsch: Aus der Gefangenschaft erwächst Heil).

Spranger hat nach Bekanntwerden der Schrift dazu eine kurze schriftliche *eigene* Erklärung zu seinen Akten gelegt und 1951 einem Schüler Schmitts in Tübingen ausgehändigt (Mehring ebd.) mit der Bemerkung: *nicht für die Presse!* Erst Jahrzehnte nach seinem Tod, 1996 wurde sie publiziert, die ganz andere (!) Sicht Sprangers des Gesprächs, für den Vertraulichkeit Ehrensache war (Tommissen 1996, 207; siehe Bräuers Anm. 10 in diesem Band).

Mehring (a.a.O.): Schmitt „stellt Spranger dafür später öffentlich bloß". Bräuer hat dies dem heutigen Publikum erläutert in einem tief beeindruckenden Gemälde der damaligen Zeitgeschichte.

Carl Schmitts Theorie definiert Politik und Macht als „Freund-Feind-Verhältnis" mit Vernichtungstendenz, also Gewaltherrschaft, Diktatur, passend zum Nationalsozialismus. Bei späterer Wiedergabe von Sprangers leisem Appell an Schmitts Gewissen und Selbst legt Schmitt 1950 (^{3}2010, 9–11, zit. nach Bräuer) seinem Gegenüber Spranger, der mit ihm 1945 vertraulich spricht, die Worte nachträglich in den Mund: „Wer bist du?" – Schmitts *öffentlicher* Gegenschlag 1950: „Ich sah meinen Interrogator an und dachte: Wer bist *Du* denn eigentlich, der Du mich so in Frage stellst? Woher deine Überlegenheit?", sinngemäß also: der du dich über mich erhebst. Bräuers genau belegte Darstellung zeigt, daß Schmitt gegen Spranger hiermit literarisch vorging, der sich die – vertrauliche – Fragebogenzustellung auch einfacher hätte machen können.

Bräuer leitet die Sicht von der anderen (!) Seite Sprangers wirkungsvoll mit dem alten Juristenwort ein: „Audiatur et altera pars!" (Zu hören ist auch die andere Seite!)

Ergebnis – von Bräuer als klaffender Gegensatz enthüllt: Schmitt „dreht" den angeblich von „außen" auf ihn von Spranger gerichteten „Spieß um", während Spranger Schmitt bloß auf einen möglichen „inneren" Konflikt aufmerksam machen wollte, ohne den Richter spielen zu wollen. Eine Gewissensfrage wird in eine äußere Machtfrage und zum Kampf umgefälscht, *polemisch politisiert*, als Freund-Feind-Verhältnis. *Gegen* Spranger – nicht persönlich, aber als Amtsträger, als der er sich aber nicht aufführt – wird öffentlich vorgegangen. – Kurze Erläuterung zu *Bräuers Vortrag, 3. Teil*:

Hinzuweisen ist 1. bei Bräuers Einschätzung der Stellung Sprangers zum „politischen Liberalismus", sie sei „im wesentlichen" positiv: auf den *Originaltext* über die Lebensformen des *ökonomischen* und des *politischen Menschen*, 2. bei Bräuers formal korrektem Bericht über Spranger: er sei als kommissarischer *Rektor der Berliner Universität* „offiziell ... entlassen": Es sei bei *heute verblassender Geschichtskenntnis* hier erneut erinnert: Sprangers *Aktivität* wurde dadurch unterbunden in der *totalitären Sowjetrussischen Besatzungszone* der Viermächtestadt unter Terror bei verständnislosen Westmächten, so daß er 1946 den Ruf nach Tübingen annahm.

Ist nun das Recht aus der *Macht* politisch herzuleiten (Carl Schmitt) oder die Macht aus dem *Recht*? Diese mit didaktischer Kunst gestellte und offen gehaltene Grundsatzfrage in Bräuers Vortrag ist selbst heute unter Professoren ungelöst. Die lebhafte bis heftige Diskussion bewies es.

Zu Hinrichs' Beitrag

Wolfgang Hinrichs' (Siegen) Thema lautet: „*Verstehende Kulturphilosophie und Kulturpädagogik – Wege und Irrwege der Hermeneutik*". Hinrichs, Schüler von Spranger, stellt die moderne Geschichte des Hermeneutik-Begriffs dar, zunächst der Methode, menschliche Äußerungen und Werke zu „verstehen", zu „interpretieren", zu deuten. Schleiermacher (1768–1834), der bekannte Philosoph und Theologe, habe damit schon früh im 19. Jahrhundert den Siegeszug deutscher Geistes- und Naturwissenschaften begründet. Seine Forderung: Keine Wissenschaft ohne Gegenstand, der sinnlich wahrnehmbar, also „empirisch" vorliegt; keine Wissenschaft aber auch ohne philosophisch-systematisches Denken, ohne hermeneutische Einordnung des Gegenstandes (z.B. Text) als Teil eines größeren Ganzen, schließlich im größeren geschichtlichen Zusammenhang (Kontext). Diese Auffassung von Wissenschaft: Philosophie und Empirie in wechselseitiger Abhängigkeit, löste den deutschen Idealismus ab. Intuition *einerseits*: hypothetische Vorwegnahme des Zusammenhangs. Prüfende Denkmethode *andererseits*: Sei sie experimentell *naturwissenschaftlich*. Sei sie „interpretierend", das Wort geisteswissenschaftlich für diese Hermeneutikmethode seit Schleiermacher habe Wilhelm Dilthey (1833–1911) verbreitet.

Eduard Spranger, so Hinrichs, habe im 20. Jahrhundert ins *geisteswissenschaftliche* Verstehen den Schritt zu entschieden konsequenterer Selbstkritik getan, zum Berücksichtigen des Übersubjektiven, Überindividuellen, Objektiven. Wolle man einen Werk-Autor möglichst genau „besser verstehen" als dieser „sich selbst", so müsse man einen Horizont der historisch gewordenen *objektiven kulturellen* „Struktur" des Lebens sich hart erarbeitet haben.

Als Kulturphilosoph habe Spranger nicht wie üblich die übergreifende menschliche *objektive* Kultur bloß „gefeiert" als Wissenschaft, Kunst und Religion/Kirche, sondern die objektiven Gebiete der *nutzbringenden Lebenspraxis*, Staat/Politik, Wirtschaft und Gesellschaft als ethische Kuluraufgabe ersten Ranges *gleich hoch* gestellt. Die landläufige Begabungsvorstellung von „Intelligenz", von „mehr oder weniger begabt", klug oder dumm, dieses bloße Oben-unten-Aufstiegs-Denken läßt im *engen* Sinne *nutzbringend praktisch* Begabte links liegen. Das wirkt nach Hinrichs gesellschaftsspaltend. Es mißachte im Effekt auch und besonders das „Prekariat". Sprangers Theorie einer *Vielfalt* der *subjektiven Begabungen zu den verschiedenen objektiven* Kulturgebieten stufe z.B. praktisch-technische und praktisch-künstlerische (inklusive: musikalische) Begabungen ein als gleichwertig mit „kognitiven", gymnasial-akademischen Begabungen.

Spranger und dem Arbeitsschul- und Berufspädagogen Georg Kerschensteiner hätten wir das vielseitige, auf die vielfache Verschiedenheit der Begabungen eingehende deutsche *Volks- und Berufsschulwesen* zu verdanken und das *Duale System der Berufsausbildung* in Betrieb und Berufsschule. Dafür bewundere man uns Deutsche heute.

Hinrichs behandelt dann solche „Hermeneutiker", die sich ausdrücklich (eher) gegen Geisteswissenschaften und zu den „Sozialwissenschaften" hin wenden. Georg Gadamer (1900–2002), der für Hinrichs eher existenzphilosophische als geisteswissenschaftliche Philosoph, habe in seinem Artikel „Hermeneutik" in einem wichtigen lexikalischen Jahrhundertwerk grobfahrlässig eine dafür zentral wichtige Schrift Sprangers *nebenbei* genannt, völlig mißdeutet, ja könnte sie gar nicht gelesen haben, höchstens die Überschrift, aber ebenfalls falsch zitierend. Er werde zum Polemiker gegen Sprangers Position, zum existenzphilosophischen Rechthaber, statt sich verstehend auseinanderzusetzen. – Hinrichs' Kritik an Jürgen Habermas (Frankfurter Schule) zielt dahin, wo dieser die anspruchsvolle Hermeneutik der „Interpretation" als bloßes Abgleiten in „Konversation" abtut, falls daraus nicht ein „Mechanismus" zum gesellschaftspolitischen „kommunikativen Handeln" würde. Den Begriff

Sozialwissenschaften – soweit nicht als ideologischer Kampfbegriff die Geisteswissenschaften diskriminierend, wie bei Habermas – erkennt Hinrichs an. Wie Bräuer mittels der Darstellung von Spranger und Schmitt, so wandte sich Hinrichs direkt gegen derartige Verdrängung des selbstkritischen Wahrheits- und Wissenschafts-Gewissens und damit gegen *Politisierung der Wissenschaft*. (Vgl. zu Hinrichs' Beitrag überhaupt: ders. 2012 u. 2012a).

Die existentiell einschneidende Frage des Gewissens kann aber auch zur Behandlung des Problems der Existenz- und der Lebensphilosophie führen, die Porsche-Ludwig leistet und die mit den verschiedenartigen Perspektiven zu tun hat, von denen aus man Spranger betrachten kann. Nicht nur vom Positivismus und Marxismus aus politisierend, auch theoretisch schlug Spranger also Ablehnung entgegen. Inbegriffen in diesem Problemkomplex ist die Frage des wissenschaftlichen und Lehrer-Gewissens im weiten Sinne geisteswissenschaftlicher Professoren an der modernen Universität des ausgehenden 19., des 20. Jahrhunderts und heute – Zeiten stürmischer technischer, wirtschaftlicher, politischer Veränderungen und Kulturumbrüche. Das trifft nicht nur zu für die nationalsozialsozialistische Regimezeit, als sich Kollegen Sprangers, auch Existenzphilosophen, sehr unrühmlich verhielten, sondern gilt entgegen landläufiger Vorstellung schon für die Jahrzehnte, die zur Wende zum 20. Jahrhundert führten, 1900, als Spranger sein Studium begann. Damals war neben Dilthey u.a. Friedrich Paulsen Philosophieprofessor an der Berliner Universität.

Als die Herausgeber des Buches und der Verfasser der Einleitung die, letztlich unerreichbare, gedankliche Vollständigkeit einer Spranger-Ausgabe, also dieses Buches, in ihrem Entstehen prüften, fanden sie, daß zu den Originaltexten und Interpretationen eine weitere historisch wichtige Interpretationsperspektive dem Ensemble der Interpretationsbeiträge gut täte.

1. Hinrichs liefert eine grundsätzliche historisch-systematische Skizze der Entwicklung der hermeneutischen, der geisteswissenschaftlichen Methode hin zu Sprangers, des *Diltheyschülers*, Kultur- und Persönlichkeitsphilosophie des „Verstehens". Mit den bis dahin vorgesehenen weiteren „Interpretationsbeiträgen" war Sprangers Position und Entwicklung ebenfalls in seinem sich wandelnden geistigen Einflußbereich wie folgt im Blick:
2. Markus Porsche-Ludwig gewährt Einsicht in den lebensphilosophischen Zeitgeist und seine Geschichte und Diskussion, als Sprangers Konzeption entstand, sich wissenschaftlich verdichtete und seine Pädagogik reifte.
3. In die Blütezeit der Jugendbewegung, als Sprangers Jugendpsychologie entstand, führt Johannes Bottländers Bild ein.

4. Gottfried Bräuer blickt in die Zeit 1945 und danach, der Etablierung der vier Besatzungen und der Entnazifizierung, dabei auf den Umgang des integren Spranger mit dem schwer belasteten, aber gedanklich hochkarätigen Ex-Nazi-Kollegen Carl Schmitt, der selbst „den Spieß umdrehte" und versuchte, Spranger, dessen Gesprächsansatz politisierend, als Amtsträger zum Feind zu machen und den diskreten Spranger einseitig publizistisch bloßstellte.
5. Jürgen Bellers' Blick fällt auf die kulturpolitische Wirkung Sprangers in der Bundesrepublik der 1950er Jahre. Bellers und Bräuer erlauben aber auch einen Blick zurück in Sprangers Einstellung zum Nationalsozialismus, welche
6. Edgar Weiß mit der üblichen marxistischen Methoden-Keule verteufelt.
7. Sollte nicht das Professorenkollegium der Berliner Universität beleuchtet werden im beginnenden 20. Jahrhundert, dem der sehr junge Spranger „ausgesetzt" war, der spätere Verfasser der *Lebensformen*, als diese Konzeption sich gedanklich entwickelte, 1900 bis 1914, dem Jahr der 1. Auflage (2., wissenschaftlich maßgebende Auflage 1921)? Es fehlte vor allem noch der Blick auf den Philosophieprofessor Paulsen, dem der Student Spranger sich besonders ab seinem 7. Semester 1903 zuwandte, und der sein entscheidender Förderer wurde.

Zu Tenorths Beitrag über Friedrich Paulsen

Heinz-Elmar Tenorth ist Professor für Historische Erziehungswissenschaft an der Humboldt Universität Berlin, Unter den Linden, derselben, wo Spranger ab 1900 studiert und ab 1920 den Lehrstuhl für Philosophie und Pädagogik versehen hat, und die nun über 20 Jahre lang nicht mehr unter marxistisch-leninistischem Regime lebt. Tenorths Beitrag lautet: *„Paulsen als Historiker der Erziehung und seine Stellung an der Berliner Universität"*.

Spranger, gerade mit 18 Jahren schon Student, saß in den Reihen der Neues suchenden Philosophieadepten Anfang des 20. Jahrhunderts zu Füßen des interessanten und feinsinnigen, höchst bewanderten Geisteshistorikers Wilhelm Dilthey an der Berliner Universität. Er merkte, wie auch andere, daß Dilthey emotional und intellektuell ungeheuer feingliedrig, aber auch schwierig war. Der selbst emotional, musisch und intellektuell hochgebildete junge Spranger kam mit dem Dissertationsthema Jacobi bei aller Denkschärfe, die er mitbrachte, nicht zurecht und flüchtete zu dem in der Öffentlichkeit hoch angesehenen Philosophen und Pädagogen Friedrich Paulsen. Dieser geistig junge, ungeheuer fleißige und couragierte Paulsen war damals nicht mehr gesundheitlich, aber bildungspolitisch noch im „besten Alter", etwa 57 Jahre alt. Vorher, als junger

Berliner Professor wurde Paulsen (1846–1908) im älteren Kollegenkreis der Philosophischen Fakultät der Universität Berlin mit einiger Elfenbeinturmarroganz behandelt bis ignoriert. Man empfand ihn als wissenschaftlich und humanistisch unbequem beschlagenen und kühn denkenden Bauernsohn „vom Lande" (Friesland). Wäre nicht sein wuchtiger männlicher Geist, hätten manche ihn wohl damals lieber dort in Nordfriesland gesehen, auf dem Lande, wo man später, wenn auch in Südwestdeutschland, das einfach gebildete „Mädchen vom Lande" der 1960er Jahre weglockte.

Dieser Paulsen war es, der 1903 das gekränkte Gemüt des jungen Spranger warmherzig und mit väterlicher Entschlossenheit wiederaufrichtete. Er lenkte das geschichtlich interessierte junge Talent hin zu einer geschichtsphilosophischen Dissertation, auf das von dem jungen Mann selbst gesuchte Denkfeld, wo er selbständig arbeiten konnte, ohne Angst vor dem schwierigen historischen Sisyphos Dilthey. Und er lenkte Spranger nach dessen Promotion historisch zu dem verehrten ideenpolitischen Umsetzer der *Preußischen Reform*-Kräfte von 1810 mit dem Buchthema „Wilhelm von Humboldt und die Humanitätsidee", dem genialen Organisator und Gründer der Berliner Universität und Mittelpunkt der politisch Einfluß suchenden preußischen und deutschen Bildungs-Reform-Kräfte. *Nach einem Jahrhundert erschien jetzt in Sprangers Buch diese Aufbruchszeit in neuem Licht.*

Spranger, der tief religiöse, zugleich rigoristisch streng denkende „Jüngling", befreite sich und seine eigene akademische und bildungsphilosophische Leistungsfähigkeit und Kreativität zu sich selbst, ermutigt und begleitet durch den väterlichen Paulsen. Er eroberte mit seinem wegweisenden Humboldt-Buch, das er, dem Vermächtnis seines 1908 verstorbenen Doktorvaters dankend, diesem widmete, im Sturm das Herz Wilhelm Diltheys, der ihm damit in der Fakultät zur Habilitation verhalf und indirekt, gleichsam posthum (Dilthey starb 1911) zu seiner späteren ordentlichen Professur nach dem ersten Weltkrieg 1920 an der traditionsreichen Berliner Universität.

Bilanzierend und zuspitzend kann man sagen: Ohne Paulsen wäre von Spranger nicht die Rede, und dieser wäre vielleicht Pianist geworden, jedenfalls nicht ein Kulturphilosoph und Pädagoge dieses Formats, der über das 20. Jahrhundert hinaus die Geister für und gegen sich aufbringt.

Wer war dieser Paulsen, dieser Doktorvater Sprangers, und inwiefern kann seine Stellung an der Berliner Universität ein Licht werfen auf den geistigen Sohn Eduard Spranger?

Tenorths Beitrag erlaubt (wie man bei ihm auch, nebenbei angedeutet, lesen kann), einen völlig anderen Zugang zu Paulsen als ihn Weiß, beiläufig ein Paulsenbild in seinem Beitrag über Spranger andeutend, bieten will. Und Tenorths In-

terpretationsmethode, bei diesem explizit unausgesprochen, unterscheidet sich überhaupt in seinem Beitrag zu Paulsen grundlegend von der von Edgar Weiß in dessen Beitrag über Spranger, soweit überhaupt ein Vergleich zulässig ist. –
Heinz-Elmar Tenorth ist der gegenwärtig zumindest in Deutschland führende erziehungswissenschaftliche Historiograph. Ich kann mir heute keine besser historisch fundierte und plastischere Einführung in die Problematik der akademischen Existenz eines geistig führenden und bildungspolitisch engagierten Professors und eines Professors mit solch außergewöhnlich feinsinnigem und Denk-Potential vorstellen wie Paulsen und Spranger es auf sehr verschiedene Weise verkörpern, als das hier zu unserem Sprangerband beigesteuerte Bild Paulsens, das Heinz-Elmar Tenorth in einem Paulsen-Sammelband 2010 entrollt – das abzudrucken er selbst, der Herausgeber Thomas Steensen des Bandes von 2010 und sein Verlag uns freundlich gestatten.

Zu Bottländers Beitrag

Der Beitrag des Doktoranden der Pädagogik Johannes Bottländer an der Fakultät II der Universität Siegen trägt den Arbeitstitel „Individuum und Gemeinschaft im Spannungsfeld von kirchlicher Jugendarbeit, Jugendbewegung und pädagogischem Diskurs. Parallele, beeinflussende und befruchtende Faktoren 1880–1930". Ich nenne den Titel in Kurzfassung: *„Kirchliche Jugendarbeit zur Zeit der Jugendbewegung und die pädagogische Diskussion"*. Er beleuchtet eingehend und aufschlußreich diese Zeit und die interessante – z.T. auch kleinlich polemische – Diskussion der Exponenten dieser *um das Soziale bemühten Pädagogik*. Die Zeit der Jugendbewegung fällt schließlich in die Zeit der Entstehung und ersten Wirkung von Sprangers berühmter „Psychologie des Jugendalters" 1924, dessen Position Bottländer ebenfalls behandelt. Man kann sagen, daß Spranger rückblickend nur die Sache der von Bottländer thematisierten „konfessionellen" Jugend-„Verbände" für *krisenfest* auch gegenüber dem Nationalsozialismus gehalten hat. In der seinerzeit vielbeachteten Analyse *„Fünf Jugendgenerationen 1900–1949"* hat Spranger in den 1950er Jahren, eingedenk der *kirchlichen* „Geistesmächte", zusätzlich noch Jugendrotkreuz und Pfadfinder empfohlen. Spranger (vgl. 1950/1955, 40):
„Auf katholischer Seite zeichneten sich die ‚Schildgenossen' und der ‚Quickborn' als besonders hochwertige Erscheinungen aus. Ebenso entfaltete sich auf evangelischer Seite reges und vertieftes Leben. Jedoch fußten diese Gruppen ja auf dem Erbe und der Gegenwartskraft altbewährter Geistesmächte. Sie kannten doch etwas Autoritatives und machten es nur jugendlich frei zu ihrer eigenen Sache.

Von England herüber wirkte die Pfadfinderbewegung der ‚boy scouts'. Sie aber waren aus einer ganz anderen Wurzel erwachsen, nämlich aus dem Kriegshilfsdienst. ..."

Es sei erlaubt, im Anschluß an Bottländer kurz auf die von Spranger konzentriert herausgearbeitete Tragik und Verführbarkeit der *bündischen Jugendbewegung* einzugehen.

Die deutschen Pfadfinder hielt Spranger wegen der Helfertradition für wichtig, obwohl sie, aus der Jugendbewegung kommend, „einen anderen Stil" als die Kriegsdiensthelfer-Tradition der englischen Scouts hatten (ebd.). Ohne etwas Autoritatives hielt und hält der Spranger der 1950er Jahre nach bittersten Erfahrungen vor und nach 1933 die *bündische Jugend* für manipulierbar mit ihrer für „innere Freiheit" plädierenden „Meißnerformel" – *ohne jedes politische Bewußtsein –, die nicht zu geloben vermochte, auch äußere Freiheit zu behaupten und zu verteidigen.* Manipulierbar war sie durch zum *Kulturbruch* führende „Unterwanderung" und „Umfunktionierung", wie man es nach 1968 ausdrücken kann. Das Motiv „Jugend muß durch Jugend geführt werden" ist für jeden Terror instrumentalisierbar. Auch die „Hitlerjugend" hat es mit diesem Wahlspruch gezeigt. Die große „bündische" Bewegung, etwa des bunten Wandervogel, erlitt „bei übervollen Herzen" „ein tragisches Schicksal guten Wollens" (Spranger a.a.O., 44). Terrorverbände, Schlägertruppen kamen nicht *aus* ihr. Die uniformiert marschierende totalitär gelenkte Jugend extremistischer *Parteien* ist in sie eingebrochen, so sieht es Spranger. – Nur einen relativ kleinen Teil davon, „etwa 15 000 junge Menschen", den „Bund der Wandervögel und Pfadfinder" (seit 1926) in seiner wachen „national"-staatlichen Orientierung „...,am Ganzen'..." hat Spranger, damals als Professor und gefragter Redner teilnehmend, darin *gegen Nationalismus* bestärken können. (Vgl. überhaupt a.a.O., 38–47, bes. 40 und *44f.*) – Überhaupt sollte man m.E. heute über die Jugendbewegung nicht verbindlich sprechen, ohne Sprangers erschütternde, zugleich die Hintergründe und Konsequenzen nüchtern kritisch bedenkende, verstehende und dabei wegweisende *geschichtliche Schilderung und Analyse* der „Fünf Jugendgenerationen ..." von 1950 gelesen zu haben. Spranger hat ein kulturphilosophisch und im besten Sinne lebensphilosophisch bedeutsames Thema hiermit aufgegriffen.

Zu Porsche-Ludwigs Beitrag

Der Philosoph und Politikwissenschaftler Markus Porsche-Ludwig (Hualien/Taiwan) sprach zum Thema „*Spranger und die Lebensphilosophie*".

Er behandelt in diesem tief beeindruckenden geistesgeschichtlichen Gedankengang seines Beitrages die Einstellung der Menschen zum Leben, die Aufklärung, die naturwissenschaftlich-technische Sicht des Lebens, ihre Gefahr: Tendenz zur „Wissensgesellschaft". Dient die Natur einseitig dem Menschen? Ist er ein „Wissender", „Herr des Seins"? Berechnende technische Verzweckung der Natur stoße an die Grenzen des Wachstums, der irdischen Ressourcen. Schon früh sehe der Philosoph Heidegger „fundamentalontologisch" das Ziel: „Bewahren" des (menschlichen) „Daseins". Er bringe gegen die „Wissenschaft" die Kunst in Stellung, den „Anspruch" der Dichtung, die den Menschen in seiner Ursprünglichkeit des Existierens aufrufe zur Ver-Antwort-ung und ihn dazu befreie. Die *Kunst* vermöge es, die letzte Schicht des Menschen anzusprechen. Die selbe Bewertung der Kunstwirkung, das könnte man hinzufügen, kann man auch bei Spranger anführen. Aber *wissenschaftliches* Verstehen kann sie nach Spranger *nicht ersetzen*, sondern möge sie ergänzen (im Gegensatz zur Heidegger-Schule). Schließlich kann man nicht für jeden Menschen, falls er einen Psychologen braucht, einen poetischen Geschichteschreiber oder Ontologen als „Versteher" finden oder empfehlen. Da müssen die Regeln der Interpretation (Dilthey) beachtet werden, und nicht nur die ontologisch durchforschte Geistes- und Philosophiegeschichte, die Porsche-Ludwig, durch Heidegger angeregt, hochgelehrt und lehrreich vor dem Leser Revue passieren läßt.

Nicht zuletzt die Politik-, Wirtschafts-, Sozialgeschichte hinterläßt ihre Spuren je auf einzigartige Art in der Seele eines Menschen, ganz abgesehen von den engen familiären und sozialen Verflechtungen. Zum psychologischen Verstehen etwa reichen nicht, um es überspitzt auszudrücken, die Heideggerschule, die Kunst und die entmythologisierte Bibel. Sondern dazu gehört ein reicher lebendig sozialmenschlicher und historisch fundierter Gesamt-Kulturhorizont neben dem wissenschaftlichen Psychologiestudium, das eben derart *geisteswissenschaftlich* werden soll. – Natürlich ein durch Spranger angeregtes Ideal, dem niemand voll gerecht wird, ebenso unerreichbar wie nach meiner Überzeugung unverzichtbar.

Porsche-Ludwig ist aber nicht auf Heidegger fixiert. Er sieht in der existenzphilosophischen Wendung zu menschlichen Lebensursprüngen Ähnlichkeiten zur Tradition seit Wilhelm von Humboldt bis hin zu Spranger. Gemeinsam sei das Bemühen, die lebendige „Totalität" (Ganzheit) und Vielfalt (Universalität) der Persönlichkeit in ihrer je einzigartigen Humanität (Individualität) zu „verstehen". Mit feiner Hand hat Porsche-Ludwig die sonst relativ wenig gewürdigten religiösen Aspekte hervorgehoben: bei Newton, Leibniz, Kant, Hegel, wogegen Karl Marx die technologische Linie einseitiger Aufklärung fortsetze und sie zur materialistisch-positivistischen Ideologie verkehre. – Für Heidegger ist die aufklärerisch zweckrationale Einseitigkeit auf derselben (niederen) Stufe mit der, existenzphilosophisch gesehen, vordergründigen „Kultur". Darin steht er im Gegensatz zu Spranger. Spranger traue dem Menschen mit seiner Bildungsfähigkeit und dem existentiell wirksamen Gewissen eine kultivierende ethische Dynamik zu, womit die Persönlichkeit zum Kulturkorrektiv werden könne. – Die auf die kontemplative geistesgeschichtliche Seite der Kultur, auf Philosophie, Kunst, Religion gerichtete historische engagierte Herkulesarbeit von Porsche-Ludwig verdient die Hochachtung des Lesers. Die Gefahr, die *Kulturgebiete der äußeren Aktivität* geringzuschätzen, wie Heidegger, oder zu ignorieren, darf, meine ich, nicht unterschätzt werden. Bekannt ist doch, daß in Sachen Politik gerade Existenzphilosophen sich etliches geleistet haben.

In der Gewißheit, daß ich auch im Sinne meines hochgeschätzten deutschen Kollegen aus Taiwan spreche, erscheint es mir letztlich wichtig, daß *Leser, Studierende, sich in erster Linie mit den Originaltexten Sprangers s e l b s t auseinandersetzen* und dazu im Zweifelsfall sich aus den Interpretationen, im Vergleich derselben miteinander, Hilfe zum Verstehen der Sprache Sprangers aus den 1920er- und 50er-/60er-Jahren holen, statt sich die Brille Marxens, Heideggers oder eines der Interpreten in diesem Buch aufzusetzen (nicht die „Brille" etwa „Porsche-Ludwig" oder „Hinrichs"). Vielmehr soll das Buch helfen zum *Selbstdenken.* Anders gesagt: zu mehr Klarheit, mehr Bildung, Selbstbildung, besonnenem Gewissen und Ethos. Denn all die Interpreten, auch das „Original" Spranger, haben, bedingt durch ihre *raumzeitliche* „Geworfenheit" (Geburt) auf Einen „Punkt" der Erde in Einer *Weltstunde*, durch derart kontextbedingte Sozialisation und Erfahrungs-Verarbeitung ihren je anderen *Standpunkt*, ihre „weltanschauliche Grundhaltung" entwickelt, ob sie wollen oder nicht, vage oder auf hohem Niveau. Wichtig erscheint hoffentlich allen Beiträgern zu diesem Buch, daß man sich nicht borniert auf seinen Standpunkt, seine Anschauung der Welt und der Philosophie fixiert, sondern sich *selbstkritisch* ein *Bewußtsein* des eigenen Standpunktes erarbeitet, damit gesprächsfähig, gesprächswillig wird. Theodor Litt fordert in diesem Sinne von jedem ein selbstkritisches *Standortbewußtsein.* Das ist der notwendige Ausgangspunkt zu Kulturgewissen und Kulturverantwortung der Persönlichkeit im Sinne Sprangers.

Zu Bellers' Beitrag

Den Ausklang des Spranger-Kongresses, dessen Vorträge hier erscheinen, bildete von Jürgen Bellers, Politikwissenschaftler der Universität Siegen, Fakultät I, die Behandlung der Frage: Spranger und die politische Bildung. An

Hand einiger Kernbegriffe, die Bellers an die Tafel schrieb und in Beziehung zu Spranger brachte, wurde aus dem Vortrag sofort eine sehr lebhafte, teils kontroverse, eine intensive Diskussion unter starker Beteiligung der auch am Schluß reichlich anwesenden Studenten. Aktuelle Probleme, der Umgang mit praktischer Erfahrung in parteipolitischen Hierarchien und beim Vorbringen kreativer Vorschläge aus der Basis, wurden engagiert aufgeworfen und diskutiert. Das *Kreuz-Schema gesellschaftlicher Grundbeziehungen* von Spranger in seiner Schrift „Gedanken zur staatsbürgerlichen Erziehung" (siehe Originaltext) kam hinter dem Problem Hierarchie zur Sprache: Herrschaft (Freiheit/oben)←→Abhängigkeit (Unfreiheit/unten). – Selbstbezogenheit (links)←→Selbstverleugnung (rechts). Im ganzen: wechselwirkende Gegensatzpaare der Herrschaft (oben-unten) und der Liebe (links-rechts). Realpolitisch gibt es keinen Herrschenden, der nicht irgendwie abhängig wird und keinen Abhängigen ohne jede Spur von Freiheit. Zwischen Diktatur und anarchischer Wolfsgesellschaft ist *politisch* die Stelle der echten Demokratie zu finden. Ohne die unpolitische Liebesdialektik des *sozialen* Gebens und Nehmens auf gleicher Augenhöhe gäbe es aber auch nicht die Vielfalt menschlicher Möglichkeiten, sondern nur eine Gesellschaft der Eiseskälte.

Der Abschluß, von Bellers geleitet, war insofern eine Krönung, als die Diskussion hier in die überwältigende und reichlich vertretene studentische Mehrheit überging, während sonst fast nur Professoren miteinander diskutierten. Es bewährte sich die hervorragende aktivierende Wirkung von Prof. Bellers auf die Studenten, zumal es vor allem die Studenten seiner Veranstaltungen waren, die trotz Urlaubszeit in großer Zahl den Weg zum Kongreß gefunden hatten.

Jürgen Bellers' Beitrag zu diesem Buch „*Spranger als politischer Bildner und Hintergrundpolitiker der 50er Jahre*" beginnt mit der Interpretation des genannten Kreuzschemas der „Grunddimensionen des Zusammenlebens" aus Sprangers Schrift über die *staatsbürgerliche Erziehung*. Damit ist, wenn wir auf die *Originaltexte* blicken, auch der Bezug zu Sprangers Lebensform des „Machtmenschen" oder des homo politicus hergestellt.

Auf diesem Hintergrund gewinnt die Frage der „wahren" politischen Einstellung Sprangers im „Dritten Reich" Bedeutung, die in all unseren „Interpretationen" latent oder direkt mitbehandelt ist. Dazu hat Bellers ein überliefertes *Gespräch Sprangers*, 60 Jahre alt, *vom 13. September 1942* abgedruckt *mit einem damals noch jungen Mann*, einem anscheinend fortgeschrittenen und die Universitätslaufbahn anstrebenden Mediziner, der hochgebildet, metaphysisch orientiert, theologisch ambitioniert ist und dessen zuerst pro-nationalsozialistische Einstellung sich in Gegnerschaft verwandelt hatte. Beide, Spranger und der fortgeschrittene junge Mann, überlegen, wie ein Rechtsstaat nach dem nationalsozialistischen Unrechtsstaat aussehen müßte, dessen Untergang beiden bereits als sicher gilt. Sie machen sich Gedanken, ob und wie das Volk dafür zu gewinnen sei. Es werden sehr lebendige spontane, z.T. bittere Äußerungen Sprangers über das deutsche Volk bekannt – sehr gewagt zur Zeit des „totalen Krieges", September 1942, und der totalen braunen Parteiherrschaft.

Die Deutschen von 1933 sah Spranger wohl wie eine Herde, die – nach Demütigung durch den Versailler Vertrag, auch nach wirtschaftlich furchtbaren, heute unvorstellbaren Folgejahren nicht ganz unverständlich – zu Hitler und Nationalsozialismus geströmt sei, ohne den Terror klar sehen zu wollen, zu schweigen vom kaum vorhersehbaren Völkermord an den Juden, Kriegstreiben, dem weltweiten hochtechnischen Massenschlachten. Bemerkenswert ist Susanne Sprangers (der Ehefrau) mutiges und mehr Licht in die Männerdiskussion bringendes Eingreifen. Die Deutschen seien bis jetzt, 1942, und vielleicht nach dem Krieg noch, wie Spranger befürchtet, dem Herdentrieb verfallen, dem Mitläufertum. Man überlegt, wie man dem begegnen und Studenten für eine neue humane Ordnung begeistern kann. Man kommt, wie in frühsokratischen Dialogen, nicht zu einem Ergebnis.

Sprangers ironische Ruhe, als er seine Frau um eine Zigarre bittet, regt seinen jungen Gesprächspartner sehr auf. Man merkt, der junge Mann kennt nicht die Spuren des Terrors und der Feigheit und Angst der meisten Professoren und großenteils der jungen Leute, denen Sprangers Seele schon lange ausgesetzt war, wenn er in seinem Willen, Solidarität gegen Hitler zu finden, keine Reaktion auf seine teils verschlüsselten Botschaften fand. Spranger deutet, verletzt durch die junge Vorwurfshaltung, tief resignativ verschlossene Empörung der Seele an mit groß werdenden Augen und Worten, die sein tiefes bitteres Ohnmachtsgefühl ahnen lassen. Er weiß, mit den Parolen des Regimes die Studenten in seinen Veranstaltungen zu lauten kollektiven Spottreaktionen über die hohle Propaganda zu bewegen, was sie bei NS-Professoren nicht wagen würden. Er verwandelt seine Bitterkeit in Ironie, bezogen auf die (wenig) nachlassende Kontrolle des „Überwachungsstaates":

„Besonders seit Kriegsbeginn wird man ganz in Ruhe gelassen. Ich bin jetzt völlig ungestört und kann ganz in Frieden leben." (Schlußzitat nach Bellers im Dialog mit Huebschmann.)

Man kann sich vorstellen, daß vielleicht in dem jungen Gesprächspartner am Schluß gegen die makabre Stimmung des Friedhoffriedens, die Spranger bitter ironisch provoziert, die Gedankenrichtung noch mehr wachgerufen wird: *Ich* gehöre zur jungen Generation. An *mir* liegt es, sich anzustrengen, um herauszufinden: Was gebietet mir *meine* (Mit-)*Verantwortung* für das Schicksal der tödlich gefährdeten *deutschen* politischen und Gesamtkultur und der *deutschen* Verantwortung in Europa und der Welt nach einem so verhängnisvoll schuldbeladenen deutschen totalitären Weg? (Da die Sowjetmassen nun, September 1942, der Stalingradwinter droht, unweigerlich bald vormarschieren.) Man merkt, wie meisterhaft Spranger, der Sokrates unserer Zeit, sein junges Gegenüber aus der Reserve lockt und auf sein Innerstes, sein Gewissen stoßen läßt.

Schließlich *bilanziert* Bellers, der Politikwissenschaftler, Sprangers Wirksamkeit als „politischer Bildner und Hintergrundpolitiker" und liefert eine beeindruckende Liste darüber, inwiefern und mit welcher Wirkung Spranger in Westdeutschland, dem damals „freien" Teil Deutschlands, in den 1950er Jahren als „politischer Bildner" und eindringlicher Mahner hervorgetreten ist.

In allem hier vornehmlich der deutschsprachigen Leserschaft Gebotenen scheint, so meine ich, hindurch: Spranger erinnert uns unaufdringlich an unser persönliches Gewissen für uns selbst und für das Ganze, in allen Variationen unaufdringlich – aber eindringlich und präzis: mahnend, daß unser *subjektives Gewissen* sich selbstkritisch *zum* deutschen und so *konkret* zum deutsch-europäischen und weltbürgerlichen *Kulturgewissen* und zur *Kulturverantwortung erweitere*. Ohne das Erwachen des geschichtlich aufs schwerste belasteten *deutschen* Gewissens – *nicht* mit der großen Geste vagen scheinweltbürgerlichen wohlfeilen lauten „Bekennens" –, sondern als Erwachen des Gewissens eines *Deutschen* aus der bloßen Depression im Schuldgefühl *zur persönlichen (Mit-)Verantwortung* für *Deutschland*, kann Deutschland in *Europa* und der Welt seine Verantwortung nicht wahrnehmen, *ohne* innere Wiederaufrichtung und *Horizonterweiterung* des je meinen persönlichen Denkgewissens und *besonnenen* Handlungsgewissens nach außen, hinein in meinen Lebenskreis wirkend, *ohne* solche *persönliche* Kulturverantwortung also sehe ich und sieht nach meiner Überzeugung Spranger keine Zukunft.

Die Herausgeber und ich wünschen den Lesern Gewinn, geistige Bereicherung und Erholung – und, soweit möglich, das Gefühl der Erfüllung im Selbstwerden, Selbstbesserwerden, darin, sich nicht über andere zu erheben. Sondern mit der Steigerung der Selbstkritik und des Selbstvertrauens *eines* nicht zu entbehren, vielmehr mitzusteigern: den Humor. Der es besser findet, über sich selbst zu lachen als über andere, über das Allzumenschliche im Menschen zu lachen – das goldene Wort, einem großen Christen zugeschrieben, zu beachten: Wenn morgen die Welt unterginge, pflanzt' ich heut' noch ein Apfelbäumchen (Luther). – Ich füge hinzu: und läse ein gutes Buch.

Wolfgang Hinrichs

Literatur

Jürgen Baumert u.a. – Deutsches PISA-Konsortium (Hg.): PISA 2000 – Basiskompetenzen von Schülerinnen und Schülern im internationalen Vergleich, Opladen 2001.

Georg Bollenbeck: Bildung und Kultur – Glanz und Elend eines deutschen Deutungsmusters, Frankfurt/Main 1994.

Ilse Dahmer/Wolfgang Klafki (Hg.): Die geisteswissenschaftliche Pädagogik am Ausgang ihrer Epoche, Weinheim 1968.

Erik Homburger Erikson: Kindheit und Gesellschaft (engl. 1950), Zürich-Stuttgart 1957.

Klaus Giel: Heimatkunde – heute. Versuch über die Topik des gelebten Lebens, in: Hinrichs/Bauer 2000b, 95–124.

Wolfgang Hinrichs: Heimatbindung und Kindlichkeit als anthropologisches Gesetz, in: Unterricht heute, (21. Jg., H. 3) 1970, 110–117.

Ders.: Der Elternabend – Eröffnung von Freiräumen der Erziehung – oder: Die Kulturaufgabe des Elternabends, Österr. Bundesverlag f. Unterricht, Wissenschaft und Kunst, Wien 1977, 88–108 (Ausarbeitung eines Vortrages im Europäischen Pädagogischen Symposion Oberinntal 1976).

Ders.: Heimatbindung, Heimatkunde, Ökologie …, Bonn 1991.

Ders.: Auf der Suche nach Lehrerbildern-Vorbildern! Pädagogische Liebe und Professionalität – Eduard Sprangers realistischer Beitrag, in: Pädagogische Rundschau (54. Jg., H. 2) 2000, 113–150.

Ders.: Standortwissenschaft und mehrperspektivische Theorie der Welt – Zur Konzeption und Bezugswissenschaft des Sachunterrichts, in: ders. u. Herbert F. Bauer 2000, 125–161 und anderen Beiträge von Hinrichs in diesem Buch – *zitiert: 2000a.*

W. Hinrichs/Herbert F. Bauer (Hg.): Zur Konzeption des Sachunterrichts …, Donauwörth 2000, *zit.: 2000b.*

Ders. in: Hinrichs u.a. (Hg.): Familie wohin?..., Holzgerlingen 2008, 25–83.

Ders.: Kulturpädagogik und Lehrerbildung – Sprangers klassisches Konzept einer neuen Werteordnung und die aktuelle Diskussion, in: Marianne Heimbach-Steins, Gerhard Kruip, Axel Bernd Kunze (Hg.): Bildungsgerechtigkeit – … interdisziplinäre Perspektiven, Bielefeld 2009, 191–216, erstmals sinngleich veröffl., aber teilweise anders konzipiert unter ähnlichem Titel in: Pädagogische Rundschau 6/2008 [62 Jg.], 617–641.

Ders.: Der deutsche Universitätsgedanke im 19. und 20. Jahrhundert – Lebt Sokrates noch? …, in: Vierteljahrsschrift für wissenschaftliche Pädagogik 2012 (88. Jg., H. 2), 187–213.

Ders.: Die geisteswissenschaftliche Methode und ihre Bedeutung für die Pädagogik, in: Pädagogische Rundschau 2012 (66. Jg., H. 5), 585–604, *zit.: 2012a.*

Josef Isensee: § 190 – Grundrechtsvoraussetzungen und Verfassungserwartungen, in: Josef Isensee und Paul Kirchhoff (Hg.): Handbuch des Staatsrechts der Bundesrepublik Deutschland, Bd. IX, Heidelberg 2011, 265–411.

Georg Kerschensteiner: Die Schule der Zukunft eine Arbeitsschule (1908), in: ders.: Grundfragen der Schulorganisation, München, Düsseldorf ⁷1954, 98–117, *zitiert*: Kerschensteiner 1908.
Ders.: Begriff der Arbeitsschule (⁶1925), München, Stuttgart ¹²1957.
Theodor Litt: Führen oder Wachsenlassen (1927), Stuttgart ¹¹1964.
Reinhard Mehring: Carl Schmitt – Aufstieg und Fall, München 2009.
Sylvia Martinsen/Werner Sacher u.a. (Hg.): Eduard Spranger und Käthe Hadlich – Eine Auswahl aus den Briefen der Jahre 1903–1960, Bad Heilbrunn/Obb. 2002.
Julian Nida-Rümelin: Philosophie einer humanen Bildung, Hamburg 2013.
August Nitschke: Das verwaiste Kind der Natur – Ärztliche Beobachtungen z. Welt d. jungen Menschen, Tübingen 1962.
Georg Picht: Die deutsche Bildungskatastrophe, Freiburg/Br. 1964.
Max Scheler: Wesen und Formen der Sympathie (Halle 1913, Frankfurt/Main ⁵1948), in: ders.: Gesammelte Werke, Bd. 7, Frankfurt/Main ⁶1973.
Friedrich Schleiermacher: Werke (Auswahl), 4 Bde., hg. v. Otto Braun u. Johannes Bauer Bd. II, Leipzig (1913) ²1927, darin: Schleiermacher: Brouillon 1805/06, 77–209.
Carl Schmitt: Ex Captivitate Salus. Erfahrungen der Zeit 1945/47, Köln 1950, Berlin ³2010.
René Spitz: Hospitalismus (erstmals engl. 1945), deutsch in: G. Bittner/E. Schmid-Cords (Hg.): Erziehung in früher Kindheit = Bd. 6 d. Reihe „Erziehung in Wissenschaft und Praxis", hg. v. Andreas Flitner, München 1968.
Ders.: Die Entstehung der ersten Objektbeziehungen (erstmals französ. 1954), deutsch Stuttgart ²1960.
Eduard Spranger: Wilhelm von Humboldt und die Universitätsidee, Berlin 1908.
Ders.: Wilhelm von Humboldt und die Reform des Bildungswesens, 1910, ²1960, Tübingen ³1965, *zit.: 1910a*.
Ders. (Hg.): Fichte, Schleiermacher, Steffens über das Wesen der Universität, Leipzig 1910, *zit.: 1910b*.
Ders.: Das deutsche Bildungsideal der Gegenwart in geschichtsphilosophischer Beleuchtung, in: Ztschr. „Die Erziehung" [1926], als Buch: Leipzig 1928, heute in: Spranger: Ges. Schriften (GS) V, 30–106.
Ders.: Probleme der politischen Volkserziehung (1928), in: ders.: Volk, Staat, Erziehung, Leipzig 1932, 77–106; auch in: Spranger: GS Bd. VIII, Tübingen 1970, 169–191, *nach GS VIII zitiert [nach Lpz. 1932 zit. in eck. Klammern]*. Hervorhebg'n in diesen Zitaten von W.H.
Ders.: März 1933, in: Ztschr. Die Erziehung (8. Jg., H. 7 [Juli]) 1933, 401–408.
Ders.: Zur Geschichte der deutschen Volksschule, Heidelberg 1949 u.ö.
Thomas Steensen (Hg.): Friedrich Paulsen – Weg, Werk und Wirkung eines Gelehrten aus Nordfriesland, Husum 2010.
Piet Tommissen (Hg.): Schmittiana – Beiträge zu Leben und Werk Carl Schmitts, Bd. V, 1996.

Eduard Spranger:

Wirtschaft und Macht (1), Erziehung und Bildung (2–4)

– Originaltexte

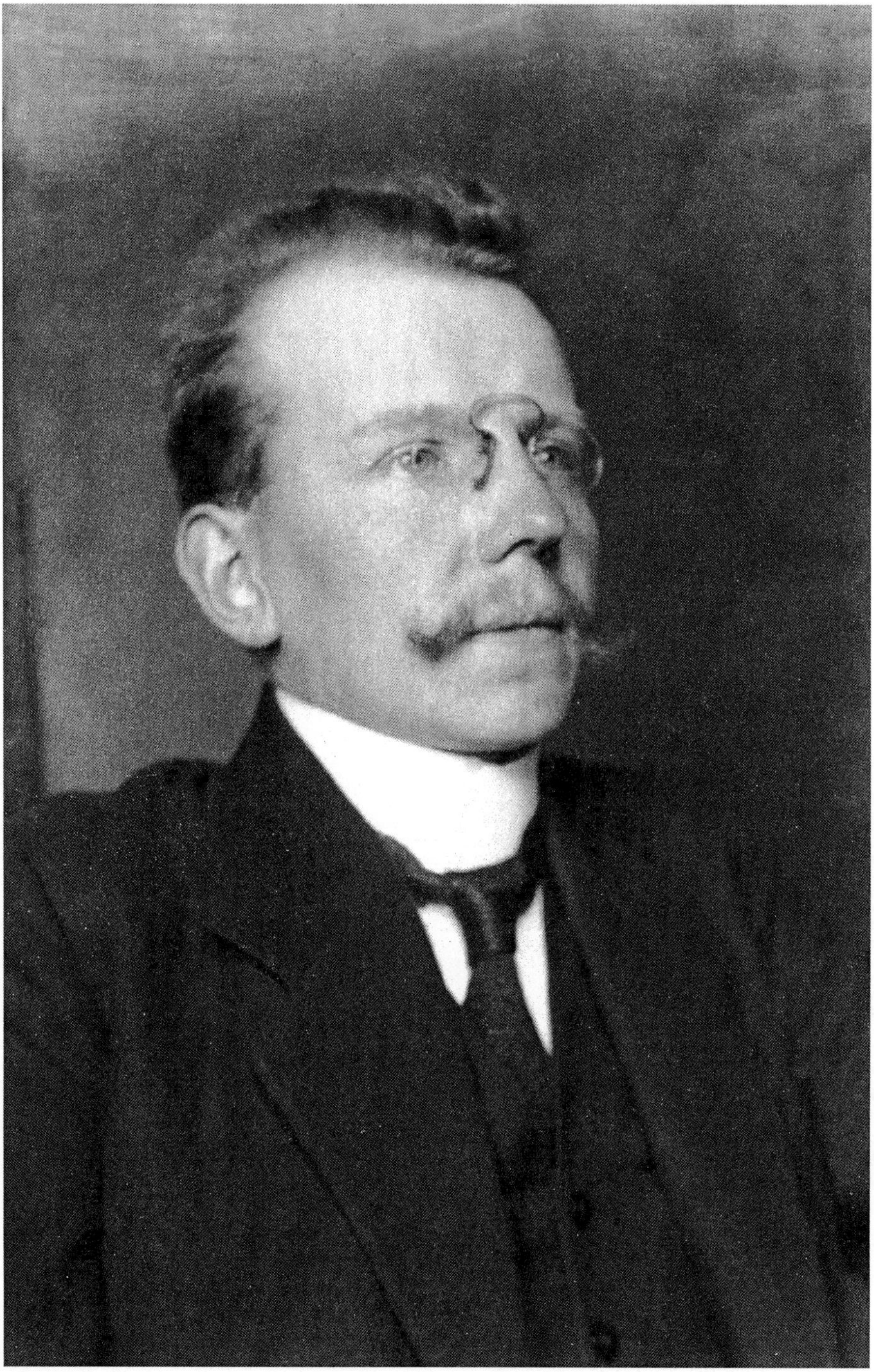

Aus
Eduard Spranger:

Lebensformen

Geisteswissenschaftliche Psychologie
und Ethik der Persönlichkeit

(1914, ²1921) Tübingen ⁸1950, München u. Hamburg ⁹1965

Inhalt

Vorworte zur 2. und 5. Auflage

Erster Abschnitt:
Geistesphilosophische Grundlagen.
   1. Zwei Arten der Psychologie
   2. Analytische und synthetische geisteswissenschaftliche Methode
   3. Die individuellen Geistesakte
   4. Die gesellschaftlichen Geistesakte
   5. Die Grundformen geistiger Gesetzlichkeit
   6. Ichkreise und Gegenstandsschichten
   7. Ausblick

Zweiter Abschnitt:
Die idealen Grundtypen der Individualität.
   1. Der theoretische Mensch
   2. Der ökonomische Mensch
   3. Der ästhetische Mensch
   4. Der soziale Mensch
   5. Der Machtmensch
   6. Der religiöse Mensch

Dritter Abschnitt:
Folgerungen für die Ethik.
   1. Das ethische Problem
   2. Die einseitigen Systeme der Ethik
   3. Kollektive und persönliche Moral
   4. Die Rangordnung der Werte
   5. Das persönliche Ideal

Vierter Abschnitt:
Das Verstehen der geistigen Strukturen.
   1. Komplexe Typen
   2. Historisch bedingte Typen
   3. Das Verstehen
   4. Die Bewegung des Lebens

2

Erster Abschnitt
Geistesphilosphische Grundlagen [... ...]

6. Ichkreise und Gegenstandsschichten

Es gehört zum Wesen der geistigen Akte, daß sie von einem einheitlichen individuellen Bewußtsein — einem Ich — ausgehen und auf ein Nicht-Ich gerichtet sind. Um sich die Eigentümlichkeit dieser Auffassungsweise zu verdeutlichen, könnte man sich in Gedanken einen überlegenen Geist konstruieren, der imstande wäre, die überindividuellen Gebilde des geistig-geschichtlichen Lebens uno intuitu zu erfassen. *Wir* können es nur, indem wir durch eine Reihe zeitlich aufeinanderfolgender Sinnerfüllungen den Gehalt des objektiven Gebildes „aktualisieren". Indem wir nun versuchen, das dem Ich gegenüberstehende X zu charakterisieren, auf das sich die geistigen Akte richten und das in unsern Erlebnissen nur „irgendwie" repräsentiert ist, machen wir die Beobachtung, daß wir es nicht anders als in bestimmten gegenständlichen *Ordnungen* kennen, die auf Grund ihrer Wertbedeutung für ein „Er-// lebniszentrum überhaupt" als *Sinnzusammenhänge* bezeichnet wurden. An das noch Ungeformte, Vereinzelte, an den bloßen Rohstoff kommen wir so wenig heran, wie die Neuplatoniker ihren Begriff der Materie durch positive Prädikate bestimmen konnten, da sie ihnen ja gerade das an sich völlig Bestimmungslose oder die bloße Möglichkeit, Bestimmungen in sich aufzunehmen, bedeutete. Es kann aber immer noch gefragt werden, ob es nicht eine Art von Urformung gibt, auf die — als die grundlegende — alle andern sich stützen, so daß sie ihr gegenüber als fundiert oder abgeleitet erscheinen. In der Philosophie besteht die Neigung, die theoretischen Bestimmungsformen (Denken und das zum Erkennen erweiterte Denken) als Urform anzusehen. Begreiflich genug, da die Philosophie selbst Wissenschaft ist und infolgedessen die theoretische Geisteshaltung allen anderen voranstellt. Es ist aber ein ungeheurer Irrtum, ich möchte sagen: die Erbsünde der Philosophie, daß sie die Eigenart ihres Instrumentes unter der Hand in eine Beschaffenheit des Materials umwandelt. Philosophie muß immer Erkenntnis sein. Aber der Gegenstand dieses Erkennens ist immer mehr und anderes// als bloß theoretischer Zusammenhang. So wenig die Ästhetik die Kunst in Wissenschaft verwandelt, so wenig kann die Philosophie den Sinn des Lebens in *bloße* Theorie auflösen. Sondern beide: Ästhetik und Philosophie, beleuchten nur vorgefundene Lebensgebilde gerade mit ihrem Lichte, dem Licht der theoretischen Analyse. Aber in der theoretischen Form muß immer auch der atheoretische Gehalt bewahrt bleiben. Dieser Tatsache haben wir im Vorangehenden dadurch Rechnung getragen, daß wir behaupteten: in jedem sinnvollen Erlebnis seien *alle* Sinnrichtungen mitenthalten, wennschon unter der Herrschaft einer, die den entscheidenden Ton gibt. Dies war zunächst ein methodischer Ansatz. Wir können ihn hier an folgendem Beispiel noch einmal durchführen.

Wenn wir von „der Natur" reden, so meint dies offenbar mehr als ein „Erlebnis". Denn die Natur als Ganzes kann nicht erlebt werden. Wir beziehen uns auf dieses Ganze nur im Denken, oder kürzer: die Natur ist ein Gedanke. Die begleitenden Sinngebungen dieses Gedankens können aber ganz verschieden sein. Es ist nicht notwendig, daß dieser Denkakt seiner Hauptfärbung nach ein theoretischer Akt sei. Dies wäre nur der Fall, wenn wir als *Sinn* der Natur dächten, daß sie ein geschlossenes System, ein Inbegriff von identisch wiederkehrenden Wesenheiten sei, die sich nach identischen Gesetzen verhalten. Dazu wird die Natur für den Forscher, der das Netz der Denkformen und Kategorien über die Natur wirft, wobei es gleichgültig ist, ob er zuletzt alles in mathematischen Gleichungen quantifiziert oder ob er bei dem Er//klärungsprinzip von substantialen Formen stehen bleibt. Es ist aber auch möglich, diesem „Ganzen Natur" mit anderer Einstellung gegenüberzustehen: man kann sich in ihr Leben „einfühlen", in ihre Farbigkeit, ihre Lichtfülle, ihren Duft, ihren Rhythmus, ihr Formenspiel, ihre Harmonie. Das ist die *ästhetisch* gedeutete Natur. Und wieder anders wird sie aufgefaßt, wenn ihre *Nützlichkeit* für menschliche Lebenserhaltung und -gestaltung die Auslese der Bewertung leitet. Endlich kann *die* Natur (die eben nur der Theoretiker als eine immer identische denkt) auch in einen *religiösen* Sinnzusammenhang hineinrücken und je nach seinem beherrschenden Akzent das Alleben bedeuten, das den einzelnen hegt und trägt, oder die sündhafte Stufe von Stoff und Fleisch, oder gar einen minderwertigen Schein, „hinter" //dem erst das wahrhaft Sinngebende des Lebens steht. Ja, mancher wird vielleicht *alle* hier berührten Sinndeutungen schon deshalb, weil sie sich auf das *Ganze* der Natur beziehen, das uns nie gegeben sein kann, als metaphysisch-religiös bezeichnen.

3

Aber die verschiedenen Aktfärbungen bleiben bestehen, auch wenn jedesmal nur ein Ausschnitt der sog. Natur, z. B. eine Pflanze, erfaßt und in die betreffenden Sinngebiete eingeordnet wird.

Gewiß sind diese Sonderungen großer Sinngebiete selbst wieder Abstraktionen einer nur theoretischen Reflexion. Im Aktvollzug herrscht ungeteiltes Leben, und in jedem Gesamtakt werden wir *sämtliche* Sinnrichtungen so beteiligt finden, wie wir es oben ausgeführt haben. Aber das war doch nur eine erste rohe Bestimmung. Die eigentliche Aufgabe der Analyse besteht darin, in den sinngebenden Gesamtakten die jedesmal ganz eigentümliche Aktschichtung zu bestimmen, die gerade diesen Komplex aufbaut. Denn die Sinngebungen komplizieren sich nicht nur einmal, sondern sie greifen wieder und wieder durcheinander, so daß, wie bei einer Voltaschen Säule, die Schichten mehrfach wiederkehrend gelagert sein können. Später, wenn wir von den Lebensformen reden, werden wir nur die primären Komplexionen behandeln. Aber es muß schon hier gesagt werden, daß auch dies eine methodische Vereinfachung ist. Ich will zwei Beispiele für die mehrfache Schichtung anführen, die zu den relativ einfachen gehören:

Die *ästhetische* Wirkung eines mittelalterlichen Domes ist auf einer Fülle heterogener Akte aufgebaut. Zuunterst liegt der ganz primitive Erkenntnisakt, in dem wir als ein Stück der *realen* Welt die Umrisse der äußeren Gestalt bestimmen, Regelmäßigkeit von Formen und Maßverhältnissen, Wiederkehr von Formbestandteilen auffassen usw. Schon hieran knüpfen sich elementare ästhetische Eindrücke. Dazu tritt das *Wissen* von der Zweckbestimmung. Diese kann ihrem *vollen* Sinne nach nicht aufgefaßt werden ohne leises Anklingen von religiöser Andacht// über der dann das schweigende Urteil formuliert wird: „Es soll ein Gotteshaus sein." Hinzu kommt der latente Satz historischer Kenntnis: „700jährige Vergangenheit". Bei der Einfühlung in die Maßverhältnisse schwingt das Kraftmaß menschlicher Einzelleistung entschieden mit; vielleicht formt sich daraus ein neues, kaum zum Bewußtsein kommendes theoretisches Urteil: „Das ist eine gewaltige Leistung menschlichen Zusammenwirkens, die ohne Gleichklang //der Seelen nicht möglich gewesen wäre." — Noch mehr mag ineinandergewoben sein. Das Ganze könnte religiös ausklingen und tut es bei vielen. Aber es kann sich darauf auch nur der ästhetische Hauptakt auftürmen: *einfühlendes Erlebnis eines geformten Erhabenen.* —

Oder einfacher: „Dies (es ist ein Ring) glänzt." Primitives ästhetisches Erlebnis. „Der Ring ist von Gold" (theoretisch). Gold ist selten (dgl.). Ökonomischer Wertungsakt. „Ich habe ihn von meiner Mutter." Der Lebenssinn dieser *Liebes*beziehung klingt an. „Ich würde ihn nur mit meinem Leben fortschenken." (Vergleich des ökonomischen und des religiösen Wertes.) — „Ich schenke ihn Dir." — Der volle Sinn *dieser* Tat, die sich zuletzt als ein ganz zusammengedrängter Einzelakt darstellt, ist also im geistigen Sinne fundiert durch einen Komplex anderer geistiger Akte und kann auch nur im Nachvollzug solcher Aktschichtungen adäquat verstanden werden.

Hier liegt nun ein unendliches Feld für die Einzelanalyse der Geisteswissenschaften. Es kommt darauf an, die sehr verschiedenen Arten der Fundierung von Wertungsakten, Werterlebnissen und konstanten Wertdispositionen zu studieren. Um durch dieses Feld unendlicher Möglichkeiten einige klare Linien zu ziehen, schreiten wir zu einer vereinfachenden Konstruktion. Sie besteht darin, daß wir für jedes der *Haupt*sinngebiete einerseits die zugehörige *Icheinstellung,* andererseits die charakteristische Existenzform der *Gegenstände* angeben. Wennschon die Umrisse, die wir hier zeichnen, nur ganz roh sein können, scheint es mir, als ob mit ihnen eine ganze Welt von Fragestellungen sich eröffnete, die von der Philosophie noch kaum beachtet worden sind.

Der einseitige Einfluß der Naturwissenschaft auf die bisherige Psychologie zeigt sich auch in der flächenhaften Fassung des Ichbegriffes. Sehr viele sehen das Wesentliche des Ich in seiner Leibgebundenheit. Es ist daher für sie ein der (rein physikalisch und physiologisch verstandenen) Natur eingeordnetes psychisches Geschehen, das in seiner räumlichen und zeitlichen Lokalisiertheit selbst als ein Naturprodukt begriffen werden muß. Von dieser Ansicht, die ganz unter dem Zwange eines vorher fertigen physikalischen Weltbildes steht, unterscheidet sich eine andere nur insofern, als sie wenigstens von einer immanent psycholo-//gischen Betrachtung ausgeht. Danach ist das Ich nichts anderes als der //gerade im individuellen Bewußtsein „zusammengeratene" Inhalt oder die eigentümliche Verknüpfungsform dieser jeweiligen Inhalte zu einem individuellen Erlebnisganzen, dem jedoch jenseits dieses wechselnden Gewebes keine Bedeutung zukommt. Gegen derartige Theorien hat neuerdings vor allem *K. Oesterreich*[1] mit Erfolg den Satz

---
[1] Die Phänomenologie des Ich. I. Bd. Leipzig 1910

verfochten, daß das Ich das selbständige, einheitliche Prius aller in ihm vorfindbaren Inhalte, Zustände, Funktionen und Akte sei. Allerdings kann nicht geleugnet werden, daß für eine Psychologie, die nicht auf die transsubjektiven Sinnzusammenhänge achtet, die Seele nichts ist als ein Bündel von *Ichfunktionen* (Empfindungen, Vorstellungen, Gefühlen usw.) und von *Inhalten* dieser Funktionen, die von den äußeren Sinnen und dem assoziativen Geflecht der Reproduktionen zufällig herangespült werden.

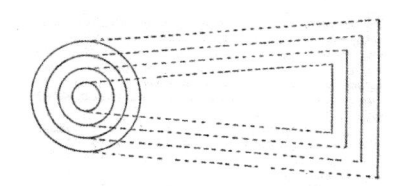

Das Ich wird dann zu einem zeitlichen Ablauf dieser gleichgültigen Inhalte. Setzt man aber diese positivistisch interpretierten Elemente des „bloß" Seelischen zu den *Akten* in Beziehung, in denen ein Gegenständliches erfaßt wird, so ergeben sich genauso viele höchst verschiedene Bedeutungen des Ich, als es gegenständliche Sinngebiete gibt, in die der individuelle Akt- und Erlebnisvollzug verflochten ist. Natürlich sind diese Akte und Erlebnisse selbst zeitliche Vorgänge, die sich psychologisch aus einer begrenzten Zahl von elementaren Funktionen und Inhalten aufbauen. Aber *in* diesen Akten und Erlebnissen wird jedesmal ein spezifischer Sinn erfaßt, der dann auch das Subjekt der Akte und Erlebnisse mit einem eigentümlichen Sinn färbt. Zu jedem gegenständlichen Sinngehalt gehört als Korrelat ein besonderer Sinngehalt des Ich, oder //anders gesagt: in jedem Sinngebiet tut sich eine durchaus //eigenartige Subjekt-Objektbeziehung auf, die von beiden Seiten aus, vom Subjekt und vom Objekt, beleuchtet werden kann. Bildlich können wir uns die wechselnde Bedeutung des Ich in Gestalt von konzentrischen Kreisen verdeutlichen, weil das Ich sich in den verschiedenen Sinneinstellungen gleichsam zu erweitern und zu verengen scheint. Jedem dieser Kreise ist dann eine spezifische Gegenstandsschicht zugeordnet. In jeder Grundklasse von Sinnerlebnissen wird nämlich eine besondere Existenzart erfaßt. Umgekehrt: jeder Gegenstandsordnung entspricht eine eigentümliche Wertklasse. Auch dieser Tatbestand ist von der bisherigen Philosophie nicht im Zusammenhang beachtet worden. Man hielt z.B. „die Realität" für etwas durchaus Eindeutiges, obwohl sie eine reliefartige Durchdringung der verschiedensten Gegenstandsschichten ist; sie ist daher von der jeweiligen historischen und individuellen Bewußtseinslage so stark abhängig, daß man eine Geschichte des Realitätsbewußtseins schreiben könnte. Aber wir sehen hier (wie beim Ich) von den Durchdringungen des Lebens ab und versuchen die wichtigsten Grundformen der Gegenständlichkeit abstrakt zu rekonstruieren. Am deutlichsten werden sich ihre Unterschiede an den Wandlungen des Raum-Zeitbewußtseins offenbaren. Denn jeder Gegenstandsschicht entsprechen besondere Formen der Räumlichkeit und Zeitlichkeit.

1. Den engsten Kreis bildet das bedürfende und begehrende Ich. das bloße Ego, das als Subjekt des Selbsterhaltungstriebes und aller körperlich begründeten Triebe und Instinkte gedacht werden muß. Ich nenne es das *biologische Ich* […]. Es ist seinen Funktionen nach am engsten an den Leib gebunden und kann daher auch geradezu das Körper-Ich genannt werden. Man kann es sich nur dann einigermaßen rekonstruieren, wenn man aus der praktischen Lebensorientierung des Subjektes allen Anteil der Reflexion, des Denkens, ausscheidet und das Ich als eine durch Reize und sinnliche Triebe regulierte Struktur auffaßt, der aber die objektiven Zwecke dieser Triebe nicht durch Zielvorstellungen, sondern nur durch aktbegleitende Gefühle repräsentiert sind. Es gibt zahllose Menschen, die „sich selbst" dauernd am stärksten in dieser Zone der körperlichen Bedürfnisbefriedigung fühlen, und geneigt sind, ihr ganzes Ich einfach mit dem gleichzusetzen, was unter der Haut ist. Für sie sind Körpergefühle die eigentlichen ichaufbauenden //Gefühle. Mit gewissen Restbeständen ist dieses biologische Ich auch im reflektierten Bewußtsein immer enthalten: als kaum beachtete Druckempfindungen, als Bedürfnisse ohne *Vorstellung* des vom Trieb intendierten Erfolges, als Schmerz, als Wohlsein, kurz als ein diffuser Seelenhintergrund. Und außerdem bleiben die primitiven //Wert- und Unwerterlebnisse, die das Ich auf dieser Stufe zielstrebig

5

lenken, nämlich die Gefühle des Angenehmen und Unangenehmen, unentbehrliche Richtpunkte des Verhaltens auch für den höchstentwickelten Geist. Auch für ihn vollzieht sich noch eine automatische Auslese zwischen angenehmen und unangenehmen Körperlagen. Auch er muß seine leiblichen Bedürfnisse befriedigen, wenn er leben will; und mögen sich später auch die kompliziertesten geistigen Regulatoren dazwischenschalten: ohne das biologische Zuordnungsverhältnis von materiellen Reizen und körperlichen Reaktionen des psychophysischen Ich könnte die Grundlage des ganzen Systems nicht eine Stunde erhalten werden. Atmung, Herzbewegung, Ernährung, Fortpflanzung sind gottlob nicht auf vernünftige Erwägungen gestellt, sondern auf ein Zeichensystem von Erlebnisformen, das in gewissem Grade intelligent funktioniert, ohne daß sich *unsere* Intelligenz bemühen müßte. —

Diesem eigentümlichen Erlebniszentrum ist natürlich auch eine ganz besondere Gegenstandsschicht zugeordnet. Für dieses Ich ist nur da, was durch Vermittlung körperlicher Organe auf es *wirkt*. In dem „Druck der Außenwelt" und der damit zugleich gesetzten Erfahrung vom „Gegendruck des Ich" liegt der eigentliche Kern des *Wirklichkeits*erlebnisses, der durch keine spätere theoretische Fassung ganz ersetzt werden kann. Die Gegenstände dieses Ich werden durch die Sinnesorgane vermittelt, die im mechanischen Hautsinn eine Art von Urtypus haben, aber sich auch zu Apparaten steigern können, deren Tätigkeit eine nachfolgende Wissenschaft als höchst verwickelte chemische Leistungen enthüllt. Von dieser späteren und überlegenen Wissenschaft aus gesehen stellt sich aber das Zuordnungsverhältnis zwischen Gegenständen und Subjekt noch näher dar als eine für die Lebenstätigkeit des Individuums und der Gattung relativ *zweckmäßige*. Die Sinnesorgane der Lebewesen sind Ausleseorgane, die nur biologisch wichtige Reize vermitteln, ganz wie die Bewegungsorgane den notwendigen Lebensfunktionen angemessen sind. Es ist unendlich schwer, ja vielleicht unmöglich, sich von den seelischen Vorgängen in einer ganz anders organisierten //Seele (Tier- oder gar Pflanzenseele) eine Vorstellung zu machen. Mit Recht hat daher J. v. Uexküll zunächst die Aufmerksamkeit auf die objektiv feststellbaren Zuordnungsverhältnisse von Reizen und Reaktionen gelenkt. Er führt aus, „daß es für jedes Tier eine besondere Welt gibt, die sich aus den von ihm aufgenommenen Merkmalen der Außenwelt zusammensetzt".² Dieser //spezifischen „Merkwelt" ist dann als aktives Korrelat eine besondere „Wirkungswelt" zugeordnet. Das Entsprechende gilt natürlich von der menschlichen Welt. Unter der „Realität", die die *Wissenschaft* nach dem Zeugnis der Sinne mit Hilfe von Kategorien und Schemata errichtet, ruht eine biologische Wirklichkeit, die sich in primitiven Sinneserlebnissen auftut, aber ohne Zweifel zu unserer praktischen Orientierung und Bedürfnisbefriedigung immanent zweckmäßige Beziehungen hat. Diese „biologische Wirklichkeit" müßte beschrieben, die *relative* Zweckmäßigkeit ihres Zeichensystems verfolgt werden.

Die räumlichen und zeitlichen Verhältnisse innerhalb der biologischen Wirklichkeit sind natürlich ganz anders im Bewußtsein repräsentiert, als durch den mathematischen Raum und die mathematische Zeit, die schon theoretische Gedankengebilde sind. Das Räumliche erscheint biologisch vielleicht in qualitativ eigentümlichen Bewegungserlebnissen, die mit Kraftaufwandserlebnissen (Ermüdungsvorgängen) verbunden sind; das Zeitliche vielleicht in jener von Bergson geschilderten qualitativen Durchdringung der Erlebnisse, mit der sich ebenfalls Kraftaufwandsgefühle komplizieren. Das alles ist unendlich schwer rekonstruierbar, weil der „geistige Mensch" ja nicht mehr allein in dieser biologischen Wirklichkeit existiert, sondern aus seinen Gegenstandserlebnissen eine „Realität" aufbaut, in der Denken und Erkennen bereits eine Fülle von Fäden gesponnen haben, ganz abgesehen davon, daß in sie auch ästhetische und religiöse Schichten hineinragen.
[…]
[…]

---
² J. v. Uexküll, Bausteine zu einer biologischen Weltanschauung. München 1913, S. 67 ff.

7. Ausblick

Die Erwägungen, die wir bisher angestellt haben, sind allgemein kulturphilosophischer oder geisteswissenschaftlicher Art. Wir wenden sie nunmehr auf das Problem der geistigen Individualität an. Unsere Absicht ist dabei die Begründung einer geisteswissenschaftlichen Psychologie der Individualität, einer Ethologie oder Charakterologie. Diese Einschränkung der Fragestellung bedeutet aber zugleich einen Kunstgriff, um geistige Erscheinungen auf der Stufe relativ geringer Komplikation zu studieren. Man halte sich gegenwärtig, daß die Grundtypen, die wir hier aufstellen werden, nicht etwa Photographien des wirklichen Lebens sind, sondern auf einer isolierenden und idealisierenden Methode beruhen. Es entstehen auf diese Weise zeitlose *Idealtypen,* die als Schemata oder Normalstrukturen an die Erscheinungen der historischen und gesellschaftlichen Wirklichkeit angelegt werden sollen.

Sie ergeben sich daraus, daß jeweils *eine* Sinn- und Wertrichtung in der individuellen Struktur als herrschend gesetzt wird.[1] Nach unserem Prinzip, daß in jeder geistigen Erscheinung die Totalität des Geistes irgendwie immanent sei, können dann die anderen geistigen Akte nicht fehlen. Aber ihre Leistung wird jedesmal so umgebogen, daß sie der vorherrschenden Wertrichtung in einem näher zu erörternden Sinne untergeordnet erscheinen. Sie tragen ihre Färbung, oder, wenn dies nicht möglich ist: sie werden bis zur Bedeutungslosigkeit herabgedrückt. Man kann sich diesen Sachverhalt an dem Bilde eines Spielwürfels symbolisieren, von //dem jedesmal eine Seite mit ihrer Zahl nach oben liegen muß. Die anderen aber fehlen nicht, sondern sie nehmen zu der oberen eine ganz bestimmte gesetzliche Stellung ein. Die isolierende und idealisierende Methode wird also durch ein totalisierendes Verfahren ergänzt. Hierbei bleiben wir stehen. Käme es uns auf die Mannigfaltigkeit der *historisch* bedingten Typen an, so müßte noch ein individualisierendes Verfahren hinzutreten. Aber dieser Gesichtspunkt der historischen Besonderheiten scheidet hier aus. //Es sollen nur ganz wenige allgemeinste Grundformen der Persönlichkeit herausgearbeitet werden. —

Wir beginnen im folgenden bei jeder Lebensform mit dem zentralen Gebiet und setzen dann alle fünf anderen zu ihm in eine Beziehung, deren *Grund*richtung aus dem Sinn des herrschenden Gebietes *a priori* einleuchten muß. Denn die Aktrichtungen des Geistes und ihre Verwebung zu einer Totalstruktur wohnen uns ihrem Sinne nach (wenn auch nicht mit allen Anwendungseinzelheiten) a priori inne. Nur ist dies nicht das bloße intellektuelle Apriori, sondern es ist das plastische Grundgefüge des Lebens in uns, vermöge dessen wir fähig sind, bei variierter singulärer Einstellung Situationen sinngemäß vorzuleben oder nachzuerleben, ohne sie erlebt zu *haben*. An diese fünf Gesichtspunkte schließen wir eine Bemerkung über den zugehörigen *Motivationstypus*. Denn es wird sich deutlich zeigen, daß die verstandesmäßig überlegene *Wahl* eines einzelnen unter mehreren wertbetonten Zwecken und die kausaltheoretische Erwägung der dazu gehörigen Mittel nur ein spezieller Fall der Motivation ist, der aus der Mischung der theoretischen und der ökonomischen Lebensform hervorgeht und den man den Typus der *technischen Motivation* nennen könnte. Er ist charakteristisch für unsere Zeit, aber nicht für alle Zeiten, ja nicht für alle Menschen unserer Zeit. Mit der Motivationsfrage streifen wir schon an das zugehörige spezifische *Ethos* des betreffenden Gebietes heran. Jedoch muß entschieden festgehalten werden, daß dieser ganze Abschnitt rein psychologischer Natur ist, d.h. es wird kein anderes Werturteil über die behandelten Typen gefällt, als das auf ihre innere strukturelle Konsequenz bezügliche. Auch da also, wo von einer ethischen Tendenz im Rahmen des betreffenden Typus die Rede ist, handelt es sich nur um die *Psychologie* dieses Ethos. Denn zu jedem ethischen Verhalten kann wieder die zugehörige seelisch-geistige Einstellung des Subjektes psychologisch erfaßt //werden. Norm*erlebnisse* haben immer eine psychologische Seite, wenn auch die Normen selbst und ihre Geltung nicht Gegenstand bloß psychologischer Erörterung sein können. An die Frage des Motivationstypus

---

[1] Ich habe nie behauptet, daß man die Charakterologie nicht auch an anderen Wesenszügen orientieren kann als an der vorherrschenden Wertrichtung der Person. Wohl aber behaupte ich, daß der *geistige* Charakter des Menschen durch nichts so entscheidend bestimmt wird, wie durch das Wertorgan, vermöge dessen er das Leben lebt und gestaltet. — Als ich dieses Buch schrieb, war mir noch nicht bekannt, daß auch Max Scheler in seinem hochbedeutenden Werk: „Der Formalismus in der Ethik und die materiale Wertethik", Halle 1916, 2. Aufl. 1921, S.607 ff. die Idee von Wertpersontypen angedeutet hat.

7

und des ethischen Typus schließt sich eine Übersicht über die wichtigsten Formen, die sich aus der *Differenzierung des Grundtypus* nach den in ihm enthaltenen Sinnmomenten ergeben. Die Gesichtspunkte für die Differenzierung werden aus der strukturellen Eigenart des betreffenden Gebietes entnommen, sind also für jeden Typus wieder andere. Hierbei werden zahlreiche Beispiele gegeben werden. Diese enthalten natürlich immer ein historisch bedingtes Moment und sind niemals ganz reine Fälle. Auch wird es unvermeidlich sein, daß die Beispiele überwiegend un-//serem und dem antiken Kulturkreise entnommen werden. Denn die vorliegende Untersuchung ist ohne komplizierte Mittelglieder anwendbar nur auf eine Kultur, in der die verschiedenen Sinnrichtungen schon deutlich differenziert auftreten. Dies ist nun auf der neuzeitlichen Entwicklungsstufe (der Alten wie der Modernen) oft so stark der Fall, daß die einheitliche Struktur des Geistes wie aufgelöst erscheint. Die großen Einseitigkeiten sind Bildungen von heroischer Stärke. Es gibt aber auch Einseitigkeiten, die Verbildungen darstellen und die an die Grenze des Lebensunfähigen heranstreifen. Entwicklung und Verfall sind ja nur Stadien eines und desselben Prozesses. Daher denn auch objektive Auflösungserscheinungen subjektiv noch eine Zeitlang als „Fortschritt" empfunden zu werden pflegen. Die geschichtsphilosophischen Gedanken, die sich hierbei aufdrängen, werden jedoch in dem ganzen Buch nur gegen Schluß gestreift, obwohl der Verfasser hierüber seine bestimmten Ansichten hat. — Endlich schließt sich an die differenzierten Lebensformen, die zu jedem Typus gehören, eine Bemerkung über das *Widerspiel* des betreffenden Typus, das, wenn man den vieldeutigen Ausdruck liebt, eine Ressentimenterscheinung genannt werden kann. Oft freilich entspringt es aus anderen und viel kräftigeren Wurzeln, als dieser Name einer kränkelnden Zeit andeutet.

Wir beschränken uns im zweiten Abschnitt bewußt auf die Grundtypen und lassen alle normativen Fragen, aber auch alle Mischformen, speziell alle Kollektivsubjekte zunächst beiseite. Im dritten Abschnitt wird das ethische Problem erörtert. Man muß also die befremdende Tatsache, daß ein spezifisch sittliches Gebiet und eine //spezifisch sittliche Lebensform *nicht* aufgestellt werden, bis dahin ohne nähere Begründung hinnehmen. Der vierte Abschnitt bringt Bemerkungen über Typen gemischten oder historisch bedingten Charakters und fügt Ergänzungen hinzu, aus denen zugleich die Anwendung der hier entwickelten geisteswissenschaftlichen Psychologie in Forschung und Leben klar wird.

In der Durchführung beziehen wir uns durchgängig auf die im ersten Teil gegebene Grundlegung. Es bedarf aber keiner Erwähnung, daß die *Aufgabe,* die wir uns gestellt haben, auch dann ihr Recht behält, wenn man in dieser oder jener Einzelheit zu anderen Ergebnissen kommen sollte, als sie hier vertreten werden.

Zweiter Abschnitt
Die idealen Grundtypen der Individualität

[...]

2. Der ökonomische Mensch
I.

Der Mensch ist in den Naturzusammenhang verflochten. Seine Lebenshaltung ist abhängig von Stoffen und Kräften der Natur, die geeignet sind, seine Bedürfnisse zu befriedigen. Diese Bedürfnisse sind nichts Konstantes, sondern sie wachsen mit der Lebenslage. Sie steigen noch eine Zeitlang an, nachdem die dringendsten bereits befriedigt sind, und enden erst mit völliger Übersättigung, die aber so gut wie nie erreicht wird. Wir nennen die Eigenschaft materieller Güter, vermöge deren sie Bedürfnisse zu befriedigen fähig sind, die im Rahmen der Lebenserhaltung und der physischen Lebensförderung liegen, ihre Nützlichkeit. Das Nützliche hat also zunächst den Charakter eines physischen *Mittels* zur Bedürfnisbefriedigung. Als das hier weiter nicht diskutierte *Ziel* steht am Ende des Prozesses die Erhaltung des Lebens durch die jeweils erforderliche Anpassung an gegebene oder durch Zweckhandeln erreichbare Bedingungen. Die Wertqualität dieses Zieles stellt sich im Erlebnis nicht nur in den Gefühlen „angenehm und unangenehm", sondern in der höheren geistigen Stufe von „nützlich und schädlich" dar. Aber was nützt oder schadet, bemessen wir *zunächst* am Wert der bloßen Selbsterhaltung des biologischen Lebensbestandes und an den Trieben, die die Bedürfnisbefriedigung regulieren.

Im allgemeinen handelt es sich demgemäß bei der Nützlichkeit um Güter, die in physischen Stoffen oder Kräften bestehen. Nun sind aber auch rein geistige Leistungen immer durch physische Objektivationsformen vermittelt. Ein Gemälde z.B. besteht aus Holz, Leinwand, Far//ben; zu seiner Herstellung gehört eine gewisse „Technik" der Hand und eine „Technik" der Farbengebung. Ein Buch, die materielle Vervielfältigung einer wissenschaftlichen Leistung, gehört von den verschiedensten Seiten her, **z.**B. schon als stoffliches Gut, in den wirtschaftlichen Produktionsprozeß. Eine Rede des geistigsten Inhalts endet doch mit physischer Ermüdung des Sprechers und der //Hörer, wenn nicht eine gewisse Ökonomie der Zeit und der Kräfte beobachtet wird. Mit einem Wort: auch das Geistige ist in den physischen und physiologischen Zusammenhang der Kräfte hineingebaut; es liegt ihm eine Technik zugrunde, und mit dieser seiner materiellen Seite gehört es in den Bezirk wirtschaftlicher Werte und austauschbarer Güter hinein. Das Nützliche kann also auch im Dienste der Realisierung jener nichtrealen Gegenstandswelten stehen, von denen wir früher gesprochen haben: der ideellen, imaginativen und transzendenten. Und insofern ist die geistige Arbeit auch einer wirtschaftlichen Wertbemessung fähig. Sie verbraucht z.B. physische Kräfte, Zeit und Material. Hingegen der innere Wert einer Erkenntnis, eines Kunstwerkes, einer religiösen Kundgebung ist wirtschaftlich inkommensurabel Man kann ihren Wert nicht in Selbsterhaltungseinheiten ausdrücken. Wirtschaftlich betrachtet, gehören sie zu den Luxusgütern, die bei günstiger Wirtschaftslage sehr hoch im Preise stehen und bei ungünstiger fast bis zum Nullwert sinken. So erklärt sich die bleibende Schwierigkeit aller Kulturepochen, das Geistige im engeren Sinne ökonomisch meßbar zu machen.

Es soll jedoch im folgenden nur von *der* Ökonomie die Rede sein, die sich im Gebiet der lebenerhaltenden stofflichen Güter oder Naturkräfte abspielt. Diese nun stehen dem Menschen nicht unbegrenzt, ja nicht einmal in erforderlichen Mindestmaße zur Verfügung. Es bedarf also einer rationalen, d.h. zweckbewußten Tätigkeit, die sie räumlich herbeischafft oder unter Benutzung bekannter Naturgesetzlichkeit umformt. Diese kraftausgebende Tätigkeit heißt Arbeit, und sie ist nur dann wirtschaftlich, wenn im Endergebnis (mag sich der ökonomische Prozeß auch über Generationen erstrecken) der Kraftgewinn den Kraftverlust überwiegt.

9

Schon hieraus ergibt sich, daß der wirtschaftliche Mensch uns in zwei recht verschiedenen Gestalten entgegentreten wird: als Erzeuger und als Verbraucher. Freilich handelt es sich dabei nur um eine Bezeichnung a potiori [heißt etwa: hauptsächlich – W.H.]. Denn jeder Mensch ist notwendig beides zugleich: Arbeiter und Genießer. Welche dieser Naturen in ihm überwiegt, hängt von der Lage der wirtschaftlichen Umgebung und von seinem Bedürfnisstand ab; von dem Einfluß seiner inneren Struktur //hierauf wird erst die Rede sein, wenn wir auf die Differenzierungen des wirtschaftlichen Typus zu sprechen kommen. Hat der Mensch nur ganz bescheidene Bedürfnisse oder umgibt ihn //eine für seine besonderen Bedürfnisse ausreichende und verfügbare Gütermenge, so mag sich seine wirtschaftliche Leistung fast ganz auf das Verbrauchen einschränken. Er ist dann im wesentlichen Genießer, obwohl er immer noch den Bissen und den Becher zum Munde führen, also ein Minimum von werbender Arbeit leisten muß. Ausgeprägter erscheint der wirtschaftliche Vorgang bei dem, der in irgendeiner Richtung produziert, um in dieser oder in anderer Richtung konsumieren zu können. Denn bei ihm kommt die Bilanz zwischen Nutzen und Nutzentgang deutlich zur Erscheinung. Aber auch bei ihm steht doch im Hintergrund des ganzen Verhaltens das Streben nach Befreiung vom unablässigen Druck der Bedürfnisse. Die ganze Psychologie der Wirtschaft wird verkannt, wenn man nicht diese Sehnsucht nach freiem Ellbogenraum als ihre treibende Kraft einsieht, und wenn man nicht weiß, daß die Bedürfnisse des Menschen, sofern man ihn seiner *freien* wirtschaftlichen Triebfeder überläßt, nicht an einem bestimmten Durchschnittspunkte aufhören, sondern über den gegebenen Befriedigungsstand noch weiter hinauswachsen. Es liegt also in dem wirtschaftlichen Streben, obwohl es im Umkreis der Natur gebannt ist, doch etwas Unendliches, sich immer wieder neu Erzeugendes. Auf der einen Seite mag man darin einen hoffnungslosen Kreislauf immer unbefriedigten Mühens erblicken. Auf der anderen Seite aber liegt darin ein ungeheurer Impuls, durch den Wirtschaft und Technik über das isolierte Individuum hinauswachsen und zu objektiven, geisterfüllten Gebilden werden.

Die Schwierigkeit der Aufgabe, die unsere isolierende und idealisierende Untersuchung zu lösen hat, ist eine doppelte. Sie muß zunächst absehen von den besonderen. Wirtschaftsformen, die den wechselnden Kulturlagen entsprechen. Sie darf nicht einseitig auf Agrarwirtschaft oder Handwerk und Industrie, auch nicht einseitig auf Naturalwirtschaft, Geldwirtschaft oder Kreditwirtschaft Bezug nehmen, sondern sie muß das ewige wirtschaftliche Motiv gleichsam als *eine konstante Funktion zwischen Subjekt und Güterwelt* betrachten, mag auch das Subjekt selbst und die Güterwelt variabel sein. Und ferner: Wir müssen absehen von den besonderen historischen Gesellschaftsformen, in denen sich Produktion, Austausch und Konsumtion vollzieht. Die Isolierung muß so weit getrieben werden, als ob ein Mensch für sich allein wirtschaften könnte, wenn es auch in Wirklichkeit nur Menschen gibt, //die in bestimmten sozialen und rechtlichen Verhält//nissen wirtschaften. Wir sind aber der Meinung, daß das rein wirtschaftliche Subjekt, gleichviel ob es in Hauswirtschaft oder Stadtwirtschaft, in Volkswirtschaft oder Weltwirtschaft verflochten sei, immer denselben Geistestypus zeigt. Und nur auf diesen kommt es hier an.

Wir fanden die Geistesart des theoretischen Menschen nicht nur im Berufsgelehrten: sie schien uns eine eigentümliche Struktur der Seele, die auch abseits von der eigentlichen Wissenschaft auftreten kann. Genau so liegt es hier: Es brauchen nicht notwendig Erwerbsmenschen zu sein, in denen die soeben entwickelte Struktur des Wertlebens vorliegt. Vielmehr kann das Grundmotiv der Nützlichkeit die verschiedensten Seiten der Persönlichkeit durchziehen und ihre Gesamtverfassung auch in den Zonen beherrschen, in denen man eigentlich andere Einstellungen erwarten sollte, bis hinauf zum entscheidenden Ethos des ganzen Daseins. Umgekehrt sind die, die das ökonomische Moment als das ausschlaggebende dauernd im Munde führen, als lebendige Menschen keineswegs immer geborene Utilitarier. So sind z.B. die Marxisten überwiegend Theoretiker oder Politiker: ihre Theorie deckt sich nicht mit ihrem Sein — ein Tatbestand, der zur Kritik der ökonomischen Geschichtsauffassung verwertet werden könnte, wenn diese nicht mit einer Psychologie des unbewußten Bestimmtseins arbeitete, die rein konstruktive Metaphysik und nicht mehr Beschreibung ist.

Der ökonomische Mensch im allgemeinsten Sinne ist also derjenige, der in *allen* Lebensbeziehungen den Nützlichkeitswert voranstellt. Alles wird für ihn zu Mitteln der Lebenserhaltung, des naturhaften Kampfes ums Dasein und der angenehmen Lebensgestaltung. Er verfährt sparsam mit dem Stoff, mit der Kraft, mit dem Raum, mit der Zeit, um ihnen ein

10

Maximum nützlicher Wirkungen für sich abzugewinnen. Wir Neueren würden ihn vielleicht auch als den praktischen Menschen bezeichnen, schon weil das ganze Gebiet der Technik (wie wir noch sehen werden) ebenfalls unter dem Gesichtspunkt des Ökonomischen steht. Aber der Wert seines Tuns liegt nicht in den Tiefen einer wertentscheidenden Gesinnung, sondern in dem ganz äußerlichen Nutzeffekt. Die Griechen würden ihn also zwar einen Machenden (ποιοῦντα), nicht aber einen Handelnden (πράττοντα) nennen.[1] //

II.

Unter diesem Zweckgesichtspunkt steht für den einseitig ökonomischen Menschentypus zunächst das Wissen. Während der Theoretiker die Wahrheit um ihrer selbst willen sucht, fragt der Typus, von dem wir jetzt reden, immer nach seiner Verwertbarkeit oder Anwendbarkeit. Er versteht das Goethesche Wort: „Was man nicht nützt, ist eine schwere Last" im eng utilitaristischen Sinne. Zweckfreies Wissen wird ihm zum Ballast. Nur Erkenntnisse, die Nutzen bringen, werden von dem ökonomischen Menschen gesucht; und sie werden von ihm, unbekümmert um ihren rein sachlichen Zusammenhang, so kombiniert, wie sie in der Anwendung gebraucht werden. Damit haben wir den Typus des technischen Wissens; denn dieses wird organisiert durch einen praktischen Zweck. Aus diesem Geiste ist die Erkenntnistheorie des Pragmatismus geboren, die kein Eigengesetz des Erkennens gelten läßt, sondern richtig und falsch gleichsetzt mit der biologischen Nützlichkeit oder Schädlichkeit. Danach wäre die Wahrheit eigentlich nur ein von der praktischen Bewährung auf den theoretischen Akt zurückstrahlendes Licht. Bezeichnend für diese Bewertung der Wissenschaft ist etwa Spencers Pädagogik, die damit beginnt, daß alle Arten von Kenntnissen nach dem Grade aufgereiht werden, in dem sie zur Selbsterhaltung des Wissenden (und allenfalls zur Gattungserhaltung) beitragen.

Wenn nun aber auch der Wert des Theoretischen hier vom Nützlichkeitswert abhängig erscheint, so ist doch in die ökonomischen Verhaltungsweisen das Theoretische als dienender Akt vielfach hineingeflochten. Der Mensch lebt auf einer Stufe, in der die Selbsterhaltung nicht mehr bloß von Instinkten reguliert wird. Sein ganzer Kampf ums Dasein wird von Kenntnissen über die Natur der Dinge und über ihre kausalgesetzlichen Zusammenhänge //unterstützt. Das Wissen um das Nützliche wird ein immer größerer Ausschnitt des zweckfreien Wissens. Je verwickelter die Methoden der Wirtschaft werden, um so mehr intellektuelle Ausstattung fordert sie vom Menschen. Er muß nicht nur den wirtschaftlichen Wert der Dinge, sondern auch das wirtschaftliche Wesen der Menschen kennen.[2]

Der Taylorismus ist der höchste Gipfel //dieses einseitigen Menschenstudiums, das nur nach der ökonomischen Brauchbarkeit fragt. Ja es gibt (entsprechend unserem allgemeinsten Satz) eigentlich überhaupt nichts, was wirtschaftlich belanglos wäre, keine Zeit- und Raumspanne, keine Sache, kein Geistesprodukt, keinen menschlichen Charakterzug. Der ökonomische Mensch muß daher einen sozusagen wirtschaftlichen Verstand haben. Wenn man hierfür auf einfachen Stufen mit dem gesunden Menschenverstand auszukommen glaubte, so genügt das auf höheren nicht entfernt. Das ideale Ziel des ökonomischen Menschen wäre ein wirtschaftlicher Rationalismus, die Umwandlung des ganzen Lebensprozesses in eine umfassende Rechnung, in der kein Faktor mehr unbekannt ist.[3] Die Grenzen des Erkennens bedeuten immer auch Grenzen der Wirtschaftlichkeit. Andererseits: kein „Weitblick" kann die Irrationalität der naturhaften Verhältnisse ganz beseitigen; schon deshalb nicht,

---

[1] Eine wertvolle, unter streng methodischen Gesichtspunkten geordnete Übersicht über die verschiedenen Formen, in denen die Lehre vorn „homo oeconomicus" in der Geschichte der Wirtschaftswissenschaft auftritt, gibt Herbert Schack, Der rationale Begriff des Wirtschaftsmenschen, Jahrbücher für Nationalökonomie und Statistik Bd. 122 (1924) S. 439. In einem anderen Aufsatz „Der irrationale Begriff des Wirtschaftsmenschen", daselbst S. 192, geht er auf historische Konkretisierungen des ganz allgemeinen Typus ein, die z.T. durch Kreuzung mit anderen Motiven entstehen. Ein fein durchgeführtes Sonderbeispiel behandelt Alfred Rühl, Die Wirtschaftspsychologie des Spaniers, Zeitschrift der Gesellschaft für Erdkunde zu Berlin, 1922.

[2] Dies geht so weit, daß die Kunst geübt wird, neue Bedürfnisse zu wecken, statt nur vorhandene sachgemäß zu befriedigen. Neuerdings hat sich die Psychologie der Reklame zu einem eigenen Wissenschaftszweig entfaltet.

[3] Vgl. Werner Sombart, Der Bourgeois, München 1920 über die „Rechenhaftigkeit" des Kapitalismus. Ferner Max Weber, Die Wirtschaft und die gesellschaftlichen Ordnungen und Mächte (= Grundriß der Sozialökonomik III, 1) S.35. § 4 über typische Maßregeln des rationalen Wirtschaftens.

11

weil die singulären Umstände der Zukunft nicht vorauszuberechnen sind. An diesem Punkte nun, wo die intellektuelle Ausstattung des ökonomischen Menschen ihre Grenzen findet und das Berechenbare, Rationalisierbare aufhört, da muß eine andere Eigenschaft in ihm eintreten, die nicht mehr rein intellektueller, sondern zugleich phantasiemäßiger oder gläubiger Natur ist: der Wagemut. Ein wirtschaftliches Verhalten mag noch so gut berechnet sein, zu den Faktoren, auf denen die Rechnung ruht, fehlen immer einige Daten: hier beginnt das Wagnis, das entweder die Phantasie anrät, oder das vom Vertrauen auf das „Glück" getragen ist. //Damit rühren wir also an das Gebiet des Ästhetischen und des Religiösen.

Das Ästhetische als solches zeichnet sich dadurch aus, daß es einen seelischen Erlebniswert, aber keinen Nützlichkeitswert hat.[1] *Beide Gebiete stehen durchaus im Gegensatz zueinander.* Das Nützliche ist in der Regel geradezu ein Feind des Schönen. Aus wirtschaftlichen Motiven werden Landschaftsbilder zerstört, Kunstwerke vernichtet, glückliche Stimmungen verdorben. Beides scheint nicht Raum nebeneinander auf derselben Erde zu haben. Und auch nicht in derselben Seele. Wer nach innerer Schönheit, nach Harmonie seines Wesens strebt, darf sich nicht in den Kampf ums Dasein einlassen, der seine Kräfte immer in einseitiger Richtung entwickelt. Wird das ästhetisch Belangvolle //überhaupt unter einen ökonomischen Gesichtspunkt gerückt, so fällt es unter den Begriff des Luxus.[2] Freilich können Güter, die anfangs zum Luxus gehörten, durch Verfeinerung der Bedürfnisse schließlich doch wirtschaftlich notwendige Güter werden. Ein gewisses Kunstbedürfnis gehört zum Menschen einer höheren Entwicklungsstufe. Auch die Phantasie verlangt bei ihm Anregung und Befriedigung, besonders wenn er sonst durch seinen Beruf unter dem Zwang der Arbeitsteilung steht. So rückt also das Ästhetische mit einem Zipfel auch in das Ökonomische hinein. Ja im gesellschaftlichen Wirtschaftsleben dient die ästhetische Ausstattung des Besitzes als eine krediterhöhende Schaustellung, daß man über die Enge der bloßen Bedürfnisbefriedigung hinausgekommen sei und sich einen Luxusspielraum schon gönnen dürfe. So erklärt sich das Mäcenatentum mancher Naturen, die sonst unverkennbar zum ökonomischen Typus zählen. Sie bedienen sich der Kunst als eines gesellschaftlich-ökonomischen Mittels; von innerer Beziehung zu ihr ist nicht die Rede. Endlich scheint auch darin eine gewisse Berührung des Ästhetischen mit dem Wirtschaftlichen zu liegen, daß seltene Güter //von ästhetischer Bedeutung (wie das Gold oder Silber) oder gar nur einmal vorhandene Güter (wie ein individuell gestaltetes kunstgewerbliches Stück) einen ganz besonders hohen Wert im Tauschverkehr haben. Freilich fällt dies dann auch unter den Gesichtspunkt des Luxus. Goldwährung ist immer ein Luxussymptom.

Wenden wir uns nun zu dem gesellschaftlichen Gebiet. Der rein ökonomische Mensch ist egoistisch: *sein* Leben zu erhalten ist ihm die erste Angelegenheit. Folglich steht ihm jeder andere naturgemäß ferner als das eigene Ego. Freiwilliger Verzicht auf Besitz um eines anderen willen ist immer unökonomisch. Nur Egoismus und Mutualismus sind primär wirtschaftliche Formen der gesellschaftlichen Einstellung. Der Altruismus als Prinzip der Entsagung in der Sachgüterzone zugunsten eines anderen ist unwirtschaftlich. Wo er daher auftritt, muß er aus anderen Motiven als rein ökonomischen geboren sein. Karitatives Verhalten gehört nicht in ein geschlossenes Wirtschaftssystem. Das Interesse, das der ökonomische Mensch an seinen Mitmenschen nimmt, ist ein reines Nützlichkeitsinteresse. Er sieht sie gleichsam nur von der Seite, mit der sie dem Wirtschaftsleben zugewandt sind, also //als Produzenten, Konsumenten und Tauschbereite. Er bedient sich ihrer Hilfe; aber auch dieses Zusammenwirken steht unter dem Gesichtspunkt, daß dabei eine positive Bilanz, ein Plus für ihn selber herauskommen soll. Dieses Verhältnis kann bis zur ökonomischen Ausbeutung gehen, die, vom nackten Gesichtspunkt der Rentabilität betrachtet,

---

[1] Einige gemeinsame Entwicklungswurzeln des Ästhetischen und des biologisch Nützlichen sollen damit nicht bestritten werden.

[2] Von Luxus reden wir in doppelter Bedeutung: Luxus ist 1. die Bereitstellung und der Verbrauch eines Übermaßes von Gütern, das über die rein wirtschaftlichen Bedürfnisse hinausgeht; 2. kann alles nicht unmittelbar Nützliche aus den übrigen Wertgebieten, besonders aus dem ästhetischen, als Luxus bezeichnet werden. In beiden Fällen handelt es sich um eine der wirtschaftlichen Wertbemessung eigentümliche Kategorie.

durchaus ökonomisch folgerichtig ist.[1] Auch die moralischen Qualitäten des anderen treten in die ökonomische Betrachtung mit ein. Aber wiederum nur, sofern sie wirtschaftlich belangvoll sind: also die Sparsamkeit, die Arbeitsamkeit, die Geschicklichkeit, die Ordnungsliebe, Zuverlässigkeit, kurz die beruflich-wirtschaftliche Tüchtigkeit. Ein Mensch, der solche Eigenschaften besitzt, verdient z.B. Kredit. Daß es sich hier um eine //moralische Zuspitzung von im Grunde ökonomischen Eigenschaften handelt, bestätigt die im Handelsverkehr übliche Ausdrucksweise: „Der Mann ist gut." Man achte auf die Art, wie Geschäftsleute ihren Umgang gestalten. Alle Formen der Ehrenbezeugung, der Gefälligkeit, der Teilnahme treten mit in die ökonomische Beziehung ein; sie sind gleichsam werbende Kräfte. Aber solche Verbindungen dauern, wenn sie typisch rein sind, nicht über die Zeit des geschäftlichen Interesses hinaus. Wo der rein ökonomische Gesichtspunkt herrscht, sinkt der Mensch notwendig und naturgemäß immer zu einem Mittel herab, das nach seiner Arbeitskraft, seiner Kapitalkraft, seiner Kaufkraft gewertet wird.[2] Es bedeutet keinen Widerspruch hierzu, daß es auch echte Geschäftsfreundschaften, wirkliche gemeinsame Interessen gibt. Denn das wirtschaftende Subjekt ist ja nicht notwendig immer der Einzelne, sondern oft auch ein Kollektivsubjekt: eine Familie, zwei oder mehr Associés, eine Handelsgesellschaft, ein Volk oder eine Völkergruppe. Aber von diesen Kollektivsubjekten gilt dann wieder der gleiche wirtschaftliche Egoismus wie //vom Einzelnen. Die Basis hat sich nur verbreitert. Die betreffenden Gemeinschaften in sich selbst haben natürlich eine andere als eine rein wirtschaftliche Struktur: aber sie betätigen sich als kollektive Einheiten wieder nur im wirtschaftlich-egoistischen Sinne.

Reichtum ist Macht. Der ökonomische Mensch entfaltet zunächst Macht über die Natur, ihre Stoffe, Kräfte, Räume und die technischen Mittel zu ihrer Bewältigung. Aber damit ist zugleich eine Herrschaft über Menschen gegeben. Nur hat diese, wenn der Typus rein ist, wieder einen ausgesprochen ökonomischen Charakter. Mehr haben zu wollen als der andere, ist eine in der gesellschaftlichen Wirtschaft sich immer wieder von selbst bildende Willensrichtung. Wirtschaftliches Machtstreben erscheint also in der Form der *Konkurrenz;* sie herrscht von den einfachsten Stufen an und kann nur mit dem wirtschaftlichen Motiv selbst ausgerottet werden. //Die Macht des Geldes beruht auf seiner Motivationskraft für Menschen; sie setzt also wieder ökonomisch gerichtete Naturen voraus. Und gleich als ob man beflissen wäre, dies schon im voraus anzuerkennen, gibt Geld heute auch dann *Ansehen,* wenn man es nicht selbst erworben hat und weder durch seinen Fleiß noch durch seine Klugheit daran beteiligt ist.

Nun liegt aber dem allen eine Annahme zugrunde, die nicht mehr rein ökonomischer Natur ist, nämlich die Geltung einer Rechtsordnung, die das Privateigentum festsetzt. Der naturrechtliche Gedanke, daß aller Eigentumsanspruch zuletzt auf eigene Arbeit zurückgehe, wäre nur dann streng durchführbar, wenn es in dem betreffenden Wirtschaftssystem keinerlei privates Erbrecht gäbe (was wieder aus wirtschaftstechnischen Gründen nicht durchzuführen ist). Der Gedanke selbst ist auch nicht vollständig. Denn aus dem Erarbeiteten wird erst dann ein „Besitz", wenn ein überindividueller gesellschaftlicher Wille, wie Fichte richtig gesehen hat, diesen Anspruch unter Ausschluß der übrigen Bewerber anerkennt. Der ökonomische Mensch hat an einer solchen Rechtsordnung ein besonderes Interesse. Das Privateigentum ist aus wirtschaftlichen Motiven geboren und ist nur die rechtliche Anerkennung dessen, was im isolierten ökonomischen Egoismus schon lebendig ist. Wo also der ökonomische Typus rechtsschaffend wirkt, da werden in der Rechtsordnung vor allem wirtschaftliche Ansprüche geregelt. Das ganze Recht erscheint dann nur als die gesellschaftlich

---

[1] Neuerdings ist, besonders durch Rudolf Goldscheid, das Prinzip der „Menschenökonomie" als ein ethisch-politischer Gesichtspunkt in die Soziologie eingeführt worden. Natürlich gibt es solche Rücksichten in der Politik. Man sollte aber den Namen vermeiden, wenn wirklich „soziale" Zwecke im Vordergrunde stehen. Denn im Zusammenhang der Ökonomie kann der Mensch immer nur als ökonomisches Mittel oder als Subjekt ökonomischer Werte in Frage kommen. In höhere Wertzusammenhänge führt dieses Prinzip nicht hinüber.

[2] „Der Mensch wird nur noch als Arbeitskraft, die Natur nur noch als Produktionsmittel in Ansehung gezogen. Das ganze Leben ist eine einzige große Geschäftsabwicklung." Sombart, Der kapitalistische Unternehmer, Archiv für Sozialwissenschaft Bd. 29, S. 711. Dies gilt aber nicht nur vom Kapitalisten, sondern von jedem *reinen* Wirtschaftsmenschen. Umgekehrt: auch im Kapitalismus als einer historischen Wirtschaftserscheinung stecken oft andere Motive.

13

normierende Form, in die die Wirtschaft als Materie des gesellschaftlichen Lebens gefaßt ist. Natürlich ist diese Auffassung sehr eng; sie ist ebenso abstrakt, wie der Typus selbst, von dem hier die Rede ist. Ihm würde ferner eine rein ökonomische Staatsauffassung entsprechen. In der Tat scheint der Staat vielen nichts anderes als die bloße überindividuel-//le Organisation des wirtschaftlichen Lebens, als eine Art höherer Produktionsgemeinschaft oder Handelskompanie oder Aktiengesellschaft. Wir haben hier kein Recht, von normativem Standpunkt aus dazu Stellung zu nehmen, sondern müssen uns mit der Beobachtung begnügen, daß es wiederum der rein ökonomische Typus ist, aus dem dieses Verhalten zu den Machtfragen entspringt. Er ist es auch, der die Berufe der Menschen in ihrem gesellschaftlichen Wert rein nach ihrer Einträglichkeit beurteilen würde, wie denn Beruf und Erwerb für ihn durchaus identische Begriffe sind.

//So kann es nicht überraschen, daß nicht nur die Menschenbewertung, sondern auch die ganze Weltbewertung unter den ökonomischen Gesichtspunkt rückt. Der wirtschaftliche Wert ist für diese Art Menschen selbst schon der höchste Wert. Er braucht also in ihrer Religiosität gar nicht erst auf einen anderen höchsten Sinn bezogen zu werden, sondern muß nur in seiner Totalität, d.h. als weltumspannender Wert gesetzt werden.[1] Dann erscheint Gott als der Herr allen Reichtums, als der Spender aller nützlichen Gaben. In jeder Religion, die den Sinn des Lebens deuten will, ist natürlich ein solches Moment enthalten; denn ohne das tägliche Brot wäre überhaupt kein Leben denkbar, und die tiefsten Geheimnisse der Welt scheinen eben bei diesem Geheimnis des Brotes und seiner lebenspendenden Kraft anzufangen. Man kann sich aber auch eine Religiosität denken, die aus rein ökonomischer Geistesart entspringt. Der besondere Stil der Wirtschaft spiegelt sich dann natürlich auch in den wirtschaftlich-religiösen Anschauungen und Kultformen. Der Gott des Hirtenvolkes ist ein anderer als der des ackerbautreibenden, und der Gott der Händler ist wieder ein anderer als der Gott der Bergleute. Bleibt nur die Geldgier übrig, ohne Rücksicht auf die Art des Erwerbes, so wird Mammon der höchste Gott. Ein seltsamer Schicksals- und Glücksbegriff beherrscht die religiös-abergläubischen Vorstellungen der Börsenmänner. Im stillen verehren sie eine Macht, die sie sich an der Spitze der großen Weltlotterie stehend denken. — Max Weber und Troeltsch haben den Zusammenhang von Wirtschaft und Religion historisch eingehend untersucht. Man müßte nach Möglichkeit zu sondern streben, welche religiösen Anschauungen ausgesprochen ökonomisch bedingt sind, und umgekehrt: welche ökonomischen Verhaltensweisen durch religiös-ethische Anschauungen bestimmt werden, die schon unabhängig vom wirtschaftlichen Gebiet bestanden.[2] Ganz wird sich //der Anteil beider Faktoren in der engen geistigen Wechselwirkung //wohl kaum trennen lassen. Es gehört nicht ganz unter den Gesichtspunkt des ökonomischen Typus, wenn etwa ein Mensch sein wirtschaftliches Gedeihen als Symptom der göttlichen Gnade ansieht, oder wenn er nach wirtschaftlichem Erfolg strebt, um diese Gnade sichtbarlich zu bewähren. Denn hier scheint doch das Motiv, Gottes Gnade zu besitzen, *über* dem wirtschaftlichen zu stehen. In unseren Zusammenhang gehört eigentlich nur die Vergötterung des Nützlichen als solchen, die Geburt der Götter aus einer wirtschaftlichen Interessensphäre: die Götter als Gebende, als Hüter der Flur, als Mehrer der Schafe, als Geleiter der Schiffe, als Spender der Sonne, des Regens, — kurz aller förderlichen Gaben, die weniger die Innerlichkeit bereichern als dem irdisch-begehrlichen Teil der Menschen nützen. Und es ist kein Zweifel, daß eine Analyse zumal der primitiven Religionen auf eine Fülle solcher Symbole führen wird, die aus Furcht und Hoffnung, aus Begehrlichkeit und Lebensdrang, aus der Psychologie der Arbeit und des Genusses herstammen.

---

[1] Vgl. Sombart, Der Bourgeois S. 137 ff.: „die heilige Wirtschaftlichkeit".

[2] Diese Notwendigkeit betont auch Max Weber selbst in der Einleitung zu seinen Abhandlungen: „Die Wirtschaftsethik der Weltreligionen" (Gesammelte Aufsätze zur Religionssoziologie Bd. I, Tübingen 1922, S. 240, 265 ff.). Seinerseits untersucht er vorwiegend die funktionalen Beziehungen zwischen der Struktur der Gesellschaft und der Religiosität. Dieser Zusammenhang führt in *historische* Typen hinein und berührt daher verwickeltere Erscheinungen, als wir hier im Auge haben.

14

III.

Die Motive des ökonomischen Menschen unterscheiden sich von denen des theoretischen Menschen dadurch, daß nicht die logischen Ordnungswerte, sondern die Nützlichkeitswerte für ihn entscheidend sind. Das Nützliche ist nicht gleichbedeutend mit dem Angenehmen; denn das letztere bezeichnet eine momentane Gefühlswirkung, die lustvoll erfahren wird, selbst wenn sie, von einer umfassenderen Zeitperspektive gesehen, schädlich sein sollte. Das Nützliche hingegen hat immer einen gewissen Grad theoretischer Einsicht in die sachlichen und psychologischen Bedingungen des Lebens zur Voraussetzung. Daher ist das Urteil über Nützlichkeit und Unnützlichkeit rational unterbaut. Auch jenes Gesetz des ökonomischen Verhaltens, das wir im 1. Abschnitt berührt haben, das Prinzip des kleinsten Kraftaufwandes, ist, wie wir damals sagten, eine „eingehüllte Rationalität". Trotzdem sind nicht die theoretischen Momente für die Motivbildung des ökonomischen Menschen entscheidend.

Vielmehr erwächst sie aus der spezifischen Form, in der Nützlichkeitswerte erstrebt und erlebt werden: aus Bedürfnis und Befriedigung. Das Verhalten des ökonomischen Menschen ist also bestimmt durch das Motiv der Bedürfnisbefriedigung. Und zwar kann diese Determination in zwei äußerlich recht verschiedenen Formen auftreten: es gibt nützliche Güter oder Verhaltensweisen, die nach der Art des menschlichen Lebens *immer* gebraucht werden, und solche Zweckmäßigkeiten, die nur aus einer bestimmten, bisweilen flüchtigen Situation herausspringen. Biologisch könnte man reden von dauernden Lebensbedingungen, denen eine dauernde Anpassung entsprechen muß, und von momentanen Lebensnotwendigkeiten, auf die mit einer spezifischen Anpassung reagiert werden muß. Wird die erste Art von Nützlichkeiten zum Motiv, so haben wir den Typus der *Vorsorge;* im zweiten Falle reden wir von *Gelegenheitszwecken.*

Das Motiv der Vorsorge ist zugleich das bleibende Motiv der Arbeit. Es erfordert keine besondere Beweglichkeit des Geistes, für die gewohnten Bedürfnisse auf gewohntem Wege die Befriedigungsmittel bereit zu stellen. Wohl aber erfordert es Beständigkeit, Willensstärke, Ordnung und Sparsamkeit. Diese Gruppe von Tugenden entspricht also dem Motiv der Vorsorge. Hingegen die plötzliche Motivation, die daraus entspringt, daß für einen im Augenblick auftretenden Lebenszweck sofort die geeigneten Mittel gewählt werden müssen, sie verlangt eine ausgesprochen praktische Begabung. Wir nennen die Form der individuellen geistigen Anpassungsfähigkeit, die zu gegebenen Einzelzwecken leicht die geeigneten kausalen Mittel zu finden weiß, *Klugheit.* Beruht sie auf anschaulicher Erfassung des Einzelfalles, so streift diese intuitive Klugheit mehr an das Ästhetische heran; wählt sie hingegen den Weg über die Erwägung allgemeiner praktischer Kausalregeln (technischer Regeln) und ihre Anwendungsweise, so haben wir eine reflektierte oder rationale Klugheit. Urteilsschärfe, Geistesgegenwart, Erfindungsgabe, Entschlußfähigkeit, Geschicklichkeit sind die Tugenden, die zu diesem Motivationstypus gehören. Offenbar ist es eine ganz andere Geistesart, ob man nach allgemeinen Maximen handelt, die man in kontemplativer Weisheit zu einer Art von Lebenssystematik ausgebildet hat, oder ob man für den konkreten Fall mit praktischer Klugheit diejenigen Mittel ergreift, die gerade hier von Nutzen sind. *Dieser* Unterschied der Motivation gehört zunächst der intellektuellen Geistesart an. Aber das eigentlich richtunggebende Motiv, das im zweiten Fall die intellektuelle Auswahl der Mittel lenkt, ist das ökonomische: jeweils das Nützlichste zu erstreben. Es kann zur zentralen Kraft der Lebensgestaltung werden. Über den ethischen Rang dieses Typus wollen wir hier noch nicht reden. Jedenfalls steht nicht fest, daß es sich um ein Wertgebiet handelt, das in sich selbst ethisch völlig belanglos wäre. Denn das Ziel der Lebenserhaltung und äußeren Lebensanpassung ist selbst *ein Wert von spezifischer Art,* der auf alle in seinem Dienst stehenden Nützlichkeitswerte ausstrahlt. Wegen dieser ihrer Zugehörigkeit zu einem spezifischen Wert fassen wir sie ja überhaupt unter dem Namen der utilitarischen Werte im engeren Sinne, d.h. der primär ökonomischen Werte, zusammen. Und niemand wird bestreiten wollen, daß mindestens in dem Ethos der wirtschaftlichen *Arbeit* ein echtes sittliches Moment enthalten sei.

Der Mensch, der nach ökonomischen Motiven verfährt, hat offenbar ein viel näheres Verhältnis zur Wirklichkeit als der Theoretiker. Auch er muß überlegen. Aber zuletzt greift er doch gestaltend in die Dinge ein. „Nicht die schmerzlose Konzeption des Gedankens allein schafft die wirtschaftliche Tat; das Gedachte an das Wirkliche zu knüpfen und durch diese Verkettung es zur Wirklichkeit

15

erstarren zu lassen, ist die Eigenart geschäftlichen Handelns, die geistige Berufe nicht kennen."[1] Nur brauchen die Motive nicht immer in voller Begriffshöhe dem Bewußtsein gegenwärtig zu sein; das ist im Leben selten der Fall, und vielleicht am seltensten bei handelnden Naturen. Jede entschiedene Lebensrichtung wirkt mit elementarer Gewalt; sie kann daher zu einer Art Genialität werden, wenn man bei dem Wort auf das unbewußte Wirken den Ton legt. Auch der ökonomische Mensch großen Stiles wirkt nach seiner Sonderart so, „weil er muß". Das hebt auch Sombart hervor: „Bei dem Problem der Motivation ist in unserem Falle wie in jedem anderen natürlich zu untersuchen, ob, und wenn ja, in welchem Umfange die bewußten Beweggründe die wirklichen Triebkräfte für das Handeln abgeben" (a.a.O. S. 699). Sombart denkt an den kapitalistischen Unternehmer, aber der Satz gilt für den ökonomischen Menschen überhaupt. Auf primitiver Stufe wirkt die utilitarische Tendenz mit der Sicherheit des Instinktes, auf höherer Stufe wird sie oft zu einer so großen Leidenschaft, daß sie ins Unbegrenzte wirken muß. Ganz abgesehen davon, daß große Unternehmer oft nicht rein aus ökonomischen, sondern aus politischen oder sozialen Motiven handeln, erhebt sich schon die abstrakt ökonomische Tendenz vielfach über das bloße Streben nach persönlichem Nutzen. Es ist gleichsam die *Idee* des Nützlichen, die *Idee* des Güterschaffens, die hier zu einer dämonischen //Leidenschaft wird. Nur bleibt der Ertrag, die Rentabilität, der Profit auch in der Unternehmung von überpersönlichen Dimensionen die letzte Grenze unseres Typus. Wer es aushält, auf die Dauer mit Verlust zu arbeiten, mag dafür seine besonderen Motive haben: dem ökonomischen Typus gehört er nicht mehr an. Aber auch das Umgekehrte gilt: Bisweilen //sieht eine Unternehmung so aus, als ob sie z.B. nur volkswirtschaftlich produktiv sein wolle, und doch steckt dahinter das bloße Interesse am privaten Erwerb.[2] Ich füge hier eine Stelle aus den Hamburger Vorschlägen zur Neugestaltung des deutschen Auslandsdienstes (Hamburg, April 1918, S. 4) an, in der mit aller Klarheit ausgesprochen ist, was oft nur als dunkles Motiv wirkt: „Was die allgemeinen Richtlinien des Außenhandels anbelangt, so wird alles durch das Nützlichkeitsmotiv beherrscht. Unser Außenhandel will nichts aufdrängen, sondern das Ausland befriedigen. Deshalb paßt er sich den Wünschen und Bedürfnissen anderer Völker nach Möglichkeit an. Er tut dies nicht in der Absicht zu gefallen oder sog. moralische Eroberungen zu machen, sondern um seinen Nutzen zu finden und sich einen dauernden guten Kunden zu schaffen."

IV.

Unter den Erscheinungsformen des wirtschaftlichen Typus stellen wir einen Gegensatz voran, der uns schon im Anfang dieses Kapitels beschäftigen mußte. Es setzt einen tiefgehenden Unterschied unter den Menschen, ob sie selber Güter produzieren (sei es auch nur durch eine ihren Nutzwert erhöhende Bearbeitung), oder ob sie bloß konsumieren. Der erste Typus hat die ganze Überlegenheit einer geregelten Aktivität, der andere steht der ökonomischen Welt gegenüber immer etwas beschämt da. In den Worten *Arbeiter* und *Genießer* schwingt schon ein ethisches Werturteil mit, dessen Äußerlichkeit aber dadurch bewiesen wird, daß den meisten nur Handarbeit oder direkte Erwerbstätigkeit würdig erscheint, während sie die Verwendung von physischer und seelischer Kraft auf geistige Produktionen nicht für voll zählen.[3] Und auch der Konsument //befindet sich rein ökonomisch in sehr verschiedenen Lagen. Steht ihm eine Fülle von Gütern zur Verfügung, die er ohne jede produktive Gegenleistung einfach verbraucht, so streift er an die Grenzen des ökonomischen Typus heran: im günstigen Falle, weil er diesem Genußleben schon einen ästhetischen Zug gibt, im anderen, weil er überhaupt nicht mehr im geistigen Zusammenhang steht, sondern nach Luthers Wort „Ir Bauch, ir Gott" nur noch dem Körper //lebt. Hat sich der Verbraucher aber mit einer eng begrenzten Menge von Gütern einzurichten, so tritt bei ihm das ökonomische Prinzip ganz einseitig in der Verringerung des Verbrauchs zutage. Es entsteht dann der Typus des Sparers, dessen

---

[1] W. Rathenau, zitiert bei Sombart, Archiv f. Sozialw. Bd. 29, S. 728.

[2] Sombart: „Als ob eine auf kapitalistischer Basis ruhende Schuhfabrik eine Veranstaltung zur Erzeugung von Schuhen (statt von Profit) wäre!" — Zum Ganzen vgl. auch R. Ehrenberg, Große Vermögen, I, Jena 1905².

[3] Ganz allgemein handelt über das Thema „Arbeit und Psychologie" vom Standpunkt einer Psychologie der Sinnzusammenhänge W. Eliasberg im Archiv für Sozialwissenschaft, Bd. 50 (1922) S. 87.

ganzer Lebensinhalt sich darauf einschränkt, die Aufwendungen auf das denkbar geringste Maß zurückzuschrauben. Eine Fülle alleinstehender gebildeter Frauen (und jetzt auch Männer) unserer Tage verzehrt sich in diesem qualvollen, weil eigentlich negativen Dasein. So erfreulich der produktive Sparer ist: der unproduktive lebt der traurigsten Askese, wenn sie nicht durch irgendein Ziel aus anderem Wertzusammenhange geadelt wird.

Weitere Sonderformen des ökonomischen Typus ergeben sich aus den wirtschaftlichen Objekten, denen die Tätigkeit zugewandt ist. Jeder Mensch wird durch seinen Beruf so stark geformt, wie durch kaum eine andere Kraft der reifen Lebensepoche. Der Ackerbauer ist in seiner ganzen Geistesart ein anderer als der Viehzüchter; der Handwerker ein anderer als der Schreiber, der Fischer ein anderer als der Bergmann. Die Natur prägt der Seele der Menschen gleichsam den Stempel der besonderen Bedingungen auf, unter denen sie ihr das Dasein abgewinnen. Eine eigentümliche Stellung im ökonomischen Leben nimmt der Händler ein, teils durch die Vielseitigkeit seiner Aufgaben, teils durch den Zug von Unproduktivität, der dem Handel auch dann anhaftet, wenn er ehrbare Arbeit leistet. Der Buchverleger, der Kunst und Wissenschaft in den Zusammenhang des wirtschaftlichen Lebens überzuführen bestimmt ist, stellt eine sehr interessante Mischung verschiedenster Geistesmotive dar, muß aber seinen Mittelpunkt zuletzt doch im ökonomischen Gebiet haben. — Diese wirtschaftlich bedingten Berufstypen hat die Kunst schon seit langen Zeiten zum Gegenstand psychologischer Darstellungen verwandt. Die Spielarten des Kaufmanns hat Gustav Freytag in „Soll und Haben" klassisch gezeichnet; Bauern treten uns bei Pestalozzi, Gotthelf, G. Keller und bei den neueren Heimatdichtern wie Rosegger, Hansjakob, Frenssen, Ganghofer entgegen.[1] Der Handwerker hat freilich erst seine Dichter gefunden, als er anfing, ein soziales Problem zu werden. Neuerdings hat auch die aus der Nationalökonomie herauswachsende Soziologie psychologische Berufstypen zu zeichnen begonnen. Diese geisteswissenschaftliche Arbeit steht vorläufig noch unverbunden neben der Psychologie der Berufseignung, die der Psychologie der Elemente zuzuzählen ist und ihre methodischen Grundlagen noch nicht zu voller Klarheit gebracht hat. Ich benutze die Gelegenheit, um die meisterhafte Behandlung der Bauerntypen durch Pestalozzi in seinem Schweizerblatt von 1782 (in den von Seyffarth 1901 herausgegebenen Werken Bd. 6, S. 30-54) ins Gedächtnis zu rufen.

Mit den Gegenständen der wirtschaftlichen Tätigkeit verflechten sich die Methoden. Es setzt tiefe Unterschiede im ökonomischen Typus, ob er im Zusammenhang einer Naturalwirtschaft, Geldwirtschaft oder geldlichen Kreditwirtschaft auftritt. Auf der zweiten Stufe kommt die ganze Psychologie des Geldes, dieses seiner Bestimmung nach völlig aufs Quantitative reduzierten und qualitativ beliebig umsetzbaren wirtschaftlichen Gutes hinzu; damit beginnt eine ausgedehnte Pathologie des ökonomischen Typus, auf die ich in dieser Übersicht nicht eingehen kann; genug, daß die richtige Schätzung des Geldes über Charakter und Verstand auch höherstehender Menschen oft hinausgeht. Auf der dritten Stufe setzt die Psychologie des Bankiers und des Börsenspekulanten ein. Die Grundlinien des ökonomischen Typus bleiben erhalten. Aber an die Stelle der eigentlich produktiven Arbeit tritt nun im gesunden Falle die verfeinerte wirtschaftliche Überlegung (recht glücklich wegen der Ablösung von der sicheren Erfahrungsbasis „Spekulation" genannt), eine volks- und weltwirtschaftlich durchaus unentbehrliche Leistung. Daß der Arbeiter zu ihr nicht fähig war, ist eine Hauptursache des Mißlingens der geplanten ökonomischen Revolution von 1918. Auf dieser Stufe aber mehren sich nun auch die Krankheitssymptome der Wirtschaft: bloßer Börsenschacher, unproduktives Glücksspiel erzeugen wirtschaftliche Menschentypen, in denen die eine Seite der Wirtschaft, die produktive Leistung, ganz verschwunden ist. Als Menschen stehen sie an der Grenze dessen, was noch als geistiger Typus bezeichnet werden kann. Aber im Gesamtmechanismus der komplizierten modernen Wirtschaft sind sie nicht einmal entbehrlich.

---
[1] Man vergleiche damit noch einmal die nur von Geringschätzung getragene Schilderung des Erwerbsmenschen bei Plato, Staat II, 372 usw.

17

Darin zeigt sich die ganze Entseelung, zu der die historische Entwicklung der Wirtschaft, ihre fortschreitende Ablösung vom einzelnen Menschenwillen und der einzelnen Menschenkraft geführt hat.

Die Verwebung wird noch größer, wenn wir zum Gegenstand und der Methode der Wirtschaft ihren Umfang hinzunehmen. Uns interessiert natürlich nur die Rückwirkung dieses Faktors auf die seelische Struktur. Es ist ein Unterschied, ob man *eine* Kuh im Stalle hat oder zweihundert, ob man *ein* Tagewerk Acker bearbeitet oder hunderte für sich bearbeiten *läßt;* ob man mit Seife im kleinen handelt oder die Welt mit Maschinen versorgt; ob man den kleinen Webstuhl mit der Hand bedient, oder ob man nur einen Maschinenhebel an einer großen Webemaschine reguliert. Eine geisteswissenschaftliche Psychologie müßte alle die seelischen Seitenwirkungen zeigen, die diesen Wirtschaftsformen //entsprechen. Wir haben Ansätze zu einer Psychologie des Handwerkers im Unterschiede von der des Fabrikarbeiters. Natürlich umfaßt sie nicht nur das isolierte wirtschaftliche Motiv, sondern sie betrachtet diese Menschen auch im gesellschaftlichen, politischen und religiösen Zusammenhang. Es genüge hier eine aus dem Mittelpunkt herausgegriffene Bemerkung: zwischen dem Menschen und seinem Werk entsteht ein ganz anderes Verhältnis, wenn er es als ein sinnvolles Ganzes schafft, als wenn er nur mechanisch Teile erzeugt, die für sich noch nichts bedeuten. In diesem Unterschied wiederholt sich gleichsam der Gegensatz von Strukturpsychologie und Psychologie der Elemente auf der wirtschaftlichen Stufe. Eine Psychologie, die das Sinngefüge des Lebens ganz außer acht läßt, konnte vielleicht nur in einer Zeit aufkommen, in der die Arbeitsteilung das Sinngefüge des Lebens selbst so weit aufgelöst hat, daß der einzelne (mindestens wirtschaftlich) daran nicht mehr teilhat. Denn die einen, die lebendigen Maschinenglieder der Fabrik, bleiben dahinter zurück, während die anderen, die eine Massenproduktion leiten, über die feineren, individuellen Beziehungen zum wirtschaftlichen Gut schon wieder hinaus sind. Der Bauer erschien bereits in Rousseaus Tagen allein als ein ganzer Mensch; denn er steht dem Sinn der Wirtschaft und damit einer wesentlichen Seite des Lebens noch mit seiner seelischen Totalität nahe. Für ihn liegt, wie für //den Handwerker, noch Seele in seinem Werk; er wendet sich damit unmittelbar an den Verbraucher. Die anderen aber sind in einen Prozeß verflochten, der die Natur in ungeahntem Sinne meistert, der aber als Ganzes eine Herrschaft über den lebendigen Menschen errichtet hat, fast schrecklicher noch als die Herrschaft der Natur, die doch immer seine Mutter bleibt.

Damit haben wir bereits den letzten Gesichtspunkt gestreift, der für die Gliederung des ökonomischen Typus von Belang ist, obwohl er selbst nicht mehr rein wirtschaftlicher Natur ist: die gesellschaftliche Form der Wirtschaft. Heben wir hier nur die bekanntesten und sichtbarsten Unterschiede heraus, so ist es klar, daß der Mensch der Hauswirtschaft wiederum der ökonomischen Gesamtaufgabe des Lebens viel unmittelbarer, ja vielleicht weit mächtiger gegenübersteht, als der Mensch der schon stark gegliederten Territorialwirtschaft. Wird dann gar die Volkswirtschaft bis zur tiefsten Abhängigkeit in die Weltwirtschaft verflochten, so mag sich der Mensch dieses gewaltigen Gefüges dem Ganzen gegenüber fühlen wie der Zauberlehrling, über den die Geister, die ursprünglich zu seinem Dienst berufen waren, eine verhängnisvolle Macht gewonnen haben. Stufenförmig steigert sich mit dieser zunehmenden gesellschaftlichen Verflechtung die Arbeitsteilung. Damit aber greift etwas Überindividuelles in die Seelenstruktur des //einzelnen Menschen hinein, das ihn mehr mechanisiert als organisiert. Wir sind wirtschaftlich abhängiger als irgendeine frühere Zeit. Unsere Bedürfnisse, von früh auf geweckt, haben wir nicht mehr in der Macht. Die Mittel zu ihrer Befriedigung aber machen uns von Menschen abhängig, die wir nie gesehen haben, denen wir als Menschen nichts sind und die uns als Menschen nichts sind. Damit ferner verflicht sich die Wirtschaft immer mehr in das bestehende Macht- und Rechtssystem bis zu dem Grade, daß ihre reine Gestalt fast nirgends mehr hindurchleuchtet. Zwischen den lebendigen Menschen und den Wirtschaftsprozeß haben sich so ungeheuer komplizierte objektive Strukturen geschoben, daß die einfache persönliche Wirtschaftsstruktur selbst bis zur Unkenntlichkeit umgeformt worden ist. Wir sind, als organisierte Menschheit, die Herren der Natur in ungeahntem Maße; aber wir sind damit zugleich voneinander so abhängig geworden, daß niemand mehr auf eigenen Füßen steht. Und vielleicht gehört doch *diese*

18

wirtschaftliche Selbständigkeit mehr zum vollen Menschen, als der //Reichtum, den uns eine weltumspannende Organisation gewährleistet, *solange sie nämlich zweckmäßig funktioniert.*[1]

V.

Es gibt auch Menschen, in denen der wirtschaftliche Sinn ganz erstorben zu sein scheint, nicht aber deshalb, weil ein anderes Motiv, etwa das soziale oder das ästhetische, in ihnen zu beherrschender Bedeutung gelangt wäre, sondern weil sie ein einzelnes Moment des wirtschaftlichen Verhaltens bis zur Sinnlosigkeit übertreiben. Besteht das Ökonomische ursprünglich und eigentlich in einer günstigen Kraftbilanz des Individuums gegenüber der objektiven Güterwelt und ihrer zweckmäßigen Verarbeitung, so wird dieser Sinn nicht erreicht, wenn entweder die Kraftausgabe bis ins Unbegrenzte und über den Nützlichkeitserfolg hinaus wächst, oder die Kraftansammlung so übertrieben wird, daß es gar nicht mehr zu ihrem nützlichen Gebrauche kommt. Auf die erste Weise entsteht der Verschwender, d.h. der unwirtschaftliche Verbraucher, auf der anderen Seite der Geizhals, der unwirtschaftliche Erwerber und Sparer.[2] Beide Lebensformen sind Entartungen des ökono-//mischen Typus; denn ihre entscheidenden Werterlebnisse gehören dem wirtschaftlichen Gebiet an. Aber in dem Wunsch, die Werte dieses Gebietes *ganz* und gleichsam restlos auszukosten, verlieren sie den wahren Sinn des Ökonomischen, der immer nur zwischen einer oberen und einer unteren Schwelle zu suchen ist. Beide Typen sind also ihrer wahren Struktur nach nicht sowohl Gegenteile des ökonomischen Menschen, als vielmehr seine maßlosen Übertreibungen. Indem sie alles wollen, zerrinnt ihnen unter der Hand, was den eigentlichen Sinn ihres Lebens ausmacht. Aber auch sie haben ihre Seligkeit — die rauschhafte Seligkeit der äußersten Linie.

---

[1] Ich erinnere daran, daß alle diese Bemerkungen hier nur psychologisch gemeint sein können; sie betreffen aber nicht nur die Psychologie des spezifisch wirtschaftlichen Ethos, sondern berühren auch die gegenwärtig stark vernachlässigte Psychologie des Glücks.

[2] Zur Psychologie des Geizigen vgl. Scheler, Der Formalismus usw. S. 239. Herbert Schack, a.a.O. S. 200.

19

5. Der Machtmensch

I.

Nur in äußerster begrifflicher Isolierung ist es möglich, die sympathisierenden und insofern gleichordnenden Geistesakte von denjenigen zu trennen, auf denen die gesellschaftliche Überordnung und Unter-//ordnung beruht. In jeder wirklichen Vereinigung von Menschen ist beides in schwer faßbaren Schattierungen miteinander verbunden. Aber eine auf die geistige Struktur gerichtete Analyse unterscheidet den durchaus verschiedenen Sinn, der in der fördernden Hinwendung zu fremdem Leben und in der Aufprägung eigenen Wertwollens auf die innere Welt und das äußere Verhalten des anderen liegt. Wir haben für die geistigen Erscheinungen, die die Herrschaftsverhältnisse begründen, den allgemeinen Namen Macht gewählt. Gewiß ist er Mißverständnissen ausgesetzt, vor allem der Verwechslung mit Gewalt und Zwang, die nur letzte physische Ausläufer der Macht sind. Aber es muß entschieden betont werden, daß Machtverhältnisse und Abhängigkeitsverhältnisse zu den Urtatsachen des Lebens gehören, die nur mit der menschlichen Natur selbst beseitigt werden können. Wer sie ausrotten möchte, findet sich plötzlich vor der Erkenntnis, daß er auch dazu noch Macht brauchen würde, oder gar, daß er schon in ihrer Anwendung begriffen ist.

Allerdings scheint die Macht zunächst nur eine gesellschaftliche *Form* zu sein, in der sich die vier inhaltlichen Wertgebiete auswirken. Wenn einer dem andern überlegen ist, so kann er es sein durch seine Intelligenz und tatsächliche Kenntnisse; oder durch ökonomische und technische Mittel, die ihm zur Verfügung stehen; oder durch inneren Reichtum und Geschlossenheit der Person, oder endlich durch eine religiöse Kraft und Wertgewißheit, die von den anderen als ein Gotterfülltsein empfunden wird. In irgendeiner dieser Formen wird sich die Macht immer „äußern" müssen. Aber es ist nun doch etwas Besonderes, wenn ein Mensch nicht auf //eines dieser einzelnen Wertgebiete eingestellt ist, sondern wenn er sein Zentrum in der gleichsam formalen Eigenschaft des Mächtigseins hat. Zu aller inhaltlichen Beschaffenheit der Werte kommt dann als ein Neues noch die Kraft des Wertlebens hinzu. Diese Energie ist zunächst etwas Inneres, der einzelnen Natur Angehöriges. Aber sie strahlt auch in den gesellschaftlichen Beziehungen aus, insofern die Kraft des eigenen Wertlebens eine Vorbedingung dafür ist, andere in der Richtung dieser Wertsetzung zu bestimmen und zu bewegen. Soll unter Macht ein gesellschaftliches Phänomen verstanden werden, so ist diese Hinwendung zum anderen ihr wesentlich. Macht ist also die Fähigkeit und (meist auch) der Wille, die eigene Wertrichtung in den anderen als dauerndes oder vorübergehendes Motiv zu setzen.

Wenn die ausgesprochenste Erscheinungsform der Liebe darin gefunden wurde, daß sie sich der fremden Seele unabhängig von ihrer tatsächlichen Wertkonstitution, nur um ihrer Wertmöglichkeiten will-//len, zuwenden konnte, so zeigt das Machtgebiet etwas Ähnliches darin, daß die reine Machtnatur, unabhängig von allen besonderen Äußerungsformen, sich selbst als Macht fühlen möchte, und daß sie nur darin ihren eigentümlichen Lebenssinn erfüllt. Wir sagten, daß in jener reinen Liebe schon ein religiöses Moment anklinge, weil sie dunkel auf die Totalität des Lebens bezogen sei. Hier ist ebenfalls ein totales Lebensgefühl von religiöser Grundfärbung vorhanden: *Selbstbejahung* des eigenen Wesens, *vor* aller Einzelleistung, *Vitalität, Daseinsenergie.* Wo dies als ursprünglicher Lebensdrang, nicht als rationale Zweckeinstellung auftritt, stehen wir der Lebensform des Machtmenschen gegenüber.

Das ganze menschliche Leben ist von Macht- und Rivalitätsverhältnissen durchzogen. Auch in den bescheidensten und engsten. Kreisen spielen sie eine Rolle. Jeder einzelne ist irgendwie ein Machtzentrum und auch wieder ein Machtobjekt. Am sichtbarsten wird diese Seite des Lebens in der organisierten *Kollektiv*macht des Staates. Da er (der Idee nach) in einer Menschengruppe und innerhalb eines Gebietes die höchste (souveräne) Macht darstellt, so sind auch alle einzelnen und untergeordneten Machtäußerungen irgendwie auf ihn bezogen, durch ihn ermöglicht, durch ihn eingeengt oder gegen ihn gerichtet. Deshalb tragen alle Erscheinungen der Machtbeziehungen einen Stil an sich, den man im erweiterten Sinne als *politisch* bezeichnen könnte. Wir werden deshalb den //Machtmenschen gelegentlich geradezu den politischen Menschen nennen, mag er auch in Verhältnissen leben, die man noch nicht als politisch im engeren Sinne bezeichnen kann [...].

Die Wirkungen der Macht auf den anderen zeigen sich immer in der Form der Determination. Die Macht setzt in ihm Motive, entweder direkte Motive durch die selbsterlebte Kraft der Nützlichkeit, Wahrheit, Schönheit, Heiligkeit, oder indirekte dadurch, daß der vorgefundene tatsächliche Motivationszusammenhang, z.B. der Egoismus des bloßen Selbsterhaltungstriebes, durch eine gleichsam technische Einfügung in die geistige Wechselwirkung als Hebel für die Zwecke benutzt wird, die dem Inhaber der Macht wertvoll sind. Ja sie greift zuletzt auch in das physische Gebiet über und wird zum einfachen materiellen Zwang.[1] Wie der Krieg nur die Fortsetzung der Politik mit anderen //Mitteln ist, so kann man allgemein sagen, daß auch der Zwang nur die Fortsetzung der motivsetzenden Determination mit anderen Mitteln sei. Zum Geistesleben gehört die Macht nur, sofern ihre Mittel und Ziele irgendwie im Seelischen liegen, und wäre es auch nur jenes formale Ziel des eigenen Machtbewußtseins und Machtgenusses.

Diese formale Macht wird aber auch mit einem anderen Namen bezeichnet, der mehr negativ die Unabhängigkeit von fremder Macht ausdrückt. Man spricht von *Freiheit,* und zwar in dem dreifachen Sinne: 1. der Freiheit vom physischen Zwange (= Freiheit des Handelns); 2. Freiheit vom fremden wertsetzenden Willen, von fremder entscheidender Motivsetzung (= Freiheit des Wollens); 3. und höchstens: Freiheit von den eigenen Leidenschaften und wertwidrigen Antrieben (= innere Freiheit, Selbstbestimmung, Autonomie der eigenen höheren Wertsetzung). Die letzte Form ist unverkennbar schon etwas ausgesprochen Ethisches, ja etwas die Totalität des Personenlebens Regelndes. Von all diesen Erscheinungen, die man als soziologische und moralische bezeichnen könnte, ist dann zu unterscheiden diejenige Macht und Freiheit, die die positive Rechtsordnung gewährt. Das (subjektive) Recht im Sinne eines Anspruches (auf Tun oder Haben oder Sein) ist auch eine Form //der Macht und der Freiheit; jedoch liegen hier komplizierte Regelungen durch einen überindividuellen Kollektivwillen vor. Das Recht ist kein einfaches, sondern ein sehr zusammengesetztes geistiges Phänomen. Im folgenden muß also diese Art von Machtverhältnissen zunächst beiseite gelassen werden, obwohl sie gerade in der historisch reinsten Erscheinung des Machtwillens, dem Römertum, als ein System der Willensregelung von höchster Feinheit erscheint.

II.

Der reine Machtmensch stellt alle Wertgebiete des Lebens in den Dienst seines Machtwillens. Für ihn ist zunächst die Erkenntnis nur ein Mittel zur Herrschaft. Der Satz: Wissen ist Macht, den wir bei dem ökonomischen Typus auf die technische Verwertung des Wissens im Dienste des Nutzens deuteten, empfängt für ihn den Sinn, daß er durch eine gesellschaftliche Technik über die Menschen herrschen möchte. In der Soziologie der Positivisten hat von Anfang an ein politisches Motiv mitgeklungen: Voir pour savoir, savoir pour prévoir, prévoir pour régler. Für den Politiker steht natürlich die Wissenschaft vom Menschen und von der Gesellschaft im Vordergrunde des Interesses. Und zwar studiert er die Menschen mit einem ganz eigenen Auge. Es ist ihm nicht zu tun um eine kühle Systematisierung ihrer Arten und eine objektive //Beobachtung ihres Verhaltens; auch nicht, wenn er nicht zugleich Pädagog ist, um ihre werterhöhende Wesensformung und Motivveredelung; sondern er stellt seinen Blick von vornherein auf die Ansatzpunkte ein, von denen aus man den Menschen, wie er einmal ist, in Bewegung setzen kann: er späht gleichsam die günstigsten Motivationsstellen aus. Seine Menschenkenntnis ist eine Art Hebelkenntnis, nicht eine bloß theoretische Begriffsbildung. Er ist geneigt, zunächst alltägliche und niedrige Motivationsformen zu vermuten, weil die Mehrzahl der Menschen tatsächlich von diesen Seiten aus zu bewegen ist. Jeder hat seinen Preis, man muß ihn nur zahlen. So hat der klassische Begründer der Politik, freilich in Anlehnung an antike Vorbilder, den Menschen als einen Triebmechanismus verstanden, der

---

[1] Streng genommen ist auch der physische Zwang noch eine Determination, die sich an den primitiven Selbsterhaltungswillen wendet. Niemand muß müssen; er kann auf das Leben verzichten, wie der Bürgermeister von Cork. „Wer sterben kann, wer will denn den zwingen?" (Fichte, Über den Begriff des wahrhaften Krieges, Tübingen 1815, S. 27.)

21

durch Furcht vor Strafe und Hoffnung auf Belohnung zu lenken ist.[1] Er hat den praktischen Politiker //davor gewarnt, die Menschen zu idealisieren. Man muß realistisch denken, wenn man herrschen will. In der Politik heißt Menschenkenntnis so viel wie die Kenntnis der „Brauchbarkeit" des Einzelnen. Menschen sind da wie Schachfiguren oder wie Rechenpfennige. Machiavellis Jünger, Friedrich der Große, hat dieselbe verächtliche Ansicht von den Menschen, *wie sie sind,* gehegt: „Darum müssen die Schulmeister sich Mühe geben, daß die Leute Attachement zur Religion behalten, und sie so weit bringen, daß sie nicht stehlen und nicht morden. Diebereien werden indessen nicht aufhören, das liegt in der menschlichen Natur; denn natürlicherweise ist alles Volk diebisch, auch andere Leute und solche, die bei den Kassen sind und sonst Gelegenheit haben."[2]

Umgekehrt kommt für den Mächtigen, wenn er es mit der Canaille zu tun hat, alles darauf an, *nicht* gekannt zu werden: „Das ist die Kunst, sich nicht auslernen lassen, ewig ein Geheimnis zu bleiben", sagt Holofernes in Hebbels „Judith": Jeder Machthaber pflegt mit Notwendigkeit das „Pathos der Distanz".

Man darf dabei allerdings nicht vergessen, daß der politische Liberalismus die Struktur der Menschen im politischen Zusammenhange allmählich veredelt und sie aus bloßen Mitteln oder Objekten der Politik zu ihren Mitträgern und Subjekten gemacht hat. Aber es bleibt //noch heute so: der Politiker muß ein realistischer Menschenkenner sein; er muß die Leute nehmen, wie sie wirklich sind, während der Pädagog in ihnen mehr das sieht, was sie sein können. Für die Politik ist der Mensch ein Mittel, günstigenfalls ein Mittel zu seinem eigenen Heile.[3]

So kann denn auch die Wahrheit zu einem politischen Mittel herabgedrückt werden. Ein großes Problem der Politik bleibt noch immer, ob es politischer sei, mit der Wahrheit zu arbeiten oder sich der zweckmäßigen Verhüllung zu bedienen. Aber nur um die Zweckmäßigkeit dreht sich die Frage innerhalb des isolierten poli-//tischen Systems: nicht darum, ob es sittlicher sei oder ob dem Eigengesetz des Erkenntnisgebietes, d.h. der Objektivität, Genüge geschehe. Und diese Frage kann nur von Fall zu Fall entschieden werden. Wer die Wahrheit für das höchste Gesetz hält, kann nicht die Macht (z. B. den Bestand der staatlichen Kollektivmacht) für das höchste halten. Wer aber dieser einseitigen Lebensbestimmung lebt, für den gilt wahr und unwahr gleich, wenn es nur dem Machtsystem dient. In der Isolierung der Wertgebiete, die wir hier versuchen, ist das Ziel (die Macht) der Idee nach der höchste Wert und steht als solcher jenseits aller Diskussion. Wahrheit kommt nur als untergeordnetes (technisches) Mittel in Frage, solange wir nicht über die Grenzen einer *bloß* politischen Ethik hinausgehen. Man hat hier das Gefühl einer unerhörten Immoralität. Aber wir reden nur von Psychologie, und die Tatsachen geben uns recht. Der Satz: „Der Zweck heiligt die Mittel" lüftet nur den Schleier von der Bewußtseinsstruktur des reinen Politikers. In einem sittlich-religiösen Zusammenhange würde diese einseitige Machtmoral keine Anerkennung finden. Aber z.B. dem Volke, dessen Unreife man kennt, eine Niederlage zu verheimlichen, damit das Volk selbst nicht ins Verderben stürze, ist zwar eine Sünde gegen das Ethos der Wahrhaftigkeit; jedoch unter Umständen ein ethischer Dienst an einem Lebenswert, der *hier,* wo es sich nicht um das reine Gesetz des theoretischen Gebietes handeln kann, unzweifelhaft voransteht. Wahrheiten sind im gesellschaftlichen Sinne nicht immer aufbauend, sondern oft von katastrophaler Wirkung.[4]

Es gehört in diesen Zusammenhang, daß gewisse soziale Theorien //nicht deshalb berechtigt und verständlich sind, weil sie objektive Tatsachen richtig beschreiben und auf gesetzliche Zusammenhänge bringen, sondern deshalb, weil sie einen erhöhten Lebens- und Siegerwillen erzeugen. Der Marxismus z.B. ist eine solche Kampfdoktrin; die Überzeugung von dem führenden Weltberuf

---

[1] Vieles, was Machiavelli gesagt hat, verliert das Befremdende, wenn man es ansieht als eine *isolierte politische Psychologie.* Galilei untersuchte den Fall der Körper im luftleeren Raum. Machiavelli den menschlichen Triebmechanismus in der moralfreien Gesellschaft. — Vgl. Schmitt-Dorotič, Die Diktatur, München 1921, S. 8 f.
[2] Kabinettsschreiben an den Minister von Zedlitz, 5. September 1779. Vgl. auch seine Abhandlung: „L'amour propre comme principe de la vertu."
[3] Das schließt nicht aus, daß das Ziel des Politikers ein ideales sei und daß er sich vielfach zugleich als Erzieher fühlt. Aber das ist nicht mehr der reine, *isolierte* Politiker.
[4] Dies gilt übrigens auch im System der Liebe. Vgl. Romano Guardini, Gottes Werkleute, Rothenfels 1925, S. 25: „Man soll die Wahrheit so sprechen, daß sie nicht zerstört, sondern aufbaut."

22

des eigenen Volkes (die eigentlich alle großen Kulturvölker haben) gleichfalls. Politische Theorien wie geschichtsphilosophische Konstruktionen haben ihre Wurzel oft mehr in dem Willen zum Leben als in den nackten historisch-gesellschaftlichen Tatsachen und dem Willen zu reiner Objektivität. Alfred Fouillée hat für diese den Macht- und //Lebenswillen beflügelnden Ideen den Namen der idées-forces gebildet. Er hat damit die Lehre des Pragmatismus, daß die Wahrheit eine Kraft, nicht ein Spiegel sei, nur auf das politische Gebiet übertragen und angewandt. Und so erhebt sich denn im Zusammenhang der nach Leben drängenden Machtgegensätze die Frage: „was ist Wahrheit?", noch ehe die Frage auftritt, ob man ihr folgen solle.

Wie sehr dieser Daseinswille, dieser Selbstbehauptungstrieb in unsere theoretischen Überzeugungen hineinwirkt, kommt uns nicht stark genug zum Bewußtsein. Wir alle leben mit irgendwelchen Fiktionen, die uns das Leben möglich machen und uns eine Stellung über dem Leben verleihen sollen. Bis zur äußersten Paradoxie geht die Formulierung von Nietzsche: „Wahrheit ist die Art von Irrtum, ohne welche eine bestimmte Art von Lebewesen nicht leben könnte."[1] Um die neuesten politischen Vorgänge und ihr Verhältnis zur Wahrheit zu verstehen, muß man sich erinnern, daß in Deutschland dieser Standpunkt niemals zu irgendwelcher Bedeutung durchgedrungen ist, daß aber in den angelsächsischen Ländern der Pragmatismus beinahe die herrschende Form der Erkenntnistheorie geworden war.

Für den tiefer blickenden Psychologen zeigt sich zuletzt das eigenartige Phänomen, daß auf dem Boden der rein politischen Seelenstruktur das Organ für Objektivität und Wahrheit überhaupt abstirbt. Wer immer im Kampfe steht, für den wird das, was er will und was er glaubt, zu einer so selbstverständlichen „Wahrheit", daß er für eine objektive, gerecht abwägende[2] Einstellung überhaupt jeden Sinn ver-//liert. Die bezeichnende Wirkung dieser konstitutionellen Entartung des Wahrheitssinnes äußert sich darin, daß das „Rhetorische" gleichsam die ganze Persönlichkeit zu durchwuchern scheint. Es kommt zuletzt nur noch auf Überredung, nicht mehr auf Überzeugung an. Nicht also Wissenschaft, sondern Rhetorik gehört zum Stil des Machtmenschen. Überall in der Welt, wo man auf politische Zwecke eingestellt war, bei den //griechischen Sophisten der klassischen und der Kaiserzeit, bei den Römern seit Cicero, bei den protestantischen und jesuitischen Kirchenpolitikern, bei den Diplomaten der höfischen Zeit, ja schließlich bei den romanischen Völkern überhaupt, hat das rhetorische Bildungsideal den Vorrang vor dem philosophischen. Wenn Plato seine Politik auf einen anderen Boden stellen wollte, als die Protagoras und Gorgias, Thrasymachos und Kallikles, so bedeutet dies, daß er die Einseitigkeit der bloß politischen Lebensform überwindet durch den Geist reinen Wahrheitsuchens und sittlicher Wahrhaftigkeit. Er stellt den theoretischen Menschen über den politischen. Aber man wird sich erinnern, daß auch er gelegentlich den frommen Betrug in seinem Staate anwendet.

Die neue Psychopathologie hat den meines Erachtens richtigen Nachweis geführt, daß auch in den hysterischen Störungen des Seelenlebens die natürlichen Machttendenzen eine bestimmende Rolle spielen. Noch in den krankhaften Fiktionen, mit denen sich psychopathisch minderwertige Naturen umgeben und die sie unter Umständen zu einem ganz verschrobenen Lebensplan ausgestalten, ist der Wille, „oben", nicht „unten" zu sein, Ausgangspunkt und Leitmotiv. Nur vom Machtwillen aus sind diese oft tief eingewurzelten Selbsttäuschungen zu verstehen. Ich verweise auf Alfred Adler, der diese Theorie, angeregt durch Vaihingers Philosophie des „Alsob", in einer freilich philosophisch recht unscharfen Weise durchgeführt hat.[3] Man kann diese Gedanken dahin verallgemeinern, daß das „Scheinenwollen" zum Grundcharakter des Politikers gehört. —

Die Beziehungen des politischen Menschen zum ökonomischen Gebiet sind sehr eindeutig. Reichtum an nützlichen Gütern ist immer ein politisches Mittel, nicht nur wegen der Freiheit vom Druck und Zwang der Natur, den er gewährt, sondern weil damit zugleich Motivkräfte für die Beeinflussung anderer gegeben sind. Denn die Rechnung, daß die Mehrzahl der Menschen dem ökonomischen Typus angehöre

---

[1] WW. (Taschenausgabe) IX, 275. — VIII, 12 f.; ferner: „Das Kriterium der Wahrheit liegt in *der* Steigerung des Machtgefühls" (Wille zur Macht III, 534). „Die Erkenntnis arbeitet als Werkzeug der Macht" (III, 307). Vgl. A. Riehl, Nietzsche, 6. Aufl., Stuttgart 1920, S. 71 f. 128 ff. — Zu dem Thema: Politik und Aufrichtigkeit vgl. auch Karl Groos, Bismarck im eigenen Urteil, Stuttgart 1920, S. 15 ff. 44 ff.
[2] Gerechtigkeit und Wahrheitssinn stammen aus der gleichen Wurzel.
[3] Alfred Adler, Über den nervösen Charakter, 2. Aufl., Wiesbaden 1919, besonders S. 148 ff.

23

oder doch starke Züge von ihm in sich trage, ist in der Regel richtig. Trotzdem ist der //politische Mensch nicht mit dem wirtschaftlichen zu verwechseln. Denn die Art, wie er erwirbt, ist in den meisten Fällen nicht die rein ökonomische, sondern die politische. Durch Diplomatie und Verhandlungen, durch //Eroberung oder Zwang erwirbt man sich Güter, auch ohne dem immanenten Gesetz der Wirtschaft, der Sparsamkeit und Arbeitsamkeit zu folgen. Es muß daher genau beachtet werden, wie viele politische Züge in Zielsetzung und Mittelwahl sich bei einem Menschen zeigen, der in die Wirtschaft eingreift. Das moderne Unternehmertum z.B. ist gewiß nicht rein ökonomisch, sondern es liegen ihm politische Verhältnisse zugrunde. Und das Ziel großer Unternehmungen ist oft genug weniger der Erwerb, als Machtentfaltung im großen Stile, Herrschaft nicht nur über materielle Güter, sondern über Menschen. So erscheint also das Ökonomische hier dem politischen Wertgebiete untergeordnet.

Auch das Ästhetische ist bei dem politischen Menschentypus nur ein Glied in der Kette von Mitteln, die der Entfaltung des Machtwillens dienen sollen. Die Verknüpfung des Aristokratischen mit ästhetischer Kultur ist strukturell begründet: die hochgebildete, auch in der äußeren Form vollendete Persönlichkeit hat etwas „Gewinnendes"; sie mildert das Widerstreben gegen die Sonderstellung, die die Macht verleiht.[1] Ebenso spielt die Kunst hier eine mehr dekorative Rolle: Prunk ist ein Symbol der Macht, der Freiheit von beengender Dürftigkeit. Die Insignien der Macht haben immer etwas Blendendes, Ehrfurcht Gebietendes, Suggestives. Überhaupt soll die Kunst um ihrer Suggestivkraft willen benutzt werden: man denke an die Musik im Dienste des Militärs, an den rednerischen Prunk im Dienste der Volksbeeinflussung, an Jahrhunderte überdauernde Bauten, die einen großen Namen fortpflanzen sollen. Die höfische Kunst behält bis in unsere Tage immer etwas von diesem der reinen Kunst fremden Zug.

Noch in einem anderen Sinne spielt das Ästhetische in die Psychologie der Macht hinein. Der Machtsuchende hat oft, als tragische Anlage, eine weitausgreifende Phantasie, mit der er sich selbst umhüllt, statt Menschen und Verhältnisse realistisch abzuwägen. Vielleicht steht dieser Typus an der Grenze zwischen dem ästhetischen und dem politischen Menschen. Große Entwürfe, weltgestaltende Gedanken werden aber nicht ohne eine baukräftige Phantasie gefaßt. Die Machtnatur spielt mit diesen Gedanken und berauscht sich an ihnen. Eine ausschweifende Phantasie ist es, //die sie in das Verhängnis verstrickt, mit den //Realitäten des Lebens zusammenzustoßen. Und doch finden wir schon auf niederen Stufen das Experimentieren mit der eigenen Kraft, eine eigentümliche Art von Spiel, in dem die Vorbereitung auf den Ernstfall erfolgt. Der Sport ist eine solche Mischung von Körperbeherrschung, Wettbewerb und Spiel; man darf seine Bedeutung für die Schulung persönlicher Energie nicht unterschätzen. Der Mann trainiert sich im Sport für Ernstleistungen.[2] Eine parallele Erscheinung ist bei der Frau das Phantasiespiel, in dem sie sich der *Macht* ihrer körperlichen Anmut und ihrer seelischen Reize bewußt wird. Koketterie und Flirt, ursprünglich Äußerungen einer ästhetisch gefärbten Erotik, können zu reinen Machtäußerungen werden, wobei nichts anderes als der Wille, im Wettbewerb zu siegen und die Männer zu beherrschen, dahinter steht.[3] Der Flirt ist daher das weibliche Gegenstück zum Sport, mag beides auch in der Wirklichkeit auf beide Geschlechter verteilt sein. Aber zu der eigensten Vollendung der ästhetisch-seelischen Tendenzen, zu einer inneren Form, gelangt der Machtmensch nicht. Dazu ist er zu einseitig auf das Moment der äußeren Wirkung, auf Anspannung nach außen gerichtet. Wilhelm v. Humboldt hat sich nie ganz der politischen Welt verschrieben, weil er sie fast für das einzige hielt, was den Menschen innerlich *nicht* bereichere.[4] —

Das Verhältnis des Machtmenschen zur Gemeinschaft zeigt eine eigentümliche Doppelseitigkeit. An sich ist ein scharfer Gegensatz zwischen dem Willen, über Menschen zu herrschen, und dem Willen,

---
[1] Vgl. Karl Borinski, Baltasar Gracian und die Hofliteratur in Deutschland, Halle 1894 über den „homo politicus" und den Geschmack; besonders S. 47.
[2] Vgl. Karl Groos (Die Spiele der Tiere; Die Spiele der Menschen, Jena 1896/9) über Kampfspiele. — Vgl. auch a.a.O. über die Kampftriebe bei Bismarck.
[3] Der rein weibliche Machtwille in seiner primitivsten Form ist gerichtet auf die sexuelle Hörigkeit des Mannes. Im Kampf der Geschlechter ist der Mann in der Regel dann am tiefsten unterlegen, wenn er in *diesem* Sinn zu triumphieren glaubt.
[4] An Charlotte Diede, 3. Mai 1826 und öfter.

sie um ihrer selbst willen seelisch zu fördern. Beide verhalten sich in ihren äußersten Zuspitzungen wie Kampf und Liebe. Beides scheint also nicht nebeneinander in einer Seele Raum zu haben. Der *reine* Politiker ist der Mensch der Selbstbetonung und Selbstdurchsetzung. Er ist daher in der Regel kein warmherziger Menschenfreund, sondern ein Menschenverächter. Wer wirklich herrschen will, kann sich nicht hingeben und sich seiner selbst entäußern. Wer selbst etwas „gelten" will, ist nicht geneigt, für andere zu leben. Nietzsche, dessen Machtwille freilich eine stark ästhetische Färbung zeigt, war mit innerer Notwendigkeit Gegner jener sozialen Gesinnung, jenes Liebesgeistes, den er als „Herdenmoral" abstempelt. In diesem Werturteile spiegelt sich nur der allgemeine Gegensatz des Aristokraten und der Masse. Der Wille zur Macht hebt sich über die anderen heraus; er fordert Anerkennung und Ehre und strebt nach Freiheit, während in der Liebe immer Bindung enthalten ist.

Nun aber zeigt die Wirklichkeit diesen reinen Typus des politischen Menschen selten. Die höchste Macht erscheint doch immer als *Kollektiv*macht. Diese aber setzt voraus, daß Menschen sich zunächst zusammengehörig fühlen und füreinander leben. Hier ist also ein soziales Band gegeben. Wer zum persönlichen Träger und Vollstrecker dieser Kollektivmacht werden will, der muß etwas vom Geiste der Gemeinschaft in sich aufnehmen. Er handelt *für* seine Genossen, indem er sie beherrscht. Diese Synthese fällt, wie wir sehen werden, als Synthese schon in das ethische Gebiet. Der bloße, reine, individualistische Politiker ist Unterdrucker, absoluter Herrenmensch; er fühlt sich als den einzigen und nimmt die anderen als sein Eigentum. Der Inhaber einer *sozial fundierten* Macht hingegen ist immer zugleich „Führer", er will beglücken und fördern, indem er herrscht. Er bedarf aber auch der Anerkennung (z.B. auf einer ideal- oder positiv-rechtlichen Basis). Seine Macht *ruht* geradezu auf der Einigkeit und Gemeinschaft derer, die er führt; er muß ihnen also auch etwas vom sozialen Liebesgeist zurückgeben. Ist dieses Machtverhältnis wirklich auf Liebe gegründet, so haben wir das patriarchalische System; ist es auf Recht gegründet, so haben wir den rechtlich gebundenen Herrscher; ist es auf Schmeichelei und Unterwerfung unter die Masseninstinkte (schlechte Popularität) gegründet, so haben wir den Demagogen.[1] Ruht es auf geistiger Überlegenheit, auf persönlicher Kraft und dem hochherzigen Willen, im Herrschen zu dienen, so haben wir den echten Führergeist, der seine Macht nur im Dienste des Ganzen verwertet und sie als eine ethische Verpflichtung gegenüber den ihm Folgenden ansieht. Aber es ist klar, daß hier schon eine enge Verflechtung des sozialen und des politischen Motivs vorliegt und daß dadurch ethische Kategorien entstehen, die wir zunächst aus unserer psychologischen Betrachtung ausgeschieden haben. Erst im 3. und 4. Abschnitt werden wir diesen Problemen nachgehen. In äußerster Isolierung betrachtet, ist der Machtmensch das Widerspiel der sozialen Natur, d.h. auf Befriedigung des eigenen vitalen oder geistigen Daseinstriebes gerichtet, und wäre es auch auf Kosten anderer. —

Wenn die Kategorien des Machtgebietes auf das religiöse Verhalten übertragen werden, so erscheint das gesamte Leben unter dem Gesichtspunkt von Machtverhältnissen und Willenstaten. Gott wird hier vorzugsweise als Machtpersönlichkeit verstanden: durch die bloße Freiheit seines Wollens hat er die Welt aus dem Nichts ins Leben gerufen; im Anfang also war die Tat. In ihm selbst ist das Maximum von Realität (ein logisch absolut Undenkbares und schon in der Bezeichnung Widerspruchsvolles) enthalten; denn die kleinste Negation würde seiner Macht Schranken setzen. Gott ist der Allmächtige, der die Welt schafft, erhält und regiert.[2]

Es könnte befremdend erscheinen, daß der Machtmensch sein religiöses Bewußtsein durch ein Symbol ausdrückt, das ihm als Menschen die größte Abhängigkeit zum Schicksal macht. Aber wenn man sich wirklich in die Psychologie des Machtstrebens hineinversetzt, so wird es begreiflich, daß derjenige, dessen ganzes Wesen auf Herrschaft angelegt ist, die Grenzen seiner Freiheit am tiefsten

---
[1] Vgl. Plato, Gorgias.
[2] Vgl. Dilthey, Gesammelte Schriften Bd. II, S. 15 über die römische Willensstellung: „So wird die Welt unter folgenden Begriffen gefaßt. Die Grundlage bildet ihr von den Griechen gefundener gedankenmäßiger Zusammenhang. Dieser aber wird nun erfüllt mit dem Begriff eines Imperium der Gottheit, eines Weltregimentes. Eine einzige Legislation umfaßt alle lebenden Geschöpfe, insbesondere die Menschen. Diese richtet sich an die Menschen als verantwortliche, straffähige Wesen, die daher frei sein müssen. So grenzen sich das Imperium Gottes, die Herrschaftssphäre und Rechtsordnung des Staates und die Herrschaftssphäre des freien Willens gegeneinander ab."

25

empfindet, und daß er folglich unter keiner anderen Seite des Lebens so qualvoll leidet, wie unter seiner Abhängigkeit. Dazu kommt, was die individualistische Stoa eingesehen hat und heute wieder anschaulich zu lernen ist, daß sich niemand tiefer in Abhängigkeiten verstrickt, als wer an der Spitze zu stehen strebt und sich deshalb in den Machtkampf hineinbegibt. — Aber dies ist doch nur die eine Seite der Sache, die in *jeder* Form der //Religiosität eine Rolle spielt. Gewiß, der Herrscher fühlt sich als Diener Gottes. Eben deshalb aber fühlt er sich auch als Beauftragten Gottes. Er denkt sich *seine* Macht geradezu als ein Lehen, das er von der höchsten Weltmacht empfangen hat. Das Gottesgnadentum ist nicht etwa nur eine zweifelhafte staatsrechtliche Konstruktion, die aus der Verlegenheit gegenüber der Theorie der Volkssouveränität helfen soll, sondern es wurzelt in der Psychologie dieses Typus. Eine vom Volk übertragene Macht ist ein aus sozial-ethischen Wurzeln erwachsener juristischer Begriff; aber psychologisch ist es absolut unmöglich, eine Macht zu übertragen: man hat sie oder hat sie nicht. Sie ist im Kern doch eine ursprüngliche geistige Ausstattung der Seele; sie ist ferner Produkt be-//stimmter gegebener soziologischer Verhältnisse. Die Macht aber, die nur durch juristische Konstruktionen und papierene Verfassungen gegeben wird, ist nun einmal sehr gering, mag mancher auch ein „leider" hinzuzufügen geneigt sein. Also ist diese metaphysische Herleitung aus einer Gnade Gottes immer noch ein glückliches Symbol für das zugrundeliegende Erlebnis. Wird nun dieses Erlebnis *ganz rein religiös* genommen, so entsteht psychologisch folgerichtig die Staatsform der Theokratie[1]: Gott erscheint als der eigentliche und wahre Herrscher, Frömmigkeit und Staatsgesinnung fallen zusammen. Davon muß streng unterschieden werden die ganz andere geistige Struktur, die vom Politischen ausgeht und sich der religiösen Vorstellungen, wie sie im Volke verwurzelt sind, als eines zweckmäßigen Machtmittels bedient. Nur dieser Fall gehört zum rein politischen Typus. Denn Religion als ein Volkslenkungsmittel ist nicht mehr reine Religion, sondern ein politisches Instrument. Endlich besteht ein dritter Zusammenhang zwischen Politik und Religion. Wo die Religiosität ganz oder überwiegend aus der Wurzel politischer Geistesart entspringt, da werden die Beziehungen zwischen Gott und Seele nach dem Schema von politischen und rechtlichen Kategorien konstruiert: Gott wird dann als der König der Welt, als Herr der Heerscharen, als Bundesgenosse oder als widerstrebender Feind aufgefaßt. Es werden mit //ihm *Verträge* auf Gegenseitigkeit geschlossen, die den Charakter von Handelsverträgen erhalten, sobald ein ökonomisches Moment hinzutritt, oder zu freundschaftlichen Vereinbarungen werden, wenn ein soziales Moment mitspielt. Die Kluft zwischen Gott und Mensch wird leicht durch eine Hierarchie von Herrschafts- und Dienstverhältnissen ausgefüllt, so daß der ganze Bau der Frömmigkeit sich in dem Bilde eines Gottesstaates darstellt. Man muß bei solchen Gedankenbildungen sich den Blick dafür schärfen, wie viel von ihnen aus reiner Andacht, wie viel aus den politischen Realitäten des betreffenden Kulturkreises herstammt,

Noch in der ganz vergeistigten Religiosität spielt doch das seelische Problem von Freiheit und Abhängigkeit eine große Rolle. Der Gegensatz der Schleiermacherschen und Hegelschen Religionsphilosophie hat hierin seinen eigentlichen Brennpunkt: die Religion der Abhängigkeit und die Religion der Freiheit unterscheiden sich nach dem Maß von Willensspontaneität, das der Mensch sich zuschreibt. Nur wo der Mensch politisch frei zu werden beginnt, kann auch sittliche Freiheit in //der Religion wirksam werden und umgekehrt. Die alten Helden setzten sich mit ihren Göttern zu Tisch. Der moderne Mensch kann keinen Gott ertragen, der der Welt geringere sittliche Maßstäbe setzte, als der sittliche Mensch sich setzt. So also wird das Ethos der Freiheit eine der wesentlichsten Quellen sittlicher Religiosität.

III.

Die Frage nach der Motivationsform des politischen Typus führt uns in sehr wichtige geistige Zusammenhänge hinein. Betrachten wir sie zunächst in ihrer abstraktesten und einfachsten Gestalt, so versteht es sich von selbst, daß der Wille, den andern überlegen zu sein, das ständige Motiv des

---

[1] Max Weber: Die charismatische Herrschaft (im weiteren Sinne) beruht „auf der außeralltäglichen Hingabe an die Heiligkeit oder die Heldenkraft oder die Vorbildlichkeit einer Person und der durch sie offenbarten oder geschaffenen Ordnungen" (Grundriß der Sozialökonomik, III, 1, S. 124).

26

Machtmenschen darstellt.[1] Wenn wir ihn in seiner ganz isolierten Eigenart denken, — gleichsam noch jenseits von Recht und Gemeinschaft —, so ist Grundsatzlosigkeit nur der Ausfluß seines spezifischen Lebenswillens, des Willens, unter allen Umständen „oben" zu bleiben und //das Übergewicht zu behalten. Selbst die Forderung der Sache tritt demgegenüber zurück. Aus jeder konkreten Situation heraus müssen die Mittel mit individueller Anpassung gewählt werden. Das Ziel allein ist unverrückbar: daß er *selbst* sich durchsetze und daß *seine* Sache den Sieg behalte:

„Doch, wenn's denn Rechtsbruch sein muß, um zu herrschen,
Ist's ehrenvoll, ist's schön, das Recht zu brechen."[2]

Auch die Politik (als Sorge um die Staatsmacht) ist daher nicht der Boden für Grundsätze, die dem konkreten Anstoß des Handelns vorangehen. Sie ist die Kunst, Gelegenheiten zu benutzen und Gelegenheiten zu erzeugen. Die sogenannte Staatsraison ist ganz etwas anderes als die ratio, die als eine Quelle der Allgemeingültigkeit verehrt wurde. Sie ist eine Kunst der individuellen Berechnung, in der nur ein Faktor konstant ist: das *Staatsinteresse*.[3]

//Solange und soweit die Verhältnisse der Menschen nicht durch Rechtsregeln eindeutig und allgemeingültig geregelt sind, treten immer Konstellationen auf, in denen für ein Verhalten nach diesem Stile Raum bleibt. Ja auch bei weiterer Ausdehnung des Rechtsgedankens ist doch das absolut Einzigartige, die nicht vorhersehbare Situation, in der Politik immer nur in solcher Art zu bemeistern. Allgemeine, vorher fertige Grundsätze würden gegenüber den schicksalhaften Ausbrüchen der großen Politik mehr lähmend, als fördernd wirken. Zwischen einem Logiker wie Kant und einem Politiker wie Bismarck besteht daher eine tiefe Differenz der ganzen Lebensrichtung: „Durch Kant habe ich mich nicht völlig durchbringen können; was er über das moralische sagt, zumal das vom kategorischen Imperativ, ist sehr schön; aber ich lebe am liebsten ohne das Gefühl des Imperativs, ich habe überhaupt nie //nach Grundsätzen gelebt; wenn ich zu handeln hatte, habe ich mich niemals gefragt: nach welchen Grundsätzen handelst du nun? sondern ich habe zugegriffen und getan, was ich für gut hielt. Man hat mir ja oft vorgehalten, daß ich keine Grundsätze habe. Wenn ich mit Grundsätzen durchs Leben gehen sollte, so komme ich mir vor, als wenn ich durch einen engen Waldweg gehen sollte und müßte eine lange Stange im Munde halten."[4]

Aber das ist noch nicht das letzte Wort in der Sache. Auch in Bismarcks letzter Tiefe sah es anders aus. Die Motivationsform, von der wir bisher sprachen, betrifft eigentlich nur die rohe *Technik* der Macht, nicht aber ihren höchsten Sinn. Wenn man diesen Sinn der Macht mit dem Worte Freiheit bezeichnet, so leuchtet sogleich ein, daß Freiheit nicht darin bestehen kann, im gegebenen Augenblick das Beliebige zu tun. Vielmehr schwingt in dem Wort Freiheit eine *ethische* Bedeutung mit. Und wenn wir über das bloß Psychologische zu dem ethischen Gehalt der Freiheit fortgehen, so bedeutet sie zuletzt nichts anderes als die *Kraft zum höchsten Wert*. Wo aber diese — dem Religiösen sich nähernde — Motivationsform gemeint ist, da treten auch andere Erscheinungen auf als das bloße kluge Ergreifen des Momentes.

In früherem Zusammenhang haben wir drei Bedeutungen der Freiheit genannt: die Freiheit vom physischen Zwang, die Freiheit von der Determination durch andere und die Freiheit von niederen Selbstdeter-//minationen. Wir könnten auch sagen; Freiheit des Tuns, Freiheit des Wollens und Freiheit zum Gesollten. Wer nicht unter physischem Zwang steht, kann *das* tun, wozu er motiviert ist. Wer nicht unter gesellschaftlichen Einflüssen steht, die sein Bewußtsein in die Richtung fremden Wollens dirigieren, kann nach seiner eigenen Natur wollen. Endlich: wer nicht von seiner subjektiven Natur

---

[1] Vgl. A. Vierkandt, Machtverhältnis und Machtmoral, Berlin 1916, S. 37: „Neben der offiziellen Liebesmoral geht bei uns überall eine politische und eine kaufmännische Moral von viel robusterer Art einher, nach der rücksichtslos gehandelt, von der aber nicht mit derselben Offenherzigkeit gesprochen wird."

[2] Eteokles in den „Phönizierinnen" des Euripides (nach der Übersetzung bei Wilamowitz, Plato, I, 215).

[3] Friedrich der Große fordert zwar in seinem politischen Testament von 1752, daß die Politik die Geschlossenheit eines philosophischen Systems haben müsse. Er selbst hat aber mindestens in der äußeren Politik nicht so gehandelt. — Es wäre Gegenstand einer interessanten historischen Betrachtung, wie im Staatsleben des 18. Jahrhunderts für die innere Politik das Newtonsche Gravitationssystem als Vorbild wirksam wird. Man erkennt, daß in der Politik alles zu allem in Relationen steht; man studiert diese Relationen mit mathematischer Kühle; aber doch zugleich *pragmatisch*, d.h. im Hinblick auf die Anwendung, die die ganz singuläre „Konstellation" ausnützt.

[4] Poschinger, Tischgespräche II, 170.

27

einfach getrieben wird, kann wollen nach dem echten Gehalt und Rang der Werte. Es muß vorausgesetzt werden, daß im Bewußtsein die eine Wertrichtung als höher, die andere als niedriger erlebt wird. Diese Abstufung als *Erleben* ist, wie wir sahen, noch nicht identisch mit der objektiven Rangordnung der Werte; wer sich also nur nach diesen Maßstäben bestimmt, der mag zwar frei sein von der gesellschaftlichen Wertbeeinflussung; er handelt aus seiner Natur heraus. Aber er handelt noch nicht nach jenem gültigen Gesetz //des Wertens, das aus faktischen Werten erst normative oder echte Werte macht. Auch diese normative Gesetzlichkeit setzen wir hier einfach voraus. Nun aber können wir uns einen Konfliktzustand des subjektiven Bewußtseins denken, worin die eine Wertrichtung konkret als die normativ gesollte ausgezeichnet ist, während ihr die anderen als nur triebhaft erstrebte gegenüberstehen. Damit ist ein Zustand inneren Zwiespaltes gegeben. Um in diesem Falle die normative Wertrichtung zur Herrschaft zu bringen, dazu gehört *sittliche Energie und Selbstbeherrschung*. Das Ergreifen des echten höheren Wertes gegenüber den Verlockungen des niederen, aber intensiver erlebten, ist nur möglich durch *Aufschwung der ganzen Person*, durch *selbstschöpferisches Wollen*. Energie in diesem Sinne ist deshalb ein (oft übersehener) selbständiger Urfaktor des Sittlichen. Diese Bewußtseinslage enthält durchaus die Kennzeichen des Machtgebietes, nur daß es hier ein und dasselbe Wesen ist, das gleichsam in ein herrschendes Subjekt und ein beherrschtes Objekt auseinandergetreten ist. In diesem Falle das zu wollen, was man im sittlichen Sinne wollen soll, nämlich den objektiv höheren Wert, dazu gehört eine Form der Freiheit, die man innere oder sittliche Freiheit nennt. Wir bezeichneten sie soeben auch als Freiheit zum Gesollten. Kant, der den Menschen im Kern als ein Vernunftwesen auffaßte, hat von Autonomie der Vernunft gesprochen. Wir reden von Autonomie der Wertsetzung dann, wenn sie dem tiefsten, auch in uns lebenden objektiven Wertgesetz und Weltgesetz gemäß ist.

Dies allein ist innere Mächtigkeit. Nietzsche, der den Willen zur Macht mit der biologischen Gesundheit und Ungebrochenheit der Triebe gleichsetzen wollte, kam doch nicht um die Notwendigkeit herum, die Triebe selbst als edel oder gemein auszuzeichnen. Er gelangte so zu //dem Glauben an eine Rangordnung der Werte. Das Urphänomen der Macht in unserem Sinne liegt in der *Kraft*, dem höchsten, dem Bewußtsein als Forderung gegenübertretenden Wert folgen zu können. Diese Art der Selbstbeherrschung ist dann der Quell aller *wahren* äußeren Machtverhältnisse. Denn nur die Macht, die auf dem echten Gehalt der Werte ruht, ist zuletzt wahre Macht.[1] Alle andere entlehnt von ihr nur die formale Seite. //Daraus erklärt es sich auch, weshalb jemand, der zum Herrschen erzogen werden soll, *zunächst* einmal erzogen werden muß, einem Gesetz, das er anerkennen soll, zu gehorchen. Der Weg zum Herrschen führt nur über das Gehorchen, und der Weg zum Selbstgehorsam führt in der Entwicklung des individuellen Geistes nur über den Fremdgehorsam. Demgemäß steht auch, ethisch genommen, die *moralische* Heteronomie über der Freiheit der bloß subjektiven Wertewahl, die wir oben Freiheit des Wollens nannten. Die innere Freiheit, die Freiheit zum Gesollten oder die Autonomie wird nur im Hindurchgehen durch die moralische Heteronomie, nur nach der Unterwerfung unter die kollektive Moral erreicht, in der sich, wie wir noch sehen werden, die echten ethischen Werte teilweise niedergeschlagen haben.[2]

Mit all diesen Erörterungen sind wir freilich über das Psychologische im engeren Sinne schon hinausgegangen. Der Zusammenhang kann erst ganz klar werden, wenn wir unsere Auffassung vom Wesen des Sittlichen (im dritten Teil) näher dargestellt haben. Aber die vorangehenden Bemerkungen sind doch insofern psychologischer Art, als sie sich auf die *Psychologie des Sittlichen* beziehen. Und zwar haben wir das Ganze deshalb dem politischen Typus eingeordnet, weil wir der Überzeugung sind, daß unter den ethischen Phänomenen das Moment der inneren Freiheit dem vollendeten politischen Menschentypus korrespondiert. Regelhaftigkeit des Verhaltens, Nützlichkeit, innere Harmonie, Liebe stammen aus anderen

---
[1] Dieser .Fichtesche Gedanke war gewiß auch in Bismarck als Glaube lebendig: „Wenn ich nicht an eine göttliche Ordnung glaubte, welche die deutsche Nation zu etwas Gutem und Großem bestimmt hätte, so würde ich das Diplomatengewerbe gleich aufgeben, oder die Geschäfte garnicht erst übernommen haben." (28. IX. 1870) Busch, Tagebuchblätter I, 248.
[2] Judith bei Hebbel zu Holofernes: „Du glaubst, sie (die Kraft) sei da, um gegen die Welt Sturm zu laufen. Wie, wenn sie da wäre, um sich selbst zu beherrschen?"

geistigen Zusammenhängen. Aber dieses stark Willensmäßige, das den Kampf mit dem niederen Wert aufnimmt, entspricht der Struktur des Machtmenschen. Auch hierin liegt etwas von Unabhängigkeit und Selbstdurchsetzung, nur in eine //höhere Schicht erhoben und auf den inneren Schauplatz der Seele begrenzt. Es ist kein Zufall, daß Kant und Fichte, die diese Ethik der Freiheit erst zu vollem philosophischem Bewußtsein gebracht haben, in einer politischen Bewegung drinstanden, die auf die Ausbreitung der *individuellen* Machtsphäre hindrängte. Es liegt in dieser Fassung des Freiheitsbegriffes zugleich eine Vertiefung der poli-//tischen Psychologie, deren Sinn freilich Plato in seiner Weise schon im Gorgias ausgesprochen hatte. Wir können jetzt ganz kurz den Gehalt dieser Einsicht in dem Satz formulieren: *Nur wer sich selbst gehorchend sich der Forderung des höchsten Wertes im eigenen Busen unterwirft, besitzt die Qualitäten, um andere wohl* zu *leiten und sie dem Einfluß der eigenen Wertrichtung* zu *unterwerfen.*

Wir können aber noch einen Schritt weitergehen: Wenn das Gesetz, dem sich der Herrschende unterwirft, nicht bloß eine Bedeutung für den gegebenen konkreten Fall besitzt, sondern allgemeine äußere Verhaltungsweisen zum Gegenstande hat, so ist in diesem freien *Regel*willen zugleich eine Ursprungsstelle des Rechtes bezeichnet. Jedoch muß zweierlei hinzukommen: 1. die überindividuelle Anerkennung dieses Willens als eines die Machtansprüche der einzelnen bindenden, und 2. der *Inhalt* dieses bisher rein formal gefaßten Rechtes, nämlich eine aus einem bestimmten Grade sozialer Gesinnung hervorgehende Verteilung der Rechtsansprüche und Rechtspflichten.

Aber dies greift späteren Andeutungen vor. Hier interessiert uns nur die Psychologie der Macht. Die Motivation des wahrhaft Herrschenden muß beruhen auf der Selbstüberwindung, die einen Inbegriff echter Werte für sich und andere zur Regel des praktischen Verhaltens erhebt. Andernfalls haben wir nicht Herrschaft, sondern Willkür; nicht Ordnung, sondern Chaos. Das bloße Handeln nach Belieben mag, wie die Bilder der machtgierigen Naturen in Platos „Staat" und „Gorgias" zeigen, noch so sehr von dem formalen Willen zur Macht erfüllt sein: es ist gegen die immanente Psychologie der Macht und kann deshalb über Augenblickserfolge nicht hinausreichen.

IV.

Die Erscheinungsformen des Machtmenschen werden unendlich mannigfaltig, wenn man die Träger von Kollektivmacht und von rechtlich gewährleisteten Ansprüchen hinzunimmt. Wir aber wollen uns auf die reinen Ausprägungen beschränken, denen noch kein sozialer Geist und kein gesetzlicher Regelwille beigemischt ist. Diese Isolierung ist um so berechtigter, als die Machtmenschen nicht nur auf den Höhen des //Lebens wandeln, sondern auch in den kleinsten Verhältnissen — als Organisatoren, als Kampfnaturen, als Ehrgeizige, als Führer oder Tyrannen — anzutreffen sind.

//In allen Stufen und Kreisen der Gesellschaft gibt es Herrscher und Beherrschte, Freie und Abhängige. Und zwar ist Freiheit und Abhängigkeit über alle Menschen, aber in ungleichem Verhältnis, verteilt. Unter ihnen heben sich nun diejenigen heraus, denen Macht und Geltung die zentrale Lebensangelegenheit bedeuten, während andere nur in Anlehnung an kräftigere Naturen, gleichsam als ihre geistigen Lehnsleute, zu leben vermögen. Man könnte paradox von aktiven und passiven Machtnaturen reden. Die einen streben nach einer soziologisch herausgehobenen Stellung und vermögen nur als Führer, von Glanz und Ehre bestrahlt, sich in ihrem Kreise wohlzufühlen. Sie leben, wie jeder Typus die Gefahr der Übersteigerung seines eigenen Wesens in sich trägt, unter dem Druck der Versuchung, ihrem Ehrgeiz den sonstigen Gehalt des Daseins zu opfern. Sie streben nach gesellschaftlichem Aufstieg, nach Einfluß und Führung, weil sie nur darin der eigentümlichen Kräfte ihres Wesens ganz inne werden. Die anderen aber vermögen sich ohne Führung nicht zurechtzufinden. Sie sind in ihrem Urteil, in ihrem Geschmack, in ihrer wirtschaftlichen Haltung und in ihrer ganzen Lebensanschauung unselbständig. Zu einem eigenen Typus wird diese Lebensform, wenn das Anlehnungsbedürfnis den Mittelpunkt des Daseins bildet, wenn sie im Dienst und in der Selbstentäußerung für einen anderen aufgehen.[1] Es ist kein Zweifel, daß diese Geistesart unter den

---

[1] $_2$ Auch die Lebensform des bewußt und frei Dienenden kann ihre ethische Größe haben. Der preußische Offizier und Beamte alten Schlages prägt diesen Typus aus. Ja in höchster sittlicher Betrachtung kann Herrschen und Dienen ganz zusammenfallen. So betrachtete sich Friedrich der Große als den ersten Diener seines Staates. Das heroische Opfer, das ein Hindenburg dem deutschen Staat und Volk bringt, ist aus dem gleichen Geiste geboren.

29

Frauen öfter zu finden ist als bei den Männern und daß sie hier mit dem zweiten Lebensmotiv der Liebe und Treue eng verflochten ist. Jedoch strebt die moderne Entwicklung überall auch den naturhaft begründeten Gebundenheitsverhältnissen entgegen; die Folge ist die Auflösung aller organischen Herrschaftsverhältnisse und ihre Verdrängung durch rationale Verbände von ganz anderer Struktur, in denen dann auch ein anderer Herrschaftstypus von sozialer Färbung in Erscheinung tritt.

Bei den Formen des Machttypus spielt also immer ein anderes Moment mit, das durch den Ursprung der Macht- und Abhängigkeits-//verhältnisse gegeben ist. Am einen Ende steht die rein physisch geborene, //am anderen die rein geistig vermittelte Macht.[1] Körperkraft allein bedeutet freilich in einem differenzierteren Kulturganzen keine entscheidende Machtausstattung mehr. Wohl aber bleiben die biologischen Verhältnisse des Lebensalters und Geschlechtes sehr wesentliche Faktoren. Kinder sind immer von der älteren Generation abhängig; Frauen sind physisch meist weniger leistungsfähig als Männer. Väter und Gatten scheinen also von der Natur selbst in Versuchung geführt, sich zu Tyrannen des Hauses zu entwickeln. Aber schon in diesen Verhältnissen ist doch das Geistige, die kulturelle Überlegenheit, zuletzt das Ausschlaggebende. An die Stelle biologischer Abhängigkeiten schieben sich immer mehr rein geistige. Zwischen beiden aber waltet eine Kraft, die man kaum als geistige bezeichnen wird, und die doch im politisch-soziologischen Gebiet eine große Rolle spielt: die Macht der Gewohnheit. Deshalb führt Max Weber neben der charismatisch und der rational begründeten Form der Herrschaft ausdrücklich die traditional begründete an. Die rechtsbildende Kraft der Gewohnheit ist unbestritten. Das Herkommen ist geradezu ein Rechtstitel, und der Glaube an die verbindliche Kraft dieser Gewohnheit gehört zu den charakteristischen psychologischen Erscheinungen der Machtnatur. Sie findet in ererbten Herrschaftsverhältnissen oft die ausreichende Legitimation zu ihrer Fortsetzung, auch wenn der wertverleihende Sinn und die machtbegründenden Leistungen aus den betreffenden Beziehungen längst verschwunden sind. Wir müssen also neben dem physischen und dem geistigen Machttypus auch den traditionalistisch begründeten aufzählen.

Die Würde des Machttypus scheint mit seiner Einflußsphäre zu wachsen. Es macht einen Unterschied, ob man mit einer Gefolgschaft von zweien oder mit einem ganzen Troß aufzutreten vermag. Abgesehen von der Kraft des einzelnen ist der Umfang seines Wirkens auch abhängig von dem Ideal von Höhe, das er sich gemacht hat. Manchem genügt es, in seinem Heimatdorf eine hervorragende Rolle zu spielen, und er erlebt dabei auch seine cäsarischen Stunden. Andere fühlen sich durch die bloße Zugehörigkeit zu einem Stande allen anderen gegenüber schon ge-//nügend gehoben. Nationalstolz und Rassenstolz spannen die Kreise schon etwas weiter. Aber auch bei diesem Typus kommt es doch nicht allein auf die Extensität der Beziehungen an, sondern auch auf ihre Intensität. Es mag jemand einen Weltruf haben und doch wenig Einfluß auf die Gestaltung seiner nächsten Sphäre ausüben. Dar-//in liegt eine eigentümliche Dialektik des Machtstrebens, daß mit der Ausbreitung der Herrschaft in immer wachsende Kreise auch die Fülle der Abhängigkeiten zunimmt. Alle Imperialisten mit ihrem faustischen Expansionsdrang haben das erfahren müssen. Die Hybris ferner ist die innere Gefahr, die mit der Psychologie des Machtstrebens selber gesetzt ist. So wird es begreiflich, daß der stoische Weise (und noch mehr sein kynischer Vorläufer) eigentlich darin sein höchstes Machtbewußtsein erlebt, daß er von allen Menschen unabhängig ist und von keinem etwas bedarf.

Wer über weite Kreise herrschen will, der kommt mit seiner eigenen Kraft allein nicht aus, sondern er muß dazu eine Art von Kollektivmacht in sich sammeln: er muß im Namen vieler handeln. Erst wo dies der Fall ist, wo der Führer eine gewaltige Gruppe hinter sich weiß, deren Sache er übernommen hat, treten uns die höchsten Machtnaturen entgegen: Menschen von imperatorischer Art, in denen sich eine überindividuelle Geisteskraft konzentriert. Dieses Wachstum, das aus den höheren Zwecken selber folgt, hat etwas Mystisches. Daher ist die Psychologie der Macht eigentlich erst zu vollenden, wenn man die Theorie der überindividuellen Subjekte hinzunimmt. Auf diesem Boden entfalten sich dann auch erst die verschiedenen Machttypen, die den Verfassungsformen entsprechen. Schon Plato hat diese Typen gezeichnet: den aristokratischen und timokratischen, den oligarchischen,

---
[1] Näher ausgeführt unter dem Gesichtspunkt der naturalistischen und idealistischen Machtmoral bei A. Vierkandt, Machtverhältnis und Machtmoral, Berlin 1916.

demokratischen und tyrannischen Menschen.¹ Noch Montesquieu und Roscher haben diese Typenlehre fortgebildet.

Endlich aber kommt es darauf an, auf welchem Gebiet und mit welchen Mitteln man herrschen wolle. Es gibt Naturen, die Einfluß suchen auf jedem Wege und um jeden Preis. Andere aber erstreben Auszeichnung nur auf einem bestimmten Gebiet, jedoch mit so deutlicher Betonung des Machtwillens, daß man sie nicht den entsprechenden Typen zurechnen kann. Wer durch sein Wissen zu herrschen strebt, wirkt als gewollte Autorität. Wer durch seine //interessante Persönlichkeit hervorstechen möchte, ist ästhetischer Aristokrat oder Bildungsaristokrat; wer durch Reichtum Geltung sucht, ist Plutokrat. Wer endlich durch religiöse Mittel herrscht, nähert sich dem allgemeinen Typus der Priesterherrschaft und der Theokratie. Vielleicht ist keine Ausprägung des Machttypus auffälliger als die des Kirchenfürsten, wie keine Eitelkeit stärker sein kann als die des Mönches. In den Herrschaftsmethoden aber ist insofern ein Unterschied, als manche sich wirklich auf den Inhalt der von ihnen verkörperten Werte stützen, während andere mehr //die dunkle Gefühlswirkung dieser Kräfte suchen, also durch Suggestion herrschen wollen. Redner und Künstler blenden, Reiche und Vornehme „repräsentieren", Priester faszinieren und betäuben. Man erkennt an diesen Symptomen am deutlichsten, daß es hier weniger auf den eigentümlichen Wertgehalt der Sache ankommt als auf die politische Technik, sie zu Herrschaftszwecken zu benutzen. Dabei zeigt sich dann im soziologischen Gewebe der Machtverhältnisse eine so ungeheure Wechselwirkung und Mischung von Abhängigkeiten mit Überlegenheiten, daß man mit der alten Frage „Wer regiert denn?" oft von den Thronen auf seltsam verschlungenen Wegen bis in irgendein Dachstübchen geführt werden kann.² Es gibt auch Menschen, die ungewollt wirken durch das, was sie sind, während andere ihrem Einfluß immer durch künstliche Mittel nachzuhelfen genötigt sind.

V.

Zuletzt kommen wir zu denen, die die Macht als einen Unwert verneinen und bekämpfen. Wenn ihre Seele einem anderen Wertgebiet verschrieben ist als dem politischen, so bieten sie kein besonderes psychologisches Interesse. Wer ganz der Wissenschaft lebt oder der Kunst oder der Religion, der mag auf gesellschaftliche Wirkung verzichten. Weil er in der Sache aufgeht, die seine eigenste ist, so ist es begreiflich, daß er nicht auch noch Ehrgeiz bekundet und so die Konzentration seines geistigen Lebens gefährdet.³ Wir sahen auch, daß die tief und echt sozialen Naturen der Selbstbetonung des politischen Menschen durchaus entgegen-//gerichtet sind. Aber es gibt auch solche, in denen ein herb enttäuschtes Machtstreben die Ursache ihrer Machtverneinung ist.

Wenn diese Geistesart nur in der Gestaltung der taktischen Mittel zutage tritt, so haben wir den Gleichheitsfanatiker vor uns. Er bekämpft alles, was höher steht und sich auszeichnet, gleichviel, ob es inneren Wert hat oder ihn nur erborgt. Er behauptet die wesenhafte Gleichheit aller Menschen, um sich gegen Führer und Autoritäten überhaupt empören zu können. Aber man fühlt deutlich hindurch, daß dieser demokratische Typus nur *seine* Macht an die Stelle der bestehenden setzen möchte, und daß er sofort ein Diktator würde, wenn das Schicksal ihn auf der Leiter des Einflusses emporkommen ließe.⁴ Das Gleichheits-//dogma ist hier eigentlich nur eine Kampfparole, eine der idées-forces, wodurch man sich selbst bejaht und andere herabdrückt. Wir haben beim theoretischen Typus eine andere Quelle des Gleichheitsgedankens kennengelernt: den radikalen Rationalismus, der an Stelle lebendiger und wirkender individuellen Menschen, die in ganz singuläre Verhältnisse verflochten sind, den abstrakten Begriff Mensch setzt, um mit Hilfe dieser

---
¹ Plato, Staat, Buch 8 und 9.
2 Vgl. die Novelle von Heinrich Zschokke: „Wer regiert denn?"
3 Beides schließt sich aus: man kann nicht brennend ehrgeizig sein und zugleich mit ganzer Seele Gelehrter oder Künstler oder Prophet. Man muß also im Leben darauf achten, welches Motiv wirklich dominiert.
4 Der 15jährige F. Lassalle schreibt in seinem Tagebuch (Der Rote Hahn, Berlin-Wilmersdorf 1918): „Wäre ich als Prinz oder Fürst geboren, ich würde mit Leib und Leben Aristokrat sein. So aber, da ich bloß ein schlichter Bürgerssohn bin, werde ich zu seiner Zeit Demokrat sein."

31

Idee einen rationalen Staat zu konstruieren. Wo beide Tendenzen: der verhüllte Machtwille und die rationalistische Geistesart sich verbinden, entsteht der politische Radikalist, dessen letzte Ziele oft das Gegenteil von dem sind, was er als Programm bekennt.

Aber es gibt noch eine andere Form des Ressentiments gegenüber der Macht, die wir oben auch schon berührt haben: den resignierenden Machtmenschen, der sich auf sich selbst zurückzieht und in einer grandiosen Einsamkeit das berauschende Gefühl seiner Größe, seines Unverstandenseins und seiner Unabhängigkeit genießt. Mit diesem Typus verbindet sich leicht der Selbstgenuß einer ästhetischen Phantasie. Vielleicht ist Nietzsches Ideal der inneren Mächtigkeit auf diesem Boden erwachsen: aus einer großen Enttäuschung am Menschen überhaupt, also aus einer unbefriedigten Liebessehnsucht, aus einer überwallenden rein geistigen Kraft und einer ästhetischen Phantasie, die über alle gegebenen Verhältnisse hinaus berauschende Ideale schuf. So verkündete der Einsiedler von Sils-Maria der Menschheit, von der er sich losgesagt hatte, den Willen zur Macht.

Eduard Spranger

Aus
Eduard Spranger
Gedanken zur staatsbürgerlichen Erziehung
1) In: Aus Politik und Zeitgeschichte – Beilage zur Wochenzeitung „Das Parlament" –, Bonn, 28. November 1956 (1. Aufl.).
2) 2. Aufl. in: Bundeszentrale für Heimatdienst (Hg.), Heft 26, Bonn 1957, [4]1961
3) [5]Bochum 1963 (Kamps pädagogische Taschenbücher, Bd. 18), unveränderte, um ein Nachwort 1963 erweiterte Neuauflage
4) [5]Auch in GS Bd. VIII, Staat, Recht mit Politik, Tübingen 1970, S. 77–123 (erweitert wie 1963)

Inhalt

Vorbemerkungen

Erster Teil
I. Die Anknüpfung an Urphänomene
II. Das Ausgangsmodell
III. Die Grunddimensionen des Zusammenlebens
IV. Das Regelhafte
V. Macht und Machtregulierung

Zweiter Teil
VI. Volksmoral
VII. Persönliche Sittlichkeit
VIII. Die Verantwortung des staatstragenden Individuums

Schluß

Nachwort (Juni 1963)

Erster Teil

[... ...] [... ...]

III. Die Grunddimensionen des Zusammenlebens

Alle Hauptphänomene, die an dem patriarchalischen System auftreten, sind dem Jugendlichen vertraut. Er lebt ja in ihm, so lange er nicht selbständig ist. Was ihm fehlt, ist nur die Heraushebung des einzelnen Momentes aus der Gesamtverwebung und das Bewußtsein von der Ablösbarkeit einzelner Sinnelemente aus dem engsten Lebenskreis. Ihr stetes Wiederkehren ist es, was nun beachtet werden soll.

In diesem „Entwurf" können nur noch drei Gesichtspunkte näher behandelt werden, die sämtlich für die politische Propädeutik von Belang sind:

1. Die Problematik um Freiheit und Gleichheit.
2. Die Formen der Regelung.
3. Das dialektische Verhältnis von Macht und Recht.

„Freiheit und Gleichheit" treten in der gesellschaftlichen Wirklichkeit in unübersehbar vielfältigen Zusammenhängen auf. Altvertraut ist die Unterscheidung des herrschaftlichen und des genossenschaftlichen Prinzips im Aufbau von Gesellschaftsgebilden. Wir wählen eine einfachere Bezeichnung und reden von den *Dimensionen des Zusammenlebens*. Jedem Jungen ist es klarzumachen, weil er es täglich beobachtet, daß es ein Übereinander (bzw. Untereinander) und ein Nebeneinander der Menschen gibt. Die bildlich-räumlichen Bezeichnungen legen es nahe, das Soziologische in geometrische Lagebestimmungen zu übersetzen. Wählt man ein rechtwinkliges Koordinatensystem in der Ebene, so leuchtet die Bedeutung der senkrechten Bezugslinie unmittelbar ein. Wer an ihrer Spitze steht, ist gesellschaftlich übergeordnet („oben"); wer am anderen Ende steht, ist gesellschaftlich untergeordnet. Derartige Beziehungen müssen an naheliegenden Lebensverhältnissen anschaulich illustriert werden. Dabei wird sich herausstellen, oder vielmehr: es muß durch störende// sokratische Fragen herausgebracht wer-//den, daß eigentlich niemand ganz eindeutig oben steht, sondern daß der Herrschende in vieler Hinsicht auch abhängig ist, und umgekehrt. Aufs neue wird damit das Dialektische des Zusammenlebens erfahren; die Begriffe halten nicht stand. Sie füllen sich mit einem Randgehalt, der ihnen selbst widerspricht, und geraten somit in Bewegung.

//Im Gespräch taucht die Möglichkeit, daß *alle* gleich sein könnten, als ein Optimalfall auf, der dem Kampf um das Obensein ein Ende machen würde. Es wird also jetzt die waagerechte Koordinate (Abscisse) geprüft.

In der Dimension der grundsätzlichen Gleichheit waltet immer noch ein Kampfmoment. Es stammt aus der Selbstbejahung der einzelnen. Diese wäre in der Figur ganz am linken Ende

Herrschaft (Freiheit)

Selbst-
bezogenheit ——⊕—— *Selbst-*
verleugnung
A

Abhängigkeit (Unfreiheit)

anzusetzen, während am rechten Ende die Selbstverleugnung steht. Der linken Seite entspricht demgemäß das Gegeneinander der Gleichen, der anderen Seite das Miteinander. Für das letztere bietet sich eine Fülle von Namen an, die keineswegs gleichwertig sind: Kameradschaft, Solidarität, Altruismus, Opferbereitschaft, Hingabe, Selbstverleugnung. Natürlich können diese Phänomene nicht bis zur vollen Wesenseinsicht geklärt werden. Auch die Selbstbejahung kann sehr vieldeutig sein: von der nackten Selbstsucht (Egoismus) bis zur

ethischen Selbstzucht. Selbstbezogenheit //läßt sich aus dem Zusammenleben niemals auslöschen.
– Wieder muß an eigene Erfahrungen der jungen Menschen angeknüpft werden; die Schule enthält bereits unmittelbar verständliche Erscheinungen, nicht nur von Rangordnung, sondern auch von Gegeneinander, Miteinander, Füreinander.

Jedes Koordinatensystem hat den Zweck, eine erste Lageorientierung zu ermöglichen. Hier geht es um die Lagebestimmung von (noch wenig differenzierten) gesellschaftlichen Grundeinstellun-//gen, denen die Bedeutung von Urphänomenen des Zusammenlebens beigelegt werden kann; //allerdings wird es nicht ohne vereinfachende Gedankenkonstruktionen abgehen. Das jugendliche Bewußtsein soll vorbereitend aufgelockert werden, damit es ein paar „Anhaltspunkte" mehr gewinnt, die später für die Ordnung unübersehbar vielfältiger Einzelkonstellationen fruchtbar werden können. Zu den Vereinfachungen gehört übrigens, daß in dem Schema neben „Herrschaft" der terminus „Freiheit", neben „Abhängigkeit" „Unfreiheit" gesetzt ist. Man beruhige sich darüber vorläufig mit der Erklärung, daß die Freiheit das Herrschen von innen gesehen bedeuten soll, und daß Unfreiheit das introspektive Korrelat zum Abhängigsein – „Bedingtsein" (Goethe) – darstellt. Mit der vollen Schwere der Freiheitsproblematik ist noch kein reifer Mensch fertig geworden; auch das Ideal der politischen Freiheit behält immer etwas von der Unbestimmtheit der Umrisse, die die Sehnsucht zeichnet.

Unbeschadet der Forderung, daß im Unterricht nach klaren Begriffen zu streben ist, darf man es als eine günstige Nebenwirkung ansehen, wenn sich in den Schülern früh die *Ahnung* bildet: In der gesellschaftlichen Wirklichkeit gibt es kein ausschließliches Übereinander und kein reines Nebeneinander; es gibt keine absolute Freiheit und keine absolute Gleichheit. Noch einmal kann auf die Familie zurückgegriffen ·werden. Unter dem neuen Gesichtspunkt der Dimensionen des Zusammenlebens stellt sich heraus: diese scheinbar einfache Welt ist schon sehr kompliziert. Denn wer hat da die Macht und wer gehorcht? Wer ist frei und wer gebunden? Worin liegt die Gleichheit und woraus folgt die Ungleichheit? Solche Überlegungen drängen sich um so mehr auf, als nun allmählich in Betracht gezogen wird, daß ja die Familie kein isoliertes gesellschaftliches Gebilde ist, sondern in das große Gewebe des gesamten Volks- und Staatslebens mit unzähligen Fäden hineingewoben ist.

//In diesem Zusammenhang sollte noch auf zweierlei aufmerksam gemacht werden:
1. Der Koordinatenanfangspunkt A muß den Sinn haben: hier halten sich Herrschaft und Abhängigkeit die Waage, hier halten sich aber auch Selbstinteresse und fremdes Interesse die Waage. Das letztere deutet auf ein Verhältnis der *Gegenseitigkeit* hin, bei dem niemand ganz verliert und niemand ganz gewinnt (Mutualismus). Das ist die „Grundidee" des wirtschaftlichen Verkehrs, //die für später vorgemerkt werden muß. Jedem leuchtet aber auch ein, daß auf dem freien Markt doch keine volle Gleichheit besteht. Auch auf ihm gibt es Obensein und Untensein, Machtpositionen und Abhängigkeiten. Was hier abstrakt formuliert ist, muß in der lockeren Unterrichtsdiskussion ganz einfach und anschaulich gemacht werden. Der eine geht auf den Markt mit 10 DM in der Tasche, //der andere mit 100 DM. So rücken Reichtum und Armut unter das Licht von Macht und Unterlegensein. – Auch die Interessengleichheit ist nie ganz ausgewogen: entweder der Verkäufer oder der Käufer kommen ein wenig besser weg. Von fern wird schon „das ökonomische Prinzip" als Gesetz des wirtschaftlichen Gebietes sichtbar.
2. Aus der bloßen Betrachtung der Dimensionen ergibt sich, daß die Gesellschaft von Kämpfen durchzogen ist. Sie enthält nicht nur das Miteinander, sondern auch – auf der negativen Seite der Horizontale – das *Gegeneinander* von Gleichgestellten; auf der vertikalen nicht nur die Schichtung statischer Art, sondern ein ständiges *Aufsteigen* und *Absteigen*. Das Urphänomen *Kampf* ist allenthalben anzutreffen. Der Krieg ist das Auflodern der kleinen Funken zu einem großen Feuer. „Der Antagonismus (in) der Gesellschaft", dessen Unvermeidlichkeit schon Kant hervorgehoben hat, drängt in eine neue Richtung und führt auf ein neues Urphänomen: *Frieden oder Sich-vertragen*, woraus der Vertragsgedanke erwächst.

Man braucht keine neue Dimension anzusetzen, etwa als Linie, die vom Kampf zum Frieden und vom Frieden zur Ent-zweiung führt. Denn diese Erscheinungen liegen in den beiden ersten Dimensionen mit drin. Man kann sie beinahe aus den positiven und negativen Maxima, auf die das zweidimensionale Koordinatensystem hindeutet, schon mit ablesen.

Wenn dies in der Diskussion über eigene Erfahrungen innerhalb des Jugendhorizontes recht eindringlich gemacht wird, entsteht ganz von //selbst das Problem, und zwar sogleich als zentrale Angelegenheit: „Wie machen wir aus Kampf Frieden?" Bei jedem zentralen Problem muß man so lange verweilen, bis eine stark empfundene Ratlosigkeit entsteht. Denn nur in diesem Fall denken die jungen ‚Menschen selbständig weiter, fühlen sie sich innerlich beteiligt. Es schadet nichts, wenn wir an dieser Stelle auf den vereinfachenden Denktypus des rationalen Naturrechts zurückgeführt werden. In seiner Terminologie ist es immer die wesentlichste Frage: „Wie machen wir aus ungeordnetem Natur-//zustand gesellschaftlichen Zustand?" Das alte Naturrecht glaubte lange, diese Formulierung als richtigen Ausdruck für einen geschichtlichen Vorgang *(Genesis* von Recht und Staat) betrachten zu dürfen. In Wahrheit ging es ihm, wie wir nun ohne weiteres verstehen, um die Herausarbeitung von Urphänomenen, also um die Herausarbeitung ewiger Sinnverhältnisse, die konkret-historisch auf die mannigfachste Art erscheinen können.

[... ...] [... ...]

Zweiter Teil

VI. Volksmoral

Staatsbürgerliche Erziehung unterscheidet sich von staatsbürgerlichem Unterricht in dem wesentlichen Punkte, daß sie ein Ethos bilden will. Die Möglichkeiten der Schule, politisch zu erziehen, sind gering. Um so mehr muß der Unterricht derart angelegt sein, daß die ethischen Akzente an die richtige Stelle gesetzt werden. Was darüber noch zu sagen ist, geht den Träger des Unterrichts, nicht unmittelbar die Schüler an. Nicht der Lehrstoff wird vermehrt, es handelt sich um den Geist, der ihn durchdringen soll. Dieser Gesichtspunkt bedarf deshalb der Aufmerksamkeit, weil unsere heutigen Vorstellungen von der sittlichen Welt recht unzulänglich sind. Indem wir für Freiheit und sittliche Verantwortung der Person eintreten, verfallen wir leicht einem falschen Individualismus durch den der echte und berechtigte entstellt wird.

Das Problem, das in diesem und den beiden folgenden Abschnitten gemeint ist, kann so formuliert werden: Welcher Art ist der Regulator, der auf dem politischen Gebiet in die Richtung des Sittlichen lenkt?

Es ist ganz ausgeschlossen, daß diese Steuerung allein aus dem Bewußtsein des Individuums, „so, wie es aus den Händen der Natur hervorgeht", erfolgen könnte. Die uns umgebende Kultur ist eine gewaltige komplizierte Schichtung. Die sittlichen Normierungen, die hier und da in ihr wirksam sind, werden sich auch nicht in einer einfachen Formel wie Rechtschaffenheit (ἀ τ), Humanität, Gehorsam gegen Gott zusammendrängen lassen. Vielmehr ist um jeden, der in die geschichtlich entstandene Kultur hineingeboren wird, schon eine sittliche Ordnung errichtet, die ihn zunächst mit den Armen der Autorität umfängt. Dieses *überindividuelle* Produkt langen Zusammenlebens ist die objektive Sittlichkeit. Wir wollen sie, in Umkehrung des Sprachgebrauches von Hegel, die „Moral" (Volksmoral) nennen, um den Zusammenhang mit den allgemeinen Sitten (mores) anzudeuten. Erst auf diesem Hintergrunde //finden die subjektiven sittlich bedeutsamen Erlebnisse und Entscheidungen statt: die „persönliche Sittlichkeit" gedeiht nur auf dem Boden einer schon anerkannten, „maßgebenden" Gesamtmoral. So wenig die Taube im luftleeren Raum fliegen könnte, so wenig kann sich eine sittliche Persönlichkeit im moralfreien Raum entfalten. Rousseaus Pädagogik, die nach seiner eigenen Äußerung nur ein //Gedankenexperiment sein sollte, bringt die Verlegenheit zum Ausdruck, die entstehen muß, wenn man //sich nicht mehr auf das vorbildende Wirken der überindividuellen Moral verlassen kann.

Demgemäß kann ein Bild von der rechten moralischen Gesinnung nur so entstehen, daß erst von dem äußeren Regulator „Moral" die Rede ist, sodann von dem inneren Regulator „persönliche Sittlichkeit", an dritter Stelle folgt die Regulierung des Politisch-Sittlichen. Für das Epochalbewußtsein von Plato und Aristoteles fielen die drei Bereiche noch weithin zusammen. In der christlichen Welt ist der Bereich der Innerlichkeit so entschieden hervorgetreten, daß er auch für das Ethisch-Politische immer stärker maßgebend geworden ist.

In diesem Abschnitt wird zunächst die „Moral" charakterisiert. Sie ist so wenig das Werk des einzelnen wie die Sprache, in die er allmählich hineinwächst. Man halte sich von Anfang an gegenwärtig, daß wir es hier mit einem überindividuellen Lebensgewebe zu tun haben, das in der deutschen Philosophie dem *Geistigen* (nicht bloß Seelischen, auch nicht bloß Gesellschaftlichen) zugerechnet wird. Jedoch will ich die folgenden Ausführungen nicht mit einer Terminologie belasten, die vielen nicht mehr geläufig ist. Wenn etwa Ranke von den „sittlichen Mächten" zu sprechen pflegte, so meinte er damit vom überindividuellen Geist gestaltete Mächte, die nicht in psychologisch Erfaßbares aufzulösen waren.

Unter den Gegenständen des staatsbürgerlichen Unterrichts tauchte bisher eine Ordnung des Zusammenlebens auf, die – wenn· nötig – zwangsweise durchgeführt werden konnte. Zwang determiniert das äußere Verhalten. Aber es ist nicht selbstverständlich, daß er eine der Forderung zustimmende Gesinnung hervorruft. Gesinnung kann nicht erzwungen werden. Das ist ein unumstößlicher Satz.

Die Frage ist, ob es auch eine Ordnung des Zusammenlebens gibt, die ohne direkten Zwang Motive in den Zugehörigen setzt und zu //deren Wesen es ausdrücklich gehört, daß sie ins Innere der Gesinnung vordringen möchte.

Eine solche Ordnung ist die „Moral", die in einem Volke oder – spezialisiert – in ihm eingegliederten kleineren Gruppen gilt und waltet. In der Theorie ist sie nur selten mit vollem Bewußtsein ihres Wesens und ihrer Kulturfunktion behandelt worden. Denn //die Theorie des Sittlichen beginnt erst in individualistisch gewordener Zeit, in der die Autoritäten erschüttert werden. Daher haben wir zwar viele Systeme der „Ethik" (= Lehre von der persönlichen Sittlichkeit), aber nur wenige Beiträge zur Morallehre. Die letztere ist überall da bemerkbar, wo viel historisches und soziologisches Material geboten und verarbeitet wird. Denn was mit dem abkürzenden Namen „Moral" gemeint ist, ist immer ein schwer //greifbares, langsam wachsendes und sich wandelndes *überindividuelles* Gebilde, ein Gewebe aus Gemeinschaftsformen und Werturteilen, aus zugemuteten Normen und durch sie beeinflußten Verhaltensweisen. Man nehme als Beispiel den jeweils maßgebenden (verpflichtenden) Stil der Ehe.[1] Sie ist eine durch Herkommen geheiligte Institution; ihr liegen Werturteile moralischer Art zugrunde; diese verdichten sich zu allgemeinen Normen. Nach ihnen richtet „man" sich im praktischen Verhalten. Geschieht das nicht, so treten von der Gesamtheit her Sanktionen in Kraft, deren Eigenart sogleich noch zu erörtern sein wird. Die Gruppe, auf der ein solches überindividuelles Gewebe „Moral" wächst, ist in der Regel ein Volk (als ethnisch-historische Einheit). Es gibt auch übernationale Moralbildungen, die meist mit Weltreligionen (oder verbreiteten philosophischen Sekten) zusammenhängen. Umgekehrt gibt es innerhalb der gemeinsamen Volksmoral noch besondere Ausgestaltungen sittlicher Anschauungen – differenziert nach Ständen, Berufen, Bildungsschichten, Zeitkonstellationen usw.

Eine „Theorie der Moral" kann hier nicht entwickelt werden. Sie müßte mit einer Tatbestandsaufnahme von hier oder dort geltenden Moralen beginnen, würde das darin verkörperte gesellschaftlich anerkannte Wertsystem durchleuchten und könnte sich schließlich zu einer vergleichenden Betrachtung der „Moralen" erweitern. Ich greife hier nur das Problem der Sanktionierung heraus. Dies ist der üblich gewor-//dene Name (merkwürdigerweise

---
[1] Stark anregend hat besonders das Buch von Edward Westermarck, The History of human marriage, gewirkt. (3 Bde. 1925.)

nicht für die Legitimierung, sondern) für die *Durchsetzungsform,* in dem noch die ursprünglich vorwaltende religiös-kultische Sicherung der Moral nachklingt.

Das Verhalten gemäß der Rechtsordnung wird – nötigenfalls – gesichert durch ausdrückliche Urteilsfällung und -vollstreckung, evtl. durch Strafe, die heute von der *öffentlichen* Gewalt ver-//hängt wird. Dazu gehört ein eigener, durchorganisierter „Apparat". Welche Mittel gibt es für die Durchsetzung der moralischen Normen? Sie gehen fast alle zurück auf Ehrverleihung und Ehrentziehung. „Der Leumund" eines Menschen richtet sich nach den billigenden oder mißbilligenden Urteilen, die „man" (d. h. die moraltragende Gruppe) über ihn fällt. Das geschieht gleichsam anonym; es gibt dafür keinen sichtbaren Apparat.

Aber es tritt ein zweites beachtliches Charakteristikum hinzu: Während das Recht sich überwiegend für das äußere Verhalten interessiert, möchte die moralische Beurteilung und Kontrolle bis in das Innere, bis //in die Gesinnung, eindringen. Dies geschieht, wie man weiß, meistens mit einer sehr groben Psychologie („Ins Herz hinein sieht Gott allein"). Aber die Intention ist unverkennbar: es wird gewogen, was einer gesinnungsmäßig wert ist. Fällt die lange fortgesetzte Erfahrung positiv aus, so hat man einen „ehrbaren" Mann. Tritt das Gegenteil ein, so erfolgt gesellschaftliche Ächtung, ja Ausstoßung – aber ohne daß irgendeine Hand sich regt. Das „Gerede" ist weder so oberflächlich noch sozial so unwirksam, wie man es heute hinstellt.

Nur kurz sei hinzugefügt: hinsichtlich des Wirkungsgebietes (Anwendungsgebietes) können Moral und Recht teilweise übereinanderliegen; manchmal decken sie sich sogar und verstärken sich gegenseitig. Sie können aber auch auseinandergehen: vieles ist rechtlich noch relevant, was moralisch unerheblich ist. Vieles ist moralisch tadelnswert, was vom Recht nicht mehr erreicht wird.

Das Ziel dieser lehnsatzartig übernommenen Ausführungen liegt in der These: Moral ist eine kollektive Regelung der gesinnungsmäßigen Einstellungen und Werthaltungen gemäß einer gemeinsam anerkannten Lebensordnung von höherem Wertniveau. Sie bildet den Hintergrund für alle Entscheidungen der persönlichen Sittlichkeit. Ja sie liefert dieser für die alltäglichen Fälle schon verbindliche Vor-Entscheidungen. Somit wirkt sie auf den einzelnen als eine Autorität, mit der er sich auch //dann auseinandersetzen muß, wenn er – sei es nach unten oder nach oben – aus ihr herausstrebt. Eben deshalb aber bleibt sie noch ein *äußerer* Regulator, eine vorläufige Stütze. Den Ort, an dem aus voller innerer Selbständigkeit sittlich entschieden wird, und damit den *inneren* Regulator, haben wir noch nicht erreicht.

[... ...] [... ...]

Schluß

[... ...]

Der Bruch zwischen ethischer Erkenntnis und dem Handeln danach liegt in der Schwäche der menschlichen Natur. Ihr kann durch kein Schnellverfahren abgeholfen werden. Meine Vorschläge beziehen sich nur auf eine erste *„Propädeutik".* Der Boden soll so zubereitet werden, daß darauf allmählich etwas wachsen kann. Wenn diese Vorschulung von vornherein in der Form der Diskussion verläuft, so entspricht dies dem Prinzip der Demokratie, durch friedliche Gedankenkämpfe die Gewaltübung im Inneren des Staates nach Möglichkeit auszuschließen. Arbeitet man von früh auf daraufhin, die Menschen zu selbständigem politischem Denken aufzurütteln, so verhütet man die schwerste Gefahr unserer Kulturepoche: das Emporwuchern einer blind gefolgschaftsbereiten Masse. Denken und Tun fordern sich, wie Goethe gesagt hat, in einem gesun-//den Lebensaufbau gegenseitig. Stirbt der selbst prüfende und sich verantwortlich entscheidende Menschentypus aus, so ist es mit der Demokratie zu Ende, noch ehe sie recht angefangen hat.

Kurz: Unser deutsches Staatswesen im Westen ist neu. Die Aufgabe der ihm entsprechenden staatsbürgerlichen Erziehung ist neu. Der von mir aus tiefer Sorge um Deutschland dafür empfohlene Weg ist ebenfalls neu. Das Bewußtsein, auf noch nicht ausgetretenen Wegen zu gehen, hat etwas Beflügelndes. Und wenn sie ein wenig am Rande der Philosophie hinführen sollten, so würden damit Kräfte wachgerufen, die im Wesen des Deutschen immer eine produktive Rolle gespielt haben.

Nachwort
(Juni 1963)

I.

Der Grundgedanke meiner Abhandlung „Gedanken zur staatsbürgerlichen Erziehung" von 1957 bestand darin, daß man dem unentfalteten Rechts- und Staatsdenken des frühen Jugendalters durch eine Vorschulung des Verstehens zu Hilfe kommen müsse. Den weiten Gang durch die konkrete Geschichte kann man mit diesem Alter nicht gehen. Die unmittelbare Gegenwart aber ist zu verwickelt, als daß man den Sinn der //Gebilde und Einrichtungen, die sie aufweist, sogleich verständlich machen könnte. Ich habe also vorgeschlagen, mit vereinfachenden Modellen des Zusammenlebens überhaupt, besonders aber des Rechts- und Staatslebens zu beginnen. Denn auch ein Gereifter könnte die vergangene Geschichte nicht verstehen, wenn er sich nicht an gewissen Leitlinien entlang bewegte, die gleichsam Urphänomene der gesellschaftlichen, rechtlich-politisch geordneten Welt darstellen. Diese Vereinfachungen werden zwar in Gedanken konstruiert, müssen aber zugleich so wirklichkeitsnahe bleiben, daß man in ihnen echte Strukturformen des Zusammenlebens wiedererkennt. Die Aufgabe ist also, in anderer Reihenfolge geordnet, dreistrahlig:

1. Man muß die gestalteten Grundformen und -vorgänge aus dem Gewirr wechselnder historischer Konstellationen herausschauen können.

2. Man muß sie als einfache Modelle möglicher Erscheinungen gedanklich durchkonstruieren und für den Lernenden sichtbar machen, aber auch als verstehbare Sinngebilde herausheben.

3. Man muß diese Urphänomene mit sich bietenden historischen Wirklichkeiten vergleichen, das Identische aufzeigen, das Abweichende (als ebenfalls sinnbestimmt) stark beachten.

In der Abhandlung selbst habe ich das Schwergewicht auf die Hauptdimensionen des Zusammenlebens gelegt: auf die Verhältnisse des Miteinander, Gegeneinander, wechselseitig Füreinander; auf das Übereinander bzw. Untereinander und das Gleichrangig-Nebeneinander. Alle diese Bezüge treten, seltsam gemischt, schon in dem einfachsten Sozialgebilde, das dem Heranwachsenden vertraut ist, in der Familie, zutage. Die Familie ist keineswegs die historische Vorform aller anderen; aber sie ist Anschauungsbasis (gleichsam Illustration) für einzelne Seiten, die auch an den sonstigen Gebilden auftreten. Im Unterricht müssen die Beispiele gehäuft werden. Der Bereich, aus dem sie //stammen, muß unmerklich erweitert werden auf Nachbarschaft, Schule, Berufskreis, Gemeinde. Das Problematische an diesen Grundverhältnissen, z. B. das Fehlen der Eindeutigkeit, muß bei geeigneter Gelegenheit anklingen. Was heißt z. B. Gleichgestelltheit oder Gleichberechtigung? Woran ist bei dem Stichwort: Gleichberechtigung von Mann und Frau zu denken? Können alle ihre Rechte gleich sein? Oder alle ihre Pflichten? Was heißt überhaupt Gleichheit? Wo finden sich Abhängigkeitsverhältnisse? Wo herrscht Gegenseitigkeit?

Dies alles darf aber nicht philosophisch betrieben werden, sondern immer nur an anschaulichen Fällen, die einem gleichsam unterwegs begegnen. Die Einübung in diesem Verfahren ist deswegen so schwierig, //weil der Gesprächsleiter ebenso in dem Erlebnisbereich des Jugendlichen wie in der reifen Gesellschaft zu Hause sein muß und versuchen muß, von dem einen zum andern Brücken zu schlagen. Das Ziel ist: Erweiterung der Fähigkeit,

Sinnzusammenhänge der gesellschaftlichen Bezüge zu verstehen. Um ein einziges Beispiel anzuführen: Was Geltungssucht ist, weiß ein Heranwachsender sehr gut; er weiß nur noch nicht, in wie verschiedenen Kreisen und in welchen Verkleidungen diese Wesensart auftreten kann, und daß es einen Grad des Ehrgeizes gibt, bei dem das Interesse der Sache völlig verschwindet. Selbstgefälligkeit ist so etwas wie ein menschliches Urphänomen.

II.

Seit dem Erscheinen meiner Abhandlung ist mir doch manchmal das Bedenken gekommen, ob die vorgeschlagene Methode nicht zuviel Selbständigkeit im geistigen Erschauen von Grundphänomenen erfordert.

Ein zweites Bedenken lag darin, ob man auf diesem Wege genügend nahe an die Stellen des jugendlichen Innern herankäme, wo sich sein ethisch-forderndes Bewußtsein bildet. Das Verfahren leistet in der Strukturerfassung und Beschreibung viel; aber es führt nicht unmittelbar hinüber zum Nachdenken über das „richtige" Recht, den „gerechten" Staat und die „sittliche" Regelung des Machtgebrauches. Am frühesten betätigt sich dieser werdende Personkern als Kritik. Ich möchte hier noch weitere Möglichkeiten der Vorbereitung der staatsbürgerlichen Erziehung zur Erörterung stellen.

//Was ich zusätzlich vorschlage, soll den Vorteil haben, daß man
1. in der Form historischer Darstellung eines Geschehens beginnen kann;
2. die Vorgänge trotzdem vereinfachend konstruiert;
3. sofort Stellungnahmen hervorruft, bei denen sich zeigt, ob ein Jugendlicher vom nackten Eigeninteresse beherrscht ist oder ob er eine Ahnung von der Idee der Gerechtigkeit und der sittlichen Bedeutung des Überindividuellen in sich trägt.

Diese drei Bedingungen erfüllen sich bei einem didaktischen Vorgehen, das keineswegs neu, sondern sehr alt ist. Man hätte es nicht so ganz außer Betracht gelassen, wenn nicht die Irrmeinung verbreitet wäre, daß die Schule überall an den neuesten Stand der Wissenschaft heranzuführen habe. Wenn eine Zielsetzung deshalb verfehlt ist, weil sie Unerreichbares fordert, dann ist das ausgesprochene Prinzip unzweifelhaft falsch. Der Jugendunterricht (oder die Schule) kann es nicht vermeiden, //im Sinne einer Einführung und Vorbereitung auch einmal veraltete Wege zu gehen, die man im modernen Wissenschaftsbetrieb gar nicht oder nur mit Entschuldigungen und Vorbehalten betritt. Solche Methoden sind selbst nur Modelle. Man muß sie später teils kritisieren, teils ergänzen, ohne zu verschweigen, daß sie doch auch etwas leisten. Die Denkweise, die mir hier vorschwebt als etwas, das wegen seiner Geradlinigkeit zur Propädeutik gut geeignet ist, ist das Verfahren des Naturrechts, also der rationalen Theorie vom echten und gerechten Staat. Das Naturrecht hat nämlich den Vorzug, daß es einen angeblich historischen Vorgang erzählt, seine sinngebenden Hauptfaktoren deutlich herauskonstruiert und das Ganze von einer normativen Kritik aus beleuchtet. Daß es dabei nicht zu der erhofften Eindeutigkeit und Allgemeingültigkeit kommt, wird sich bald zeigen; aber auch das wird später lehrreich.

Der Mindestapparat des rationalen Naturrechts sind die Begriffe: Naturzustand, Gesellschaftsvertrag, Herrschaftsvertrag. Keiner von ihnen bezeichnet etwas ganz Eindeutiges. Der Naturzustand z. B. kann in ungeselliger Gesellschaft oder völliger Vereinzelung bestehn. Der Gesellschaftsvertrag kann nur ein Zusammenleben bezwecken oder schon eine Rechtsordnung. Der Herrschaftsvertrag kann völlige Unterwerfung bewirken oder nur einen begrenzten und sogar widerruflichen Auftrag für den Regenten. Lassen wir uns diese Unbestimmtheiten im Anfang gefallen und statten wir unseren Prozeß der Staatwerdung folgendermaßen aus:

//Heimatflüchtige Besatzung und Passagiere eines großen Ozeanschiffes steigen auf einer bisher unbewohnten Insel an Land, um sich dort für die Dauer niederzulassen (Gebiet). Die Hilflosigkeit und der Streit – um nicht zu sagen: der „Naturzustand" – der ersten Tage lehren die Notwendigkeit, sich zu vertragen (Vertragswille). Man kommt in friedlicher Absicht zusammen (Konvent) und einigt sich dahin – zunächst vielleicht nur aus wechselseitigem wohlverstandenem Interesse –, unter Gesetzen zu leben, die alle anerkennen (Rechtsordnung). Was ist Recht? Soll jeder genau den gleichen Anteil am Arbeitsertrag haben? Oder soll der Ertrag so verteilt werden, daß jeder gemäß seiner Leistung bedacht wird? (Doppelgesicht der Idee der Gerechtigkeit.)

Wer sorgt dafür, daß das, was im zweiten Stadium gesetztes Recht ist, auch ausgeführt wird? Wer sorgt dafür, daß die vereinbarten Verhaltensregeln, die allgemein (ohne Ansehen der Person) gelten *sollen* (ideales Sollen), in „Kraft" treten? Soll das mit dieser Funktion verbundene Herrschaftsrecht verschiedener Art unbeschränkt oder beschränkt gelten? (Herrschaftsvertrag.) Jedenfalls: *Kein Recht ohne Macht!*

//Ist aber irgendeine Art von Herrschaft legitimiert, mindestens legalisiert, dann fragt es sich außerdem: wie viele sollen regieren? Einer, einige - oder gar *alle?* Warum können nicht zwei oberste Staatswillen auf dem gleichen Gebiet gelten? Wer macht eigentlich die Gesetze, d. h. die allgemeinverbindlichen, erzwingbaren Verhaltensregeln der Eingegliederten? Was schützt vor dem Mißbrauch der „übertragenen" Macht? *Keine Macht ohne Recht!*

Die Schwierigkeit dieses Spannungsverhältnisses muß früh eingesehen werden: Gezähmte Macht, aber auch genügend Macht hinter dem geltenden Recht!

Das ist – noch unbestimmt und dehnbar genug – der alte klassische Begriffsapparat des rational konstruierenden Naturrechts. Vielleicht redet man zusätzlich noch von einem weiteren zweckmäßigen Kunstgriff: Man verteilt im neu entstandenen Staat den Auftrag: Gesetze zu formulieren, nach Gesetzen richterlich zu entscheiden und vom Recht Befohlenes im Namen des Staates auszuführen, auf drei Träger, die in drei verschiedenen Personenkreisen bzw. Personen bestehen. Geht das? *Wie* geht das? (Gewaltenteilung.)

Das sind lauter vereinfachte Konstruktionen. Die Geschichte, mit der das Ganze anzufangen schien, hat sich sogleich in Erwägun-//gen verwandelt. Bei diesen Erwägungen wurde ohne viel Diskussion zweierlei Sollen als anerkannt vorausgesetzt: 1. Es soll eine Rechtsordnung im Staate gelten, 2. der Staat soll Macht haben, aber rechtlich geregelte Macht, gleichsam kanalisierte Ausströmungen von Macht. Anders gesagt: Nur ein Rechtsstaat ist sittlich legitimiert (innerlich berechtigt), nur ein Staat mit Macht kann die tatsächliche Geltung (Anerkennung oder praktische Durchsetzung) des Rechtes garantieren. Also: Legitimieren und Garantieren!

Man bemerkt: Hier ist eine Fülle von unendlich schwierigen Problemen berührt. Nicht nur für Jugendliche – eigentlich für alle Menschen sind diese Probleme *zu* schwer. Man muß das Antinomische nicht überbetonen, sondern in den Gesprächen unvermerkt an tatsächlichen Lebenserfahrungen oder an Fällen, die die Einbildungskraft entwirft, auftauchen lassen. Und man darf sicher sein, daß im Heranwachsenden sofort sinnvolle Reaktionen auftreten. (Wir alle handeln erst in der Phantasie, ehe wir in die Realität eingreifen.) Nur dafür, daß sie auch in sittlicher Hinsicht sinnvoll seien, dafür muß man durch Weiterfragen im Stile des Sokrates geschickt Sorge tragen. (Vgl. Platos Dialog Gorgias.)

III.

Offenkundig handelt es sich bei dem naturrechtlichen Verfahren um lauter genau gezielte Konstruktionen. Die Geschichte, mit der alles anzufangen schien, versickert bald im Boden. Statt ihrer treten mannigfaltige Erwägungen auf. Es war schon von der Gefahr eines verfrühten Philosophierens die Rede. Und wirklich wird hier unter der Hand ein wenig philosophiert. Das Verfahren ist nicht deskriptiv, sondern konstruktiv, nicht historisch, sondern rational. Der alte Satz des Rationalismus, daß der Verstand nur das ganz begreife, was er – mindestens in Gedanken – selbst aufbauen, gleichsam „machen" könne, schwebt hier als Ziel vor Augen. Und man versteht ja aus der Theorie des Naturrechts tatsächlich besser in welchen rationalen Grundmotiven Recht und Staat begründet sind. Historisch sind sie überall ganz anders entstanden. Darauf kommt es in diesem propädeutischen Unterricht noch nicht an. Es handelt sich vorläufig nur darum, ein einziges Mal verstanden zu haben: Warum überhaupt Recht? Warum überhaupt Staat? Deshalb wird ein einziges Mal vorkonstruiert, was Recht eigentlich ist (und soll), was Staat eigentlich ist (und soll).

//Diese Konstruktion aber gelingt nicht so eindeutig und führt nicht zu so allgemein verbindlichen Resultaten, wie man es in den rationalistischen Anfängen des Naturrechts einmal gehofft hatte. Die ursprüngliche Hoffnung war eine streng allgemeingültige Rechts- und Staatstheorie, weil es ja die Vernunft selbst war, aus der man sie abzuleiten glaubte. Es gibt aber die verschiedensten inhaltlichen Ausführungen des so einfachen Denkschemas. Also sprechen doch wohl konkrete historische Situationen, epochale Denkgewöhnungen, vor allem sehr nackte Interessenrichtungen mit. Es wird hier auch gar nicht erwartet, daß ein Lehrer vom Katheder die seltsame Geschichte von der Erfindung des Rechtes und der Gründung des Staates einfach erzählen soll. Das alles soll sich im Gespräch mit Frage und Antwort, mit Stellungnehmen und Redestehen vollziehen. Die Gedankenarbeit wird dadurch auf verschiedene Rollen verteilt. Der Zufall kann wollen, daß einmal ein Gleichheitsfanatiker, ein anderes Mal ein aristokratisch Denkender die Führung erhält. Wenn ein weiser Sokrates das Gespräch unvermerkt leitet, weiß er still für sich, daß weder der eine noch der andere ganz recht hat. So einfach sind eben die menschlichen Dinge nirgendwo und zu keiner Zeit.

Aber ein Gespräch belebt. Es versetzt die Beteiligten in Eifer, führt zu Rede und Gegenrede. Damit ist dann auch erreicht, daß jeder außer dem ganz Stumpfen das Thema zu seiner Sache macht. Das ist aber nur ein //anderer Ausdruck für Interesse haben, Interessiertsein. Die allzu eifrigen Gesprächsteilnehmer des Sokrates fallen manchmal ganz erheblich herein. Das schadet nichts. Wer sich die Sache, seine Sache, nicht schon von allen Seiten überlegt hat, wird meistens hereinfallen. Aber auf dem Heimwege überlegt er sie sich schon besser, und es kann passieren, daß er am nächsten Morgen anspruchsvoll als seine eigene Weisheit vortragen wird, was er vor kurzem noch als Torheit der anderen bekämpfte.

IV.

Nun aber besteht die fruchtbare Wirkung der naturrechtlichen Konstruktion nicht nur darin, daß sie darüber belehrt, wie Recht und Staat aus früheren Mißlichkeiten des Verkehrs unter Menschen *entstanden* sind. Das zu lehren, war nicht einmal ihre Hauptabsicht. Es ging ihr, ohne daß sie die verschiedenen Problemstellungen immer säuberlich auseinanderlegte, im Grunde viel mehr um die gedankliche Hervorbringung des *richtigen* //Rechtes und des *gerechten* Staates, um die gesunde Machtverteilung oder – kurz gesagt – um den „wahren Staat". Das ist nicht mehr bloß die Frage quid facti, auch nicht mehr bloß die Frage quid juris (die noch vieldeutig ist); sondern eine Frage nach der wohlgeordneten Gesellschaft und der Bestimmung des Menschen, der ihr eingeordnet ist und sein soll. Dabei klingt noch etwas mit vom alten Reich Gottes, obwohl die Ausdrucksweise schon stark rationalisiert, säkularisiert und somit blaß geworden ist. Jetzt endlich sind wir an der Stelle angelangt, an der die Erinnerung an das alte Naturrecht zugleich auch seine stärkste Kraft belebt: denn geschaffen ist es, um zu dem wahren Staat hinzuleiten. Seine propädeutische Wirkung wird also in verwandter Richtung liegen; der Geist des Menschen muß einmal dazu erweckt werden, hierfür seine volle Energie aufzubieten. Mühe dich um den Staat, der da kommen *soll,* weil er des Menschen würdig ist!

Freilich springt er nun nicht als fertige Formel, wie das Resultat aus der Rechenmaschine, heraus. Es ist da vieles zu bedenken, im großen und im kleinen. Daß wir aber – und „wir" sind hier nicht nur die Jugendlichen! – überhaupt angehalten werden, in dieser Dimension des echten und gerechten Staates nachzudenken, das ist schon eine Wohltat, für die wir dem Naturrecht nicht dankbar genug sein können. Denn zu lange hat der nötige Ernst dazu gefehlt.

Der Gesprächsleiter, der auf dieses Ziel lossteuert, wird es dabei nicht leicht haben. Aber lernen wir, uns mit Sokrates zu trösten. In unseren //Gesprächen wird gewiß manches Windei zutage kommen. Auch dies wollen wir mit Aufmerksamkeit betrachten. Denn solche Produkte gehören mit zur menschlichen Natur. Finden wir aber ein anderes – Eier muß man bekanntlich *suchen* –, so wollen wir uns freuen, daß etwas zur Welt gekommen ist, das doch neues Leben verspricht. Wie dieses Ei nachher bebrütet wird, dazu Anweisungen zu geben, ist nicht mehr Sache dieses Nachwortes, das ja nur eine Diskussion anregen wollte.

V.

Werfen wir zum Schluß einen Blick auf den Übergang zum Hauptkursus! Es muß natürlich dafür gesorgt werden, daß zuverlässige Kenntnisse über unseren gegenwärtigen Staat angebahnt werden. Das ist nicht möglich, ohne auch das heutige //System der Großstaaten zu kennzeichnen. Und endlich sollte das alles „gelehrt" werden doch im Stil eines politischen Ethos, zu dem wir uns bekennen, bzw. unsere Schule sich bekennt.

Man bemerkt, daß jedem Satz ein charakteristisches „heute" oder „gegenwärtig" oder „wir" hinzugefügt war. Darin spiegelt sich der Methodenwechsel: Wurde früher in Form von Konstruktionen vorgegangen, so treten jetzt Konstellationen in den Vordergrund. Konstellationen aber lassen sich ohne ein bescheidenes Maß von historischer Rückschau nicht zulänglich darstellen. Volksschule, Mittelschule, Pflichtberufsschule werden das notgedrungen sparsam tun. Aber hier noch zu konstruieren, statt darzustellen und zu beschreiben, wäre nicht erlaubt. Jetzt geht es um Tatsachen, um tatsächlich geltendes Recht einschließlich der Staatsverfassung und um ganz konkrete ethisch-politische Aufgaben, die gerade uns gerade hier und heute gestellt sind. Dabei die richtige Auswahl zu treffen, ist in der Tat sehr schwer. Vollständigkeit anzustreben, wäre Rückfall in das alte deutsche pädagogische Laster. Man kann sich andererseits auch nicht auf das Aktienrecht oder auf das Streikrecht beschränken. Man kann nicht einfach am Bonner Grundgesetz entlanglaufen oder nur den Prinzipiengegensatz zwischen Ost und West erörtern. Eine zugleich jugendgemäße und sachgemäße Auswahl zu treffen, ist Aufgabe derer, die auf dem Gebiet des staatsbürgerlichen Unterrichts schon Erfahrung gewonnen haben. Ich fühle mich dafür nicht zuständig. Man könnte empfehlen, an den alten Gedanken der Gewaltenteilung anzuknüpfen, wenn dabei nicht die wirtschaftliche Seite zu kurz kommen müßte. Gliedert man – wie die Tageszeitung – nach Kulturgebieten. so käme eine allgemeine Lebenskunde, nicht eigentlich eine recht-//lich-politische Unterweisung heraus. Man sollte jedenfalls beachten, daß der hier empfohlene Vorschulungskursus zielstrebig in die eigentliche Stoffbehandlung einmünden muß.

Ohne Zweifel ist es didaktisch vorteilhaft, die Prinzipienfragen, die auf dem politischen Gebiet so besonders wichtig sind, weil sie jedermann angehen, in einer nicht zu abstrakten Weise von der Fülle der Einzelheiten abzusondern. Wenn man die Hauptmerkmale des Rechtes und des Staates nur nebenbei anläßlich des Vortrages einzelner Grundsätze des öffentlichen oder bürgerlichen Rechtes mitentwickeln zu können glaubt, so wird man nur äußerst langsam vorwärtskommen und wird es doch zu keiner ausreichenden Klarheit bringen. Es wird auch nie das //entscheidend Wichtige aufleuchten, daß es sich bei solchen Normierungen um Angelegenheiten des Gewissens und der Gesinnung handelt, um Lebensgrundlagen also, für die man erzogen werden muß, nicht bloß Kenntnisse sammeln soll. In einer echten Diskussion wird aber immer schon an den sich entscheidenden Willen appelliert.

Für alles dies bietet die naturrechtliche Einkleidung günstige Möglichkeiten. Denn an der früher verbreiteten Ansicht, daß es in der seelisch-geistigen Entwicklung so etwas wie ein Robinsonalter gebe, ist etwas daran. Aber worin besteht die individual-genetische Fruchtbarkeit dieses Alters? Wohl weniger in dieser oder jener praktischen Erfahrung, weniger in allerlei handwerklichem Können als vielmehr in einer geistigen Umwälzung: „Denkt euch einmal das Fertige, von dem ihr umgeben seid, fort und malt euch aus, es könne noch einmal ganz von vorn angefangen werden, dann müßt ihr alles auch noch einmal der

Prüfung vor den grundlegenden Wertsetzungen unterwerfen. Vor allem müßt ihr den Maßstab zu handhaben lernen: Was ist im strengen Sinne gerecht? Welcher Staat kann vor den Ansprüchen des Menschheitsgedankens bestehen? Und welche ganz neuen Gedanken müssen von uns heute durchdacht werden, wenn es mit unserer Gesamtkultur in einem gesunden ethischen Sinne vorwärts gehen soll?" – Diese innere Einstellung bildet sich schon kurz vor dem Eintreten der seelischen Pubertät heraus. Es ist ratsam, die didaktischen Maßnahmen auf unserem Gebiet mit ihr in Einklang zu bringen.

Eduard Spranger.

Aus
Eduard Spranger

Der geborene Erzieher

Heidelberg 1958 (^{2}1960, ^{3}1963, ^{4}1965, ^{5}1968) auch in Spranger GS Bd. I, Geist der Erziehung, Heidelberg 1969, S. 280–338

Inhalt

Vorwort
Einleitung
I. Das Hebelproblem
II. Auf der Suche nach Bildungsgütern
III. Das Geflecht der Gemeinschaften
IV. Erziehungsziel und Bildungsideale
V. Die pädagogische Liebe
Schluß

Aus der
Einleitung

[... ...
Man kann nicht verschweigen, daß der Quell des Erziehungsgeistes heute nur noch dürftig sickert. Wodurch er in letzter Zeit bei den Deutschen verschüttet worden ist, werden die meisten noch wis-//sen. Schwerer wäre es zu sagen, welche Bedingungen dazu gehören, ihn wieder lebendig werden zu lassen. In der Familie ist eine Wiedererstehung kaum zu erhoffen, wenn diese ursprünglichste Gemeinschaft durch irgendwelche Nöte – materieller oder seelischer Art – unterhöhlt ist, wenn ringsum keine moralische Ordnung herrscht und wenn kein Ziel mehr gesehen wird, das dem Miteinander einen wertvollen und verbindlichen Inhalt gibt. Aber wir wollen hier mehr von der Schule reden. Sie wurde innerlich beflügelt von der Generation, die durch die eigentliche, aus dem Wandervogel entstandene Jugendbewegung hindurchgegangen war. Das Geheimnis der Befähigung dieser Generation liegt wohl darin, daß sie ihren eigenen Bildungsprozeß stark bewußt durchlebt hatte. Sie war durch Gegenbeispiele erweckt worden und hatte den entschiedenen Drang in sich, es mit den Nachwachsenden besser zu machen. Sie wußte etwas von der Jugendlichkeit der Seele und empfand sie als ein Heiligtum.

Wenn es nun so sein sollte, daß in unseren Tagen – es gibt darüber keine Statistik – der Genius, der nach Hölderlins Wort von Land zu Land // wandert, wenn der hier gemeinte pädagogische Genius sich zur Zeit anderwärts befinden sollte, so wäre es angebracht, um so lauter von ihm zu reden, weil er dadurch vielleicht zu uns zurückbeschworen werden könnte. Allerdings: eigentliche Genien sind selten. Wir wollen im Rahmen erreichbarer Ideale bleiben und uns mit Menschen von einer Geistesart begnügen, in der „das Pädagogische" als zen-//trales Lebensmotiv wirksam ist. Wie sollen wir diese – nicht gerade genialen, aber vom Geist ergriffenen Naturen nennen?

Es gibt keinen Beruf, zu dem man weniger „geboren" sein könnte, als den des Erziehers. Denn zu seinem Wesen gehört eine beträchtliche Reife. Wenn es aber eine Art von innerem Vorgeformtsein auch für geistige Leistungen gibt, zu deren Entfaltung ein langer Bildungsweg nötig ist, so kann man wohl in einem übertragenen Sinne vom „geborenen Erzieher" sprechen. Die Bezeichnung ist dann ein Ausweichen vor dem Fremdwort „der genuine Erzieher", meint aber das Gleiche, nämlich den Pädagogen von so echter Art, „als ob" er für das Erziehertum geradezu geboren wäre. Wir sagen ja auch: „der geborene Feldherr", und doch kann niemand zum Feldherrn, geschweige denn „als Feldherr" im wörtlichen Sinne geboren werden.

Im 18. Jahrhundert liebte man es, dem Gedankengang, den man entwickeln wollte, eine Parabel voranzustellen, aus der sein Kern schon hervorleuchtete. Bedienen auch wir uns dieses Verfahrens!

Tief im Urwald sitzt ein Mann und arbeitet emsig an einem Jagdbogen. Ein Knabe schleicht sich heran und beobachtet neugierig die Entstehung des kunstvollen Schnitzwerkes. Der Mann unterbricht seine Arbeit und erklärt dem Knaben, worauf es dabei ankommt. Er läßt ihn die Biegbarkeit des Holzes probieren, gibt ihm selbst das Schnitzmesser in die Hand und zeigt ihm den Ansatz. Er wendet sich also von der Sache, an der ihm gelegen ist, //zurück zu einer Seele, um sie mit dieser Sache in eine fruchtbare Berührung zu bringen. Vielleicht ist er ein großer Meister in der Kunst des Bogenschnitzens. Aber er ist ihr nicht so restlos verfallen, daß er nicht Zeit hätte, andere auf dem Wege zu diesem Meistertum nach sich zu ziehen. Welcher Drang nun in ihm überwiegt, der Drang zur Sachgestaltung oder der zur Seelengestaltung, das wollen wir in unserer Geschichte offenlassen. Wäre aber das letztere der Fall, so läge in ihm der zündende Funke zum Menschenbildnertum, und die Herstellung des Bogens wäre für ihn nur ein gelegentlicher Ansatzpunkt, der auch durch einen anderen ersetzt werden könnte.

Vom „geborenen" Pädagogen gilt ganz allgemein: Er *ist* etwas und er// *kann* etwas; er hilft dem Werdenden zur Lebensmeisterschaft empor; er *muß* so handeln; denn dies ist sein geistiger Grundtrieb.

Der geborene Erzieher *muß,* der gelernte *kann,* der Anfänger – *möchte.*

Schleiermacher hat zwei Arten von Naturen mit Gestaltungsdrang unterschieden: die Werkbildner und die Selbstbildner. Die ersten lenken ihre formende Energie nach außen; die anderen auf sich selbst. Warum erwähnt er nicht auch jene dritte Art: die Menschenbildner, die sich für das Selbstwerden eines anderen einsetzen? Man darf wohl vermuten, daß niemand ein Menschenbildner werden kann, der nicht vorher ein tüchtiger und eifriger Selbstbildner gewesen ist.

In der Gesellschaft und ihrer Kulturarbeit wer-//den beide Typen gebraucht: die Sachgestalter und die Seelengestalter. Der Rhythmus des Lebens fordert es so. Wenn nämlich – ganz allgemein gesprochen – die äußeren Werke der Kultur nicht immer wieder in den flüssigen Aggregatzustand des seelischen Erlebtwerdens, Verstandenwerdens und Gepflegtwerdens zurückverwandelt würden, so könnte es dahin kommen, daß die Menschheit bald ihre Seelen fortgegeben hätte an Gebilde der äußeren Welt und daß die nachfolgende Generation ganz leer und arm bliebe. – Das ist nicht nur eine Parabel.

I. Das Hebelproblem

Dem ersten Problem, das in der Seele des geborenen Erziehers eine produktive Unruhe hervorruft, gebe ich den Namen *das Hebelproblem.* Will man eine Last bewegen, so muß man wissen, wo man den Hebel am zweckmäßigsten ansetzt. In der Erziehung sind keine körperlichen Massen zu bewegen, sondern Seelen. Wie dort Kenntnis der Mechanik, so ist hier ein psychologischer Sinn erforderlich. Jedoch darf man die Parallele nicht übertreiben. Sonst käme man zu der heute nicht seltenen Verwechselung von Pädagogik und Psychotechnik. Gewiß hat Herbart recht, wenn er dem Erzieher die Aufgabe zuschreibt, den Willen seines Zöglings zu bestimmen, zu „determinieren". Aber er hat unrecht, wenn er es (gelegentlich) so hinstellt, als ob man einen psychischen Effekt in der Seele des jungen Menschen durch die einfache Setzung der geeigneten seelischen Ursache hervorbringen könnte. Diese Art von Kausalität, wenn sie im Psychischen überhaupt vorkommt, gehört dem außerethischen Bereich der Seele an. Erziehung ist immer Erweckung. Anders gesagt: Gerade *weil* es keine unentrinnbar kausalgesetzlichen Zusammenhänge in der Seele gibt, deren man sich funktionssicher bedienen könnte, gerade deshalb steht das He-//belproblem, nunmehr wesentlich erschwert, für den Erzieher im Vordergrund aller seiner Sorgen.

Wenn er abwarten sollte, bis das Geheimnis der Freiheit von den Philosophen geklärt wäre, oder //auch nur, bis feststünde, welche Art von Freiheit und welches Maß von Freiheit beim Zögling vorausgesetzt werden darf, dann hätte es in der Welt überhaupt noch keine Erziehung gegeben. Im mutigen Handeln gelingt vieles, wofür die Theorie noch nicht gefunden ist. Trotzdem reflektiert der geborene Menschenbildner darüber, wie er eingreifen und bewegen kann. Das Hebelproblem würde er so formulieren: „Wo muß ich und wie muß ich in einer jungen Seele, ja in *dieser* jungen Seele, Einfluß zu gewinnen streben, um sie für die Dauer zu bilden, d. h. ihr allmählich zu einem höheren geistigen Leben emporzuhelfen?" Der Erzieher sieht also den jungen Menschen wesentlich unter dem Gesichtspunkt seiner *Bildsamkeit,* und die Bezeichnung „Hebelproblem" ist nur ein Gleichnis für die Bildsamkeitsfrage.

Im Ausbildungsgange des Lehrers erscheint die Psychologie in mannigfachen Gestalten. Sie bezeichnet sich als Allgemeine Psychologie (manchmal erweitert zur

Anthropologie, die aber unvermeidlich eine philosophische Gesamtsicht fordert), als Entwicklungspsychologie (Psychologie der Lebensalter), als Differentielle Psychologie (etwa der seelischen Konstitutionen, Anlagen und Begabungen). Hinzu tritt die Heilpsychologie, heute besonders als Tiefenpsychologie. Die Befürchtung, daß sich die Pädagogik ganz und gar in bloße Psychologie verflüchtigen könnte, liegt nicht fern. Aber das wäre ein Irrweg. Pädagogisch bedeutsam werden alle jene schönen Kenntnisse und Wissenschaften erst dann, wenn ihre Beiträge sämtlich im //Lichte der zentralen Frage gesehen werden: „Wie bewege ich, wie bilde ich? Wie dringe ich bis in den Kern der Gesinnung vor?" Der geborene Erzieher weiß: die Formbarkeit des Sichentfaltenden kann weder ganz geleugnet werden, noch ist sie ohne alle Grenzen. In der Mitte zwischen diesen Extremen liegt irgendwo die fruchtbare Möglichkeit. *Wo* sie aber liegt, nun gar in diesem besonderen Falle liegt, darüber denkt er ohne Unterlaß nach.

Wenn also die Psychologie, die er *eigentlich* braucht, nur *eine* ist, nämlich die Pädagogische Psychologie, so steht diese doch nicht fertig zum bequemen Gebrauch bereit. Die Psychologie nimmt überhaupt ganz verschiedene Gestalten an, je nach dem Sinnzusammenhang, von dem aus das innere Leben durchleuchtet wird. Der Politiker sieht anderes als der Seelsorger, der Mann der Wirtschaft trifft auf andere Motive als der Offizier. In der Erziehung rückt alles unter den Blickpunkt der Bildungsintention. Das heißt aber nicht, daß nur eine einzelne Provinz des Gemütes in Be-//tracht gezogen würde. Sondern wirklich „alles" ist Gegenstand dieser Art von Erforschung seelischer Zusammenhänge. Das Wort von Heraklit, daß man die Tiefen der Seele nicht ausschöpfen könne, bleibt ewig wahr: und sein Zusatz: „wenn du auch alle Dimensionen abschrittest", deutet eben auf die verschiedenen Sinnrichtungen, in denen man psychologisch fragen kann.

Sollte der Sonderzweig „Pädagogische Psychologie" schon zu einigen Ergebnissen gelangt sein, //dann ist eine weitere Bescheidung am Platze. Sie so wenig wie etwa die politische Psychologie erhebt den Anspruch: „Dieses von der Forschung herausgearbeitete Gesetz wirst du ausnahmslos bestätigt finden." Dazu ist das innere Leben viel zu kompliziert. Die Psychologie öffnet nur die Augen für Faktoren, auf die zu achten ist. Also: „Findest du dein erlerntes (präsumptives) Gesetz bestätigt, dann gut! Findest du es aber nicht bestätigt, dann hat es dir doch den Dienst geleistet, dich auf die Mitwirkung anderer Faktoren aufmerksam zu machen, die du nun weiterverfolgen mußt." Insofern lehrt die Psychologie *sehen*. Aber man hüte sich davor, in die Gegebenheiten immer nur eine fertige Theorie *hineinzusehen*. Ein hervorragender Pädagoge wie Zulliger bietet in seinen Schriften viele Beispiele für das Herantreiben an diese gefährliche Klippe: Die Individualitäten werden zu bloßen Beispielen für theoretisch feststehende „psychische Mechanismen".

Wie es mit den „Gesetzen" im Seelischen überhaupt steht, können wir hier nicht erörtern, weil es in schwierigste Tiefen hineinführen würde. An diesem Abgrund wandern wir einstweilen harmlos vorbei. Jedenfalls handelt es sich um ganz andere Arten von Gesetzlichkeit als etwa in der Physik, und wo das eigentlich Ethische anfängt, hört die Gültigkeit von bloßen Ablaufsgesetzen überhaupt auf.

Es kann auch nicht die Absicht sein, hier inhaltliche Beiträge zur pädagogischen Psychologie zu liefern. Nur der Brennpunkt des Seelischen, auf den alles hinzielt, muß noch näher bezeichnet werden.

//Hinter jeder Art von Unterricht liegt für den Erzieher die Frage: „Wie setze ich das denkende Erkennen in Bewegung?" Und hinter allen Maßnahmen der Erziehung im engeren Sinne liegt die Frage: „Wie setze ich das denkende. Wollen und Tun in Bewegung?" Beim ersten ist das Ziel, kurz gesagt, Weltkenntnis; beim zweiten das Wollenkönnen und Wirkenkönnen. Jedoch ist es mit diesen beiden Leistungen noch nicht getan. Denn das denkende Erkennen kann man zum Guten und Bösen einsetzen. Das Wollen kann ebenfalls dem Bösen wie dem Guten dienen. Damit das Gute „wirke, wachse, fromme", muß der Erzieher auf einen Innenbezirk der jungen Seele hinzielen, den ich „das Regulierwerk" oder „das Steuerungs-//system" nenne. Man kennt diese Erscheinung von einem einfachsten Fall her: Wo kein bloßer physiologischer Reflex vorliegt, da ist zwischen den sinnlichen Reiz und die Reaktion ein Gefühl oder eine emotionale Spannung zwischengeschaltet, wodurch die Richtung der Rückwirkung bestimmt wird. Dieser dreigliedrige Prozeß mag noch als bloßer Naturapparat funktionieren. Soll aber ein Wesen zum Geist erweckt werden, so liegen an der bezeichneten Stelle viel kompliziertere Zwischenglieder. Nun heißt es nicht mehr: „Alles ist Gefühl"; sondern hier müssen allmählich mannigfache Werte erlebt werden, Entscheidungen zwischen ihnen müssen getroffen werden, ein waches Gewissen muß richtunggebend einspringen, und die getroffenen sittlich bestimmten Entscheidungen müssen sich schließlich als Gesinnungen verfestigen.

//Der Ort, an dem dies alles geschieht, ist das sich allmählich über dem triebhaften Ich aufbauende höhere Selbst. Sein Kern ist das Gewissen. In Wilhelm Meisters „Lehrbrief" sagt Goethe in ähnlicher, an Sokrates erinnernder Bedeutung: „Der Geist, aus dem wir handeln, ist das Höchste. ... Niemand weiß, was er tut, wenn er recht handelt, aber des Unrechten sind wir uns immer bewußt" (W.W. Cotta 18, 259f.)[1]

Es ist klar, daß der Erzieher dieses innere Regulierwerk nicht von außen her aufbauen kann. Gerade von ihm gilt der zeitlose Grundsatz des Idealismus: „Es ist in dir, du bringst es ewig hervor". Der Erzieher kann nur still lenkend eingreifen, aufwecken helfen, „entbinden" – im echten sokratischen Sinne. Bequeme Rezepte für diese Hilfe zur Freiheit stehen nicht zur Verfügung. Aber der geborene Erzieher ist unablässig darauf bedacht, Stellen der Bildsamkeit zu erspähen. Es ist sein Stolz, allmählich zu entdecken, wie man im ganzen und im einzelnen an dieses Mysterium der inneren Geburt herankommen kann. Alle großen Pädagogen haben sich darüber den Kopf zerbrochen. Wir „denken ihnen nach".
[…]

---
[1] Johann Wolfgang von Goethe, Sämtliche Werke. Cottasche Jubiläumsausgabe. Stuttgart, Berlin 1902-07. Bd. 18. S. 259 f. (= Fußnote in 1969|289)

V. Die pädagogische Liebe

Jeder geistige Beruf ·hat seine eigentümliche Stellung und Funktion im Sinnganzen der Kultur. Jede geisttragende Seele hat, neben ihrer letzten Intimität, auch durch ihren Beruf einen eigenartigen Kontakt mit dem Metaphysischen. Das Metaphysische ist der durch die Tiefe der Seele wahrnehmbar werdende sinn*gebende* Weltgrund, der sich in der räumlich-zeitlichen Welt nur gleichnishaft erschließt. Das Geistesleben hat seine Wurzeln im Metaphysischen. Die „Leidenschaft des Geistes" ist ein metaphysisches Getriebensein, das Walten eines Genius in der Seele. Berufensein //ist mehr, als einen Beruf haben. Der Erzieher hat eine „Sendung", wie Goethe ursprünglich seinem Wilhelm Meister eine „theatralische Sendung" zugeschrieben hat. Wo ein besonderer Geist weht, bildet sich eine Atmosphäre mit eigentümlichen Schwingungsrhythmen. In ihr muß atmen, wer dem Geist an dieser Stelle dient.

Der „Geist der Erziehung" lebe nur in dem Element der Liebe; er bilde um sich eine Hülle von Liebe: das ist eine alte Anschauung, die sich ebensowohl auf Plato wie auf Pestalozzi beruft. Ob sie zu allen Zeiten selbstverständlich war, ist nicht erwiesen. Historisch gesehen, scheint es, als ob die Liebe manchmal ganz und gar von der Strenge aufgesogen worden wäre. Auch in anderer Hinsicht bedarf die Behauptung der Nachprüfung. Denn wer sich gleichzeitig auf Plato und Pestalozzi beruft, hat so verschiedene Zeugen beige-//bracht, daß noch halb im Dunkeln bleibt, was eigentlich bezeugt werden soll.

Der nächstliegende Gedankengang stammt wohl aus der Beobachtung des „Lebens" in schlichtester Bedeutung. Bei höheren Tieren bemerken wir eine Sorgfalt für Erhaltung und Pflege ihrer Jungen, die die gleiche metaphysische Wurzel zu haben scheint, wie die menschliche Mutterliebe. Allerdings ist die tierische Fürsorge, sei sie Brutpflege oder Säuglingspflege, von der bildenden Natur *so* „angestiftet", daß sie radikal aufhört, wenn sie nicht mehr „nötig" ist. Wir nennen diesen zeitlich begrenzten, im einzelnen fein durchstrukturierten Drang einen Instinkt. Mit dem Geistigen ist ihm doch mindestens so viel gemeinsam, daß es eine übergreifende, lenkende Macht ist, die hier durch die Individuen hindurchwirkt. Die Hilfsbedürftigkeit und Pflegebedürftigkeit des menschlichen Kindes dauert – freilich am neutral-mathematischen Zeitbewußtsein, also biologisch falsch gemessen – viel länger als bei irgend einem Tier. Der Vergleich legt es aber nahe, die Tatsache, daß alle Erziehung in dem Medium der Liebe vor sich geht, auf eine ganz einfache biotische Wurzel zurückzuführen. Die pädagogische Liebe, wo sie sich auch beim Menschen zeige, wäre dann nur eine Sublimierung ganz ursprünglicher Lebenstriebe, die die Natur in den Menschen hineingelegt, in ihm angestiftet hat. („Instinkt")

Was verstehen wir also unter pädagogischer Liebe? In welchem Sinne ist sie das Element, das Medium, die Hülle, in denen das Aufziehen (τ   ) //jungen Lebens geborgen ist? Man vermutet, daß sie es sein wird, die dem Erzieher den Schwung gibt, sowohl zum Emporstreben, wie zum Durchhalten bei seinem Bemühen, dem Erziehen (   ).

1. Die einfachste Deutung ist hiermit vorweggenommen: die Elternliebe scheint das Urbild jedes Dranges zur Erziehung zu sein. In ihr waltet //die Temperatur des Blutes. Was gibt es Höheres in der Welt als den Opfersinn des mütterlichen Herzens? Wer kann treuer für die Heranwachsenden sorgen als der Vater? Wenn diese Grundordnung des Zusammenlebens auch oft genug durch Schuld oder Schicksal entstellt wird – es gilt als fast selbstverständlich, daß der Geist der Erziehung seine Geburtsstelle in der Familie habe und daß, wer sonst noch erziehe, den Vatersinn und den Muttersinn dabei zum Vorbild nehme, ja ihn als einen Drang in sich trage, der mit dem eigenen Geschlechtscharakter „von Natur" gegeben sei.

Wollte man die Stellen zählen, an denen das große Vorbild pädagogischer Liebe, Pestalozzi, sich auf Vatersinn und Muttersinn beruft, – man käme nicht zu Ende. Und doch ist der Gedanke nicht so selbstverständlich, wie er uns durch Worte der Bibel und Ausrufe Pestalozzis geworden ist. Das Hegen und Pflegen, die tägliche Ernährung, die in dem Miteinanderexistieren gewährte Entwicklungshilfe, – sie darf man in jeder ordentlichen Familie voraussetzen. Dafür sorgen tatsächlich ein Instinkt und eine hinzutretende Tradition. Aber ist das schon jenes pflichtbewußte Emporbilden, //das wir meinen, wenn wir den Geist der Erziehung beschwören? Damit ist es oft doch recht dürftig bestellt. Die Sage, in den sog. „gebildeten" Familien stehe es durchweg besser als bei den einfachen und wirtschaftlich beengten, ist nur begrenzt richtig. Die erstgenannten verfügen über reichere „Mittel", in der Form äußeren wie inneren Besitzes. Aber wer Mittel hat, kann über die Art ihrer Anwendung, also über das „maßgebende" Ziel und den rechten Weg, noch sehr im Unklaren sein. Die Mutter kann nicht alles Emporbildende aus ihrem mütterlichen Instinkt hernehmen. Das hat schließlich Pestalozzi selbst eingesehen. Sonst hätte er nicht so viel Mühe darauf verwandt, die Mutter für ihre Aufgabe mit dem rechten Geist zu erfüllen. Väter greifen, wenn sie einmal erziehen wollen, oft in erstaunlicher Weise daneben. Kurz: „Mitgegeben" mit dem Vatersein und dem Muttersein, selbst mit der Liebeswärme beider, ist der Geist des echten Erziehers keinesfalls. Er muß als etwas aufgefaßt werden, das hinzutreten *kann,* aber nicht von Natur aus *muß*. Wäre es anders, dann würden ja die Eltern nicht so oft Rat suchen bei einem „geborenen Erzieher", der ihnen gerade erreichbar ist. Die mütterliche und die väterliche Liebe als solche sind *noch nicht* pädagogische Liebe, wie wir sie meinen. Sie sind Naturgaben; Die Erziehung setzt den seiner selbst sich bewußt gewordenen Geist voraus.

Die Halbwahrheit aber, daß die pädagogische Liebe ihr Urbild in der Liebe der Eltern zu ihren Kindern habe, stammt aus einem historischen Tat-//bestand her: Jene Moral, von der wir gesprochen haben, hat die Familienerziehung geheiligt. Die Religionen machen es den Eltern zur sitt-//lichen Pflicht, auch über die bloße biotisch gerichtete Pflege hinaus für ihren Nachwuchs zu sorgen. Wer sollte es auch sonst tun? In einfachen Kulturen sind andere Träger der Erziehung als die Verwandten im allgemeinen nicht da. Später greifen für den Kultus und für den Kriegsdienst – für das Musische und für das Gymnastische, wie die alten Griechen sagten – auch andere Instanzen ein. Aber der allgemeine kulturelle Besitz des Stammes oder Volkes wird in der Familie bewahrt, weitergegeben und vermehrt. So bildet sich in jeder einfachen Kulturgemeinschaft eine Erziehungs*tradition.* Aus ihr stammt die pädagogische Weisheit der Eltern, nicht aus dem bloßen Pflegeinstinkt, der natürlich die erste Grundlage bleibt und die Wärme hergibt .

Im christlich beeinflußten Kulturbereich ist die Erziehungspflicht der Eltern religiös festgelegt. Alle Einzelheiten sind religiös durchgeformt. Es ist also doch schon der *Geist,* der hier zu wirken beginnt, nicht die bloße Naturgabe des Instinktes. Dabei hat der *pädagogische* Geist im stillen sein besonderes Werk getan. Wir übernehmen unendlich viel aus dieser wertvollen Tradition. Sie ist ein kostbarer Besitz des Hauses, der auch heute noch ehrfürchtig gepflegt werden sollte.

Aber er allein reicht nicht mehr aus. Denn einmal ist alles, was Tradition heißt, in unserer „modernen" Welt schwach geworden. Sodann haben //sich auch im guten Sinne ganz neue Verhältnisse entwickelt, für die neue Erziehungsformen gebildet werden müssen. Ein. Kernbestand bleibt zeitlos. Das Neue muß erst durchgearbeitet werden, wie seiner Zeit das Alte durchgearbeitet werden mußte. Dazu bedarf es der pädagogischen Liebe, die eine geistige Liebe ganz besonderer Art ist. Hier muß der „geborene" Erzieher, d.h. der gerade von dieser Leidenschaft des Geistes ergriffene Mensch, aufgerufen werden. Mit ihm ist sehr viel mehr gemeint als der sogenannte pädagogische „Fachmann".

Wenn also festgestellt werden muß, daß Vatersinn und Muttersinn allein keine Erziehungswunder tun, so soll doch nicht geleugnet werden, daß das Gefühl, es sei Blut von meinem eigenen Blute, dem ich meine Fürsorge zuwende, den Schwung des pädagogischen Geistes verstärkt, wie dadurch auch die .Verpflichtung erhöht wird. Die naturhaften Faktoren bleiben überall für das Leben, auch für das *Geistes*leben, unüberspringbare Bedingungen.

Durch uns alle strömt ja „das Menschliche" hindurch, und wir alle nennen uns „Menschenkinder". Wer aber nichts mitbringt als diese Art von Menschlichkeit, ist noch nicht zum Erzieher berufen. Dazu gehört, daß man an sich selbst ernsthaft gearbeitet habe. In solche Höhen reicht der bloße Erziehungsinstinkt, also auch die natürliche Elternliebe, //nicht hinauf. Im Reifungsalter, in dem sehr viel mehr verlangt wird als die „Nestwärme", beginnen das die Kinder selbst zu spüren.

//2. In einem ganz anderen Zusammenhang hat die pädagogische Liebe, wie Plato sie versteht, ihre Heimat. Er macht den Versuch, die päderastischen Unsitten seiner griechischen Zeitgenossen zu bekämpfen, indem er ihnen einen tief vergeistigten Sinn unterlegt. Auch hier wird eine naturhaft-sinnliche Neigung vorausgesetzt. Der Erzieher liebt in seinem Zögling ursprünglich die Jugendschönheit. Das ist es, was ihn anzieht, ja im guten Fall „begeistert". In seiner philosophischen Dichtung „Das Gastmahl" versucht Plato, den Trägern des (gleichgeschlechtlichen) *Eros* ihre Leidenschaft so zu deuten: eigentlich liege in ihr die Ahnung eines Mysteriums, das den Halbgott dieses Namens umspielt.

Der Eros als solcher, noch ehe er pädagogisch wird, hat Stufen, die die Seherin Diotima dem Sokrates offenbaren muß, weil er selbst sich ja immer als der Nichtwissende gibt. Die erotische Bewegung beginnt mit der Liebe zu *einem* schönen Leibe. Wenn der Eros sich *allen* schönen Leibern zuwendet, ist er vergeistigt, weil er im stillen schon *das* (allgemeine) Schöne liebt, das in vielen Gestalten erscheinen kann. Der Grieche Plato zögert nicht, vorauszusetzen, daß hinter der Schönheit des Leibes notwendig eine schöne Seele liege – ein verführerischer, aber irriger Gedanke. Der Eros wird also weiter vergeistigt, wenn er – auf der dritten Stufe – der schönen *Seele* gilt, wobei zunächst noch offen bleibt, ob er sie als schön vorfindet oder aus seiner inneren Kraft heraus veredeln will.

//Die beiden folgenden Stufen bedeuten Umschreibungen für Eigenschaften, die die Seele schön machen. Schön ist nach griechischer Vorstellung alles, was Maß, was ebenmäßige Form hat. Für die Seele sind es die schönen Kenntnisse, die sie adeln. Auf der fünften Stufe[1] strahlen sie in das praktische Verhalten aus. Der Eros gilt dann der schönen Lebensführung (wie wir ein eigenartiges griechisches Wort übersetzen wollen). Nun erst wird der Gipfel erreicht. Auf allen bisher gekennzeichneten Stufen war nur von den Hüllen die Rede, durch die das Letzte, Eigentliche hindurchschimmert: die Idee des Schönen oder „das Schöne selbst". Die Ahnung dieses Überirdischen hat der Seele den Schwung zu ihrem Anstieg verliehen. Endlich schaut sie, wie es mit leidenschaftlicher Betonung heißt: „Jenes an sich selbst mit sich selbst eingestaltig Immerseiende".

Das Schöne selbst ist nach Plato identisch mit dem Guten selbst. Diese Gleichsetzung wird man nur verstehen, wenn man den Sinn findet, der //alle drei Ideen miteinander verbindet. Für den Griechen Plato ist das Schöne das, was *Maß* hat. Das Urschöne ist es, das in dem geschmückten Universum („Kosmos") das letzthin *Maßgebende* darstellt. Daher bestimmt es, gleichsam nach unten strahlend, das Gute, die rechte Ordnung des Verhaltens von allem. Wenn aber die Seele sich zu dieser letzten Höhe erhebt, so schaut sie zugleich das Eine, letzte Wahre. Wahrheit (griechisch ἀ 9   ) //heißt nämlich dem ursprünglichen Wortsinn nach: die Unverborgenheit. Wer so hoch emporsteigt, sieht das, was die Welt zusammenhält, ohne jede Hülle. Der Anstieg selbst aber erfolgt kraft der Flügel des Eros. Anfangs nimmt er noch die erscheinende Gestalt, z.B. den einzelnen Leib und seine Schönheit, für den wahren Gegenstand seiner Leidenschaft. Sie reinigt sich aber zu einer Leidenschaft des Geistes. „Wenn ihr einen schönen Knaben sinnlich liebt", so will Plato seinen Landsleuten zurufen, „ahnt ihr noch nicht, was selbst den großen Sokrates erst die Seherin Diotima lehren mußte,

---

[1] Die Reihenfolge wird in der Rede der Diotima nicht streng festgehalten.

nämlich daß ihr eigentlich das weltgestaltende Schöne selbst im einzelnen Abbild liebt." Das Urschöne ist zugleich die Wahrheit und das Gute. In dem Glanz dieser dreieinigen Idee verblaßt für den Edlen das sinnlich verlockende Bild. Geblendet von dem unendlichen Licht, weiß er nicht, was ihm geschieht. Aber „das Ewig-Ideenhafte zieht ihn hinan". –
Dieser für den Griechen, der zur Plastik drängt, charakteristische Gedankengang ist an sich noch nicht pädagogisch. Aber er nimmt eine pädagogische Wendung, sobald der Eros zum Element wird, das den *geistigen* Verkehr zwischen dem Jüngling und dem von ihm geliebten Knaben bestimmt. Beide unterstellen sich dem Ideal, dem Hochbilde, in dem die Forderung der Idee lebt. Dadurch veredeln sie sich gegenseitig. Der Ältere begehrt eigentlich, in der Seele des Jüngeren das Ewige und Unsterbliche zu zeugen.

Platos unvergleichliche Dichtung mußte in Kürze //wiedergegeben werden, damit der ursprüngliche Sinn des Eros hervorträte. In der Nachfolge Platos haben viele Erzieher den pädagogischen Eros, der nicht gleichgeschlechtlich gerichtet zu bleiben braucht, zu einem Typus und zu einer Grundeinstellung entwickelt. Besonders die Renaissance hat ihn gepflegt. Später ist er durch Winckelmanns Schönheitsenthusiasmus im Kreise der Neuhumanisten neu belebt und mit einem allgemeinen Griechenkultus verwoben worden.[1] Der ästhetische Grundzug ist unverkennbar. Aber auch die Gefahren eines solchen idealen Schwunges kann man nicht über-//sehen. Abgesehen von der Unverbindlichkeit der ästhetischen Begeisterung, die schon Kierkegaard gegeißelt hat, klingt in dem pädagogischen Eros ein sexueller Unterton mit. Nicht immer ist die in ihm enthaltene Triebkomponente zu bändigen. In dem Augenblick aber, wo die Herrschaft der reinen Idealität nicht mehr gesichert ist, gerät „das Pädagogische" an die Grenzen des Lasterhaften. So befruchtend der Enthusiasmus ist, der dem Erzieher aus der Erotik zuwächst, muß er sich doch mit der strengsten Askese verbinden. Also ist nicht zu verbergen, daß wir hier wiederum nicht das Phänomen vor uns haben, das wir zu suchen ausgezogen sind: die wahre, ganz in der Reinheit der Gesinnung wurzelnde pädagogische Liebe. Wertmindernd kommt die aristokratische Einseitigkeit hinzu: Nicht die Schönheit der ju-//gendlichen Erscheinung, nicht einmal die Seelenschönheit soll es sein, die die Leidenschaft des Erziehungsgeistes entfacht. Beide sind Gaben des Glücks. Ihr Zusammenhang mit echter Sittlichkeit ist zweifelhaft. Das „Rassige" hat seinen Wert; aber er steht in weitem Abstand vom höchsten Wert. Nur als eine gelegentlich fördernde Zutat können wir uns den rein seelischen Eros gefallen lassen. Es entspricht aber nicht mehr einer Lebensanschauung, die durch die Schule des Christentums vertieft worden ist, wenn man an Schuld und Leid, an Not und Tod vorbeigeht und der Seele nur die Bestimmung zuschreibt, zu ihrer höchsten Schönheit aufzublühen. Mag in diese Schönheit auch alles hineingedeutet werden, was göttlich zu heißen verdient: der ganze Gedankengang drängt geradezu dahin, in seinen Gegenpol umzuschlagen, wodurch wir wieder auf die Seite Pestalozzis hingeführt werden, nunmehr aber zu *dem* Moment in seiner pädagogischen Liebe, das christlichen Ursprungs ist.

3. Gerade der leidenden und verkümmerten Seele zu helfen, ist christliches Liebesgebot. Von dieser religiösen Haltung aus wird die pädagogische Liebe oft so verstanden, als ob sie *nur* durch die negativen Seiten des Menschen nötig würde und nur sie zu bekämpfen hätte. Es fehlt gewiß nicht an Erscheinungen im Menschenleben, durch die das Minus belegt würde. Der Mensch ist endlich und den mannigfachsten leiblichen Bedrohungen //ausgesetzt. Sein Ausgeliefertsein an die Zeitlichkeit ist Quelle unzähliger seelischer Leiden. Gemessen an dem Bilde, das er nach der christlichen Lehre in der ursprünglichen Schöpfungsordnung darbot, ist er entartet und der Erbsünde verfallen. Das Schuldigsein sitzt also im Kern seines Wesens. Nimmt man hinzu, daß alle Schwachheiten im unreifen Alter besonders groß sein müssen, – spricht doch eine tiefenpsychologische Richtung sogar von dem wesensmäßigen Minderwertigkeitsgefühl

---

[1] Vgl. die Aufsätze „Eros" und „Ewige Renaissance" in meiner Sammlung (=Eduard Spranger): Kultur und Erziehung. 4. Aufl. Leipzig 1928. (Zusatz in Klammern in 1969|325)

des //Kindes und Jugendlichen! – dann scheint es sich von selbst zu verstehen, daß man dem Kinde nur voll Mitleid und Erbarmen begegnen kann, aber auch nur mit Trauer über seinen Sündenstand.

Unter den Kindern verdienen nun wieder diejenigen besondere Hilfe, die durch die Mängel der Gesellschaftsordnung in wirtschaftliche Not und sittliche Verwahrlosung hineingestoßen sind. In den Anfängen des Hochkapitalismus kam es bekanntlich zu einem Massenelend der Kinder und Jugendlichen. Die industriell-technische Gesellschaft hat immer der Eingliederung der Jugend erhebliche Schwierigkeiten entgegengestellt. So ist es verständlich, daß warmherzige Erzieher sich ganz besonders der leidenden Kinder annahmen. Aus ihrem Erfahrungsbereich folgte, daß sie geneigt waren, die pädagogische Liebe ganz mit dem Willen zur Nothilfe zu identifizieren. Manche handelten einfach aus Mitleid. Andere betätigten das hohe sittliche Ethos, für das die helfende, Leiden mildernde, Seelen rettende Nächstenliebe das Zentrum des Sittlichen ist. Es ist hier nicht der Ort, auf die //feinen Schattierungen einzugehen, in denen diese Grundhaltung noch verstanden und verwirklicht werden kann. Schon die griechische Agape und die römische Caritas sind nicht ganz dasselbe. Die im 19. Jahrhundert auftretende christlich-soziale Bewegung hat wieder neue Züge hinzugebracht; gerade sie hat sich im Erziehungsleben höchst segensreich ausgewirkt.

So verehrungswürdig die christliche Liebesgesinnung ist, so hoch sie mit ihren mannigfaltigen Ausprägungen in der sittlichen Welt steht, wäre es doch ein Irrtum, die spezifisch pädagogische Liebe einfach mit ihr gleichzusetzen. Sie kann mit der Agape, der Caritas, der christlich-sozialen Nothilfe verbunden auftreten, und Persönlichkeiten, in denen diese Verbindung Gestalt gewonnen hat, gehören zu den größten Erscheinungen der Erziehungsgeschichte. Aber die Eigentümlichkeit des pädagogischen Geistes wird dadurch nicht ausgeschöpft. Er hat seine ureigene Intention, die auch dann notwendig wäre, wenn Sünde und Wirtschaftsnot und Seelenleid nicht als die zentralen Bestimmtheiten des Menschenlebens angesehen würden.

Die Erwägungen, die uns hier beschäftigen, sollen ausschließlich mit philosophischen Mitteln durchgeführt werden. Eine Auseinandersetzung mit religiös fundierten Standpunkten liegt außerhalb der Grenzen, die wir uns bewußt gezogen haben. Offenbarungsreligionen können nicht kritisiert werden. Aber einfache Tatsachenfeststellungen sind möglich.

//Wenn die pädagogische Liebe im Zusammenhang des Kulturlebens mit anderen Formen der geistigen Liebe verwachsen auftritt, so wird der Grad, in dem sie miteinander unmittelbar verträglich sind, verschieden hoch sein. //Wo der Glaube an die wesensmäßige Verderbtheit des Menschen vorwaltet – das Ererbthaben der Sünde mag dabei ganz spirituell verstanden werden –, da wird die Emporbildung zur Reinheit der Gesinnung zwar doppelt notwendig; aber sie wird auch zu einem fast hoffnungslosen Unternehmen, zumal ja da auch der Erzieher selbst jenem Verhängnis verfallen ist. Niemand wird leugnen, daß der Mensch zwischen Gut und Böse steht, wie er wesensmäßig zwei Welten angehört. Der geborene Erzieher aber wird von der Zuversicht erfüllt sein, daß sein redliches Bemühen nicht von vornherein aussichtslos ist. So nüchtern er über den Befund denkt, so innig glaubt er an die besseren Möglichkeiten. Er will diesem doppelsinnigen Geschöpf, diesem Wanderer zwischen zwei Welten, mit seinen bescheidenen Kräften ein wenig nach oben helfen. Wenn er dabei von einem grundsätzlichen Pessimismus erfüllt ist, so mag dies religiös tief fundiert sein; aber „das Erzieherische" in ihm wird dadurch gelähmt.

Rousseau bekennt sich mit einem erstaunlichen Wagemut zu der Überzeugung, daß der Mensch „von Natur" gut sei. Streng genommen gibt es Natur kein Gut und Böse. Es kann auch keinen reinen Optimismus geben. Denn wenn nicht stärkster Anlaß zum Pessimismus bestünde, hätte er ja keinen dynamischen Sinn. Ebenso übrigens um-//gekehrt! Es kann sich also nur darum handeln, daß man auf die eine oder die andere Seite den stärkeren Ton legt. Der Erzieher muß daran glauben, daß das Gute siegt. Damit ist schon ein wesentliches Moment der echten pädagogischen Liebe hervorgehoben.

Der ganze Gedankengang muß hier allerdings fragmentarisch bleiben. Es ist gewiß, daß *jede* höhere Liebe den Menschen, der sie verstehend empfängt, auch schon veredelt. Sie veredelt zugleich den Liebenden. Jede Liebe, die rein ist, hebt empor. Trotzdem fällt weder der seelische Eros noch die Caritas mit der pädagogischen Liebe einfach zusammen. Sie kann an beiden als eine starke begleitende Intention beteiligt sein, und diese Verwachsungen sind historisch als große Geistesmächte nachweisbar. Jedoch muß schon die Tatsache, daß „das Pädagogische" bald die eine, bald die andere Ausprägung erfahren konnte, darauf hinweisen, daß es für sich genommen etwas Eigentümliches ist. Und eben diese spezifisch pädagogische Liebe muß erst herausgearbeitet werden. Dann werden die Amalgamierungen besser zu beurteilen sein.

4. Persönliche Liebe, ganz allgemein genommen, entfaltet sich in zwei Bezügen: Sie ist erstens die geistige Einstellung einer Person, in der sie sich mit warm umfangender und fördernder Neigung einer anderen Seele zuwendet, und zwar dieser in ihrer Ganzheit. Wenn ich nur etwas Be-//stimmtes „an" ihr liebe, so ist die volle Intention, welche Liebe heißt, nicht da. Liebe ist zweitens ein Ver-//bundensein zweier bereits zum Geist erwachter Persönlichkeiten, wofern die Zuneigung wechselseitig besteht. Liebe unter Dreien ist nur möglich, wenn von jedem zu jedem eine Ich-Du-Beziehung dieser Art besteht. Die Sympathie mehrerer untereinander, die zur Bildung eines „Kreises" führt, ist noch weit entfernt von persönlicher Liebe. Diese ist immer betonte Ich-Du-Beziehung. Sobald aber das Du auch seinerseits liebt, wird die einseitige Intention zur Wechselbeziehung und es besteht ein Verbundensein. Nicht immer tritt dieser Fall ein. Gerade die pädagogische Liebe *kann* einseitig bleiben. So wird es immer dann sein, wenn sie einem Wesen gilt, das noch nicht zum Geist erwacht ist und folglich den Sinn, in dem es geliebt wird, noch gar nicht versteht.

Pädagogische Liebe ist notwendig einer Einzelperson zugewandt. Der Sprachgebrauch gestattet zwar die Ausdrucksweise, daß man die Italiener liebe oder die Jugendlichen oder die Brünetten. Aber diese abgeblaßten Bedeutungen kommen hier nicht in Betracht. Gewiß kann ich sagen, daß ich meine Quartaner „liebe". Dann habe ich sie gern, bin ihnen wohlgesinnt. Das ist ganz etwas anderes als die pädagogische Liebe. Sie gehört zu jener höheren Stufe: eine Individualität umfaßt eine andere. Mit dieser Feststellung erhebt sich allerdings sogleich die Frage, ob man zu einer großen Zahl von Individuen gleichzeitig in einem solchen Verhältnis stehen könne. Man muß wohl zugeben, daß das in vollem Sinne *nicht* möglich ist. Wir haben uns gewöhnt, mit Pestalozzi zu behaup-//ten, Erziehung setze das Medium der Liebe voraus. Aber vielleicht hat man nicht genug darüber nachgedacht, wie das gemeint ist. „Das Medium der Liebe" deutet auf ein Klima, in dem man miteinander lebt. Persönliche Liebe fordert zu sehr den ganzen Menschen, als daß sie auf beliebig viele verteilt werden könnte. Das gilt auch von der pädagogischen Liebe. Im folgenden kann also nur ein Ideal entwickelt werden. Wie das Bild des geborenen Erziehers, das wir hier entwerfen, überhaupt eine Idealkonstruktion ist, so ist auch mit der pädagogischen Liebe ein Höchstfall gemeint: Es wird erwartet, daß jeder echte Erzieher „etwas" von dieser geistigen Einstellung in sich trage. Das allgemeine Medium oder das Klima der Liebe ist sehr viel weniger. Daß ich an der Jugendlichkeit als solcher Freude habe, darf man von mir verlangen, wenn ich den Beruf des Lehrers gewählt habe. Erzieher werde ich erst dann, wenn mindestens ein Funke von jener höheren persönlichen Liebe in mir lebendig ist, die zentral pädagogisch ist. Sie soll nun näher charakterisiert werden.

Jede Art von persönlicher Liebe enthält, obwohl sie den ganzen Menschen meint, einen bestimmten vorherrschenden Sinn. Pädagogische Liebe //ist eine solche Sonderform. In ihrer Bezeichnung liegt, daß sie den anderen *emporbilden* will. Daraus folgt als erstes auffallendes Merkmal, daß es sich diesmal um eine *fordernde* Liebe handelt. Echte Liebe ist durchweg uneigennützig. Sie fordert nichts, sie hofft alles, sie schenkt auch alles. Die emporbildende

Liebe ist ebenfalls uneigennützig. Sie //will dem Geliebten emporhelfen, um seiner selbst willen. Sie antizipiert dabei, daß die Gestalt, die mit Liebe von ihm „gefordert" wird, seinen Wert erhöht und daß er dadurch noch liebenswerter wird. Die Legitimation dieser Zuwendung liegt ganz im Metaphysischen, nämlich in dem *Glauben* an den verpflichtenden Wert dessen, was hier verlangt wird. Wo dieser Glaube fehlt, ist überhaupt kein echtes pädagogisches Verhältnis möglich. Der bloße amtliche Auftrag *schafft es nicht;* er schafft keinen pädagogischen Wesensbezug – und er „schafft es nicht", d.h. er erreicht die tiefere Veredlung nicht, weil dazu über den Auftrag hinaus jene „Leidenschaft des Geistes" gehört, die wir durchweg als den Kern des „Erzieherischen" herausarbeiten möchten.

Da der Zögling die Eigenschaften noch nicht besitzen *kann,* die der Erzieher halb unvermerkt als Forderungen an ihn heranbringt, muß es etwas anderes sein, um dessentwillen er geliebt wird. Damit tritt ein zweites Merkmal der pädagogischen Liebe hervor: sie liebt die im werdenden Menschen gegebenen *Möglichkeiten.* Im Schein des Feuers, mit dem wir sie verglichen haben, werden diese Möglichkeiten erst sichtbar. Sie hat die besondere Gabe, aus dem noch Unentfalteten *herauszusehen,* wonach er, der Vermutung gemäß, einmal frei von innen heraus drängen wird. Die vom Erzieher bejahten Möglichkeiten sind teils solche, die ganz allgemein das Wesen des geistigen Menschen und sein höheres Selbst betreffen; teils solche, die sich gerade in *dieser* //einzigartigen Individualität andeuten. „So mußt du sein, denn so verstehe ich dich!" Mit dem Individualisieren verstärkt sich der Schwung der Liebe, weil sie Edles zu erblicken glaubt. Sie wird dadurch aber auch zu einem erhöhten Wagnis. Und welche Liebe wäre ohne Wagnis!

Die fordernde Haltung des Erziehers entnimmt ihr Recht nicht nur der verpflichtenden Norm, die über den Menschen und zwischen den Menschen waltet, sondern auch den geltenden Sachnormen. Die Natur unterliegt unabänderlichen Gesetzen. Der menschliche Geist, der sie erkennt, kann sie nicht abändern, sondern muß ihnen gehorchen, selbst wenn er hier und da lenkend in den Ablauf des Geschehens einzugreifen vermag. Die einzelnen Gebiete der Kultur zeigen je eine spezifische Sinngesetzlichkeit, der gemäß sie aufgebaut sind und *im* Ganzen *für* das Ganze funktionieren. Die Wissenschaft hat ihr Eigengesetz, ebenso die Wirtschaft, die //Technik, die Kunst. Soll der Mensch künftig auf diesen Gebieten etwas „leisten", so gilt wiederum: er kann die jeweils geltende Sachnorm nicht außer Kraft setzen. Er kann und muß diese Sondergebiete nur seinem Handlungsganzen (Lebensaufbau) gemäß der ethischen Gewissensforderung, abgestuft einordnen.[1] Es ist keine Erziehung denkbar, die nicht Leistungen *forderte.* //Selbst für das größte Genie gibt es keine Beliebigkeit. Im Gegenteil: Genialität besteht in der Ahnung ewiger gesetzlicher Zusammenhänge. Die pädagogische Liebe will künftige Enttäuschungen verhüten. Sie muß *heute* streng sein, damit das Schicksal nicht künftig über einen Blinden hereinbreche. Sie *fordert* diesmal und ist darauf gefaßt, daß es nicht verstanden wird, wie viel lenkende Liebe in solchen Ansprüchen liegt. Auch sehr warmherzige Pädagogen haben das bisweilen nicht verstanden. Ein Besonnener muß ihnen vorwerfen, daß sie deshalb nicht die „rechte" Liebe gehabt haben. Das Dritte also, das zu ihr gehört, ist die milde Hinführung zum Anerkennen der – untereinander sehr verschiedenen – Gesetzlichkeiten, denen alles naturhafte und geistige Leben unterworfen ist. Nur auf dieser Grundlage kann die „rechte" Freiheit erwachsen. Wahre Liebe will den Geliebten frei machen.

Die pädagogische Liebe stiftet deshalb auch Gemeinschaften von eigener Art. Sie können nicht dem Spiel der Beliebigkeit überlassen bleiben. Sie können nicht so eingerichtet sein, daß sofort möglichst viel Gegenliebe erweckt wird. Auch hier gelten Forderungen. Die Caritas, die aus anderen Intentionen geboren ist, mag in Sonderfällen auf manches verzichten. Dann

---

[1] Ein sehr eindrucksvolles Beispiel für die Art der Mitberücksichtigung der Eigengesetzlichkeit von Kulturgebieten bei Gewissensentscheidungen findet sich in H. Thielickes großer Rede auf dem Hamburger Parteitag der Christlich-Demokratischen Union. Vgl. Helmut Thielicke, Christliche Verantwortung im Atomzeitalter, Stuttgart 1957.

besteht dafür ein tieferer Grund, den man verstehen kann. Aber die liebevolle Lenkung einer Jugendgemeinschaft hat niemals nur die Gegenwart, sondern immer auch die Zukunft im Auge. Macht der Erzieher mit seinen Schützlingen auf eine freundliche und heitere //Art „gemeinsame Sache", so bleiben dabei doch die Gesetze der Sache und das Gesetz des Sittlichen in Kraft. Sie können nicht in Liebe aufgelöst werden. Auch Jesus hat das Gesetz nicht aufgelöst, sondern hat es erfüllen wollen, nämlich mit dem Geist der freien Zustimmung von innen. Und auf diesen Geist kommt es auch in der Erziehung zuletzt an. Die ganze Kunst gipfelt darin, das Gebot: „Liebet eure Pflichten", so in die Herzen der Werdenden hineinzuschreiben, daß sie mehr und mehr spüren: diese Forderungen kommen *aus* Liebe. Das vierte Kennzeichen der pädagogischen Liebe ist //also, daß sie *mit* Liebe eine Saat sät, die *als* Liebe aufgehen kann. Sie tut es mit warmer Hingabe, aber nicht mit lässiger Nachgiebigkeit und nachlässiger Beliebigkeit.

Kommt es dazu, daß auch der Zögling den Erzieher liebt, so ist eine wunderbare Kraft geweckt. Er fühlt sich nun in den Reiferen empor und ahnt sein Wesen. Auch hierbei findet eine Idealisierung statt. Zum Vorbild wird nicht einfach die gegebene Person mit all ihren Zufälligkeiten und Mängeln, sondern ihre Idealität. Die geistige Natur hat es so eingerichtet, daß gerade in dem erwachenden Jugendlichen die Kraft des Idealisierens von Menschen aufblüht. Dieses Veredeln aus einer *inneren* Schau heraus gehört zum Geheimnis des Bildungsprozesses. Nur mit dem Werthaltigen „soll" die Identifizierung erfolgen, nicht mit allem Zufälligen, das sonst noch an der Erzieherpersönlichkeit vorfindbar ist. Echte Liebe muß auch auf der Seite des Emporreifenden wirksam werden, //nicht wahllose Nachahmung. Die Tiefenpsychologie vergißt oft, daß der triebhafte Vorgang, in dem man sich versuchsweise mit Erwachsenen identifiziert, noch kein eigentlicher Bildungsprozeß ist.

Es kann so zu einer wechselseitigen Erhöhung des ganzen Persönlichkeitsstandes kommen. Dies Verhältnis gehört zu den schönsten, die im Menschenleben auftreten. Nicht ohne Grund haben Dichter es ebenso gefeiert, wie die Begegnung der männlichen und weiblichen Seele in dem Eros, der zur totalen leiblich-seelisch zeugungsfähigen Vereinigung führt.

Es hängt mit der biotisch-naturhaften Bedingtheit des menschlichen Lebens zusammen, daß normalerweise die emporbildende Liebe von dem Älteren auf den Jüngeren gerichtet ist. So durchgeistigt sie ist, ruht sie doch auf dem Grunde des Generationenverhältnisses. Die Nachgeborenen bedürfen der liebevollen Hilfe von seiten der Reifen; die letzteren tragen die Verantwortung dafür, daß die Jüngeren „ihren" richtigen Weg in das Geistesleben hinein finden. Der Fall, daß sich gerade die pädagogische Liebe noch einem Älteren zuwendet, ist daher durch ihren eigentümlichen Sinn so gut wie ausgeschlossen. Zu ihrer Wärme trägt ja auch immer die Freude am jugendlichen Leben bei. Aber unter Gleichaltrigen kann etwas der geschilderten „Leidenschaft des Geistes" Ähnliches noch auftreten. Daß junge Menschen, die einander freund sind, in ihren Freundschaftsbezug auch die Intention der wechselseitigen Emporbildung einschließen, ist eigentlich nicht selten; ja eigentlich gehört es //mit zum Wesen einer wahrhaft geistig fundierten Freundschaft: man strebt gemeinsam zu der verbindlichen Idealität empor, die für jeden von beiden in einer eigentümlichen Gestalt erscheint und geschaut wird. Indessen: so schön auch dieses Ver-//bundensein ist: es gehört nicht mehr unter das Thema „Der geborene Erzieher". –

Wohl aber ist noch nachzutragen, daß die gekennzeichnete pädagogische Liebe mit den verschiedenen Erziehungsstilen vereinbar ist, von denen ich in meinem Buch „Pädagogische Perspektiven" gesprochen habe.[1] Ich will nicht ausführlich darauf zurückkommen. Ein Irrtum ist es, wenn man glaubt, nur der sog. liberale Stil sei mit der Liebe vereinbar. Liebe waltet auch in dem gebundenen. Denn die Bindung erfolgt ja aus einer vorausschauenden Sicht auf

---

[1] (Eduard Spranger, Pädagogische Perspektiven) 5. Aufl. Heidelberg 1958, S. 93 ff. (Zusatz in Klammern in 1969|333)

den Menschen, wie er einmal sein sollte. Wie das Freilassen in der Erziehung der schwerere Weg ist – denn es kann dabei leicht zum Verlust der eigentlich erziehenden Grundhaltung kommen – so ist die Strenge der gebundenen Erziehung nicht notwendig Härte. Die alte religiöse Erziehungstradition bei uns bevorzugt sogar die festen Formen, weil sie um künftige Schicksale des Menschen weiß und Irrwege ersparen möchte.

Auch hier aber muß betont werden: man darf nicht launenhaft aus einem Stil in den anderen fallen. Der „geborene Erzieher" trägt ein sicheres Stilgefühl in sich. Entweder läßt seine Liebe frei: dann muß er immer wieder heranholen. Oder sie bindet: dann darf er den Augenblick nicht versäu-//men, wo es seine Pflicht ist, allmählich frei zu lassen. Gebundene Freiheit ist die Bestimmung des Menschen. Wer nur die eine der beiden Hälften dieser Wahrheit kennt, hat einen falschen Begriff vom Menschen und taugt deshalb nicht zum Erzieher.

Manche wissen nicht, daß es auch eine zürnende Liebe geben kann, eine über den anderen trauernde, eine abwartende, ja eine zeitweise sich zurückziehende Liebe. Nur wird sie immer hilfreich bleiben und niemals zurückstoßen. Sonst verdiente sie ja ihren Namen nicht. Wenn es schwer ist, die echte pädagogische Haltung zu charakterisieren, so ist es erst recht schwer, sie im Zusammenleben zu betätigen; denn sie kann nicht, wie andere Formen der Liebe, einfach quellen oder glühen. Sie ist notwendig mit Reflexion verbunden und wohl noch reicher an Schmerzen als jede andere.

Für die theoretische Analyse tritt die Schwierigkeit hinzu, daß die hier zum Mittelpunkt gemachte pädagogische Liebe oft mit anderen Gestalten der Liebe verwoben auftritt. Eben deshalb mußte sie zunächst für sich betrachtet werden. Nunmehr dürfte es möglich sein, deutlich zu spüren, was an der elterlichen Liebe zu den Kindern spezifisch pädagogisch ist oder unter welchen Bedingungen seelisch-erotische Einstellungen pädagogisch emporbildende Intention enthalten. Ebenso tritt hervor, daß die //„Fürsorge" für das verwahrloste Kind nicht ohne weiteres Erziehung einschließt. Es muß noch ein anderer Geist hinzutreten als der der sog. sozialen Betreuung. Ja selbst die aus Religiosität //geborene Seelenpflege muß noch eine besondere Wendung nehmen, um spezifisch seelen*bildend* zu werden. Natürlich bleibt die frühere Behauptung bestehen, daß *jede* ganz tiefe und echte Liebe zuletzt im Religiösen wurzelt.

Nach einer anderen Seite hin aber hat sich ergeben, daß es nicht zweckmäßig war, den Idealtypus von menschlicher Geistesbestimmtheit, der sein Lebenszentrum in der Liebe hat, als den „sozialen" zu bezeichnen. Das „Soziale" deutet zu einseitig auf das bloße Miteinander, auf die Kräfte der Gemeinschaftsbildung. Wenigstens die persönliche Liebe, zu der die pädagogische entschieden als eine Unterart gehört, stammt aus einem metaphysischen Urgrund; der gerade in der modernen societas nur noch sehr schwach zutage tritt. Eine „Leidenschaft des Geistes" ist mehr als eine „Kraft der Vergesellschaftung".

Diese Bemerkung ist eine kritische Korrektur an der Namengebung für den vierten Idealtypus in meinen „Lebensformen". Sie betrifft auch Kerschensteiners Buch „Die Seele des Erziehers" insofern, als der große Pädagoge, meiner Benennung folgend, den geborenen Erzieher als eine Spielart des „sozialen Menschen" dargestellt hat. Endlich aber wird auch Pestalozzi mit betroffen. Bei ihm bildet die „Liebe zum armen, verwahrlosten Kinde" das Zentrum der pädagogischen Leidenschaft. Man kann nicht zweifeln, daß sie bei ihm wirklich aus metaphysischer Tiefe herkam. Das aber sollte man im Auge behalten und nicht so tun, als ob in jeder Schulstube, in der die Kinder freundlich behandelt //werden, schon ein solches Zentralfeuer glühte. Die echte pädagogische Liebe ist ein sehr hohes und deshalb seltenes Phänomen. Gewiß! Der geborene Erzieher sollte aus einer solchen Wesensmitte heraus existieren und wirken. Aber wir reden davon nicht so, als ob jeder, der ein bißchen „kinderlieb" ist, diesen Geist schon hätte. Vielmehr wird hier ein Ideal gezeichnet, das man vor dem inneren Auge haben sollte, wenn man sich zum Erziehertum „bekennt" – jedoch im Sinne jenes Bibelwortes: „Nicht, daß ich es schon ergriffen hätte! Ich eifere ihm aber nach, daß ich es ergreifen möge!" Man wird eben doch nicht als Erzieher geboren, sondern man muß sich langsam zu der Forderung, die diese Geistesart stellt, emporverwandeln und emporveredeln.

Dabei ist ein anderer Irrtum zu verhüten, vor dem zum Schluß noch gewarnt werden muß. Vielleicht ist es auch überflüssig, eigens zu betonen: Die Liebe allein tut es auch nicht. Jede Liebe bedarf, und zwar in sehr verschiedenem Sinne, eines Gehaltes. Glaubt man, daß schon das warmherzige Interesse an einem Jugendlichen genüge, um ihn „besser zu ma-//chen", so wäre das nicht viel anders, als wenn man zwar ein Segel hätte, aber kein Schiff und keinen Wind. Dann bewegt sich nichts. Man muß etwas sein, um Vorbild zu werden; man muß etwas haben, um geben zu können; man muß selbst Energie aufgewendet haben, um Energie wecken zu können. Es bedarf keiner Ausführung, was das im Konkreten bedeutet. Früher habe ich gesagt: das Maß der Fähigkeit zu erziehen, sei //proportional dem Maß an Kraft, das man auf seine Selbsterziehung verwendet habe. Der echte Pädagoge besitzt eine innere Fülle des Lebens, die gleichsam überfließt und die benachbarten Gefilde befruchtet. Es ist in ihm ein Zug nach oben, der andere mitreißt. Das sind jedoch nur bildliche Wendungen für etwas Konkretes, das sich in seiner Vielstrahligkeit nicht auffangen läßt. Wer nicht selbst unter den Bedingungen seiner Umwelt und gemäß seinen „Möglichkeiten" etwas aus sich gemacht hat, was fest im Leben der Gegenwart steht, wie will der anderen die Hand zur Hilfe bieten? Und trotzdem ist noch ein Geheimnis dabei, das viele nicht beachten: In dem echten Erzieher spielt immer ein Ungenügen an sich selbst mit, ein Ungenügen gerade an dem ethischen Kern seines Wesens: „Es ist dir nicht ganz so gelungen, wie es wohl hätte sein können und sollen. Hilf diesem hoffnungsvollen jungen Wesen, daß es ihm besser gelinge. Das sei dein Ersatz für vergeblich Erstrebtes!"

So wären wir denn wieder bei der tiefen Weisheit des sokratisch-platonischen Erziehungsgeistes, zu dessen Tempeln jeder Jünger der Pädagogik wallfahren muß: Aus dem Reichtum der Idee und dem schmerzlichen Gefühl menschlicher Armut nimmt er seine Kraft. Indem er schenkt, wird er selbst innerlich reicher. Aber niemals kommt für ihn der Augenblick, in dem er sagen könnte: „Nun ist es erfüllt!" Er bleibt immer auf dem Wege, begleitet von der Sehnsucht und – einer verschwiegenen Hoffnung.

//Schluß

Der Bogenschnitzer im Urwald diente uns als Sinnbild für die erste leise Wendung von der Werkbildung zur Menschenbildung. Inzwischen hat sich die „Leidenschaft des Geistes", die aus dem Sinn „des Erzieherischen" geboren wird, als eine große gestaltende Macht erwiesen. Damit wächst auch unser Ausgangssymbol ins Große.

Wer Jagdbogen herstellt, ist in seinem Stamm unentbehrlich und genießt das Ansehen, das seiner Meisterschaft gebührt. Trotzdem bleibt er ganz in den Vorhöfen der Kulturarbeit. Denn so lange er nicht schießt, hat er es nur mit dem Instrumentalen zu tun, und allenfalls mit dem Ornamentalen, insofern er das Werkzeug schmückt. So .lange er nicht //schießt, bringt er nicht das bescheidenste Wildpret heim; niemand kann von seiner Arbeit leben. So lange er nicht auf einen Feind anlegt, bleibt ihm auch jeder ethische Konflikt erspart, ob das Anlegen des Bogens ehrenhaft sei. Als ein bloßer Helfer im Bereich der Werkzeugbeschaffung kann unser Bogenschnitzer nicht zur Rechenschaft gezogen werden für das, was nachher mit seinem Bogen gemacht wird. Unentbehrlich ist er; aber sein Handwerk liegt noch vor der Schwelle, wo Gutes und Böses sich scheiden.

Ähnliches gilt von den Bogenschnitzern unserer Tage. Dabei steht der Bogen stellvertretend für unübersehbar mannigfaltige Werke, die im Frieden und im Kriege als Mittel dienen.

//Wer aber auf menschliche Seelen wirkt, der steht von vornherein unter der größten Verantwortung und unmittelbar vor dem Auge Gottes. Wirkungen dieser Art durchziehen das ganze Gewebe des menschlichen Verkehrs. Sie reichen vom Unscheinbarsten bis zum Verursachen entscheidender Schicksale empor. Niemals sind sie ethisch gleichgültig. Erst wenn Dinge und Mittel in Zusammenhänge eintreten, von denen Seelen betroffen werden, erhalten sie einen ethischen Bezug. Auch die „Stoffe", *an* denen die Menschenbildung erfolgt, empfangen durch diese Eingliederung einen moralischen Akzent, sei es auch nur am Rande. Ihre Auswahl wird zur Angelegenheit des wertprüfenden Gewissens.

Der schaffende Künstler will *durch* sein Werk und *an* seinen Werken auf Seelen wirken. Er tut es aber nur indirekt. Vielleicht zündet er gar nicht an der Stelle, wo er einen Funken zum Aufglimmen bringen wollte. Wer aber nicht durch ein Werk, sondern durch Umgang (συνεῖναι) auf heranreifende junge Menschen Einfluß nehmen möchte, der steht an der verantwortlichsten Stelle, die es gibt. Denn er arbeitet unmittelbar an der ethischen Substanz der Seelen, die einmal die Kultur seines Volkes tragen werden. Sie werden nicht nur ihren Sachgehalt tragen müssen, sondern auch die Mitverantwortung für den Wert oder Unwert dieser Kultur selbst. Aus Verantwortung also arbeitet der Erzieher daran, daß die heranwachsende Generation zu fühlen lerne, was Verantwortung bedeutet. Er stellt sich die eigentümliche Aufgabe, re-//gulierend in das sittliche Regulierwerk anderer einzugreifen – so haben wir es am Anfang ausgedrückt.

Jeder, wenn er reif geworden ist, muß sein Leben selbst steuern. *Selbst* steuern, das heißt: aus Freiheit. Es heißt aber auch: aus Gehorsam gegen die höhere Bestimmung, die dem Menschen gesetzt ist. Dies Mysterium des Verflochtenseins von Gehorsam und Freiheit muß erst in der Brust des Menschenbildners gelegen haben, ehe er den Sinn dafür in jungen Seelen weckt. Das ist sehr viel schwerer, als die schönsten Bogen zu schnitzen; ohne Bild gesagt: als technische Wunderwerke zu vollbringen. Es ist die //höchste Aufgabe, die überhaupt gedacht werden kann. Wenn sie nicht mit der vollen Leidenschaft des pädagogischen Geistes vollbracht wird, fehlt die Sicherheit und die Kraft des Zaubers, der hier nötig ist. Denn etwas Magisches im edlen Sinne bleibt daran. Es soll ja nicht nur die Richtung des Steuerns beeinflußt, sondern auch die *Kraft* zum Steuern und zum Festhalten der Richtung gestärkt werden. In der sittlichen Kraft waltet eine Magie, die der Mensch nie von seinem Pfad entfernen sollte. Die Künste des Mephistopheles sind äußere Zaubertaten. Der Aufschwung zum Guten und Göttlichen setzt eine Aufwühlung voraus, die das Herz von Grund auf verändert. Es muß ihm der Schwung nach oben gegeben werden.

Der geborene Erzieher betreibt nur *diese* Art von Magie. Er bemüht sich, soweit es in seinem Vermögen liegt, zunächst die ethische Substanz in //den Werdenden zu veredeln und zu stärken. Dann stattet er die ihm Anvertrauten auch mit anderen Gaben aus, aber immer in dem klaren Bewußtsein, daß sie nur von Wert sind, wenn sie auf einer verantwortungsbewußten Seele aufruhen und von ihr in sittlichem Sinne gebraucht werden. Das ist das Bildungsideal, das sich als überzeitlich maßgebend herausgestellt hat. Das Inhaltliche wechselt mit den Zeiten und Bedürfnissen.

Menschen, die in diesem Geiste erzogen sind, sind auch für eine sittliche Willensgemeinschaft erzogen. Volkserziehung ist nur möglich über die Erziehung des Einzelnen. Ein gesunder Staat lebt aus einer gesunden Volksordnung. An einer übernationalen Vereinigung der Völker kann nur gebaut werden, wenn die Staaten gelernt haben, sich als rechtlich verfaßte, *sittliche* Machtgebilde zu verstehen. Denn erst durch seinen Staat wird ein Volk als Ganzes willensfähig und handlungsfähig.

Aber die Ausblicke, die sich hier eröffnen, würden für diesmal zu weit führen. Es ging hier nur um das tiefere Verständnis der Kulturaufgabe des Erziehers. In ihm lebt mehr als seine eigene zufällige Individualität.

Gekettet an das Göttliche, das über ihm waltet und durch ihn hindurchwirkt, ausgeweitet durch den echten Wertgehalt der Kultur, die um ihn herum aufgebaut ist, wendet er sich an junge Seelen, um ihnen emporzuhelfen. Aus der Fülle der Kulturgüter entnimmt er Bildungsgüter, *an* denen sich das Werk der Veredlung vollziehen soll. Aber eigentlich zielt er doch nur in den zentralen Punkt //der Seele hinein, der ihr ethisches Regulierwerk bedeutet und den Ansatzpunkt für die Gestaltwerdung des höheren Selbst bietet. Das Bewußtsein dieser vielstrahligen Verwebung lebt in ihm als eine ganz eigentümliche Begabung. An Erfahrungen und Enttäuschungen wächst allmählich seine Kraft. Vielleicht wird er erst spät //der Leidenschaft des Geistes inne, die durch seine Persönlichkeit hindurchdrängt. Vielleicht gelangt er erst spät dazu, die pädagogische Liebe in ihrem echten Sinn zu verstehen. Trotzdem nennen wir ihn *den geborenen Erzieher,* weil wir annehmen, daß er damit die ihm gemäße Bestimmung gefunden habe. Denn der Geist ist es, der das bloß Naturhafte allmählich aufsaugt, es mit seinem höheren Sinn erfüllt und die Kraft verleiht, auch in schweren Stunden die dem Erzieher aufgetragene Arbeit durchzuhalten: die Befreiung des höheren Selbst.

Aus
Eduard Spranger
Der Eigengeist der Volksschule
Heidelberg 1955 (^{2}1956, ^{3}1958, ^{4}1960, ^{5}1963) auch in Spranger GS Bd. III, Schule und Lehrer, Heidelberg 1970, S. 261–319

Inhalt

Vorwort
Einleitung
I. Die vom Kinde her bedingte Aufgabe der Volksschule
II. Die Eigentümlichkeit der Bildungsgüter
III. Die Kulturfunktion des Volksschullehrers
IV. Die Theorie von der Vielheit der Erlebniswelten
V. Die Gesamtaufgabe der Volksschule

Einleitung

[... ...]

Wenn ich im folgenden den Versuch mache, das alte Programm der Einheitsschule durch Betrachtungen über den „Eigengeist der Volksschule" zu ergänzen, so gehe ich dabei von den eigentümlichen Aufgaben aus, die der Volksschule als solcher gestellt sind. Wir *haben* heute – 40 Jahre nach Kerschensteiners Rede – die Demokratie als Staatsform; wir *haben* die Einheitsschule in den Grenzen, die sinnvoll sind und über die man nur zum Schaden des Volksganzen hinausgehen könnte. //Die dürftige Blüte des Aufklärungsgedankens: „Schule ist Wissensvermittlung" hat ihren Höhepunkt überschritten. Sollte es nicht geboten sein, in der Mitte eines Jahrhunderts mit absolut neuen Aufgaben auch mit einer neuen pädagogischen Betrachtungsweise hervorzutreten? Bisher ist einseitig betont worden, was allen Schulformen und Schulstufen gemeinsam ist. Jetzt wäre darüber nachzudenken, was der Volksschule eigentümlich ist und ihr den unersetzbaren Wert gibt. Wenn die alte Meinung richtig wäre, daß die allgemeine Schule nur Unterricht erteilt und durch Unterricht erzieht, dann freilich wäre Schule gleich Schule, und man brauchte für die ersten acht Jahre nur hinzuzufügen, daß für sie die Schwierigkeit besteht, die eben mit dem „Beibringen" von Elementarkenntnissen samt elementaren Fertigkeiten verbunden ist. Mit einer so rationalistischen Haltung ist es vorbei. Die Tätigkeit des Volksschullehrers ist eine durchaus eigene *Kunst*, die – wie jede Kunst – ihren besonderen Meister erfordert. Diesen Gedanken entwickele ich, weil er m.E. heute von jedem Beteiligten mit voller Klarheit gedacht werden muß. Vielleicht folgt daraus auch ein freudigeres und unbefangeneres Bewußtsein des Volksschullehrers von seiner Aufgabe und seiner Leistung für das Ganze unserer Kultur. Aber es ist nicht etwa so, daß hier etwas künstlich erfunden würde, nur um das Standesbewußtsein einer //Lehrergruppe zu heben. Die Wendung, die ich meine, ist schon da. Allerdings sind es immer einzelne weitblickende Geister, die auf einem pro-//duktiven Wege vorstoßen. Erst wenn sie Nachfolger finden, entfaltet sich allmählich ein Stand, der weiß, was er will, und darauf stolz ist.

Was ich von dem Tun solcher Pioniere ablese, ist also nicht absolut neu. Damit wäre ja auch der Verdacht gegeben, daß es sich um willkürliche Gedankenkonstruktionen handeln könnte. Seit der „Pädagogischen Reformbewegung"[1] sind einzelne Ansätze zu spüren, die über die alte Lernschule, über den „erziehenden Unterricht" und die blasse Formel von der Erziehung zur harmonischen Persönlichkeit hinausdrängen. Nur das Bewußtsein von dem Totalsinn dieser einzelnen Bestrebungen ist vielleicht noch nicht durchgebrochen.

Wer selbst Lehrer ist, weiß um das Bedenkliche in dem Verfahren, am Anfang einer Gedankenentwicklung ein Prinzip aufzustellen, aus dem man alles Folgende ableitet. Besser wäre es, mit dem Bekannten zu beginnen und allmählich zu dem allgemeinen Satz hinzuführen, der sich aus der neuen Beleuchtung des Alltäglichen ergibt. Dieser Weg aber erfordert viel Zeit. Den „Erfahrenen" kann man wohl zumuten, das Prinzip zu verstehen, auch wenn es vorläufig nur als *Zielbestimmung* des Weges dient. Ohnehin wird sich zeigen, daß die volle Theorie in unserem Falle erst am Schluß geliefert werden kann. Demgemäß wage ich es, den Grundgedanken in wenigen Sätzen auszusprechen.

Sofern es die Aufgabe aller Schulformen ist, in //irgendeinem Sinne kulturfähig zu machen – das „sofern" bedeutet, daß damit noch nicht die *ganze* Aufgabe der Schulen umschrieben ist – sofern sie also in dieser Richtung zu arbeiten haben, führen sie ihre Zöglinge hinein in die eine offizielle Kulturwelt, die zu ihrer Zeit und in ihrem Lande maßgebend ist. Für den Erwachsenen und Erzogenen ist dann das Leben in der gemeinsamen, verbindenden und verbindlichen Welt so selbstverständlich, daß er alles andere zurückdrängt und von seiner Privatwelt nicht viel Aufhebens macht. Kommt es doch vor allem auf einen reibungslosen „Verkehr" in der Gesellschaft an, sei es in ihrem wirtschaftlichen oder in ihrem rechtlichen

---
[1] Herman Nohl, Die pädagogische Bewegung in Deutschland und ihre Theorie. 3. Aufl. Frankfurt/M. (Schulte-Bulmke) 1949.

oder politischen Bereich – um nur *diese* Provinzen zu nennen. Aber mit einer solchen Verkehrsgeübtheit fängt der Mensch nicht an. Er kommt in mannigfachem Sinne aus „Eigenwelten" her. Sie sind niemals ganz auszulöschen. Man denke nur an die Tatsache, daß es für alle Völker ihre Muttersprache gibt und daß es selbst in der industriellen Gesellschaft noch nirgends zu einer eigentlichen Weltsprache gekommen ist. Ja, gegen den Ge-//danken, daß es einmal nur eine allgemeine Sprache in der ganzen Welt geben könnte, wehrt sich etwas in uns. Wenn Ratke und Comenius programmatisch zu einer allgemeinen Sprache hingestrebt haben, so taten sie es aus ökumenisch-religiösen Gründen. Aber beide kamen von ihrer Muttersprache nicht los.

Das Beispiel ist nur ein Sonderfall für den weit allgemeineren Sachverhalt, daß den „Eigenwelten" neben der einen maßgebenden Kulturwelt ein //Wert verbleibt. Auch die höhere Schule kann sie nicht einfach außer acht lassen. Während sie aber entschieden in das Abendländisch-Allgemeine hinüberführt, ist es die Aufgabe der Volksschule, außerdem die Gärten der Eigenwelten verschiedenster Bedeutung anzubauen, weil in ihnen Kräfte liegen, die nicht unentfaltet bleiben dürfen. *Sie* bewegt sich nicht ausschließlich auf den einen Pol, die gemeinsame Geisteswelt, hin; sondern sie ist auch verpflichtet, dem anderen Pol, der individuell bedingten Seelenwelt, zu dienen; anders gesagt: Verkehrswelt und *Wurzelwelt* sind nie ganz voneinander abtrennbar, ohne daß der Mensch Wesentliches von seiner Menschlichkeit verlöre. Vieles, was den Eigenwelten angehört, muß ebenso gepflegt werden wie die Anliegen der sie überwölbenden gemeinsam-gültigen offiziellen Realität. Die Arbeit der Volksschule geht daher nach zwei Seiten: sie überbietet die Eigentümlichkeiten, die sie in den Familien, den Lebensstufen, den Landschaften vorfindet; sie hat sie aber gleichzeitig so weit zu bewahren, daß das, was an ihnen auch künftig unentbehrlich ist, entfaltet wird und nicht zugrunde geht.

Demgemäß formuliere ich die besondere Aufgabe der Volksschule in dem „Grundsatz": *„Die Volksschule ist die pädagogische Brücke zwischen den Eigenwelten und der einen maßgebenden Kulturwirklichkeit. Es liegt im Wesen einer Brücke, daß man sie in zwei Richtungen beschreiten kann."*

Ich bin weit entfernt zu glauben, daß dieser Satz aus sich selbst schon ausreichend verstanden werden könnte. Er bedarf der eingehenden Erläuterung. Sie werde ich unter den Hauptgesichtspunkten durchführen:
I. Die vom Kinde her bedingte Aufgabe der Volksschule;
II. Die Eigentümlichkeit der Bildungsgüter;
III. Die Kulturfunktion des Volksschullehrers;
IV. Die Theorie von der Vielheit der Erlebniswelten;
V. Die Gesamtaufgabe der Volksschule.

[... ...] [... ...]

II. Die Eigentümlichkeit der Bildungsgüter in der Volksschule

Wie die Bildungsgüter der Volksschule, die man heute aus ihrem Lehrplan ablesen kann, historisch zusammengekommen sind, haben Wilhelm Flitner und ich in besonderen Schriften dargestellt.[1] Hier handelt es sich darum, zu beachten, daß sie fast durchweg von dem „Nahen" ausgehen und nicht von der subjektfreien Sicht, die dem Ideal der Wissenschaft entspräche. In manchen Fächern wird die Objektivierung, die restlose Versachlichung, dadurch gemildert, daß wenigstens die Anwendungsfälle aus der dem Kinde nahen Welt gewählt werden; das gilt

---
[1] Wilhelm Flitner, Die vier Quellen des Volksschulgedankens. Hamburg 1941. Eduard Spranger, Zur Geschichte der deutschen Volksschule. Heidelberg 1949.

vom Rechnen, der Raumlehre und der Physik. Die Gruppe jedoch, die Herbart unter dem Namen Gesinnungsfächer zusammengefaßt hat, nimmt durchweg Rücksicht auf die Lage des besonderen Lebenskreises, mit dem //es die Volksschule jeweils zu tun hat. //Diese Lage ist räumlich bestimmt als Geburtsort der Kinder, mindestens dauernder Wohnort – also als *Heimat;* zeitlich aber nicht so sehr durch die Gegenwart im geschichtlichen Sinne, an der Kinder nur ausschnittweise bewußten Anteil haben, als durch die Struktur, die ihr Seelenleben schon erreicht hat. Von der Anknüpfung an die Lebensalterstruktur und die mit ihr gegebene Eigenwelt ist im ersten Teil die Rede gewesen. Was jetzt zu erörtern ist, bringe ich unter den Gesichtspunkt „Heimatlichkeit in weiterer Bedeutung". Daß damit eine von der allgemeinen offiziellen Realität unterschiedene Eigenwelt gesetzt ist, ergibt sich schon daraus, daß eine für alle Menschen gleiche Heimat ein Widersinn wäre.

Beim ersten Schritt auf diesem Wege muß man sich mit zwei Einwänden auseinandersetzen, die ernst zu nehmen sind. Beide besagen, daß heimatliche Bindungen etwas Überlebtes seien.

Das deutsche Volk hat das tragische, aber in der neuesten Zeit nicht mehr seltene Schicksal gehabt, daß etwa ein Drittel seiner Mitglieder die Heimat entweder ganz verloren hat (Vertriebene und Flüchtlinge) oder unter ein politisches System geraten ist, das es verwehrt, im vollen heimatlichen Geist zu leben. Also – folgert mancher – sei der Ansatz bei einer solchen Eigenwelt, wie sie der gefühlsbetonte Name Heimat bezeichnet, gar nicht mehr möglich; die Weltgeschichte habe hier etwas zerstört, was schön war; nun aber sei es dahin. Angenommen selbst, ein Teil der Vertrie-//benen könne dereinst in die ehemaligen Wohnsitze zurückkehren, so sei inzwischen gerade für die Kinder das Band abgerissen. Neue Heimatgefühle künstlich zu stiften, sei vielleicht denkbar, aber es folge daraus nur ein schwacher Ersatz für die alten ganz tiefliegenden Bänder, die von der Natur selbst und der ungebrochenen Tradition geknüpft waren.

Der zweite Einwand geht noch darüber hinaus. Nicht nur das Sonderschicksal der Deutschen habe die Heimatbindungen gelöst, sondern das werde bald auf der ganzen Welt so sein. Die modernen Verkehrsmittel ließen die Räume zusammenschrumpfen. Mit dem motorisierten Rad oder Omnibus sei man in einer Stunde in der Hauptstadt der Provinz, und man brauche nicht einen Tag, um die Grenzen des Landes zu erreichen. Man müsse sich damit abfinden, daß die kleine Heimat ein Rest aus dem Zeitalter überwiegend bäuerlichen Still-Lebens sei. Zur industriell-technischen Gesellschaft aber gehöre eine gewaltig vergrößerte Heimat, die seelisch schon etwas ganz anderes bedeute und weder in der Natur noch in der Ge-//schichte tiefen Grund habe.[1] Rede man doch schon heute von Europa als unserem gemeinsamen Wurzelboden! – Man weist auf die Vereinigten Staaten von Nordamerika hin, in denen es gemäß der kurzen Geschichte des Landes gar keine eigentümliche //Binnenkultur mit vielen Sonderzentren mehr gebe. Der Lebensstil, das Gesicht der Städte, die technischen Produktionsweisen seien überall die gleichen. Eine Zeit, in der man mit Goethe interessiert bei Türschlössern lokaler Prägung verweilen könne, werde nicht wiederkommen. Schon heute sei die internationale Zivilisation farblos allgemein. Die mehr durchgeistigte Kultur werde dem gleichen Schicksal verfallen, vielleicht als durchgängige Amerikanisierung, vielleicht mit wenigen, aber dann auf große Landesstile beschränkten Schattierungen.

Niemand kann leugnen, daß die angedeuteten Tendenzen vorhanden sind. Aber es ist immer eine bedenkliche Einstellung, Kulturbewegungen, weil sie wirksam geworden sind, einfach zu bejahen. Wir haben mit dieser Bereitschaft, sich dem überindividuellen Gang der Dinge willenlos zu unterwerfen, manchen entscheidenden Augenblick verpaßt. Machen wir uns klar, was wir bei der Nivellierung, die sich – besonders in Amerika – anbahnt, zu

---

[1] Man erinnere sich der intensiven Bemühungen von Heinrich Kautz, so etwas wie ein Industrie-Heimatbewußtsein zu schaffen. Von seinen vielen wertvollen Büchern aus den 20er Jahren ist vielleicht besonders charakteristisch dasjenige, das den Titel „Industriemärchen" trägt. Kevelaer (1927).

verlieren haben! Wenn der Mensch in seinen Jugendjahren mit seinen Umweltgegebenheiten keinen warmen seelischen Kontakt gewonnen hat, so wird er sich immer weiter entseelen. Er wird zuerst die Sachen, mit denen er es zu tun hat, dann nach dem gleichen Modell auch die Menschen so behandeln, als ob sie ihn nichts angingen, es sei denn als bloße Mittel für Machtziele und Erwerbsziele. Die fortschreitende Enthumanisierung des Menschen unserer Zeit muß doch eine Ursache haben. Großenteils liegt es daran: er hat //weder seine Seele in den reichen Schwingungen entfalten können, die eigentlich normal sind; noch hat er seine Seele je an die für ihn bestehende Umwelt und Mitwelt so hingegeben, daß sie ein Stück von ihm selbst geworden wären. Er steht nun da, dürr und gleichsam frierend, weil ihm die Hüllen fehlen, die um den denkenden und rechnenden Verstand herum liegen müßten. Subjektwelt und Objektwelt sind so radikal zerrissen, wie es Descartes sich ausgedacht hat, damit ausschließlich die Anliegen der mathematischen Physik zu ihrem Recht kommen könnten. Es gibt aber eine Zwischenzone zwischen dem Subjekt und den nackten Objekten, von deren Gehalten man sagen darf: sie sind sowohl ein Stück Seele wie ein Stück Außenwelt. Sie sind ein Stück *durchseelter Welt*. Und eben dies ist der Charakter aller „Eigenwelten".

Die Entscheidung, die an dieser Stelle von dem Willen der Erzieher gefordert wird, ist weltanschaulicher Art. Für mich ist sie in der Richtung auf die Erhaltung des Heimatlichen im weiteren Sinne gefallen. Gründe //dafür werden im 4. Teil bei der Erörterung der Vielheit der Erlebniswelten noch deutlicher entwickelt werden. Zunächst ziehe ich die Folgerungen aus der getroffenen Entscheidung für die Bildungsgüter, die in die Volksschule gehören.

„Das Heimatliche in weiterer Bedeutung" beginnt mit der eigentlichen Heimatkunde. Was über sie zu sagen ist, habe ich bereits vor mehr als //drei Jahrzehnten in dem Vortrag „Der Bildungswert der Heimatkunde" (jetzt Reclamheft Nr. 7562) ausgesprochen. Das zugrundeliegende Prinzip formuliere ich noch einmal so: Wie die Mutter dem ganz kleinen Kinde die nächsten Dinge um es herum bekanntmacht, aber nicht als nackte Tatsachen, sondern von vornherein mit Bedeutungscharakteren, die seine Innerlichkeit angehen, seien sie freundlich oder feindselig – wie dadurch zugleich der bloße Name dieser Dinge einen Bezug auf die junge Einzelseele empfängt, so muß der Anfangsunterricht in der Volksschule dafür sorgen, daß die Umwelt gleichsam an das Erlebniszentrum des Schülers heranwächst. Diese merkwürdige Subjekt-Objektivität, die eine Eigenwelt darstellt, muß dann freilich erweitert werden und in der Richtung auf objektive Kenntnis von Tatsachen samt Tatsachenzusammenhängen ausgebaut werden. Das war die eine Bewegung. Weshalb aber gleichzeitig der beseelte Kontakt bewahrt werden muß, ergibt sich aus der Stellungnahme zu der soeben formulierten Entscheidungsfrage. Unterbleibt dies, so trifft der Unterricht auf die Abwehrhaltung: „Das geht mich nichts an; ich finde keinen Zugang dazu; ich kann es mir nicht innerlich aneignen (assimilieren)." Und diese starre, bildungsfeindliche Haltung bleibt für alle Zukunft bestehen.

Der Gedanke ist natürlich nicht neu. In der älteren Pädagogik kommt er in der Gestalt des Imperativs vor: „An die ursprünglichen Interessen anknüpfen und eine allmählich reichere Interessen-//verzweigung herbeiführen!"[1] Das entsprach der früheren stückhaften Denkweise in der Psychologie. Jetzt ist dem Ganzheitsprinzip Rechnung getragen: Was mir intim zugehört und mit meinem Interesse (= Dabeisein, Beteiligtsein) besetzt ist, trägt immer schon den Charakter einer kleinen „Welt". Sie ist, je nach dem Standpunkt, den man wählt, entweder „noch *bloß* Eigenwelt", oder sie ist die organisch zu mir gehörige „Welt", die allein eine tiefgreifende „Bildung" meines Subjektes ermöglicht. In der wahren Schule kommt es auf Bildung an, nicht bloß auf einen Kreis von abzählbaren Vorstellungen. Auch Herbart schätzte den umfassenden Vorstellungskreis nur unter dem //weitergehenden Gesichtspunkt:

---
[1] Vgl. z. B. Georg Kerschensteiner, Theorie der Bildung. 3. Aufl. Leipzig 1931. S. 255 ff.

„Der Gedankenkreis *bildet* den Charakter".
Die eigentliche Heimatkunde verzweigt sich nach mannigfachen Richtungen. Ihren „Boden" im wörtlichsten Sinne hat sie in der Natur als Landschaft wie als einheitlichem Gefüge der drei sogenannten Naturreiche: Gesteine, Pflanzenwelt, Tierwelt. Der feinere Gemütswert dieser Totalität wird im Kindesalter noch nicht voll erlebt; es bleibt bei dem Zustande, den Hölderlin in den Versen malt:

> Als ich noch um deinen Schleier spielte,
> Noch an dir wie eine Blüte hing …"

Der Unterricht greift Einzelheiten aus diesem subjektgebundenen Ganzen heraus, legt sie für das Bewußtsein auseinander und bereitet damit zu-//gleich die Grundlage für eine spätere mehr versachlichte Naturbelehrung.

Zur Heimatkunde gehört zweitens die ringsum lebendige Tradition, die Keimzelle eines nur sehr langsam wachsenden historischen Bewußtseins. Die Einführung in die Tradition hält sich an das „noch gegenwärtige Vergangene". Diese Formel deckt aber auch das Wesen des Mythus, der ebenfalls das Vergangene als immer noch nahe erzählt, während das Märchen darstellt, was zeitlos immer gleich geschieht. Denn das „Es war einmal" versetzt nicht in die Vergangenheit, sondern in die an unbestimmtem Ort immerdar für Menschen und Tiere bestehende magische Welt. Über das mythische Bewußtsein kann die Volksschule, die mit dem 14. Lebensjahr abschließt, nicht weit hinausführen. Sie kann nur die ursprünglich lokal gebundenen Mythen[1] allmählich auf eine größere Weltbühne verpflanzen. Aber selbst in dieser erweiterten Form behält das Historische immer stärker den Charakter einer Eigenwelt als das Wissen um die Natur, da es sich ja in jedem Einzelbewußtsein erst als ein geistiger Besitz aufbauen muß, der zu einer Person und ihrem Standort gehört.

Ein dritter Bezirk des Heimatlichen ist die Berührung mit der nahen Arbeitswelt. In Zeiten, in denen es noch keine Schule gab, war das bildendste Element für die Kinder: das langsam //wachsende Teilhaben an der Arbeit in Haus und Hof, Acker und Werkstatt. Heute treten alle Arten des „Machens" (der Technik) zuerst durch Beobachtungen, die im eigenen Dorf oder in der städtischen Straße stattfinden, an das Bewußtsein des Kindes heran. Wieder ist es „das Nahe", an das man anknüpfen muß. Denn die Arbeit der Umgebung bietet sich als das Tag für Tag Gleiche der gespann-//ten Aufmerksamkeit dar. Hier zuerst kann gelernt werden, daß hinter der scheinbaren Magie eindeutige, praktisch verwertete Kausalzusammenhänge stecken. Der Knabe erlebt diese Verwandlung der Einzelwunder in das eine Generalwunder planvoll gelenkter Handbetätigungen mit leidenschaftlicher Teilnahme. Nun ist aber jeder Wirtschaftsbetrieb eine kleine Eigenwelt, schon weil das Nützliche immer *für* jemanden nützlich sein muß. Das Kind begreift zunächst auch nur, was in seiner nahen Welt Nutzen stiftet.

In den Bereich der eigentlichen Heimatkunde fällt endlich auch das Vertrautwerden mit „Brauch und Sitte" des umgebenden täglichen Lebens. Es ist bezeichnend, daß bei dem Stichwort die meisten sogleich an übriggebliebene Reste früherer Volksgewohnheiten denken. Was davon in der eigenen Nachbarschaft noch fortbesteht, hat einen besonderen Heimatton. Manche Gebräuche sind weit verbreitet, manche von Tal zu Tal, von Flecken zu Flecken verschieden. „Wie Weihnachten zu Hause gefeiert wurde", diese Erinnerung gehört zu dem intimsten Seelenbesitz; sie behütet manchen Menschen davor, den Kontakt mit dem Volkstümlichen //und sogar mit dem Familiengeist ganz zu verlieren. Also wird man diesen kleinen, oft lokal eng begrenzten Dingen einen bildenden Einfluß auf das Kindergemüt erst recht nicht absprechen können.

---

[1] Naive alte Bilder stellen bekanntlich vergangene Begebenheiten im Kostüm ihrer eigenen Zeit und in der vertrauten Landschaft, gleichsam in der Nachbarschaft, dar. Auch was nur nacheinander möglich ist, geben sie bisweilen im Nebeneinander.

In der Wissenschaft segelt das gesamte Traditionsgut solcher Art unter der Flagge der Volkskunde (folklore, oder sogar „Folkloristik"). Obwohl Laie auf diesem Gebiet, vertrete ich seit langem die Ansicht, daß sie die Kategorien noch nicht gefunden hat, auf Grund deren ihr Wissen erst Wissenschaft werden könnte. Eine „Sitte" deutet immer auf den Zusammenhang mit Sittlichkeit. Mag er längst aus dem Bewußtsein geschwunden sein: ursprünglich wuchs die „gute Sitte", der „gehörige Brauch", aus der herrschenden Volksmoral und aus dem Kultus hervor. In Bezug auf sie hatten Brauch und Sitte mindestens eine symbolische Bedeutung, oft auch einen unmittelbaren Gesinnungsgehalt. Wenn man auf der Stelle, wo früher eine Burg gestanden hat, Steine sammelt, so haben die Funde nicht viel Sinn, es sei denn, daß man aus ihnen Rückschlüsse auf Anlage und Bau der ehemaligen Burg ziehen kann. So müssen Sitten zurückverfolgt werden bis in die Sittlichkeit, aus der sie hervorgewachsen sind, und bis in die kultisch-religiöse Gesinnung, von der sie als oft sinnentleerte Reste stehengeblieben sind.

Diese Bemerkungen gehören nur deshalb hierher, weil erstens auch das Kind nur über äußerlich geübte Verhaltungsweisen allmählich in Sinn und Gesinnung der Volksmoral eindringt, die um es herum gilt, und weil zweitens alle moralischen //Ordnungen die Stelle ihrer größten Dichtigkeit im Leben der Sippe und der Nachbarschaft hatten. Eine Menschheitsmoral //ist späte Stufe. Aus dem Mitleben seiner moralischen „Eigenwelt" im Hause und in den nächsten Kreisen erwachsen und erwachen in dem jungen Wesen keimhafte Gefühle, die sich dann auf größere Bereiche ausdehnen können. Das hat wieder Pestalozzi mit sicherer Genialität gesehen. Der Gedankengang seiner „Abendstunde eines Einsiedlers" (1780) könnte auf die kurze Formel gebracht werden: „Von der sittlichen Eigenwelt zur sittlichen Welt".

Hat man das Prinzip der Lebenskreise erfaßt, so bemerkt man, daß der Gedanke des Heimatlichen noch in anderen Bedeutungen eine Rolle spielt.

Zunächst erinnere ich an schon einmal Erwähntes. Die Sprache, „in" der jemand aufgewachsen ist, nennt man seine „Muttersprache", obwohl er sie nicht ausschließlich seiner Mutter verdankt. Aber im Gegensatz zu allen „fremden" Sprachen, die er einmal lernen wird, hat er diese von vornherein mit seiner ganzen Seele empfangen und umfangen, nicht nur als ein Wissen um „Vokabeln". Die reife Sprache dient dem Verkehr im Bereich eines Volkes, vom wirtschaftlichen bis zum geistigen. Irgendeine Art von Esperanto wäre das Ideal einer brauchbaren Weltverkehrssprache. Trotzdem ist jede Sprache etwas „Eigentümliches"; sie ist mit Wertprägungen und Herzenstönen ausgestattet. Deshalb ist sie, an den Forderungen strenger Begriffsbildung gemessen, niemals scharf. Aber sie //ist *mehr:* sie ist ein lebendiges, durchseeltes Organ, das in einer nahen Wertgemeinschaft ausgebildet ist und in tausend Beziehungen mit Gemütsanliegen verwoben ist, die den menschlichen „Ursprüngen" angehören. Sie kann sich niemals ganz von ihnen befreien, ohne daß dabei echt Menschliches verkümmert. Jede Eigensprache ist schließlich für eine Gruppe zu ihrer zweiten, stark gefühlsbetonten Umwelt geworden.[1] Die Volksschule lehrt, der Regel nach, nur die Muttersprache. Diese ist, wiederum der Regel nach, zunächst ein Dialekt im Rahmen einer Stammes- oder Volkssprache. Wenn eine solche, nach W. v. Humboldt, Ausdruck einer Ansicht der Welt ist, so muß man dabei den Zusatz „Ansicht" betonen. Jede Sprache nämlich ist wertperspektivisch; nur die im Laufe langer Zeiten ganz selbstverständlich gewordenen Dinge und Betätigungen sinken zu einem neutralen Nennton hinab. Besonders eine junge Sprache – also auch die alte im Munde eines Kindes – ist voll von Liebe und Furcht, voll Staunen und Hätscheln, von Wegwünschen und Begehren. Also ist jede Sprache auch Ausdruck einer Eigenwelt, keineswegs nur *der* Welt überhaupt. Erst recht ist ein Dialekt gemütsdurchwaltet //und ein Dokument von Vorlieben, Interessen und anderen spezifischen Erlebnisweisen.

---

[1] Auf den erheblichen Anteil der Kindersprache an der Erwachsenensprache hat besonders der dänische Sprachforscher Jespersen hingewiesen.

In den Zeiten weitgreifenden Verkehrs oder gar einer Schriftkultur kann es bei der mitgebrachten Mundart der Kinder nicht bleiben, weder phone-//tisch noch grammatisch noch syntaktisch. Eine wesentliche Leistung der Volksschule besteht in der Hinüberführung vom Dialekt zur normierten Hochsprache des ganzen Volkes. Daß dabei die warme Intimität der Mundart, die übrigens auch *gut* gesprochen werden soll(!), nicht verlorengeht, dafür muß ausdrücklich Sorge getragen werden. Es kommt unendlich viel darauf an, daß die Wurzeln des Sprechens in der Beteiligung der eigenen Seele stark bleiben. Wir treiben sonst mit der Abschleifung der Sprache, ihrer Laute wie ihrer Wortbildungen, wie ihrer Sinnprägungen, in eine völlig entseelte Zwecksprache hinein. Schon heute braucht eigentlich jeder Zeitgenosse ein Lexikon, in dem die aus bloßen Anfangsbuchstaben gebildeten Stummelwörter erklärt werden.

Die normalisierte Sprache, die wegen ihres Hauptgebrauchs Schriftsprache heißt, ist übrigens auch noch eine Eigensprache; diesmal die eines ganzen, sich als Einheit wissenden Volkes; sie ist weit davon entfernt, die *eine* identische Sprache aller Menschen überhaupt zu sein. An dieser Stelle kann man beobachten, wie die Eigenwelt eines Stammes in die eines Volkes übergeht. Das *„Heimatliche"* empfängt dadurch die weitere Bedeutung des *Nationalen*. Man würde sich täuschen, wenn man glaubte, das Nationale im weitesten Sinne werde in der jetzt angebrochenen Epoche seine Bedeutung verlieren. Das „Gemein-Europäische" oder gar das „Abendländische" sind noch lange nicht da. Und kämen sie einmal, etwa in der Form überstaatlicher Neubildungen, so würden //dabei die nationalen Eigentümlichkeiten nicht wieder ausgelöscht, sondern nur überbaut. Die Pflege des Nationalen im guten Sinne bleibt in allen Ländern eine wesentliche Pflicht der Volksschule. „Im guten Sinne" – das deutet wieder auf die seelisch-geistigen Wurzeln, die man nicht wegschneiden darf, etwa zugunsten der bloßen Verkehrserleichterung. Jeder Mensch kommt aus der Eigenwelt seiner Sprache her und darf sie, kann sie nie ganz verlassen.

Der Sprachunterricht der Volksschule muß also in einer anderen, tieferen Schicht ansetzen als der der höheren Schule. Dazu muß der Lehrer etwas anderes können. Er hüte sich zum Beispiel, seine grammatischen Beispiele so zu wählen, als ob sie für einen Philologen bestimmt wären. Zum ganzen Thema wäre unter den neuen Gesichtspunkten noch viel zu sagen. Ich begnüge mich damit, auf die Bücher von Leo Weisgerber hinzuweisen. Gerade sie sind geeignet, das hier Gemeinte zu erläutern.[1]

//Die höchste Spitze des „Heimatlichen weiterer Bedeutung" liegt im Religiösen.[2] Der Christ denkt sich eine überirdische Bindung und Geborgenheit nach dem Muster der irdischen Heimat. Wenn das Verhältnis zu Gott als Vater-Kind-Verbundenheit bezeichnet wird, so knüpft dieses Symbol an die nächste und durchseeltteste Eigenwelt an, die der Mensch kennt. Es läßt sich schwer vorstellen, daß //jemand, der keine Heimat hat, in tieferem Sinne religiös sein könne. Wir nennen die überirdische Welt, für die sonst kein Bild zureicht, unsere eigentliche Heimat. Damit soll das Gefühl innerster Verwurzelung ausgedrückt werden. Die früheste religiöse Anregung – man sage nicht „Religionsunterricht"; denn das führt auf eine ganz falsche Bahn – kann sich nur der magisch-mythischen Gleichnisse bedienen, die dem Kinde verständlich sind. Es ist ein Wahn; zu glauben, daß der Mensch später über die Bildersprache hinauswachsen könne. Wer radikal entmythologisieren will, raubt der Religion damit zugleich die tiefen Symbole, auf die sie angewiesen bleibt. Höchstens kann das religiöse Bewußtsein später das Bild als bloße Hülle eines weit darüber hinausdrängenden Gehaltes erkennen und schlichte Bilder durch höhere Bilder ersetzen. Aber es ist nicht so, daß allein die Volksschullehrer beim Vorläufigen stehenbleiben müßten. Niemand hat den himmlischen Schatz anders als in irdenen Gefäßen. Nur kommt es darauf an, die Gefäße von vornherein nicht als das Eigentliche auszugeben. Wie in ein Gefäß immer edlerer Gehalt hineingefüllt werden kann, wozu sie jedoch „offen" bleiben müssen, so verwandelt sich auch

---
[1] Vor allem: „Muttersprache und Geistesbildung" Göttingen 1941³.
[2] Vgl. Eduard Spranger, Welt, Überwelt, Heimat. In: Mélanges Dimitrie Gusti (Archives pour la science et la Réforme sociales. Bd. XIII, I. Bukarest 1936. S. 448-455.

das religiöse Innenleben empor. Gerade für das Religiöse geht durch jene Hinüberführung in die eine gemeinsame offizielle Kulturrealität mehr verloren, als gewonnen wird. Denn das Religiöse nährt sich dauernd aus den intimsten Kräften der Eigenwelt, und im Reich der Seele geht es immer magisch zu.[1]

//Dies gilt auch für gewisse keimhafte Vorgänge auf dem Gebiet des Sittlichen. Man spricht viel von der Bedeutung der lebendigen Vorbilder für die Entfaltung des sittlichen Bewußtseins im Kinde. Nun genügt aber offenbar nicht das bloße objektive Vorhandensein edler Muster der Lebensführung. Sie müssen dem jungen Menschen nahekommen oder (auf literarischem Wege) nahegebracht werden. Er seinerseits muß sich mit ihnen zunächst in der Phantasie identifizieren und dadurch emporverwandeln. Verwandlungen und Identifizierungen sind ursprünglich Kategorien aus der magischen Weltauffassung. Ich möchte mich nicht verpflichten, Eigentümlichkeiten aller Theorien der modernen Psychoanalyse über angebliche typisch-not-//wendige Identifizierungen im frühesten Kindesalter mit zu übernehmen.[2] Das möge für weitere Nachprüfung offen bleiben. Jedoch kann niemand zweifeln, daß gerade in der Werdezeit Anverwandlungen an reife Menschen, die einem begegnen, später auch an Persönlichkeiten, von denen man hört und liest, stattfinden. Das geschieht ganz in der Stille und oft sogar kaum bewußt. Jeder Mensch umgibt sich auf diese Weise mit (idealisierten) Gestalten, die man in betontem sittlichem Sinne „seine" Menschen nennen könnte.[3] Wenn man in diese verborgenen Bereiche der intimen „Eigenwelt" eindringen //könnte, so würden sich für ein vorsichtiges psychologisches Verfahren Charaktertests ergeben, die mehr leisten als solche, die nur auf flüchtige „Assoziationen" abgestellt sind. „Sage mir, mit wem du in deinem *Innern* umgehst, und ich will dir sagen, wer du bist."

Auch an diesen verborgenen Vorgängen zeigt sich die bleibende Bedeutung der Eigenwelt. „Offizielle" Befragungen der Schüler in dem Stile „Wer ist dein Ideal?" pflegen sehr konventionelle Antworten hervorzurufen, auf die man wenig vertrauen darf. Die entscheidenden Werdeprozesse der Person vollziehen sich ganz in der Einsamkeit. Die Schulerziehung kann nicht mehr tun, als geeignetes Material dafür darbieten. Aber was davon in diesem oder jenem „zündet", kann keine pädagogische Kunst vorausberechnen:

Die Erwägungen über die Bildungsgüter der Volksschule haben sich vorläufig auf diejenigen beschränkt, die nicht den streng objektiven Wissensgebieten angehören. Denn zunächst sollte die Aufmerksamkeit darauf gelenkt werden, daß das Bildungsverfahren mit solchen nicht anfangen kann. Die Schule muß gleichsam dem Kinde in seine Welt entgegenkommen, die Volksschule muß – wie noch näher ausgeführt werden soll – auch das Volk und seine volkstümlichen Kulturgüter aufsuchen. Denn in beiden Richtungen liegen Werte, die erhalten zu werden verdienen. Menschenbildung kann sich niemals ganz mit wissenschaftlicher Bildung decken. „Nicht die Ausbildung //der Wissenschaften, sondern die Ausbildung der menschlichen Natur durch sie ist ihr heiliger Zweck", sagt Pestalozzi (W.W. XVIII. 114).

Daß jene Bildungsgüter gefährdet sind, spürt jeder unserer Zeitgenossen. Soweit es sich dabei um Abgestorbenes und um sogenannte bloße Über-//lebsel (survivals) handelt, ist keine Sentimentalität am Platze. Sollte sich aber gezeigt haben, daß auch Unentbehrliches dabei ist, nämlich Kräfte und Wurzelböden, deren die moderne Kultur mehr bedarf, als ihren Trägem heute noch klar ist, so käme es darauf an, das Warum dieser Unentbehrlichkeit ganz zu

---

[1] Eduard Spranger, Die Magie der Seele, 2. erw. Aufl. Tübingen 1949
[2] Der übliche Ausdruck „Identifizierung" bedarf überhaupt der Klärung. Es handelt sich immer nur um das Sichemporfühlen in hervorstechende Eigenschaften und „Ansichten" (= Perspektiven).
[3] Vgl. Karl Schmeïng, Ideal und Gegenideal. Beiheft zur Zeitschrift für angewandte Psychologie und Charakterkunde. (70.) Leipzig 1935.

verstehen. Dafür haben wir in der Muttersprache das fruchtbarste Beispiel gehabt. Sie enthält zwar einen Drang zur Logisierung und zur gedanklichen Schärfe ihrer Ausdrucksmittel in sich. Zugleich aber kommt es ihr darauf an, Gemütstiefen auszuschöpfen. Sie tut dies keineswegs nur in der Poesie. Ihre geheimnisvolle Weisheit besteht in den „Bändern", die sie zwischen dem erlebenden Subjekt und der reinen Sachwelt stehen läßt. Sie schafft daher nicht nur „Begriffe", sondern drückt die *Lebensbedeutung* der Umweltbefunde für fühlende und handelnde Subjekte und für ihr eigentümliches Seele-Welt-Verhältnis aus, die niemals ganz neutralisiert werden kann.

Hält aber die Sprache, unsere große überpersönliche geistige Lehrmeisterin, ein solches Verfahren für gut – sollte dann nicht auch die grundlegende Schule der Volks- und Menschenbildung Veranlassung haben, dem gleichen Wege zu folgen?

III. Die Kulturfunktion des Volksschullehrers

Auf die Frage nach dem Bildungsziel der deutschen Volksschule pflegt heute mit verlegenem Schweigen geantwortet zu werden. Immerhin besser als verlogenes Reden! Das Schweigen ist begreiflich, da die Volksschule ihre Arbeit mit einem Zeitpunkt der kindlichen Entwicklung abbrechen muß, an dem der Mensch noch gar keine bestimmte Gestalt erlangt haben *kann*. In älteren Zeiten galt auf evangelischer Seite ungefähr der Bildungsstand als Norm, den der Pfarrer voraussetzen mußte, wenn die von ihm zu vollziehende Konfirmation einen Sinn haben sollte. Unsere Volksschule heute hat kein Bildungsideal, höchstens ein amtlich vorgeschriebenes Pensum – eben weil ihr Kernstück doch immer der Unterricht war und weil nur *vermittels* des Unterrichts erzogen wurde. Die Ziele des Unterrichts, aber konnten auch nur mit Minimalbestimmungen bezeichnet werden, etwa so: „Die für das bürgerliche Leben nötigsten Kenntnisse und Fertigkeiten". Wenn darüber hinaus von der Erziehung zur sittlich-religiösen Persönlichkeit oder gar von der harmonischen Persönlichkeit die Rede war, so gehörte dies in den Bereich altertümlicher Amtssprache, bei der man sich nicht allzuviel denken durfte. Greifbarer war schon die Formel „Erziehung zu einem brauchbaren Mitglied der bürgerlichen Gesellschaft"; denn in die reife Gesellschaft tritt der junge Mensch ein, zu welchem Zeitpunkt er auch //die Schule verläßt. Und die Wendung vom „brauch-//baren" Menschen spiegelt ganz ehrlich den Geschäftsgeist des 19. Jahrhunderts.

Man wird bemerkt haben, daß ich mir Mühe gebe, die wirkliche Bildungsaufgabe der deutschen Volksschule plastischer zu umreißen, wenn ich dabei bisher auch nur zu einer vorläufigen Formel gelangt bin, die das Nachdenken in eine ungewohnte Richtung lenken soll. Es würde nicht genügen, wenn ich die vertrautere Fassung angewendet hätte: „Elemente des Unterrichts und der Erziehung auf entwicklungspsychologischer Grundlage". Damit würde nämlich nicht zum Ausdruck kommen, wie die Schule, die ich meine, in das Gesamtleben des Volkes eingelagert ist. Es bliebe bei der alten Vorstellung, daß in ihr ein Mann (oder eine Frau) auf dem Katheder eine größere Anzahl von Kindern, die der Jahrgang gerade liefert, pädagogisch versorgt. Wir müssen lernen, die Schule als ein Stück des Gesamtlebens zu betrachten, in dem Erwachsene mit den Kindern *leben,* und zwar aus einem pädagogischen Geiste heraus. In dem Augenblick, wo der Lehrerstand diesen Geist ergreift, oder besser: wo er von diesem Geist ergriffen wird, ist aber auch erkannt, daß sich der Auftrag des Volksschulerziehers nicht in der Schulstube erschöpft, sondern einen wichtigen Bezug auf das Ganze des Volkes überhaupt empfängt. Er hat seine eigentümliche, höchst wichtige und weitgreifende Kulturfunktion.

Was es mit der Pflege der Eigenwelten, die in die Welt der Kultur eingelagert sind, auf sich hat, kann nur allmählich klar werden. Vorläufig hat es //den Anschein, als ob das „Zurück", nämlich das Eingehen auf gleichsam vorkulturelle Bewußtseinslagen, überbetont würde. Diese Einseitigkeit wird sich im Fortgang der Erörterung von selbst richtigstellen. Aber wer

„vorwärts" geht, muß auch wissen, wo er herkommt und wo er ansetzt. Der Betreuer der Volksschule setzt eben an einer anderen Stelle an als die Lehrer anderer Schulgattungen. Dadurch wird er zugleich zu einem Betreuer des Volkes überhaupt, wobei als „Volk" sehr eigenartige Lebensformen bezeichnet werden, die wir zum Teil gar nicht mehr ausreichend verstehen. Denn wir entfernen uns immer mehr von den tragenden Lebenszusammenhängen, ohne deren Fortdauer eine höhere Kultur nicht weitergeführt werden kann.

Unter diesem Gesichtspunkt gliedert sich die Kulturfunktion des Volksschullehrers nach drei Richtungen:

1. Die erste ist bereits genügend erörtert und wird nur wegen eines Zusatzes noch einmal erwähnt. Wir betrachten es als einen großen Fortschritt der Pädagogik, daß man – sei es im Hause, sei es in der Schule – auf die altersbedingte Seelenlage „Rücksicht" nimmt, das heißt, sie als innerlich berechtigt zu verstehen sucht und in der Praxis einfühlend an sie anknüpft. //Bei Rousseau ist die große Wendung, die hier gemeint ist, zuerst mit Entschiedenheit erfolgt, wenn wir auch glauben, heute zutreffendere Vorstellungen von seelischer Entwicklung zu haben, als er sie haben konnte. Mit Pestalozzi verglichen, besaß er allerdings ein //stärkeres Gefühl für „Eigenwert" und „Eigenrecht" der verschiedenen Jugendstufen.

Die damals durchgebrochene Einsicht kann aber praktisch mehrere Einstellungen zur Folge haben. Man kann den Standpunkt vertreten: Wir kennen nun die psychologischen Bedingungen, denen die Erziehungs- und Unterrichtsarbeit unterliegt. Aber es bleibt dabei: „So schnell als möglich heraus aus diesen kindlichen, knabenhaften, jugendlichen Eigenwelten und vorwärts zu der Bewußtseinsverfassung, die die Mitarbeit an der gemeinsamen Kultur nun einmal fordert!" Mann kann aber auch, gleichsam mit einer Anwendung des Wortes von Ranke: „Jede Epoche ist unmittelbar zu Gott", den individuellen Lebensgehalt jeder Entwicklungsphase liebevoll pflegen, um ihrer selbst willen, das heißt: weil sie einen Eigenwert besitzt. Das ist ein wenig romantisch gedacht, und es ist kein Zufall, daß Fröbel, der Zeitgenosse der Romantik und spekulative Naturphilosoph, Rousseaus Anregungen nach dieser Seite hin verstärkt und vertieft hat. Den Segen, der in dieser Denkweise für eine frühe Entwicklungsstufe des Kindes lag, erkennen wir noch dankbar an.

Jedoch gibt es eine dritte Auffassung, in der nicht das romantische Verweilen in der Kinderwelt Selbstzweck ist, sondern ein realistischer Blick vorwärts getan wird. Nun aber mit dem Bewußtsein: Der eigentümliche Reichtum der Frühstufen darf nicht völlig verlorengehen, gerade *deshalb*, weil in ihnen etwas für die reife Stufe Unentbehrliches sich ausbildet, das als Fundament erhalten //bleiben muß; anderenfalls verkümmern Kräfte, deren auch die reife Kultur noch bedarf. Dies ist der Standpunkt des „Verwandelt-Bewahrens". Oder als Prinzip ausgedrückt: *Es ist für eine gesunde Entwicklung des Menschen notwendig, daß er jede von der Natur gewollte Altersstruktur mit voller Intensität durchlebt, weil jede ihren eigentümlichen Sinn für die Gesamtentwicklung in sich trägt und durch ihn Notwendiges für das spätere Leben beiträgt.* Wie die Pflanze nur in der Weise wächst, daß sie zugleich ihre Wurzeln ausbreitet und verstärkt, die das feiner differenzierte Obergefüge tragen, so darf auch der Mensch nicht glauben, er könne die Spätformen ausbilden ohne die Frühformen, und es komme nur darauf an, möglichst schnell „fertig" zu werden.

Diesen Gedanken auszuführen, wäre eine Aufgabe für sich. Ich kann hier nur beispielartige Andeutungen geben. In dem sogenannten magischen Stadium des Kindesalters waltet noch ein Verwobensein von Seele und Sache, von Subjekt und Objekt, das die Vorbedingung ist für alles //künftige Hantieren und für den geschickten Werkzeuggebrauch. Dagegen stellt sich dann im Knabenalter ein nüchternes Beobachten der abgerückten Objekte ein, ein Zusammenhänge-Suchen und primitives Kausaldenken; auch dies ist als Vorstufe für technische Aufgabenbewältigung unentbehrlich. Der bloß technische Mensch, der homo faber, ist in den Grundzügen schon fertig. Es fehlt nur noch das //selbständige Organ für Werterlebnisse und Wertsetzungen. In der Reifungszeit erwacht es langsam. Dieses Stadium fällt leider nur mit seinen ersten Wellen in die Volksschule hinein. Es trägt am deutlichsten den Charakter einer Experimentiermethode der bildend sich entfaltenden Natur. Sie spielt gleichsam noch mit verschiedenen Entwicklungsmöglichkeiten, von denen eine unter Hilfe oder Behinderung seitens der „Umstände" sich durchsetzt. Aber auch die vorangehenden Stufen sind Experimentierzeiten. Das zeigt sich wieder besonders an dem Phänomen des Spielens, das, wie der Kinderpsychologe weiß, in jedem Lebensabschnitt andere Formen annimmt und auch etwas anderes „bedeutet".

Diese sich sinnvoll ablösenden Perioden gilt es, in ihrer Eigenart zu verstehen, zu pflegen und ganz auskosten zu lassen. Kürzt man sie übermäßig ab – jede Schule tut es unvermeidlich – so verkümmern ganze Seiten der menschlichen Natur. Schon jetzt ist die Gesamtentfaltung unserer Kultur bedroht durch den Phantasiemangel. Schule und industrielle Umgebung haben gleichmäßig dahin gewirkt, sie dürftig werden zu lassen.[1] Der reife Mensch hat damit die bewegliche Hülle um seine Seele herum verloren, die ihn gegen die enge Realität ringsum lebendig erhält. Er ist ausgedörrt und kann keine reicheren Lebensentwürfe mehr zustande bringen.

Derartige „Auszehrungen" zu verhüten, ist die //Pflicht der Volksschule. Deshalb muß sie die Eigenwelten schonen und pflegen, die mit den Lebensalterstrukturen gesetzt sind. Ich stelle also den Satz auf: Die wandelbaren Lebensalterstrukturen sind nicht etwas, das so schnell wie möglich überwunden werden soll; sondern die Eigentümlichkeiten jeder Stufe müssen so tief wie möglich durchlebt und ihre Sinngehalte müssen so sehr wie möglich ausgeschöpft werden.

Nun der Zusatz! Die geschilderte Aufgabe erfordert besondere Erziehernaturen. Man pflegt von der Liebe zu Kindern als der wichtigsten Vorbedingung für die Volksschularbeit zu sprechen. Aber mit der bloßen Neigung ist es in keinem Beruf getan. Die Liebe zu Kindern wäre eine schwache Ausstattung, wenn sie sich nicht zu einer „sehenden Liebe" emporentwickelte. Es ist damit wie mit künstlerischen Anlagen. Durch Lernen er-//wirbt man sie nicht. Sie müssen mitgebracht werden. Fehlt der Keim, so kann nichts wachsen. Ist er da, so muß die entsprechende Ausbildung und die ernsthafte Arbeit an sich selbst hinzutreten. Auch die Arbeit in der grundlegenden Schule ist eine echte Kunst. Man glaube nicht, daß ein Handwerker sie ausüben könnte, gleichsam als ein Werk, zu dem man in der kürzesten Zeit abgerichtet wird. Die Enttäuschung wäre groß und der Schaden deshalb schlimmer, weil die falsche Behandlung von Menschen zerstörender wirkt als die von totem Material. Jeder Anwärter prüfe sich also, ob er die inneren Eigenschaften besitzt, die gerade hier gefordert werden, und dann entfalte er sie durch Stu-//dium, Selbstbesinnung und Praxis zu echtem Meistertum! Was in dem Wort Schul*meister* liegen kann, muß wieder zu Ehren kommen.

„Das ist die große Anforderung an den Volksschullehrer und Volkserzieher, mit dem warmen Sinn für das Bodenständig-Wurzelhafte die Liebe zu den überindividuellen Werten unserer Kultur zu verbinden. Nicht die wissenschaftliche Eingleisigkeit des Studienrates, nicht die rationale Vereinfachungskunst des Demagogen, sondern die zweischichtige Gestaltungskraft macht seinen Wert aus. Eine Sache, die eindimensional bewältigt werden kann, nennen wir einfach. Das Mehrdimensionale ist immer das Schwierigere. Dieser Tatbestand rückt die Arbeit des Volksschullehrerstandes in das rechte Licht." (F. Neukamm)

2. Die Kulturfunktion des Volksschullehrers erschöpft sich nicht in den Räumen der Schule. Jede Schule steht im Einflußbereich des Gesamtlebens und wird dadurch teils gefördert, teils gehemmt. Das Kind seinerseits durchläuft nicht nur zeitlich die altersbedingten Eigenwelten; es *hat* jederzeit eine Eigenwelt auch an seiner Familie oder an dem Kreise, der für sie Ersatz bietet. Es wäre eine verhängnisvolle Einstellung zu glauben, der Lehrer zeichne verantwortlich nur für „seine" Schule; das übrige ginge die Eltern oder Erziehungsberechtigten an. Das hieße, das Prinzip der schulischen Eigenwelt in kurzsichtigem Ressortpartikularismus zu übertreiben.

---

[1] Vgl. Eduard Spranger, „Was uns nottut: Phantasie." In: Die Deutsche Berufs- und Fachschule. Bd. 50. Wiesbaden 1954. S. 418-421.

Jede Familie ist eine kleine Welt für sich. In ihr herrschen ganz andere Lebensgesetze als „drau-//ßen", und das Draußen beginnt schon mit der Schule. Der Lehrer muß für einen heilsamen Ausgleich beider Zuständigkeiten sorgen. Er wird die kleinste Heimat, die für seinen Zögling besteht, sorgsam studieren. Er wird dankbar sein für alles, was von da aus seine Arbeit fördert. Er wird aber in den Grenzen, die der Takt (und das Recht) vorschreiben, auch die Familie, zunächst die Mutter, ein wenig *miterziehen*. Darin liegt der Keim aller sozialfürsorgerischen Aufgaben, die für den Lehrer von heute jenseits des Unterrichts erwachsen. Es wäre zu wünschen, daß er mithülfe, den gesunden Stand der Familie nach Kräften zu fördern, in //dem Bewußtsein, daß alle Volkserziehung mit der Familie anfängt und von ihrer sittlichen Höhenlage abhängt. Sollten aber seine Möglichkeiten nicht so weit reichen, so wird er doch mindestens bemüht sein, die intime Eigenwelt sorgsam zu beobachten, die das Kind aus dem Hause gleichsam mitbringt. Denn zwischen der Welt des Elternheims und der Welt der Schule muß er „Brücken schlagen".

Familie und Schule stehen beide auf dem Heimatboden. Die Bildungsgüter der Volksschule sind, wie wir gesehen haben, besonders im Anfang solche, die einen Heimatton besitzen. Das Heimaterlebnis stammt aus Seelentiefen, die der magischen Weltansicht nahe stehen, weil sich in ihnen die – später nackten – Dinge oder „Tatsachen" noch ganz mit dem Innenleben des Subjektes verweben und höchst lebenswichtige Bedeutungen tragen. Insofern der Volksschullehrer gerade diese //Bildungsgüter als Sachverständiger verwaltet, wird er auch über die Schule hinaus ein *Heimatpfleger* sein. Das Heimatliche erweitert sich jedoch unvermeidlich zum Volkstümlichen. Er wird also auch ein *Volkstumspfleger* sein.

Es ist, besonders heute, nicht leicht zu sagen, was „das Volkstümliche" ist. Jedenfalls wurzelt es in der Eigenwelt des Volkes. Das heißt: die abstrakten Trennungen und die neutralen Begriffe, die der Welt der Wissenschaft entstammen und die in einer rationalisierten Kultur schließlich das Übergewicht erhalten, sind „für" das eigentliche Volk nicht da. Das Volk denkt in Bildern, in organischen Zusammenhängen, in beseelten Kategorien. Wir haben viel zu sehr den Sinn dafür verloren, was „organisches Denken", „praktisches Denken", „durchseeltes Denken" an Kräften in sich birgt. Mag dies alles aus zum Teil verschütteten Urschichten stammen: es lebt doch immer noch fort, wie für den Gelehrtesten noch immer die Sonne aufgeht und untergeht, trotz Kopernikus. Allem Volkstümlichen ist eine warme Seelennähe eigentümlich. Eben deshalb gehört es einer Eigenwelt an, der eines Stammes oder auch des ganzen Volkes. Es spricht sich besonders kräftig aus im Gesang, in der Gebrauchskunst, im Tanz und in der Sage, vor allem aber in einer traditionell verwurzelten echten Volksordnung, die wir blaß die „Volksmoral" genannt haben. Wie der Einzelmensch noch als Erwachsener aus den frühen, kindlichen Seelenschichten schöpft, obwohl sie mannigfach rational überbaut sind, so ruht für ein ganzes Volk auch //das Modernste auf dem mütterlichen Grunde ursprünglicher Gestaltungskräfte. Mögen diese „Lagen" wie eine Art von Urgestein nur selten noch an die Oberfläche des heutigen Getriebes treten: sie *tragen mit*. Das Volkstümliche ist Untergrund auch jeder höheren Geisteskultur. Aber es bleibt eine „Eigenwelt" und ist, wie jede Eigenwelt, farbig, plastisch, „nahe", warm. Hiervon soll bewahrt werden, was wertvoll ist. Denn es liegt //in ihm eine Bildungsmacht. Wenn nämlich alle Bildung darin besteht, daß Gehalte des großen, gemeinsamen Lebens persönlich assimiliert, angeeignet, gleichsam in das Innere der Seele hineingenommen werden, dann geht ja auch der Weg der höchsten Bildung wieder zurück „von der Welt zur Eigenwelt".

Auf welche Art der Volksschullehrer in diesen Bereichen zum Volkspfleger werden kann, ist oft ausgeführt worden. Zu viele Einzelheiten würden die Hauptlinie des Gedankens nur verdecken. Genug: *Soweit* die Volksschule heute noch in die warme Hülle des Volkstümlichen eingelagert ist, wird der Jugenderzieher sich dieser Dinge annehmen, obwohl sie ihn über die Grenzen der Schule hinausführen. Denn in ihm sollte gerade *die* Geistesart entwickelt sein, die das Organ für sie aufschließt. Er wird Pfleger des volkstümlichen Geistes sein aus dem entscheidenden Grunde, daß das keiner so gut kann wie er, der es gelernt haben muß und es lieben muß, noch in solcher Sprache zu reden, und – um im Bilde zu bleiben – hin- und herübersetzen muß aus der modern versachlichten Sprache in die wurzelhaft beseelte Sprache.

//3. Keineswegs ist mit diesen Ausführungen gemeint, der Lehrer der allgemeinen Schule solle im Nebenamte so etwas wie Konservator werden. Es gibt in unserer kulturellen Gesamtlage kein eigentliches „Zurück". Auch das bloße Lebendigerhalten hat seine Grenzen. Die pessimistische Behauptung, das Volkstümliche sei unwiderruflich im Verschwinden begriffen, ist nur zu sehr begründet. Selbst die traditionelle bäuerliche Kultur erliegt in schnellem Tempo der Rationalisierung, Technisierung, ansteckenden Verstädterung. Im Zeitalter des Rundfunks, des Kinos, des Motorrades, der Werbe- und Propagandaflut werden die interessanten Eigenwelten auf *einen* Nenner gebracht, das heißt uniformiert und nivelliert. An die Stelle des alten Volkstümlichen ist etwas anderes getreten, für das man merkwürdigerweise noch keinen Namen hat, so daß es noch unter der alten, ihm nicht zukommenden Flagge segelt. In irgendeiner Hinsicht ist ihm immer der Ersatzcharakter eigen: Filmbild statt des Theaters, Rundfunk statt lebendiger Rede, Motorrad statt Wandern, Negertanz statt Volkstanz, Kreuzworträtsel statt Meditation, Flirt statt Liebe usw. Der Versuch, diesen Prozeß abzudrehen, ist leider aussichtslos. Zur Massenproduktion gehört nun einmal die Versorgung mit Massenkulturgütern, die Verflachung und Vermassung des Geschmackes. Jene Markenartikel der Volkskultur bezaubern auch dadurch, daß in ihnen oft bewundernswerte Leistungen der Technik verkörpert sind; man ist von dem Staunen darüber noch nicht zur Besinnung gekommen, //und jetzt würde sie auch nichts mehr helfen. Denn, ob man es bemerkt habe oder nicht – all jene Massen-//güter der Kultur haben mindestens die Nebenfunktion, als Berauschungsmittel zu dienen. Sie sollen den Menschen von sich selbst wegführen, nicht ihn zu sich hinführen; sie sollen ihn von etwas in seinem Leben „erlösen", was ihm selbst nicht gefällt.

Es wäre ein unsinniger Gedanke, von dem Volksschullehrer, zumal in der großen Stadt, zu erwarten, daß er sich dieser stürmischen Bewegung entgegenwürfe. Die „eigentliche" Jugendbewegung hat es einmal versucht. Sie hat dabei einige erfreuliche Erfolge gehabt; leider waren sie von geringer Dauer. Man soll einem Stande, der schon ein schweres Werk zu verrichten hat, nichts Unmögliches aufbürden.

Aber eines kann er tun: er kann den Prozeß, der im Gange ist, hier und da in gesundere Bahnen lenken. Er kann *innerhalb* der Massengüter der Kultur dem Besseren zum Siege über das Schlechte verhelfen. Dies gilt von der Lektüre, vom Lichtspiel, vom Rundfunk, vom Tanz. Und die Natur bietet noch immer eine mütterliche Zuflucht, in die er die jungen Menschen zurückrufen kann.

Der Weg, der hierbei den stärksten Erfolg verspricht, führt wieder über eine „Eigenwelt". Wenn nämlich irgend etwas diesen Namen verdient, dann ist es die Welt der Kunst. Welche es auch sei: sie erbaut ein freieres und verschöntes Reich über der harten Realität, auch noch in der industriellen Ge-//sellschaft. Es läßt sich in ihr gleichsam besser atmen als im Dunst der Häuser, Straßen und Fabriken.

Die musischen Fächer der Volksschule legen den Grund für den Umgang mit zwei Künsten, der Musik und der Malerei. Natürlich hat auch der Deutschunterricht seine musische Seite, insofern er zur Dichtkunst hinleitet. Es würde zu weit führen, wenn hier gezeigt werden sollte, daß alles ästhetische Ergriffensein in dem magischen Verhältnis zu der Umwelt wurzelt und daß alles künstlerische Gestalten eine Art von Wiederverzauberung der Wirklichkeit ist, nicht nur beim eigentlichen Genie. Die heute reich entfalteten Bestrebungen zur Pflege des Kunstsinnes und des Kunstkönnens (!) beim Kinde sind Versuche, von der Phase des magischen Seele-Welt-Verhältnisses etwas Belebendes und Veredelndes hinüberzuretten in die Epoche der realistisch gerichteten Seelenstruktur.¹

Je bescheidener die Rolle wird, die das Bewahren alter Volkskunst (Volkslieder, Volksdichtungen, Volkstanz, Gebrauchskunst usw.) noch spielen // kann, um so mehr gilt es, unter dem Neuen, das sich in Fülle anbietet, eine Auswahl von solchen Werken zu treffen, die für die Seele eine heilsame Nahrung gewähren. Denn es ist bekannt: nirgends ist die Vermählung von Seele und Sache //so eng wie im Gebiet des Ästhetisch-Bedeutsamen; nirgends wird so stark assimiliert; nirgends kann daher auch so viel Gift eingesogen werden.

Diese Erziehungsarbeit sollte jedoch über die Schule hinausgreifen und sich bewußt auch an die erwachsene Generation wenden. Wenn wir einmal den Zustand haben werden, daß die Schule nicht mehr ein Sperrgebiet mitten im Gesamtleben ist, sondern sich organisch durch tausend Fäden mit ihm verwebt, wird sich diese übergreifende Aufgabe leichter lösen lassen als heute. Manche Ansätze dazu bemerkt man in der Schweiz.

Aber schon jetzt gilt: der Schullehrer und Jugenderzieher muß mit Bewußtsein auch Volkserzieher sein. Wesentliche Seiten der Volkskultur sind ihm anvertraut, schon weil es sonst kaum jemanden gibt, der an einer dafür gleich geeigneten Stelle wirkt und an die Menschen herankommt. Von dem Lehrer des Englischen oder der Mathematik oder gar des Lateinischen kann man ähnliches nicht erwarten.

In der Mitte des 19. Jahrhunderts breitete sich weithin die Forderung aus, jeder Volksschullehrer müsse ein Sozialrevolutionär sein, und sie hat lange nachgewirkt. Der ganze Stand ist damit schlecht gefahren. Statt ihn in die Parteipolitik hineinzuziehen, wollen wir lieber sagen: Wo der einzelne Vertreter auch politisch stehe, in jedem Fall übt er als Mitglied seines Standes ein Wächteramt aus, das seine zentrale Aufgabe in der Bildung der Jugend hat, jedoch alles Wurzelhafte des gesamten Volkslebens mit umfaßt.

IV. Die Theorie von der Vielheit der Erlebniswelten

Die Gesichtspunkte, die für den „Eigengeist der Volksschule" sprechen sollen, sind in einem begrifflichen Rahmen entwickelt worden, der vielen als fremdartig erscheinen wird. Ja, man wird es überflüssig finden, die längst klar umrissenen Aufgaben der Volksschule in eine so schwerfällige Ausdrucksweise zu kleiden. Ich erinnere aber an Kants Bemerkung, daß es immer wertvoll sei, ein *Prinzip* gefunden zu haben, mit Hilfe dessen ein vielstrahliger Problembereich behandelt werden kann. Vielleicht hat man gespürt, daß in unserem Falle eine neue wissenschaftliche Anschauung zugrunde liegt, die dazu anregt, das Alte in neuem Lichte zu sehen.

Wenn von den wissenschaftlichen Großtaten des 20. Jahrhunderts die Rede ist, so pflegt man etwa die Relativitätstheorie und die Quantentheorie als höchste Leistungen aufzuzählen. In der Tat sind sie es. Aber für unser //tägliches Leben hat sich durch sie nichts Erhebliches geändert. Gewiß bedeutet jede neue Wendung in der Physik auch eine neue Möglichkeit der Technik, und die technischen Errungenschaften wirken dann durch die Kanäle der wirtschaftlichen Erzeugung auf das Gesamtgefüge der Gesellschaft zurück; von da aus geht die Wirkung weiter bis in das Tun und die Schicksale der zugehörigen Einzelmenschen. Es gibt jedoch eine neue Theorie, die von viel umwälzenderen Folgen für das Weltbild des täglichen Lebens //ist. Von ihr ist in weiteren Kreisen auffallend wenig die Rede. Ich habe von ihr im Vorstehenden unablässig Gebrauch gemacht. Didaktische Gründe haben mich bestimmt, ihre – sehr gedrängte – Darstellung bis fast an den Schluß zu verschieben. Da sie

---

¹ Vgl. die Novelle von Lou Andreas-Salomé „Vaters Kind" in der Sammlung „Im Zwischenland" (Fünf Geschichten aus dem Seelenleben halbwüchsiger Mädchen). 3. Aufl., Stuttgart 1911. (S.107-184). – Ludwig Praehauser, Erfassen und Gestalten. Die Kunsterziehung als Pflege formender Kräfte, Salzburg 1950. – Karl Hils, Werken für alle. Von den Wurzeln der menschlichen Wirkkraft, Ravensburg 1953.

sich an einem wichtigen Beispiel schon ganz von selbst entwickelt hat, wird man nunmehr ihren Sinn und ihre Tragweite ohne Mühe verstehen.

Es handelt sich um die „Neue Umweltlehre" des baltischen Freiherrn Jakob v. Uexküll (1864 bis 1944). Sie ist ursprünglich auf dem Boden der Biologie erwachsen; aber ihre Folgen erstrecken sich durch den ganzen Bereich des Lebens hindurch bis an die Schicht, die wir das menschliche Geistesleben nennen. Nur die Anwendung auf die Menschenwelt interessiert uns hier unmittelbar. v. Uexküll hat diese auch schon vollzogen, aber in einer mehr schöngeistigen, zum Teil sogar anekdotischen Art.[1] Da es hier wesentlich auf den philosophischen Kern ankommt, gestatte ich mir manche Verkürzungen, andererseits auch Erweiterungen. Man darf also keine einfache Wiedergabe jener biologischen Theorie erwarten. Über sie muß man sich vielmehr in den zahlreichen populären und doch höchst geistvollen Schriften ihres Urhebers selbst unterrichten.[2]

//1. Von einer „Neuen Umweltlehre" kann man nur sprechen im stillen Gegensatz gegen die alte. Damit ist die Milieutheorie gemeint, die seit der Mitte des 19. Jahrhunderts in allen Ländern eine große Rolle gespielt hat. Ihre Herrschaft erstreckte sich ebenso auf die Naturwissenschaften wie auf die Geisteswissenschaften. Einer ihrer Hauptvertreter auf dem zweiten Gebiet ist der Historiker und Soziologe Hippolyte Taine (1807-1893). In ihrer extremsten Form behauptete sie, der Mensch sei, was seine *besondere* leiblich-seelisch-geistige Art betrifft, überwiegend ein Produkt der Umwelt, der naturhaften sowohl wie der geistig-gesellschaftlichen. In milderer Ge-// stalt betonte sie die Notwendigkeit jedes Lebewesens bis zum Menschen hin, sich der gerade hier oder dort gegebenen Umwelt *anzupassen* und sich demgemäß zu verändern, was übrigens auch ganz automatisch und ohne Bewußtsein erfolgen könne. Anpassung ist bekanntlich einer der Hauptbegriffe in Darwins Abstammungslehre. Die alte Milieutheorie neigte sogar dazu, die Macht der Umwelt über alle lebendigen Subjekte noch stärker zu betonen als den Anteil der ererbten „Werdebestimmer" in ihnen.

Welche Sondergestalt diese Lehre auch annahm, immer war die Hauptfrage „Was ist Umwelt?". In dieser Hinsicht unterlief ihr eine Gedankenlosigkeit. Denn sie verstand unter Umwelt das, was für den menschlichen *Beobachter* der untersuchten Pflanzen und Tiere (schließlich auch Menschen) Umwelt war. Die Fliege zum Beispiel sitzt für den Beobachter Mensch auf einer Hand oder auf //einem Lampenschirm oder an einem Fenster. Die Wiese, auf der sich die verschiedensten Lebewesen tummeln, ist eine „Wiese", weil *wir* sie als das bestimmen, was dieses Wort meint. Es wurde übersehen, daß es eine solche, für alle Erlebenden identisch vorhandene „Umwelt" nicht gibt. Vielmehr ist jedes organische Wesen so gebaut, daß es mit seinen Funktionen einer spezifischen, arteigenen Umwelt von vornherein „eingepaßt" ist. Lassen wir die Stufe des Unbeseelt-Organischen hier beiseite und denken wir der Einfachheit halber nur an merkfähige Wesen (Tiere): sie bemerken von *der* Welt nur das, woraufhin etwas organisiert sind. Das mag ganz anderes sein, als was der Mensch an dem betreffenden Orte sinnlich erfaßt. Es mag außerdem infolge der Zahl verfügbarer Sinne mehr sein oder weniger sein, als für den Menschen da ist. Jedenfalls haben anders gebaute Merkwesen ein von *der* Umwelt, die der Mensch als Mensch besitzt und die wir kurz die „biotisch-anthropomorphe" nennen wollen, abweichendes Milieu. Jedes Wesen ist *seinem* artspezifischen Milieu eingepaßt, und erst im Rahmen dieses vorgängigen Eingepaßtseins vollziehen sich die (übrigens nicht sehr weitgehenden) Anpassungen. Die These der Neuen Umweltlehre lautet also: Jede eigentümlich organisierte Art existiert in *ihrer* entsprechenden Umwelt. Wenn hier der Ausdruck „Welt" gebraucht wird, so ist das auch schon eine fragwürdige Übertragung vom Menschen her auf vielleicht sehr primitive Gebilde. Daß das Tier, selbst das höhere, eine „Welt" um sich erlebt, ist //mehr als fraglich. Eigentlich

---
[1] Jakob Freiherr v. Uexküll, Nie geschaute Welten (Die Umwelten meiner Freunde), 1. Aufl. Berlin 1936.
[2] Kürzeste Darstellung: Der Organismus und die Umwelt. In: Das Lebensproblem im Lichte der modernen Forschung, hg. v. Hans Driesch, Leipzig 1931(S.189-224). – (Jakob) v. Uexküll/(Georg) Kriszat, Streifzüge durch die Umwelten von Tieren und Menschen. Berlin 1934. – Karl v. Frisch, Aus dem Leben der Bienen, Berlin 1931.

sollte man hier nur von „Umfeld" reden, einem Gefüge von Gegebenheiten, die spezifische Reize gerade für diese oder jene Art aussenden; manchmal sind es nur Momentsignale; allerdings können sie sehr eigenartige Komplexqualitäten haben, die man nicht mit den von der Psychologie künstlich konstruierten „einfachen" Sinnesempfindungen verwechseln darf. Unter diesem Vorbehalt sagen wir jetzt:

//Jede bewußtseinsfähige Art lebt in ihrer eigenen Welt, die nicht mit der biotisch-anthropomorphen Welt identisch ist.

Die These ist schon dadurch beweisbar, daß die Merkorgane als bloß leibliche Ausstattung von denen des Menschen vielfach verschieden sind. Manches Tier hat, wie betont, mehr Sinneswerkzeuge, manches weniger als der Mensch. Diejenigen, die gemeinsam sind, können ganz abweichend gebaut sein. Das Facettenauge eines Insektes gibt andere Bilder als das menschliche Linsenauge. So sind schon die sinnlichen „Gegebenheiten", die als Reize oder Signale wirken, von Art zu Art verschieden. Die Reaktionen, die daran gekoppelt sind und über die Wirkorgane verlaufen, sind nicht minder artspezifisch. Soweit die Koppelung von Reiz und Reaktion durch Vererbung fest präformiert ist, darf man vermuten, daß sie den vitalsten Zwecken der betreffenden Tierart dient. Merkorgane und Wirkorgane, Koppelung und Steuerung sind Seiten eines einheitlichen Bau- und Funktionsplanes; mit einem Bilde: Einfallstor, Ausfallstor und arteigene Reaktion machen ein //Ganzes aus, an dem eine qualitativ genau abgestimmte Umwelt „hängt". Dabei greifen Physisches und Psychisches, Unbewußt-Psychisches und Klar-Bewußtes auf eine Weise ineinander, die mit der abstrakten Trennung „leiblich" und „seelisch" gar nicht zutreffend zu umschreiben ist.

In der Schicht, die die biotische heißt, weil sie nur auf die Lebensermöglichung und den artgemäß-naturhaften Lebensvollzug hin konstruiert ist, gelten also die Sätze:

Andere Merkorgane ergeben eine andere Merkwelt,
andere Wirkorgane ergeben eine andere Wirkwelt.

Jedoch ist als drittes hinzuzufügen: die besondere Koppelung zwischen Merken und Wirken bestimmt die arteigentümliche *Bedeutungswelt*. Seelisch nämlich sind Gefühlstöne, ja feststrukturierte Instinkte zwischengeschaltet, die das Lebenswichtige im Reagieren sichern. Das Lebenswichtige gliedert sich, gemäß v. Uexküll, nach vier Funktionskreisen: dem Nahrungskreis, dem Feindeskreis, dem Geschlechtskreis, dem Medium (zum Beispiel Wasser). Buytendijk hat mit Recht noch die Spielsphäre hinzugefügt, die für unser pädagogisches Thema besonders wichtig ist. Auch diese Abgrenzungen sind noch abstrakt und genügen den vollen Zusammenhängen des Lebensgeschehens nicht.

Ich füge, der Verdeutlichung wegen, einige charakteristische Zitate aus v. Uexküll wörtlich hinzu:

„Wir werden immer wieder irregeführt, wenn //wir das Maß unserer Welt //in die Beurteilung von Tierwelten einführen wollen." (Bedeutungslehre, Leipzig 1940, S. 55.)

„Jede Umwelt bildet eine in sich geschlossene Einheit, die in all ihren Teilen durch die Bedeutung für das Subjekt beherrscht wird." (S. 7)

„Der Frage nach der Bedeutung gebührt ... bei allen Lebewesen der erste Rang. Erst wenn sie gelöst ist, hat es einen Sinn, nach den kausalbedingten Vorgängen zu forschen, die immer äußerst begrenzt sind, da die Tätigkeit der lebenden Zellen durch ihre Ichtöne geleitet wird." (S. 14)

Nur Umweltgegebenheiten, die einen Bedeutungston für das eigentümlich organisierte Wesen haben, bestimmen sein Verhalten. Anderes ist entweder im Erleben gar nicht repräsentiert oder es wird nur peripherisch beachtet. Die grundlegenden Bedeutungstöne ergeben sich aus den Funktionskreisen: manches hat einen Freßton, manches einen Feindeston (mit Flucht- oder Angriffsaufforderung), wieder anderes einen Sexualton usw. Alle zusammen können wegen ihrer Subjektbezogenheit auch Ichtöne genannt werden.

2. Ordnen wir den Menschen diesen ineinandergeschachtelten verschiedenen Welten zunächst nur von seiner bloß biotisch bedingten Seite her ein, so ist es *nach* dieser

Betrachtung schon klar, daß die dem Menschen korrespondierende, gleichsam „an ihm hängende" Umwelt nur ein Spezialfall möglicher „Erlebniswelten" sein kann. Sie ergibt sich aus unserer spezifisch menschlichen leibseelischen Organisation. Für sie habe ich die Be-//zeichnung anthropomorphe Welt vorgeschlagen. Selbstverständlich ist sie der Standort, von dem aus wir zunächst Kontakt mit den außerleiblichen und außerseelischen Gegebenheiten gewinnen, und es ist kein Wunder, daß ein naives Denken der Täuschung verfiel, für ganz anders organisierte Wesen bestünden die gleichen Umweltinhalte. (Auf höherer seelisch-geistiger Stufe machen wir ebenfalls unablässig den Fehler zu übersehen, daß die Welt für einen Mitmenschen ganz anders aussieht als für „mich".) Demgemäß darf nicht erwartet werden, die .anthropomorphe Welt sei schon die *Eine* identische Welt selbst, etwa die Welt „an sich". Sie bleibt immer eine vom *menschlichen* Subjekt her bedingte Welt, so sehr die wissenschaftliche Konstruktion über sie hinausstrebt.

Aber das Wesen des Menschen erschöpft sich nicht in der biotischen (tierartigen) Schicht. Über dem Leibseelischen, unmittelbar angewiesen auf das Seelische und von ihm getragen, baut sich das geistige Leben des Menschen auf. – Was ist der Geist?

Den sich aufdrängenden Gedanken, daß schon jenen Bau- und Funktions- und Umweltplänen der Tierarten, die außerdem noch aufeinander hin komponiert sind und rätselhaft durcheinandergreifen, ein gestaltender //Geist zugrunde liegen müsse[1], lassen wir in der Schwebe, weil wir hier keinen Anlaß haben, uns mit metaphysischen Behauptungen zu belasten. Wo aber im Menschen //selbst Leistungen auftreten, die einem Vermögen „Geist" zugeschrieben werden können, da handelt es sich um Vorgänge, die wir durch eine Rückbesinnung auf uns selbst und auf die „Gehalte" klären können, die wir teils erlebend empfangen, teils den schlicht vorgefundenen Umweltgegebenheiten denkend und handelnd aufprägen (verleihen).

Wir nehmen an, daß sich das Leben der Tiere je in *ihrer* festgelegten Bedeutungswelt vollzieht. Was für sie lustbringend und lebenfördernd ist (bzw. das Gegenteil!), halten wir für eingegrenzt durch präformierte leiblich-seelische Verhaltensstrukturen, genannt Instinkte. Vermutlich ist ihr Triebspielraum doch etwas größer. Das Besondere aber, das den Menschen auszeichnen, liegt darin, daß er „Bedeutungsverleiher" sein kann, das heißt *seinen* Umweltgegebenheiten neue Bedeutungscharaktere aufprägen kann. Für ihn wird zum Beispiel ein Laut oder ein Liniengefüge zum Sinnträger. Mit *selbständiger* Sinngebung fängt das Geistige im Menschen an. Mit einer *gemeinsamen* Sinngebung fährt es fort; in echt *allgemeingültiger* Sinngebung vermöge des Denkens würde es seinen Gipfel erreichen. Aber die vitalen Bedeutungszusammenhänge, das heißt diejenigen Wertakzente, die gerade für den Menschen als Tier unter Tieren gelten, bleiben dabei größtenteils erhalten, und vermutlich gelangt der Mensch nie ganz über die Grenzen hinaus, die seine eigentümliche, auf dem Leibseelischen ruhende Gesamtorganisation ihm setzt. //Er wird nie reiner Geist, aber er führt ein Geistes*leben*.

3. Wenn ein Mensch in fremde Erlebniswelten eindringen und das Verhalten fremder Subjekte in „ihrer" Welt verstehen will, so kann ihm dies nur auf Grund seiner Geistesausstattung gelingen. Der wesentliche Leitfaden dafür ist festzustellen, was in einer fremden Erlebnisumwelt für das ihr zugeordnete Subjekt *Bedeutungsträger* ist. Im Hinblick auf eine spezifische Tierwelt wäre also zu fragen: Was hat in ihr einen Nahrungston, einen Gefahrton, einen Paarungston, einen Aufforderungscharakter zum Spiel? Gleichzeitig aber ist in Gedanken ein Standortwechsel nötig, das bekannte „*Sichhineinversetzen*", mit dem alles Verstehen andersartigen Lebens und Verhaltens beginnt. Endlich gehört dazu natürlich *allgemeingültiges Denken*. Das letztere wird für das Verstehen fremder Erlebniswelten so stark in Anspruch genommen, daß geradezu Verhaltens*experimente* ge-//macht werden müssen, wie sie z.B. Karl v. Frisch in seinen genialen Forschungen über das Leben der Bienen durchgeführt hat.

---

[1] Jakob v. Uexküll, Der unsterbliche Geist in der Natur. Gespräche, Hamburg 1938.

Die neue Umweltlehre führt somit zu einer Vielweltentheorie. Die Biene lebt in einer Bienenwelt, der Hund in einer Hundewelt, die Spinne in einer Spinnenwelt – aber auch: das menschliche Kind lebt in einer kindlich-anthropomorphen Welt, die noch mannigfache Entwicklungsstufen durchmacht, der „Primitive" lebt in einer Welt, die ihr Relief durch die Formen des magischen, später des my-//thischen Denkens und Verhaltens empfängt. Das Volk im Sinne des alten „Volkstümlichen" lebt in einer vorrationalen und vortechnischen Welt usw. Jede dieser Welten hat ihr eigentümliches Relief, das heißt: Ihre Gegebenheiten sind mit spezifischen Wertakzenten besetzt, die man kennen muß, um das Verhalten der zugehörigen, je einer dieser Welten „eingepaßten" Subjekte zu verstehen. Ein und dasselbe angeblich neutrale Objekt kann dabei in verschiedenen Erlebniswelten ganz Verschiedenes bedeuten.[1] Ja, es gibt sogar in den tierischen Welten Bedeutungs*um*prägungen, die sich nach einer mitgebrachten Regel vollziehen; zum Beispiel das Sexualobjekt wird bei gewissen Insekten nach der Kopulierung Freßbeute.

Der Mensch genießt insofern eine hervorgehobene Freiheit, als er nicht von vornherein gänzlich festgelegt ist, sondern *Bedeutungen von sich aus verleihen* kann. Wie sehr dies zum Wesen des Menschen gehört, zeigt sich z. B. daran, daß das Spielen auf den verschiedenen Altersstufen immer eine andere Art des Bedeutungsverleihens (etwa auf Grund immer anderer Arten des Ergriffenseins) darstellt. Die geistige Natur experimentiert gleichsam im Kinde mit dieser wichtigsten Fähigkeit. Denn Kultur entsteht durch eine Fülle von neuen Bedeutungsaufprägungen auf die erlebbaren Umweltgegebenheiten. Allerdings be-//hält dabei nicht der Spieltrieb die Führung (wie Huizinga übertreibend gemeint hat), sondern es schaltet sich das allgemeingültige Denken ein, das anfangs immer im Dienste der *Zweck*setzung (des „Machens" – Knabenalter) steht, aber zu mannigfacher *Wert*verwirklichung ausreift (in der Pubertät).

4. Es bleibt endlich noch die große Frage: Was wird bei der Fülle solcher „Eigenwelten" aus der Einen, identischen, an sich bestehenden Realität, die wir als denkende Wesen *voraussetzen?* Denn ohne diese Voraussetzung kämen wir auch nicht zur Erkenntnis, daß eine Vielheit (ineinandergrei-//fender) Erlebniswelten besteht. Die Antwort muß zunächst daran erinnern daß für das naive Denken jene bloß anthropomorphe Welt lange die Rolle der „absoluten" Welt spielt. Auch *das* Weltbild, zu dem man herangewachsen ist und zu dem man erzogen worden ist, gilt als die „normale Welt". Erst nachdem eine ähnliche Bewußtseinsrevolution eingetreten ist, wie sie die moderne Relativitätstheorie hervorgebracht hat, die Einsicht nämlich, daß man in der konstruktiven Einbildungskraft einen Standortwechsel vollziehen kann, erst dann gelangt man dahin, einzusehen, daß auch die anthropomorphe Welt nur ein *Spezialfall* unter vielen möglichen, ja verwirklichten Welten ist.

Wo also bleibt die Eine, die für alle identische Realität? Sie ist für das ursprüngliche Bewußtsein noch gar nicht da, sondern kann nur mit den Mitteln des allgemeingültigen Denkens Schritt für //Schritt aufgebaut werden. Ein zunächst befremdender Gedanke. Ich erläutere ihn am Vorgehen der Physik. Sie bemüht sich bekanntlich schon seit dem klassischen Altertum, von den Eindrücken, die immer in spezifischen Sinnesqualitäten gegeben sind, loszukommen und das, was sich in ihnen kundgibt, in einem mathematisierten Gedankensystem darzustellen. Ganz bis zu Ende geht dieser Prozeß nicht. Unsere Physik bleibt stets noch die Wissenschaft eines tastenden und sehenden Wesens. Und um dies gleich anzufügen: auch noch im Zeitalter der mathematischen Physik und Chemie trinken wir immer noch Wasser, nicht H_2O, hören wir immer noch Musik, nicht Schwingungsverhältnisse, unterscheiden wir immer noch oben und unten, obwohl es das nur in Beziehung auf einen irdischen Standort gibt. Den prinzipiellen Sachverhalt drücke ich der Kürze halber nur in

---

[1] „Jeder von uns beobachtete Gegenstand wechselt nicht bloß seinen Bedeutungston, sondern auch den Aufbau all seiner Eigenschaften, sowohl der stofflichen wie der formalen, von Umwelt zu Umwelt." J. v. Uexküll, Bedeutungslehre (= Bios. Abhandlungen zur theoretischen Biologie und ihrer Geschichte, sowie zur Philosophie der organischen Naturwissenschaften. Hrsg. v. Adolf Meyer-Abich. Bd. X, Leipzig 1940) S.53.

einem Gleichnis aus; mit ihm müssen wir uns hier begnügen, damit wir die pädagogische Anwendung, die uns allein interessiert, nicht ganz aus dem Auge verlieren.

Jede „Eigenwelt" hat gleichsam ihre eigentümliche Sprache. Denn in jeder herrschen auf das jeweils maßgebliche Subjekt bezogene spezifische Bedeutungen. Man ist nun auf den Gedanken gekommen, eine Universalsprache zu schaffen, in die alle anderen übersetzt werden können, eine Weltsprache „überhaupt", noch weitergreifend als Esperanto. Diese Sprache, die das notdürftige Verstehen von anderen Erlebniswelten und den Verkehr mit ihnen ermöglichen soll, ist *die Wissen-//schaft*. Sie muß die Dinge möglichst *neutralisieren*, das heißt von ihren subjektbezogenen Wertbetonungen befreien. Daher die ewige Jagd nach dem reinen Sosein, je nach dem „An sich" der Gegebenheiten, das sich doch niemals ganz erreichen läßt. Der Pol der vollendeten Objektivierung ist das Ziel des allgemeingültigen Denkens. In den Naturwissenschaften kommt man ihm näher als in den Geisteswissenschaften, weil in den letzteren ja immer das „stellung-//nehmende Subjekt überhaupt" erhalten bleiben muß, um Stellungnahmen aus abweichenden Weltbildern heraus als solche zu erfassen.[1] Nehmen wir an, die Arbeit der objektivierenden Wissenschaften ließe sich jemals vollenden, so wäre der, der auf ihrem Standpunkt steht, über alle Eigenwelten hinaus.

Aber das gelingt dem Menschen nicht. Stets wird Anthropomorphes und Standortbedingtes in seinem Weltbild erhalten bleiben. Höchstens wird das ursprüngliche Weltbild von den Fäden des allgemeingültigen Denkens durch*woben*. In unser ganzes Kulturleben sind wissenschaftliche Erkenntnisse hineingemischt. Bliebe aber *nur* Wissenschaft übrig, so müßte das Leben aufhören. Der Mensch schafft sich in der Wissenschaft ein verfeinertes und erstaunlich weitreichendes Organ; jedoch darf das Organ nicht zum absoluten Herrscher über seinen Inhaber werden; von dem Punkte an, wo diese Übermacht beginnt, gerät das Wissen in Gefahr, zerstörend zu wirken.

//Also bleibt die anthropomorphe Welt Untergrund und Hintergrund auch für das durchrationalisierte Weltbild. Da ferner diese Bezogenheit auf den lebenden Menschen durch Verwandlungen hindurchgeht wie die Lebensalter, den nationalen Geist, das Volkstümliche in alter und neuer Bedeutung, so werden „Eigenwelten" dieser Art nie aufhören, eine Rolle zu spielen. Sie müssen sogar an ihrer Stelle erhalten bleiben, weil in ihnen das Tiefwurzelnde und das Schöpferische liegt. Die Kulturbewegung geht daher nicht nur in der Richtung auf das Gemeinsame und Allgemeingültige, sondern immer zugleich auch wieder zurück in das lebendige Subjekt, das allein fähig ist, jene objektiven Konstruktionen noch auf ihren Sinngehalt hin zu deuten, das heißt Bedeutungen zu erfassen.

5. Es ist eine unerschöpfliche Aufgabe für die geisteswissenschaftliche Psychologie, für Geschichte, Soziologie und alle einzelnen Geisteswissenschaften, die Gebilde, die wir hier Eigenwelten genannt haben, zur Anschauung zu bringen und in ihrem maßgebenden Lebens*zusammenhang* herauszuarbeiten. Dabei zeigt sich, wie zäh die Eigenwelten an „ihrem" Subjekt haften und wie schwer es für dieses ist, ganz aus ihnen herauszutreten und ihnen gleichsam von oben her zuzusehen. Hegel hat behauptet, niemand könne über seinen „Volksgeist" und „Zeitgeist" hinausspringen.[2] Noch viel weniger kann das Individuum aus seiner leiblich-seelisch-geistigen Organisation, aus seiner //Denkweise, seinen Auffas-//sungskategorien, seinem persönlichen Wertsystem ganz heraustreten. Es ist die Leistung des historischen Bewußtseins, den Horizont in dieser Richtung zu erweitern und dadurch – was dann leider oft vergessen wird – einer tieferen *Selbst*besinnung zu dienen.

Für die Zähigkeit, mit der die einmal eingesetzten Erlebniswelten beharren, gebe ich nur ein Beispiel aus einer scherzhaften Erzählung von Peter Rosegger, die mir Alois Riehl vor etwa 35 Jahren einmal vorgelesen hat. Trotz vieler Bemühungen ist es mir nicht gelungen, des

---

[1] Vgl. Theodor Litt, Denken und Sein, Stuttgart 1948.

[2] (Georg Wilhelm Friedrich) Hegel, Grundlinien der Philosophie des Rechts (Hrsg. v. Georg Lasson. Leipzig 1911), Philosoph. Bibl. Bd. 124, (Lasson), Vorrede S. 15.

Originaltextes wieder habhaft zu werden. Ich muß daher nach meinen Erinnerungsresten berichten (s. Anh. [Aufl. *nach* 1955] S. 111 – [1970] S. 318f.).

Unten im Gebirgsdorf ist Kaisers Geburtstag mit vielem Schießen und anderem Pomp gefeiert worden. Am Abend gehen der Sauhalter und ein Holzfäller wieder in ihre Waldeinsamkeit empor, noch ganz voll von den erlebten Herrlichkeiten. Ihre Phantasie führt sie schließlich auf die Frage, wie *sie* ihr Leben gestalten würden, wenn einer von ihnen Kaiser wäre. Der Holzfäller malt sich den denkbar schönsten Prunk und alle möglichen Genüsse aus. Dem Sauhalter aber genügt das alles nicht. „Ein Graf müßte mir zur Rechten und einer zur Linken reiten; und so würde ich meine Säue auf die Trift treiben!"

Die Anekdote lehrt, daß die einmal gegebene Erlebnisumwelt an dem Menschen, der sie „hat", geradezu mitdranhängt. Nicht einmal in den kühnsten Träumen ist sie ganz abzuwerfen. Der Gebildete glaubt wohl, nicht so groben Blicktäuschun-//gen zu verfallen. Aber er merkt nicht, wie viel von dem ihm Vertrauten auch er noch in die Deutung von Fremdwelten mit hinübernimmt. Selbst der wissenschaftliche Historiker, der vielleicht von dem Willen beseelt ist, „sein Selbst auszulöschen" und sich ganz in das Kostüm fremder vergangener Zeiten hineinzuversetzen, haftet unvermeidlich noch an Lebens- und Geistesstrukturen *seiner* Zeit. Und so muß es auch sein. Denn wenn er restlos aus seiner Perspektive herausträte, so hätte er ja gar nichts mehr in sich, was ihm als Analogon und Leitfaden für das Fremdverstehen dienen könnte.

Abschließend: Das wunderbare Gewebe, wie die Eigenwelten der Tiere aufeinander abgestimmt sind und sich durchwachsen (die „Partitur" der vielfältigen Einzelstimmen des Lebens – v. Uexküll), das komplizierte Ineinandergreifen der verschiedenen Eigenwelten in der menschlichen Gesellschaft gibt dem Denker ein Schauspiel, wie es in früheren Zeiten nur Leibniz mit seiner Monadenlehre und Herder mit seinem historischen Sensorium geahnt haben. Aber dabei können wir hier nicht verweilen. Vielmehr müssen wir in unseren pädagogischen Gedankengang zurückkehren.

Es wird jetzt klar geworden sein, was es heißt, daß eine Schule zugleich //an der Überwindung der vorgefundenen (nicht nur kindlichen) Eigenwelten arbeitet und sie doch als etwas für das Kulturleben bleibend Wertvolles pflegt. Die Brücke zwischen den Eigenwelten und dem Einen, zum Teil *auch* nur gerade „jetzt" und „hier" maßgebenden Kul-//turgeist, von der die Rede war, gestattet die Bewegung in beiden Richtungen. An dieser Brücke und auf dieser Brücke arbeitet vor allem die Volksschule, während die höhere Schule, die Fachschulen und die Hochschulen sehr viel entschiedener auf die gemeinsame, reife, wissenschaftlich unterbaute Kultur hinzielen. Der Lehrer der Volksschule, der sich über solche Zusammenhänge einmal klar geworden ist, wird mit Erhebung bemerken, daß er eine Kunst von eigener Würde betreibt. Vorher aber muß er sie verstanden haben; und dazu will ihm die hier vorgetragene kleine „Philosophie der Volksschule" behilflich sein.

[... ...] [... ...]

ANHANG [in späteren Auflagen |111]

Durch die liebenswürdige Vermittlung von Herrn Studienrat Kopp in Tutzing hat sich inzwischen der vollständige Text der Geschichte von Rosegger gefunden, die auf Seite [1955] 77 [1970|300] erwähnt wird.

Wan da Sauholta Kaisa war

Is amol a Baur gwest. Uih narasch, däs hebt jo on wiar a schöni Gschicht!
Und der Baur is mit an Sauholta va da Kirchn hoamgonga.
„Rechtschoffn hobn s aufmusiziert heint", sogt da Sauholta.
„Jo, daß s heint wieda gor a so trumelt hobn!" sogt da Baur.
„Weil holt, moan ih, in Kaisa sei Nomenstog tat sei."
„Hon s eh ah ghört, daß heint in Kaisa sei Nomenstog tat sei."
„Und derawegn wern s a so trumelt hobn."

Nochha trotlns weita. Da Baur zündt sei Pfeifn on, und ban Feurschlogn, wiar er in Röhrlspitz so zwischn sein Zähnt hot, sogt er: „Holt leicht jo, daß s trumelt hobn wern, wan in Kaisa sei Nomenstog ist."

„Ih, wan ih Kaisa war, olli Tog ließ ih trumeln", sogt da Holta.

„Ih nit, ih", moant da Baur. „Ih wissad ma wos Bessers."

//Schupft da Sauholta mit sein Schuachspitz aufn Weg a Stoandl hin und her und sogt: „Heili wohr ah, auf däs war ih neugieri."

„Af wos?" sogt da Baur.

„Wos du tatst, wanst du Kaisa warst."

„Wia kimst man dan für, Sauholta."

„Wos tu tatst, wanst du Kaisa warst!"

„Guat ließ ih ma s geschechn. In gonzn Tog liegad ih afn Heu."

„Und derawegn möchast du Kaisa sei?"

„Wos denn"!

„Ah sou tat ih nit. Wan ih Kaisa bin, do loß is s umagehn – schlageralent noh amol! Onschickn kunt ih ma s."

„Glaub das eh", sogt da Baur, „du wurdst as schön nobl gebn."

„Däs konst da denkn. Wan ih amol Kaisa bin, afn Heu lieg ih nit. Z Fuaß treibad ih meini Sau nit auf d Woad. Af an Schimel mit guldenen Sodl reitad ih eahna noch, und sechs Grofa müassadn hintn drein trappeln."

1970|319

Interpretationen

Wolfgang Hinrichs

Verstehende Kulturphilosophie und Kulturpädagogik
Wege und Irrwege der „Hermeneutik" und Sprangers Position[1]

Vorbemerkungen

Hermeneutik, die Lehre und Kunst des Einander-*Verstehens* und des Verstehens von Sachen, sollte in jeder Familie, jeder Schule, jeder Hochschule oberste Disziplin sein. Dann gäbe es kein Einander-Anherrschen, keine Kriege, ewigen Frieden. Aber das ist eine Utopie, und niemand hat bisher den Weg gefunden zur Gesellschaft mit lauter fehlerlosen Menschen.

Ich wähle aus der philosophischen Geschichte der Hermeneutik der letzten zwei Jahrhunderte, also etwa ab 1800, fünf exemplarische Hauptvertreter der Wege und Irrwege: Schleiermacher und Dilthey (Teil 1), Spranger (Teil 2), Gadamer (Teil 3), Habermas (Teil 4).

Zur weit und tief greifenden Alltagsbedeutung liegen folgende *Vorbemerkungen* nahe:

Als Schulpädagoge frage ich: Wie verstehen Eltern und Kinder, wie versteht eine Studentin oder ein Student im Lehramtsstudium das Wort ‚Erziehen' oder ‚Lehren'?

Da kommen sofort gegensätzliche Meinungen zutage. Ein und dasselbe Wort kann für verschiedene Menschen – und für denselben Menschen an verschiedenen Tagen – ganz verschiedene Bedeutungen haben, z.B. bei Begriffen wie Autorität, Disziplin, Strafe.

Man kann plädieren für Erziehen *ohne* Strafe und ohne Gewalt. Das gibt es in der Geschichte der Pädagogik bei großen Pädagogen, besonders Rousseau (1712–1778). Aber auch bei Schleiermacher (1768–1834), dem großen Theologen, Philosophen und Pädagogen. Doch man darf nicht übersehen: dies ist ein Ideal. Schleiermacher, der bis heute unübertroffene Übersetzer der Dialoge des Sokrates-Schülers Platon (427–347 v. Chr.), hat das Ideal zum *sokratischen Faktor* seiner wissenschaftlichen Argumentation gemacht: *Idealität* einerseits wie bei Rousseau, die *Realität* als Contra-Faktor andererseits. Schleiermacher versteht beides als gleichursprünglich, als *Polarität*.

„Strafen sind nichts Pädagogisches" (Schleiermacher 1820/21, S/W 173, W/B 324).
Derart ideal konzipiert ist Rousseaus Isolierungs-Pädagogik in seinem Erziehungsroman „Emile" (1762). Er fordert „negative Erziehung", durch Nichtstun, bloßes Wachsenlassen.

Schleiermacher, der Erziehung und Schule nicht im luft- und menschenleeren Raum sieht, räumt andererseits (ebd.) im Blick auf die Realität in seiner hier zitierten dialogisch-dialektischen Vorlesung über „Gegenwirkung, Strafe und Zucht" sofort etwas ein, was einem *Sokratiker* wohl ansteht, der weiß, daß er nichts weiß: Zugleich *mit der Ideal-Behauptung muß dieses realistische Wissen des Nichtwissens* im Kopf aufbrechen. Ein gegen Rousseau vorzubringender Einwand ist ernst zu nehmen: die *Unvermeidbarkeit der Strafe unter dem Gesetz* in gegebener, realer Gesellschaftsordnung, im gegebenen Staat: unsere Fehlbarkeit und Gesetzesordnung läßt sich nicht so einfach wegradieren. Von dort kommt Strafe in die Elternhäuser und Schulen. Z.B. war die gesetzliche deutsche Schulpflicht schon 1820, als Schleiermacher dozierte, *ideal gewollt*, aber erst 1920, 100 Jahre später *real durchsetzbar.*

Wir sprechen jetzt gerade über das Für und Wider der europäischen Erziehung und Schulerziehung, das Auf und Ab der Meinungen in der Geschichte und den Staaten im 18. bis 21. Jahrhundert. – Die verschiedenen Menschen. Die verschiedenen Völker. In verschiedenen Epochen. Gewaltige Unterschiede der Perspektiven und des Verstehens gibt es, ja tödliche Gegensätze bei Nichtverstehen. Morde im Kleinen. Totale Kriege im Großen.

Ob im 20. oder 12. Jahrhundert geboren, im Siegerland, Schwabenland – oder in China, welcher Familienherkunft, welches menschliche *Individuum* ich bin, das macht, genau genommen, jedesmal einen unermeßlichen Unterschied aus. Kurz: Es kommt auf den *Standpunkt* an, ob man hier oder da, zu dieser oder jener Zeit geprägt wurde und was man unter einem Wort versteht, ob man ihm diesen oder jenen *Sinn und Wert* verleiht.

Hermeneutik nach Schleiermacher und Dilthey

Die hohe *Kunst und die Lehre des Verstehens*, des sinnerfassend wertanalytischen Denkens, des Auslegens, *Interpretierens* nennt man mit dem Wort griechischer Herkunft: *Hermeneutik.*

Daß es auf den Standpunkt (x) des Subjekts (S) ankommt, von welcher „Seite", Perspektive, mit welcher Sichtweise, unter welchem *Gesichtspunkt* man eine Sache (Objekt = O) sieht, so daß es zu einem Wort, Erziehen, *verschiedene*

Deutungen, Be-Deutungen gibt, Meinungen, „Standpunkte", leuchtet jetzt ein. *Nur im Gespräch wird Verstehen möglich (Abbildung 1,* vgl. Hinrichs 1965; ders. 1985, 519): Zum Verstehen der Sicht des anderen ist notwendig, was ich *Standpunktüberlegenheit* nenne: gleichsam ein selbstgebauter Turm über meinem Standpunkt. Ein höheres Niveau mit größerem Horizont ist zu erringen *(Abb. 2,* vgl. Hinrichs 2001, 153).

Abbildung 1

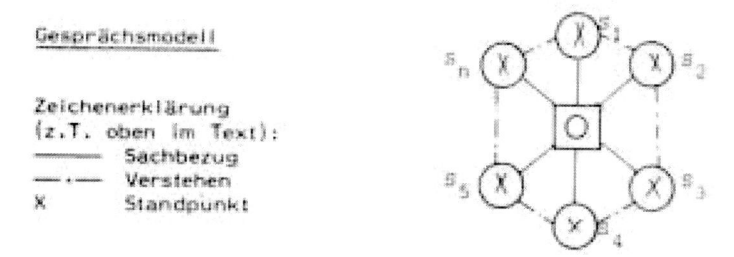

Gesprächsmodell

Zeichenerklärung
(z.T. oben im Text):
——— Sachbezug
—·— Verstehen
X Standpunkt

Abbildung 2

Standpunktüberlegenheit

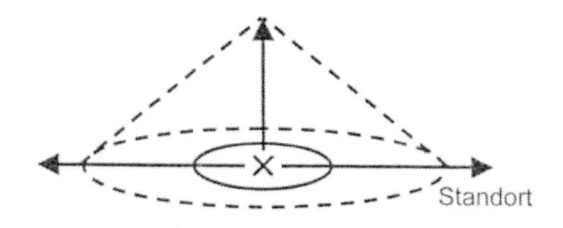

Standort

X = Standpunkt

Das entspricht der Grundauffassung von Schleiermacher, der bei Erörterungen zu menschlichen Problemen die verschiedenen öffentlich diskutierten Gesichtspunkte, Standpunkte, Welt-Anschauungen und realistischen Einwände dazu sokratisch verstehend und zum Weiterforschen anregend in einen Zusammenhang zu bringen pflegte.

Weder *Standpunktenge* noch *Standpunktlosigkeit* oder Standpunktverleugnung sind Zeichen von Charakter nach dieser Strukturvorstellung von Verstehen und Gespräch. Weder Halsstarrigkeit ist Geistesstärke oder gar ein

Verdienst noch Verbiegung wie Schilf im Wind nach Moden. Gefordert ist elastische „Standpunkt-Festigkeit", *Standfestigkeit,* Standhaftigkeit mit Niveau. Sie wächst bei *selbstkritischer* und selbstkorrektiver Überlegenheit über den eigenen *subjektiven* Standpunkt (im Selbstgespräch) und wird nötig *für* diese Überlegenheit, will man gegen selbstherrliche, skrupellose Angriffe anderer seelisch gewappnet sein.

1. Soll daraus die hohe Kunst und *methodische* wissenschaftliche Lehre *Hermeneutik* werden, hermeneútikê téchnê (ἑρμηνευτικὴ τέχνη), dann ist der selbstkritisch *rationale* und der im *engeren* Sinne wissenschaftliche Aspekt einerseits zu unterscheiden vom *intuitiven* Aspekt andererseits, welcher von der erwähnten *Standpunktüberlegenheit* abhängt, vom intentionalen und emotionalen Aspekt der Verstehensfähigkeit. – Griechisch hérma (ἕρμα) heißt zunächst einfach *Stütze.* Schleiermacher spricht in seiner späten philosophischen Akademieabhandlung *Über den Begriff der Hermeneutik ...* von 1829 darüber, daß man je nach Text-Zusammenhang und nach subjektivem „Stützpunkt", den er kurz zuvor „Standpunkt" nennt, *ein* Wort so oder so deuten kann – worin ich schon vor Jahrzehnten den *historischen Moment des Beginns des wissenschaftstheoretischen Pluralismus* gesehen habe (1829/1835, 352–353; 1829/1995, 316–317; vgl. Hinrichs 1985, bes. 527). *Intuition,* geistige Verstehenskraft einerseits, *Regeln oder Gesetze des Interpretierens* andererseits. Schleiermacher nennt die Intuition auch „Ahndung" oder *Divination* (1835, 354; 1995, 318). Dies (divinus = *göttlich*) heißt: göttliche *Ein-Gebung.* Das Wort Gott kann man weglassen. Wer ist dann der Geber? –

Ziel der Interpretation, besonders als wissenschaftlicher Kunst, ist es nach Schleiermacher (und nach Dilthey, s.u.):

einen „Autor besser zu verstehen als er selbst" sich versteht. (1829/1835, 362, vgl. 360–362, 353–355; 1829/1995, 325, vgl. 32–325, 317f.; vgl. Dilthey 1900, 331.)

Das *Hauptgesetz* in Schleiermachers Hermeneutik-Theorie formuliert auch Wilhelm Dilthey (1833–1911), tiefgründiger Kenner von Schleiermachers Werk und Leben, so:

„Aus dem *Einzelnen das Ganze,* aus dem Ganzen doch wieder das Einzelne." (Dilthey 1900, 334; vgl. hierzu wortähnlich: Schleiermacher 1835, 359 f.; 1995, 322 f. – s.u.)

Dilthey geht es um das Verstehen des *Erlebens einer Seele aus deren Äußerung heraus, die als „Text" vorliegen muß.* Ich erläutere das Gesetz der *vergleichenden* Wechselwirkung zwischen *intuitiver,* anders gesagt: *hypothetischer*

Erfassung der *Gesamt*-Bedeutung und dem Stellenwert der *Teile*. Man spricht vom *hermeneutischen Zirkel*, einem selbstkritischen Hin- und Her-Vergleichen, zwischen dem Ganzen und dem jeweiligen Teil. Schleiermacher nennt es das „komparative" Verfahren (1835, bes. 359 f., ferner 358–363, bes. 353–355, 360–362, 364–366; 1995, 322 f., ferner 321–326, bes. 317–319, 323–325, 326–328).

So präzisiert sich die vorläufige Bedeutung des Ganzen und der Teile – oder kurz: der Eckdaten – schrittweise mehr und mehr, von Teilaspekt zu Teilaspekt fortschreitend: Man *nähert* sich der Wahrheit des *gegliederten ganzen* Gegenstandes, also der *Objektivität an*.

Schleiermacher und Dilthey wählen als *Beispiel* für das zu Verstehende eine Äußerung in Form eines papierenen Textes, der also materiell fixiert ist, *objektiviert*, allgemein als Objekt *empirisch* zugänglich. In und durch den Text ist dieser Text selbst, dahinter letztlich der „Schriftsteller", der Autor selbst, sein „Werk", seine Stellung in seiner Zeit und seine geschichtliche Einbettung „im Strom des Denkens und Dichtens", *Text und Kontext* zu verstehen. (Vgl. überhaupt Schleiermacher 1835, bes. 352–354, 359–366; 1995, bes. 317 f., 322–328; dazu Hinrichs 1985, 526–533.)

2. Dilthey stellt in seinem Aufsatz *Die Entstehung der Hermeneutik* von 1900 die Hermeneutiktheorie Schleiermachers als Gipfel der philologisch-theologischen Entwicklung dar und als eigentliche Kunst des *geisteswissenschaftlichen* Denkens. Dilthey war es, der das Wort geisteswissenschaftlich als Unterschied zu naturwissenschaftlich erfolgreich in Umlauf brachte. In meinem Siegener Vortrag im Januar 2012 habe ich das am Schluß des Dilthey-Aufsatzes abgedruckte wichtige (kurze) *Konzentrat, die Zusätze aus den Handschriften* Diltheys (1900/1974, 332–338, bes. 332–336, also nur 5–7 Seiten) vor und mit Siegener Studenten ausführlich als „Pflichtlektüre" behandelt (vgl. überhaupt Hinrichs 2012a).[2]

Um einen Text aus dem Leben, Erleben, Wirken eines Autors und seinen geschichtlichen Stellenwert im Kontext einigermaßen genau und umfassend zu verstehen, muß man schon erhebliche Voraussetzungen sich erarbeitet haben, Kenntnisse der Werke des Autors, seiner Zeit, seines historischen Standortes. Darauf legt Dilthey großen Wert. Doch immer wird die Gesamtkenntnis trotz aller Mühen fragmentarisch, vorläufig, perspektivisch bleiben.

Festzuhalten ist dies: Solches *Verstehen* mit dem Ziel, herauszufinden, was eigentlich *gemeint* ist in einem fremden Text oder Dokument von einem fremden Verfasser, Urheber, Autor, solches *Sinn*-Verstehen oder *Interpretieren* ist für alle Geisteswissenschaftler gemeinsames hermeneutisches Ziel. Eduard Spranger hat es aber im Ansatz deutlich entgegen einer gewissen positivistischen Neigung seines großen Lehrers Dilthey behandelt. Im Gegensatz zu Diltheys Fixierung auf „...*eine beschreibende und zergliedernde Psychologie*" (1894) hat Spranger, angeregt durch Schleiermachers Kulturphilosophie, eine neue Konzeption der Bildungs- und Kulturphilosophie entwickelt, die ich für geschichtlich wegweisend halte, und hat sie in seine Verstehenslehre einbezogen (vgl. Hinrichs 2004). Die menschlichen und schulpädagogischen zeitgenössischen Impulse der Anregung Sprangers zu seinem Konzept muß ich skizzieren, damit man die Aktualität seiner Verstehenslehre versteht.

Sprangers sokratisch kulturphilosophische Theorie des Verstehens

„Sozialisation" Sprangers und Aktualität seines Wirkens

Mein Lehrer Eduard Spranger (1882–1963) war Schüler des schon alten Dilthey (*1833), also indirekt Schleiermachers (s.o.), ebenfalls Schüler des gegenüber Dilthey 13 Jahre jüngeren Friedrich Paulsen (1846–1908). Paulsen war ein Philosoph und hervorragender, epochal wirksamer Bildungs- und Schultheoretiker *um die Wende zum 20. Jahrhundert*, der auch eine damals einflußreiche Ethik geschrieben hat. (Vgl. den Beitrag von Tenorth in diesem Band). Spranger hat die Linie *Paulsen-Kerschensteiner*, beginnend schon bei *Pestalozzi*, dem Urahn, spätestens ab 1912 entscheidend weitergeführt. Der Münchner Georg Kerschensteiner (1854–1932) hatte um diese Zeit bereits eine Arbeitsschulpädagogik entwickelt, er war durch seine Pestalozzi-Gedenkrede in Zürich 1908 *Die Schule der Zukunft eine Arbeitsschule* weltbekannt geworden.

Spranger und Kerschensteiner, Vater der Berufsschule, waren Freunde und haben sich mit Herzblut eingesetzt für die Hochschätzung der *Volksbildung* (Volks- und Berufsschule). Mühselig war der Weg zur eigentlichen Berufsschule mit der *wechselwirkenden Dualen Berufsbildung*. Spranger ist *heute* aktuell auch als Historiker der *deutschen Volks- und Berufsschule und Schulpflicht* (1949/1971, 51–63: Volksschulpflicht ab 1920. – 1949/71, 64–96: Berufsschulpflicht erst ab 1938).

Duale Berufsausbildung ist: Lehre im Betrieb: als dreijährige Ausbildung unter meisterlicher Anleitung; Schwerpunkt: *Berufsfachliche Praxisanleitung* einerseits; in *Wechselwirkung* andererseits mit der *Berufsschule*: mit den berufsfachbildenden und allgemeinbildenden Unterrichtsfächern; Schwerpunkt: *theoretische* Vertiefung der Meisterlehre zusammen mit *Menschenbildung*.

Wir Deutsche merken heute noch nicht, wie lebenswichtig der international bewunderte deutsche Volks- und Berufsbildungsweg ist, der bildungspolitisch im eigenen Land aufs sträflichste verkannt wird – viel schlimmer noch als ohnehin schon früher. Ich beurteile ihn *neben* dem gymnasial-akademischen Weg zum Beruf ganz entschieden als *gleichwertig.*

Warum diese schulpädagogische Zeitgeschichte? *Alle* Lehrer müssen lernen, nicht nur Abituraspiranten sollten lernen – gerade in der Zeit der Migration aus fernen ländlichen Gebieten –, *Volksschüler* zu *„verstehen":* Grund- und *Hauptschüler zu verstehen,* wozu besonders viele Migranten gehören, – statt hochmütig auf sie herabzusehen. *Keineswegs* Geringschätzung und „Mobbing" zu *dulden:* Das nötige *Fordern darf auch und gerade hier nie ohne individuelles Fördern geschehen*! – Dann gibt es weniger Auflehnung, weniger Sich-absentieren unter Schülern. Davon hängt für Lehrer die Berufsfreude, ihre und der Schüler Lebens- und Lernfreude ab – und für uns: unsere Zukunft! (Vgl. besonders den Originaltext Spranger „Der geborene Erzieher"; vgl., heute in der Zeit defizitärer Lehrerbildung viel beachtet, wenn auch mehr auf Lerneffektivität gerichtet: Hattie 2008/2013.)

Spranger kann man den großen Theoretiker des *geisteswissenschaftlichen pädagogischen Verstehens* nennen. Er hat nun, Dilthey und Paulsen folgend, angeregt von Kerschensteiner für die *Volksschulpraxis*, die Theorie des Verstehens philosophisch und psychologisch-pädagogisch auf neuer Grundlage ganz wesentlich weiterentwickelt und bereichert. (Vgl. den Originaltext Spranger: Der Eigengeist der Volksschule 1955 u.ö.) Dies schon am *Beispiel* der Disziplin Psychologie in seinem weltbekannten Buch *Psychologie des Jugendalters* (^{1}1924). Darin schickt er als erstes das Kapitel voraus über „Aufgabe und Methode". Für die Hermeneutik allgemein kommen vor allem 6 Seiten in Betracht (^{22}1951, 3–8), ebenfalls Pflichtlektüre für Studenten. Hier meidet Spranger das Wort „Hermeneutik". Er will wohl die alte theologisch-philologische Jahrhunderte-Tradition nicht noch hineinpacken, nachdem Schleiermacher und Dilthey eine bereinigende und ordnende Wirkung hatten.

Seit Schleiermacher gibt es kein *wissenschaftliches* Verstehen ohne *Empirie*, also *physisch vorliegenden* Problemgegenstand, Text, *historische* Quellen, Scherben u.a.; Gestein u.a. als *Naturforschungs*-Gegenstände. – Spranger betont im Gegensatz zu einer anti-*metaphysischen* Neigung Diltheys zum Empirismus zwei Aspekte:

Empirische Fundierung ist nur der eine Teilaspekt des Verstehens

Dilthey meint, Verstehen sei nur bezogen auf die Äußerung eines Erlebens der Seele eines konkreten Menschen möglich, nur so zu „beschreiben" und zu „zergliedern", in Text und Kontext als Erlebens-Äußerung aus der Perspektive des zu Verstehenden. Spranger jedoch geht weit hinaus über diese – wie gesagt unverzichtbare – empirische, *physische* Gebundenheit ans lebendige Subjekt des Sich-Äußernden, sein Werk, seine Position in Geschichte und Welt. Entscheidend ist nach Spranger der *Sinn* dessen *in einem objektiven Kulturganzen*, um was es dem Sich-Äußernden geht: Sinn ist etwas *Meta-Physisches*.

Kulturanalytischer Aspekt des Sinn-Verstehens

Spranger würdigt somit das empirische „Beschreiben und Zergliedern" (s. Dilthey):
Getreu „abbildendes Nacherleben des ... Erlebens und Verhaltens einer Einzelseele" (Spranger 1951, 5)
ist *notwendig*, conditio sine qua non. Aber dies nacherlebende „Beschreiben", auch seine Analyse, „Zergliedern", ist nicht *hinreichend*, um Verstehen im vollen Sinn theoretisch als Aufgabe und Methode zu definieren.
Ich komme zurück auf meinen Begriff der Standpunktüberlegenheit, den ich erstmals 1965 in die Diskussion geworfen habe. Man kann ihn der Sache nach bei Schleiermacher 1799 (Hinrichs 1965, 26–28, vgl. 29–33) und bei Spranger spätestens ab 1924 finden. Zitat:
„Zum *vollen* Verstehen gehört ein Standpunkt, der der Befangenheit in das eigene bloße Selbstsein weit überlegen ist." (Spranger [1924]1951, 4.)

Erhebliche Standpunktüberlegenheit ist natürlich schon bei Dilthey als Kriterium zu finden. Auf das Wort „weit" überlegen kommt es jetzt an. Im Unterschied zu Dilthey gewinnt bei Spranger das Wort „Sinn" nicht nur beiläufige, sondern zentrale Bedeutung. *Verstehen* ist Sinn-Erfassung. Genauer und nach Spranger:
„Verstehen in allgemeinster Bedeutung heißt: *geistige Zusammenhänge* in der Form objektiv gültiger Erkenntnis als *sinnvoll auffassen*." (1951, 3.)

Das Wort *Sinnwissenschaften für Geisteswissenschaften* ist daher *mit Blick auf Spranger 1924 angebracht*. Nicht nur der bloße Autor, seine *Seele* ist zu verstehen, nicht die Äußerung aus dessen „Erleben", auch nicht aus dem aus *seiner* Perspektive erlebbaren „Kontext" heraus *allein* ist zu verstehen. Sondern *objektive* „geistige Zusammenhänge" sind „als *sinnvoll*" in objektiv gültiger Erkenntnisform zu erfassen. Ich zitiere Spranger:

„*... was heißt Sinn ...? Sinn hat, was in ein Wertganzes als konstituierendes Glied eingeordnet ist.*" (3)

Der besondere *strukturelle* Bezug der Äußerung einer subjektiven und individuellen Seele zu einem größeren objektiven *Wertganzen* macht nach Spranger erst ihren Sinn aus. Spranger zeigt das an zwei Beispielen, einmal am Beispiel des Spiels beim Kind.

1. Beispiel: Das Nacherleben des Verhaltens eines spielenden Kindes erschöpft sich in Beschreibung und Analyse der Äußerungen seiner Erlebnisfreude, z.B. seines Jauchzens und Strahlens. Es kommt nicht darüber hinaus. Mit der Deutung nach der Spieltheorie von Karl Groos aber, Spiel sei auch Übung „künftiger lebenswichtiger Tätigkeiten", eröffne sich ein *weiter Kulturhorizont des Deutenden selbst*. Einen „übergreifenden Sinnzusammenhang" soll er *überschauen*. Das *Besserverstehen* des Interpreten rückt jetzt ins Zentrum. (Vgl. Spranger 1951, 7). Ergänzend können wir die anthropologische Spielselbstzwecktheorie von Johan Huizinga nennen in einem später – nach Sprangers Jugendpsychologie 1924 – erschienenen Buch: *Homo ludens* von 1938 (auflagenstark auch in deutscher Sprache). Homo ludens (lat.) heißt: Der spielende Mensch; oder frei übersetzt: Der Mensch ein *spielendes Kulturwesen*. Huizinga wollte nicht nur beim *Kind*, sondern nach Schillers Briefen „Über die ästhetische Erziehung des Menschen", die *anthropologische* Notwendigkeit des Spiels als humanes Grundbedürfnis überhaupt neu begründen. (Vgl. Schleiermacher 1799, dazu Hinrichs 1965.)

2. Beispiel: Sprangers zweites Beispiel betrifft die prägenden großen objektiven Kulturgebiete, „Geistesmächte", an denen wir irgendwie subjektiv mitwirken:

Staat, Gesellschaft, Wirtschaft, Wissenschaft, Kunst, Kirche/Religion.
Über diese empirisch wahrnehmbaren *objektiven* Großphänomene handelt sein Hauptwerk, das Buch *Lebensformen*, in 2. Auflage 1921 umfangreich ausgearbeitet erschienen, drei Jahre vor Ersterscheinen der *Psychologie des Jugendalters*. (Vgl. Spranger: Originaltext „Lebensformen".) Das Kernkapitel dieses Hauptwerks *Lebensformen* behandelt die verschiedenen *persönlichen Begabungen*, die *subjektiven* geistigen „Grundrichtungen" und Neigungen, kraft deren erst solche kulturellen Großgebilde entstehen können. Und diese historisch wirksamen Großmächte strahlen prägend auf unser Inneres aus. So entstehen in Wechselwirkung die persönlichen Hauptlebensorientierungen

und -tätigkeiten. Isoliert und *idealisiert* man sie in Gedanken, so kann man einseitige *Menschentypen*, „Idealtypen" unterscheiden, *den politischen, den sozialen, den ökonomischen, den theoretischen, den ästhetischen und den religiösen Menschen*. – Ohne deren begrifflich erzielte Kenntnis wird das Verstehen des Interpreten nicht der objektiven Prägung der Seele und ihres „Textes", ihrer Äußerungen, gerecht. Spranger verdichtet dies in folgenden Worten drei Jahre später im Methodenkapitel seiner Jugendpsychologie 1924:

„wir sind in hohem Maße bedingt und geformt durch einen Bestand überindividueller geistiger Gebilde (wie Wirtschaft, Wissenschaft, Staat, Sittlichkeit, Religion der betreffenden Kultur), die uns gefangennehmen, leiten und beherrschen. Der *Sinn* dieser übergreifenden Geistesmächte lebt nicht von vornherein voll bewußt in uns. Er wird nur durch philosophisch-historische Denkarbeit zum Bewußtsein erhoben und auch durch sie nur teilweise." (Spranger 1951, 7.)

Der Sokratesfaktor der Selbstkritik in Sprangers Philosophie

Jeder Mensch ist sonach in der *Realität* dank Herkunft und Sozialisation ein *einzigartiges*, nie ganz entwirrbares *subjektives* Gemisch all dieser verschiedenen idealtypischen Grundrichtungen oder Motive und Fähigkeiten zu den *objektiven Kulturgebieten*. Die Gebiete *wirken* geschichtlich auf letztlich unentschlüsselbare Weise *auf jeden anders ein*. Erst durch

„philosophisch-historische Denkarbeit ... und auch durch sie nur teilweise" (7)

ist eine – ich wiederhole: stets nur „teilweise" (ebd.) – Entschlüsselung im Einzelfall möglich, wenn man einen Menschen verstehen will und von ihm genügend empirisches Verhaltensmaterial hat. Spranger unterstreicht also das Fragmentarische dieses Objektivitätsstrebens.

„Warum wir so denken ..., so werten ..., so handeln ..." und nicht anders, „ist in alle Ewigkeit nicht allein aus unserem Individuum abzuleiten." Sondern nur bei Beachtung des *überindividuellen* Lebens- und Kultur-*Kontextes* können wir seinen „subjektiven Geist" als einen „Ausschnitt" des „objektiven Geistes ... mit solchem objektiven Sinn vergleichen" (7 f.).

Sprangers Leistung ist die Entdeckung und Theorie verschiedener geschichtlich gewordener *soziokultureller Einfluß-Sphären*, Kulturgebiete: gleichsam *über* uns. *Und* der schlummernden, zu weckenden *Begabungen* dazu: Interessen, Neigungen, Fähigkeiten *in* uns.

„Wir verstehen den Menschen einer Zeit nur, wenn wir insofern über ihm stehen ..." (8), nämlich im Erforschen der Wirkung des *überindividuellen* Kultur-

Kontextes, der Kulturgebiete auf ihn persönlich.

Dabei hat das sokratische Ethos existentielle Bedeutung. Keinem Menschen darf in seiner Einzigartigkeit, Individualität Unrecht getan werden. Das geschieht, wenn man den Einfluß der Kulturgebiete ignoriert, wenn man den Menschen in seinen persönlichen Prioritäten von *heute* für morgen und *alle* Zeit etikettiert. *Das Vorläufigkeits-Postulat der Unergründlichkeit des Warum unserer Individualität und des stets Fragmentarischen unserer Erkenntnis nenne ich den Sokratesfaktor geisteswissenschaftlichen Denkens.* Diese fundierende Selbstkritik, das sokratische Wissen des Nichtwissens kennzeichnet das Ethos Sprangers speziell und ist normativ für *Geisteswissenschaftler* überhaupt im prägnanten Sinn. Sie alle sind an Schleiermacher direkt oder indirekt orientiert. – Ungenau und populär nennt man alle Nicht-Naturwissenschaftler unter den Humanwissenschaftlern Geisteswissenschaftler.

Das *sokratische* Moment, das meist im Sinne der frühen Platon-Dialoge verstanden wird, ist das des Weges dieser Dialoge in die *Aporie* oder Ausweglosigkeit. Warum hat Sokrates über die Jahrtausende hin kulturell maßgebend gewirkt – und 400 Jahre später mit ihm Christus? Erst der alte 70-jährige Sokrates machte Geschichte. Er warf seine Existenz in die Waagschale für seine Lebenstätigkeit der bohrenden *Fragen* auf dem Athener Markt, womit er Rechthaber ins Wanken und zum Selbstdenken brachte, wie der noch junge Christus 400 Jahre später für sein *religiöses* Wirken. *Beide haben den Tod auf sich genommen für das, wozu sie sich nicht von anderen, sondern aus ihrem Innersten, ihrem Gewissen berufen fühlten.* Dies todesmutige Sichbehaupten vor Anklägern, die mit dem Todesurteil drohten: nicht fürs Vaterland, nicht für „Nationalgötter", nicht für die Familie und deren „Hausgötter", sondern für etwas Großes, von innen aus Überzeugung Gebotenes, das weit über die Interessen irdischen Lebens hinausreicht, war damals neu. So haben sie „Schule gemacht", Geschichte gemacht. (Vgl. Spranger 1954, 257–264, bes. 259 f., 263 f., 278 f.)

Davon war Spranger tief ergriffen. In einschneidenden *politischen Bruch- und Wendezeiten* hat er über Sokrates feststellbar gearbeitet, innere Einkehr gehalten in die Geistesart des *Impulsgebers Sokrates für abendländische Wissenschaft und Pädagogik.* Dies haben seine Veranstaltungen mit Studenten ausgestrahlt: Besonders 1922 z.B. nach dem 1. Weltkrieg vor der Inflation; 1931 vor und 1933 zu Beginn der Diktatur des Nationalsozialismus; 1938, 1939, Beginn des 2. Weltkrieges; und mit der Berliner Vorlesung vor Kriegsende, Wintersemester 1944/45 über Sokrates und Platon. Nach seiner Emeritierung 1952 als 70-jähriger hat Spranger im Sommersemester 1953 ein Seminar über (den etwa 70 Jahre alt gewordenen) Sokrates mit wenigen Studenten veranstaltet, an dem auch ich teilnehmen konnte. Zusammen damit entstand wohl die Schrift 1954: *Das Rätsel Sokrates*[3]. (Vgl. Hinrichs 2012b.) – Bleibt ein Sokratiker, wer sich Hermeneutiker nennt und *gegen* die Geisteswissenschaften ist: wie Gadamer und Habermas?

„Hermeneutik" existenzphilosophisch (nach Gadamer)

Gadamer zur Begriffsgeschichte

Hans-Georg Gadamer (1900–2002) kritisiert in seinem Artikel „Hermeneutik" in dem lexikalischen Jahrhundertwerk *Historisches Wörterbuch der philosophischen Begriffe* (Bd. 3, 1974) die Linie, die von Schleiermacher bis Spranger führt. Spranger *nennt* er *im Haupttext* lediglich aufzählend *einmal*: unter anderen Denkern, denen er „Typenlehren" zuspricht (Gadamer 1974, 1065 f.). Die von Schleiermacher ausgehende philosophisch-geisteswissenschaftliche Linie der Hermeneutik charakterisiert er vom frühen Schleiermacher her zunächst eher positiv als eine „Tieferlegung ihrer Fundamente" (Gadamer 1974, 1064). Schleiermachers späte ausgereifte Hermeneutik-Akademieabhandlung 1829 in der Abteilung III (*Philosophie*) seiner Sämtlichen Werke berücksichtigt er nicht, auch nicht bei den Anmerkungen und Literaturangaben. Obwohl Gadamer beim *theologischen* Hermeneutiker Schleiermacher von *Aporien* spricht, geschieht das jetzt negativ ohne Rekurs auf die Tradition des Sokrates in den frühen Dialogen Platons. Er polemisiert vielmehr in einem lexikalischen Werk, das doch höchste Zurückhaltung und Objektivität erfordert:

„Die theologische Hermeneutik der mit Schleiermachers allgemeiner Grundlegung beginnenden Epoche ist ... in ihren dogmatischen Aporien steckengeblieben" (Gadamer 1974, 1066).

Gadamers Begriffspaar „dogmatische Aporien" ist symptomatisch und wird mit dem Tadel versehen: „steckengeblieben". Griechisch *Dogma* heißt: Lehrsatz, Lehrmeinung.

Das letztliche selbstkritische Meinungsbewußtsein des Subjekts darf aber nicht schweigen. Die „Wissensgesellschaft" verhöhnt das *sokratisch forschende* „Wissen des Nichtwissens", vernachlässigt die für *europäische* Kulturtradition – und *wissenschaftlich* – fundamentale aporetische Grundhaltung: *forschendes Lehren und Lernen*. Will Gadamer die Hermeneutik aus diesem

Kultur-Ethos und Wissenschafts-Zusammenhang der Bescheidenheit aussiedeln? Will er den puren Sprung, den Salto mortale in „Wahrheit" und *Dogmatismus*? Will
   Gadamer in Anlehnung an Martin Heidegger das „ ‚Ereignis' der Wahrheit" (1067) herbeiführen?

Ist dies die Aufgabe der Hermeneutik? – Notwendig war die sokratische Aporie gegen Verabsolutierung. Das selbstkritische (Lehr-)Meinungsbewußtsein, das hypothetische, sokratische Moment gehört zu jeder Dogmatik, jedem Lehrgebäude, jeder Theorie, die nicht Allwissenheit vortäuschen will. Das Wort Aporie meint in der philosophischen Tradition positiv den Sokratesfaktor, den ehrlichen Weg der Wahrheits-*Suche* bis zur *Ausweglosigkeit* als zum *letztlichen Wissen des Nichtwissens*. Man kann erneut fragen: Will Gadamer wirklich die Pointe der Hermeneutik von der rationalen und diskursiven Wissenschaft ganz heraustrennen und die existentielle Betroffenheit in der „Erfahrung" (1069) eines Werkes als „ ‚Ereignis der Wahrheit' " (1067) zum durchgehenden Leitmotiv der „Hermeneutik" machen – *statt* wissenschaftlicher Prüfung? Betont Gadamer selbstkritisch, oder parteinehmend:
   Die „Voraussetzungshaftigkeit alles Verstehens" (1069)?

Er unterstellt dagegen dem Geisteswissenschaftler Spranger, *versteckt in einer Anmerkung* (mit falscher Literaturangabe und falscher polemisch kommentierter Inhaltsangabe):
   dieser schöpfe nicht „den leisesten Verdacht" gegen die „uneingeschränkte Geltung" der „Voraussetzungslosigkeit" wissenschaftlichen Denkens (vgl. 1073).

Das genaue Gegenteil zeigt sich, genauestens begründet, in der wissenschaftstheoretisch bedeutsamen Berliner Akademierede Sprangers 1929: *Der Sinn der Voraussetzungslosigkeit in den Geisteswissenschaften*, welche Gadamer im *Haupttext* des Artikels meinen muß, ohne den Namen Spranger *hier* zu nennen (1069). Soll oder kann man Spranger getrost vergessen?
   Nach Spranger (1929) darf die Wissenschaft sich zwar auf „wertsetzende Urteile" (1929, 3) nicht *kaprizieren*. Sie bleibt der *Objektivität* verpflichtet. In der „geisteswissenschaftlichen Betrachtung" *hält* er jedoch *Voraussetzungslosigkeit, Wertfreiheit letztlich für unmöglich* (Spranger 1929, 13): gegen die „positivistische" Wertneutralitäts-These des von Spranger wissenschaftlich hoch geschätzten Max Weber (1864–1920). (Vgl. Spranger 1929, 12 f.):
   Die Geisteswissenschaften hält Spranger für mehrfach „von Voraussetzungen und Perspektiven abhängig" (13). Sie seien zumindest beeinflußt von der

"historischen Zeitlage" (1929, 13–15) und dem geistigen Horizont und Niveau der *"Forscherpersönlichkeit"* (15 f.) und einer aus diesen Faktoren resultierenden *"weltanschaulichen Grundhaltung"* als *"Basis für letzte Wertsetzungen"* (16 f.).

Kämpft einerseits etwa Bollnow (1975), als „Geisteswissenschaftler" eher existenzphilosophisch und ein wenig positivistisch an Popper ausgerichtet, gegen die Starrheit einer wie auch immer „voraussetzungsbehafteten Weltanschauung" (ist Spranger u.a. gemeint, der in Bollnows „Philosophie der Erkenntnis, Zweiter Teil" von 1975 nicht genannt wird?)? Ist er in Sorge, sich vor späteren Irrtümern durch „immer erneute Gegenbewegung" im Denkansatz, nach allen Seiten *relativierend* (Bollnow 1975, 120 f., 153) absichern zu können? So „setzt" andererseits Spranger 1929 bei genauer Analyse (s.o.) dagegen als letztlich *unauslöschbar* „voraus": eine *dynamische, lernfähige*, wenn auch *mehrfach geprägte*, je individuelle *weltanschauliche „Grundhaltung"*. Gadamer wiederum scheint sich die Lektüre der wichtigen Grundschrift Sprangers schlicht erspart zu haben. Er liest nicht einmal, was er so erschreckend falsch darstellt, allenfalls las er die – problematisierende! – Überschrift von Sprangers Abhandlung 1929, die er in Artikel und Anmerkungen *ebenfalls sinnentstellend falsch* zitiert: „Über die Voraussetzungslosigkeit der Wiss." (vgl. 1069, 1073). – Sprangers Titel: „Der *Sinn* der Voraussetzungslosigkeit *in* den *Geistes*wissenschaften"! – All das dürfte dem so gedanken- und wortmächtigen „Hermeneutiker" Gadamer gar nicht unterlaufen. Verhängnisvoll ist es für das „Historische Wörterbuch der Philosophie", das epochale Werk von hohem Rang, wohin zwar die Unterscheidung von anderen Lehrmeinungen, jedoch weder Polemik noch gar kardinale Anfängerfehler gehören.

Ganz entsprechend reihte sich Gadamer im selben Artikel dann auch, wenn es nur *gegen die Geisteswissenschaften* geht, in eine Front des „Zusammenstimmens" mit dem schon vom Ansatz her polemischen Marxismus (Kommunismus) ein und suchte insofern u.a. Jürgen Habermas als Bundesgenossen. Und das in einer Zeit, da es opportun war, 1974:

„Eine neue Virulenz erhielt das hermeneutische Problem im Felde der Logik der *Sozialwissenschaften*. Denn mit der hermeneutischen Kritik", also Gadamers Kritik „an dem naiven Objektivismus in den Geisteswissenschaften stimmt auch die marxistisch inspirierte Ideologiekritik zusammen (J. Habermas; vgl. auch ... H. Albert ...)" (Gadamer 1974, 1072).

Daher steht Gadamers Betonung der „Voraussetzungshaftigkeit alles Verstehens" (1069) in einem für meine Begriffe äußerst fragwürdigen Zusammenhang und zugespitzt fehlinterpretierend *gegen* angeblichen „Objektivismus in den Geisteswissenschaften" (1070).[4]

Gadamer geht so weit, die Kernaussage seines überaus sorgfältig argumentierenden und rücksichtsvollen viel älteren Kollegen Spranger von 1929 zu verdrehen und den Namen des zeitlebens international angesehenen und für die Verstehenslehre zentral wichtigen Kollegen an *dieser* entscheidenden Stelle im *Haupttext* des Artikels Hermeneutik – und *überhaupt* in diesem Artikel – so gut wie totzuschweigen. (Ihn auch *in Anmerkungen und Literatur*, im Gegensatz z.B. zu „Habermas", besonders zu „Gadamer" selbst, *nur einmal* zu nennen, das mit jenem zitierten polemischen und verdrehenden Kommentar: s.o., Gadamer 1974, 1073).

Hingegen ein Geisteswissenschaftler, der sich um Objektivität bemüht, weiß um seine subjektiven Voraussetzungen. Er weiß, daß er nicht ganz wertfrei sein kann, vielmehr – mein Terminus, den ich vorschlage – daß er *gegen Dogmatismus wertkritisch* sein sollte, was zuerst heißt: wert-*selbstkritisch*, also bescheiden. Anders und mit Sprangers Worten gesagt:

„Nicht Voraussetzungslosigkeit ist die Tugend der Wissenschaft, wohl aber *Selbstkritik ihrer Grundlagen*" (Spranger 1929, 20).

Habermas würde von Aufdeckung der *erkenntnisleitenden* „Interessen" sprechen. (Auch dann, *selbstkritisch*, wenn sie die *seinen* sind? Wohl kaum! S.u.) Was ich das zu fordernde *selbstkritische weltanschauliche Subjektbewußtsein des Geisteswissenschaftlers* in seinem Denken nenne und den daraus folgenden *sokratisch* selbstkritischen Anspruch *jedes Wissenschaftlers, zumindest des Geisteswissenschaftlers*, was bescheiden macht, das ist bei Spranger auch hier explizit zu finden. Ich resümiere: *Der Geisteswissenschaftler wertet nicht vorbehaltlos. Er ist wertkritisch, was zuerst heißen sollte: wertselbstkritisch.*

Den gleich hohen *selbstkritischen* Vorbehalt habe ich bei Existenzphilosophen wie Heidegger und Gadamer nicht gefunden (vgl. Hinrichs 2003, 15 f., 29). Spricht Gadamer von der „Voraussetzungshaftigkeit alles Verstehens", so scheint er dazu nicht deutlich ‚Vorsicht!' zu sagen. Er stürzt sich in (natürlich nicht private, aber) geschichtlich bedingte Standpunkt-Bedingtheit hinein, legitimiert die „dogmatische" *Entscheidung* dafür „begrenzt" (1974, 1069). Mit „hermeneutischer" Sturz-Mentalität – in Sartres Sprache: „totalem Engagement" – wendet er sich *gegen die Geisteswissenschaften* in Gestalt Sprangers durch Unterstellung und Mißdeutung, was schon bei kurzer Prüfung in die Augen springt. Im Aufdecken solcher *Vortäuschung von Kenntnis und Lektüre* der Akademie-Abhandlung Sprangers von 1929 enthüllt sich ein ideologisch bedingtes *selbstgerechtes Vorurteil* Gadamers, wodurch er sich genaues Verstehen, genaue Lektüre ersparen zu können meint. Es gilt, dies genauer zu zeigen.

Es fragt sich überhaupt, ob die Existenzphilosophie mit *ihrer* Hermeneutik nicht gleichsam den Sprung tun will, auf höchster, gleichsam himmlischer Bühne tanzt, wo sie das „ ‚Ereignis' der Wahrheit" inszeniert, was aber esoterisch gemeint ist und was nur Eingeweihte, eben Existentialisten können, die so hoch „springen" können und zu denen wir anderen, wir armseliges Publikum, nur bewundernd „aufblicken" dürfen wie zu Zauberkünstlern.[5]

Gadamer zu „Wahrheit und Methode"

Um Gadamer gerecht zu werden: Seine Stellungnahme gegen die Geisteswissenschaften begründet sich in der Konzeption seines Werkes *Wahrheit und Methode* (1960, ³1972).

1. Zum einen kritisiert Gadamer hier den geisteswissenschaftlichen Interpretationsbegriff, sofern er als *Methode* zu verstehen ist. Dem setzt er gleichsam den in seinem Sinne „hermeneutischen" unmittelbaren *Wahrheitsanspruch* entgegen, z.B. in Anlehnung an Rudolf Bultmann mit dem Begriff „existentiale Interpretation". Es habe nicht der „Text", sondern:

„Das Wort ... hat gegenüber dem Text ... den Primat, denn es ist Sprachereignis. Damit soll ... gesagt sein, daß das Verhältnis von Wort und Gedanken nicht das eines nachträglichen Erreichens des Gedankens durch das ausdrückende Wort ist. Das Wort ist vielmehr wie ein Blitz, der trifft. Entsprechend" erfahre das „ ‚hermeneutische Problem... im Vollzug der Predigt seine äußerste Verdichtung'" (letztes Zitat im Zitat Gadamer [1972, 498 f.] von Gerhard Ebeling).

Im „Sprachereignis" wird nach Gadamer die Wahrheit „Ereignis" (vgl. 1972, 450, 465). Soll demnach solche Hermeneutik im Übersprung die Ebene der „Wissenschaft" des Verstehens, der Interpretation, hinter sich lassen? Soll sie direkt zu Kunst, Dichtung, Predigt gleichsam hinfliegen als zu angeblich höheren und höchsten Gebieten – zwecks „Wahrheits"-*Garantie*?

„Es hat sich ... gezeigt, daß die Sicherheit, die der Gebrauch wissenschaftlicher Methoden gewährt, nicht genügt, Wahrheit zu garantieren." (1972, 465, vgl. 541.)

Was ist der Unterschied zwischen Wort der *Predigt* und der *demagogischen* Haßpredigt? Gadamer betont die „humane Bedeutung ... seit alters", aber auch die „Grenze" der (Geistes-) Wissenschaften (465). Doch der erhobene Anspruch der Wahrheits-*Garantie* (anstelle oder aufgipfelnd auf? der Wahrheits-*Suche*) scheint mir nicht bloß der Wissenschaft fremd, sondern ihrem „Wesen" nach nicht im „humanen" Sinn. Ebenso *inhuman*: das von Gadamer behauptete, hier nicht *klar* mißbilligte *Dienstbarmachenkönnen* der Wissenschaft „beliebigen Zwecken" (516). Die *Gefahr* des Positivismus steckt, was ich zeigen wollte, gerade nicht im Ansatz und „Wesen" zumindest der *Geistes*wissenschaften (Mißbrauch ist überall möglich).

2. *Zum anderen* sieht Gadamer Wahrheit als „Sprachereignis" mehr im aristotelischen Sinn. Eher punktuell gemeint („Blitz", s.o.)! – Gegen sokratisch-platonische Tradition der Bescheidenheit des Wissenwollens (statt Wissens) und der eigenen Fehlbarkeit sieht er sie

„in dem Aufweis der analogischen Struktur des Ganzen und seiner Erkenntnis , wie sie in der Situation des Handelns die Aufgabe ist." (1972, 511.)

Handlungs-Aufgabe oder -Ziel: Wahrheit? Das erinnert an Habermas. Nicht „Interpretation", sondern daraus folgendes „kommunikatives Handeln" mit seinen praktischen Folgen hält dieser für wahrhaft hermeneutisch. Wesentlich einleuchtender kritisch gegen Habermas, auch gegen den alten Marxismus?, verfährt Gadamer noch in „Wahrheit und Methode" (1972, 529 ff.). Mehr jedoch als hier verwirrt den Leser Gadamers lexikalische Bündnissuche mit *Marxismus* und Habermas in seiner historischen „Begriffs"-Philosophie (1974, 1072, s.o.).

„Hermeneutik" neomarxistisch (nach Habermas)

Zum Begriff „Sozialwissenschaften"

Da Gadamer nun den Sozialwissenschaften und dem Neomarxismus von Habermas den Vorzug gibt gegenüber „geisteswissenschaftlicher" Hermeneutik, ist zu fragen: Was bedeutet die neomarxistische Version der Hermeneutik? Jürgen Habermas (*1929), um dessen Hermeneutik es geht, ist *marxistisch* orientiert. Er gilt als „Sozialwissenschaftler" und wird zur „Kritischen (Frankfurter) Schule" gezählt. Merkwürdig: Seine Gegenspieler Karl Popper, Hans Albert und andere *Neopositivisten* nennen sich „Kritische Rationalisten". „Kritische Schule", „Kritischer Rationalismus": Da scheint ein erhebliches Wissenschafts-Potential der „Kritik" sich zu ballen gegen sich anders nennende Wissenschaftsauffassungen. Ich dachte immer, Wissenschaft sei per se kritisch und – pardon! – selbstkritisch.

Popper neigt zur Verabsolutierung der *naturwissenschaftlichen kausal und quantitativ gerichteten* Experimentalmethode sogenannter „exakter" Wissenschaft, zu welcher der Irrtumsvorbehalt gehört: „Falsifizierbarkeit" derjenigen Hypothese, die zum Versuch führen soll. Auf menschliche Dinge angewandt, wird hier in der Tradition seit Auguste Comte – wie beim neomarxistischen Antipoden – *ebenfalls* von „Sozialwissenschaften" als Gegensatz zu den „Geisteswissenschaften" gesprochen. Die experimentelle, die materialistische Versuch-Irrtum-Methode läuft aber im *humanen* Bereich Gefahr, aus Menschen konditionierte Versuchskaninchen zu machen. Die Verabsolutierung der materialistisch naturwissenschaftlichen Methode und Weltanschauung haben große Naturwissenschaftler wie Max Planck und Heisenberg mit ihrem bescheidenen selbstkritischen und unbestechlichen naturwissenschaftlichen Grenzbewußtsein gerade *nicht* mitgemacht.

Kennzeichen des Marxismus, des „historisch-dialektischen Materialismus", ist ebenfalls die Auffassung *naturgesetzlich kausal-deterministisch* ablaufender humaner historischer Prozesse. Aber *marxistische* „Kritik" ist intoleranter als Poppers verabsolutierter experimentaler Irrtumsvorbehalt. Sie ist ideologischer Motor angeblich unaufhaltsamer gewaltsam revolutionärer gesellschaftlicher *Prozesse* zur Diktatur, dann zur klassenlosen Gesellschaft. Habermas vertritt eine gemilderte Revolutionsversion, genannt: *Neomarxismus.*

Um nun dies und Habermas' Kritik der geisteswissenschaftlichen Hermeneutik sowie seine Hermeneutiktheorie zu begründen, muß ich zuvor auf die Wurzel geisteswissenschaftlichen Denkens vergleichend zurückgehen.

Exkurs über Schleiermacher

Habermas, prominenter neo- oder „postmarxistischer" Sozialtheoretiker, wertet gegenüber *Ver-Handeln* den Begriff *Interpretation* polemisch ab. Dazu ist Näheres auszuführen über Phänomene und Begriffe, die in der geisteswissenschaftlichen Tradition eine Rolle spielen. Seit meiner Arbeit über Schleiermachers *Geselligkeitstheorie* 1965 wehre ich mich dagegen, Schleiermachers hermeneutischen Ansatz bloß sprachphilosophisch zu deuten, wie in der Forschung üblich. Den hermeneutischen Ansatz habe ich schon in seiner frühen *„Theorie des geselligen Betragens"* von 1799 gefunden: Kulturphilosophie, Hermeneutik und Dialektik erwachsen keimhaft aus Schleiermachers *Modell* und Begriff *des geselligen Gesprächs als eines geistigen Austauschs* (s.o. Teil „Schleiermacher und Dilthey"; vgl., auch zum Folgenden, Hinrichs 1965). Hermeneutik, *Verstehen, lernt man,* so betont noch der späte Schleiermacher, in „unmittelbare(r) Gegenwart des Redenden". Diese *lebendige Praxis des unmittelbaren* Verstehens, Interpretierens im Gespräch rät Schleiermacher „dem Ausleger schriftlicher Werke dringend ..., ... fleißig zu üben" (vgl. Hinrichs s.o., auch 1985; vgl. zum Zitat 1829/1835, 352 f.; 1829/1995, 316 f.).

Das *gesellige* Verstehen und *Gespräch speziell* dient seinem ursprünglichen Sinn gemäß als *zwanglose Unterhaltung* mit wechselnden Gegenständen, einer spielerischen und *bildenden* gegenseitigen Kundgabe, Mitteilung des Inneren, der Gedanken und Empfindungen. Die geistige Bereicherung bis zur Standpunktüberlegenheit im Gespräch kann wiederum *auf das private und auf das öffentliche und berufliche Leben ausstrahlen.* Der Keim zur ernsthaften *theoretischen* Sach-Auseinandersetzung steckt darin und der Keim zum ernsthaften *freundschaftlichen* Austausch ebenfalls, aber nur der Keim, weil sich keine solche Gruppe beim geselligen Treffen vom zwanglosen und unterhaltenden geselligen Kreis absondern soll. *Sogar Keime zu allen menschlichen Kultursphären wirken nach Schleiermacher im humanen geselligen Betragen. Denn dies ist Urphänomen humaner, weil zwangloser persönlicher Bildung und kultureller Entfaltung. Es sollte, so meine Auffassung, in allen Sphären menschlichen Lebens hier und da auflockernd die Menschen zueinander aufschließen, wenn in ein Unternehmen eingeführt wird oder es dort „gar nicht weitergeht".*

In Erziehung und Schule, besonders im Seminar der Universität ist das disziplinierte *Sachgespräch* eine zentrale Aufgabe als theoretische Auseinandersetzung auf dem Weg zur Wissenschaft. Doch zur „Einstimmung" oder Einführung sollte an Interessen, Anschauungen, Welt- und Selbsterfahrungen teilnehmender Menschen „gesellig" angeknüpft werden, sollten sie in relativer Freiheit zur Geltung kommen. Austausch und Mitteilung des *eigenen* Inneren sollten anregend für das Thema verwendet werden, damit junge Menschen, z.B. Studenten, sich aufgerufen fühlen, aus *eigenem* Antrieb zu *Lernenden, Forschenden* zu werden.

Gespräche, ob gesellig oder ernsthaft freundschaftlich oder ernsthaft sachklärend theoretisch, dürfen nicht um eines praktischen „Zweckes" willen zu „Beschlüssen" oder „Konsens" aller Gesprächsteilnehmer „gelenkt" werden, weil dann der Gesprächsverlauf zu einer *Verhandlung* würde und die völlige „intellektuelle" Freiheit der Teilnehmer, *eigene* Konsequenzen aus der Bereicherung in *eigenem Denken* zu ziehen (oder nicht zu ziehen), unter Kollektivdruck geriete. *Das Gesellige ist die unterbrechende freizeitliche Stelle des Aufatmens. Hier soll die Menschheit in der Person (des anderen) allein Selbstzweck sein.*

Selbstzweck soll sie zwar auch im – humanen – *Arbeitsleben* sein, wo aber personale Humanität zusätzlich *zugleich* (nie allein) „Mittel" sein darf (Kant).

Doch *Sinn* der Geselligkeit ist *nicht ein „Ergebnis", sondern Bildung der Persönlichkeiten*, die nicht mit dem Erwachsensein aufhört. Es wird darauf vertraut, daß mit derart gebildeten und *sich im gegenseitigen Verstehen bildenden Menschen die Welt aus Freiheit besser wird.* Statt daß *jeder* freie Kulturbereich zur *persönlichen* Selbstwerdung und Horizonterweiterung, *der über den engen privaten Freiheitsraum hinausgeht,* einer kollektiv zu „verhandelnden" *Veränderung* (Besserung?) der *öffentlichen Gesellschaf*t untergeordnet, also *geopfert* wird.

Widersinnig ist es, in der Unfreiheit steten bloßen Verhandeln-*Müssens* das Kommen der (Herrschafts-) Freiheit zu sehen. Schleiermacher fordert jenseits der Hektik oft des privaten und fast immer des öffentlichen Lebens letztlich *Schonräume zum Selbstsein* und fürs Verstehenwollen anderer, 1. zur *inneren* Bereicherung im *Kennenlernen* geistiger Welten *anderer* im Gespräch, 2. zu eigenen bereichernden *Beiträgen* nach außen für andere. So daß man nichts will, außer zwanglos besser werden. Soziale Muße-Bereiche soll es geben ohne moralisch vorurteilsvolle Erwartungen der Gesprächsteilnehmer: Eine solche zwischen den Instituten und Institutionen schwebende, *Verstehensbrücken* bauende, erfrischende und belebende, freilassend anspornende und die *Humanität anregende Kultur- und Bildungs-Dynamik der „Geselligkeit"* erstrebte Schleiermacher, gleichsam als ein *das ganze alltägliche Leben durchdringendes Ferment.* Beispielhaft sah er sie als *Urphänomen.* Zwar erlebte er diese Kultur in den bürgerlichen Berliner Salons des ausgehenden 18. Jahrhunderts. Grundsätzlich aber ist das Geselligkeitsmotiv gleichgültig gegen allen Prunk, erwünscht in allen Wohnungen Einladender. Mehr noch: Es ist das Humane in *jeder* Situation, jedem Kulturgebiet.

Die keimende Humanität eines geselligen Gesprächskreises soll also *nicht* nur *theoretische* (im *engen* Sinn intellektuelle) Interessen, *sondern* Interessen in *allen* Kultur- oder Geistes-Sphären *im wechselseitigen Verstehen jenseits der Praxis zusammenführen* können, unterhalten und bereichern: theoretische, ästhetische, religiöse, politische, wirtschaftliche, soziale Interessen – wenn man Schleiermachers Kulturbegriff zugrundelegt, inhaltlich erweitert und vertieft durch die Kultur- und Bildungsphilosophie Sprangers.

Hermeneutik als „Diskurs" und „kommunikatives Handeln" nach Habermas

Otto Friedrich Bollnow (1903–1991) hat Stellung genommen gegen den „Diskurs"-Begriff, mit dem Habermas in seiner Hermeneutik operiert. Durch

„Diskurs" soll angeblich „herrschaftsfreie Kommunikation" geschehen als „Verständigung". Verständigung statt *Verstehen*, das klingt wie eine *politische oder ökonomische* Verhandlung streitender Parteien zum Zweck eines Vertrags. Bollnow (1975, 169–171) hat davon das „echte Gespräch" scharf unterschieden. Er bezeichnet es als „idealtypisch" für den *„Ort der Wahrheit"* (Kapitelüberschrift 28 ff., vgl. bes. 41 f. u.v.a.), wo die gemeinsame Suche nach ihr gleichsam Ereignis der Wahrheit wird. Das erinnert ein wenig an Heidegger und Gadamer, ist aber wohl auch im Sinne der sokratischen *geisteswissenschaftlichen* Tradition des Verstehens gemeint.

Das „echte Gespräch" (vgl. dazu überhaupt Hinrichs 1985 und 1965) kann sich jedoch aus der geselligen Unterhaltung auch als freundschaftliches und religiöses oder politisches Gespräch usw. im Sinne der *kulturethischen* Gebiete und Interessen entwickeln, wie gezeigt. Gegenüber *bloß* wissenschaftlicher, *bloßer Wahrheits-Suche* sind zusätzlich die weiteren Möglichkeiten geselliger und echter Gespräche zu betonen: Entfaltung *aller* Begabungen auf allen Kulturgebieten und in alle Berufsrichtungen, das wäre in Sprangers, aber auch in Schleiermachers Sinn. Gesellige *Kultur* ist ein *Bildungs*-Geschehen im unterhaltenden Gespräch, ist *Kultivierung* der sozialen Verhältnisse, der Personen im geselligen Kreis. Sie ist Keim zu dem, was zu humanerer Ethik und Pädagogik historisch führen soll: in Theorie und Praxis, in Erziehung und Schule – und zur vielgliedrigen humanisierten Hochkultur.

Wissenschaftstheoretisch stehen Schleiermacher und Spranger wie Bollnow gegen Habermas. Doch ein geselliges Gespräch, das zu *überwissenschaftlicher*, vielstrahliger Bildung tendiert, mit vielerlei Glanzpunkten, ist ein unverzichtbares Humanitäts-Ideal.

Ich habe in meiner Abhandlung *Standpunktfrage und Gesprächsmodell* von 1985 mit Bollnow gegen Habermas argumentiert. Viele nur schwer und teilweise gefährlich vieldeutig zu entschlüsselnde Stellen finden sich in der „Erkenntniskritik" von Habermas, die er ausschließlich als bloße „Gesellschaftstheorie" gelten läßt (Hinrichs 2003, 19 f.). Daß sein Weg der „herrschaftsfreien", d.h. marxistisch: „klassenlosen", Kommunikation nicht ohne Gewalt möglich ist, sehe ich darin, daß die „Ablösung gewalthabender Institutionen", die Habermas erzielen will, ja erst gewaltlose Herrschaftsfreiheit, Klassenlosigkeit, herstellen können soll (Habermas 1975, 71 f., 77 u.a.; genauer analysiert in Hinrichs 2003, 20–23).[6]

Wie soll dies wieder gelingen bei *institutioneller* Geltung der Gesetze, der Gerichtsbarkeit, des Justizvollzugs, des *Gewaltmonopols des Staates*? Abschaffung der Regierung, des Grundgesetzes, des Staates, der Gesetze, Strafgesetze, der Gesetzgebung (Parlament), der „Gewaltenteilung"! Daran dürfte kein Weg vorbeiführen. Man mag einwenden, das sei doch alles nur „idealiter" gemeint; es betreffe die „ideale Sprechsituation". Der „Diskurs" nach Habermas sei eben nur eine *argumentative* Sache der „Vernunft", nur das beste Vernunftargument könne sich durchsetzen.[7] Also ist die Realität, sind Gesetz, Gesetzgebung (Parlament), Gericht, Vollzug unvernünftig oder Reaktionen auf Unvernunft? In der Tat, die Realität menschlicher Verhältnisse bedarf der Korrektur aus *Vernunft*: unter der *Idee* der Gerechtigkeit. *Wer aber ist Schiedsrichter über die höchste Vernunft* in „Diskursen"? Ist unsere Staats- und Gesetzesordnung zu repressiv. Muß man sie lediglich (schleichend?) „ablösen"? Gewiß, da wäre dann ein Moment der Herrschaftsfreiheit hinsichtlich des Fehlens einer strafbewehrten Ordnung *anzunehmen*. Und wie sieht der *nächste* Moment aus?

Plötzlich haben wir eine Gesellschaft voller vernünftiger Leute? Keine Eltern mehr, die durch ihr schreiendes Kind die Geduld verlieren? Nein keine! Keine Mißhandlung mehr? Weil es keine schreienden Kinder und Menschen mehr gibt? Groß und klein argumentieren von Geburt an mehr oder weniger vernünftig, ganz herrschaftsfrei! So etwa müßte Habermas gegen Einwände weiter argumentieren, wenn er an die menschliche *Handlungsebene* denkt. Oder ist ein Ziel nach langen – Stunden, Tage, Jahre, Jahrhunderte dauernden – „Diskurs"-Bemühungen gemeint? Wann ist das Ende erreicht, das *ideale* Stadium der Gesellschaft, aller, in der *Realität*, nachdem wir die Diskurs-Strukturmerkmale nach Habermas kennen?

Um das Argumentationsniveau nicht zu verlieren, kann man nur noch sagen: „Gesellschaftspolitisch" *realitätstauglich* ist diese „Diskurs"-Theorie nicht. Also kann sie nur auf der idealen Ebene Geltung beanspruchen, nach dem Motto: Schön wär's, aber es ist nur im Himmel möglich.

Der für Ideales und Religiöses nach bekannter eigener Aussage „unmusikalische" Habermas sollte aber dann auch, wie ich es versucht habe, auf der *Handlungsebene* geprüft werden im Hinblick auf seine „Theorie des kommunikativen Handelns".

Habermas charakterisiert die *Gesprächs*-Theorie und die Theorie der *Interpretation* als einer *wissenschaftlichen* Methode sowie eines (gesellschaftspolitischen) *Schonraums* für solchen *autonomen* verstehenwollenden Austausch, indem er

die angebliche „Gefahr" des Abgleitens der Gesprächs- und Diskussionsteilnehmer auf „Interpretationsleistungen" beschwört, die Gefahr der „Anpassung des Handelns an Sprechen, ... an Konversation". Es ist die Stelle, wo er „den Begriff des kommunikativen Handelns" in seinem Buch einführt als eines „Mechanismus" der Zusammenführung von „Zwecktätigkeiten". (Habermas 1985, I, 143.)

Die *Verunglimpfung* eines *interpretierend* wahrheitsuchenden und verstehen wollenden (wissenschaftlichen) Gesprächs – oder der Geselligkeit – als bloße „Konversation", also nach heutigem Verständnis als oberflächlichen Smalltalk, richtet sich *gegen die geisteswissenschaftliche Methode* und gegen Schleiermacher. „*Sozialwissenschaft*" in Habermas' Sinn wird zum *Kampfbegriff gegen* die Geisteswissenschaften. Solches halte ich für einen *politisierenden Mißbrauch der Sozialwissenschaften – in denen ich anderenfalls durchaus ein hohes wissenschaftliches Erkenntisvermögen sehe* – und für einen Mißbrauch der Wissenschaft überhaupt. Die zitierte Aussage von Habermas erinnert an die bekannte 11. Feuerbach-These des jungen Marx:

„Die Philosophen haben die Welt nur verschieden *interpretiert*; es kommt darauf an, sie zu *verändern*."

Das Wort „verändern" wurde im Marxismus zur harmlos klingenden Chiffre für die dahinter *verborgene* Klassenkampf- und Revolutions-Ideologie, besonders wieder ab 1968.

Hans Albert (*1921) verteidigt energisch in seiner *Kritik der reinen Hermeneutik* 1994 Schleiermachers „klassische Zielsetzung" der Hermeneutik gegen die „Korrumpierung" u.a. durch Gadamer und Habermas. Den in „Antirealismus" zurückfallenden Modernismus beider wollte ich zeigen, gegen den sich auch Hans Alberts „kritischer Rationalismus" wendet.[8]

Statt der Theorie Habermas' eines *allumfassenden* „kommunikativen" Streits, der aber m.E. nur *begrenzt*, im Aus-Handeln, *ökonomisch*, und im Schaffen gesellschafts-*politischer* Tatsachen unvermeidlich ist, verteidige ich Recht, Gesetz, *Meinungsfreiheit* und daher *Pluralismus* (nicht Indifferenz, nicht Relativismus) gegen die *Nötigung* zum *Konsens* auf *allen* Gebieten. In diesem Sinn ist eine *liberale* Staatsordnung sowie der Gesprächsbegriff zu verteidigen: als eine durch die Freiheit in dieser Ordnung zu nutzende Gelegenheit zu relativ *autonomen* persönlichen und *kulturellen Entfaltungsmöglichkeiten – gegen kulturelle Verflachung und Verarmung* bei *einseitig* politökonomisch-ideologischer Ausrichtung, gegen Vereinnahmung und „Vernunft"-Uniformierung. Nicht „Vernunft, die ich", dieser bestimmte gesellschaftspolitische Erkenntniskritiker, „meine", *nicht* ein „erkenntniskritisches" *Meinungsmonopol* über den „Diskurs"-Begriff halte ich für erstrebenswert.

Solche „Kommunikation" im Sinne Habermas' läuft praktisch auf eine zu Konsens und Beschluß nötigende Debatte oder Diskussion hinaus. Oder in der von Habermas verschleierten Konsequenz auf endlosen „Diskurs". Manche Parteipolitiker, nicht zuletzt sozialistische, diskutieren so lange, bis Wahrheit und Sachlichkeit Suchende müde, entnervt, verzweifelt den Raum verlassen oder aufgeben, *sich* aufgeben und zustimmen. Daß *diese „Sitzfleischdiktatur"* „Konsens" gemäß Habermas ist, dazu gibt es Verdachtsgründe.⁹

Unterstellt, man glaube an irdisches Herbeikommen des herrschaftsfreien Diskurses und seine gesellschaftsheilende Kraft, so blicke ich auf die heutige *sozial-* und bildungspolitische Diskussion: Haben Gadamer, Habermas, Herwig Blankertz (1927–1983), ein Erziehungswissenschaftler, der mit Habermas und Niklas Luhmann sozial argumentierte, dem Weg der Facharbeiterbildung über Volks- (oder Haupt-), Berufsschule und Duale Ausbildung ernsthaft besonders viel Aufmerksamkeit gewidmet? Ziel scheint der „Aufstieg" zum Abitur: Blankertz' Prunkwort hieß: (Berufsschul-)„Kolleg"-Stufe. Das Wort „Kollegstufe" verführt zur Übersetzung „Vorlesungs"-Stufe, als ob nicht der Fachabiturzweig, sondern der Zweig zur „Universitätsreifeprüfung" (Vollabitur, reif für Vorlesungen, Kollegs) human wertvoll sei. – Gegen solch arrogante Praxis-Enfremdung in überakademisierter Gesellschaft verteidige ich den unermüdlichen verstehensfördernden Einsatz des Philosophen Spranger und seines Freundes Kerschensteiner für *Vielfalt und Wert* begabungsgerechter „nichtakademischer" Bildungswege in Handwerk, Technik, Handel, Krankenpflege usw. Ist die Habermas-Methode etwa sozialer? – Modelle für Schule und Gesellschaft sind wohlfeil. Kulturfördernde Bildung aber braucht lange Lebenswege, historische Prüfung und Bewährung.¹⁰

Am Ende hoffe ich, bloßen Positivismus, bloßen Existentialismus, Materialismus und Kognitivismus einsichtig als Irrwege dargestellt zu haben, zu denen ich nicht raten kann. Vielmehr plädiere ich in wissenschaftlicher Bemühung *gegen* die Politisierung oder Politökonomisierung von Wissenschaft und Kultur und *für* das Ringen um einen relativ autonomen Schonraum für selbstkritische Wissenschaft des Verstehens und praktische Aus-Übung des Verstehens in Schule, in Lehre, Studium und Forschung, für das Atmenkönnen der Frische und Freiheit des Lernens, Studierens und Forschens und gegen dessen „Verschulung" (vgl. Hinrichs 2012b). Diesen Ansporn und Geist habe ich persönlich in Tübingen als Praxis erlebt, ganz besonders, wen wundert's, wenn ich's einmal ausspreche, bei meinem Lehrer Eduard Spranger. Ohne ihn wäre ich nicht der ich bin. Darauf blicke ich dankbar zurück – in der Hoffnung, daß besonders die Studenten auf diesem Kongreß etwas vom Geist und Ansporn echt sokratischer geisteswissenschaftlicher Methode spüren und Feuer fangen.

Anmerkungen

1 Überarbeiteter Vortrag vom 8. August 2012 an der Universität Siegen auf dem Spranger-Kongreß 08.–09.08. 2012.
2 Vgl. Dilthey 1900. – Der Spranger-Kongreß ist entstanden aus dem mir, dem längst entpflichteten Professor und Schüler Sprangers, zugewandten „unzeitgemäßen" Interesse an der „geisteswissenschaftlichen" Methode seitens des viel jüngeren Kollegen Jürgen Bellers (Politikwissenschaftler). Er bat mich, in seinem reich besuchten Seminar, worin Lehramtsstudenten die überwältigende Mehrheit stellten, einen Vortrag am 17. Januar 2012 darüber zu halten. Vgl. Hinrichs 2012a. Dieser muß ihn so überzeugt haben, daß er mich und Markus Porsche-Ludwig einlud, gemeinsam einen Kongreß zu Sprangers 130. Geburtstag vorzubereiten, aus dem dieses Buch, nun zu Sprangers 50. Todestag 2013, hervorgeht. Dafür gebührt Jürgen Bellers Dank und Ehre.
3 in: Eduard Spranger (1954) 1969 (= GS I), vgl. bes. 257–259, 263, 277–279; vgl. zu den Jahren nachweislicher Befassung Sprangers mit Sokrates GS I, 446.
4 Gadamer (1974, 1070) erwähnt wohl, was man das Wahrheitsmoment des Standpunktes nennen kann, wenn der Interpret „seine eigenen Voraussetzungen mit ins Spiel bringt". Macht ihn das kritisch gegen sich selbst oder parteiisch gegen den zu Verstehenden? Man möchte annehmen ersteres. Aber es wird nicht eindeutig. Er sieht darin das „übersubjektive Moment": Zugehörigkeiten zu und den „Abstand" von „Zeiten", „Kulturen", „Klassen", „Rassen" (ebd.). Meint er die *überindividuelle* Prägung eines Individuums, die doch zu dessen Subjektivität und Individualität gehört? Steckt aber darin nicht die ganz persönliche Möglichkeit kritischen Standpunkt-*Bewußtseins,* der *Standpunktüberlegenheit,* sich gegen die Zeitmode, den konkreten kulturellen, den konkreten Klassen-, Rassen-*Kollektivdruck* zu stemmen? Wie ist das interpretierend zu berücksichtigen? Gadamer meint, dieses „übersubjektive" Moment „eigener Voraussetzungen" mache den Interpreten „produktiv" und verleihe „dem Verstehen Spannung und Leben" (ebd.).
Spannung mit welchem Antipoden? Selbstkritische Spannung des Verstehenden mit sich selbst oder/und Spannung mit der anderen Zugehörigkeit des zu Verstehenden? Das bleibt offen. Ist etwa von Selbstkritik freies Rassenzugehörigkeitsbewußtsein in „Spannung", im „Abstand" zu anderen Rassen, etwa *gegen* andere Rassen schon „übersubjektiv", weil das eigene Subjekt sich zum Rassenkollektiv zugehörig fühlt? Dies oder das selbstkritische Gegenteil, die interpretierende kritische Relativierung der Zugehörigkeiten wegen des „Abstandes" der verschiedenen Zugehörigkeiten, bleibt offen. Wie verwertet der Interpret den „Abstand" zur Zugehörigkeit des zu Verstehenden? Ist *das* die „Spannung? Ist Gadamer folglich die feindselige Rassenideologie oder Klassenideologie, Rassenkampf gegen die andere Rasse, Klassenkampf gegen die andere Klasse gegenwärtig oder nicht gegenwärtig, und wie steht er dazu? Man möchte annehmen: eindeutig kritisch. Aber das bleibt in diesem Zusammenhang unklar und gefährlich zweideutig, zumal wenn man seine relativ positive

Einstellung (1974, 1072) zum klassenkämpferischen (Neo-)*Marxismus* hier berücksichtigt.
5 Vgl. Gadamer 1974, 1072; ferner zum Problem des Ausgrenzens der Nicht-Eingeweihten vgl. W. Hinrichs 1998, bes. 464–472.
6 Jürgen Habermas 1975, 71 f., 77 u.a.
7 Ich nehme hier Einwände meines Freundes Gottfried Bräuer gegen meine Thesen auf.
8 Vgl. Hans Albert 1994, bes. 228 f., insgesamt die Bedeutung des Kapitels VII, 198–229. Dies ist, wenn auch auf der schmalen Belegbasis von Thesen des frühen Schleiermacher (Reden „Über die Religion"), vgl. Albert 199 f., ein beachtenswertes Plädoyer für Realismus – m.E. *ohne* („wissenschaftliche" Notwendigkeit des) *Atheismus*. Vgl. z.B. den Hinweis Alberts auf Max Weber 198. In seiner Kritik an Schleiermacher hat er allerdings, dem Positivismus nahestehend, den später genau ausgearbeiteten „historisch-kritischen" wissenschaftstheoretischen Ansatz von Schleiermachers *Glaubenslehre* (1820/21, ²1830/31) nicht berücksichtigt: vgl. Hinrichs 2007.
9 Vgl. Jürgen Habermas 1985, Bd. I, 143; vgl. überhaupt zum Bisherigen Hinrichs 2003, dort die Anmerkungen S. 41 f. und den Text dazu S. 19–28.
10 Julian Nida-Rümelin (2013) knüpft heute in seinem bemerkenswerten Buch an die große deutsche Bildungstradition an. – Daß selbst bei der aus Sicht der Bildungstheorie Sprangers und aus der realistischen Sicht des drohenden Facharbeiter- und Handwerkermangels festzustellenden nivellierenden Überakademisierung Deutschlands die deutschen Hochschulen wissenschaftlich immer noch wesentlich effektiver arbeiten als die der USA, darauf weist Nida-Rümelin 2013a hin. Dennoch: „Wir sind auf dem Weg nach Amerika." Und das „muss zwangsläufig am Ende das so viel gelobte ... duale System zerstören." (Nida-Rümelin 2013a). Er vergleicht in diesem Zeitungsartikel die deutschen Hochschulen mit denen der USA, deren Akademiker-Orientierung in Deutschland als vorbildlich gepriesen wird. Für die Vereinigten Staaten muß *dieser* Vergleich aber hinsichtlich *wissenschaftlicher* Bildung vernichtend ausfallen. Wie viele Studierende werden „im Laufe ihres Studiums an Forschungsfragen herangeführt und setzen sich mit diesen in ihren Abschlussarbeiten auseinander"? „In den Vereinigten Staaten gilt dies nur für 12 Prozent aller Studierenden, in Deutschland für 70 Prozent. Wenn wir die *Akademikerquote* eines Jahrgangs danach definieren, wie viele an Einrichtungen studieren, an denen auch geforscht wird, läge die Akademikerquote in den Vereinigten Staaten nur noch bei 6 Prozent." (Hervorhebung von W.H.) – Vgl. auf derselben S. 7 der FAZ v. 16.08.2013 den bemerkenswerten Artikel von Klaus Zierer: Die missverstandene Bildungsgerechtigkeit.

Literatur

Hans Albert: Kritik der reinen Hermeneutik – Der Antirealismus und das Problem des Verstehens, Tübingen 1994.
Otto Friedrich Bollnow: Das Doppelgesicht der Wahrheit, Zweiter Teil, Stuttgart u.a. 1975.
Wilhelm Dilthey: Ideen über eine beschreibende und zergliedernde Psychologie (1894), in: ders.: Gesammelte Schriften, Bd. V, Stuttgart/Göttingen ^{6}1974, 139–240.
Ders.: Die Entstehung der Hermeneutik (1900), in: GS V, 317–331, Zusätze aus den Handschriften, in: GS V, 332–338.
Hans-Georg Gadamer: Wahrheit und Methode – Grundzüge einer philosophischen Hermeneutik (1960), Tübingen ^{3}1972.
Ders.: Hermeneutik, in: Historisches Wörterbuch der Philosophie, Bd. 3, Basel/Stuttgart 1974, 1061–1073.
Jürgen Habermas: Erkenntnis und Interesse (1968), Frankfurt/Main ^{3}1975.
Ders.: Theorie des kommunikativen Handelns, 2 Bde. (1981), Frankfurt/Main ^{3}1985.
John Hattie: Visible Learning 2008; deutsch übers. und kommentiert hg. von Klaus Zierer und Wolfgang Beywl: Lernen sichtbar machen, Hohengehren 2013.
Wolfgang Hinrichs: Schleiermachers Theorie der Geselligkeit – und ihre Bedeutung für die Pädagogik, Weinheim/Bergstraße 1965.
Ders.: Standpunktfrage und Gesprächsmodell – Das vergessene Elementarproblem der hermeneutisch-dialektischen Wissenschaftstheorie seit Schleiermacher, in: Kurt-Victor Selge (Hg.): Internationaler Schleiermacher-Kongreß Berlin 1984, 2 Bde., Bd. I, Berlin/New York 1985, 513–538.
Ders.: „Gesellschaft", hermeneutische Wissenschaftstheorie, pädagogischer Person- und Kulturbezug im Licht existentialer Fundamentalkritik – R. Lassahn z. 70. Geb., in: Pädagogische Rundschau (52) 1998, 449–473.
Ders.: Schleiermachers Kulturphilosophie – Geselligkeit, Gespräch und Liebe als Grundmotive, in: Johanna Hopfner: Schleiermacher in der Pädagogik, Würzburg 2001, 137–169.
Ders.: Ethos oder Wertfreiheit von Wissenschaft und Studium? – Die Postionen des Positivismus, Materialismus und der geisteswissenschatlichen Tradition, ihre Bedeutung für akademische Bildung und Berufe heute, in: Einst und jetzt, Jahrbuch d. Vereins für corpsstudentische Geschichtsforschung, Neustadt/Aisch 2003, 11–44.
Ders.: Eduard Spranger als akad. Lehrer, Hochschul- u. Wissenschaftstheoretiker, in: Werner Sacher/Alban Schraut (Hg.): Volkserzieher in dürftiger Zeit – Studien üb. Leben u. Wirken E. Sprangers, Frankfurt/M. 2004, 165–208.
Ders.: Philosophische Gedanken zu Schleiermachers Theologie und Pädagogik, in: Vierteljahrsschrift für wissenschaftliche Pädagogik, H. 4/2007, 448–469.
Ders.: Die geisteswissenschaftliche Methode und ihre Bedeutung für die Pädagogik – Eduard Spranger zum 130. Geburtstag, in: Pädagogische Rundschau (88. Jg., H. 5) 2012, 585–604, bes. 590–596, *zit.: 2012a*.

Ders.: Der deutsche Universitätsgedanke im 19. und 20. Jahrhundert – Lebt Sokrates noch? ... , in: Vierteljahrsschrift für wissenschaftl. Pädagogik, 88, H. 2/2012, 187–213, *zit.: 2012b.*

Johan Huizinga: Homo ludens – Vom Ursprung der Kultur im Spiel (1938, dtsch. ab 1939), Reinbek b. Hamburg (1956) ²¹2009.

Georg Kerschensteiner: Die Schule der Zukunft eine Arbeitsschule, 1908, in: Grundfragen der Schulorganisation, hg. v. Josef Dolch, München/Düsseldorf ⁷1954, 98–117.

Julian Nida-Rümelin: Philosophie einer humanen Bildung, Hamburg 2013.

Ders.: Bildungspolitik auf Abwegen, in: Frankfurter Allgemeine Zeitung (FAZ) v. 16.08.2013, S. 7.

Friedrich Schleiermacher: Versuch einer Theorie des geselligen Betragens 1799, in: Otto Braun u.a.: Fr.D.E. Schleiermacher, Werke, Auswahl in 4 Bdn. Leipzig (1913), ²1927, Bd. II, 3–31.

Ders.: Vorlesungen über Gegenwirkung, Strafe und Zucht (1820/21), in: Pädagogische Schriften, hg. v. Theodor Schulze u. Erich Weniger, 2 Bde., Düsseldorf u. München 1957 (u.ö.), Bd. II, 171–202, *zit.: S/W.*

Auch in: *ders.*: Texte zur Pädagogik, hg. v. Michael Winkler u. Jens Brachmann, 2 Bde., Frankfurt am Main 2000, Bd. I, 290–380, *zit.: W/B.*

Ders.: Über den Begriff der Hermeneutik – mit Bezug auf F.A. Wolfs Andeutungen und Asts Lehrbuch, Akademieabhandlung 1829, in: ders.: Sämtliche Werke (SW), III. Abt. Philosophie, Bd. 3, 1835, 344–386.

Abgedruckt auch in: *Manfred Frank* (Hg.): Schleiermacher: Hermeneutik und Kritik, Frankfurt am Main (1977) ⁶1995, 309–346.

Eduard Spranger: Lebensformen – Geisteswissenschaftliche Psychologie und Ethik der Persönlichkeit (1914, ²1921), Tübingen ⁸1950, München/Hamburg, hg. mit Geleitwort v. Hans Wenke, ⁹1965.

Ders.: Psychologie des Jugendalters (1924), Heidelberg ²²1951 u.ö.

Ders.: Der Sinn der Voraussetzungslosigkeit in den Geisteswissenschaften. Sitzungsberichte der Preußischen Akademie der Wissenschaften. Philosoph.-histor. Klasse, Berlin 1929, 2–30 (Unveränd. Neudruck in Wiss. Buchgesellsch. Darmstadt 1963).

Ders.: Zur Geschichte der Volksschulpflicht, in: ders.: Zur Geschichte der deutschen Volksschule, Heidelberg 1949 (u. 1971, hg. v. Wilhelm Flitner), 51–63.

Ders.: Zur Geschichte der Berufsschulpflicht, in: ders.: Zur Geschichte der deutschen Volksschule, Heidelberg 1949 (u. 1971, hg. v. Wilhelm Flitner), 64–96.

Ders.: Das Rätsel Sokrates (1954), in: ders.: Gesammelte Schriften (GS), 11 Bde., Bd. I, hg. v. Andreas Flitner und Gottfried Bräuer, Heidelberg 1969, 257–279 [erstmals in: Blätter für Lehrerfortbildung, Jg. 6, 1954 (H. 7), 241–253], vgl. zur Beschäftigung Sprangers mit Sokrates GS I, 446.

Gottfried Bräuer

Ein Blick auf das Verhältnis von Eduard Spranger und Carl Schmitt

Im Nachhinein sieht vieles anders aus. Es ist geradezu ein Signum des beschleunigten geschichtlichen Wandels, daß sich Entwicklungstrends verschieben, innere Formen verändern, Lebenszusammenhänge wie Programme unter den Vorbehalt von Fristen geraten, politische und kulturelle Schwerpunkte sich wider Erwarten verlagern, vieles für unumstößlich Gehaltene sich bald als ephemer erweist, andererseits aber für überlebt gehaltenes Gedankengut in modifizierter Gestalt wieder auftaucht bzw. fundamental neu gedeutet wird.

Von diesem Auf und Ab der Bedeutungszuschreibungen und Gewichtungen sind auch die beiden Protagonisten betroffen, von denen im folgenden die Rede sein soll. Der eine errang mit seinen Frühwerken ein hohes internationales Ansehen, das erste erreichte 8 Auflagen, das zweite vor einem halben Jahrhundert über 26; beide wurden in alle Weltsprachen übersetzt. Entsprechende Ehrungen, aber auch Anfeindungen blieben nicht aus. Über Jahrzehnte hinweg galt er in seinen Fächern als eine unübergehbare Instanz. Inzwischen ist es um ihn still geworden; sein Ort in der geistesgeschichtlichen Landschaft ist verschattet, die Prüfung der Indices einschlägiger Periodika zeigt, in welchem Maße er marginalisiert worden, wenn nicht gar vergessen ist. Ist das die Folge seiner Überholtheit oder von sicher funktionierenden Untersuchungsblockaden? Lassen wir das hier offen. Der andere der beiden Protagonisten hat nach seinem erzwungenen, aber zweifellos auch mitverschuldeten Abbruch seiner universitären Karriere seine Attraktivität nicht eingebüßt, sondern über Briefwechsel, Vorträge in ausgewählten Zirkeln, wissenschaftliche Beiträge mit polemischen Akzenten sowie durch Diskurse mit Interessenten aus verschiedensten Lagern, die ihn im selbstgewählten Rückzugsraum aufsuchten, nachweislich in Schüben an Einfluß gewonnen. Seine gewagten, brillant vorgetragenen Thesen haben selbst bei Skeptikern seine Reputation in der gesamten westlichen Hemisphäre nicht nur nicht eingetrübt, sondern eher verstärkt.

Ironie des Schicksals? Sind wir am Ende doch alle nur Zaungäste einer sich nach fremden Gesetzmäßigkeiten fortbewegenden Geschichte? Gerechtigkeit gehört nicht zu den Eigenheiten von Konjunkturen; im übrigen wäre es fatal, geschichtliche Wandlungen und Verwerfungen unter dem Blickwinkel von Marktmechanismen betrachten zu wollen.

1.

Es erscheint zweckmäßig, von einer Schlüsselszene auszugehen, – der berühmt-berüchtigten Befragung, zu welcher Eduard Spranger und Carl Schmitt im Juni 1945 zusammenkamen. (Dabei kann ich nur von der mir zugänglichen Quellenlage ausgehen, den Vorbehalt, daß Archive noch andere Aspekte zutage fördern, wird man im Auge behalten müssen [1].)

Carl Schmitt beginnt die Schrift „Ex Captivitate Salus", in der er seinen Reflexionen und Erfahrungen der ersten beiden Nachkriegsjahre Gestalt gibt, mit folgenden Ausführungen:

„Wer bist du? *Tu quis es*? Das ist eine abgründige Frage. Ich stürzte Ende Juni 1945 tief in sie hinein, als Eduard Spranger, der berühmte Philosoph und Pädagoge, von mir die Beantwortung eines Fragebogens erwartete. Bei diesem Anlaß sagte er mir, meine Vorlesungen wären zwar überaus geistvoll, ich selber aber, meine Persönlichkeit und mein Wesen, undurchsichtig. Das war ein schlimmer Vorwurf, der besagte: was du denkst und sprichst, mag interessant und klar sein; aber was du bist, dein Selbst, ist trübe und unklar.

Ich bin darüber erschrocken. Was nützen die schönsten Vorlesungen, was helfen die klarsten Begriffe, was nützt der Geist? Auf das Wesen kommt es an. Oder auf das Sein und auf die Existenz. Kurz, ein schweres, von der Philosophie noch nicht gelöstes Problem fiel mir auf die Seele. Ist Durchsichtigkeit des Denkens mit Undurchsichtigkeit des Wesens überhaupt vereinbar? Und wie sind solche Widersprüche möglich? Uralte und hochmoderne Gegensätze stachen mir heftig ins Bewußtsein: Denken und Sein, Wissen und Leben, Intellekt gegen Instinkt, Geist wider Seele, ganze Reihen derartiger Antithesen überrollten mein Gemüt.

Was sollte ich nun tun? Sollte ich mich anstrengen, durchsichtig zu werden? Oder sollte ich versuchen, den Nachweis zu liefern, daß ich in Wirklichkeit vielleicht doch gar nicht so undurchsichtig bin, sondern – wenigstens für wohlwollende Durchleuchter – völlig transparent?

Ich sah meinen Interrogator an und dachte: Wer bist Du denn eigentlich, der Du mich so in *Frage* stellst? Woher deine Überlegenheit?
... Ich bin verloren, wenn mein Gegner ganz böse ist und ich nicht ganz gut. Aber so lag der Fall hier nicht. Mein Befrager meinte es streng, aber nicht böse. Ich dagegen meinte gar nichts. Ich wollte und erwartete nichts von ihm. Ich freute mich ihn wiederzusehen, weil meine alte Liebe zu ihm noch nicht erloschen war. Deshalb konnte ich ihn sehen, während er mich nicht sah. Er war ganz davon durchdrungen, Recht zu haben und behalten zu haben. Er war davon erfüllt, in jeder Hinsicht Recht zu haben, ethisch, philosophisch, pädagogisch, geschichtlich und politisch. Alles Recht, alles was es in dieser Hinsicht nur geben konnte, justa causa und res judicata, war auf seiner Seite.
Ich weiß als Jurist, was das bedeutet ... " [2]

Schmitt hat diese Szene im Sommer 1946, also aus einem gewissen Abstand heraus, schriftlich festgehalten[3], und es ist davon auszugehen, daß er sie mit großem Bedacht an den Beginn seiner rhetorisch durchkomponierten Abhandlung plaziert hat. Ich versuche, mir wichtig erscheinende Erfahrungen herauszugreifen, ohne Vokabular und syntaktische Eigenheiten des Autors zum Gegenstand genauester Untersuchungen zu machen; geboten scheint es jedoch, Schmitts Perspektive zunächst einmal dabei einzunehmen.

Klar erkennbar ist für jedermann die Asymmetrie der Befragungssituation. Es geht um die Beantwortung eines Fragebogens. Eine solche Konfrontation ist auch dann heikel, wenn die Gesprächspartner einander kennen und einzuschätzen wissen; sie erzeugt Ressentiments, wenn nicht, wie jede Tribunalisierung, paranoide Anwandlungen. Die hier vorgenommene Gegenüberstellung von universitärer Lehre und der charakterlichen Haltung als Person – immer unterstellt, das Gespräch sei in dieser zugespitzten Form verlaufen – mußte den Nerv des Befragten treffen. Man erkennt, quasi abstrakt, die philosophische Dimension der Frage nach der Identität, und erfaßt im selben Akt, daß der Befragte nicht nur irgendwie tangiert, sondern in seinem ganzen inneren Wesen, seinem Selbstsein, betroffen ist. Ein Ausweichen in die Indifferenz ist ihm verwehrt, denn die Frage ist im buchstäblichen Sinne ein-dringlich. Das ausgesprochene Wort von der Undurchsichtigkeit stellt jegliche innere Wahrhaftigkeit des angesprochenen Menschen in Frage. Sich selbst durchsichtig zu sein oder zu werden, war seinerzeit eine leitende Metapher, wenn es um diese existentielle Dimension, die Authentizität, die Unzweideutigkeit im Tun und Lassen ging [4].

Wie reagiert der zutiefst gekränkte Schmitt auf die entstandene Situation? Er hätte in einem Akt innerer Auflehnung, aber auch der Selbstbehauptung, sein Verhalten vor und während des Dritten Reichs zu begründen versuchen können, also sprechen müssen über seine unhaltbaren Urteile, seine verführerischen Thesen, sein Versagen, sein Taktieren und Lavieren, also über all das, was die Schmitt-Forschung gründlich analysiert und offengelegt hat. Der Kampf, das wußte Schmitt, wäre von vornherein verloren gewesen. Ein schonungsloses Einbekennen von Schuld erfolgt nicht. Vielmehr hindert eine Aufwallung leidenschaftlichen Stolzes ihn daran, diese Gesprächsebene einzunehmen. R. Groh formuliert so kurz wie treffend: Er zeigt sich nicht bereit, in einen Moraldiskurs einzutreten, er verschiebt vielmehr die Problematik, indem er das Gespräch zum Machtdiskurs umfingiert [5]. Das ist sein klassisches Terrain, und damit wird die Beschreibung allererst für die vorgehabten weiteren Erörterungen „anschlußfähig". Spranger, mit dem zusammen er doch zur intellektuellen Elite zu gehören wähnte, erscheint nun in der Rolle des Rechthabers, der für die wirklichen menschlichen Beziehungen blind ist (stilistisch nicht ohne Bedacht auf derselben sensuellen Metaphernebene wie die apostrophierte mangelnde Durchsichtigkeit!); Spranger ist nicht die ihm bekannte private Person, sondern der Repräsentant einer öffentlichen, durch die Besatzungsmacht auferlegten Angelegenheit [6]. Er vermag deshalb der Person Spranger in der gespaltenen Wahrnehmung von Nähe und Distanz auch Reverenz zu erweisen.

In Wirklichkeit ist die Situation freilich komplexer. „Wen kann ich überhaupt als meinen Feind anerkennen? Offenbar nur den, der mich in Frage stellen kann." Insofern Spranger das tut, verkörpert er eben doch irgendwie den Feind. Schmitt ergänzt aber sogleich: „Man klassifiziert sich durch seinen Feind. ... *Der Feind ist unsre eigne Frage als Gestalt*" [7]. Mit der dialektischen Spannung, die in diesem Theorem steckt, muß auch das Verhältnis zu Spranger fortan ambivalent bleiben. Nach dem gedanklichen Reverenzerweis wartet Schmitt dann mit einer weiteren Pointe auf, welche die Szene ihrer Gewöhnlichkeit vollends entkleidet und in Richtung einer poetisch-mythischen Bilderwelt transzendiert: Mag ich auch undurchsichtig erscheinen – ich bin eben ein christlicher Epimetheus (d.h.: Ich denke weniger voraus, wie mein älterer Bruder Prometheus, sondern bin ein Nachbedenkender, so einer wie der, welcher Pandora trotz der Warnungen geheiratet hat und noch nicht wissen konnte, welche Arten des Unheils unter dem verschlossenen Deckel der Büchse verborgen waren); – womit noch nicht explizit ist, wie die christliche Transposition zu verstehen wäre [8].

Anzumerken bleibt an dieser Stelle, daß Schmitts Darstellung der Interrogation andere Hochschullehrer, denen nach 1945 ebenfalls die Rückkehr in ein Lehramt aus politischen Gründen versagt blieb, die Gelegenheit bot, ihr eigenes Schicksal in dieser Schlüsselszene zu spiegeln [9].

Audiatur et altera pars. Wie mag Spranger die Schlüsselszene wahrgenommen haben?

2.

Davon, daß Spranger ungerührt, mit der Geste stoischer Überlegenheit, über die Darstellung der Begegnung hinweggehen würde, konnte man schwerlich rechnen. Es war auch bald davon die Rede, daß eine hektographierte Stellungnahme im Umlauf sei. Wir verdanken Serge Maiwald, einem Schüler Schmitts, die Abschrift des Textes, der ausdrücklich den Vermerk trägt, daß er nicht für die Presse gedacht sei. Von ihm erhielt Schmitt den Wortlaut 1951 [10].

Sprangers abgewogene, um Sachlichkeit bemühte Stellungnahme weicht stilistisch natürlich von Schmitts hochkondensiertem, effektvoll überformtem Bericht deutlich ab. (Ob das Zusammentreffen im Juni, oder – wie hier angegeben – im Juli 1945 stattfand, ist im Moment nicht von Belang.). Die Verzeichnung der Szene kann, wie Spranger konstatiert, zwei unterschiedliche Ursachen haben: Entweder – so Spranger – ist Schmitt einer Gedächtnisunsicherheit anheimgefallen, wie sie in dieser Zeit bei vielen Menschen zu beobachten gewesen sei, oder er habe bewußt eine literarisch effektvolle, aber eben tendenziöse Verteilung von Licht und Schatten vorgenommen. Spranger beschränkt sich, statt eine ‚Berichtigung' vorzulegen, auf drei Bemerkungen, die am besten im Wortlaut zitiert werden:

„1) Wenn in einem wichtigen Augenblick zwei Männer sich untereinander bis auf das Blut der Wahrhaftigkeit ausgesprochen haben, so gilt das nach einem noch nicht erloschenen Kanon als eine Privatissime-Angelegenheit zwischen ihnen. Man wird vergeblich in den Zeitungen des Jahres 1945 nachblättern, ob ich etwas über Äußerungen des Herrn Professor Schmitt veröffentlicht habe.

2) Das Gespräch in seiner heutige [sic] Gestalt sieht so aus, als ob es sich um verschiedene wissenschaftliche Meinungen oder diskutable moralische Stand-

punkte gedreht habe. Herr Prof. Schmitt hat ja wohl die Zeit – mindestens um 1944 – auch miterlebt. Wie er als ‚Hüter der Verfassung' oder als Anwalt der Gerechtigkeit sich mit den Ereignissen damals abgefunden hat, mag er mit sich selbst abmachen. Ich habe nicht die Gewohnheit, in den Gewissen anderer herumzustöbern. Und nicht einmal auf mein ‚Wissen' von ihm brauche ich zurückzugreifen. Andere wissen sehr viel mehr in dieser Hinsicht.

3) Ich habe von Herrn Professor Schmitt so wenig ‚die Beantwortung eines Fragebogens erwartet', daß ich ihm vielmehr geraten habe, keinen Fragebogen auszufüllen. Wenn ich damals auch Rektor der Universität Berlin war, so brauche ich wohl nicht zu versichern, daß ich nicht der Erfinder des Fragebogens gewesen bin. Die hier berührte Nuance des Berichts von Herrn Professor Schmitt charakterisiert die Methode seiner Nuancierung überhaupt. (Ob sie unter der [sic] sehr eng gewählten Kategorie der ‚Klugheit' fällt, überlasse ich dem Urteil seiner Leser.)"

1979 gab Schmitt kund, daß er bei seiner Formulierung bleibe. So weit der Tatbestand. Evident ist, daß in diesem Fall die Wahrheit nicht „in der Mitten" liegen kann.

Über die Einzelheiten der Sprangerschen Erklärung sollte man nicht hinweggehen. In welchen Punkten weicht er von Schmitts Darstellung ab?

Ad 1): Die hart klingende, für ihn völlig ungewöhnliche Metaphorik läßt spüren, wie bitter ernst es Spranger im Ringen um Wahrheit und innere Wahrhaftigkeit unter vier Augen gewesen sein muß. Er sieht sich in dem Punkt angegriffen, der für ihn zum Elementarsten der zwischenmenschlichen Moral gehört. Im Zusammenhang damit rückt ins Zentrum, was nicht als Teil der altbürgerlichen Etikette abgetan werden kann. Spranger konnte im direkten Umgang zwar auch ironisch sein, ja er war in gewissen Situationen auch eines trockenen Sarkasmus fähig. Bezeugt ist aber vielfach, in welcher Weise ihm Höflichkeit als eine zwischen Nähe und Distanz vermittelnde Fähigkeit wichtig war [11]. Zum Kern dieses Ethos gehörte fraglos Takt und Diskretion. Strenge Verschwiegenheit bedeutete für ihn nicht nur Schutz persönlicher Intimitäten, sondern war letzter Ausdruck der Achtung menschlicher Würde. Als Beispiel mag die Art gelten, in welcher er über sein Gespräch mit dem Generalobersten Beck über dessen Tod hinaus Stillschweigen bewahrte [12]. Schmitts öffentlichkeitswirksame Äußerung mußte ihn schon aus diesem Grunde tief verletzen.

Ad 2): Der latent anwesende Hintergrund der Befragung war natürlich das Problem der politischen Verstrickung und ihrer fatalen Folgen, also auch der Schmach, welche – nicht nur, aber auch – durch die Äußerung des Staatsrechtlers über Hitler als den „Hüter der Verfassung" und all die anderen Formen vehementer Unterstützung des nationalsozialistischen Regimes über die Menschen gebracht worden waren. Schmitt hat, wie vermerkt, keinen Anlaß gesehen, von seiner Haltung literarisch-öffentlich Abstand zu nehmen; auf einem anderen Blatt steht, was er in einem der folgenden Kreuzverhöre geäußert haben soll. Die verhängnisvolle Entkoppelung vom Moraldiskurs kann Spranger nicht nachvollziehen. Implizite appelliert er an das Gewissen seines Gegenübers: Tua res agitur! Im Gewissen, das doch für Schmitt auch das Organ jeglicher Wahrnehmung des Welttranszendenten sein sollte, müßte doch alles, was mit sittlicher Entschiedenheit und Läuterung zusammenhängt, kulminieren. Ausdrücklich betont Spranger, daß er in diese innerlichste Sphäre nicht eindringen wolle. Enthüllung, Entlarvung, das skrupellose Ausschlachten von Verfehlungen, Tribunalisierung und Stigmatisierung seien nicht sein Ziel.

Ad 3): Auch wo es um den Fragebogen geht, hat Spranger den Sachverhalt offenbar anders in Erinnerung als Schmitt in seinem ambitionierten Bericht bzw. seiner Umerzählung, die eine ganz bestimmte Funktion innerhalb der Reflexionen über das Heil, das aus der Gefangenschaft erwachsen sollte, erfüllen soll. Aussage steht gegen Aussage; da könnte nur das Studium der Quellen weiterhelfen. Auf jeden Fall waren die Bedingungen komplexer, wie aus Sprangers Darstellung der Geschehnisse in seiner kurzen Rektoratszeit [13] zu ersehen ist. Es gab mehrere Fragebogen, – den des Berliner Magistrats, der auf Forderungen der russischen Besatzungsmacht zurückging, den des Leitenden Ausschusses der Universität, der aus der Mitte der Professoren gebildet worden war, sowie einen weiteren russischen Fragebogen; vorübergehend ist auch von einer verlangten vierseitigen Selbstcharakteristik die Rede. Die Auswertungskriterien unterschieden sich (Zeitpunkt des Eintritts in die Partei, u.ä.). Es ging natürlich um die Frage, welche Professoren ihr Amt behalten sollten bzw. wie Neubewerbungen zu behandeln seien. Eine rechtzeitige Erledigung scheiterte oft schon an der ruinösen Infrastruktur der zerstörten Großstadt. Im Leitenden Ausschuß, der ursprünglich als Fünfergremium konzipiert war, führte das Ausspielen politischer Auffassungsunterschiede bald zu Zerwürfnissen. Spranger hatte als Rektor Einfluß, aber weder zureichende organisatorische Mittel, noch Macht. (Auf die entstandene Lage wird gleich noch einmal zurückzukommen sein.) Auf einem anderen Blatt steht schließlich, daß Spranger dem Einsatz von Fragebogen generell skeptisch gegenüberstand.

3.

An dieser Stelle erscheint es zweckmäßig, die Spranger-Schmitt-Konstellation in den Jahren um 1945 mit einigen Streiflichtern zu beleuchten. Sehen wir zunächst einmal von den prinzipiellen Fragen des Verhältnisses von Politik und Theologie ab (darauf wird noch zurückzukommen sein). Es gab gelegentlich wechselseitige Bezugnahmen auf Schriften, Spranger hat aber keine Publikation Schmitts ausführlich rezensiert. Und es gab sowohl gewisse Gemeinsamkeiten, etwa in der kritischen Position gegenüber H. Kelsens Positivismus, wie kontrovers angelegte Stellungnahmen, etwa zu Fr. Meineckes geistesgeschichtlicher Sicht des politischen Liberalismus, die Spranger im wesentlichen teilte, Schmitt jedoch scharf bekämpfte. All dies gehört zu den Normalitäten wissenschaftlicher Auseinandersetzungen. Dem Genius loci zu huldigen, war für den Berliner Spranger eine kulturelle Selbstverständlichkeit; Schmitt blieb letztlich immer ein Mosellaner. Er war 1928 Professor an der Berliner Handelshochschule geworden und hatte 1933 die Berufung zum ordentlichen Professor an der Berliner Universität als deutlichen Karrieresprung erlebt (war er doch – mit Unterstützung H. Görings – auch Preußischer Staatsrat geworden!), über das Großstadtleben urteilte er jedoch in ambivalenter, wenn nicht abträglicher Weise. Beide wohnten im Stadtteil Dahlem, Spranger in der Fabeckstraße 13, Schmitt in der Kaiserswerther Straße 17, also etwa 600 m Luftlinie entfernt. Es lag nahe, daß man sich nicht nur auf dem Universitätsgelände, sondern auch bei gesellschaftlichen Anlässen oder im Stadtverkehr manchmal sah und kollegiale Höflichkeiten austauschte. Als Schmitts Wohnung 1943 bei einem Bombenangriff zerstört wurde, reagierte Spranger vermutlich mit einem ‚Trostschreiben' [14].

In diesen Jahren gibt es noch eine personale Konstellation, die den Stoff für eine große Tragödie in sich birgt. Beide, Spranger und Schmitt, kannten Johannes Popitz und Jens Peter Jessen näher. Professor Popitz war 1933 bereit gewesen, für Hitler einzutreten; er war zum preußischen Finanzminister ernannt worden und hatte mit Schmitt an einem Reichsstatthaltergesetz gearbeitet. Von ihm konnte Schmitt stets Informationen aus erster Hand erwarten. 1944 planten Werner Weber und er eine Festschrift für Popitz. Jessen, ein befreundeter jüngerer Kollege, Volks- und Finanzwissenschaftler von Haus aus, war wie Popitz Mitglied der Mittwochs-Gesellschaft, über deren Aktivitäten die Dokumentation von Klaus Scholder einen differenzierten, guten Einblick gewährt [15]. Zu ihren prägenden Persönlichkeiten gehörte Eduard Spranger. Innerhalb der Mittwochs-Gesellschaft hatte sich jene Fronde gebildet, die man später die

Beck-Gruppe genannt hat (mit Generaloberst Beck, von Hassell u.a.). Popitz und Jessen, nun also Teil des heimlichen Widerstands, bereiteten ein vorläufiges Staatsgrundgesetz für die Ära nach Hitler vor. Jessen hatte Kontakt zu Claus Graf Schenk von Stauffenberg. Popitz und Jessen wurden im Juli 1945, nach dem mißglückten Attentat auf Hitler verhaftet, vor dem Volksgerichtshof angeklagt und hingerichtet. Beck hatte sich selbst getötet; Spranger kam nach neun Wochen Haft und Verhören in Moabit nach einer Intervention des japanischen Botschafters frei [16]. Schmitt war sicher nicht eingeweiht. Von einer kathartischen Wirkung ist nichts bekannt. R. Mehring vermerkt lediglich: „Schmitts damalige Wahrnehmung des 20. Juli ist nicht belegt" [17].

Nach der deutschen Kapitulation waren die Verhältnisse natürlich auch an der Berliner Universität desaströs. Wie sollte man unter den neuen Bedingungen Interessen wahrnehmen, den Lehrkörper restrukturieren und die Lehre organisieren? Spranger erklärte sich auf Bitten der Kollegen Grapow, Gieseke und Rörig im April 1945 bereit, die Geschäfte des kommissarischen Rektors zu übernehmen; eine Wahl hatte nicht stattgefunden. Über Teilerfolge, Risiken, Reibungsverluste, Mißerfolge und Zerwürfnisse im maßgeblichen Ausschuß hat er später ausführlich Bericht erstattet [18]. Die offizielle Amtszeit dauerte vom Mai bis September 1945. Sein Hauptziel, die Universität einer Vier-Mächte-Verantwortung zu unterstellen, konnte er nicht erreichen; schließlich resignierte er und wurde im Oktober offiziell aus dem Amt entlassen. In Berlin hielt ihn nach allen Erfahrungen nicht mehr viel. Im Juli 1946 nahm er den Ruf an die Universität Tübingen an. (Die hektographierte Spranger-Stellungnahme hatte Maiwald bereits aus dem Tübingen Umkreis beigebracht.)

Schmitt hatte sich nach Kriegsende zur Übernahme neuer Lehrverpflichtungen an der Universität zurückgemeldet [19]. Im Dezember 1945 wurde vom Magistrat der Stadt allerdings die Entlassung aller ehemaligen Parteigenossen verfügt. Die von Schmitt so stark herausgestellte Befragung durch Spranger war also im Grunde nur ein vergleichsweise kleines Intermezzo innerhalb eines größeren Ganzen, sie erhielt ihre symbolische Bedeutung erst durch den Umstand, daß der geschätzte Kollege hier als Repräsentant derer, die nun das Recht auf ihrer Seite hatten, aufgetreten war. In der Kollision ging es eigentlich um die Frage der Konstitution einer – wie auch immer zu findenden – überlebensfähigen, krisenfesten Identität auf seiten des Befragten. Ein bloßes Intermezzo war es jedoch auch in der Hinsicht auf die intensiven Verhöre, die Schmitt in den kommenden Haftzeiten in Berlin-Wannsee und Nürnberg erwarteten. Im abgesteckten Rahmen können diese Probleme nicht detailliert genug dargelegt werden; die einschlägige Literatur gibt darüber hinreichend Auskunft [20]. Hier nur soviel: In Nürnberg wurde Schmitt als „possible defendant" vom stellvertretenden Chefankläger Robert M.W. Kempner verhört (einmal war auch Ossip K. Flechtheim beteiligt). Kempner legte im Laufe der Haftzeit vier Fragen mit der Aufforderung zur Stellungnahme vor. War Schmitt potenzieller Kriegsverbrecher, gutachterlicher Zeuge oder Mitarbeiter? Die Grenzen scheinen nicht durchweg klar gezogen gewesen zu sein; Kempner war jedenfalls nicht nur Ankläger, sondern auch Leser der theoretischen und apologetischen Ausführungen sowie Diskussionspartner. Schmitt wiederum setzte seinen Ehrgeiz darein, nicht nur seine Prämissen darzulegen und die Argumentationslinien durchzuzeichnen, sondern auch seinen gesamten Denkweg in ein vorteilhafteres Licht zu rücken. Teile der hier entstandenen Abhandlungen wurden später veröffentlicht. Richard von Weizsäcker, der seinem Vater im Nürnberger Prozeß als Hilfsverteidiger zur Seite gestanden hatte, schreibt über das Vorgehen Kempners: „Für seine Prozeßvorbereitung bediente er sich unter anderem einer engen Zusammenarbeit mit dem scharfsinnigen deutschen Staatsrechtler Carl Schmitt. Dieser hatte sich für die autoritäre Veränderung des parlamentarischen Systems und für eine ‚kommissarische Diktatur' eingesetzt. Bei Kempner und vielen anderen galt er als ‚Kronjurist des Dritten Reichs' – ob zu Recht oder Unrecht, diese vieldiskutierte Frage will ich hier nicht erörtern. Jedenfalls aber erschien er Kempner nützlich für dessen Anklageziele. Deshalb wurde er auf Veranlassung Kempners außer Verfolgung gesetzt und im Mai 1947 endgültig aus der Haft entlassen" [21].

Der Rest ist bekannt. Eine weitere universitäre Karriere war Schmitt verbaut. Berlin noch einmal zu betreten, hatte er nicht vor. Umfangen vom Gefühl, verfolgt und ausgestoßen zu sein, zog er sich nach Plettenberg in sein San Casciano, wie er das selbstgewählte Exil nach Machiavellis Bleibe in Sant Andrea in Percussina nannte, zurück (zugleich markierend, mit welchem Rang und Namen er als Denker bestenfalls verglichen werden wollte). Die Geste des nur äußerlich Besiegten war gewiß nicht ohne civetteria. In welcher Art er über Gespräche mit rechten wie linken Besuchern, durch den Briefwechsel und gezielte Veröffentlichungen den Ruhm seiner zweiten Karriere auf- und ausbaute, hat vor allem die Publikation von Jan-Werner Müller ausführlich und für den gegenwärtigen Stand erschöpfend dargestellt [22].

Die zeitgeschichtlichen, ins Biographische hineingreifenden Ausführungen dieses Abschnitts sollten dazu dienen, die Hintergründe der Schlüsselszene zu verdeutlichen. Wichtiger ist aber die Frage, auf welcher topischen, theoretischhermeneutischen Ebene sich die beiden Protagonisten getroffen und gemessen hätten, wenn sie das direkte philosophische Gespräch gesucht hätten. Innerhalb des gesteckten Rahmens können nur einige Hinweise gegeben werden; in lockerer Anlehnung an Schmitts Formel einer Politischen Theologie sollen aus diesem Grund noch zwei Reflexionsstränge verfolgt werden: Die Problematik von Macht bzw. der Politik und der Religion bzw. der Theologie. Über eine Skizze kann der Beitrag hier aber nicht hinausführen.

4.

Verbaliter kommt der Begriff der Macht in Schmitts Abhandlung über den „Begriff des Politischen" nicht häufig vor; latent ist das gemeinte Problem aber natürlich durchgehend gegenwärtig. Direkt thematisiert hat er es noch einmal 1954 in einer Abendstudio-Sendung [23]. Sein spontaner Ausruf, von dem Nicolaus Sombart berichtet, wirft ein Licht auf die widerspruchsvolle innere Dynamik, mit der er lebenslang zu kämpfen hatte: „Die Macht ist kein Thema für Dich. Wer sich damit beschäftigt, kommt darin um" [24]. (Auch das Anekdotische besitzt meist einen harten Kern.) Unter den vielfachen Bezügen, die in Schmitts klassisch gewordener Schrift zu finden sind, kommt neben dem Hinweis auf Plessners Abhandlung (über Macht und menschliche Natur) auch der auf Sprangers (rational konstruierten) Idealtypus des Machtmenschen in dessen „Lebensformen" (1914, um- und völlig neu ausgearbeitet 1921 [25]) vor. Schmitt urteilt: Sehr treffend, wenn auch wohl zu technisch gesehen. Aber wenn wir von den Details Abstand nehmen: Was konnte hier Schmitts unmittelbare Zustimmung hervorrufen? Sprangers sechs Idealtypen, aus der Totalität des Lebens abgehoben und intellektuell durchkonstruiert, zielten auf letztlich unableitbare Motive bzw. kulturelle Gehalte, welche das menschliche Leben bestimmen und strukturieren (neben komplexeren Typen, die dort ebenfalls durchdacht werden). Justament diese Unableitbarkeit stellt Schmitt aber auch heraus, wenn er das Freund-Feind-Spannungsverhältnis als das politische Urproblem zum Stoff seiner Erörterungen macht. Das ist der springende Punkt. Mit der Genese der Macht bzw. des Machtverständnisses hat es bei Schmitt seine eigene Bewandtnis: War er ursprünglich von einem quasi neuplatonischen Verständnis ausgegangen – die Macht folgt aus dem Recht, und dieses wurzelt in einer ideellen (quasi ontologisch fundierten) Hierarchie, der rechtlich verfaßte Staat vermittelt sie erst in die Realität hinein –, so dreht sich für ihn später das Verhältnis um: Recht wird aus der Macht geboren; die Macht hat also den Primat in diesem Spannungsverhältnis (Groh hat dies präzis beschrieben [26]). Sprangers Einbettung der Idealtypen in den umfassenderen Horizont eines Wertekosmos kam der ursprünglichen Ableitung Schmitts mit Sicherheit näher als dessen spätere (provokantere [27], turbulente Diskussionen auslösende) Fassung.

Es ist hinreichend bekannt, daß Schmitt von Georges Sorels Theorie der revolutionären Gewalt beeinflußt ist. Politik ist nicht, wie eine ästhetisierende Formel will, die Kunst des Möglichen, sondern hat mit machtgestützer Interessendurchsetzung zu tun. Spranger dringt allerdings darauf, Gewalt und Macht nicht zu verwechseln. Zur Macht gehört für ihn, sich selbst mächtig zu fühlen und eine Technik zu entwickeln, Menschen in eine Wertrichtung in Bewegung zu setzen. Die Gefahr, daß dabei das Organ für die objektive Wahrheit abstirbt und sich ein menschenverächterischer Zug durchsetzt, wird ausdrücklich vermerkt, – auch Religion kann politisch instrumentalisiert werden. Machtausübung fängt, bei rechtem Licht besehen, mit innerer Selbstbeherrschung an. Die Rückbezogenheit des politischen Denkens auf die Moral einer gemeinsamen Kultur bzw. die Wechselwirkung mit Formen geistig-gesellschaftlicher Sinngebung steht für Spranger außer Frage; Wert ist stets ein Relationsbegriff.

An solcher Ausgewogenheit ist Schmitt nicht gelegen. Bei der Deskription des Freund-Feind-Verhältnisses ist von jeglicher Normativität abzusehen. Es geht um ein existenzielles Verhältnis, eine seinsmäßige Wirklichkeit, um eine im Grunde uralte sakrale Unterscheidung. Die Verschränkung mit der Theorie des politischen Ausnahmezustands und der Entscheidung, in der sich ein Führer zum Souverän aufwirft und aus der Situation heraus Recht schafft, wird folgerichtig zum zentralen Gebiet der kontroversen Schmitt-Forschung. Das braucht hier nicht abgehandelt werden [28].

Einwände und Vorbehalte, die in ganz verschiedene Richtungen weisen, sind von Anfang an formuliert worden. Handelt es sich wirklich um einen rein heuristischen Zugriff, oder ist nicht doch bereits ein Deutungsmuster, ein Vorverständnis im Spiel, das sozusagen sein Drohpotenzial aufbaut? Ist das eine quasi transzendentale, kontextunabhängige Gegebenheit – Schmitt würde den Begriff vermutlich zurückweisen –, oder sind nicht auch andere methodische Paradigmen denkbar? Stehen in dieser Zweigliedrigkeit zwei gleichberechtigte Pole einander gegenüber, oder ist an dem Verhältnis etwas schief, inkonsistent? H. Blumenberg stellt lapidar fest: „Feindschaft ist eine politische Kategorie, Freundschaft eine anthropologische" [29]. Die bedeutende, auch politisch belangvolle aristotelische Tradition der Freundschaft ist ausgeblendet; Schmitt hat überhaupt diesem begrifflichen Pol nicht annähernd soviel Aufmerksamkeit geschenkt, wie der Feindschaft (vgl. demgegenüber R. Aron [30]). Bereits 1936 hat M. Buber den Vorrang des Freund-Feind-Verhältnisses bestritten und die Ordnungsdynamik, die zwischen labilen politischen Gebilden herrscht, für ursprünglicher erklärt [31]. Es ist nicht von vornherein entscheidbar, ob nicht eine Pluralität solcher politischer Grundverhältnisse angesetzt werden kann. Faktisch muß jedoch festgehalten werden, daß Schmitts Unterscheidung, so sehr man auch an der gedanklichen Möglichkeit eines modifikationsresistenten Grundverhältnisses zweifeln mag, die Diskussion bis heute beschäftigt und in mancher Hinsicht dominiert. Der Versuch, den Frieden zum Leitbegriff zu erheben, entspringt vielleicht einer guten Absicht, verfehlt jedoch die strukturanalytische Aufgabe, die sich Schmitt gestellt hatte, völlig [32]. Man wird im übrigen sogar die Frage zulassen müssen, ob nicht hinter den Annahmen neuester Diskurs-Paradigmen wie denen der grundsätzlichen Frage nach der Alterität (läßt sich die Freund-Feind-Unterscheidung als Derivat der allgemeineren Differenz zwischen Eigenem und Fremdem betrachten?) sowie der Auseinandersetzung um die Auswirkungen von Inklusion und Exklusion [33] Impulse wirksam sind, die auf eine Retraktation des Schmittschen Problems mit anderen Vorzeichen und Mitteln zurückverweisen.

Der Exkurs hat uns von der Untersuchung des Spranger-Schmitt-Verhältnisses weggeführt. Zurück zu dieser Frage. Man weiß, daß es gelegentlich zu Gesprächen gekommen sein soll. Reflexe gibt es Mitte der zwanziger Jahre in Abhandlungen Sprangers, etwa in der über „Das deutsche Bildungsideal der Gegenwart in geschichtsphilosophischer Beleuchtung" [34]. Hier geht es im Kern um die Erwartungen an eine zeitgemäße Bildungstheorie und die ethische Verpflichtung, die mit – immer noch, und wieder – der neuhumanistischen Bildungstheorie verbunden sind. Wo von der Krise der Gegenwart und einer notwendigen rechtlichen Regelung der Staatsmacht die Rede ist, gehört offenbar zum Zeitkolorit auch die damals virulente Diskussion pazifistischer Träume, der Seitenblick auf den Völkerbund als verhüllte Form des Imperialismus, die Thematisierung der Gebrechen der parlamentarischen Demokratie, das Für und Wider der Diktatur und die grassierende Sehnsucht nach dem starken Mann, – Diskussionsthemen, die ersichtlich von Schmittscher Diktion mitbestimmt sind. Neben der Erörterung sozial-politischer Probleme beschäftigt Spranger allerdings hier bereits seine Auseinandersetzung mit der Wendung, welche die Dialektische Theologie (mit Barth, Thurneysen, Brunner und Gogarten) in die Auseinandersetzung um kulturpolitische Fragen ins Spiel gebracht hat, in auffallender Weise (das kann an dieser Stelle nicht weiter verfolgt werden).

Die realpolitischen Ereignisse von 1933 verändern die Situation fundamental. Im Januar wird Hitler Reichskanzler, im März wird im Reichstag das Ermächtigungsgesetz durchgesetzt. Empört über die Auswirkungen einer Hetzkampagne des NS-Studentenbundes reicht Spranger im April sein Rücktrittsgesuch ein [35], das vom Reichsminister Rust im Mai angenommen wird. Resigniert nimmt er es zwar im Juni wieder zurück, muß aber erleben, daß – abweichend von dem dafür vorgesehenen Verfahren und ohne seine Mitwirkung – Alfred Baeumler als Ordinarius für politische Pädagogik an der Fakultät neben ihm etabliert wird. Jetzt ist das Thema der Feindschaft neu auf dem Plan, nicht in der Form der abstrakten Dichotomie Schmittscher Prägung, sondern realiter im Felde seiner Hochschullehrertätigkeit, existenziell erfahren als Todfeindschaft. Sprangers sarkastische Bemerkungen im Briefcorpus sprechen eine deutliche Sprache [36]. Schmitt wird im Juli 1933 Preußischer Staatsrat und kann bei seinen sofort einsetzenden Aktivitäten der Unterstützung Görings sicher sein. Die Trennlinie ist damit gezogen.

Um gewisse Reibungsflächen zwischen den Protagonisten zu verstehen, muß man dennoch zurückgreifen und zugleich spätere Entwicklungen ins Auge fassen. Das gilt z.B. für die Stellung zur Wertphilosophie, die in weitgehend undogmatischer Weise dem Frühwerk Sprangers inhärent zu sein scheint. Max Schelers und Heinrich Rickerts Schriften waren Spranger natürlich wie jedem belesenen Privatdozenten vertraut. Gleichwohl kann man nicht sagen, daß er in den „Lebensformen" von einer fertigen, systematisch oder schulmäßig geschlossenen Wertphilosophie Gebrauch gemacht hätte. Seine Strukturanalyse zielt auf die in reiner Form auffindbaren, voneinander nicht ableitbaren Sinnrichtungen gegenwärtigen und vergangenen, eigenen und fremden Denkens, Handelns, Empfindens und Urteilens. Die Wertbezogenheit dieser Sinnrichtungen der Seele und der Kultur besitzen ihre je eigene immanente Wertgesetzlichkeit und in der Realisation unterschiedliche Wertintensität. Von Interesse ist nicht nur die denkbare Vereinseitigung, sondern die Entstehung sowie der Austrag ungelöster Wertkonflikte, positiv gewendet aber auch das kompossible Maximum individueller und kollektiver Lebenswerte. Psychologische, kulturhistorische und ethische Überlegungen greifen, wo es um Resultate geht, ineinander. Letztlich, so kann man aus einigem Abstand heraus sagen, ging es in dem Entwurf nicht primär um die Wertphilosophie, sondern eher um jenes Interessenspektrum, auf das sich Wilhelm von Humboldt in seinem Plan einer Vergleichenden Anthropologie, welchem Spranger schon in seiner Habilitationsschrift über Humboldt und die Humanitätsidee ein Kapitel gewidmet hatte, einst konzentrieren wollte: Wie steht es um die Verschiedenheit der geistigen Organisation der Individuen und Menschenklassen? Wie verschieden konnte und kann sich der Mensch unter den gegebenen kulturhistorischen Bedingungen gestalten? [37]

Schmitt war die Rede von den Werten nicht nur suspekt, weil sie überholt und inflationär geworden war, sie war in seinen Augen gefährlich. Sein 1959 veröffentlicher vehementer Angriff auf die „Tyrannei der Werte"[38] wies, sicher zu Recht, auf die problematischen Implikationen hin, welche die Sprechweise aus der wirtschaftlichen Sphäre mit sich führt, wenn es um Wertschätzungen geht. Kritisch beleuchtet er aber auch den (bloßen) Anschein von Objektivität und – mit ihm verknüpft – des Mißverständnisse hervorbringenden Geltungsanspruchs, der in der Berufung auf Werte stecke. Mit den entworfenen Idealtypen entstünden allzu rasch praktische Utopien. Je mehr sich die Menschen unmittelbar auf Werte berufen, desto stärker werde der verbitterte Streit um Werte entfacht und latent vorhandene Aggressivität, wie man sie vom modernen Gesinnungsterrorismus her kennt, freigesetzt. Eine Lösung des Problems ist nur durch die Zwischenschaltung des Rechts möglich: Wertvollzüge müssen rechtsstaatlich vermittelt werden. Wertlehren können und dürfen jenseits der Legalität nichts begründen.

Schmitt stützt und armiert seine Position mit Hinweisen auf M. Heideggers Wegwendung von der Berufung auf Werte und die Wertphilosophie im ganzen. Dessen Stoßrichtung geht freilich in eine andere Richtung. Platt und fadenscheinig erschien Heidegger die Redeweise der Wertphilosophie, insofern sie mit solcher Vergegenständlichung von Bedürfnissen lediglich eine Art Selbstsicherung der in der Metaphysik der Neuzeit befangenen Subjektivität betreiben will oder wollte. Wer von Werten redet, verbleibt im Horizont des Willens zur Macht, einer letzten Gestalt des nihilistischen, seinsvergessenen Zeitalters. Zugespitzt: Wer von Gott als ‚höchstem Wert' spricht, begeht eine Blasphemie. Mit anderen Worten: Heidegger will entschiedener und tiefer denken, er will ausbrechen aus der Topik der Metaphysik, um (nach der Kehre) einen anderen Anfang zu er-gründen [39]. Er bewegt sich auf einem anderen Feld, als der Jurist Schmitt.

Wollte man sich von dieser kritischen Position aus zu Spranger zurückwenden, um sein Frühwerk zu destruieren, so liefe man ins Leere. Schon 1915, also noch vor der Herausgabe der überarbeiteten zweiten Fassung der „Lebensformen", schreibt er an Georg Kerschensteiner: „Meine Theorie vom Bildungsideal knüpft heute nicht mehr wie früher an die Wertlehre an, mit der ich in langen Experimenten auf den Sand geraten bin, sondern an meine Typik der ‚Lebensformen'" [40]. D.h.: Er trennt also selbst zwischen der früher (nämlich 1907) eingenommenen Position und der anders konzipierten Abhandlung zur geisteswissenschaftlichen Psychologie und Ethik der Persönlichkeit. Ähnlich antwortet er 1959 auf den Brief eines in Rom lehrenden Kaplans: „Im Laufe der Jahre habe ich immer mehr erkannt, daß das Ausgehen von einer Theorie der *Werte* überhaupt kein günstiger Ansatz ist. Es besteht der Verdacht, daß da ein indirekter Einfluß der ökonomischen Werttheorie des 19. Jahrhunderts beteiligt ist. (Sie haben vielleicht bemerkt, daß schon in meinem alten Text das Prinzip einer Rangordnung ‚der' Werte zurücktritt hinter der Theorie von Geistes*strukturen*, sowohl überindividueller wie überkollektiver Art)" [41]. In gleicher Weise äußerte er sich der Sache nach 1962 noch einmal gegenüber Fritz von Hippel [42] mit einem Blick auf die Jurisprudenz.

Nicht aufgegeben hat Spranger jedoch die Auffassung, daß die von ihm diskutierten Unterschiede der Sinnrichtungen des theoretischen, ökonomischen, ästhetischen, sozialen, politischen und religiösen Lebens sich nach eigenen Gesetzlichkeiten entfalten können müssen. Hier ergeben sich freilich auch eine Reihe von Problemen, die an dieser Stelle nicht im einzelnen erörtert werden können. Von zentraler Bedeutung ist die Frage, was sich ereignet, wenn die immanente Gesetzlichkeit einer elementaren Sinnrichtung die übergeordnete Aufgabe der sittlichen Beurteilung kontaminiert oder ganz offen okkupiert, wenn es (wie im Falle Schmitts) geschieht, daß das politische Denken ins Moralische hinein expandiert, dieses depotenziert und schließlich ersetzt. Wir kennen heute, im 21. Jahrhundert, die sachlogisch analoge Gefahr – um es nur an einem Beispiel zu verdeutlichen – daß das politische Denken seinerseits von finanzstrategischen, mithin global wirksamen ökonomischen Gesetzlichkeiten überfremdet und ausgehöhlt wird. Den Anfängen ist längst nicht mehr zu wehren.

Und wie liegen die Dinge, wenn das politische Denken die Sphäre des theoretischen, also des wissenschaftlichen Arbeitens planmäßig zu infiltrieren beginnt? Genau solcher Verstöße hat sich Schmitt und ein ganzer Kreis rechtskonservativer Gesinnungsgenossen schuldig gemacht. Siegfried Lokatis spricht von dem „Programm einer systematischen ‚Politisierung der Wissenschaft'", das an der HAVA verfolgt wurde. „C.S. war damals kein Einzelkämpfer, sondern agierte zwischen 1932 und 1936 im Rahmen einer seltsamen jungkonservativen Gefahrengemeinschaft, die ihr institutionelles Zentrum in der Hanseatischen Verlagsanstalt (künftig: HAVA) hatte". Lokatis führt in diesem

Zusammenhang über ein Dutzend anderer bekannter Namen auf. Schmitts Werk „Der Begriff des Politischen" erschien neben fünf weiteren Büchern in diesem Verlag [43]. Für Spranger war dieser Verstoß gegen die Prinzipien der wissenschaftlichen Erkenntnisarbeit nichts weniger als die Zerstörung des professionellen Ethos. Am 17. April 1935 hielt er in der Mittwochs-Gesellschaft einen Vortrag unter dem eher harmlos klingenden Titel „Gibt es eine ‚liberale' Wissenschaft?" Im Protokoll [44] ist nachzulesen, wie er dann aber zur Sache kommt: „Der Nationalsozialismus stellt die These auf: ‚Wissenschaft hat dem Leben zu dienen, *alles* Leben steht unter dem Primat der Politik. Politik kommt aus Glauben. In diesem gläubig-politischen Sinn brauchen wir Wissenschaft". In der Folge erörtert er u.a. den Unterschied zwischen Ideologie und kritischer, wirklichkeitsnaher Wissenschaft. Fazit: „Wer politische (= politisierte) Wissenschaft will, will im Grunde überhaupt nicht Wissenschaft. ... Seit Plato wissen wir, daß der Dienst an der Wahrheit die stärkste ethische Bindung einschließt, die sich denken läßt ... Der Dienst an der Wahrheit ist nicht liberal, sondern rigorose Pflicht, nicht nur politisch, sondern ethisch-religiös". Man wird unterstellen dürfen, daß die Teilnehmer dieses Gelehrtenkreises geschulte Ohren besaßen, imstande waren, leichte Umwege mitzugehen und Verschlüsselungen aufzulösen. Im übrigen gibt es eine hinreichende Zahl anderer Äußerungen Sprangers, die das unbeirrte Festhalten an der Autonomie der Sinnregionen und am wissenschaftlichen Erkenntnisethos bezeugen [45].

Nehmen wir noch einmal Abstand, ehe wir uns einem letzten Problemfeld zuwenden. Es wäre fahrlässig, Spranger und Schmitt hinsichtlich ihres Verhältnisses von Politik und Moral abschließend beurteilen zu wollen. Vorläufig zusammenfassend läßt sich soviel sagen:

Sprangers abgeklärte Altersposition muß man unter drei Aspekten sehen. Erstens: Je mehr die wertphilosophische Komponente zurücktritt, desto stärker konzentriert sich seine Moralphilosophie auf den Primat des Gewissens bzw. dessen Bildung. Daß er dabei theoretisch an ein Ende gekommen wäre, läßt sich nicht sagen. Kurz gefaßt: Wenn in den Krisen des geschichtlichen Lebens andere Fundierungen an Tragkraft verlieren und Stützen wegbrechen, bleibt das (auf Gott als den ‚Mitwisser' bezogene) Gewissen bzw. die konkrete Gewissensentscheidung das Zentrum der sittlich zu verantwortenden Existenz. Nichts anderes kann wahre Autonomie des Individuums bedeuten. Dieses Gewissen wächst nicht einfach dem jungen Menschen zu, es muß geweckt werden und gewinnt entschiedenen Ernst erst im ethischen Konflikt. Die Einengung auf diese individuelle Perspektive würde allerdings zu Lasten der vollen Kulturverantwortung gehen [46]. Deshalb zweitens: Den überindividuellen, sozialen und kulturellen Horizont bildet auch für Spranger das, was bei Hegel ‚substantielle Sittlichkeit' genannt wird. Im politischen Gemeinwesen greifen moralische und rechtliche Auffassungen eng ineinander und bilden ein objektiv-normatives Geflecht, in das das einzelne Subjekt verflochten bleibt, gleichwohl aber versuchen muß, sein eigenes Maß zwischen Nähe und Distanz zu entwickeln. Spranger ist gezwungen, die hegelsche Vorstellung, da er auch sie nicht bruchlos übernehmen kann, für seine Zeit zu reformulieren; eine Reihe seiner für breitere Kreise abgefaßten Reden oder Rundfunkbeiträge, die z.T. unter dem Stichwort der Volksmoral, der Daseinsgestaltung oder der Erziehung zum Verantwortungsbewußtsein publiziert worden sind [47], markieren zumindest das Feld, innerhalb dessen gruppenspezifische oder altersgemäße Konzeptionen überdacht und zur Diskussion gestellt werden sollen. Der Rekurs auf das Volk behält seine Ambivalenzen („Volk ist ja auch ein Hühnervolk" [48]). Brüche bleiben dabei nicht aus; es gibt stets auch Widerstände und deshalb Kollisionen, aus denen kein Mensch ohne beunruhigtes Gewissen zurückkehren kann. Die Klage, daß eine wirklich zeitgemäße Moral schon im 19. Jahrhundert nicht wirklich geschaffen worden sei, ist beim altgewordenen Spranger nicht zu überhören. Der Komplex Machtgebrauch und sittliche Verantwortung enthält nach allen frustrierenden Erfahrungen viele unbeantwortete Fragen. Ganz besonders ist aber unter diesem Aspekt drittens auf die Rolle aufmerksam zu machen, die Spranger der Zellenbildung, dem Zusammenkommen in kleinen, ethisch gebundenen Kreisen zugemessen hat und zumißt. Sie ist wohl die eigentlich originäre Frucht der Krisenerfahrungen seit 1933, der unterm Siegel der Vertraulichkeit geführten Gespräche in Kreisen wie der Mittwochs-Gesellschaft sowie der Moabiter Reflexionen. Daß der sittliche Neuaufbau des gesellschaftlichen Lebens nur von solchen Zellenbildungen aus erfolgen kann, ist seine feste Überzeugung. Es kann kein Zufall sein, daß der Vortrag, der die einschlägige Passage enthält, am 31.01.1940, also genau sieben Jahre nach der sog. Machtergreifung, gehalten worden ist [49].

Schmitts Ausführungen zu diesem Themenkomplex sind ambitiös, bleiben aber vergleichsweise verschlungen, hermetisch und sprunghaft. Am prägnantesten stellt sich erstens die heroische Pose der Dezision im Ausnahmezustand dar. Um existenzielle Verantwortung geht es allemal, wenn auch vom Gewissen verbaliter kaum die Rede ist. Maßgebend bleibt das über den Begriff des Politischen Gesagte. Der caesaristische Akt des Heraustretens aus alten Bindungen, die Tathandlung aus Notwehr beherrscht die gedankliche Szene. Das setzt Selbstzügelung voraus, – nur der Askese fließt die Macht zu. Überkommene Moralität ist zunächst eher Gegenstand der Denunziation und der Demaskierung. Zweitens sodann: Verwoben mit der voluntaristischen Entscheidung ist der Komplex der konkreten Ordnung, welche einerseits aus entschiedenem Handeln erwachsen soll, andererseits aber doch irgendwie jeglicher Normensetzung aus gemeinschaftlicher Daseinsfürsorge und dem Brauchtum vorhergegangen sein muß. Drittens: Dieser politischen Vorstellung entwächst später der umfassendere Nomos-Gedanke [50], hergeleitet aus dem Paradigma der conquistadorischen Landnahme, bei der ja auch, beginnend mit der Ordnung des Hauses bis hin zu den Akten der Rechtssetzung durch die machtbereite Elite, das Volk zur Quelle der Legitimation erklärt werden soll. (Die systematische Bedeutung der konkreten Ordnung und der Erweiterung zum „Nomos der Erde", welche verschiedene Formen institutioneller Selbstverwaltung und der Hierarchie in Großräumen herbeiführt, wäre genauer auf die moralischen Voraussetzungen und Prozesse hin zu untersuchen.) Bleibt noch ein Widerhaken, – deshalb viertens: Die Theorie des Partisanen mit seinen subversiven Impulsen sorgt dafür, daß sich der Ideenkomplex nicht in einer harmonischen Tektonik abschließt, sondern in nahezu paradoxer Weise für konträre politische Konzeptionen, für defensive wie für revolutionäre, les- und verwertbar wird [51].

5.

Geht es um die Vergleichbarkeit oder die Gegenüberstellung der beiden Protagonisten, so scheint es nicht zuletzt geraten, als *ein* Element die jeweiligen konfessionellen Hintergründe in die Überlegungen einzubeziehen. Dabei können weder detaillierte biographische Tatbestände noch ethnopsychologische Etikettierung leitend sein; es geht allein um die kulturhistorischen Bedingungen, die das Herkunftsmilieu mitbestimmt haben dürften. Weder Spranger noch Schmitt wären solche Rückfragen fremd gewesen.

Schmitt hat darauf Wert gelegt, daß er aus dem überwiegend katholischen Gebiet des mittleren Moselabschnitts und der Eifel herkomme. Er hatte eine katholische Schule und zeitweilig auch ein Konvikt besucht, was darauf schließen läßt, daß seine Eltern eine Klerikerlaufbahn nicht ungern gesehen hätten. Ohne sich eng zu binden, stand er seit seiner Studienzeit und der frühen akademischen Tätigkeit dem politischen und ästhetischen Katholizismus intellektuell nahe. Mit enggeführten Frömmigkeitsformen hatte er wenig im Sinn, der Kirche als einer kraftvollen Institution, der weltumspannende Aufgaben aufgetragen seien, war er zunächst ungebrochen zugewandt. Im Laufe der Jahre stand – neben seinem Sonderverhältnis zur Poesie Th. Däublers – die Auseinandersetzung mit den Intellektuellen des Kreises um C. Muth (H. Ball, K. Weiß, Th. Haecker, Fr. Blei) und französischen Schriftstellern (L. Bloy, G. Bernanos, J. Maritain) bei ihm hoch im Kurs. Kierkegaard-Lektüre gehörte zu den kulturellen Selbstverständlichkeiten dieser Zeit. Essayistische Äußerungen, die über bloße Fingerübungen schon hinausgingen, befaßten sich mit konfessionellen Problemen. Ein Bruch trat in diesem Verhältnis erst ein, als aus den Irrungen und Wirrungen einer kirchlich nicht aufgelösten ersten Ehe und dem Entschluß zur Wiederverheiratung die kirchenrechtliche Sanktion in Form der Verweigerung des Sakramentenempfangs resultierte. Katholische Interna im engeren Sinne waren fortan nicht mehr Gegenstand seiner Erörterungen. Seine theoretischen Arbeiten zur Politischen Theologie verfolgten ganz eigene Ziele, sie ließen wuchtige dezidierte Bekenntnisse ebenso wie häretische Auffassungen und Urteile zu dogmatischen Fragen zu. Hellsichtig und subjektiv-verschroben zugleich hat sich Schmitt im „Glossarium" der Nachkriegszeit unter dem Schlüsselwort der ‚katholischen Verschärfung' präsentiert und – mit einem Anflug von Trotz – Angriffen ausgesetzt [52].

Spranger hat im übrigen Schmitt unter diesem Blickwinkel gesehen und gedanklich stets als katholischen Staatsrechtler apostrophiert. Er hätte Przywaras Charakteristik Schmitts als ‚rheinischen Geistes-Preußen' nichts abgewinnen können. Sein eigenes Schicksal war von Kindheit an mit dem Auf und Ab des Wandels der Metropole des preußisch dominierten Kaiserreichs verknüpft, – Berlin als Großstadtheimat. Religiöses Leben außerhalb des reformatorischen Milieus kannte man in der Familie vermutlich nur vom Hörensagen; man kam aus dem mittelständischen Bürgertum, wußte von einer ländlich-westfälischen Verwandtschaftslinie und vergaß nie, die hugenottischen Vorfahren zu erwähnen. Und man gehörte zur Gemeinde der Neuen Kirche. Der jugendliche Spranger behielt vor allem Unterschiede im Predigtstil der Pfarrer in Erinnerung [53]. Die reformatorische Gedankenwelt war dort einerseits von A. Ritschls Theologie geprägt, d.h. von Appellen, sich statt mystischer Aufwallungen und metaphysischer Spekulationen der Begegnung mit dem historischen Jesus Christus und der Mitwirkung am Aufbau des Reiches Gottes zu stellen (Ritschls Vorstellung bildete eine Art Vorform späterer existenzieller Begegnungslehren), andererseits aber von der inneren Großzügigkeit der Schleiermacherschen Religiosität mit ihrem ‚Geschmack fürs Unendliche' und dem Blick in die seelischen Tiefen des in frommem Abhängigkeitsbewußtsein lebenden Subjekts. Sprangers feste Absicht, in den „Lebensformen" der Religion den Charakter einer ganz eigenen, unableitbaren Provinz des Gemüts jenseits von Wissenschaft, Kunst und Moral zuzusprechen, hat hier eine ihrer wesentlichen Wurzeln, letztlich wohl auch in gewisser Weise seine mehrfach zum Ausdruck gebrachte unstillbare Sehnsucht nach der anderen, überirdischen Welt. Daß die Großmeister der Dialektischen Theologie in der folgenden Zeit nicht nur den von Ritschl herkommenden Kulturprotestantismus angriffen, sondern auch Schleiermacher als Paganini der Theologie schmähten, mußte ihn tief treffen (seinen Schleiermacher-Studien nachzugehen, die ihn nach einer zeitweiligen Entfernung wieder mit seinem Lehrer Dilthey zusammenführten, ist in diesem Rahmen nicht möglich). Wie auch immer im einzelnen: Sprangers religiöses Bekenntnis ist von jenem Kulturprotestantismus nicht zu trennen, dem man erst in jüngster Zeit – nach einer Phase, in welcher er nur noch in karikaturistischer Verzerrung dargestellt worden war – wieder mehr gerecht zu werden versucht.

Wenn und wo es um die konfessionelle Zuordnung geht, lohnt sich ein Blick ins zeitgenössische Publikationswesen. Typisch ist die Situation, die sich aus der Durchsicht der Monatszeitschrift „Hochland", dem damals wichtigsten Presseorgan, welches den Katholizismus aus dem Käfig der Diaspora zu befreien versuchte, ergibt. Schmitt korrespondierte in den zwanziger Jahren mit C. Muth und konnte eine Reihe seiner Abhandlungen in der Monatsschrift unterbringen (einen über Romantik, eine andere über den status quo und den Frieden, jenen über den Gegensatz von Parlamentarismus und der modernen Massendemokratie, sodann einen über den Völkerbund und Europa, als Beispiel eines anderen Genres seine Illyrien-Notizen, vor allem aber die Studie über den unbekannten Donoso Cortés, bei deren Lektüre jedermann merkte, daß Schmitt hier eigene Probleme artikulierte, ja sich eigentlich in dieser Figur spiegelte.) Wohlwollende, wenn auch nicht durchweg unkritische Rezensionen wie die von H. Ball und M. Radakovic lenkten das Interesse auf den Staatsrechtler (und spielten gelegentlich mit dem Ruch des Abtrünnigen). Mit seinem Aufrücken ins nationalsozialistische Establishment bot das „Hochland" keine angemessene Plattform mehr für seine Ideen. Für einige Zeit verschwand die Zeitschrift auch vom Markt. Nach 1951 traten dann neue Autoren in eine kritische Auseinandersetzung mit Schmitt ein, so z.B. Fr.A. von der Heydte mit einer Abhandlung über Carl Schmitt und die Lage der europäischen Rechtswissenschaft und E. Schramm mit einer eingehenden Betrachtung des Donoso-Cortés-Problems. Die Entfremdung konnte nach Lage der Dinge ja nicht ausbleiben.

Auffallen muß einem, daß E. Spranger im „Hochland" in keiner Form vorkommt, weder als Autor von Texten, die für die Monatsschrift verfaßt worden sein könnten, noch in Rezensionen seiner Werke. Das gilt auch für die Denker aus seinem kollegialen Umkreis, also Th. Litt, H. Nohl oder W. Flitner. War dies das Ergebnis einer etwas simplen Arbeitsteilung? Die Genannten waren ihrerseits Herausgeber eines Periodikums. Sollte mit dem Ziehen einer Trennlinie die Distanz zur Dilthey-Schule markiert werden oder hatte dies andere sachliche Gründe? Das Bild ändert sich auch dann nicht, wenn man statt des „Hochlands" die linkskatholischen „Frankfurter Hefte", die E. Kogon und W. Dirks in der frühen Nachkriegszeit herausgaben, in die Hand nimmt. In sieben Jahrgängen werden die philosophischen, kulturtheoretischen oder historischen Beiträge dieser protestantischen Gelehrtengruppe, die durchaus Problemanalysen zur veränderten Situation im Verhältnis von Naturwissenschaft und Technik, zur Naturrechtsfrage, zur Kulturpathologie, zur Funktion moderner Ideologien, zum Demokratieverständnis u.a.m. vorlegten, schlichtweg ignoriert. An einen Zufall kann man nicht ganz glauben.

Lösen wir uns aber von diesen Angelegenheiten der öffentlichen Wahrnehmung, der Rezeption und Akzeptanz in bestimmten Kreisen. Theologisch belangvolle Einblicke gewährt bestimmt ein Blick auf die Interpretation, die sowohl Spranger wie Schmitt zu dem sonst nicht so vielfältig behandelten Diktum „nemo contra deum nisi deus ipse" vorgelegt haben. Es geht, wie man gleich sieht, um nichts Geringeres als um die – eigentlich nur spekulativ auszutragende – Gottes- und Theodizeefrage. Hans Blumenberg hat im IV. Teil seines Werks über die „Arbeit am Mythos" die Bedeutung, ja die Sprengkraft dieser Erörterungen erkannt und in weitreichenden Untersuchungen energisch auf die mythologisch-metaphorologischen Hintergründe und Grundfragen hin ausgeleuchtet [54].

Wovon geht der Spruch aus? Gesetzt, daß es eine Gottheit gibt, so gilt, wenn ein wahrhaft erfüllter Begriff von ihr zugrunde gelegt und nicht mit einer rhetorischen Attrappe hantiert wird: Niemand (nemo, nicht: nihil) kann gegen Gott etwas ausrichten (gegen ihn ankämpfen, ihn belangen, ihn schädigen), es sei denn, ein Gott oder (monotheistisch gedacht) Gott selbst. Gott ist, sofern er nicht leer und abstrakt konzipiert, sondern als lebendige Einheit aufeinander verwiesener Kräfte gedacht wird, autark, unabhängig, äußerer Stützen unbedürftig. Deshalb – Nietzsche hin, Nietzsche her – kann er auch nicht getötet werden. Das bedeutet aber auch: Probleme wie die der Theodizee verschwinden nicht, sie werden nur in die Gottheit hinein verlagert (und könnten dort, bildhaft gesprochen, implodieren, wenn sie nicht genuin spekulativ bewältigt werden). Blumenberg drückt das Außergewöhnliche dieses Satzes so aus: „Der Spruch hat keinen Kontext, er reißt ihn erst an sich" [55]. Ist das so, so muß jede Interpretation ihre reflexiven Bedingungen und ihren inneren Zusammenhang allererst selbst erschaffen.

Spranger konzentriert sich völlig auf die Frage, was der rätselhafte, ungeheure, mächtige Spruch (so die Epitheta) bei Goethe bedeutet und welche Funktion er an der ihm zugedachten Stelle hat. Zu den Specifica der Religiosität Goethes gehört es nun allerdings, daß er die eben formulierte Voraussetzung nicht geteilt hätte. Für ihn sind die weltlichen Gegebenheiten immer schon irgendwie *in* Gott; Gott hat, so seine Auffassung, die Welt nie ganz aus sich herausgesetzt. Die Theodizeefrage (Woher kommt das Böse? Warum müssen Unschuldige leiden?) läßt sich weder spinozistisch, noch leibnizisch, noch von den höchst komplizierten Annahmen Schellings aus begrifflich fassen und einer Lösung näherbringen. Goethe entwickelt einen anderen Gedanken: Es gibt das Dämonische, eine undurchdringliche, abgründige Schicht, welche zwischen der Gottheit und der Menschheit wie ein trübes Medium wirksam ist (eine halb antike, halb orientalische Vorstellung mit recht menschlichen Zügen, aber das Anthropomorphe ist nun eben aus der Einbildungskraft nicht zu eliminieren). Und dieses Dämonische hängt mit der menschlichen Persönlichkeit zusammen, es ist faktisch von ihr nicht abzutrennen. In ihm nistet das Feindselige, hier brodelt das bösartig Zerstörerische, von da geht tragisches Unheil aus. Folgt man Sprangers Deutung, so will diese Konzeption zweierlei Entlastungen bieten: Zum einen ist menschliches Leid nicht einfach auf Gottes unmittelbares Handeln zurückzuführen, zum andern soll so verhindert werden, daß die erlittenen Härten mit der Vorstellung der umfassenden Liebe Gottes unvereinbar werden. Natürlich fragt man sich, wie weit dieser Gedanke trägt. Aber letztlich ist eine Deutung dieses Geheimnisses gar nicht möglich. Es geht wohl um eine Art Grenzbewußtsein: Von Gott Unmögliches zu verlangen, wäre ketzerisch. Entscheidend ist vielmehr, das Dennoch zu erfassen, – die Bestimmung des Menschen besteht darin, den Versuchungen des Dämonischen standzuhalten, ja sich gegen seine Tendenzen durchzusetzen. Nur so kann das Einströmen des Urlichts ermöglicht werden. Ohne dieses Urlicht und die Verheißung des Liebeskosmos, aus dem kein Wesen endgültig herausfallen kann, wäre ein sinnvolles Leben nicht denkbar.

Man erkennt sogleich, daß dieser Gedankengang nur tragfähig ist, wenn die oben angesprochene Voraussetzung gilt, daß es nämlich von vornherein keine restlos und reinlich trennende Grenze zwischen Gott und der Welt gibt. Daraus folgt nebenbei, daß es im Rahmen der goetheschen Religiosität auch eine vollständige Profanisierung (also eine so verstandene Säkularisierung) nicht geben konnte.

Blicken wir von da aus auf Schmitts Befassung mit dem Diktum. Man erkennt bei genauerer Beschäftigung mit seinen Gedankengängen, daß, ähnlich wie im Falle Goethes, auch hier die Überlegungen auf einer sehr speziellen Voraussetzung aufruhen. Spranger hatte sich eine andere Aufgabe als Schmitt gestellt; er wollte Goethes Äußerung mit einer sorgsamen hermeneutischen Erläuterung zur klareren Konturierung verhelfen. Schmitt baut ein steiles Argumentationsgerüst auf, das den Zweck haben soll, seiner unbeirrt festgehaltenen begrifflichen Disjunktion, der Freund-Feind-Differenz, ein weiteres Mal, jetzt auch im Blick auf die inzwischen veränderte Welt, eine säkularisationstheoretische Herleitung zu verschaffen. Goethes Diktum spielt dabei nur die Rolle einer Materialbasis, an welche kurz angedockt wird, um rasch die Fahrt auf ein anderes Ziel hin aufzunehmen. Ein neuer Quellenfund, ein Dramenfragment von J.M. Lenz, dürfte sogar wichtigere Anregungen vermittelt haben. (Leider müssen wir an dieser Stelle von der Auseinandersetzung mit den theologischen Ansätzen E. Petersons und den philosophischen Beiträgen H. Blumenbergs, ohne die Schmitts Thesen nicht das am Ende erkennbare Profil gewonnen hätten, absehen.)

Der Begriff der Säkularisierung kann verschiedene Bedeutungen annehmen. Schmitts Interesse gilt der Frage, wie wahre (und das sind in seinem Falle ursprünglich theologische) Begriffe in der empirischen Welt Wirksamkeit entfalten. Fundus ist dieses Mal die trinitarische Lehre vom ‚entzweiten Gott', die er bei Gregor von Nazianz angedeutet findet, die aber letztlich gnostischen Ursprungs ist. Das in ihr enthaltene Theorem stellt dem Schöpfergott einen Erlösergott gegenüber. Gesetzt den Fall, der Schöpfer wäre der Herr einer verfehlten, in mehrfacher Hinsicht mißratenen Welt, dann kann der auf Verbesserung sinnende Befreier (der Erlösergott) strukturell gesehen nur sein Feind sein. Der Erlöser, der einen Pakt mit den Menschen eingeht und ihnen Sanftmut, Versöhnung und Friedfertigkeit predigt, muß mit innerer Nowendigkeit ein Rebell gegen diesen allmächtigen, ewigen Gott sein. Wie auch immer im einzelnen: Zwischen Schöpfergott und Erlösergott besteht ein Zwist, eine unaufhebbare Feindschaft, in Aktion umgesetzt: Aufruhr. Legt man dem Geschehen die antike Prometheus-Erzählung unter – und dieses spekulative Manöver gestattet sich Schmitt –, so wird daraus die innertrinitarische Entfremdung und

Entzweiung des anthropomorphen Prometheus-Christus vom theozentrischen Epimetheus-Christus, es entsteht also eine dualistische Christologie unter Verwendung anderer mythischer Anleihen. Der erstere, der Prometheus-Christus, ist in säkularisierter Gestalt der Selbstermächtiger, welcher das Liebesgebot zur Aufruhr gegen politische Ordnung, gegen die in der Transzendenz verankerte Autorität, gegen Kontinuität, gegen Wissenschaft und schließlich gegen jeglichen Zusammenhalt von Religion und Politik nutzt. Schmitt sieht sich selbst auf der anderen Seite, als Aufhalter dieses Prozesses (als Katechon, also als einen, der die überschießenden Kräfte niederzuhalten bzw. den Prozeß zu verzögern versucht) und stellt sich so auf die Seite des Epimetheus-Christus (also auf die der Gegenrevolution). (So nebenbei legt er übrigens den alten Goethe ebenfalls auf das epimetheische Element fest.)

Schmitt klammert ohne allzu große Skrupel die jahrhundertelange dogmengeschichtliche Entwicklung aus. Eine ihrer Seiten ist für ihn der wiederholte Versuch, die apostrophierte innertrinitarische Entzweiung zu verhüllen, also die Gegensätze abzuschleifen und aufzuheben. Tiefere Bedenken hat er auch nicht hinsichtlich der Überblendung mit Elementen des antiken Mythos, wenn und wo es um die Klärung seiner Absichten geht, nämlich um Kontroversen um die „neue Politische Theologie" (im engeren Sinne also um die Befreiungstheologie) [56]. Daß der ‚katholische Verschärfer' und ‚unkanalisierbare Mosellaner' hier zwar scharfsinnig, aber gänzlich jenseits der kirchlichen Dogmatik argumentiert (mithin häretisch), ist evident. Bei der Verfolgung apologetischer Intentionen ist ihm auch dieses Mittel recht. Die Freund-Feind-Disjunktion darf nicht geopfert werden.

In welchen Denkraum die Diskussion um und mit Spranger hier führte, kann nur noch skizziert werden. Vergleichbar ist, daß nicht nur Schmitts Auffassungen und intellektuelle Haltungen mit den Grundvorstellungen der katholischen Lehrmeinungen kollidieren mußten, sondern daß auch Spranger mit der Dialektischen Theologie, die zu seiner Zeit die Speerspitze der innerkonfessionellen Kämpfe darstellte, in Konflikt geraten mußte. Das lag keineswegs an naiven anthropologischen Voraussetzungen; hinsichtlich der Gebrochenheit oder Sündhaftigkeit menschlicher Existenz neigten beide, Spranger und Schmitt, auf eine je eigne Art zu pessimistisch eingefärbten Annahmen. Die Differenz tritt zutage, wenn man sich an das Stichwort der Säkularisierung hält: Schmitt zeichnet, wenn man alles in allem nimmt, eine Verfallsgeschichte, welche von ursprünglich sakralen Kategorien zu deren Neutralisierung und von ihr aus über die ästhetische Subjektivierung zur Zerreibung der einst fundamentalen Annahmen führt (man vergleiche seine Romantik- und Liberalismuskritik). Spranger ist diese Tendenz nicht unbekannt, auch er sieht und leidet unter derartigen Prozessen. Aber er geht von einem unabgeschlossenen Wechselspiel von Ver- und Entweltlichung, von Profanisierungsfolgen und der Entdeckung neuer Möglichkeiten der religiösen Erweckung oder Inspiration aus. Hierauf richtet sich sein Erkenntnisinteresse, und dazu äußert er auch auf genuine Art sein Urteil. Unter anderen Untersuchungen wären zum Beleg die Arbeiten über „Weltfrömmigkeit" und „Die Magie der Seele" aus den vierziger Jahren gedanklich zu rekonstruieren und zu erläutern [57]. Es würde sich dabei zeigen, warum Spranger zur Romantik (speziell Schleiermacher), zum Deutschen Idealismus (besonders Fichte und Hegel – in der Zelle in Moabit entwischt ihm sogar die Formulierung ‚wir deutschen Idealisten'!) – oder zu Meinecke (den Schmitt heftig kritisiert, Spranger aber verehrt) ein vollkommen anderes Verhältnis haben mußte. Spranger erntete bekanntlich mit seinen religionspsychologischen und -philosophischen Auffassungen keinen Beifall bei der Mehrheit der richtungsweisenden Koryphäen des Protestantismus, konnte jedoch wohlwollende Stimmen aus dem katholischen Umkreis vernehmen. (Daß es in dieser Zeit auch zu merkwürdigen interkonfessionellen Affinitäten und Allianzen gekommen ist, wäre noch einmal ein eigenes Thema, man denke nur an Schmitts freundschaftliche Beziehung zu H.J. Oberheid, der es bis zum evangelischen Bischof der „Deutschen Christen" gebracht hatte und nach dem Krieg als Bevollmächtigter einer Stahlbaufirma zum spendensammelnden Unterstützer Schmitts avancierte).

Man kann hier nur ein provisorisches Ende setzen. Editorische Aufarbeitungen und Konstellationsforschungen könnten die Sicht in nicht unbedeutendem Maße noch verändern. Manches angeschlagene Thema hat es in sich, uns in transmutierter Form bis ins praktische Leben hinein weiter zu verfolgen.

Anmerkungen

1. Vgl. vor allem die Nachlaßbestände von E. Spranger (Bundesarchiv Koblenz) und von C. Schmitt (Nordrhein-Westfälisches Hauptstaatsarchiv Düsseldorf). Im Falle Sprangers ist auch die Darstellung der Quellenlage von Alban Schraut heranzuziehen (Biografische Studien zu Eduard Spranger. Bad Heilbrunn: Klinkhardt 2007, S. 383 ff.).
2. C. Schmitt: Ex Captivitate Salus. Erfahrungen der Zeit 1945/47. Berlin: Duncker & Humblot ³2010, S. 9–11. Ein Faksimile der ersten Textseite findet sich bei Reinhard Mehring: Carl Schmitt. Aufstieg und Fall. Eine Biographie. München: Beck 2009, S. 447. Was Petra Gehring angesichts der wuchtigen geschichtlichen Einschnitte unserer Zeit sagt, könnte auch hier gelten: „An die Stelle der großen Erzählungen sind die kleinen Narrative getreten ..." (Epoche der Archäologien. In: Philosophische Rundschau, Bd. 59, 1/2012, S. 3–25, Zitat S. 5).
3. C. Schmitt an E. Jünger am 24.01.1947; vgl. Ernst Jünger – Carl Schmitt, Briefe 1930–1983, hrsg. v. Helmuth Kiesel, Stuttgart: Klett-Cotta 1999, S. 195.
4. Vgl. S. Kierkegaard über die Möglichkeit, sich selbst durchsichtig in Gott gegründet zu sein, oder: im Gewissensverhältnis vor Gott durchsichtig zu sein (Die Krankheit zum Tode [sowie] Furcht und Zittern, hrsg. v. Hermann Diem, Frankfurt/M. u. Hamburg: Fischer 1959, S. 25 u. 101). Vgl. ferner H. Lipps: Die menschliche Natur. Frankfurt/M.: Klostermann ²1977, S. 155, sinngemäß auch an anderen Stellen.
5. R. Groh: Arbeit an der Heillosigkeit der Welt. Zur politisch-theologischen Mythologie und Anthropologie Carl Schmitts. Frankfurt/M.: Suhrkamp 1998, S. 118 f.
6. „Feind ist ... nicht der private Gegner, den man unter Antipathiegefühlen haßt. Feind ist nur eine wenigstens eventuell, d.h. der realen Möglichkeit nach *kämpfende* Gesamtheit von Menschen, die einer ebensolchen Gesamtheit gegenübersteht. Feind ist nur der *öffentliche* Feind, ..." (C. Schmitt: Der Begriff des Politischen. Text von 1932 mit einem Vorwort und drei Corollarien. Berlin: Duncker & Humblot ⁸2009, S. 27).
7. Ex Captivitate Salus, S. 89 f. Die Formel stammt von Theodor Däubler. E. Jünger hat sich, statt einen eingehenden Kommentar abzugeben, mit einer herablassenden Bemerkung über die Schemen einer schemenhaften Vergangenheit und den Eindruck von Sterilität, den Spranger in einem kleineren Kreis auf ihn gemacht habe, begnügt; vielleicht wollte er auf diese Weise die Irritabilität der Angelegenheit heruntermodulieren (auf wohlfeile Art freilich: auf Kosten des nicht-anwesenden Dritten; vgl. den Brief an C. Schmitt vom 30.01.1947, S. 197).
8. Schmitt hat die Bezeichnung von Konrad Weiß aufgenommen. Diese Adaptation hat der Schmitt-Forschung ein kulturgeschichtliches und charakterologisches Endlosthema beschert.
9. Hermann Pongs: Romanschaffen im Umbruch der Zeit. Eine Chronik von 1952–1962. Tübingen: Verlag der Deutschen Hochschullehrerzeitung ⁴1963, S. 36.

10 Vgl. zu den Einzelheiten Schmittiana. Beiträge zu Leben und Werk Carl Schmitts. Hrsg. v. Piet Tommissen, Bd. V, Berlin: Duncker & Humblot 1996, S. 206 f., Textwiedergabe S. 207. Gerechterweise müßte man alle einschlägigen Äußerungen Schmitts zueinander in Beziehung setzen, um eine einigermaßen differenzierte und schlüssige Antwort auf die Frage zu erhalten, wie sich bei ihm Reflexion auf persönliche Schuld, Identitätsvergewisserung und Reue nach 1945 miteinander verschränken. Das Spektrum reicht von der barschen Zurechtweisung: „Wer beichten will, gehe hin und zeige sich dem Priester" (Ex Captivitate Salus, S. 77, – was er zwar nicht literarisch, aber privatim wohl getan hat; vgl. R. Mehring, S. 449), über die Robert M.W. Kempner gegenüber 1947 beim Kreuzverhör getroffene Feststellung zu den fragwürdigen Texten, die er den Machthabern angedient habe: „Es ist schauerlich, sicher. Es gibt kein Wort darüber zu reden" (vgl. Friedrich Balke: Beyond the Line: Carl Schmitt. und der Ausnahmezustand. In: Philosophische Rundschau, Bd. 55, 4/2008, S. 273–306, ebd. S. 293), bis zum Eingehen auf die unleugbaren Verbrechen des NS-Regimes im Gutachten für den Unternehmer Friedrich Flick (zu den Einzelheiten und Einschränkungen vgl. Groh, S. 121, 124). Auch R. Groh stellt allerdings fest, daß bei Schmitt letzten Endes keine Spur christlicher Reue zu finden sei (S. 119). Und Rüdiger Altmann, Schmitt durchaus nicht fern stehend, konstatiert: „Er war moralisch zerbrochen ... Er war zuletzt ein Gescheiterter, weil er nicht mehr fähig war, seine Identität zu finden. Er konnte nicht mehr auf die Frage antworten: Wer bin ich?" (vgl. Jan-Werner Müller: Ein gefährlicher Geist. Carl Schmitts Wirkung in Europa. Darmstadt: Wissenschaftliche Buchgesellschaft ²2011, S. 205). Über das suggestive Benito-Cereno-Carl-Schmitt-Doppelspiel hat sich die Schmitt-Forschung ausführlich geäußert.

11 Vgl. z. B. Iring Fetscher: Neugier und Furcht. Versuch, mein Leben zu verstehen. Hamburg: Hoffmann & Campe 1995, S. 407; Theodor Eschenburg: Letzten Endes meine ich doch. Erinnerungen 1933–1999. Berlin: Berliner Taschenbuch Verlag 2002, S. 197.

12 Vgl. E. Spranger: Die Mittwochsgesellschaft und Generaloberst Beck (1939–1944). In: Berliner Geist. Tübingen: Wunderlich/Leins 1966, S. 117–127; als Kurzbericht über die Inhaftierung vgl. den Brief an Käthe Hadlich vom 19.01.1946, in: Gesammelte Schriften Bd. VII, hrsg. v. H.W. Bähr, Tübingen: Niemeyer 1978, S. 239 f.; zur Einschätzung der Zusammenhänge auch Gottfried Bräuer: Eduard Sprangers Moabiter Aufzeichnungen. In: Werner Sacher/Alban Schraut (Hrsg.): Volkserzieher in dürftiger Zeit. Studien über Leben und Wirken Eduard Sprangers. Frankfurt/M.: Lang 2004, S. 121–156.

13 E. Spranger: [Die Universität Berlin nach Kriegsende 1945]. Aufgrund von Aufzeichnungen aus dem Jahr 1945 geschrieben 1953–1955. In: Gesammelte Schriften Bd. X, hrsg. v. Walter Sachs, Heidelberg: Quelle & Meyer 1973, S. 273–321.

14 Da der entsprechende Brief an Käthe Hadlich nicht in die veröffentlichte Sammlung (Eduard Spranger und Käthe Hadlich. Eine Auswahl aus den Briefen der Jahre 1903–1960. Hrsg. v. Sylvia Martinsen u. Werner Sacher, Bad Heilbrunn: Klinkhardt 2002) eingegangen ist, sei ein Teil aus ihm zitiert: „ ... Ungeheuer viel Zeit erfordert die Korrespondenz, teils als

Antwort auf Anfragen, teils als Trostschreiben an Abgebrannte, z.B. Heymann (74 Jahre), Schuchhardt (85 Jahre), Staatsrat Carl Schmitt, der Theoretiker des Systems; Rosenberg, Jutta Keferstein, Frau Jensen (z. 2. Male) etc. etc. Nicht allen habe ich geschrieben; dies ist nur eine Auswahlliste. ..." (Das maschinenschriftliche Briefkonvolut wurde mir von W. Sacher zur Verfügung gestellt; die Abschrift trägt die Ziffer 43/61–3).

15 Klaus Scholder (Hrsg.): Die Mittwochs-Gesellschaft. Protokolle aus dem geistigen Deutschland 1932–1944. Berlin: Severin und Siedler 1982.
16 Zu den Einzelheiten vgl. Eberhard Zeller: Geist der Freiheit. Der zwanzigste Juli. München: Müller ^{5}1965; G. Bräuer: Eduard Sprangers Moabiter Aufzeichnungen (s. Anm. 12).
17 R. Mehring, S. 417.
18 Vgl. Anm. 13.
19 Schmittiana Bd. V, S. 144 81.
20 R. Mehring, S. 438 ff. (Haft und ‚Asyl'). Vgl. ferner H. Blumenberg: Zwei unbekannte Schriften des Carl Schmitt. In: Hans Blumenberg – Carl Schmitt, Briefwechsel 1971–1978, und weitere Materialien. Hrsg. v. Alexander Schmitz u. Marcel Lepper, Frankfurt/M.: Suhrkamp 2007, S. 188–194.
21 Richard von Weizsäcker: Vier Zeiten. Erinnerungen. Berlin: Berliner Taschenbuch Verlag 2002, S. 125.
22 J.-W. Müller, vgl. Anm. 10, Teile II und III, S. 61 ff.
23 Carl Schmitt: Gespräch über die Macht und den Zugang zum Machthaber. Pfullingen: Neske 1954; zu den Umständen, Hintergründen und Übersetzungen vgl. Schmittiana V, S. 169–176.
24 Brief von N. Sombart an P. Tommissen vom 15.12.1995, in: Schmittiana V., S. 220.
25 E. Spranger: Lebensformen. In: Festschrift für Alois Riehl. Halle/S.: Niemeyer 1914, S. 413–522; völlig neu bearbeitete und erweiterte Auflage unter dem Titel: Lebensformen. Geisteswissenschaftliche Psychologie und Ethik. Halle/S.: Niemeyer 1921, X, 403 S.
26 Groh, S. 74–83.
27 Kaum jemand dürfte so früh erkannt haben, welchen Sprengstoff Schmitts Abhandlung barg, wie Ernst Jünger: „Die Abfuhr, die allem leeren Geschwätz, das Europa erfüllt, auf diesen dreißig Seiten erteilt wird, ist so irreparabel, daß man zur Tagesordnung also, um mit Ihnen zu sprechen, zur Feststellung des konkreten Freund-Feind-Verhältnisses übergehen kann. Ich schätze das Wort zu sehr, um nicht die vollkommene Sicherheit, Kaltblütigkeit und Bösartigkeit Ihres Hiebes zu würdigen, der durch alle Paraden geht. Der Rang eines Geistes wird heute durch sein Verhältnis zur Rüstung bestimmt. Ihnen ist eine besondere kriegstechnische Erfindung gelungen: eine Mine, die lautlos explodiert" (Brief an C. Schmitt vom 14.10.1930, Briefwechsel S. 7). Und einen Monat später: „Alle Ihre Ausführungen erscheinen mir deshalb besonders gefährlich, weil sie sich in den Grenzen einer vollkommenen Sachlichkeit zu verbergen wissen". (Brief vom 17.11.1930, ebd. S. 8). Jüngers klammheimliche Freude sagt nicht nur über Schmitts Text, sondern auch über seine

eigene Sicht überraschend viel aus. Seine Äußerung kann sich nur auf die frühe Fassung der Abhandlung im Heidelberger Archiv für Sozialwissenschaft und Sozialpolitik, Bd. 58, Heft 1 (August 1927) beziehen.

28 Vgl. neben der bereits genannten Literatur: Christian Graf von Krockow: Die Entscheidung. In: Die Deutschen in ihrem Jahrhundert 1890–1990. Reinbek bei Hamburg: Rowohlt 1990, S. 154–197; das Kapitel faßt wesentliche Ergebnisse seiner Dissertation von 1958 zusammen. Die Stichworte „Ausnahmezustand" und „Entscheidung" bilden die Kristallisationskerne alles dessen, was sich in den komplexen Vorgängen der Abwendung vom demokratischen Parlamentarismus und dem Weg zur Rechtfertigung der Diktatur zusammenbraut. Vgl. aus jüngster Zeit noch einmal Friedrich Balke: Beyond the Line: Carl Schmitt und der Ausnahmezustand. In: Philosophische Rundschau, s. Anm. 10.

29 Hans Blumenberg – Carl Schmitt Briefwechsel, (vgl. Anm. 20), S. 222.

30 Vgl. zum Gespräch zwischen R. Aron und J. Freund J.-W. Müller: Ein gefährlicher Geist. Carl Schmitts Wirkung in Europa, Anm. 10, S. 113.

31 Martin Buber: Die Frage an den Einzelnen. In: Werke Bd. I, Schriften zur Philosophie, München: Kösel u. Heidelberg: Lambert Schneider 1962, S. 215–265; zu Schmitts Begriffsbestimmung des Politischen S. 254–257.

32 Vgl. zu Dolf Sternbergers Heidelberger Antrittsrede R. Mehring, S. 525 f.

33 Lehrreich ist in dieser Beziehung, wie Jan Assmann einerseits die ideellen Errungenschaften, andererseits aber die Folgen des Inklusions-Exklusions-Antagonismus, welcher mit der Mosaischen Unterscheidung im kulturellen Gedächtnis verfestigt wurde, expliziert und zur Diskussion gestellt hat. Die Absolutsetzung des Wahrheitsanspruchs des Monotheismus und die damit fixierte Unvereinbarkeit mit jeglicher Form eines Kosmotheismus bringt, so seine These, mit hoher Wahrscheinlichkeit Intoleranz und Gewaltexzesse hervor (vgl. Jan Assmann: Die Mosaische Unterscheidung oder der Preis des Monotheismus. München/Wien: Hanser 2003. Im Anhang sind dem Band fünf kritische Entgegnungen beigegeben [S. 193–286].)

34 E. Spranger: Das deutsche Bildungsideal der Gegenwart in geschichtsphilosophischer Beleuchtung (1926). In: Gesammelte Schriften Bd. V, hrsg. v. H. Wenke, Tübingen: Niemeyer 1969, S. 30–106.

35 E. Spranger: Mein Konflikt mit der nationalsozialistischen Regierung 1933. In: Universitas, 10. Jg. 1955, S. 457–473; ferner Briefwechsel Spranger – Hadlich, S. 290 ff., Walter Eisermann: Zur Wirkungsgeschichte Eduard Sprangers. Dargestellt an Reaktionen auf sein Rücktrittsgesuch im April 1933. In: Maßstäbe. Perspektiven des Denkens von Eduard Spranger, hrsg. v. Walter Eisermann, Hermann J. Meyer u. Hermann Röhrs. Düsseldorf: Schwann 1983, S. 297–323.

36 Vgl. Briefwechsel Spranger – Hadlich, S. 301, 317, 325–327.

37 Wilhelm von Humboldt an Friedrich August Wolf (23.12.1796): Über Charakterkenntnis und vergleichende Anthropologie. In: Werke in fünf Bänden, hrsg. v. Andreas Flitner u.

Klaus Giel, Bd. V, Darmstadt: Wissenschaftliche Buchgesellschaft 1981, S. 180–186, besonders S. 182–184; Eduard Spranger: Wilhelm von Humboldt und die Humanitätsidee. Berlin: Reuther & Reichard 1909, S. 211–243.

38 Vgl. die Zusammenfassung bei R. Mehring, S. 519–524; sowie J.-W. Müller, S. 82–84.

39 Vgl. Martin Heidegger: Die Zeit des Weltbildes. In: Holzwege. Frankfurt/M.: Klostermann ²1952, S. 60–104, insbesondre S. 94; ders.: Nietzsche: Der europäische Nihilismus. [Freiburger Vorlesung von 1940] Gesamtausgabe Bd. 48, Frankfurt/M.: Klostermann 1986, schließlich ders.: Platons Lehre von der Wahrheit. Mit einem Brief über den „Humanismus". Bern: Francke ²1947, insbesondre S. 99.

40 Georg Kerschensteiner – Eduard Spranger: Briefwechsel 1912–1931, hrsg. v. Ludwig Englert. München/Wien: Oldenbourg u. Stuttgart: Teubner 1966, Brief vom 22.03.1915, S. 37.

41 E. Spranger an Wilhelm Middeler am 20.04.1959, in: E. Spranger: Briefe 1901–1963, Gesammelte Schriften Bd. VII, hrsg. v. Hans Walter Bähr, Tübingen: Niemeyer 1978, S. 346.

42 Brief an Fritz v. Hippel am 24.09.1962, ebd. S. 381.

43 Siegfried Lokatis: Wilhelm Stapel und Carl Schmitt – Ein Briefwechsel. Einleitung. In: Schmittiana V, S. 29–39; insbesondere S. 30 u. 29.

44 Klaus Scholder (Hrsg.): Die Mittwochs-Gesellschaft, S. 107–113, die Zitate S. 108 u. 113; zum theoretischen Kontext auch Gottfried Bräuer: Wissenschaftsethos – Über normative Implikationen der wissenschaftlichen Arbeit. In: Gerhard Meyer-Willner (Hrsg.): Eduard Spranger. Aspekte seines Werks aus heutiger Sicht. Bad Heilbrunn: Klinkhardt 2001, S. 90–109.

45 Vgl. die Belege in: G. Bräuer: Wissenschaftsethos – Über normative Implikationen der wissenschaftlichen Arbeit (s. Anm. 44), S. 100–103.

46 E. Spranger: Über das Gewissen (1959). In: Gesammelte Schriften Bd. V, hrsg. v. Hans Wenke, Tübingen: Niemeyer 1969, S. 406–414 (neben vielen anderen Erörterungen in wechselnden Kontexten). Vgl. ferner Walter Eisermann: Über die Möglichkeit einer Gewissenserziehung. Dissertation Tübingen 1958; Otto Dürr: Probleme der Gewissens- und Gesinnungsbildung. Heidelberg ²1963.

47 E. Spranger: Menschenleben und Menschheitsfragen. Gesammelte Rundfunkreden. München: Piper 1963; ders.: Gedanken zur Daseinsgestaltung. Ausgewählt von Hans Walter Bähr. München: Piper 1954; ders.: Erziehung zum Verantwortungsbewußtsein. Tb 2095, hrsg. v. Institut für Film und Bild in Wissenschaft und Unterricht. München 1972, Beiheft (Vortragstext, Einführung in Leben und Werk, Kommentar) von G. Bräuer.

48 E. Spranger in einem Brief an Käthe Hadlich am 20.04.1936, vgl. Briefwechsel, S. 319.

49 E. Spranger: Volksmoral und ihre Sicherung. In: Klaus Scholder (Hrsg.): Die Mittwochs-Gesellschaft, S. 232–235. Vor dem Hintergrund des ‚Gedenkanlasses' sind zwei Abschnitte der Schlußpassage des Vortrags sicher einer Beachtung wert: „Solange solche höheren Kräfte fehlen, stehen wir vor der Gefahr des Nihilismus, den Nietzsche gefürchtet und durch sein völliges Unverständnis für Volksmoral gefördert hat. Rücksichtslose Erfolgsgier, Bru-

talität gegenüber dem Leben, Verlogenheit als planvolle Methode, Verlust des Rechtssinnes (‚Recht ist, was dem Volke nützt'), Entlastung der Person von Verantwortungen, die ihr kein Mensch abnehmen kann, sind die konkreten Folgeerscheinungen. Erziehung wird Disziplin statt Charakterfestigung. Das Prinzip des Gewissens, an sich problematisch, kommt unter die Räder einer im falschen Sinne militanten Moral.

Besserung ist allenfalls zu erhoffen von moralischer ‚Zellenbildung'. Der Ausdruck stammt aus dem Sektenleben. In der Tat kann nur von kleinen Kreisen aus neu aufgebaut werden. Dort müssen verantwortliche Personen vorleben, was dem Volke in tieferem Sinne ‚nützt', d.h. es rein und ethisch kräftig erhält. Dazu gehört, daß man zu geistiger Selbständigkeit geborene Menschen wieder in ihre Problematik hinabführt, sie an metaphysische Grenzen stellt und die unbestechlichen Tiefen ihres Wesens aufgräbt, wie es Sokrates in ähnlicher Volkslage getan hat" (S. 234).

(Es bleibt anzumerken, daß man bei diesen Vortragstexten immer auch mit subtileren, indirekten Mitteilungen zu rechnen hat. Nietzsche war wie kein anderer Baeumlers Genius; seine selektiv verwertete Philosophie bildete den Kernbestand seiner politischen Philosophie. Spranger handelt also vor allem auch von der Lehre seines Erzfeindes in der Fakultät.)

50 C. Schmitt: Nomos – Nahme – Name. In: Der beständige Aufbruch. Festschrift für Erich Przywara, hrsg. v. Siegfried Behn. Nürnberg: Glock u. Lutz 1959, S. 92–105.

51 R. Mehring, S. 526–530, J.-W. Müller, S. 156–167.

52 C. Schmitt: „Das ist das geheime Schlüsselwort meiner gesamten geistigen und publizistischen Existenz: das Ringen um die eigentliche katholische Verschärfung (gegen die Neutralisierer, die ästhetischen Schlaraffen, gegen Fruchtabtreiber, Leichenverbrenner und Pazifisten)" – beachtenswert ist das provokante Zusammengreifen höchst unterschiedlicher Aspekte; vgl. Groh, S. 152. Zu den komplexeren Zusammenhängen Groh, Kap. IV: Perspektiven der ‚eigentlich katholischen Verschärfung', S. 185–243.

53 E. Spranger: Mein Einsegnungspfarrer Kirmß und die religiöse Situation in Berlin. In: Berliner Geist. Tübingen: Wunderlich/Leins 1966, S. 138–146.

54 Vgl. Hans Blumenberg: Arbeit am Mythos. Frankfurt/M.: Suhrkamp ^{5}1996, IV. Teil: Gegen einen Gott nur ein Gott, S. 433–664.

55 Ebd., S. 579.

56 Zur Gegenüberstellung der ‚klassischen Politischen Theologie' Schmitts mit ihrer verfallstheoretischen, antiaufklärerischen, antiliberalen, parlamentarismuskritischen und dezisionistischen Tendenz auf der einen Seite und der ‚neuen Politischen Theologie' mit ihren sozial- und gesellschaftskritischen, den Rückzug in die religiöse Privatheit verweigernden Elementen auf der anderen Seite vgl. Johann Baptist Metz: Zum Begriff der neuen Politischen Theologie 1967–1997, Mainz: Matthias Grünewald 1997, S. 181 f., 188, 193 u.a.O.

57 E. Spranger: Weltfrömmigkeit (1941). In: Gesammelte Schriften Bd. IX, hrsg. v. Hans Walter Bähr, Tübingen: Niemeyer 1974, S. 224–250; ders.: Die Magie der Seele. Tübingen: Mohr/Siebeck 1947. Den Begriff der Weltfrömmigkeit hatte der Autor von Goethe über-

nommen; seine systematischen Überlegungen gingen jedoch ihren eigenen Weg. Daß unter dem Vorzeichen der Magie nichts Esoterisches oder Okkultes verhandelt wurde, wird bei der Lektüre rasch deutlich. Spranger versuchte hier eine Vorschule der christlichen Religion zu entwickeln. Wenn für Karl Barth freilich Religion als menschliches Machwerk eine Form des Unglaubens ist, weil sie nichts anderes als ein ohnmächtiger Widerstand gegen die Offenbarung sein kann, konnten die beiden Protestanten in den wesentlichen Sachfragen nur aneinander vorbeireden. War der Magiebegriff nicht längst obsolet geworden? Der in dieser Hinsicht unverdächtige Jean-Paul Sartre hat wenige Jahre davor, natürlich unabhängig von Spranger, ebenfalls der Magie seine Aufmerksamkeit zugewandt, vgl. seinen Entwurf einer Theorie der Emotionen, In: Die Transzendenz des Ego. Drei Essays, Reinbek bei Hamburg: Rowohlt 1963, S. 151–195, insbesondere S. 175–193.

Edgar Weiß

Eduard Spranger im Kontext seiner „dienenden Hingabe an eine einheitlich organisierte Kollektivmacht"

Politische Optionen eines Pädagogen

I.

Hinsichtlich der Einschätzung Eduard Sprangers schieden und scheiden sich die Geister. Zweifellos: Spranger (1882–1963), nach breit angelegten, auf vielfältige Interessen verweisenden Studien (Philosophie, Pädagogik, Psychologie, Geschichte, Nationalökonomie, Jura, Theologie, Germanistik, Musiktheorie) und einem bei Wilhelm Dilthey begonnenen, dann abgebrochenen Dissertationsprojekt 1905 bei Friedrich Paulsen promoviert, Lehrer an Berliner Privatschulen, nach der Habilitation 1909 Privatdozent in Berlin, seit 1912 Ordinarius zunächst in Leipzig, seit 1919 in Berlin und seit 1946 in Tübingen, wo er nach der offiziellen Emeritierung noch bis 1958 lehrte, hat eine überaus rege wissenschaftliche Produktivität vorzuweisen[1], – die Zahl seiner Publikationen wird auf etwa 1.300 geschätzt.[2]

Dass Spranger, wenngleich er das von Erich Weniger geprägte Etikett selbst nicht gebrauchte[3], zu den Hauptvertretern der „geisteswissenschaftlichen Pädagogik" gehört, ist weithin unstrittig[4], ebenso der Umstand, dass seine Schriften – insbesondere die Hauptwerke „Lebensformen" und „Psychologie des Jugendalters"[5] – „ungeheure Wirkung" zu entfalten vermochten.[6] Starke Divergenzen weisen unterdessen die vorliegenden Beurteilungen des Werks, der Haltung und der Bedeutung Sprangers auf.

Diverse Auszeichnungen und Ehrungen bezeugen, dass der Philosoph und Pädagoge, der seit der Kaiserzeit bis in die 1960er Jahre hinein auch kulturpolitisch tätig war, zu einer immensen zeitgenössischen und posthumen Anerkennung gelangt ist.[7] Einer ihrem Heros eng verbundenen Spranger-"Gemeinde" galt und gilt dieser als „Tempelhüter der Philosophie" und „Lehrmeister der Lehrerschaft"[8], Bollnow sah in Spranger eine „schlechthin verehrungswürdige Gestalt"[9] und auch politisch deutlich anders als der konservative Kulturphilosoph ambitionierte Autoren haben Spranger mitunter positive Würdigungen gewidmet.[10]

Stark kontrastiert wird dieses Bild durch Belege für ein „ausgeprägtes Geltungsbedürfnis"[11] bzw. eine „extreme elitäre Stilisierung seiner selbst"[12], autoritäre Lehrerattitüden[13], hinterhältige Intrigen[14], antisemitische Vorurteile[15] und ein stark sexistisch gefärbtes Frauenbild[16] sowie für eine sich damit schon andeutende „ideologisch-programmatische Nähe" Sprangers „zu faschistischen Vorstellungen"[17]: „Im Bildungsideal eines Deutschseins, zusammengesetzt aus protestantischer Religiosität und nationalkonservativen Mythen – unter Ausschluss alles Nichtdeutschen, insbesondere des Jüdischen... – wollte Spranger die religiösen, sozialen und politischen Unterschiede in Deutschland imaginär aufheben".[18] Selbst eine der „geisteswissenschaftlichen Pädagogik" gewogene Autorin sieht sich einzuräumen veranlasst, die Vorstellung einer demokratischen Lebensform sei Spranger lebenslang fremd geblieben.[19]

Die folgenden Ausführungen werden der damit angesprochenen politischen Problematik Sprangers in kritischer Absicht näher nachgehen. Das erscheint umso mehr geboten, als politische Einstellungsmuster, wie Spranger sie vertrat, auch heute in besorgniserregendem Maße auf Zuspruch stoßen[20] und mitunter von einer aktualisierten Spranger-Rezeption noch immer ernsthaft eine „Klärung gegenwärtiger Sachprobleme in verschiedenen Themenbereichen" – einschließlich dem der politischen Bildung – erwartet wird.[21]

II.

Der Wunsch, ein „Kulturführer" zu sein[22], kann als das Lebensmotiv Sprangers begriffen werden.[23] „Herrschen", heißt es in seiner Tagebucheintragung vom 02.09.1904, „war ja von jeher mein geheimster Traum. Darum möchte ich leben...".[24] Das Herrschen gilt Spranger dabei nur als der eine Pol eines Kontinuums des „Dienens" im Sinne der „Hingabe an einen überindividuellen Wert- und Wirkungszusammenhang"; es bleibt allemal bezogen auf seinen Gegenpol, die bereitwillige Unterwerfung; die „Kraft echten Herrschens" erfordere allemal – dies sei eine „ewige Wahrheit" – den Durchgang durch die „Schule des Gehorchens", die wie das Herrschen dem Willen zum eigenen Staat gelte, den das Individuum „in seine Seele" hineinzunehmen habe[25]: „Der nur private Machtwille muß durch Erziehung emporgeläutert werden zu der dienenden Hingabe an eine einheitlich organisierte Kollektivmacht".[26]

Das vermittelst dieser Hinweise greifbar werdende Leitmotiv, in dem sich unschwer die Repräsentanz der maßgeblichen Eigenschaften des „autoritären

Charakters" erkennen lässt²⁷, zieht sich durch Sprangers gesamtes Werk. In dessen Zentrum steht eine Theorie der Kultur, die Spranger als „überindividuell bedeutsamer Sinn- und Wertzusammenhang" gilt, „der Wirklichkeit geworden ist und daher in einer realen Gesellschaft als motivsetzender Wirkungszusammenhang lebt".²⁸ Auf dem Verhältnis der „tatsächlich lebenden Kulturträger" zum „überindividuellen Kulturbestand", dem Sprangers Interesse vornehmlich gilt, beruht demnach „das eigentliche *Leben* der Kultur und folglich ihr Wachsen und Vergehen".²⁹

Die Kultur bildet auch die Basis der Sprangerschen Pädagogik, die man demgemäß als „Kulturpädagogik" charakterisiert hat³⁰: Die

*„Fortpflanzung der Kultur, die auf dem Lebendigerhalten des bereits Erarbeiteten in den werdenden Geistern beruht, nennen wir Erziehung... Erziehung ist... der von einer gebenden Liebe zu der Seele des anderen getragene Wille, ihre totale Wertempfänglichkeit und Wertgestaltungsfähigkeit von innen heraus zu entfalten."*³¹

Diesem Verständnis gemäß hat Spranger das stets auf die Erfassung „übersubjektiver Sinnzusammenhänge" und auf „emporbildendes Verstehen" angewiesene erzieherische Bestreben als „Erwecken" bezeichnet.³² Es soll auf das Inkrafttreten des „Selbsterziehungswillens" bzw. der „Selbstbildung" zielen.³³ Damit wird zwar die Person ins Zentrum der Pädagogik gerückt, deren Identität verbleibt bei Spranger jedoch gleichwohl stets im Rahmen der gegebenen kulturellen Verhältnisse. Zögling und Erzieher müssen einander demzufolge „im Dienste einer dritten Geistesmacht" begegnen, „der sie gleichermaßen verpflichtet sind".³⁴ Diese Geistesmacht aber, die Spranger in wechselseitiger Anknüpfung an Dilthey und den Neukantianismus zu konkretisieren versucht³⁵, bleibt letztlich unbestimmt und für beliebige dezisionistische Setzungen offen. Ausgewiesen als „höchster Wert" und vermeintlich im Menschen „wirksames Weltgesetz"³⁶, verharrt sie nichtsdestoweniger im ethischen Argumentations-Relativismus, da „Werte" für Spranger allemal „nicht rational" fassbar sind.³⁷

Zwar stehen für Spranger im Ensemble der unterschiedlichen („theoretischen", „ökonomischen", „ästhetischen", „sozialen", „politischen" und „religiösen") und wechselseitiger Relativierung bedürftigen Lebensformen die „religiösen Werte" bzw. das „Göttliche" oder „Metaphysische" im Wertrang am höchsten³⁸; dass dies jedoch eine konkrete Bedeutung jenseits konventioneller Bezüge, jenseits einer status quo-apologetischen „Bindung an das Geltende"³⁹, hätte, wird nicht greifbar. De facto bleibt „das Religiöse" bei Spranger inhaltlich jeweils beliebig bestimmbar. Damit bietet die aporetische Wertphilosophie der Sprangerschen Kulturlehre kein theoretisches Hindernis für die religiöse Verklärung auch einer NS-affinen Vorstellung der „Volksgemeinschaft", – eine

Option, die Spranger 1933 in der Tat getroffen hat, als er den „großen *positiven* Kern der nationalsozialistischen Bewegung" als „religiös und sittlich unterbaut" auswies[40]:

„Wenn z.B. heute in Deutschland mit Leidenschaft das Evangelium der Nationalerziehung verkündet wird, so bedeutet dies, daß das Leben des Volkes als absolut gesetzt wird. Es sei für jeden, der zu diesem Volk gehört, absolut bindende Norm. Natürlich läßt sich dieser Gedanke nicht durchführen, ohne daß man zunächst eine Volksmetaphysik durchgeführt hätte... Zur Kraft des Volkes gehört eine ‚geglaubte' Geschichte, zuletzt ein Mythos. Darin ist schon deutlich der Wurf nach einem Ewigen und Überzeitlichen spürbar. Das Volk jedenfalls kann nur dann in das Licht des Absoluten rücken, wenn man es selbst als gottgewollte Ordnung oder als Gefäß ewiger Werte setzt".[41]

III.

Die Repräsentanz der maßgeblichen Eigenschaften des „autoritären Charakters", so wurde gesagt, ziehe sich durch Sprangers gesamtes Werk. „Meine Neigungen waren", heißt es dementsprechend in einem Brief Sprangers an Käthe Hadlich vom 29./30.12.1918, „immer antidemokratisch".[42] Die starke Antipathie gegen die von Spranger als ausschweifend empfundene Lebensform seines Vaters, dem der Sohn „alles Bittere" im eigenen Leben „zur Last" legte[43], führte nicht nur zu einer starken – gerade auch in Sprangers Sottisen gegen die Psychoanalyse zum Ausdruck gelangenden[44] – Abwehr des Sexuellen, sondern auch zur Hinwendung zu anderen Vaterfiguren. Schon als Kind von den aus dem Fenster der elterlichen Wohnung in Berlin beobachtbaren Kaiserparaden fasziniert, fühlte sich Spranger Wilhelm II. zeitlebens „tief verbunden", – noch 1926 besuchte er ihn huldigend im kaiserlichen Exil in Doorn.[45] Für Hindenburg empfand Spranger – ebenso wie für den zu seinen Hochschullehrern gehörenden[46], monarchistischen, rassistischen und sexistischen „Katherdersozialisten" Gustav Schmoller[47] – „Liebe".[48] Zeitlebens verehrte er auch Bismarck.[49] Starke Abneigung empfand er dagegen für Heinrich Manns „Der Untertan", wie ihm linke Autoren überhaupt sichtlich zuwider waren.[50]

Vor der deutschen Revolution 1918 setzte sich Sprangers politisches Denken „im wesentlichen aus den Einstellungssyndromen zusammen, wie sie das politische Bewußtsein der führenden nachbismarckschen bürgerlichen Intelligenzgeneration damals insgesamt kennzeichneten. Es fand seine prägnante Zusammenfassung zu Beginn des ersten Weltkriegs unter dem Titel der ‚Ideen von 1914'."[51]

Die „Ideen von 1914" – eine Begriffsprägung des Münsteraner Wirtschafts- und Gesellschaftswissenschaftlers Plenge, der nach 1933 als früher Propagandist nationalsozialistischer Vorstellungen Anerkennung zu finden versuchte[52] – betonten den vermeintlich überragenden Wert deutscher Kultur, bejahten eine ständisch-völkische, antiliberale und irrationalistische Tradition, feierten die Kriegskreditbewilligung, verbreiteten eine nationale Aufbruchstimmung und diskreditierten die Demokratie als „undeutsch". In ihrem Sinne unterzeichnete Spranger gemeinsam mit vielen Kollegen eine von Wilamowitz-Moellendorff verfasste „Erklärung der Hochschullehrer des Deutschen Reiches" vom 16.10.1916, in der der „Geist der Wissenschaft" auf die Ebene des „preußischen Militarismus" gebracht wurde.[53] Aber auch sonst ließ Spranger keinen Zweifel daran, dass er seine Apotheose des „Dienens" mit einer heroisch-militaristischen Position verband.

1914 stimmte er begeistert in die verbreitete rauschhafte Kriegsstimmung ein. Spranger, häufig kränkelnd und schließlich „wehruntauglich" geschrieben, hoffte 1914 auf eine Verwendung im Landsturm und beschwor die todesverachtende Haltung des spartanischen Leonidas:

„... man muß sich schämen, wenn man jetzt keine Waffen trägt... Selbst wenn wir unterliegen, muß diese Kampfbereitschaft für kommende Jahrtausende sein, wie der Tod der 300 in den Thermopylen. Beklagenswert dann nur der, der nicht mitsterben kann!".[54]

Während des Ersten Weltkrieges proklamiert Spranger dann ein „neues Bildungsideal", das es erforderlich mache, „auf der Grundlage einer national bestimmten Allgemeinbildung in den nationalen Staat hineinzuführen".[55] Das klassisch-neuhumanistische Bildungsideal erscheint dem Humboldt-Forscher Spranger[56] nun insoweit als obsolet, als es den nationalen Machtaspekt unberücksichtigt lasse. Pathetisch votiert Spranger für eine auf die deutsche Nation bezogene „Kollektivverantwortlichkeit", für das Bekenntnis zur seinerzeitigen Monarchie und für eine politische Erziehung im Sinne einer „Erziehung zum persönlichen Machtbewußtsein".[57] „Der Staat ist *Sittlichkeit in der Form der kollektiven Machtentfaltung*", heißt es in diesem Kontext; daraus aber folge die Notwendigkeit einer Erziehung „zur Unterordnung unter eine Machtorganisation und zum Machtwillen", „zum Dienen und Herrschen in einem überindividuellen Zusammenhang".[58] Spranger plädiert für eine hierarchisch gestufte Bildung, deren Repräsentanten jeweils ihrem gesellschatlichen Standort gemäß zu einem „organisch" gegliederten Volksganzen beitragen sollen, das lediglich so eine leistungsfähige Einheit zu sein vermöge. Die Gegenwart erfordere eine in dieser Weise auf „Menschenökonomie" basierende „Bildung", die „das Deutsche" zielgerichtet „in den Mittelpunkt" ihrer Anstrengungen zu stellen habe.[59]

1918 beunruhigen den Antimarxisten und Antidemokraten Spranger die Arbeiter- und Soldatenräte, die er als eine die Herrschaft des „Bolschewismus" anstrebende „Räuberhorde" wahrnimmt, die USPD assoziiert er mit „Terror" und „Volksverfinsterung".[60] Spranger fehlt in dieser Situation ein starker Führer, den er – seinen Geschlechterklischees gemäß[61] – ganz selbstverständlich als männlich vorstellt und dem – Sprangers antisemitisch bedingtem Argwohn entsprechend – ein verhängnisvoller jüdischer Einfluss entgegenstehe: „... der *Mann* fehlt, der *Mann*. Zur Hälfte haben wir eine Judenherrschaft", bemerkt Spranger gegenüber Käthe Hadlich am 15.11.1918, um der Freundin seine Diagnose der Gegenwartslage mitzuteilen.[62]

IV.

In der Weimarer Zeit engagierte sich Spranger zeitweise für die „implizit antisemitische" Deutsche Volkspartei (DVP), die während des Kapp-Putsches „den Aufrührern näher als der Republik und ihren Verteidigern" stand[63], vor allem aber für die Deutschnationalen (DNVP), eine offen antisemitische Partei[64], „die Sammelbecken aller konservativ-nationalen Strömungen war und außenpolitisch für eine Wiederherstellung einer deutschen Großmachtstellung, innenpolitisch gegen Liberalismus und Marxismus kämpfte".[65] Sprangers Auffassungen wiesen starke Überschneidungen mit Positionen auf, wie sie im Rahmen der sogenannten „Konservativen Revolution" vertreten wurden.[66] Mit führenden Vertretern aus deren Kreisen unterhielt Spranger näheren Kontakt, so etwa mit Oswald Spengler, Martin Spahn und Franz Seldte, dem Gründer des Stahlhelm, dem Spranger – wie auch anderen antisemitischen Vereinigungen (etwa dem „Verein für das Deutschtum im Ausland") – 1933 beitrat.[67] „Konservativ-revolutionären" Positionen entsprachen auch Sprangers Vorstellungen eines „deutschen Sozialismus".

„Sozialistische Ideen" hat Spranger nach eigenem Bekenntnis „immer verstanden und z.T. selbst gehabt".[68] Freilich meinten diese Ideen einen *antimarxistischen, antidemokratischen* und *paternalistischen* „Sozialismus" von oben, wie er im Rahmen der „Konservativen Revolution" in verschiedenen Varianten verbreitet war.[69] Als desiderabel erschien Spranger dabei eine „Synthese des konservativen *Staats*gedankens und des sozialistischen"[70], – ein „organischer", auf einem hierarchischen Standesgefüge beruhender, Klassenantagonismen verschleiernder, soziale Diskrepanzen lediglich durch staatliche Eingriffe in gewissem Maße mildernder und „veredelter Sozialismus ohne Demokratie"[71], wie ihn schon die „Kathedersozialisten" vertraten[72], deren maßgebliche Protagonisten Gustav Schmoller und Adolph Wagner zu Sprangers akademischen Lehrern gehört hatten.

In Übereinstimmung mit ihnen galt Spranger der demokratische „Gleichheitsgeist" – im Unterschied zum „organischen" „Gemeinschaftsgeist" – als „mechanisch"; die Demokratie ergänzte seiner Auffassung zufolge lediglich den „Privat-" um einen „Parteienegoismus", während sie vor der Aufgabe, „einen wirklichen Gemeinschaftsgeist im Volke zu begründen", versage.[73] Entgegen den Vorstellungen der zeitgenössischen Sozialdemokratie seien der „Führergedanke" sowie die Ideen einer der „Gleichmacherei" entgegengesetzten „echte(n) Aristokratie" und einer „Rangordnung der Geister" von entscheidender Bedeutung.[74] Die parlamentarische Demokratie wird demgemäß mit „Volksverhetzung" und „-demoralisierung", „bewußte(r) Lüge" und der „Saat von Bruderhaß im Innern des Volkes" assoziiert.[75] Spranger blieb ein enttäuschter Monarchist und Sympathisant einer ständisch gegliederten gesellschaftlichen Ordnung[76], der sich mit der Weimarer Republik nur widerwillig arrangierte.

V.

Nach den bisherigen Ausführungen dürfte offensichtlich sein, dass Sprangers politisches Denken erhebliche Schnittmengen mit nationalsozialistischen Vorstellungen aufwies, – Affinitäten, auf die wohl als erster der Reformpädagoge Fritz Helling hingewiesen hat, der bereits seit den 1930er Jahren „Eduard Sprangers Weg zu Hitler" thematisierte.[77]

Gewiss wurde Spranger, der zeitlebens keiner politischen Partei beitrat, kein Nationalsozialist im Sinne der Zugehörigkeit oder der umstandslosen Übereinstimmung mit den Positionen und Praktiken der NSDAP. Charakteristisch war für ihn – wie für die meisten seiner „geisteswissenschaftlich-pädagogischen" Kollegen – vielmehr eine ambivalente Haltung gegenüber dem Nationalsozialismus, die deutliche Sympathien mit unzweifelhaften Vorbehalten verband.[78]

Vor der „Machtergreifung" gelangte Spranger zu der Auffassung, das nationalsozialistische Programm sei „beschränkt und weltfern"; eine etwaige Wahl Hitlers zum Reichspräsidenten erschien ihm als „Unglück", gleichwohl aber stecke „etwas Wertvolles" in der nationalsozialistischen „Hülle".[79] Mit seiner Freundin Käthe Hadlich, die damals von Hitler begeistert war und schließlich für kurze Zeit der NSDAP beitrat, diskutierte er kontrovers über die politisch zunehmend reüssierende Bewegung. „*Deine* Partei kann ich, trotz mancher Sympathie, nicht wählen", teilt er der Freundin am 23.04.1932 mit, am 10.10. desselben Jahres empfiehlt er ihr, den nun absurderweise als „neue Auflage des Marxismus" gedeuteten Nationalsozialismus, der sich „festgefahren" habe und zur „staatsgefährlichen Gesellschaft" geworden sei, aufzugeben.[80] Nichtsdestoweniger folgt am 12.11.1932 das bei gleichzeitiger Distanzierung offerierte Bekenntnis: „Wäre ich jung, wäre ich Nationalsozialist, d.h. – ich liefe mit, wie die Jugend glaubt, *sich* zu folgen, wenn sie ‚hingerissen' ist. Aber das wäre von uns ja frevelhaft".[81]

Auch in der NS-Zeit hat Spranger rege publiziert.[82] In seinem Beitrag zum April-Heft 1933 der Zeitschrift „Die Erziehung" reagierte Spranger dann auf die politischen Ereignisse des vergangenen Monats: auf die nicht mehr unter freien Bedingungen erfolgten Wahlen vom 5. März, aus denen die NSDAP und die völkische „Kampffront Schwarz-Weiß-Rot" mit einem Stimmenanteil von 52% hervorgegangen waren, den „Tag von Potsdam" (21. März), an dem Hindenburg und Hitler am Grabe Friedrichs des Großen in der Potsdamer Garnisonkirche die „Versöhnung des alten Preußens mit dem neuen nationalsozialistischen Deutschland" gefeiert hatten und das Inkrafttreten des Ermächtigungsgesetzes (24. März).[83]

Sprangers Statement zeigt, dass er sich zu einer „vorsichtig unentschiedenen Anbiederung im Gewande völkisch-nationaler Sprache" herbeiließ, mit der er die NS-Bestrebungen „objektiv förderte".[84] Er begrüßt die „großen Ereignisse, die der März 1933 für das deutsche Volk und das Deutsche Reich gebracht hat" und die aus seiner Sicht Deutschlands überfälliges Erwachen „aus einer langen Erschöpfungsperiode" signalisieren, zu der sich die als „jüdisch" empfundenen, von Spranger als zersetzend bewerteten Vorstellungen des Marxismus und der Psychoanalyse einen erheblichen Beitrag geleistet hätten.[85] Die Stunde gebiete nun die „energische Zusammenfassung aller nationalen Kräfte", die nicht zuletzt einer neuen militärischen Machtentfaltung zu gelten habe, die nach den Verlusterfahrungen des Ersten Weltkrieges künftig im Rahmen eines „zweiten Aufbruches zur Verteidigung" die weltpolitische Wiedererstarkung der deutschen Nation erkämpfen müsse.[86] Gebraucht würden „*Ein Geist* und Eine Totalerziehung des deutschen, volks- und staatsverbundenen Menschen", – eine „deutsche Erziehungsarbeit", die zugleich „Wille zur Macht und Achtung vor Recht, irdisches Bauen und demütiger Gottesdienst" sei.[87] In diesem Sinne mache der angeblich „religiös und sittlich unterbaute" „Wille zur Volk*werdung...* den großen *positiven* Kern der nationalsozialistischen Bewegung" aus,

„mag er heute auch für manche durch die bloß negative Seite eines übersteigerten Antisemitismus verdeckt werden. Auch der Sinn für den Adel des Blutes und für Gemeinsamkeit des Blutes ist etwas Positives. Bewußte Pflege der Volksgesundheit, Sorge für einen leiblich und sittlich hochwertigen Nachwuchs (Eugenik), bodenständige Heimattreue, Wetteifer der Stämme und Stände ohne unnötige Zentralisierung an verkehrter Stelle, gehören zu den Kräften, die neu belebt sind und die in eine bessere Zukunft weisen."[88]

Ließ diese Stellungnahme einerseits eine weitreichende Übereinstimmung mit nationalsozialistischen Ideologemen sowie Sprangers „durchgängig antisemitisches Judenbild"[89] erkennen[90], so blieb Spranger andererseits durchaus reserviert.

Bereits im April 1933 kam es zu einem ersten Konflikt zwischen ihm und den neuen Machthabern. Aus Protest gegen die Ernennung des Nationalsozialisten Alfred Baeumler zum Professor für „Pädagogische Politik" an der Universität Berlin reichte Spranger ein Rücktrittsgesuch ein, das er im Juli 1933 jedoch zurückzog, nachdem sich seine Hoffnungen auf kollegialen Beistand zerschlagen hatten und er sich mit der Drohung einer pensionslosen Entlassung durch den NS-Kultusminister Rust konfrontiert sah.[91] Einen prinzipiellen Protest gegen die „nationale Welle", die, wie Spranger auch rückblickend noch urteilt, „damals noch viel Gesundes" mit sich geführt habe[92], bedeutete das Rücktrittsgesuch freilich ebensowenig wie einen grundsätzlichen Protest gegen die Ernennung eines „Ordinarius für politisch gebundene Pädagogik".[93] Immerhin hatte Spranger gemeinsam mit einer Reihe von Kollegen – unter ihnen sein „Todfeind"[94] Baeumler – energisch protestiert, als der „rote" preußische Kultusminister Grimme 1931 Sprangers Widersacher Ernst Krieck[95] von der Preußischen Akademie Frankfurt nach Dortmund strafversetzt hatte, weil dieser nationalsozialistischer Agitation nachgegangen war.[96] Als kränkend hatte Spranger – charakteristischer Repräsentant der bildungsbürgerlichen Hochschul-"Mandarine"[97] und gewohnheitsmäßiger Berater der Kultusministerien mit dem „Führungsanspruch als Volks- und Elitenerzieher"[98] – offenkundig den Umstand empfunden, dass die Berufung Baeumlers ohne Mitwirkung der Gremien und ohne Befragung Sprangers als damaligem Direktor des Pädagogischen Seminars der Berliner Universität erfolgt war.[99]

Wenngleich Spranger die politischen Entwicklungen in den folgenden Jahren nicht ohne Unbehagen verfolgte und sich politisch zunehmend zurückhielt, wollte er es keineswegs zu einem definitiven Bruch mit dem NS-System kommen lassen. Die Zeitschrift „Die Erziehung", deren Mitherausgeber er seit deren Beginn 1925 war, versuchte Spranger zunächst gemeinsam mit seinen Herausgeberkollegen durch Kompromisse zu retten, nach dem Ausscheiden der anderen Herausgeber führte er sie noch zusammen mit seinem Schüler Hans Wenke bis 1942 fort. Dass dies eine ständige Bereitschaft zum Arrangement erforderte, hinderte ihn ebensowenig an der Kooperation wie der Umstand, dass er sich 1935 in „Gefahr" sah, „das Deutsche nur noch negativ zu empfinden" oder die Erschütterung über die Entlassungen geschätzter Kollegen.[100]

1936 ging Spranger auf Anregung des Botschafters Wilhelm Solf als Austauschprofessor und offizieller Vertreter des Deutschen Reiches nach Japan[101], wo er binnen zwölf Monaten rund achtzig Vorträge hielt, die überwiegend der „kulturphilosophischen Dekoration der frischgebackenen deutsch-japanischen Freundschaft dienten".[102] Karl Löwith, dem es nach dem Entzug seiner Lehrbefugnis in Deutschland 1935 gelungen war, eine Berufung nach Japan zu erhalten, hat diese Vorträge kommentiert:

„Als ich ausführliche Berichte davon in der japanisch-amerikanischen Zeitung las, konnte ich zuerst nicht begreifen, wie derselbe Mann, der 1933 sein Abschiedsgesuch eingereicht hatte, nun als offizieller Vertreter des nationalsozialistischen Deutschland seine Bildung dazu hergeben konnte, um sich selbst und seinem Publikum einzureden, daß Deutschland und Japan (das er bis zu seiner Ankunft nur aus einigen Büchern kannte) eine gemeinsame geschichtliche Aufgabe und eine tiefe Verwandtschaft hätten. Der Samurai entsprach dem preußischen Offizier, der japanische Opfermut dem germanischen Heldentum, Bushido dem germanischen Ehrenkodex, die japanische Ahnenverehrung dem neudeutschen Rassegedanken und andere Torheiten mehr".[103]

Bei Spranger selbst liest sich das freilich anders: Der Japan-Aufenthalt sei zwar weder „Flucht" noch „Verbannung", er sei jedoch von nationalsozialistischer Bespitzelung begleitet gewesen, während der NS-Kultusminister vermutlich gleichzeitig zufrieden gewesen sei, Spranger für einige Monate außerhalb Deutschlands zu wissen; in Tokio habe man ihn zunächst „für einen Abgesandten Hitlers" gehalten, was ihn aber nicht gehindert habe, aller Propaganda entsagende, „rein sachliche Vorträge" zu halten.[104]

Textpassagen aus den Japan-Vorträgen bestätigen unterdessen wohl eher Löwiths Wahrnehmung. Spranger, dessen Japan-Reise durch Photos dokumentiert ist, die ihn mit „deutschem Gruß" und auf mit großen Hakenkreuzfahnen dekorierten Podien zeigen[105], pries u.a. das „Recht des Führers... aus dem Charisma, d.h. aus höherer Begnadigung, die ihm zuteil geworden ist", er billigte die Kolonialisierung auf Basis einer „sittlichen Kulturkraft", erklärte die „Wehrfähigkeit" zur „Schicksalsfrage" und verteidigte die „Militarisierung der Hochschule".[106] Selbst die „Ausmerzung" Kranker wird als vermeintlich volksdienliche Maßnahme legitimiert:

„Die Wiederbelebung des Volkes in Wirklichkeit und Denken erfolgt jetzt unter dem Zeichen der jungen Wissenschaft vom Leben. Man kennt schon einige

Vererbungsgesetze. Man kennt also einige Wege zur Sicherung eines gesunden und – wenn nötig – zur Ausmerzung eines kranken Nachwuchses. Maßnahmen zur Eugenik werden ausgebildet. Dies alles aber geschieht nicht mehr im Interesse der einzelnen oder einzelner Familien, sondern vom Boden des Volkes als einer Lebenseinheit aus. Darin liegt ein neues Ethos, nämlich das der Gesamtverantwortung aller und jedes einzelnen für Leben, Gesundheit und rassische Höherbildung des Volkes, zu dem man gehört".[107]

Beim Abschiedsempfang in der deutschen Botschaft in Tokio am 01.10.1937 erklärte Spranger, seine Arbeit in Japan sei nur möglich gewesen, weil „hinter" ihm „die Kraft und das Ansehen des nationalsozialistischen Deutschlands" gestanden habe.[108]

Auch in den folgenden Jahren fehlte es nicht an Äußerungen, die auf eine weitreichende gedankliche Übereinstimmung Sprangers mit dem Nationalsozialismus verwiesen. Ob bei Spranger ganz selbstverständlich von „fremder Rassenart" und angeblich „bedenklicher" „Rassenmischung", ob von der vermeintlich „gefährlichen" Konkurrenz der „weißen Rasse" durch die „Selbstentfaltung der Farbigen" oder von der „unvermeidlichen" Heraufkunft der „Kolonialpädagogik" die Rede ist, ob „heroisches Tun und heroisches Leiden" feierlich als zusammengehörig beschworen werden oder der antisemitische und nationalistische Landerziehungsheimgründer Lietz für seine „Pflege wertvollen Erbgutes und rassischer Art" gelobt wird[109], – allenthalben stand Spranger mit solchen Verlautbarungen auf dem Boden des faschistischen Systems. Und auch das Loblied auf Hitler fehlte nicht:

„Das schwerste Problem, das für Deutschland nach dem verlorenen Kriege bestand, lag in der Frage: Wie gelingt es, die marxistische, sehr stark unter fremdstämmigen Einfluß gelangte Arbeiterschaft wieder national zu machen? Diese beinahe unmöglich scheinende Leistung vollbracht zu haben, ist das wesentlichste Verdienst von Adolf Hitler".[110]

Gegen Ende der NS-Ära geriet Spranger freilich noch auf ernsthafte Weise in Gefahr. Spranger war seit 1934 Mitglied der 1863 zur wissenschaftlichen Unterhaltung gegründeten Berliner Mittwochsgesellschaft, der u.a. auch Generaloberst Ludwig Beck, der ehemalige Reichswehrminister Wilhelm Groener, der Nationalökonom Jens Jessen, der Botschafter Ulrich von Hassell, der Physiker Werner Heisenberg, der Philosoph Heinrich Maier, der Kunsthistoriker Wilhelm Pinder, der preußische Finanzminister Johannes Popitz und der Mediziner Ferdinand Sauerbruch angehörten. Obschon bei den Zusammenkünften keine tagespolitischen Themen erörtert werden sollten und durchaus auch Hitleranhänger zu den Mitgliedern der Gesellschaft gehörten, diente diese de facto einigen Vertretern des Widerstands des 20. Juli zur Tarnung ihres Informationsaustauschs. Beck, Jessen, von Hassell und Popitz wurden nach dem 20. Juli 1944 hingerichtet, Spranger, der von Attentatsplänen nichts wusste, wurde – unter dem falschen Verdacht des Kontakts zu Goerdeler – am 8. September 1944 von der Gestapo verhaftet und bis zum 14. November im Gefängnis Berlin-Moabit festgehalten, in dem damals viele Widerstandskämpfer inhaftiert waren. Seine Entlassung verdankte er offenbar einer von seiner Frau Susanne Conrad bewirkten Intervention des japanischen Botschafters.[111]

VI.

„Was wird eines Tages", hatte Thomas Mann bereits kurz nach der „Machtergreifung" fragend in sein Tagebuch notiert, „mit diesen Intellektuellen, die es hemmungslos mit unterworfenen und begeisterten Hirnen mitgemacht haben! Spranger, der in der Preußischen Akademie Hitler den ‚charismatischen Führer' nennt".[112] Nun, – nach dem Ende des Zweiten Weltkrieges bekannte sich Spranger zur Demokratie.

„Zur eigentlichen Demokratie", stellte er dabei fest, „habe ich mich spät, aber mit Einsicht bekehrt".[113] Parteipolitisch war es nun insbesondere „das Umfeld der CDU, in dem Spranger aktiv wurde, und waren es namhafte CDU-Politiker, die zum engeren Kommunikationsfeld Sprangers gehörten".[114]

Zwar forderte Spranger jetzt eine auf „echte Gesinnungsbildung" eingestellte Erziehung zur Demokratie bzw. eine staatsbürgerliche Erziehung „zu selbständigem politischem Denken"[115] – was gewiss auch das Eingeständnis grundsätzlicher Defizite der eigenen früheren politischen Optionen implizierte –, nichtsdestoweniger aber bleibt die Tiefe seiner Neubesinnung überaus fragwürdig.[116] Wirklich verworfen wurden die einstigen Überzeugungen jedenfalls nicht. Dem Reichsarbeitsdienst z.B., den, wie es auch 1950 noch heißt, der Stahlhelm „am besten organisiert" habe, werde man „auch heute kaum Ungünstiges nachzusagen haben", die Jugendbewegung wird ungeachtet ihrer politischen Problematik[117] noch einmal als positives Modell für die Schaffung einer von Spranger nach wie vor für unentbehrlich gehaltenen „geistigen Elite" betrachtet, die Wehrmacht erscheint – als Garantin einer „Erziehung *durch* den Dienst *für* den Dienst" – auch jetzt noch als „ein wertvolles Stück allgemeiner Volkserziehung".[118] Auch in Sprangers Nachkriegswerk gibt es den „Staat, der die Volksmoral pflegt" und „als eine große *sittliche* Institution", als „überindividuelle Geistesmacht", gelten dürfe, die „von jeder einzelnen Persönlichkeit *mit*getragen werden" müsse[119], auch jetzt heißt es: „Es ist eine uralte Erziehungsweisheit überhaupt: die schwere Kunst des Befehlens lernt man nur im Hindurchgehen durch Einordnung und durch selbstloses Dienen".[120]

Sprangers Anspruch, sich spät, aber mit Einsicht zur „eigentlichen" Demokratie bekehrt zu haben, wird seltsam durch den Umstand konterkariert, dass sogleich wieder an feudalistischen Modellen orientierte Wunschvorstellungen dem „demokratischen" Ideal das Gepräge geben: Spranger betrachtet es als maßgebliche Aufgabe der Demokratie, eine „hochwertige Aristokratie" im Sinne einer „geistig geadelten Führerschicht" hervorzubringen.[121] Nach wie vor ging es bei Spranger mithin auch jetzt um „Volk" und „Nation", um „Heimat-" und „Volkstumspflege", um eine Erziehung zu „wirkliche(r) Volks*gesittung*".[122] Getrieben sah sich Spranger noch immer von „tiefer Sorge um Deutschland"[123], und die alte, religiös verklärte „Volks-" und „Gemeinschafts"-Apotheose gelangte erneut zum Vorschein. Die junge Generation soll abermals durch einen nicht weiter zu hinterfragenden „Gemeinschaftsgeist" beseelt werden, sie soll „erfahren, wie sich verpflichtende Ordnungen *bilden* oder wie ein überindividuelles *Ganzes* entsteht", wobei der Lehrer „den Gemeinschaftsgeist seiner Klasse allmählich und unmerklich formen" müsse.[124] Wie ehedem wird dieser „Gemeinschaftsgeist" durch ständische Hierarchie- und Ordnungsprinzipien charakterisiert, als „Gesamtspiel mit verteilten Rollen", dem bei aller sozialen Asymmetrie ein „gemeinsamer Ganzheitswille" und ein „Gefühl für Gesamtehre" zukommen soll.[125]

Nur vordergründig ließe sich gegen die Interpretation solcher Passagen als Ausdruck eines konventionalistisch-obrigkeitsstaatlichen Gemeinschaftskults einwenden, dass Sprangers Nachkriegsschriften immerhin auch Stellen aufweisen, denen zufolge Menschen schlechthin Achtung gebühre, der Mensch „als solcher... heilig" sei, „Erziehung mehr zu leisten habe als nur die sinngemäße Einfügung in die gegebene Kultur" und „die *Idee* der echten Kultur höher" stehe „als die reibungslose *Anpassung* an das, was die betreffende Epoche Kultur nennt".[126] Denn *rationale Maßstäbe* für die Bestimmung „echter" gegenüber anderer Kultur, für die Frage, wie „überindividuelle" Bezugsgrößen konkret beschaffen sein müssten, um *argumentativ unhintergehbare* Sinnvorgaben stiften zu können, offeriert Spranger nicht. Seine letzte diesbezügliche Auskunft bleibt eine sibyllinisch religiöse: die, dass es immer wieder der „Interpretation des göttlichen Gebotes" bedürfe, dass „Licht" nur aus der „Überweltzentrale" kommen könne.[127] Wie diese jedoch von Spranger ausgedeutet, wie sie von ihm vermittelst völkisch-nationaler Projektionen aufgeladen werden konnte, das wurde an früherer Stelle gezeigt. „Der Mensch gehört dem Staate und er gehört der Kirche"[128], meint Spranger; nur so sei eine fruchtbare

Spannung möglich, in der neben den jeweiligen Konventionen auch das individuelle Gewissen Platz habe, – welche Instanz unter welchen Bedingungen wie zur Geltung zu bringen sei, darüber schweigt Spranger sich aus.

So bleibt es dabei, dass die Stationen des Sprangerschen Werkes als Variationen eines durchgehaltenen Themas interpretiert werden können. Allenthalben ging es Spranger um die „dienende Hingabe an eine einheitlich organisierte Kollektivmacht". Handelte es sich dabei einst um die Hingabe an die real-existierende Ordnung der deutschen Monarchie, so wurde daraus in der Weimarer Epoche die Hingabe an eine dem politischen status quo entgegengesetzte imaginierte und erstrebte „Deutschheit" im Zeichen eines völkisch-nationalistischen Pathos. In der NS-Zeit folgte die Hingabe an den – von den faschistischen Machthabern vermeintlich nicht immer sinnentsprechend umgesetzten – nationalsozialistischen „Grundgedanken"[129], ehe sie in der Nachkriegszeit schließlich zur Hingabe an abermals geistesaristokratische, volksmetaphysische und letztlich inhaltlich offene religiöse Ideale wurde, die der Demokratie nun wiederum als Orientierungsgrößen nahegelegt wurden.

Im Hinblick auf den Nationalsozialismus folgte der späte Spranger einer im Kontext der „Unfähigkeit zu trauern" verbreiteten Geschichtsdeutung, die den Blick von vornherein von etwaigen Kontinuitäten zugunsten einseitiger Diskontinuitätsbehauptungen ablenkte, um einen die Massen der Gefolgsleute exkulpierenden unfreiwilligen Sprung ins „Dritte Reich" zu suggerieren: Für Spranger blieb es – getreu dem Abwehrmodus „Der ‚Führer' war an allem schuld"[130] – ausgemacht, „daß es nicht der Nationalsozialismus war, der in die Katastrophe geführt hat, sondern ganz eigentlich der Hitlerismus".[131] Die vermeintlich auch dann, wenn sie deutliche NS-Affinitäten aufwiesen, „an sich gut gemeinten" pädagogischen Ansätze der Zeit vor 1933 waren aus dieser Perspektive nach der einen klaren „Bruch" markierenden „Machtergreifung" lediglich mehr oder minder missbraucht worden.[132] Und schließlich identifizierte Spranger im Kontext einer bemerkenswerten Differenzierungsunfähigkeit gar die totalitäre Pädagogik nationalsozialistischer und stalinistischer Couleur mit der – seinerzeit gewiss in mancher Hinsicht defizienten, gleichwohl aber durch die Etikettierung als „totalitaristisch" allemal völlig inadäquat verhöhnten – „reeducation", die abermals nur einen doktrinären „Erziehungsfanatismus" zum Vorschein bringe.[133] Im Übrigen votierte Spranger dafür, von systematischen Bemühungen um eine Aufarbeitung der NS-Vergangenheit abzusehen, – das „öffentliche ‚Wühlen' in der Schuld", lautet seine Diktion, „ist zu vermeiden".[134]

„Spranger selbst ist der Auffassung, dass er sich ‚spät, aber mit Einsicht'... zur ‚eigentlichen Demokratie' bekehrt habe. Der wissenschaftshistorischen

Forschung bleibt aus meiner Sicht die Aufgabe, den Zeitpunkt oder Zeitraum dieser Bekehrung oder Erweckung noch zu finden", hat Himmelstein trocken bemerkt.[135] Die Ironie dieser Worte dürfte – in Anbetracht der voranstehend dokumentierten Eigenpositionierung Sprangers – verständlich sein. Die Aufgabenbestimmung Himmelsteins aber sei explizit bekräftigt.

Anmerkungen

1 Zur Übersicht vgl. Michael Löffelholz, Eduard Spranger (1882–1963), in: H. Scheuerl (Hg.), Klassiker der Pädagogik, Bd. II, München 1979, S. 258–265; Peter Drewek, Eduard Spranger (1882–1963), in: H.-E. Tenorth (Hg.), Klassiker der Pädagogik, Bd. 2, München 2003, S. 137–151.
2 Vgl. Gerhard Meyer-Willner, Eduard Spranger und die Lehrerbildung. Die notwendige Revision eines Mythos, Bad Heilbrunn 1986, S. 16.
3 Otto Friedrich Bollnow, Eduard Spranger zum hundertsten Geburtstag, in: G. Bräuer/F. Kehrer (Hg.), Eduard Spranger zum 100. Geburtstag am 27. Juni 1982, Ludwigsburg 1983, S. 37–48, hier: S. 37.
4 Vgl. z.B. Rolf B. Huschke-Rhein, Das Wissenschaftsverständnis in der geisteswissenschaftlichen Pädagogik. Dilthey – Litt – Nohl – Spranger, Stuttgart 1979; Wilhelm Brinkmann/Waltraud Harth-Peter (Hg.), Freiheit – Geschichte – Vernunft. Grundlinien geisteswissenschaftlicher Pädagogik, Würzburg 1997; Jörg Blickensdorfer, Pädagogik in der Krise. Hermeneutische Studie, mit Schwerpunkt Nohl, Spranger, Litt zur Zeit der Weimarer Republik, Bad Heilbrunn 1998; Eva Matthes, Geisteswissenschaftliche Pädagogik nach der NS-Zeit. Politische und pädagogische Verarbeitungsversuche, Bad Heilbrunn 1998.
5 Eduard Spranger, Lebensformen. Geisteswissenschaftliche Psychologie und Ethik der Persönlichkeit, Halle (Saale) 1927, 6. Aufl.; ders., Psychologie des Jugendalters, Leipzig 1924, 2. Aufl.
6 Bollnow, a.a.O., S. 39. Die „Psychologie des Jugendalters" z.B. erreichte 29 Auflagen und wurde in 11 Sprachen übersetzt.
7 Spranger war Mitglied und Ehrenmitglied zahlreicher Gremien und Akademien, Träger des Bundesverdienstkreuzes und anderer Auszeichnungen und Ehrendoktor einer Reihe in- und ausländischer Universitäten; bis heute ist er Namenspatron diverser bundesdeutscher Schulen und Straßen. Als Berater des preußischen Kultusministers Becker, Teilnehmer an der Reichsschulkonferenz 1920 und Mitwirkender bei der Schaffung der preußischen Akademien für Lehrerbildung gewann er erheblichen kulturpolitischen Einfluss, zu dem er auch in der bundesrepublikanischen Zeit wieder gelangen konnte: In den 1950er Jahren wirkte er als Vizepräsident der Deutschen Forschungsgemeinschaft, Festredner im Bonner Bundestag, Mitglied der Parteienrechtskommission und Berater des Baden-Württembergischen Kultusministeriums.
8 Paul Luchtenberg, Pädagogische Anthropologie, in: H. Wenke (Hg.), Eduard Spranger. Bildnis eines geistigen Menschen unserer Zeit, Heidelberg 1957, S. 123–131, hier: S. 123, 131.
9 Bollnow, a.a.O., S. 48.
10 So attestiert z.B. der nach eigenem Bekenntnis linke Psychoanalytiker Richter dem einst zu seinen Universitätslehrern gehörenden Philosophen eine „erstaunliche Gabe, die Atmosphäre der sokratischen Gespräche... zu reproduzieren". Und Sprangers einstiger Promo-

vend und Assistent, begeisterte Hegel-Marxist und spätere Sozialdemokrat Fetscher offeriert eine von hoher Wertschätzung zeugende Spranger-Charakterisierung: Horst-Eberhard Richter, Die Chance des Gewissens. Erinnerungen und Assoziationen, Hamburg 1986, S. 41; Iring Fetscher, Neugier und Furcht. Versuch, mein Leben zu verstehen, Hamburg 1995, S. 393 ff.

11 Werner Sacher, Der junge Spranger als Erziehungs- und Schulpraktiker, in: G. Meyer-Willner (Hg.), Eduard Spranger. Aspekte seines Werks aus heutiger Sicht mit einer bisher unveröffentlichten autobiographischen Skizze von Eduard Spranger, Bad Heilbrunn 2001, S. 30–52, hier: S. 34.

12 Klaus Himmelstein, Kaiser, Kanzel und Paraden. Zur politischen Sozialisation Eduard Sprangers, in: E. Weiß (Hg.), Pädagogische Perspektiven in kritischer Tradition, Frankfurt a.M. u.a. 2011, S. 23–48, hier: S. 26 (fortan zitiert als Himmelstein 2011). Für in diese Richtung weisende Äußerungen vgl. etwa Sprangers Bemerkungen: „Ich bin ein genialer Pädagoge, und hier sitzt meine Bestimmung" (Sacher, Der junge Spranger..., a.a.O., S. 46) sowie: „Daß die Zukunft mir recht geben wird, bezweifle ich nicht" (Sylvia Martinsen/Werner Sacher (Hg.), Eduard Spranger und Käthe Hadlich. Eine Auswahl aus den Briefen der Jahre 1903–1960, Bad Heilbrunn 2002, S. 51). Weitere Beispiele bei Himmelstein 2011, S. 26.

13 Vgl. Sacher, Der junge Spranger..., a.a.O.

14 Am 03.12.1923 teilte Spranger seiner Freundin Käthe Hadlich mit, er habe verhindert, dass „ein Jude oder gar Scheler" an die Berliner Universität berufen würde, 1931 unterrichtete er die Freundin darüber, dass er gegen einen Lehrauftrag für seinen Kritiker, den – von Spranger als „bolschewistisch" verleumdeten – „Freudomarxisten" Siegfried Bernfeld „hetze", dessen Beschäftigung dann in der Tat durch Sprangers Intrigen verhindert wurde. Vgl. Klaus Himmelstein, Die Konstruktion des Deutschen gegen das Jüdische im Diskurs Eduard Sprangers, in: Meyer-Willner (Hg.), a.a.O., S. 53–72, hier: S. 64 f. (fortan zitiert als Himmelstein 2001); Heinz-Elmar Tenorth, „Unnötig" und „unerwünscht" – Siegfried Bernfeld und die Universitätswissenschaft, in: R. Hörster/B. Müller (Hg.), Jugend, Erziehung und Psychoanalyse. Zur Sozialpädagogik Siegfried Bernfelds, Neuwied/Berlin 1992, S. 23–40.

15 Vgl. Himmelstein 2001.

16 Vgl. Karin Priem, Bildung im Dialog. Eduard Sprangers Korrespondenz mit Frauen und sein Profil als Wissenschaftler (1903–1924), Köln/Weimar/Wien 2000; Klaus Himmelstein, Zur Konstruktion des Geschlechterverhältnisses in der pädagogischen Theorie Eduard Sprangers, in: U. Bracht/D. Keiner (Red.), Geschlechterverhältnisse und die Pädagogik. Jahrbuch für Pädagogik 1994, Frankfurt a.M. 1994, S. 225–246, bes. S. 233 ff.

17 Bernd Weber, Pädagogik und Politik vom Kaiserreich zum Faschismus. Zur Analyse politischer Optionen von Pädagogikhochschullehrern von 1914–1933, Königstein 1979, S. 323.

18 Himmelstein (2011), S. 24.

19 Matthes, a.a.O., S. 116 f.

20 Vgl. dazu z.B. Oliver Decker u.a., Die Mitte im Umbruch. Rechtsextreme Einstellungen in Deutschland 2012, Bonn 2012; Edgar Weiß, „Erziehung zur Unmündigkeit" oder alte Vorstellungen als neue Leitbilder. Zum offenen und versteckten Konventionalismus in der pädagogischen Gegenwartsdiskussion, in: S. Kluge/I. Lohmann (Red.), Schöne neue Leitbilder. Jahrbuch für Pädagogik 2012, Frankfurt a.M. 2012, S. 215–232.

21 Walter Eisermann, Zur Spranger-Forschung in der Gegenwart – Rückblick und Ausblick, in: Meyer-Willner (Hg.), a.a.O., S. 9–15, hier: S. 11 f.

22 Himmelstein 2011, S. 27.

23 Die gewiss mit Sprangers Leiden an seiner unehelichen Geburt und einer psychisch überhaupt in mancher Hinsicht schwierigen Kindheit verbundene *Genese* dieses Motivs wird im Folgenden nicht systematisch verfolgt. Diesbezüglich interessante biographische Details, die tiefenbiographische Deutungen geradezu nahelegen, offerieren Alban Schraut, Biografische Studien zu Eduard Spranger, Bad Heilbrunn 2007; ders., Kindheit, Schul- und Jugendzeit Eduard Sprangers, Nürnberg 2008; Himmelstein 2011.

24 Martinsen/Sacher, a.a.O., S. 47.

25 Eduard Spranger, Probleme der politischen Volkserziehung (1928), in: ders., Volk – Staat – Erziehung. Gesammelte Reden und Aufsätze, Leipzig 1932, S. 77–106, hier: S. 77, 79, 85.

26 Ebd., S. 84.

27 Vgl. Max Horkheimer (Hg.), Studien über Autorität und Familie, Paris 1936; Theodor W. Adorno, Studien zum autoritären Charakter, Frankfurt a.M. 1973.

28 Eduard Spranger, Die Kulturzyklentheorie und das Problem des Kulturzerfalls (1926), in: ders., Gesammelte Schriften, Bd. V: Kulturphilosophie und Kulturkritik, Tübingen 1969 (hg. von H. Wenke), S. 1–29, hier: S. 21.

29 Ebd., S. 24.

30 Franz Kurfeß, Zwei Pädagogen der Gegenwart: Spranger/Willmann in ihren kulturschöpferischen Ideen, Paderborn 1932, S. 2 ff.

31 Spranger, Lebensformen, a.a.O., S. 380 f.

32 Spranger, Psychologie des Jugendalters, a.a.O., S. 7, 40; ders., Pädagogische Perspektiven. Beiträge zu Erziehungsfragen der Gegenwart, Heidelberg 1950, S. 15 f.

33 Spranger, Psychologie des Jugendalters, a.a.O., S. 182; ders., Lebensformen, a.a.O., S. 348.

34 Eduard Spranger, Der geborene Erzieher, Heidelberg 1958, S. 67.

35 Vgl. Werner Sacher, Eduard Spranger 1902–1933. Ein Erziehungsphilosoph zwischen Dilthey und den Neukantianern, Frankfurt a.M. u.a. 1988.

36 Vgl. Spranger, Lebensformen, a.a.O., S. 282, 285.

37 Vgl. Eduard Spranger, Volksmoral und persönliche Sittlichkeit (1939), in: ders., Gesammelte Schriften, Bd. V, a.a.O., S. 247–264, hier: S. 252.

38 Vgl. Spranger, Lebensformen, a.a.O., S. 317, 321. Vgl. auch ders., Umrisse der philosophischen Pädagogik (1933), in: ders., Gesammelte Schriften, Bd. II: Philosophische Pädagogik, Heidelberg 1973 (hg. von O.F. Bollnow/G. Bräuer), S. 7–61, hier S. 34: „Nur soviel

ist überhistorisch gültig: ohne metaphysischen Wurzelgrund ist keine tiefere Erziehung denkbar. Irgendwo muß der Bezug aufs Absolute hindurchschimmern".

39 Spranger, Volksmoral und persönliche Sittlichkeit, a.a.O., S. 259.
40 Eduard Spranger, März 1933, in: Die Erziehung, 8. Jg., 1933, S. 401–408, S. 403.
41 Spranger, Umrisse der philosophischen Pädagogik, a.a.O., S. 33.
42 Martinsen/Sacher, a.a.O., S. 204.
43 Ebd., S. 134. Vgl. Schraut, Biografische Studien zu Eduard Spranger, a.a.O., S. 178 ff.
44 Vgl. Spranger, Psychologie des Jugendalters, a.a.O., S. 12, 130 ff.
45 Vgl. Himmelstein 2011, S. 34, 43, 31.
46 Vgl. Michael Löffelholz, Philosophie, Politik und Pädagogik im Frühwerk Eduard Sprangers 1900–1918, Hamburg 1977, S. 19 (fortan zitiert als Löffelholz 1977).
47 Vgl. Edgar Weiß, Friedrich Paulsen und seine volksmonarchistisch-organizistische Pädagogik im zeitgenössischen Kontext. Studien zu einer kritischen Wirkungsgeschichte, Frankfurt a.M. 1999, S. 148 ff.
48 Martinsen/Sacher, a.a.O., S. 206, 76 f.
49 Vgl. Himmelstein 2011, S. 43.
50 Vgl. Martinsen/Sacher, a.a.O., S. 365 f. Heine etwa galt Spranger als „ein innerlich morscher Charakter" (ebd., S. 127).
51 Löffelholz 1977, S. 57.
52 Johann Plenge, Der Krieg und die Volkswirtschaft, Münster 1915; ders., 1789 und 1914, die symbolischen Jahre in der Geschichte des politischen Geistes, Berlin 1916; Helmut Heiber, Universität unterm Hakenkreuz, Teil 1: Der Professor im Dritten Reich. Bilder aus der akademischen Provinz, München u.a. 1991, S. 383 ff.
53 Weber, a.a.O., S. 57 f., 185.
54 Spranger an Käthe Hadlich, 08.08.1914: Martinsen/Sacher, a.a.O., S. 147 f. Den martialischen Tenor, der hier zum Ausdruck gelangt, bezeugen auch spätere Äußerungen. Vgl. z.B. Eduard Spranger, Wohlfahrtsethik und Opferethik in den Weltentscheidungen der Gegenwart (1930), in: ders., Volk – Staat – Erziehung, a.a.O., S. 107–134, dort S. 112: „Deutschland muß leben, und wenn wir sterben müssen".
55 Eduard Spranger, Das humanistische und das politische Bildungsideal im heutigen Deutschland, in: ders., Volk – Staat – Erziehung, a.a.O., S. 1–33, hier: S. 22.
56 Eduard Spranger, Wilhelm von Humboldt und die Humanitätsidee, Berlin 1909; ders., Wilhelm von Humboldt und die Reform des Bildungswesens, Tübingen 1965, 3. Aufl.
57 Spranger, Das humanistische und das politische Bildungsideal..., S. 17, 14.
58 Ebd., S. 14.
59 Ebd., S. 24.
60 Martinsen/Sacher, a.a.O., S. 199, 209.
61 Vgl. Eduard Spranger, Kultur und Erziehung. Gesammelte pädagogische Aufsätze, Leipzig 1928, 4. Aufl., S. 227 ff.; ders., Stufen der Liebe. Über Wesen und Kulturaufgabe der Frau.

Aufsätze und Vorträge, Tübingen 1965, passim. „Intellekt und Aktivität" galten Spranger als „männliche Aufgabe", die Frau galt ihm – unter Berufung auf Philosophen und Literaten wie Weininger, Nietzsche und Strindberg – wesensgemäß als „Naturwesen", und als solches ziehe sie „den Mann herab" (Martinsen/Sacher, a.a.O., S. 63, 230), ein Muster, nach dem Spranger übrigens auch seine eigene Frau Susanne Conrad beurteilte, die primär „Natur" sei und an sein eigenes „Tiefstes" nicht heranreiche und darum in Sprangers Leben nur den Platz der „Verwalterin des äußeren Lebens und der täglichen Dinge" einnehmen könne (ebd., S. 235, 173). Die Universität war aus Sprangers Sicht „Männersache", weibliche Studierende schätzte er wenig (vgl. ebd., S. 206; Fetscher, a.a.O., S. 399).

62 Martinsen/Sacher, a.a.O., S. 201. Vgl. auch ebd., S. 203: „Überall herrschen die Juden".

63 Himmelstein 2001, S. 59; Wolfgang Treue, Die deutschen Parteien. Vom 19. Jahrhundert bis zur Gegenwart, Frankfurt a.M./Berlin/Wien 1975, S. 135.

64 In ihren Grundsätzen von 1920 hieß es: „Wir wenden uns nachdrücklich gegen die seit der Revolution immer verhängnisvoller hervortretende Vorherrschaft des Judentums in Regierung und Öffentlichkeit. Der Zustrom Fremdstämmiger über unsere Grenzen ist zu unterbinden..." (Reinhard Kühnl, Der deutsche Faschismus in Quellen und Dokumenten, Köln 1975, S. 53).

65 Weber, a.a.O., S. 241; vgl. Martinsen/Sacher, a.a.O., S. 205; Spranger, Ein Professorenleben im 20. Jahrhundert, a.a.O., S. 347.

66 Vgl. dazu Armin Mohler, Die Konservative Revolution in Deutschland 1918-1932. Ein Handbuch, Graz/Stuttgart 1992, 5. Aufl.; Kurt Sontheimer, Antidemokratisches Denken in der Weimarer Republik. Die politischen Ideen des deutschen Nationalismus zwischen 1918 und 1933, München 1964, 2. Aufl.; Stefan Breuer, Anatomie der Konservativen Revolution, Darmstadt 1993.

67 Vgl. Eduard Spranger, Briefe 1901-1963. Gesammelte Schriften, Bd. VII, Tübingen 1978 (hg. von H.W. Bähr), S. 129 f.; Martinsen/Sacher, a.a.O., S. 228, 279; George Leaman, Heidegger im Kontext. Gesamtüberblick zum NS-Engagement der Universitätsphilosophen, Hamburg 1993, S. 80; Himmelstein 2001, S. 59.

68 Spranger an Franz Spranger, 16.11.1918: Spranger, Briefe 1901-1963, a.a.O., S. 97.

69 Vgl. z.B. Arthur Moeller van den Bruck, Das dritte Reich, Hamburg 1931, 3. Aufl.; Oswald Spengler, Preußentum und Sozialismus, München 1921; Ernst Niekisch, Gedanken über Politik, Dresden 1929.

70 Spranger an Susanne Conrad, 27.12.1918: Spranger, Briefe 1901–1963, a.a.O., S. 97.

71 Weber, a.a.O., S. 240.

72 Vgl. Harald Winkel, Die deutsche Nationalökonomie im 19. Jahrhundert, Darmstadt 1977.

73 Spranger, Kultur und Erziehung, a.a.O., S. 155.

74 Ebd., S. 157, 214, 162.

75 Eduard Spranger, Gegenwart, in: ders., Volk – Staat – Erziehung, a.a.O., S. 176–211, hier: S. 191.

76 Vgl. Weber, a.a.O., S. 239 f.; Löffelholz 1977, S. 80.
77 Fritz Helling, Spranger als politischer Pädagoge, in: Die Neue Erziehung, 15. Jg., 1933, S. 80–88; ders., Neue Politik – Neue Pädagogik. Lehren für uns Deutsche, Schwelm 1968, S. 37 ff.; ders., Mein Leben als politischer Pädagoge, Frankfurt a.M. 2007 (hg. von B. Dietz/J. Biermann), S. 313 ff.; vgl. dazu auch Klaus Himmelstein, „Eduard Spranger und der Nationalsozialismus". Zur Auseinandersetzung Fritz Hellings mit Eduard Spranger, in: B. Dietz (Hg.), Fritz Helling, Aufklärer und „politischer Pädagoge" im 20. Jahrhundert, Frankfurt a.M. 2003, S. 303–315.
78 Vgl. Adalbert Rang, Spranger und Flitner 1933, in: W. Keim (Hg.), Pädagogen und Pädagogik im Nationalsozialismus – Ein unerledigtes Problem der Erziehungswissenschaft, Frankfurt a.M. u.a. 1988, S. 65–78; ders., „Ja, aber". Reaktionen auf den Nationalsozialismus in der Zeitschrift *Die Erziehung* im Frühjahr 1933, in: H.-U. Otto/H. Sünker (Hg.), Soziale Arbeit und Faschismus, Frankfurt a.M. 1989, S. 250–272; ders., Beklommene Begeisterung – Sprangers und Flitners Reaktionen auf den Nationalsozialismus im Jahre 1933, in: P. Zedler/E. König (Hg.), Ansätze und Studien zur Rekonstruktion pädagogischer Wissenschaftsgeschichte, Weinheim 1989, S. 263–294; Wolfgang Keim, Erziehung unter der Nazi-Diktatur, Bd. 1: Antidemokratische Potentiale, Machtantritt und Machtdurchsetzung, Darmstadt 1995, S. 169 ff.
79 Martinsen/Sacher, a.a.O., S. 282 f.
80 Ebd., S. 284 f.
81 Ebd., S. 287.
82 Vgl. Benjamin Ortmeyer, Mythos und Pathos statt Logos und Ethos. Zu den Publikationen führender Erziehungswissenschaftler in der NS-Zeit: Eduard Spranger, Herman Nohl, Erich Weniger und Peter Petersen, Weinheim/Basel 2009, S. 174 ff.
83 Spranger, März 1933, a.a.O.; vgl. Ulrich Herrmann, „Die Herausgeber müssen sich äußern". Die „Staatsumwälzung" im Frühjahr 1933 und die Stellungnahmen von Eduard Spranger, Wilhelm Flitner und Hans Freyer in der Zeitschrift „Die Erziehung". Mit einer Dokumentation, in: ders./J. Oelkers (Hg.), Zeitschrift für Pädagogik, 22. Beiheft: Pädagogik und Nationalsozialismus, Weinheim/Basel 1988, S. 281–325, hier: S. 281.
84 Herrmann, a.a.O., S. 288 f.
85 Spranger, März 1933, a.a.O., S. 401 f.
86 Ebd., S. 402, 404.
87 Ebd., S. 407 f.
88 Ebd., S. 403.
89 Himmelstein 2001, S. 61.
90 Sprangers Rede vom „übersteigerten Antisemitismus" bezeugt implizit eine prinzipielle Apologie des Antisemitismus.
91 Vgl. Eduard Spranger, Mein Konflikt mit der Hitlerregierung 1933, Tübingen 1955, S. 11 f.; ders., Ein Professorenleben im 20. Jahrhundert (1953), in: ders., Gesammelte Schriften,

Bd. X: Hochschule und Gesellschaft, Heidelberg 1973 (hg. von W. Sachs), S. 342-360, hier: S. 350 ff. In einem nachgelassenen Manuskript aus der Nachkriegszeit hat Spranger seinen Widerruf der Rücktrittserklärung als „faulen Kompromiß" gewertet. Vgl. Hermann Josef Meyer, Nachwort, in: E. Spranger, Gesammelte Schriften, Bd. VIII: Staat, Recht und Politik, Tübingen 1970 (hg. von H.J. Meyer), S. 411–423, hier: S. 419; Löffelholz, Eduard Spranger, a.a.O., S. 260.

92 Spranger, Mein Konflikt mit der Hitlerregierung, a.a.O., S. 2.

93 Ebd., S. 6.

94 Martinsen/Sacher, a.a.O., S. 324.

95 Spranger hatte mit Krieck 1930 eine Kontroverse, die sich an kritischen Äußerungen Sprangers über Kriecks Wissenschaftsverständnis entzündet hatte und deren Auslösung Spranger auf den Umstand zurückführte, dass Krieck nicht zur Mitarbeit am „geisteswissenschaftlich-pädagogischen" Organ „Die Erziehung" eingeladen worden war. Vgl. Martinsen/Sacher, a.a.O., S. 277 ff; Eduard Spranger, Ernst Krieck als Kritiker, in: Die Erziehung, 6. Jg., 1931, S. 145–148.

96 Vgl. Gerhard Müller, Ernst Krieck und die nationalsozialistische Wissenschaftsreform. Motive und Tendenzen einer Wissenschaftslehre und Hochschulreform im Dritten Reich, Weinheim/Basel 1978, S. 91 ff.; Klaus Himmelstein, „Wäre ich jung, wäre ich Nationalsozialist..." Anmerkungen zu Eduard Sprangers Verhältnis zum deutschen Faschismus, in: W. Keim (Hg.), Erziehungswissenschaft und Nationalsozialismus – Eine kritische Positionsbestimmung, Marburg 1990, S. 39–59, hier: S. 47.

97 Fritz K. Ringer, Die Gelehrten. Der Niedergang der deutschen Mandarine 1890–1933, Stuttgart 1983.

98 Himmelstein, „Wäre ich jung....", a.a.O., S. 46.

99 Vgl. Karl-Heinz Dickopp, Die Voraussetzungen der bildungspolitischen Konzeption Alfred Baeumlers. Ein Beitrag zur Erziehungstheorie des Nationalsozialismus, in: Pädagogische Rundschau, 24. Jg., 1970, S. 425–438, hier: S. 427 f.

100 Vgl. Spranger, Briefe 1901–1963, a.a.O., S. 163, 179.

101 Vgl. Schraut, Biografische Studien zu Eduard Spranger, a.a.O., S. 300 ff.

102 Karl Löwith, Mein Leben in Deutschland vor und nach 1933. Ein Bericht, Stuttgart 1986, S. 113.

103 Ebd.

104 Eduard Spranger, Rückblick, in: ders., Gesammelte Schriften, Bd. X, a.a.O., S. 428–430, hier: S. 429; ders., Ein Professorenleben im 20. Jahrhundert, a.a.O., S. 352.

105 Vgl. Ortmeyer, a.a.O., unpaginierte Dokumentationsseiten nach S. 204.

106 Eduard Spranger, Kulturprobleme im gegenwärtigen Japan und Deutschland. Rede, gehalten am 9. Oktober 1937 in Tokyo, in: Die Erziehung, 16. Jg., 1941, S. 121–132, hier: S. 126 ff., 130.

107 Ebd., S. 124.

108 Ortmeyer, a.a.O., S. 188.
109 Eduard Spranger, Über Herbert Theodor Beckers Werk: „Die Kolonialpädagogik der großen Mächte", in: Die Erziehung, 15. Jg., 1939, S. 75–80, hier: S. 78, 76; ders., Wie erfaßt man einen Nationalcharakter?, in: Die Erziehung, 15. Jg., 1939, S. 41–62, hier: S. 62; ders., Buchbesprechung: Hermann Lietz, Deutsche Nationalerziehung/Gott, Volk, Vaterland, in: Die Erziehung, 14. Jg., 1939, 209–210, hier: S. 209.
110 Eduard Spranger, Die Epochen der politischen Erziehung in Deutschland, in: Die Erziehung, 13. Jg., 1938, S. 137–164, hier: S. 164.
111 Vgl. Spranger, Ein Professorenleben im 20. Jahrhundert, a.a.O., S. 353 ff.; Sprangers Brief an Käthe Hadlich vom 19.01.1946: Martinsen/Sacher, a.a.O., S. 356 f.; vgl. weiterhin die Editionsbemerkungen ebd., S. 413 ff.
112 Thomas Mann, Leiden an Deutschland. Tagebuchblätter aus den Jahren 1933 und 1934, in: M. Baeumler u.a., Thomas Mann und Alfred Baeumler. Eine Dokumentation, Würzburg 1989, S. 183–184, hier: S. 183.
113 Spranger, Rückblick, a.a.O., S. 430.
114 Himmelstein, „Eduard Spranger und der Nationalsozialismus"..., a.a.O., S. 306. In Briefen an Käthe Hadlich vom 7.2.1951 und 3.9.1953 teilt Spranger mit, dass er FDP, sodann – aus Sympathie für Adenauer – CDU gewählt habe (Martinsen/Sacher, a.a.O., S. 370 f.).
115 Eduard Spranger, Gedanken zur staatsbürgerlichen Erziehung, Bonn 1957, S. 49 f.
116 Vgl. Klaus Himmelstein, Eduard Sprangers Bildungsideal der „Deutschheit" – Ein Beitrag zur Kontingenzbewältigung in der modernen Gesellschaft?, in: G. Auernheimer/P. Gstettner (Red.), Pädagogik in multikulturellen Gesellschaften. Jahrbuch für Pädagogik 1996, Frankfurt a.M. 1996, S. 179–196, hier: S. 191 ff.
117 Vgl. Edgar Weiß, Die deutsche Jugendbewegung als „reformpädagogisches" und politisches Ereignis, in: Archiv für Reformpädagogik, 13.–17. Jg., 2008–12, S. 2–236.
118 Spranger, Pädagogische Perspektiven, a.a.O., S. 50, 46, 23, 110 f.
119 Spranger, Gedanken zur staatsbürgerlichen Erziehung, a.a.O., S. 45.
120 Spranger, Pädagogische Perspektiven, a.a.O., S. 111.
121 Ebd., S. 66 f.; Eduard Spranger, Kulturfragen der Gegenwart, Heidelberg 1961, 3. Aufl., S. 63.
122 Vgl. z.B. Eduard Spranger, Der Eigengeist der Volksschule, Heidelberg 1955, S. 56; ders., Der Bildungswert der Heimatkunde, Stuttgart 1952, S. 61.
123 Spranger, Gedanken zur staatsbürgerlichen Erziehung, a.a.O., S. 51.
124 Spranger, Pädagogische Perspektiven, a.a.O., S. 81.
125 Ebd.
126 Ebd., S. 136 f., 98 f.
127 Spranger, Gedanken zur staatsbürgerlichen Erziehung, a.a.O., S. 45; ders., Pädagogische Perspektiven, a.a.O., S. 139.
128 Eduard Spranger, Verstrickung und Ausweg. Ein Wort über die Jugend (1946), in: ders., Gesammelte Schriften, Bd. VIII, a.a.O., S. 268–276, hier: S. 268.

129 „Der Grundgedanke des Nationalsozialismus ist zu bejahen", heißt es in einem im Nachlass befindlichen Manuskript Sprangers aus dem Jahre 1933. Vgl. Ortmeyer, a.a.O., S. 182.
130 Alexander Mitscherlich/Margarete Mitscherlich, Die Unfähigkeit zu trauern. Grundlagen kollektiven Verhaltens, München 1980, 13. Aufl., S. 27 ff.
131 Spranger, Pädagogische Perspektiven, a.a.O., S. 53.
132 Ebd., S. 44.
133 Ebd., S. 2.
134 Eduard Spranger, Die Frage der deutschen Schuld (1946), in: Gesammelte Schriften, Bd. VIII, a.a.O., S. 260–267, hier: S. 267.
135 Himmelstein 2011, S. 44.

Heinz-Elmar Tenorth

Paulsen als Historiker der Erziehung und seine Stellung an der Berliner Universität

Meist sagt man ja, der Prophet gälte nichts oder wenig in seiner Vaterstadt, bei Paulsen muss man, schon angesichts der aktuellen Aufmerksamkeit, die er in Schleswig-Holstein erfährt, wohl anders formulieren: Einer der weltweit bekanntesten Gelehrten, die im Berlin des ausgehenden 19., frühen 20. Jahrhunderts an der Friedrich-Wilhelms-Universität tätig waren, lebte nicht in Frieden und Harmonie mit seiner Universität und in seiner Fakultät. Seine Kollegen, „die Herrschaften in der Fakultät"[1], versagten Friedrich Paulsen jedenfalls die Anerkennung, die er national und international genoss, und auch die Etappen seiner mehr als 30-jährigen akademischen Laufbahn bilden sich in Indikatoren ab, die nicht eine bruchlose Karriere, sondern eher eine randständige Stellung in Universität und Fakultät, anders als in Politik und Öffentlichkeit, markieren.

Paulsen verbindet eine sehr lange Phase seines Lebens mit Berlin: 1867 als 21-jähriger Student erstmals nach Berlin gekommen,[2] 1871 hier promoviert, 1875 mit Schwierigkeiten habilitiert, seit 1878 als außerordentlicher Professor Mitglied des Lehrkörpers, trotz Rufen nach Kiel, Würzburg, Breslau und Leipzig erst 1893/94 Inhaber einer ordentlichen Professur, bis zu seinem Tode aber weder Mitglied der Preußischen Akademie der Wissenschaften noch Geheimrat, noch sonst mit den Insignien ausgezeichnet, die den preußischen Professor auch als anerkannten Hochschullehrer in der Berliner *Alma Mater* sichtbar machten. Paulsen hat das nicht nur gelassen ertragen, er hat auch seine Aversion gegen solche Insignien des öffentlichen Ruhmes kundgetan und auch über die Institution Fakultät wenig Schmeichelhaftes gesagt – ich werde darauf zurückkommen.

Ein Blick auf seine Rolle in der Berliner Friedrich-Wilhelms-Universität erzählt deshalb nicht nur eine Erfolgsgeschichte, und auch die zweite Referenz, über die hier gesprochen werden soll, Paulsens Praxis und Bedeutung als Bildungshistoriker, zeigt ihn ebenfalls nicht nur in voller öffentlicher und wissenschaftlicher Anerkennung, also etwa als den Vater aller Darstellungen zur „Geschichte des gelehrten Unterrichts"[3] bis heute, sondern ebenfalls als einen in der Universität und bei seinen zeitgenössischen Rezipienten zunächst scharf kritisierten Autor.[4] Freilich, von einem aktuellen Rezipienten in der Berliner Universität, dem Althistoriker Wilfried Nippel, wird seine Darstellung auch 1993 immer noch als „grundlegend"[5] für das Thema bezeichnet, und auch der aktuell bedeutendste Historiker des Gymnasiums, Karl-Ernst Jeismann, nennt Paulsens Opus „ein immer noch faszinierendes und unverzichtbares Werk"[6].

Paulsens erziehungstheoretisches Werk[7] dagegen, das selbstverständlich auch disziplinhistorisches Interesse im Blick auf die Fakultät und die wissenschaftliche Pädagogik verdient, die Paulsen ja mit vertreten hat, ist eher schmal. Neben einer aus dem Nachlass edierten Monografie zur „*Pädagogik*", insgesamt wohl nicht nur sein Werk, sondern vermutlich von dem Herausgeber Willy Kabitz mit konstruiert, umfasst seine Erziehungstheorie im Wesentlichen nur eine Sammlung von Aufsätzen, die sich nicht so sehr als Beiträge zu einer Theorie der Erziehung, sondern viel eher als fortlaufender Kommentar zu System und Profession der öffentlichen Erziehung lesen lassen. Zu diesen erziehungstheoretischen Arbeiten muss man selbstverständlich auch seine Ausführungen zum Bildungsbegriff lesen, die an der Schnittstelle von Erziehungstheorie, Philosophie und Bildungspolitik platziert sind, hier aber ausgespart bleiben sollen.

Paulsens Philosophie, zumal seine „*Einleitung*" und seine „*Ethik*"[8], waren in der öffentlichen Rezeption sehr erfolgreich und erlebten zahlreiche nationale und internationale Auflagen. Auch hier haben seine Fakultätskollegen aber seine Arbeit abqualifiziert, zum Beispiel als „Popularphilosophie"[9] historisch und in distanzierter Betrachtung aktuell.[10] In der jüngeren bildungshistorischen Forschung zu Paulsen, in der ernstzunehmenden[11] wie in der scharf kritischen[12], jedenfalls nicht allein popularisierend-vereinnahmenden Rezeption[13] wird Paulsen auch nicht als Philosoph, sondern vor allem vor dem Hintergrund der Bildungspolitik des ausgehenden 19. Jahrhunderts und dann primär im Kontext der preußischen Schulkonferenzen von 1890 und 1900, für die Gestalt der höheren Schule sowie zur Politik der Oberlehrer in Preußen diskutiert. [...]

Paulsen als Mitglied der Berliner Universität und ihrer Philosophischen Fakultät, 1871–1908

Ein Blick auf sein Berliner Leben – das Leben an einem Ort, den er offenbar jedem anderen vorzog, wie sich bei der Ablehnung seiner Rufe erwies – zeigt Paulsen als Studenten und als Hochschullehrer, in unterschiedlichen Rollen also. Ich konzentriere mich auf vier Aspekte: den Studierenden und den angehenden Gelehrten, das Mitglied der Fakultät, den Lehrenden und den forschenden Friedrich Paulsen.

(1) Studium und wissenschaftliche Ausbildung

Mit seiner Einschreibung 1867, nach den ersten Semestern in Erlangen, beginnt Paulsens akademisches Leben in Berlin, nur kurz unterbrochen durch je ein Semester in Bonn und Kiel (und natürlich immer wieder von seinen vielen Reisen), sieht man den Studierenden und angehenden Gelehrten vorzugsweise in Preußens Hauptstadt. Paulsen arbeitet damit in einer Phase in der Universität, in der sie ihre große Expansion erlebt, nach der Zahl der Studierenden – zu einem großen Teil im gymnasialen Lehramt, wie er bald in seinen Vorlesungen merkt –, aber auch bei den Professoren und Privatdozenten und in der Ausdifferenzierung der Wissenschaft, primär in der Medizinischen und der Philosophischen Fakultät (der ja noch die Naturwissenschaften angehörten). Er selbst lebt und lernt im Umkreis der nachhegelschen Philosophie, gedenkt seines „alten Lehrers ... Trendelenburg"[14] dankbar, trotz einiger Irritation bei der Promotion, und „mein lieber alter Lehrer, Professor Steinthal", der „verehrte Lehrer Steinthal"[15], wird auch später noch freundlich erwähnt. Paulsen findet in Berlin zur Philosophie, er findet sein Fach, seine Fragestellung und seine Methode, zwischen Kant und Schopenhauer, Nietzsche und der angelsächsischen Philosophie, er qualifiziert sich, wenn auch mit leichten Schwierigkeiten bei der

Die Friedrich-Wilhelms-Universität in Berlin, Unter den Linden,
wohl 1909, kurz vor dem hundertjährigen Jubiläum.

Promotion und erst mit dem zweiten Versuch bei der Habilitation; aber er ist souverän genug, die Ablehnung der ersten Fassung seiner Habilitation als richtige Entscheidung zu bewerten.[16] Wie immer man seine Position in der Philosophie, früh und später, beurteilen mag, Paulsen ist – definiert man ihn über seine akademischen Lehrer – entweder Repräsentant allmählich verschwindender Traditionen, wie man für Trendelenburg sagen muss, oder eines Außenseiters, was man für Steinthal wohl behaupten darf. Paulsen gehört jedenfalls nicht zur neuen Richtung, die sich mit Dilthey in Berlin etabliert; er hält Distanz zur empirischen Wendung, wie sie von Wundt ausgeht und in Berlin sich bei Stumpf findet, und er wird auch nicht der theoretisch folgenreichen Renaissance des Kantianismus zugerechnet. Trotz seiner frühen und wichtigen historischen Arbeiten zu Kant (in denen ihn sein Kollege und Freund Benno Erdmann als Kant-Historiker überbietet) und bei aller Verehrung für Friedrich Albert Lange, die Paulsen früh zeigt, ereignet sich diese Innovation nicht zuerst und dominant in Berlin und bei Paulsen, sondern primär in Marburg oder Heidelberg[17], zwar auch in Berlin, das ja beteiligt war, aber hier gewinnen eher Alois Riehl oder der Privatdozent Ernst Cassirer[18] an überregionaler Bedeutung, ohne dass Paulsen inspirierend wirkt. Cassirer erinnert sich nur, dass ihm Paulsens Vorlesungen den Weg zu Kant gerade nicht geöffnet hätten, und er macht, seit 1903 in Berlin, 1906 mit Diltheys Hilfe gegen Stumpf und Riehl habilitiert, erst in Hamburg Karriere und verändert dabei die philosophische Welt.[19] Die zukunftsweisende Philosophie wird jedenfalls nicht in Paulsens Vorlesungen vorgetragen. Aber das sind retrospektive und erst theoriegeschichtlich beglaubigte Argumente, und es sind in keinem Fall die Argumente, die von der Fakultät gegen Paulsen ins Feld geführt werden; die sind jenseits solcher Kriterien und bewegen sich eher auf der Ebene von Missgunst und Intrige.

(2) Das Mitglied der Fakultät

Gleichwie, Paulsen ist Mitglied der Fakultät, freilich noch mit minderen Rechten, etwa in der erst späten Beteiligung an Graduierungsverfahren oder der späten Mitgliedschaft in der Wissenschaftlichen Prüfungskommission, und mit einer Bezahlung, die erst mit der ordentlichen Professur – 1894 – erlaubt, nur aus seinem Gehalt zu leben (doch gemeinsam mit den reichlich fließenden Hörgeldern und privaten Einnahmen muss er auch vorher nicht darben).

Aber in seiner Karriere unterstützt ihn die Fakultät nicht. Nicht nur, dass seine Statusverbesserung erst spät kommt, er wird auch nie Dekan, und es ist deshalb kein Wunder, dass er sein Verhältnis zur Fakultät, wie es die gesamte

Forschung im Konsens festhält,[20] als sehr distanziert-kritisch beschreibt, „innerlich ziemlich fremd", „kühl", ja „mehr als kühl" sei gewesen, wie ihn die „Fakultät ... behandelte".[21] Sie nimmt ihm übel, dass er den Ruf auf die durch Diltheys Ruf nach Berlin vakante Professur in Breslau nicht annimmt, und selbst bei Antritt des Ordinariats in Berlin (das man aber in der Kombination von Philosophie und Pädagogik nicht als „Hegels Lehrstuhl" bezeichnen sollte) geschieht das „ohne Sang und Klang".[22]

Paulsen hat – gleich ob aus Revanche oder wegen eigener Erfahrung – nicht nur der Berliner Universität, sondern der Fakultät als Institution dafür ein Zeugnis ausgestellt, das ob seiner scharfen Kritik auch aktuell noch die Diskussion lohnt. Über die Fakultät als Organisation der Auswahl und Graduierung von Wissenschaftlern sagt Paulsen im Zusammenhang mit Vorgängen des Jahres 1895: „Etwas Gewissenloseres als eine Körperschaft, in der eigentlich niemand sich als den Verantwortlichen fühlt, gibt es überhaupt nicht. Ein Einziger oder ein paar Leute, die sich vorher verständigt haben, machen den Vorschlag, die Masse fühlt sich durch die Stimme der Sachverständigen gedeckt, ist in der Regel auch nicht in der Lage, ein Urteil zu haben, und so wird das Votum eines Mannes unter dem Deckmantel der Fakultät ausgefertigt. Ein Widerspruch ist ... kaum möglich. .... So kann es geschehen, daß Leute, die nichts geleistet haben, die nichts sind und nichts können, in den Himmel gehoben und als einzigartige Leuchten der Wissenschaft gepriesen werden, vielleicht bloß um zu verhindern, daß der eigentlich berufene Mann, der aber diesem oder jenem Fakultätspotentaten nicht genehm ist, berufen wird."[23] Als Fazit – und zugleich auch als Rechtfertigung für Althoffs Berufungspolitik – fügt er hinzu: „Die Berufung der Professoren allein in die Hände der Fakultäten legen, wäre der nächste Weg zum Ruin der deutschen Universitäten." Das wird ein jeder gern hören, der heute starke Präsidenten und universitäre Autonomie zu den Strukturvoraussetzungen universitärer Innovationsfähigkeit rechnet; aber auch er sollte schon die Kontroversen über das „System Althoff" nicht ignorieren, und schon gar nicht die Skepsis gegen das Berufungsrecht der Universität, das sich bei Wilhelm von Humboldt findet.[24]

(3) Der Lehrende

Als Hochschullehrer und im Kontakt mit Studierenden ist Paulsens Welt dagegen heller und freundlicher. Er hat nach anfänglichen Problemen mit der studentischen Nachfrage als junger Privatdozent bald viel Zuspruch, er genießt die Lehre, die Reaktionen der Studierenden sind zustimmend. Bildet er auch eine eigene wissenschaftliche Schule? Paulsen selbst nennt Studierende, an die er sich gern erinnert,[25] aber Schulenbildung ist nicht seine Sorge.

In der Literatur und der Diskussion von Paulsens Rolle als akademischer Lehrer und nach seiner Wirkung wird die Frage nach den „Schülern" selbstverständlich aufgenommen. Allerdings kann man nicht sagen, dass dabei die Konstitution einer Paulsen-Schule hinreichend erforscht oder klar dargestellt worden wäre. Kränsel in seiner frühen Studie zählt zum Beispiel eine beeindruckende Liste von „Studenten" Paulsens auf, im Kontext von Hinweisen auf Paulsens Wirkung „durch seine Schüler"[26]. Darin findet man neben Spranger und Tönnies, die ihm ohne Zweifel sehr nahe standen und ihn selbst als ihren „Lehrer" bezeichnet haben,[27] auch Berthold Otto, den zu promovieren Paulsen aber mit eindeutigen Argumenten abgelehnt hatte,[28] dann William Stern, dessen Psychologie aber kaum auf Paulsen rückführbar ist, Jonas Cohn, Friedrich Wilhelm Foerster, Paul Hinneberg, sogar Edmund Husserl, Herman Nohl, der wiederum Dilthey als seinen Lehrer bezeichnete, sogar Albert Schweitzer und „wahrscheinlich auch Theodor Litt", obwohl ich da eher für Simmel und Husserl (und Hegel) plädieren würde, als seine Studenten und Schüler; und Kränsel unterstellt sogar einen Einfluss bis hin zu Mao Tse-tung (aber die Kulturrevolution wird man Paulsen deshalb nicht auch noch zuschreiben).

Weiß, der erst jüngst das Thema auch behandelt hat, fügt dieser schon so imposanten wie problematischen Liste u.a. noch den amerikanischen Sozialphilosophen George Herbert Mead hinzu (und in der Wirkung bei aller Differenz auch John Dewey), aber er hält es bei Mead offenbar schon hinreichend für ein Schülerverhältnis, dass er bei Paulsen Lehrveranstaltungen besucht hat.[29] Das hat Mead nach Studien in Leipzig – seit 1887, bei Wilhelm Wundt, Max Heinze und Rudolf Seydel – in Berlin ab 1889 für kurze Zeit tatsächlich getan, aber auch bei Dilthey und Ebbinghaus gehört und mit Wirkungen und in einer Weise, dass man seine Philosophie und Erziehungstheorie nicht auf Paulsen zurückführen könnte, da müsste man eher bei James und Dewey suchen[30] (und auf die kühnen Weißschen Affinitätskonstruktionen in Sozialphilosophie und Demokratietheorie zwischen Paulsen und Mead will ich hier nicht eingehen). In seinen Vorlesungen zur Erziehungsphilosophie zitiert Mead allein Wilhelm Wundt von der deutschen Philosophie und Psychologie der Zeit (und auch keine älteren deutschen Philosophen).

Wahrscheinlich ist man gut beraten, seine „Schule" eher klein zu halten und neben der Wirkung durch seine Schriften dann nicht mehr als einige seiner Doktoranden[31] dazu zu zählen, die dieses Schulenverhältnis ausdrücklich für sich reklamiert haben und auch in Paulsens Geist weitergearbeitet haben: Eduard Spranger steht dann an prominenter Stelle, Willy Kabitz auf jeden

Fall auch, dann Theodor Lorenz, Graf Dohna, David Neumark oder Traugott Konstantin Oesterreich. Sie arbeiten in seinen Bahnen weiter, also in der Reflexion von Bildungssystem und Pädagogik, und sie orientieren sich an den von Paulsen geliebten Klassikern, also an Kant, Schopenhauer und Nietzsche, auch Spinoza.

(4) Der forschende Friedrich Paulsen

Damit sind die philosophischen Referenzen genannt, denen sich Paulsen in seiner Lehre neben der englischen Philosophie verpflichtet fühlte. Disziplinär gesehen war das eine Lehre, die in gleicher Weise der Philosophie und der Pädagogik galt, und damit auch der Denomination entsprach, für die sein Ordinariat ausgelegt war und auf die hin er sein Extraordinariat erhalten hatte. Ist das die Lehre einer Person, die, wie gelegentlich gesagt wird, den ersten Lehrstuhl für Pädagogik an der Berliner Universität innehatte?

Sieht man davon ab, dass der Lehrstuhl in der Kombination von Philosophie und Pädagogik definiert war, so bildete die Pädagogik für Paulsen ein fremdes Gebiet, als ihn die Fakultät – durch Harms – dazu aufforderte, sie in seine Lehre aufzunehmen. Er hat sich in sie eingearbeitet, historisch – weil ihm die Erfahrung der Praxis fehlte, wie er selbst einräumte (und für praktische Pädagogik hatte er in Wilhelm Münch[32] seit 1897 einen eigenen Kollegen, bei dessen Berufung es keine Rolle spielte, dass es Paulsen für die Pädagogik schon gab) – und philosophisch, denn das war seine Kompetenz. Sein Nachfolger ist auch ein Philosoph, Erdmann, kein Pädagoge. Sein theoretisches Buch, wenn die aus dem Nachlass von Kabitz konstruierte „*Pädagogik*" diese zweifache Zuschreibung – als Paulsens Werk und als theoretische Arbeit – verdient, war wenig eigenständig und argumentiert nicht sehr ambitioniert. Früh hatte sich Paulsen an Theodor Waitz' „*Allgemeiner Pädagogik*" in der von Otto Willmann besorgten Edition[33] von 1875 orientiert, freilich ohne ihr insgesamt zu folgen.[34]

Paulsen findet bald einen eigenständigen Stil in der Lehre der „Pädagogik", er ist dabei skeptisch gegen ihre im 19. Jahrhundert dominierenden Klassiker und weniger an Praxisvorbereitung als an der Konstruktion eines theoretischen Reflexionsstils bei seinen Studierenden interessiert.[35] Herbart, sagt Paulsen, „hat für mich immer etwas Abstoßendes behalten", seine „gewalttätige Zweifelsucht war mir ebenso peinlich als der dann unvermittelt eintretende, ebenso gewalttätige Dogmatismus der Lehre von dem Realen".[36] Er hielt Schopenhauer für den besseren Psychologen und gegen die naturwissenschaftliche, physiologische Psychologie seiner Zeit und deren Gewährsmänner, zum Beispiel Ernst Haeckel[37], hat er ebenfalls große Skepsis entwickelt, mindestens so viel wie gegen die reformpädagogisch überschwängliche Literatur der Schulreform und Erziehungskritik seit 1900.[38]

Aus einer aktuellen Perspektive wird man deswegen auch sagen müssen, dass die pädagogische Lehre, die Paulsen vertrat, und vor allem seine zahlreichen Publikationen zur öffentlichen Debatte über Schule, Lehrerberuf und Bildungspolitik ihn eher als einen Denker ausweisen, für den nicht Philosophie[39], sondern die Erwartungen an Systemreflexion[40] den eigenen Zugang zur Erziehungswirklichkeit, zur „Schulwelt"[41], bestimmten. Das geschieht zudem auf einer historischen und politischen Basis, so wie er auch seinen Bildungsbegriff entwickelt, auch deswegen von seinen Kollegen nicht geliebt, schon weil Paulsen nicht kulturtheoretisch oder primär ethisch argumentierte, wie das dann sein Schüler Eduard Spranger selbstständig neu entwickelte.[42] In seinen Analysen ist er professionspolitisch Realist und als Universitätslehrer kannte er zugleich die Grenzen universitärer Lehre für die Praxis. Ethos, so könnte man sagen, wird dabei eher gebildet als Handlungskompetenz, nicht Rezepte erwirbt man als Pädagogik-Student bei Paulsen, sondern ein Verständnis für die Dimensionen der Aufgabe, die man nach der Universität zu übernehmen hat.

Dieser Blick auf das Bildungssystem und seine aktuelle Gestalt und Bedeutung führt natürlich zur *„Geschichte des gelehrten Unterrichts"* und zu Paulsen als Bildungshistoriker – denn ohne Referenz auf die Geschichte konnte er die Gegenwart nicht auffassen und ohne Referenz auf die Gegenwart und ihre denkbare Zukunft ist weder seine *„Geschichte"* zu verstehen noch ihre Rezeption. Nicht nur in dem viel diskutierten und zunächst sehr kontrovers diskutierten Schlusskapitel, in der ganzen Konstruktion seiner Geschichte ist unverkennbar, dass Paulsen nicht historistisch schreibt, sondern ein frühes Exempel theoretisch interessierter historischer Bildungsforschung liefert, also ungeheuer modern argumentiert und arbeitet – „und daß es nicht allzu ,historisch' wird, dafür denke ich zu sorgen", schreibt er an Tönnies.[43]

Paulsen als Bildungshistoriker

Paulsen geht in die Geschichte, weil er nur dort die Pädagogik finden kann, die er lehren soll, aber er geht auch in die Geschichte, weil er auf die Fakultät schaut und auf „die graubärtigen Glatzen", wie er seine Kollegen etwas ungnädig beschreibt. Sie sind die Referenz: „Ich habe mir vorgenommen, erst etwas erstaunlich Gelehrtes zu schreiben, damit nicht die graubärtigen Glatzen mir sagen, wenn ich etwa mit Ethik und Pädagogik zu Markt zöge: Der ist uns noch zu grün, Sie täten besser, erst etwas zu lernen."[44] Paulsen ist es auch deshalb wichtig, dass er „in der wissenschaftlichen Detailforschung festen Fuß" fasst, weil das seine wissenschaftliche Ausbildung vollendet; er tut es also „um des guten Gewissens willen", denn ein jeder Philosoph brauche ein solches Fundament, und zwar „in Natur oder Geschichte", wie er die Optionen des Philosophen erläutert[45] (und also die Logik ausspart).

Die „*Geschichte des gelehrten Unterrichts*" wird vor diesem Hintergrund entworfen und erarbeitet, in kritischer Auseinandersetzung mit der vorliegenden Geschichtsschreibung, zumal der Universitätsgeschichte – „Schweinearbeit, fast ohne Ausnahme", qualifiziert er seine Studien gegenüber Tönnies –,[46] aber auch in intensiver Lektüre der einschlägigen schulhistorischen Quellen. Seine „*Geschichte*", die er dann 1885 publiziert, legt Zeugnis für diese immense Quellenerschließung ab, auch für die innovativen Methoden, mit denen Paulsen zum Beispiel die Veränderungen auf dem Buchmarkt zum Bestandteil seiner Argumentation macht.[47]

Als Exempel einer theoretisch inspirierten historischen Bildungsforschung – die dennoch Geschichtsschreibung bleibt und nicht ein „historischer Leitartikel" (3. Auflage, Band 1, S. XVI), wie Paulsen warnt – wird man Paulsen aber nicht allein vom Quellenfundament und nach den Methoden der Quellenanalyse aus verstehen, sondern schon von den leitenden Begriffen aus.[48] Paulsen nutzt bewusst den Begriff der „Modernisierung"[49] (Band 1, S. 564),

Das 1908 gegründete Paulsen-Gymnasium in Berlin-Steglitz.

die er systematisch als Ablösung der „antiken" durch die „moderne Kultur" interpretiert und deren Anfang er in der höfischen Kultur Frankreichs im 17. Jahrhundert und im Erstarken der Staatlichkeit gegenüber der Kirche sieht (Band 1, S. 492 ff.). Er resümiert die „Tendenz" (Band 1, S. V) als Prozess der „Demokratisierung der Bildung, zugleich mit zunehmender Sozialisierung der Bildungsfürsorge".[50]

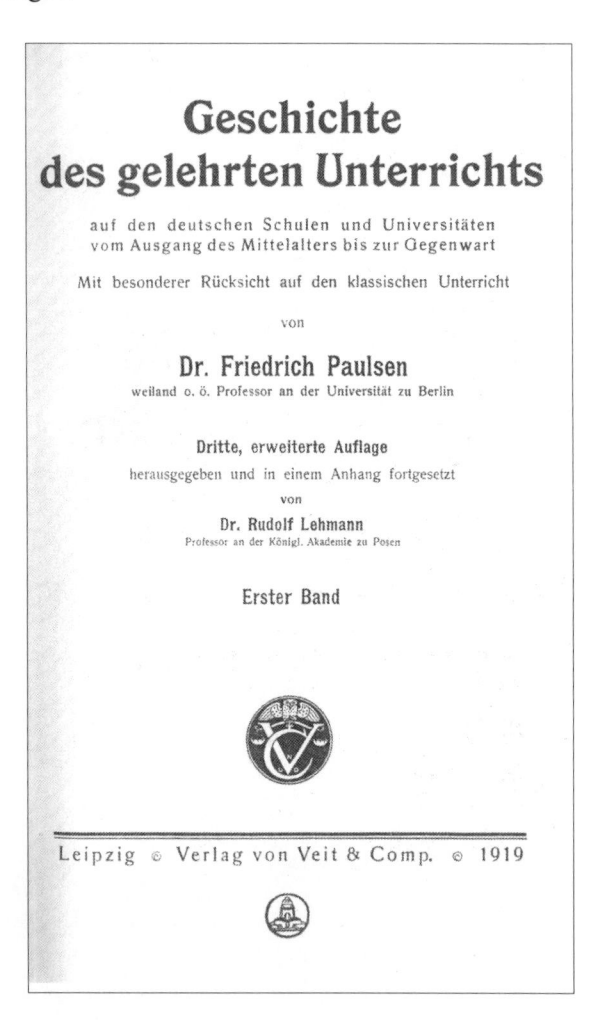

Geschichte des gelehrten Unterrichts

auf den deutschen Schulen und Universitäten vom Ausgang des Mittelalters bis zur Gegenwart

Mit besonderer Rücksicht auf den klassischen Unterricht

von

Dr. Friedrich Paulsen
weiland o. ö. Professor an der Universität zu Berlin

Dritte, erweiterte Auflage
herausgegeben und in einem Anhang fortgesetzt
von
Dr. Rudolf Lehmann
Professor an der Königl. Akademie zu Posen

Erster Band

Leipzig ◦ Verlag von Veit & Comp. ◦ 1919

Paulsens „Geschichte des gelehrten Unterrichts" erschien 1919/21 in dritter Auflage. Rudolf Lehmann (1855–1927), Professor in Posen und später in Breslau, setzte die Darstellung in einem Anhang bis etwa 1914 fort.

Paulsen-typisch ist in manchem auch die Metaphorik, in der er die Tendenz beschreibt und die „Richtung" (Band 1, S. XV, Vorwort zur 1. Auflage) qualifiziert, die er beobachtet. Den „Standpunkt" nämlich, von dem aus er und der antizipierte Leser „das Ganze der Bewegungen überblicken kann", ist die Annahme von drei Phasen der Entwicklung – Christentum, Renaissance und Neuhumanismus –, die er – und man hört den Hallig-Bewohner – als die „drei großen Flutwellen" (Band 1, S. 1, Einleitung) interpretiert, die sich auch der Wirklichkeit der Welle fügen: „Ansteigen, Hochwasser, Ablaufen" (Band 1, S. 2). Und schließlich, seine Sprache verrät immer den gebildeten Autor: Wo sonst könnte man heute noch lesen, dass man keine „enkomiastische Darstellung" plane (Band 1, S. XXVI), wenn man sagen will, dass einem lobrednerische Absichten fern sind?

Modern und innovativ ist Paulsen auch darin, dass er die Bildungsverhältnisse in den politisch-sozialen und wissenschaftlichen Kontext stellt, also Ideengeschichte modernen Zuschnitts schreibt, mit gelegentlich starken Argumenten und Formulierungen. Den Sieg des Griechischen im Neuhumanismus des ausgehenden 18. Jahrhunderts erklärt er als „Überrumpelung", die Humboldt klug inszeniert habe, in einer Situation der Schwäche der traditionellen Instanzen im ausgehenden 18. Jahrhundert: „Der Beamtenstaat der Aufklärung, die Kirche, das Publikum war im Augenblick besinnungs- und widerstandslos, und als sich alle drei, in den 20er Jahren, besannen, war es zu spät, die Humanisierung der Schulen war eine Tatsache, worin sich nun nichts Erhebliches ändern ließ."[51]

Den historischen Innovationsschub, den Paulsens Arbeit für die Gattung der historischen Bildungsforschung darstellte, erkennt man aber erst vollständig, wenn man deren Zustand im ausgehenden 19. Jahrhundert selbst ins Kalkül zieht, und zwar generell, nicht nur für die Geschichte der gelehrten Bildung. Die „Geschichte der Erziehung" war im ausgehenden 19. Jahrhundert keineswegs sonderlich renommiert. Wilhelm Dilthey, Paulsens Fakultätskollege in Berlin, hatte in einem Gutachten für die Preußische Akademie der Wissenschaften[52] den desolaten Zustand der historisch-pädagogischen Arbeit unnachsichtig kritisiert. Paulsen selbst nimmt die Editionen der *Monumenta Germaniae Paedagogica*, also der Arbeiten von Kehrbachs „Gesellschaft für Erziehungs- und Schulgeschichte", die Thema des Gutachtens war und die eine Erneuerung der Geschichte der Erziehung betreiben wollte, und zum Teil auch betrieben hat,[53] als Beleg für den Unfug an Editionen, die dann und nur deshalb entstehen, weil es Geld für Editionen gibt.[54] Noch 1951 spricht sein Schüler Eduard Spranger kritisch von der „maßlosen Langeweile, die der Abdruck unverarbeiteter Stoffmassen in früherer Zeit verbreitet hat".[55]

All das kann man von Paulsen nicht sagen, auch wenn man manche Formulierung, wenn er zum Beispiel „subjektive" gegen „wirkliche Tendenzen" (Band 1, S. V) der Geschichte kontrastiert, als problematisch oder diskussionsbedürftig empfinden mag – und erste Reaktionen der Zeitgenossen von da aus auch verstehen kann. Denn die Rezeption seines *opus magnum* stürzt sich kritisch und entrüstet nahezu allein auf den Schluss, auf die politisch-pädagogischen Konsequenzen, die Paulsen andeutet, und auf die Prognose über die weitere Dynamik des Bildungssystems, die damit verbunden ist, also auf die zu erwartende Gleichwertigkeit der modernen, naturwissenschaftlichen oder neusprachlichen Fächer des Lehrplans: „Humanistische Bildung ist gegenwärtig auch ohne die Erlernung der alten Sprachen möglich" (Band 2, S. 667) – das war die schulpolitische Pointe. Spranger notiert als Duktus der Rezeption nur Kritik an den aktuellen Konsequenzen, so, „als habe alle Welt über die 750 Seiten eindringender historischer Darstellung hinweggelesen, um mit ganzer Leidenschaft an dem Schlußkapitel hängen zu bleiben".[56] Das hat sich dann bekanntlich gelegt, die historische Entwicklung hat Paulsen bald bestätigt, mit der Schulwelt war er rasch versöhnt.

Methodologisch kann man aber bis heute streiten, ob sein scharfes Diktum gegen die von Pädagogen scheinbar fälschlich unterstellte „Eigenbewegung"[57] des Schulwesens wirklich zutrifft. Die Eigenstruktur der Erziehung im historischen Prozess wird gerade in der jüngsten Bildungsgeschichte intensiv diskutiert,[58] und die ganze Begriffsgeschichte der pädagogischen Autonomie argumentiert gegen Paulsens starke disjunkte Zuschreibungen von Eigenbewegung vs. Fremdbestimmung anders, nämlich für paradoxe Lösungen wie „Selbstständigkeit in der Abhängigkeit"[59]. Man mag auch fragen, ob sich der Modernisierungsbegriff heute noch so verwenden lässt, aber das sind müßige Einwände, weil sie auf den Fortschritt der Erkenntnis selbst abheben, den Paulsen natürlich noch nicht kennen konnte. Er hat aber diese Arbeit erst angestoßen, mit der Weite seines Blicks und der Inspiration seines konzeptionellen Zugriffs – nur schade, dass die „graubärtigen Glatzen" es ihm nicht gedankt haben. Aber dafür gibt es ja die Nachgeborenen, um Friedrich Paulsen zu ehren und seine Leistung zu feiern.

Anmerkungen

1 Diesen Ausdruck gebraucht er anlässlich der Rückgabe des Rufes nach Breslau in einem Brief vom 8. Dezember 1882 an seinen Freund Ferdinand Tönnies, vgl. Ferdinand Tönnies – Friedrich Paulsen: Briefwechsel 1876–1908. Hrsg. von Olaf Klose, Eduard Georg Jacoby, Irma Fischer, Kiel 1961, S. 177.

2 Paulsens autobiografische Schriften sind dank der Arbeit des Nordfriisk Instituut jetzt erstmals geschlossen in deutscher Sprache zugänglich, vgl. Friedrich Paulsen: Aus meinem Leben. Hrsg. von Dieter Lohmeier und Thomas Steensen, Bräist/Bredstedt (2008). Damit wird ersetzt: Friedrich Paulsen: Aus meinem Leben. Jena 1909; Friedrich Paulsen: An Autobiography, New York 1938. Für das Studium in Berlin seit 1867 vgl. in der Ausgabe von 2008, S. 151 ff.

3 Friedrich Paulsen: Geschichte des gelehrten Unterrichts auf den deutschen Schulen und Universitäten vom Ausgang des Mittelalters bis zur Gegenwart. Mit besonderer Rücksicht auf den klassischen Unterricht, Leipzig 1885. Ich zitiere künftig nach der von Rudolf Lehmann betreuten zweibändigen dritten Auflage, Leipzig 1919–21.

4 Einen Überblick, gestützt auf den Briefwechsel Paulsen-Tönnies, gibt Fritz Blättner: Der Historiker Friedrich Paulsen und seine Kritiker. In: Zeitschrift für Pädagogik 6 (1963), S. 113–130; Blättner nutzt zugleich das Originalmaterial und zitiert deshalb auch Briefpassagen, die in der Edition nicht abgedruckt sind.

5 Wilfried Nippel: Einleitung. In: Ders. (Hrsg.): Über das Studium der Alten Geschichte, München 1993, S. 11–31, zit. S. 13, Anm. 6.

6 Karl-Ernst Jeismann: Das preußische Gymnasium in Staat und Gesellschaft. Stuttgart, 2. Aufl. 1996, S. 15. Jeismann weist nebenher die Kritik von Wilhelm Roeßler als unangemessen ab.

7 Ich verweise vor allem auf Friedrich Paulsen: Philosophia militans. Gegen Klerikalismus und Naturalismus. Fünf Abhandlungen, Berlin 1901; Friedrich Paulsen: Das deutsche Bildungswesen in seiner geschichtlichen Entwickelung (1906), 3. Aufl., Leipzig 1912; Friedrich Paulsen: Pädagogik. Hrsg. von Willy Kabitz (1911), 4./5. Aufl., Stuttgart/Berlin 1912; Friedrich Paulsen: Gesammelte Pädagogische Abhandlungen. Hrsg. von Eduard Spranger, Stuttgart/Berlin 1912.

8 Friedrich Paulsen: Einleitung in die Philosophie, Berlin 1892; Friedrich Paulsen: System der Ethik mit einem Umriß der Staats- und Gesellschaftslehre, Berlin 1889.

9 Das tut selbst sein ehemaliger Schüler Rudolf Lehmann; vgl. Peter Drewek: Friedrich Paulsen. Bildungstheorie und Bildungsgeschichte. In: Klaus-Peter Horn und Heidemarie Kemnitz (Hrsg.): Pädagogik Unter den Linden. Von der Gründung der Berliner Universität im Jahre 1810 bis zum Ende des 20. Jahrhunderts, Stuttgart 2002, S. 101–124, hier S. 121.

10 Dafür steht das Paulsen-Kapitel in Volker Gerhardt, Reinhard Mehring, Jana Rindert: Berliner Geist. Eine Geschichte der Berliner Universitätsphilosophie bis 1946. Mit einem

Ausblick auf die Gegenwart der Humboldt-Universität, Berlin 1999, S. 180–185, wenn sie ihn zum Historiker und Pädagogen machen und hier sein „akademisches Format" (S. 185) sehen.

11 Dazu zähle ich nach der frühen, in Teilen hagiografischen Arbeit von Reinhard Kränsel: Die Pädagogik Friedrich Paulsens. Ein Beitrag zur Geschichte der Erziehungswissenschaft und zur Neufassung des Bildungsbegriffs in unserem Jahrhundert. 2 Bde., Bredstedt/Bräist 1973 (Nordfriisk Instituut, Studien und Materialen Nr. 7) vor allem die Untersuchungen von Peter Drewek: Bildungsbegriff und Bildungssystem 1870–1920. Zur Reflexion ihres Verhältnisses bei Nietzsche, Willmann, Paulsen, Meumann und Spranger. Ms. der Habilitationsschrift, FU Berlin 1990; Peter Drewek: Friedrich Paulsen. In: Benno Schmoldt in Zusammenarbeit mit Michael-Søren Schuppan (Hrsg.): Pädagogen in Berlin. Auswahl von Biographien zwischen Aufklärung und Gegenwart, Hohengehren 1991, S. 171–193; Peter Drewek: Friedrich Paulsen. Bildungstheorie und Bildungsgeschichte. In: Klaus-Peter Horn und Heidemarie Kemnitz (Hrsg.): Pädagogik Unter den Linden, Stuttgart 2002, S. 101–124. Für die ältere Auseinandersetzung mit Paulsen finden sich Hinweise in der Edition einer schmalen Auswahl von Paulsens Schriften, die Clemens Menze besorgt hat: Friedrich Paulsen: Ausgewählte pädagogische Abhandlungen, Paderborn 1960.

12 Dazu zähle ich vor allem Edgar Weiß: Friedrich Paulsen und seine volksmonarchistisch-organizistische Pädagogik im zeitgenössischen Kontext. Studien zu einer kritischen Wirkungsgeschichte, Frankfurt a. M. (usw.) 1999 (Studien zur Bildungsreform, Bd. 34). Weiß kommt nicht einmal zu der gerechten Würdigung, die sich in der frühen DDR bei Heinrich Deiters findet, der zwar festhält, dass Paulsen „kein Demokrat im politischen Sinne" (S. 611) war, aber seine bildungspolitische Position anerkennen kann; vgl. Heinrich Deiters: Friedrich Paulsen und die Schulreform seiner Zeit. In: Forschen und Wirken. Festschrift zur 150-Jahr-Feier der Humboldt-Universität zu Berlin 1810–1960, Bd. III, Berlin 1960, S. 599–618.

13 Dafür steht ein Artikel wie der von Kurt Reumann: Zum 150. Geburtstag eines in die Wissenschaft ausgewanderten Bauernsohns. In: Frankfurter Allgemeine Zeitung, 16. Juli 1996.

14 Paulsen: Aus meinem Leben, 2008, S. 434.

15 Paulsen: Aus meinem Leben, 2008, S. 355 und 206.

16 Vgl. Paulsen: Aus meinem Leben, 2008, S. 202.

17 Vorzügliche Übersicht bei Klaus Christian Köhnke: Entstehung und Aufstieg des Neukantianismus. Die deutsche Universitätsphilosophie zwischen Idealismus und Positivismus, Frankfurt a. M. 1986, zu Paulsen und seiner eher randständigen Bedeutung auf dem Weg zu einer Erneuerung Kants u. a. S. 69 ff.

18 Weder Cohen noch Cassirer werden in Paulsens autobiografischen Texten erwähnt, Paul Natorp nur abwehrend, zu schweigen von Georg Simmel, dem anderen zukunftsweisenden Privatdozenten der Universität Berlin (Habilitation 1885), der selbst Paulsen durchaus wahrnimmt; vgl. Karl Christian Köhnke: Der junge Simmel in Theoriebeziehungen und

sozialen Bewegungen, Frankfurt a. M. 1996, u. a. S. 267 für eine Simmel-Rezension von Paulsens „Ethik", 1889.

19 Vgl. Heinz Paetzold: Ernst Cassirer – von Marburg nach New York. Eine philosophische Biographie, Darmstadt 1995, bes. S. 12–45, der Hinweis auf Paulsen S. 5, zur Habilitation S. 18.

20 Gleichsinnige Hinweise finden sich bei Kränsel: Die Pädagogik Friedrich Paulsens, 1973, S. 85–89, Weiß: Friedrich Paulsen, 1999, S. 209 ff., besonders für sein Verhältnis zu Dilthey, den Weiß als „der geschmähte Lehrer und Kollege" bezeichnet (aber als „Lehrer" Paulsens wird man Dilthey schwerlich bezeichnen können), Drewek: Friedrich Paulsen, 2002, bes. S. 118 ff.

21 Paulsen: Aus meinem Leben, 2008, die Zitate auf S. 433, 432 und 321.

22 Paulsen: Aus meinem Leben, 2008, S. 324 f.

23 Paulsen: Aus meinem Leben, 2008, S. 334; das folgende Zitat ebd.

24 Vgl. Wilhelm von Humboldt: Über die innere und äußere Organisation der höheren wissenschaftlichen Anstalten in Berlin. In: Wilhelm von Humboldt: Werke. Hrsg. von Andreas Flitner und Klaus Giel, Bd. IV, Stuttgart 1964, S. 255–266.

25 Vgl. Paulsen: Aus meinem Leben, 2008, S. 341; hier nennt er zum Beispiel Theodor Lorenz, Horneffer, Kabitz, Graf Dohna (einige seiner Doktoranden also), auch Albert Schweitzer – aber zum Beispiel nicht Spranger, der in den gesamten 2008 edierten Lebenserinnerungen Paulsens nicht vorkommt.

26 Kränsel: Die Pädagogik Friedrich Paulsens, 1973, S. 10; als Beleg für Mao Tse-tung wird ein Spiegel-Artikel aus Heft 43/1972 angeführt. Aber Spranger sagt auch: „Paulsen hat meines Wissens kaum je ein Dissertationsthema ‚gegeben', als echter Lehrer hielt er die individuelle Geistesfreiheit zu hoch"; Eduard Spranger: Wilhelm von Humboldt und die Reform des Bildungswesens, Berlin 1910, S. VII.

27 Spranger bezeichnet sich im Vorwort der von ihm herausgegebenen Gesammelten Pädagogischen Abhandlungen Paulsens, Stuttgart und Berlin 1912, S. V, ausdrücklich als „Schüler", er widmet auch das Humboldt-Buch von 1909 (Eduard Spranger: Wilhelm von Humboldt und die Humanitätsidee, Berlin 1909) „Friedrich Paulsen zum Gedächtnis in Dankbarkeit" und nennt ihn im Vorwort (S. VII, übrigens vom 18. Oktober 1908) seinen „hochverehrten Lehrer". In seinem Humboldt-Buch von 1910 – Käthe Hadlich gewidmet! –, S. VII, deklariert er seine Arbeit als Erledigung eines Paulsen-Themas: „Ich habe Paulsen das Versprechen gegeben, an seiner Stelle den Band über Humboldt zu schreiben."

28 Im Briefwechsel mit Tönnies wird das sichtbar, u. a. S. 174–176, wo Tönnies am 4. Dezember 1884 ausdrücklich „zu einer Dissertation nicht raten" möchte (S. 175). Weihnachten 1884 notiert Paulsen (S. 204), dass Otto auf Briefe nicht mehr antworte; vgl. auch Paulsen: Aus meinem Leben, 2008, S. 250 f. Otto gehört aber durch Heirat in den Kontext der Paulsen-Familie.

29 Weiß: Friedrich Paulsen, 1999, S. 300 ff. sowie im Vorwort des Herausgebers Wolfgang Keim, S. IX.

30 Vgl. Daniel Tröhler und Gert Biesta: Einleitung: George Herbert Mead und die Entwicklung einer sozialen Erziehungskonzeption. In: George Herbert Mead: Philosophie der Erziehung. Hrsg. und eingeleitet von Daniel Tröhler und Gert Biesta, Bad Heilbrunn 2008, S. 7–26.
31 Ich stütze mich in der Liste seiner Doktoranden auf eine Auswertung der Fakultätsakten seit 1894, also seit dem Beginn des Ordinariats. Meinem studentischen Mitarbeiter Marcel Post danke ich für die sorgfältige Arbeit an dieser Liste.
32 Zu Münch vgl. Andreas von Prondczynsky: Wilhelm Münch. Pädagogische Praxis als Gegenstand der universitären Lehre. In: Klaus-Peter Horn und Heidemarie Kemnitz (Hrsg.): Pädagogik Unter den Linden, Stuttgart 2002, S. 153–190; Paulsens Pädagogik wurde als Teil der Philosophie aufgefasst – und deshalb auch Ferdinand Jakob Schmidt in diesem Feld als sein Nachfolger.
33 Diese Neuedition ist der Grund für die Neuanschaffung der Universitätsbibliothek Berlin, die Peter Drewek (Friedrich Paulsen, 2002, S. 105 und Anm. 20) etwas kryptisch findet. Paulsen benutzt schlicht die frischeste Ausgabe, zudem mit einem Vorwort eines renommierten Mannes, Otto Willmann.
34 Für einen detaillierten Textvergleich ist hier nicht der Ort, schon weil Paulsens „Pädagogik" eher Kabitz als Paulsen repräsentiert; vgl. Drewek: Friedrich Paulsen, 2002, bes. Anm. 107, S. 122. Nur knapp: Paulsen kennt nach einer Einleitung (§1, §7) und „Anthropologisch-psychologischen Vorbemerkungen" (jetzt arabisch gezählt, Kap. 1.–3.) „Zwei Bücher", das erste Buch: Die Bildung des Willens, mit insgesamt 13 Kapiteln, das zweite Buch: Die Unterrichtslehre, mit 4 Kapiteln zur „Allgemeinen Didaktik" und den Kapiteln 5. bis 17. zur „Speziellen Didaktik" der Unterrichtsfächer; in einem „Anhang" findet sich ein Text „Leibliche Pflege und Bildung". – Bei Waitz folgt nach der „Vorrede" eine Einleitung (§1 und 2, Stellung und Charakter der Pädagogik als Wissenschaft…; Pädagogik als Kunst…), dann ein „Erster Theil: Über Begriff und Zweck der Erziehung (§§ 3–6), Zweiter Theil, Von den Erziehungsmitteln (§§ 7–27)", in „Abschnitten" unterteilt: Erster Abschnitt: Die Bildung der Anschauung; Zweiter Abschnitt: Die Gemüthsbildung; Dritter Abschnitt: Die Bildung der Intelligenz; darin wiederum I. Vom Unterrichte überhaupt; II. Von den Hauptgegenständen des Unterrichts und deren Behandlung. Dieser Allgemeinen Pädagogik sind 1875 „kleinere pädagogische Schriften 1848–1858" beigegeben, vornehmlich schulpolitischer Natur.
35 Vgl. Paulsen: Aus meinem Leben, 2008, S. 428 ff.
36 Paulsen: Aus meinem Leben, 2008, S. 172.
37 Verächtlich spricht er von Haeckel und dessen „Literatengesindel", Aus meinem Leben, 2008, S. 365; vgl. Friedrich Paulsen: Ernst Haeckel als Philosoph (zuerst 1900). In: Paulsen: Philosophia militans, 1901, S. 119–192.
38 Weitere Hinweise und die einschlägige Literatur bei Drewek: Friedrich Paulsen, 1991, S. 198 f.
39 Drewek: Friedrich Paulsen, 2002, S. 123 kritisiert deshalb zu Recht Menzes schmale Edition von einigen der bildungsphilosophischen Paulsen-Texte, bedeuteten sie doch für die

Paulsen-Rezeption und Diskussion eine „Neutralisierung auf paradoxe Weise", weil sie „gerade die historisch-politische Dimension in Paulsens Arbeiten" ausblendeten.
40 Das ist eine Qualifizierung von Reflexion, die Niklas Luhmann und Karl-Eberhard Schorr: Reflexionsprobleme im Erziehungssystem, Stuttgart 1979 einführen, um den spezifischen Denktypus des pädagogischen „Establishments" (Luhmann/Schorr) zu charakterisieren, also derjenigen Leute, die aus der Perspektive des Bildungssystems und in der Verantwortung für seine Aufgaben und seine Zukunft über seine Möglichkeiten nachdenken. Paulsen gehört ohne jeden Zweifel zu diesem Establishment (das er selbst „Schulwelt" nennt), er wird von der Öffentlichkeit und den Fachkollegen so wahrgenommen und von der Verwaltung, zumal von Althoff, für einschlägige Aufgaben eingespannt.
41 Paulsen: Aus meinem Leben, 2008, S. 385.
42 Vgl. Drewek: Friedrich Paulsen, 1991, S. 187, zitiert zur Charakterisierung dieser Argumentationsform deshalb auch mit guten Gründen ein Spranger-Diktum aus Paulsen: Gesammelte Pädagogische Abhandlungen, 1912, S. XXIX: „daß Paulsen in den letzten Jahren manche Fragen mit dem Auge des praktischen Staatsmannes, fast möchte ich sagen: des Kultusministeriums sah, die er in früheren Jahren rein als Probleme der deutschen Kultur behandelt hätte".
43 In einem Brief vom 6. Januar 1883, vgl. Blättner: Der Historiker Friedrich Paulsen, 1963, S. 116, weil auch diese Passage nicht den Weg in die Brief-Edition fand.
44 Tönnies – Paulsen, Briefwechsel, Paulsen an Tönnies, 27. Februar 1880, S. 73. Anders als die Briefedition liest Blättner, 1963, S. 113 hier „Der" statt, wie in der Edition, „das" – ich schließe mich Blättner an.
45 Tönnies – Paulsen, Briefwechsel, Paulsen an Tönnies, 30. Juli 1880, S. 83.
46 Blättner: Der Historiker Friedrich Paulsen, 1963, S. 116, zitiert so eine Passage aus einem Brief vom 16. Januar 1882, die in der Edition des Briefwechsels nicht mitgeteilt worden war.
47 Vgl. Drewek: Friedrich Paulsen, 2002, S. 103 und die Anm. 6 zur Beilage I in Paulsen: Geschichte des gelehrten Unterrichts, Bd. 1, S. 625 ff., der Diskussion zum Rückgang des Lateinischen auf der Basis der Messkataloge zur Buchmesse; hier und im Folgenden wird zitiert nach der Ausgabe Friedrich Paulsen: Geschichte des gelehrten Unterrichts auf den deutschen Schulen und Universitäten vom Ausgang des Mittelalters bis zur Gegenwart. Mit besonderer Rücksicht auf den klassischen Unterricht, 3., erw. Aufl., hrsg. und in einem Anhang fortgesetzt von Rudolf Lehmann, Bd. 1, Leipzig 1919, Bd. 2, Leipzig 1921.
48 Den theoretischen Status beschreibt er allerdings eher pragmatisch, er suche „den rechten Blick", der „wie durch eine Art Intuition das Wesentliche, das Bedeutende, das Typische" (Bd. 1, S. XXII f.) hervortreten lasse – aber funktional und methodisch ist damit eindeutig der Theorieprimat beschrieben.
49 Und zwar für die „Gelehrtenschulen unter dem Einfluß der höfischen Bildung und des Pietismus", als das früher viel gebrauchte Wort von der „Neubegründung" fallen gelassen wird.

50 So wörtlich und zugespitzt auf die Gesamtentwicklung des Bildungswesens in Friedrich Paulsen: Das deutsche Bildungswesen in seiner geschichtlichen Entwickelung, 3. Aufl., Leipzig 1912, S. 183.
51 Tönnies – Paulsen, Briefwechsel, Paulsen an Tönnies, 4. Oktober 1882, S. 166.
52 Vgl. u. a. Manfred Heinemann: Das Fach Erziehungsgeschichte zwischen Dilettantismus und Wissenschaft. Die Fachwerdung der Erziehungsgeschichte in der Arbeit der „Gesellschaft für Erziehungs- und Schulgeschichte" nach der Jahrhundertwende. In: Jahrbuch für Erziehungswissenschaft 4 (1980–82), S. 32–59; ders.: Der Bildungsgeschichte ins Stammbuch. Aus Gutachten deutscher Akademien der Wissenschaften von 1901 und 1903 zu Standards der Forschung. In: Hein Retter (Hrsg.): Zur Kritik und Neuorientierung der Pädagogik im 20. Jahrhundert, Hildesheim 1987, S. 50–58.
53 Für eine Darstellung der Arbeitsergebnisse der „Gesellschaft" vgl. Dietfried Krause-Vilmar: Materialien zur Sozialgeschichte der Erziehung. Über die Arbeit der „Gesellschaft für deutsche Erziehungs- und Schulgeschichte" (1890–1938). In: Zeitschrift für Pädagogik 18 (1972), S. 357–372.
54 Vgl. Paulsen: Aus meinem Leben, 2008, S. 360.
55 Eduard Spranger: Zur Geschichte der deutschen Volksschule (1951). In: Eduard Spranger: Gesammelte Schriften, Bd. 3, Tübingen 1970, S. 132.
56 Spranger: Einleitung. In: Paulsen: Gesammelte Pädagogische Abhandlungen, 1912, S. XI.
57 Bekräftigt in Paulsen: Das deutsche Bildungswesen, 3. Aufl., 1912, Vorwort: „Für die geschichtliche Betrachtung ist der herrschende Gesichtspunkt: daß das Bildungswesen keine Eigenbewegung hat, sondern von dem großen Gang der allgemeinen Kulturbewegung bestimmt wird." In der „Geschichte" liest man das noch etwas poetischer, im Schlusssatz des Schlusskapitels: „Der Wind wehet, wo er will. Die Schule kann ihn nicht machen, also wird sie weise daran tun, sich nach ihm zu richten." (Band 2, S. 649).
58 Vgl. die Hinweise in Jane Schuch, Heinz-Elmar Tenorth, Nicole Welter: Sozialgeschichte von Bildung und Erziehung – Fragestellungen, Quellen und Methoden der historischen Bildungsforschung. In: Hannelore Faulstich-Wieland und Peter Faulstich (Hrsg.): Erziehungswissenschaft. Ein Grundkurs, Reinbek 2008, S. 267–290.
59 Für die Begriffsgeschichte vgl. Heinz-Elmar Tenorth: Autonomie, pädagogische. In: Dietrich Benner und Jürgen Oelkers (Hrsg.): Historisches Wörterbuch der Pädagogik, Weinheim/Basel 2004, S. 106–125, für die Diskussion nach 1900 bes. S. 112 ff.

Jürgen Bellers

Spranger als politischer Bildner und Hintergrundpolitiker der 50er Jahre

Einleitung

Der Beitrag wird hier zunächst kurz auf die Idee politischer Bildung Sprangers eingehen, um den theoretischen Hintergrund zu skizzieren, worauf seine politisch bildende Wirkung beruht.

Ebenso wichtig wie die Schriften Sprangers zur politischen Bildung sind aber sein Leben und Wirken als politischer Bildner, das hier durch eine Momentaufnahme seiner politischen Anschauungen dargestellt wird, wie sie sich äußern bezogen auf die politische Stimmung in Deutschland während des fortgeschrittenen Krieges 1942 im Gespräch mit einem jungen hochgebildeten Akademiker – spontan und ungeschützt. Da wird Sprangers sokratische Kunst deutlich, womit er in Gegenwart, und mit Hilfe, seiner tapferen Frau Susanne Spranger dem Gesprächspartner dessen Meinung und innere Zweifel entlockt. Dass dazu große Risikobereitschaft und Tapferkeit gehört, ist das Bemerkenswerte bei dem damals weithin heimlich verehrten, jedoch vom Regime misstrauisch bespitzelten großen Pädagogen. Nach 1945 wurde Spranger in seinen politischen Auffassungen verdächtigt, naziaffin und im Wilhelminismus verhaftet gewesen zu sein. Heute, da jeder seine eigenen unausgegorenen und evtl. politisch destruktiven Gedanken hinausposaunen kann, lässt sich der Wagemut Sprangers und seiner Frau zur Nazizeit gar nicht ermessen und nicht hoch genug einschätzen: das Gegenüber wohl richtig zu taxieren als vertrauenswürdig – im Wissen jedoch um das Wagnis in einem totalitären Polizei- und Überwachungsstaat. Sei es auch nur: Gefahr zu laufen, vielleicht doch durch eine unbedachte Äußerung verraten zu werden. Im Vorgriff auf eine freie Nachkriegsdemokratie als dem Ideal zeigt sich Sprangers Tapferkeit offenen Bekennens, wenn auch in einer Nische, jedoch im Kontext der hochbewachten Berliner Universität, wo er weit herausragte.

Das ist heutzutage leider fast ganz vergessen. Spranger war d e r politische Bildner und intellektuelle Berater in der Etablierung einer Demokratie in der

Ära Adenauer, der in Zukunft vermehrt auch in der Geschichtsschreibung dieses Jahrzehnts beachtet werden muss.

Es soll jedoch auch ein Blick auf den Punkt dieses Wirkens in der Zeit zuvor geworfen werden, das sich spiegelt in jenem Gespräch im Jahre 1942. Zuerst aber Sprangers Idee politischer Bildung in staatsbürgerlicher Erziehung.

Sprangers Idee politischer Bildung in staatsbürgerlicher Erziehung

Die Idee politischer Bildung nach Spranger lässt sich in folgende Punkte zusammenfassen:
- Ziel ist in unserer Kultur der humanistisch-christlich gebildete Mensch, der zum Leben in einer rechtsstaatlichen Demokratie befähigt, erzogen werden muss, wenn es sich um „staatsbürgerliche Erziehung" handelt. Zentrales Element von Politik ist für ihn, dass *staatlich* orientierte Politik = Recht sein soll, und zwar nicht bloß positivistisches Recht, sondern ethisch fundiertes Recht (was zunächst durch den Versailler Vertrag und dann vor allem durch Hitler negiert wurde.) In der Bundesrepublik sah er dieses Ziel verwirklicht, insbesondere durch die Menschenwürdebindung des Grundgesetzes.
- Vier anthropologisch-politische Grundkategorien, die „Grunddimensionen des Zusammenlebens", sollten die Kinder in der Schule erleben – ihre kreuzförmige notwendige *Dialektik*, a) das naturhafte vertikale Oben-Unten von Herrschaft/Freiheit und Abhängigkeit/Unfreiheit, wie es jedes Kind gewahr wird, und b) das horizontale Urverhältnis des gleichrangigen dialektischen Nebeneinander, der naturhaften Regungen von Selbstbezogenheit und Selbstverleugnung, etwa im Opferkampf um eine Gemeinschaft (Horde) oder um eine Sache (Fußball) sollte der Lehrer die Schüler in ihren eigenen Lebenskreisen und kindlich-jugendlichen Denkformen entdecken lassen im Gespräch mit ihnen. Darin sollen sie nach Möglichkeit ein Gespür entwickeln, wie ein Staat sich bilden kann, welche einfachsten mentalen Voraussetzungen die Demokratie, das Recht, die Wirtschaft erfordern. Damit machte er den *Lehrern* Vorschläge, nicht Vorschriften, wie sie selbst an die sachlichen und didaktischen Probleme so herankommen, dass sie selbst als Autorität merken: Tua res agitur und dass sie die denkende und rollenspielend handelnde Selbsttätigkeit der *Schüler* mit dem Erwachen des Bewusstseins aufwecken: Tua res agitur. Es geht um Dein eigenes Leben und Deine

Angelegenheiten im großen Ganzen des demokratischen Rechtsstaates und der Politik in diesem Zusammenhang.
- So kann der politisch bildende Lehrer etwas anklingen lassen von den großen geistig-politischen Strömungen (Liberalismus, Sozialismus, Konservatismus u.a.) der jeweiligen Zeit. Er soll hermeneutisch, „verstehend" und anhand von Schlüsselbegriffen einführen, um die Schüler mental und im Denken vorzubereiten auf die freie Wahl und Verantwortung in dem hochkomplizierten Spannungsfeld der gesellschaftlichen und politischen Motive und Bewegungen.

Politische Bildung kann nicht wie heute in der Lehrerbildung nahegelegt, wenn auch nicht immer ausdrücklich gelehrt wird, „wissenschaftlich" sein. Die heutige Pädagogik ist von der Wissenschaftsauffassung des *Positivismus* infiziert, wenn auch nicht vollkommen und konsequent geleitet. In seinen Konsequenzen wäre das totalitär, da ein solches Konzept nur zur „Steuerung" der Gesellschaft führt: savoir pour prévoir, prévoir pour régler. Politische Bildung hat vielmehr politisch-ethische Entscheidungen zur Grundlage, die vermittelt und erfahren werden müssen. Technokratische Didaktikkonzeptionen sind fehl am Platze. Das kann man beim Studium von Sprangers „Gedanken zur staatsbürgerlichen Erziehung" lernen.

Politische Bildung durch Gespräch

Heinrich Huebschmanns Gespräch mit Eduard Spranger aus dem Jahr 1942

13.09.1942

Frau und Herr Spranger haben den jungen Herrn Huebschmann eingeladen.

S.: (... Sie schweigen und erwarten sein Wort): Sie haben in Galilei eine Frage angeschnitten, die man auf zweierlei Weise lösen kann. Man kann von der heute gegebenen Situation ausgehen oder man kann die historische Methode anwenden.

H.: Ich glaube, auch der historische Weg geht letzten Endes von der heute gegebenen Lage aus – alle Fragen sind ja nicht irgendwoher gekommen, sondern aus dem menschlichen Bewusstsein, aus seelischen Kämpfen hervorgegangen. Diese müssen wir wieder nachzeichnen, und wir werden dann sehen, dass es vielfach auch die heutigen Probleme noch sind.

S.: Ich sehe aber keinen rechten Weg, wohinaus Sie eigentlich wollen. Was würden Sie etwa einem Auditorium heute sagen, um Ihre Ideen irgendwie fruchtbar werden zu lassen?

H.: Ich würde die Studenten etwa fragen, was mit unheilbar Kranken zu geschehen habe. Denn für diese ist in der modernen Medizin kein Platz. Unheilbare Krankheiten sind langweilig. Auch einen Tod gibt es nicht. Man spricht von „Exitus" – von „Ausgang". Der Mensch stirbt nicht, sondern es ist nur ein „Ableben".

S.: (Lächelt zustimmend, schweigt aber. Nach einer Weile:) Und wie denken Sie sich Ihre Wirkung weiter?

H.: Es müsste eine Vorlesung über Philosophie oder ähnliches eingeführt werden.

S.: Glauben Sie wirklich, dass davon so viel abhängen wird? Das wird dann wahrscheinlich so gehen wie in der Pädagogik, wo man auch „Ethik" hören muss und doch keiner hingeht. Es ist überhaupt so, dass ich da nicht ganz so scharf vorgehen möchte wie Sie. Ich meine, man sollte den alten Galilei ruhig auf sich beruhen lassen. Das ist nun mal passiert, und ist schon lange vorbei. Wichtiger scheint mir da noch Virchow zu sein. – Vielleicht ist es mein Alter und die größere Erfahrung (er sagt das mit leiser Selbstironie), die da mitspricht. Wenn Sie die Entwicklung der letzten 30 Jahre miterlebt hätten, so von 1910 an – Sie würden kaum glauben, dass so etwas möglich ist. Nicht mal der Zahnarzt durfte damals den Menschen fragen, ob es weh täte, sondern es wurde eben einfach gezogen. Heute ist es doch so, dass es kaum einen Arzt mehr gibt, der nicht irgendwo auch von der Psyche wenigstens redet.

H.: Aber unsere Ausbildung trägt dem in keiner Weise Rechnung. Wir haben immer noch das Physikum, von Virchow 1862 eingeführt. Die ganze Erziehung der Mediziner geht systematisch in der Richtung, gerade das, worauf es hier ankommt, totzuschweigen.

S.: Ich glaube nicht, dass Sie mit einer Vorlesung viel erreichen werden. Es muss vielmehr eine ganze Institution, zum Mindesten eine Klinik dahinter stehen, damit Sie Ihre Ideen auch praktisch durchführen können.

H.: ...

S.: Und Sie wollen also wirklich bis zu Galilei zurück? Es ist dann ganz unvermeidlich, dass Sie auch die Frage der – katholischen Kirche anschneiden?

(S. schaudert, fast unmerklich.)

H.: Ja, das Problem wird sich dann wohl kaum umgehen lassen.

S.: (lebhaft) Nun ja, es ist durchaus denkbar, dass es nach dem Nationalsozialismus einen großen Zulauf zur Kirche geben wird. Die Volksschullehrer stehen jetzt schon an. Das ist nun mal aus unserem Volke nicht herauszubringen, dieses Anstehen und Buckelmachen. Wir sind nun mal die kleinen Leute in der großen Welt, die zu spät kamen, als die Welt schon vergeben war, und die wir uns nun an dem Tisch der anderen großen Nationen nicht benehmen können.

H.: Ich weiß nicht, ob Sie ganz damit recht haben. Es ist nicht nur das Geführtseinwollen, worauf es hier ankommt, sondern es liegt wirklich – Metaphysisches zugrunde. Wie man überhaupt das Metaphysische öfters findet als man glaubt. Wogegen versichert sich der Kranke? Real genommen, gegen die Forderung des Krankenhauses und des – Arztes. Aber im Unterbewusstsein glaubt er sich auch gegen das Schicksal, die Krankheit selbst zu versichern – das ist dann Religionsersatz. Oder fahren Sie in der U-Bahn. Ein ganzer Kosmos fährt da mit: Bullrich-Salz, Rasierkrem, Leineweber – das Haus, das jeden anzieht, „Reifende Mädchen", die italienische Filmreklame und an jedem Fenster steht zu lesen: Sorgen Sie vor mit Sterbegeldversicherung. Eos! Exelsior! Für 10 Pfennig pro Monat ein kostenloses Begräbnis! 1859–1939! – So glaubt man dem Tode begegnen zu können. Metaphysik der U-Bahn!

S.: Und glauben Sie wirklich, dass, wenn wir aus dem einen Gewissenszwang, in dem wir jetzt stehen, in den anderen geraten, dass es dann viel besser sein wird?

H.: Wer die Kirche als Zwang empfindet, soll natürlich draußen bleiben.

S.: (sinnt nach) Nun, es ist ja auch durchaus möglich, dass sich der Absolutismus des Papstes mildert, dass man nicht gezwungen wird, Dinge zu glauben, die man einfach nicht glauben kann. Denn wie ist es denn: Eine äußere Magie wird es niemals mehr geben können. Dazu hat uns die Naturwissenschaft allzu lange und allzu gründlich erzogen. Einen äußeren Magier würden wir, selbst wenn er Erfolge hätte, für einen Schwindler halten. Alles käme nur mehr auf die innere Magie an. Die Seele wäre in der Tat noch ein Gebiet mit vielen Geheimnissen – so etwa wie Novalis sie sah.

H.: Ja, Novalis ist ein sehr feiner Kopf. Er könnte sehr anregend wirken für unsere heutige Problemstellung.

S.: Novalis ist ja nicht nur ein objektiver Betrachter, sondern er ist interessant auch deshalb, weil er selbst krank war und so seine eigene Krankheit beobachtete und zu deuten suchte.

H.: Aber Novalis verspann sich doch nur in sich selbst, er blieb allein. Es will mir scheinen, als ob es gerade auf die Gemeinschaft ankäme. Da käme man wieder zur Kirche.

S.: Nun, die protestantische Kirche ist doch wohl endgültig dem Tode geweiht.

H.: Ja, das scheint mir auch der Fall zu sein.

S.: Die katholische Kirche hat es ja immer wieder sehr gut verstanden, mit dem Leben irgendwie fertig zu werden. Sie hat es als solches mehr anerkannt, sie sah den Leib.

H.: Während die protestantische Kirche die Erde eigentlich nur als Jammertal ansah. Der Protestant ärgert sich gewissermaßen darüber, dass er noch einen Leib hat. Dabei ist der Leib doch sehr wichtig. Keine Religion betont ihn so wie das Christentum! Er ist ja auch zuerst da. Wenn man bei einer Geburt (mit Franz Moor) beobachtet, wie das Kind „aus dem Ofen geschossen" wird, so kann man kaum schon von einem geistigen Wesen sprechen. Der Geist manifestiert sich erst später. In der Potenz allerdings, aristotelisch gesprochen, ist er selbstverständlich auch schon beim Neugeborenen vorhanden, ja schon im Mutterleib.

S.: Sie wollen also katholisch werden?

H.: Oder etwas Drittes.

S.: (erschrickt) Noch eine neue Kirche? Ich meine, wir brauchen da wirklich keine allzu großen Sorgen zu haben. Die heutige Zeit mit ihren Schlagworten sorgt ja selbst in nie geahnter Weise dafür, dass in unserem Volke die Sehnsucht nach Echtem, nach wirklich Metaphysischem wach wird. Ich merke das ja schon im Kolleg: Wenn ich heute – nur beispielsweise – das Wort „Gemeinnutz" oder „Einsatz" anführe, so ist dröhnendes Gelächter im Hörsaal.

H.: (horcht auf) So, das ist ja sehr aufschlussreich. – Aber mit dem bloß Metaphysischen ist es noch nicht getan. Man muss sich auch auf eine äußere Form einigen, auf ein Symbol, sonst ist eben im Grunde doch nichts da.

S.: (sein protestantisches Gewissen regt sich) Ich habe eigentlich niemanden gefunden, mit dem ich so recht hätte das teilen können, was mich wirklich berührt.

H.: Haben Sie sich denn aber darum bemüht? Vielleicht wollten Sie allein bleiben?

S.: Ich gebe in der Tat zu, dass ich mich auch nicht sehr bemüht habe.

S.: Muss man wirklich so gegen die exakte Naturwissenschaft Sturm laufen? Um im Falle Galileis wirklich klar zu sehen, müsste man genau alle Quellen studieren.

H.: Die Quellen liegen alle vor, die Vatikanischen Akten sind längst veröffentlicht. Aber das Studium des Galileischen Dialoges genügt ja schon völlig, um das Problem, um das es geht, zu kennzeichnen.

S.: Die neue Wissenschaft war doch nun mal notwendig. Sie hat uns einen Zipfel vom Schleier der Wahrheit gelüftet. –

H.: Aber doch nur von einer Teilwahrheit. –

S.: Aber doch immerhin Wahrheit.

H.: Aber finden Sie denn nicht auch, dass Galilei zu weit ging mit seinen Ansprüchen? Dass er sich offensichtlich des Kampfes wegen so vordrängte?

S.: Er ist eben Italiener. Wenn Sie Italiener kennten, würden Sie diese Kampflust verstehen.

H.: (unwillig) Das trifft das Problem wohl doch nicht ganz. Es geht überhaupt nicht so sehr und nicht allein um die Frage, welches die Wahrheit sei, sondern um die menschliche Haltung zu dieser Fragestellung überhaupt. (vorstoßend) Werden wir durch Werke gerecht oder durch Gnade? Können wir von uns aus viel zur Wahrheitserkenntnis tun oder müssen wir mehr abwarten, bis sie uns zufällt?

S.: (streng) Ich halte es für sehr gefährlich, wenn Sie heute so etwas predigen würden. Unsere ganze Kultur fußt doch darauf, dass wir uns selbst anstrengen müssen, damit das Rad weiterläuft. Wenn Sie nun erklären: Lasst es doch nur von selber laufen, die Wahrheit wird sich und muss sich ohne unser Handeln zeigen, dann könnten wir in den größten Hexenkessel geraten. –

H.: (fällt ihm ins Wort) Dem Hexenkessel entgehen wir nicht, „so oder so".

S.: Aber das Rad läuft auf höchsten Touren, es ist siedend heiß, man sollte es nicht gewaltsam stilllegen wollen, sondern es sich mehr von selbst ausrollen lassen.

H.: Das Rad im Großen aufhalten zu wollen, wäre sinnloses, unmögliches Bemühen. Aber im Kleinen könnten doch hier und da einige Menschen zur Besinnung kommen. Es sind die letzten Ausläufer einer Bewegung, die der Protestantismus einleitete, die sich heute verhängnisvoll auswirken: Der extreme Subjektivismus, der glaubte, selbst den Weg zu Gott finden zu können, konnte sich schließlich nur dadurch halten, dass er sich völlig auf seinen Willen stützte, diesen immer mehr übersteigerte und ihn schließlich zum Alleinherrscher machte. Damit wird er sinnlos, und selbst der überwältigende Titanismus eines Beethoven kann nicht über die grenzenlose Verlassenheit, das Unerlöstsein hinwegtäuschen. Heute erleben wir ja im Kampfe mit Russland das Symbol eines Kampfes mit der Unendlichkeit, den wir Menschen allein nicht gewinnen können. Das fühlte Jakob, als er mit dem Engel rang: Ich lasse dich nicht, du segnest mich denn! – Es geht wirklich um die Frage: Können wir Gott allein finden? Glauben Sie, dass man Gott allein finden kann?

S.: (zögert) Das ist eine sehr schwierige Frage.

H.: Ich glaube, dass das nur in Gemeinschaft möglich ist.

S.: (schweigt)

Frau S.: Die Fragen, die Sie da anschneiden, dachte ich schon vor Jahren von Ihnen zu hören. Aber damals waren Sie noch so zurückhaltend. Damals hätte man vielleicht noch etwas tun können, vieles wäre dann vielleicht anders gekommen. Man hoffte ja immer, die Studenten würden sich nicht alles bieten lassen.

S.: Ach, die Studenten tun ja nie etwas. Es sind immer die Älteren so von 30–40 Jahren. Die Jüngeren werden nur vorgeschoben.

H.: Es ist wohl nicht nur das. Sondern man hatte wirklich keinen festen Boden unter den Füßen. Man glaubte wirklich nicht mehr an sich selbst und gab deshalb den gewaltig übersteigerten Forderungen und verkrampften Plänen der Anderen nach. Es ist ja auch nicht nur Schlimmes und Verbohrtes gewesen, was uns damals ergriff. Es war die leidenschaftliche Wendung zur lange entbehrten Gemeinschaft.

S.: Ja, der Marschiertaumel, wie die Tanzwut des Mittelalters. Die BDM-Mädels 1934 – es war wie eine Massenerkrankung.

H.: Und doch war ein Funken Echtheit dabei. Selbst nur im mechanischen Marschieren fühlte man die Freude der Gemeinsamkeit.

S.: Ja, es war auch Berechtigtes vorhanden.

H.: Ich selbst aber muss für mich gestehen, dass ich erst wieder festen Boden unter den Füßen gewann, als ich mich mit dem Christentum mehr befasste.

S.: Ja, von zwei Seiten her gibt es Gegenströmungen: die Rooseveltsche und die Niemöllersche. Die R.'sche wird wohl nicht ganz das erreichen, was sie vorhat. Und die N.'sche scheint mir nicht ganz echt zu sein. Sie lebt mehr von der Antithese, als gut ist.

H.: Ja, wenn die letztere nur vom Neinsagen lebt, dann ist auch sie dem Untergang geweiht. Aber es gibt doch auch viele Anzeichen echten Lebens. Ich selbst las kürzlich das Matthäusevangelium. Ich war auf das tiefste überrascht, dass ich eine ganz falsche Schulerinnerung daran hatte. Nichts von jener pietistisch-humanitären Weichheit, die man dem Christentum vorwirft. Welch ungeheure Härte liegt in den Gleichnissen. Das Himmelreich ist ein Fischzug. Die guten Fische werden aufgehoben, die faulen weggeworfen – endgültig! Oder wie grausam ist das Gleichnis von den klugen und den törichten Jungfrauen! Für die törichten, die kein Öl in der Lampe haben, ist es erbarmungslos endgültig aus! –

S.: (zu seiner Frau) Ach, hol mir doch bitte mal eine Zigarre!

H.: (erregt) Sie nehmen das so ruhig auf. – Es ist doch vieles, was heute geschieht, einfach entsetzlich!

S.: (seine Augen werden groß) Seit fünf Jahren versuche ich irgendeinen Modus vivendi zu finden nach all den Kämpfen. Es war niemand da, der mich verstanden hätte. Und ich konnte unmöglich den Don Quichotte spielen. Was hätte es für einen Sinn, das Schicksal Niemöllers zu teilen? Ich bin froh, wieder in Ruhe arbeiten zu können. Besonders seit Kriegsbeginn wird man ganz in Ruhe gelassen. Ich bin jetzt völlig ungestört und kann ganz in Frieden leben. ...

Aus: FAZ 07.03.2012

Sprangers politisch-pädagogisches Wirken in der Bundesrepublik

Spranger hatte stets einen klaren, politischen Blick, nicht nur 1933 ff., sondern auch als Rektor der Berliner Universität in der wirren Nachkriegszeit, als er weitsichtig und vergeblich versuchte, die Uni mit Hilfe der Westmächte in der Sowjetzone unter Viermächtekontrolle zu bringen.

Spranger war nie nur im Elfenbeinturm, das hatte man auch in der Zeit vor 1949 gesehen. Er war politisch, auch kulturpolitisch, nicht nur in der Goethe-Gesellschaft, in der er sich 1951 als Vorstandsmitglied dafür einsetzte, dass nicht Johannes R. Becher, der DDR-Kulturminister, in deren Vorstand gewählt wurde.

Auf dem Nationalen Gedenktag vom 13.09.1951 hielt Spranger neben Adenauer die Festansprache – und kam sofort auf sein zentrales Thema, der sittlichen Erziehung, die nach den nihilistischen Gräueln der Nazis besonders dringend war. Die zentrale Instanz dieser Erziehung sei die Mutter:

„Diese Treue und Aufopferung (der Mutter) bleibt mitten im Dunkel der abgelaufenen Epoche ein hellstrahlendes Licht." Der wichtigste Faktor der Zukunft sei die Jugend. Das Werben um die Jugend durch öffentliche Aufmärsche und Kundgebungen sei jedoch falsch. Demonstrationen seien noch lange keine vollgültigen Bekenntnisse. Statt zu sagen, ‚wer die Jugend hat, hat die Zukunft', sollte man lieber sagen, ‚wer eine wertvolle Jugend haben will, gebe ihr eine sittlich gute Erziehung.' (FAZ 15.09.1951)

Im gleichen Jahr beteiligte sich Spranger an einem öffentlichen Aufruf von Hochschullehrern, die sich um die stoffliche Überfülle an Schulen sorgten. Das sei ohne große Kosten abzubauen, zumal das System insgesamt gut sei. Das Nürnberger Trichtern von Wissensmassen sei aber das Gegenteil von geistiger und sittlicher Leistung, die sich auf das Wesentliche konzentrieren müsse. Die Schulen sollten daher selber ihre Lehrpläne zusammenstellen dürfen.

Spranger verfolgte ohnehin die Lebensstrategie, in die Gesellschaft zu gehen, in Verbände, Beiräte und Vereine, um dort auch für seine Ideen zu wirken. Das sah er als seine sittlich-politische Pflicht an. Er war eine zentrale Figur des öffentlichen Lebens der 50er Jahre, der für Sittlichkeit gegen Nazismus, Sozialismus, Sexismus und Positivismus stand.

Auf einer Tagung der Fröbel-Gesellschaft 1951 sprach Spranger die Festrede zum Gedenken des großen Pädagogen. Der Kindergarten dürfe nicht zu einer Pflichtanstalt werden, die nur Wissen vermittele, vielmehr müsse die natürliche Entwicklung des Kindes in der/seiner gottdurchwirkten Natur ermöglicht werden, dazu sei nur die Frau begabt. Der Kindergarten sei ein Garten Gottes, in dem sich das Kind symbolisch durch Spielen und auf der Basis seiner vorgegeben Begabungen in das ganze Leben sittlich einfüge. Auch Politik beginnt demnach schon in der Kinderstube.

Ende 1955 veröffentlichte er ein Gedenken an den griechischen Hochschullehrer N. Louvaris, als einem bedeutenden Mittler zwischen Hellas, Idealismus und Deutschland. (FAZ 06.12.1957)

Selbst an der Vorbereitung des neuen Parteiengesetzes war Spranger 1956 beteiligt. Auch in diesem Zusammenhang bedauerte er, dass die Jugend der 50er die leidenschaftliche Antwort auf die Herausforderungen der Zeit schuldig bleibe. Im gleichen Jahr forderte er daher auch eine deutsche Akademie als Gewissen des Volkes. Auch bedürfe es großer Volkserzieher wie Pestalozzi. Hier sah Spranger seinen Kulturauftrag in einer Welt, die leider ihres metaphysischen (auch sittlichen) Erbes zunehmend entblößt werde.

Mitte 1958 fordert er mit anderen die Gründung einer Gebrüder-Grimm-Gesellschaft, um deren Wirken für das deutsche Volk und auch deren Märchen für die Kinder ständig lebendig zu halten.

Am 08.04.1959 beklagte Eduard Spranger in der Frankfurter Allgemeine Zeitung die allgemeine Entfremdung der Jugend vom Buch, womit ihr z.B. die schöne Zauberwelt der Märchen verloren gehe. Er beschwor hier auch die Rolle des Erziehers, eines Menschen, in dessen Wesen das Pädagogische quasi angeboren im Vordergrund stehe. Spranger wollte immer ausdrücken, wofür er lebt, nicht aber Ideologien vertreten. Daher war er auch gegen eine allgemeine, lebenentfremdende Verschulung der Welt, die die nationalen Kräfte der Volksseele schwäche.

Markus Porsche-Ludwig

Spranger und die Lebensphilosophie

"Einen Denker ehren wir am besten, indem wir denken."
(Martin Heidegger)

I.

Die Wissenschaften (vor unserem Thema insbesondere die Menschenwissenschaften) haben eine bestimmte Vorstellung von dem herausgebildet, was ihr Gegenstand (also Bildung, Erziehung, Politik etc.) ist.[1] Viele „Richtigkeiten" („Erkenntnisse") finden sich dort. Es „geht gar nicht anders", als dass der Gegenstandsbereich der Wissenschaften positiv vorliegt, mit dem etablierten Wissensbestand. „Wissenschaft" ist somit, wie andere Disziplinbezeichnungen auch, eine verfahrensmäßige, formale Bezeichnung. Damit hat sich die Wissenschaft inzidenter auch zu spezialisieren, was mit der formalen Charakterisierung der Wissenschaftsdisziplin bereits gesetzt ist. So kommt eine Disziplin zu ihrem Wissensbestand und versucht, innerhalb des Bestandes alles miteinander in Verbindung zu bringen (insbesondere über ihre Teilbereiche), mithin alles erklären zu können: in Form von Ursache-Wirkung-Verkettungen. Leitlinie dieses Zusammenbringens ist die „Methode". Geht es um die Durchforstung des eigenen Gebietes, wie z.B. in der gegenwärtigen politikwissenschaftlichen „Selbstverständnis-Debatte", so verkennt man, dass hier faktisch Verfahrensfragen vor dem Inhalt stehen. Diese Verfahrensfragen sind ergebnisorientiert, es muss etwas „herausspringen". Kommt etwas heraus, ist das Fach „nützlich" (und „produktiv"), müssen die Untersuchungen „wichtig" sein.

Dies hat zur Folge, dass sie auf verschiedenste Zwecke umschaltbar sein muss. Die Wissenschaft hat sich demnach an (neuen) Zwecken zu orientieren, wird zweckdienlich und damit stets verengt. Sie wird damit einförmiger (eindimensionaler), was eine „Internationalisierung" befördert, wenn nicht quasi autologisch zur Folge hat. Sie richtet sich somit in „Richtigkeiten" (Erkenntnissen) ein, ohne selbst Wissen zu sein. Sind keine Zwecke da, so benötigt und sucht man welche. Dieser Weg eines Faches ist wissenschaftsimmanent. Insofern muss eine Disziplin „streng" verfahren, um sich selbst kreieren zu können. Sie macht sich selbst und gewinnt dadurch erst ihre „Macht" (Bacon: *Science is power*"). Das ist in den naturwissenschaftlichen Disziplinen nicht anders. Alle Zwecke und Nutzen stehen fest, alle Mittel sind zur Hand. Innerhalb der Wissenschaften, die sich mit dem Menschen befassen, müsste diesbezüglich ein „Erschrecken" zu vernehmen sein, denn: Ist so das zu umschreiben, was sich die Disziplinen als Ausgangs*frage* gewählt haben? (Was ist mit den Interessen, Anliegen, Bedürfnissen der Menschen?) Die Wissenschaften erscheinen fraglos. Was sollen die Disziplinen? Die Fraglosigkeit ihrer Gegenstände mag auch der Grund sein für die Sprachlosigkeit der Disziplinen untereinander. Es geht vielmehr offensichtlich um Besitzstands„sicherung". So wird das Fragwürdige der Grundbegriffe offensichtlich verdeckt. Damit einher geht evident eine klare Subjekt-Objekt-Spaltung zwischen Mensch und „Politik, Erziehung, Bildung usw." als Objekt. Vorbild ist offensichtlich die (klassische) Physik, wenngleich sich deren Bestand zumindest durch die Resultate der Heisenbergschen Unschärferelation relativiert hat. Mit einer Besitzstandssicherung, wie sie die Wissenschaften betreiben, wird der Mensch immer schon *a priori* festgestellt: Mensch *versus* Seiendes. Und nur was Gegenstand ist, kann letztlich „Bestand" werden. Damit bedingen sich offensichtlich Mensch und Wissenschaft korrelativ. Der Mensch kann nur Subjekt werden, wenn alles andere Gegenstand ist. Betätigt sich das Subjekt herrschaftlich, wird alles zum Bestand. In der Wissenschaft wird zu sehr vergessen, dass Interessen, Bedürfnisse, Anliegen des Menschen nicht für immer feststellbar sind. Insofern handelt es sich bei den Wissenschaften auch nicht um klassische Physik, nicht um physikalische Gesetze. In der Zeit der sogenannten Aufklärung bahnte sich die naturwissenschaftlich-technische Sicht des Lebens an, die Tendenz zur – so würden wir heute sagen – „Wissensgesellschaft". Die heute allgegenwärtige Diskussion – insbesondere in unserer Disziplin: den Politik- und Sozialwissenschaften, aber auch in der Pädagogik, geht von dem oben skizzierten Wissenschaftsverständnis aus, ohne es wirklich, d.h. tiefgründig zu hinterfragen. Daran wird dann ein mehr oder minder unreflektiert bleibendes Bildungsverständnis *angeschlossen*. Es geht schlagwortartig und ungeordnet um „(engagierte) Bildungspolitik", „Chancengleichheit", „Bildung als Wert", „Bildung als Menschenrecht", „Gleichheit der Chancen aller menschlicher Begabungen", „Bildung ist Zukunft", „Ressource Bildung" und viele mehr.

Insoweit soll hier der Versuch unternommen werden, den Entwicklungsgang zum eingangs skizzierten heutigen Wissenschafts-Verständnis aus der Perspektive der Menschlichkeit des Menschen nachzuzeichnen, da das Verständnis des Menschen unmittelbar dem Bildungsbegriff vorauszugehen hat: Denn letztlich ist es der Mensch, der „gebildet" werden/sein soll, was ein Verständnis des Mensch-seins unmittelbar voraussetzt. Daran wollen wir – auf der

Folie dieser Untersuchungen – die Entwicklung der Tradition der Bildungstheorie von Humboldt bis Spranger anschließen, um am Schluss neue Wege aufzuzeigen.

II.

Geht es Wissenschaft nach dem eingangs Ausgeführten um eine ‚methodische, systematische, exakte und allgemeingültige Erkenntnis', so berufen wir uns zumeist auf Kant. „Ich behaupte aber, daß in jeder besonderen Naturlehre nur so viel eigentliche Wissenschaft angetroffen werden könne, als darin Mathematik anzutreffen ist."[2] Wissenschaft ist demnach stets mathematische Naturwissenschaft in der Gestalt Newtons. (HGA 41, 77). Allerdings geht Kant entscheidend über die Besinnung auf die mathematische Naturwissenschaft hinaus, ansonsten hätte Kant die Geschichte der Wissenschaft im 19. und 20. Jahrhundert nicht so bestimmen können, wie er dies getan hat. (HGA 76, 167). Die Geisteswissenschaften, die sich den Naturwissenschaften vor dem genannten Verständnis widersetzen, sind damit keine Wissenschaften. Dass dieser Sachverhalt nur eine bestimmte Art von Erkenntnis ist, zeigt Heidegger aus der Perspektive des Da-seins des Menschen. Um was es geht, ist die Überwindung der Einförmigkeit. Es ging prinzipiell Heidegger in seiner Fundamentalontologie (HSZ 1927) immer um das Bewahren des ganzen Da-seins des Menschen. Dieses fundamentalontologische Verständnis hat stets der Wissenschaft vorauszugehen. Es bedarf insofern einer Seins-Besinnung. Vor diesem Verständnis ist der Mensch ein abgründiges, im Sein stehendes Wesen. Aus dieser Perspektive ist er ein offenständiges Wesen, das auf die Natur hört. Diese Offenheit des Menschen ist Heidegger zufolge das „Richtmaß" in dem Sinne, dass sich in ihr erst das Seiende zu konstituieren in der Lage ist.

Leitfrage ist: Was ist das Seiende? Grundfrage: Was ist das Sein? Vorfrage: Was ist die Wahrheit? (HGA 88, 9 ff.). Die entscheidende Aufgabe des menschlichen Da-seins besteht darin, „in das Sein zu kommen", von ihm aus zu denken. Und von dorther muss sodann auch die Frage angegangen werden, was „Theorie" und „Wissenschaft" sind, was sie voraus-setzen, was sie motiviert. Insbesondere relevant sind diese Fragestellungen für die Wissenschaft des Menschen, da diese gerade von den menschlichen Anliegen und Interessen auszugehen, freilich nicht hierbei stehen zu bleiben, sondern immer auch darüber hinauszugehen hat.

Heidegger geht es hier gerade um die Frage, *wer* der Mensch ist. Diese Frage ist keine „innerhalb der vorgegebenen Metaphysik", sondern „aus der ursprünglicheren Seinsfrage". Die Seins- (in der Spätphilosophie, also ab den 1930er Jahren: Seyns-) Frage fragt nach der Wahrheit des Seins (Seyns). „Dieses Fragen nach dem Menschen fragt, weil es aus der Wahrheit des Seins her fragt, hinter den Menschen in ein ganz anderes (Da-sein) zurück und so in jeder Hinsicht vom Menschen weg in das, was diesen erst, als den Bewahrer der Wahrheit des Seins möglich macht." (HGA 88, 46). Es geht um die konkrete Frage menschlicher Existenz. Diese ist „nur durch das Existieren selbst ins Reine zu bringen (...) Die Frage nach der ontologischen Struktur der Existenz zielt auf die Auseinanderlegung dessen, was Existenz konstituiert. Den Zusammenhang dieser Strukturen nennen wir die *Existenzialität*." (HGA 2, 17). Die Seinscharaktere des Daseins bestimmen sich aus der Existenzialität. Sie werden daher von Heidegger als Existenzialien bezeichnet. Und diese sind hier entscheidend. Da das Da-sein nach Heidegger „die Möglichkeit des Freiseins für das eigenste Seinkönnen" ist, spielt die Freiheit des Menschen die entscheidende Rolle: ohne sie „geht nichts". Demnach darf die Existenz des Menschen nicht errechnet werden, sie geht über das „Geschäftliche", „Mathematische", über kausaltheoretische Erklärungen hinaus: Denn „Kausalität" setzt Kontinuität und diese wiederum ein bestimmtes Zeitverständnis voraus. Demgegenüber geht es Heidegger um das sich verantwortende Da-sein. Durch das Offene lässt sich der Mensch in seinem Da-sein an-sprechen. Es stellen sich Fragen, auf die er ant-wort-en muss, er muss sich – und kann sich dann auch erst recht verstanden – ver-ant-wort-en. Damit muss sich der Mensch also in seinem Frei-sein mit dem befassen, was sich ihm an-west, begegnet, und ihn dadurch, durch diese Unverborgenheit an-spricht. Hier kommt es also – wenn man so möchte – zu einer anfänglichen, urkonkreten Erfahrung des Zusammenhangs des „Ichs mit der Welt". (HZS, 220).

Damit ist im Kern die „Ethik", als der Anspruch des Menschen betroffen. (HZS, 273). Es geht damit gewissermaßen auch um „Lebensphilosophie", wenn man davon ausgeht, dass „Leben (...) in der Alltäglichkeit (...) als begegnende Welt" da ist. (HGA 63, 103). Es geht gewissermaßen um die „Ein-,stellung'" des Menschen zum Leben. Von hier aus – durch diese „Offenbarung" – können wir erkennen, was Wissenschaft ist, was sie ausmacht, was sie qua ihrer Definitionen zu leisten imstande ist und was aufgrund ihrer Begrenzung nicht – was dann *proto-wissenschaftlich* wiederum zu entgrenzen ist.[3] Dies können wir auch als Macht und Ohn-macht von Wissenschaft bezeichnen.[4] Ethik in diesem Sinne geht es um Fundamentalkritik *im Sinne der Daseinsanalytik*. Es muss um den Menschen und die Erfahrung seiner Menschlichkeit als Grundprinzip und -voraussetzung jeglicher Wissenschaft gehen. Wir müssen also stets philosophisch („*proto-wissenschaftlich*") *und* fachwissenschaftlich denken. *Pro-*

to-wissenschaftlich[5] geht es demnach darum, wieder einen Bezug zwischen Mensch und Wissenschaft herzustellen, der mit Aristoteles verlorenging. In unmittelbarer Verbindung steht dies mit der jeweiligen Freiheitsvorstellung des Menschen.

III.

Zunächst war geistesgeschichtlich das „Walten einer göttlichen Rechtsmacht" maßgebend – sowohl kosmologisch als auch in Bezug auf das Gemeinwesen (*polis*). Alles Seiende war so in seinem Ursprung erklärt. Dies war sodann maßgebend für die Antike und ihr Verständnis von Freiheit. (zum Folgenden: HGA 88, 67 f.). Das platonische wie aristotelische Denken tragen bereits onto-theologische Strukturen (Jean Beaufret). Es geht um die Wahrheit des Seienden als Idee (statt *ousia* –> *idea*) bzw. aristotelische Kategorien[6]. Das hält sich bis zum Ende des Mittelalters durch. Philo verbindet den allgemeinen Platonismus mit dem jüdischen Monotheismus des Alten Testaments. Der Neuplatonismus und seine Wirkung zeitigen Konsequenzen in dem Sinne, dass Platonismus und Aristotelismus nun anschlussfähig werden für das Christentum: Idee des Schöpfergottes = *summum ens* und ihre Nähe zur aristotelischen Lehre. Eine Verchristlichung der griechischen Philosophie ist die Folge. Der Mensch wird von der Heilsgewissheit bestimmt. Mit Descartes geht es um die Selbst*gewissheit* des *ego* – und damit einer Intensivierung des methodischen Suchens nach dem ‚Seiendsten' (Vor-stellen, Gegen-stand). (HGA 88, 72 ff.).

„Certitudo, mathematische Einsichtigkeit und Ableitbarkeit" bestimmen die Schritte und Regeln („*Regulae*") des Verfahrens. Alles andere gehört nicht zur *scientia* („*sciences*"). Die Theologie wird zunehmend zurückgewiesen als Leitwissenschaft. (HGA 76, 191 ff.). Akzeptiert wird nur noch das, was dem Menschen zugänglich ist (*fundamtum inconcussum veritatis*), das „Wirkliche". Und Descartes ist auf der Suche nach der Theorie der Wirklichkeit, mit der er einen Maßstab zu finden glaubte, die Welt 1) zu interpretieren und 2) auch umzugestalten. (HGA 17).

Damit erfolgt eine weitere Entfernung von der Wahrheit des Seins in Heideggers Verständnis. Das freilich führt nicht dazu, dass sich die menschliche Freiheit extendiert, im Gegenteil: sie reduziert sich weiter, obgleich der Mensch nun im Mittelpunkt steht. Alles wird vom *cogito* („*cogito, ergo sum*") bestimmt. Alles dreht sich um den Menschen. Er ist Anfang und Schlussstein der Welt. Der Mensch wird zum *ens creatum*. Der Mensch muss sich nunmehr selbst sichern, da er aus dem Gewissheitsbereich des Glaubens entlassen wurde. Konsequenz war, dass nunmehr nach neuen Ordnungsvorstellungen der „Iche" gefahndet werden musste. Aufgrund des Ideals dieser Zeit (Messen, Quantifizieren, Verfügbarmachen) wurde diese gesellschaftliche Praxis dominiert von Wissenschaft, Industrie und Technik und ihrer Wechselwirkung. Damit einher gehen musste die gemeinsame Auffassung einer homogenen Zeit und eines homogenen Ortes. Dies war dem Umstand geschuldet, dass durch Descartes die Welt in Gegenstände geteilt wurde („analysiert" –> „zerschnitten" = „zerstört"), die nunmehr wieder aufeinander bezogen werden mussten. Der Mensch band sich an diese Gewissheitsvorstellung und reduzierte somit inzidenter – mangels Alternativen – seinen Freiheitsraum.

Der Mensch wird so sicher-gestellt.[7] Daran änderte sich auch in prinzipieller Weise nichts durch die nachfolgenden von Descartes angeleiteten Anthropologien (also die Frage nach dem Menschen). Da der Mensch – wie gesehen – im Mittelpunkt steht, sich alles Wirkliche auf ihn bezieht, muss die Philosophische Anthropologie nunmehr zur Grunddisziplin der Philosophie werden, ohne dass freilich klar war, wo deren äußeren und inneren Grenzen liegen. (siehe dazu HGA 28). Denn auch diese zerlegten den Menschen in verschiedene Teile – Gegenstände. Hier kommt es nicht darauf an, um welche Anthropologien es sich handelt. Jede setzt einen eigenen Schwerpunkt. Allen hingegen bleibt gleich, dass sie verschiedene Seinsbereiche definieren. Anthropologie ist Menschenkunde. Es kommt dabei auf die Grundstellungen des Menschen an, die sich aufgrund von „Weltanschauungen" explizieren.[8] In das Blickfeld gerät hierdurch anthropologisch alles, was „bezüglich der Natur des Menschen als dieses leiblich-seelisch-geistigen Wesens erkundbar ist". (HGA 3, 208). Wir haben es also nunmehr mit unterschiedlichen Bereichen des Menschen zu tun. Körper (Leib) – Seele – Geist. Damit erfolgte eine Separierung des Menschen in unterschiedliche Seinsbereiche. Hierbei stellte sich freilich die Frage, wie diese sich handhaben lassen, ohne dabei den Menschen zu verlieren. Lässt sich das Sein des vollen Menschen durch das Sein „des materiellen Untergrundes, des Leibes, der Seele und dem Geist *zusammenbauen*"? (HGA 20, 173).

Der Mensch wurde in der klassischen Philosophie bis zur Neuzeit hinein ganz unterschiedlich vorgestellt. Verbunden war diese Entwicklung des Menschen mit seiner Substantialität. „Substantialität ist der ontologische Leitfaden für die Bestimmung des Seienden, aus dem her die Werfrage beantwortet wird. Dasein ist unausgesprochen im Vorhinein als Vorhandensein begriffen." (HGA 2, 153). Dieses Vorhandensein – dem Charaktereigenschaften zugeschrieben wurden – führte dazu, dass der Mensch zunehmend theoretisch erfasst wurde. Das rief sodann die Naturwissenschaften in besonderem Maße zur Ordnung. Sie gerierten sich zunehmend als Spezialdisziplinen und damit in unabhängigem Status zur klassischen Physik. Die Naturwissenschaften versuchten sich nunmehr von der klassischen Philosophie zu absolvieren, zu autonomisieren. Das moderne Wissenschaftsverständnis im abendländisch-europäischen Sinne war dasjenige einer „Theorie des Wirklichen". (HGA 76, 258). Und so löste sich dann auch die Psychologie (als „Lehre von der Seele") Mitte des 18. Jahrhunderts von der Metaphysik ab und autonomisierte sich auf diese Weise in der Form einer empirischen Psychologie. Auch sie konzentrierte sich auf das Vorhandensein des Untersuchungsgegenstandes, also des psychischen Geschehens, nach der Formulierung von Gesetzen, als exakte und strenge Wissenschaft, geprägt durch Exaktheit („Messung"), Experiment („Tatsachengewinnung"), Erklären, Beherrschen der Natur und Messen. (allgemein HGA 76, 174; diesen Gegenstand und Methode definierte Chr. Wolff[9]). Implizit unterstrichen sie damit die empiristischen Denksysteme des britischen Empirismus des 17. und 18. Jahrhunderts (John Locke, George Berkeley, David Hume).

Es wird durch diese empirische Psychologie eine immaterielle Seelensubstanz angenommen. Ebenso generell eine Orientierung an der physikalischen Methode. Was der Mensch ist, wird demnach als Gegenstand der Natur erfasst. Der Mensch wird so ding-haft verstanden, als etwas Vor-handenes, nicht – wie bei Heidegger – als Da-sein. Entsprechend bildet sich eine physikalistische Anthropologie heraus. Die Erforschung der materiellen Gegebenheiten (Descartes' *res extensa*) wird Gegenstand der Psychologie. Seelische Erscheinungen werden reduziert auf physiologische Prozesse. Sie bilden eine objektive Psychologie.[10] Friedrich Albert Lange führt die Psychologie weiter auf dem Verwissenschaftlichungspfad Immanuel Kants.[11] Demnach ist die reine Vernunft nur Scheinerkenntnis. Sinnlichkeit ist dem Verstand gleichzuordnen als Quelle der Erkenntnis. Lange spricht von einer „Psychologie ohne Seele". Er folgt weitgehend dem Konzept der Objektiven Psychologie. Seit 1900 spielen dann zunehmend „Er-lebnis" und „Er-leben" die beherrschende Rolle. Es ist die Zeit der ganzheitlichen, sog. verstehenden Psychologie.[12] Das unmittelbare, ganzheitliche Erleben („Verstehen") stand im Mittelpunkt, nicht mehr nur das rein rationale Bewusstsein. Das sogenannte Leib-Seele-Problem ist letztlich fundiert in der Fragestellung nach dem Wesen von Leib und Seele (Physischem und Psychischem) und zieht sich durch die ganze Historie, wenngleich sie nur in beschränkten Bereichen relevant ist, insbesondere psychosomatisch.[13] Dieses Problem ist noch wenig spezifiziert. „Wir können zusammenfassend sagen: Nur wo wir ursprünglich im Leibe die Seele, die Seele im Leibe sehen und erleben, ist eine Koinzidenz (aber beschränkt auf die verstehbare Erscheinung); nirgends, wo wir Leib und Seele getrennt haben und nach ihrer Beziehung fragen, ist eine Koinzidenz zu finden."[14]

Aufgrund dieser mangelnden Greifbarkeit des Problems wurde in der Folge der Mensch als psychophysisch neutrales Wesen manifestiert, das charakterisierbar und qua Merkmalen auch empirisch fassbar sei: das ist die Entwicklung von der Seele zur Person (William Stern[15]). Es wurden so Charakter- und Temperamentsdiagnostiken vorgenommen. Beide Begriffe sind objektive Einheiten und nur als Ganzheit zu erfassen. Sie sind also nicht nur als bestimmte Elemente aufzufassen (fundamentale, ganzheitliche Persönlichkeitsdiagnostik mit Ausbildung entsprechender Typologien; etwa Eduard Spranger)[16]. Das freilich verbleibt in äußeren Zuschreibungen, hat aber noch nichts zu tun mit dem Freisein des Menschen, im Kern seiner Menschlichkeit. Das Frei-werden des Menschen ist dann psychologisch erstmals Thema bei Freud; er wollte Wege ins Freie weisen. Freud ging es um die „*psyche*", den psychischen Apparat, als Grundlage aller nicht-körperlichen Erscheinungen. (Er orientierte sich hierbei anthropologisch auch an Hobbes' Lehre vom Naturzustand des Menschen, Locke und Bentham.)[17] Diesen Apparat stellte er sich vor als dreifach unterteilte Gegebenheit: 1) psychische Unter-systeme (Bewusstsein); 2) Vorbewusstes und 3) Unbewusstes. Dem Unbewussten kam die zentrale Rolle zu – adäquat dem körperlichen Zentralnervensystem – als Wirkliches aller psychischen Erscheinungen.[18] Diese Unterteilung war sehr grob, so dass nicht zuletzt C.G. Jung Vertiefungen hinsichtlich der Schichten der Psyche-Vorstellung vornahm. Fraglich ist dabei letztlich immer, wie die verschiedenen Schichten einer Persönlichkeit zusammenwirken. Kant zeigte seinerzeit, dass das Lebendige nie nur kausal abgeleitet werden kann, so dass – zur Begründung des bestimmten Zusammenwirkens – oft eine Entelechie der Schichtungen angenommen wird bezogen auf deren Auswirkung in körperlichen Organismus und psychische Funktionen.[19] Kant wendete sich ja gegen jeden Determinismus menschlichen Handelns. Dies hat das Freiheitsverständnis nachhaltig gefördert. Freiheit ermöglicht es dem Menschen, auf das rein Gesollte hören zu wollen (Wollen sittlich verstanden) – und ist dadurch erst Freiheit. (HGA 31, 296). Das wurde so im deutschen Idealismus, der auf Kant folgt, nicht weitergeführt. Das 19. Jahrhundert ist generell, auch da, wo betont wird, der deutsche Idealismus sei zusammengebrochen, stark auf Naturwissenschaft und Kausalität ausgerichtet – auch was den Menschen anberifft. Der Neukantianismus will sich dem in der Mitte des 19. Jahrhunderts entgegenstellen, versucht dies allerdings auf dem selben Grunde wie zunächst Kant, dann auch Fichte und Hegel, verlässt damit dieses Fundament nicht, sondern versucht diese Entgegenstellung mit einer stark spekulativen Bewusstseinsmetaphysik. Daneben existierte der Positivismus.[20] Ebensowenig konnte der Neuhumanismus ausrichten. Nicolai Hartmann bricht in seinen „Grundzügen einer Metaphysik der Erkenntnis"

(1921) mit dem logischen Idealismus der Neukantianer, Erkenntnis ist ein auf das Seiende gehendes Erfassen einer unabhängigen Realität. Das ist die Basis für seine neue metaphysikfreie Ontologie. Damit gewinnt bei ihm Freiheit wieder mehr an Wert. Auch Henri Bergson versucht in „Zeit und Freiheit" die Relation von Freiheit und Determinismus neu zu fundamentieren. Er erlebt Zeit als gelebte Dauer (*durée*); diese kenne nur eine qualitative, keine quantitative Differenzierung. Hartmann und Bergson konnten damit aber der allgemeinen Haltung bzgl. der Freiheitlichkeit des Menschen im 19. Jahrhunderts faktisch nicht entscheidend Paroli bieten. Bzw. hatte Bergson sein Buch „*Durée et simultanéité*" zurückgezogen, weil es seine Anschauung der gelebten Zeit nicht mit den neuesten physikalischen Anschauungen der Zeit in Zusammenhang bringen konnte. Es war dann erst Heideggers existentiales Denken, das hier die „große Wende", die kopernikanische Wende schaffte, indem er die Sein- und Zeit-Frage stellte und die Freiheit als Möglichkeit des Frei-seins *für* das eigenste Seinkönnen auffasst. (HGA 2, P. 40, 41, 53, 58). Ebenso konnte auch der Existenzialismus (nicht zu verwechseln mit dem existentiellen Denken Heideggers!) weitreichendere Resultate erzielen.

IV.

Heideggers Freiheitsverständnis, das ja erst das Sein des Seienden ermöglicht (HGA 2), lässt sich demnach nicht „beweisen". Ebensolches kann für Kant konstatiert werden, wenngleich er – wie Heidegger zeigte – sein Freiheitsverständnis unter die Bestimmung der Kausalität gebracht hat (Kants dritte Antinomie und praktische Realität der Freiheit). (HGA 31). Diese Tatsache der Nicht-Beweisbarkeit ermöglicht nunmehr eine Distanznahme zur Wissenschaft und damit verbunden auch der Blick auf die Grenzen von Wissenschaft, wie das bereits Platon forderte („Ein Wissen, das nicht wissensmäßig seinen Grund legt und dabei seine Grenze nimmt, ist kein Wissen, sondern nur ein Meinen" [HGA 41, 76]): Was kann sie; Was kann sie nicht? Und das bedeutet dann auch einen neuen Blick auf den Menschen. Denn damit wird von dem puren Begriffsdenken abstrahiert. Der Mensch wird zu seiner Be-stimmung nicht mehr nur mit einer begrifflichen Systematik definiert – er ist mehr. Mit Heidegger ist der Mensch vielmehr ein weltoffenes Wesen, das seine Freiheit ergreifen kann, sich selbst in Frage stellen und sich auch in seinem Seinsverständnis zu seiner Umwelt verhalten kann. (HGA 2). Die Menschenwissenschaften haben als ihr Zentrum den Grundbegriff des Menschen. Sie handeln aber nicht *vom* Begriff des Menschen (sondern *über* diesen). Es geht hier vielmehr um die „durch die ‚Begriffe' begriffenen oder vielleicht nicht begriffenen *Sachen selbst*. ‚Begriffe' und so auch ‚Grundbegriffe' sind eben doch immer bloß Begriffe, nicht das *Wirkliche* und Seiende selbst. (...) Das ‚Begreifen', sich einen Begriff machen, ist eine Art des *Vorstellens* (...)." (HGA 76, 57 f.). Es handelt sich bei Begriffen also lediglich um Gedankengebilde. Entsprechend sind Grundbegriffe lediglich ein Positum (–> Positivismus), die den Gegenstandsbereich des jeweilgen Reichs des Seienden de-finieren – also keine Begriffe des Grundes.

Eine Theorie hingegen, als Resultat wissenschaftlicher Reflexion, denkt nicht – und kann es aufgrund seiner Mittel auch gar nicht – auf die Wirklichkeit zu. Sie be-stimmt, de-finiert vielmehr die Wirklichkeit. Ihr kann es nur um die Entdecktheit von Vorhandenheit gehen. („Wissenschaft denkt nicht." Soweit zumindest die Wissenschaft, die dem modernen Logik-Verständnis folgt im Gegensatz zu Heideggers existenzialem Wissenschaftsverständnis [HGA 2]). Wissenschaft zwängt, macht aus der Welt – und damit *über* die Wirklichkeit – Bilder (letztlich Welt-bilder). (HGA 31). Der Mensch, Wissenschaftler, bringt die Welt so vor sich, dass er sich „der Seienden sicher sein kann und die Wahrheit ihm als Gewißheit gelten kann". (HGA 76, 90). Es handelt sich um eine neuzeitliche „metaphysische" Auslegung des Seienden und der Wahrheit. Der Mensch wird zum Subjekt. Das Auswahlkriterium für diese bleibt der subjektiven Auswahl überlassen. Und diese Theorien bilden dann die Grundlage für praktische Anwendungen, weitergehende Prognosen. Entscheidend bleibt dabei allerdings, dass der normative Ausgangspunkt, die normative Ausgangsbasis unbedingt miteinbezogen werden muss, um erst daraus ersehen zu können, inwieweit die praktische Relevanz der jeweiligen Theorie reicht. Wird dieser *proto-wissenschaftliche* normative Bereich ausgespart, haben wir es eher mit Dogmatismus zu tun. Es ist also stets die jeweilige Theorie zu befragen auf ihr „Woher?", „Wohin?", „Wozu?" – aber zunächst einmal auch auf ihr „Wo?" (HGA 76, 142).

V.

Aufgrund des Ausgeführten lassen sich in den letzten insbesondere zwei Jahrhunderten einschneidende Veränderungen im Wissenschaftsverständnis aufzeigen.[21] „Wissenschaft im klassischen Sinne bezieht sich (...) grundsätzlich auf unveränderliche, ewige Strukturen, auf unmittelbar einsichtige Axiome und Prinzipien, auf ein Wesensallgemeines, das durch Vernunfteinsicht und begriffliche Fassung klar und deutlich expliziert wird und in dem die Wahrheit aller abgeleiteten Aussagen gründet. Wissenschaft stellt sich so dar als ein Insgesamt von durch letzte Prinzipien begründeten notwendigen Wahrheiten, als ein kategorisch-deduktives System, dessen Wahrheit und Gültigkeit in der unmittelbaren Evidenz der Prinzipien und in der logischen Evidenz der Deduktion aus diesen Prinzipien begründet ist. Diese Struktur der klassischen Wissenschaftsidee erweist sich als invariant, gleichgültig, ob man sie mehr subjektiv oder als einen intellektuellen Habitus der Gelehrsamkeit, oder mehr objektiv, als einen ‚Inbegriff ineinander gegründeter allgemeiner Wahrheiten' bzw. als ‚Ein Ganzes geordneter Wahrheiten selbst' begreift. In ihrer vollendeten Formulierung (...) ist die klassische Wissenschaft ein systematisch-architektonisch gegliedertes und zusammenhängendes Ganzes von Erkenntnissen, die sich aus unmittelbar einsichtigen Prinzipien ebenso einsichtig herleiten lassen."[22] Es wird heute moniert, es fehle an der Einheitlichkeit der Wissenschaften. Verwiesen wird dabei auf die Tradition der Systematiken von Aristoteles bis Hegel, bei dem es noch um das gesamte Wissen gegangen sei. Diesem System liegt eine ‚Idee' – als Wirklichkeit selbst (Hegel, Schelling, Kant) – zugrunde. Hier wird in verschiedener Hinsicht systematisiert. Bei Hegel ordnet sich alles einer absoluten Idee unter (er macht die Historie absolut, die er mit Hilfe der Methodik der Dialektik errechnet). (HGA 76, 102). Aber auch heute, wo nicht mehr von der Einheit (Begriff seit Leibniz, Wolff, Kant im 18. Jahrhundert, HGA 76, 254) der Wissenschaften ausgegangen wird, manifestiert sich eine bestimmte *gemeinsame Wirklichkeitsvorstellung*. Einförmigkeit bedeutet ein und dieselbe Art des Wissens. Und das ist auch heute gegeben durch die Mathematisierung der Wissenschaften. Was fehlt ist der Wesensgrund der Wissenschaften. Damit konnte sich der Positivismus aufgrund der positiven Setzung der Wissenschaftsbereiche nicht entscheidend von den Systemvorstellungen bis in das 19. Jahrhundert absolvieren. Diese sind immer noch die Richtscheide. Diese Gesamtentwicklung geht einher mit der Entstehung der Metaphysik: indem die *aletheia* (vorplatonische Philosophie), „kaum sich lichtend hinsichtlich der Verbergung und Bergung selbst verborgen bleibt". (HGA 76, 6 ff. [7]). Anstatt dem Sein, das über dem Seienden steht, steht nunmehr das Seiende im Mittelpunkt. Die Trennung von Theorie und Praxis ist letztlich auch der Idee geschuldet.

Aufgrund dieser Wissenschaftsentwicklung separieren sich auch Da-sein und Wissenschaft, da die Basis der Wissenschaft das jeweilige Positum ist, also der Ausgang nicht beim Menschen liegt. Das führt auch dazu, dass die Ethik kein originärer Bestandteil der Wissenschaften ist. Und es führt dazu, dass die Disziplinen nicht mehr ihren Wurzelgrund in der Philosophie haben und auch in keinem Bezug mehr zur Theologie stehen, wenngleich sie – wie soeben angedeutet – durchaus noch – bewusst oder unbewusst – in deren Traditionen stehen, insbesondere bezogen auf deren Struktur. Gott hat in der neuzeitlichen Wissenschaft keinen Platz (mehr). Philosophie und Theologie stehen unter dem Rechtfertigungsregime der positiven Wissenschaften (wodurch diese mit „Wissen" schon nichts mehr zu tun haben, da sie nicht [mehr] denken, also nach ihrem Sein fragen [statt ‚Wahrheit' nunmehr ‚Richtigkeiten']). Das ist eine kopernikanische Wende, verglichen mit Newton, Galilei und Leibniz. So würdigte der englische Mathematiker und Physiker Newton in seinem *Scholium generale* die Rolle Gottes in dem von ihm geschaffenen Universum. Newton definierte die Charakteristika der Existenz Gottes in Raum und Zeit.[23] Leibniz: „Die Existenz der Dinge folgt nicht aus ihrer Existenz, sondern aus dem Willen Gottes, oder, was auf dasselbe hinausläuft, aus der allgemeinen Harmonie der Dinge."[24] Und weiter: „Es ist nicht zu bezweifeln, daß Gottes Hauptziel [in der Schöpfung] das Glück aller Geister [also der mit Bewußtsein begabten Substanzen] ist und daß er dieses zur Ausführung bringt, soweit es die allgemeine Harmonie gestattet."[25] Neuzeitlich brauchte die Wissenschaft also Gott nicht mehr zu berücksichtigen. Vielmehr spielt(e) nunmehr die *Methode* die entscheidende Rolle. Die Methode wird nach Descartes' *Regulae* zur Quelle aller Wissenschaften. (HGA 76, 201). Die *mathesis* – das Mathematische als Grundlage aller Wissenschaften – als das Sich-zu-Wissen-bringen! (*certum – evidens*). Alles muss mathematisch einsichtig und ableitbar sein. Sicherheit als Berechenbarkeit und bestimmbare Ordnung. Deshalb ist die Theologie keine Wissenschaft nach diesem Verständnis.

Heidegger ging es nunmehr darum, diese Entwicklung der Wissenschaften zu „verwinden" durch den Nachvollzug der Seinsgeschichte und einen neuen Anfang zu wagen, der zentral vom Da-sein ausgeht und so wieder einen Bezug zur Wissenschaft erschließt. (vgl. z.B. HGA 70; HGA 76). Schon Kant war auf diesem Weg, wie Heidegger nachweist. (HGA 3). Denn Kants Intention liegt darin: Der Mensch vergegenständlicht als Subjekt, kann aber selbst nicht vergenständlicht werden. Der Mensch bleibt bei Kant Träger von Eigenschaften, womit Kant zu einer Metaphysik des Bewusstseins kommt – und damit Problemen hinsichtlich der benannten Kantschen Intention (er versucht so, Rationalismus und Empirismus zu überwinden qua transzendentalen Idealismus.) Das wird dann auch im Idealismus prinzipiell durchgehalten, d.h. auch dort kann dieses Problem nicht gelöst werden.[26] Auch bei Fichte bleibt der Mensch etwas „Substanzartiges", die „reine Aktivität" (Fichte macht den Menschen zu einer „metaphysischen Uraktivität") hält sich als das „Identisch-Bleibende" durch. Der Wille des Menschen erweist sich in der Metaphysik der Neuzeit als „überindividuell-subjektische Instanz" (Kanthack), wodurch sie immer stärker zur

Selbstgewissheit des Subjekts strebt. Schelling: „Es gibt in der letzten und höchsten Instanz gar kein anderes Sein als Wollen. Wollen ist Ursein, und auf dieses allein (nämlich das Wollen) passen alle Prädikate desselben (nämlich des Urseins): Grundlosigkeit, Ewigkeit, Unabhängigkeit von der Zeit, Selbstbejahung. Die ganze Philosophie strebt nur dahin, diesen höchsten Ausdruck zu finden."[27] Wille ist demnach der Begriff für Liebe bei Schelling. „Der Wille des Menschen ist ‚der Keim' des Gottes (Samenkorn – Aufgehen aus Dunkel zu Licht) – das Unentfaltete des göttlichen Lichtes und zwar des Gottes, der ‚nur noch im Grunde vorhanden'." (HGA 86, 258). „Freiheit – als Unabhängigkeit von der Natur (Sinnlichkeit); als Unabhängigkeit von Gott; als Vermögen zum Guten und zum Bösen; als Einheit des Willens als Mitte des Grundes und des Verstandes; als Vermögen der Eigensucht in je einer Hinsicht, die das Ganze der Einheit mit sich reißt." (HGA 86, 232). Hegel setzt die Selbstkonstitution der Logik absolut. In der hegelschen Metaphysik gründet Marx' Verständnis, und bleibt damit zwangsweise metaphysisch. (dazu HGA 9, 321). Heidegger sah den „Menschen" nicht als konkret-anthropologisches Wesen. Er sieht ihn vielmehr als weltoffenes Wesen. Der Mensch wird von ihm tiefer als Da-sein gesehen, als „*offene Weite*". Diese geht immer schon über eine bestimmte Sicht des Menschen hinaus. Dies ist das Resultat der Sein- und Zeit-Frage Heideggers. Mit Hegel sieht Heidegger das Ende der Metaphysik gekommen. Der Begriff „Postmoderne" trifft diesen Sachverhalt nur un-sachlich, da bei ihr keine Besinnung auf die Seinsfrage erfolgt.

VI.

Das Da-sein ist die Möglichkeit des Menschen, frei zu sein für das eigene Seinkönnen. Der Mensch, besser: das Da-sein, ist dabei Allein-sein und Mitsein – gleichursprünglich. Wie der Mensch sein Frei-sein ergreift, wie er die sich hier für ihn bietenden Räume nutzt, liegt bei ihm – nur bei ihm! Beim Ergreifen der Freiheit vor diesem Hintergrund stellen sich dem Menschen, dem Da-sein Fragen, auf die er *selbst* Antworten finden muss, sich ver-antwort-en muss. Er muss stets beim Wählen von Möglichkeiten (HGA 2) also die Frage des Woher, Wohin, Wozu? – ja, und auch erst das Wo? – hierbei mitdenken. Die Würde gewährt dem Menschen die Freiheit. Aus dem Ergreifen der Freiheit ergeben sich sodann erst Interessen, Anliegen und Bedürfnisse des Menschen (etwa im Sinne Gerhard Weissers). Die einseitig bahnbrechende technische Verzweckung der Natur stößt auch an die Grenzen des Wachstums und der irdischen Ressourcen. Schon vor Aufkommen dieser Diskussion sah der Philosoph Heidegger fundamentalontologisch das Ziel „Bewahren" des (menschlichen) Daseins[28]. Heidegger bringt gegen die „Wissenschaft" die Kunst in Stellung, etwa die Sprach- und Wortmacht, den „Anspruch" der Dichtung, die den Menschen in seiner Ursprünglichkeit des Existierens aufrufe und befreie. Die Kunst vermöge es, sozusagen, die letzte „Schicht" des Menschen anzusprechen, indem sie „ihm die Wahrheit des Seienden im Ganzen (...) eröffnet". (HGA 6.1, 82).

VII.

„Denken" gelingt, nach Heidegger, dem Menschen nur, wenn wir „die Sache vor den Augen und im Herzen das Gehör auf das Wort haben". (HGA 13, 77). Dichten und Denken gehören insofern nach Heidegger zusammen. Der Denker sagt das Sein. Das im Da-sein Erfahrene kann gerade erst durch die Sprache zur Sprache gebracht werden. Es spricht insofern die Sprache. Dem voraus geht das Denken des Er-eignis als Er-eignis (Zeit des Seins). Hier ist auch der Ort des „letzten Gottes". (HGA 65, 508 f.). Hierzu bildet die Sprache einen Steg. Dazu muss der Mensch stets unter-wegs sein, d.h. er darf nicht stoppen auf diesem Weg. (HGA 8, 50). Es geht also darum, sich nicht im Verständlichen zu beruhigen. In der Sprache kommt die Geschichtlichkeit des Volkes zum Ausdruck. Hier kann es dann auch in der Weltgeschichte seinen Platz einnehmen. So entstehen auch Kunstwerke in der Sprache. (Es geht also nicht um eine zeitlos gültige Festellung des Kunstwerks, sondern Überwindung der Metaphysik, HGA 65, 503). Alle Gedanken müssen sich artikulieren, um im Kunstwerk letztlich auch walten zu können. Daher gehen Sprache und Kunstwerk miteinander einher. „Die Sprache gründet im Schweigen. Das Schweigen ist das verborgene Maßhalten. Es *hält* das Maß, indem es die Maßstäbe erst setzt." (HGA 65, 510). Das Kunstwerk ist so ein Ins-Werk-setzen der Wahrheit. Es entfaltet sich in der Offenheit des Seienden. „Was durch die Kunst entsteht, kann (…) durch das Vorhandene und Verfügbare nie aufgewogen und wettgemacht werden. Die Stiftung ist ein Überfluß (…)." (HGA 5, 63). So entsteht ein Selbstverhältnis des Menschen, Selbsterkenntnis. Desgleichen freilich gilt für das Dichten. Es waltet ebenso aus dem Bezug des Daseins zur Unverborgenheit des Seins. „Die Worte sind keine Wörter und als diese dergleichen wie Eimer und Fässer, aus denen wir einen vorhandenen Inhalt schöpfen. Die Worte sind Brunnen, denen das Sagen nachgräbt, Brunnen, die je und je neu zu finden und zu graben sind, leicht verschüttbar, aber bisweilen auch unversehens quillend. Ohne den immerfort erneuten Gang zu den Brunnen bleiben die Eimer und Fässer leer, oder ihr Inhalt bleibt abgestanden." (HGA 8, 135).

VIII.

In den Wendungen zu den menschlichen Lebensursprüngen lassen sich Ähnlichkeiten zur Tradition seit Wilhelm von Humboldt bis hin zu Eduard Spranger erkennen. Gemeinsam ist die lebendige „Totalität" (Ganzheit) und Vielfalt (Universalität) der Persönlichkeit in ihrer je einzigartigen Humanität zu „verstehen". Dies soll nun in Kürze nachgezeichnet werden. Wir werden so vorgehen, dass wir (a) das Verständnis des Menschen behandeln, (b) den darauf aufbauenden Bildungsbegriff und (c) die Kritik hieran aus der vorgestellten Perspektive Heideggers.

Wilhelm von Humboldt (1767–1835)

Jedes Seiende wird nach Humboldt durch die es bestimmende Grundkraft bestimmt. Es ist das, was aus der Freiheit und Allseitigkeit hervorgeht. Alleiniger Zweck ist dabei etwas, „das seinen Zweck nur in seiner eignen Vollendung suchen kann, als ein allmähliches Aufblühen zu nie endender Entwicklung (...) Allein auch diese erste Bedingung in gleicher Reinheit vorausgesetzt, entstehen aus der Verschiedenheit der individuellen Richtung nach der sinnlichen Anschauung, der inneren Empfindung und dem abgezogenen Denken verschiedene Erscheinungen. In jeder derselben strahlt die den Menschen umgebende Welt, von einer andren Seite in ihn aufgenommen, in verschiedener Form auf ihn zurück" (Humboldt[29]). Die Sehnsucht – und damit verbunden das Streben des Menschen, über sich hinauszukommen – ist ein Prinzip, mit dem jedes Individuum die ihm eigene zustehende Vollendung erlangt. Es ist keine andere Wirklichkeit, die Humboldt anstrebt, sondern „eine allerdings nicht auszuschöpfende zukünftige Vollendung, auf die hin der Mensch wesentlich angelegt ist".[30] „Wie (...) jeder irgend würdige Charakter Kraft und Energie des Willens, so fordert ein idealischer noch insbesondre, daß der jedem Menschen beiwohnende intellektuelle Trieb zu einer so bestimmten und herrschenden Sehnsucht werde, daß er dem Individuum eine eigenthümliche, den Begriff der Menschheit mehr oder minder erweiternde Gestalt gebe. Wie das Leben überhaupt als ein theilweis gelingender Kampf des Geistigen mit dem Körperlichen betrachtet werden muß, so ist die Bildung der Individualität durch die Herrschaft des sie lenkenden Grundtriebs der äußerste Gipfel des errungenen Sieges" (Humboldt[31]).

Alles Handeln des Menschen erstrebt nur das Ziel, seine „Natur immer deutlicher auszuprägen".[32] Tätigkeit, Umtriebigkeit, Lebendigkeit, sofern sie die

Kräfte innerhalb des Individuums, das es gilt weiterzubringen, zu entwickeln und fördern imstande sind, sind demnach für von Humboldt maßgebend. Humboldts Anschauung hinsichtlich der Grundkraft geht auf die Leibniz-Wolffsche Auffassung zurück. Die Kraft als Ausgangspunkt seiner Überlegungen ist für Humboldt eine nicht zu hintergehende. Sie lässt sich nicht erklären. Sie ist ebenfalls weder Ratio noch Intuition zugänglich.[33] „Das Charakteristische alles Lebendigen, seine ständige Umbildung und Entwicklung finden ihre Erklärung nur in der Aktivität der Kraft, die als urphänomenale Lebenseinheit die Dynamisierung und Steigerung des individuellen Bewußtseins enthält. Somit ist die Kraft das Prinzip eines jeden lebendigen Seienden und charakterisiert sich als ‚Bildungstrieb', der den formlosen Stoff bestimmt und meistert. Er ist ein geistiger und ungeistiger, je nach den Gegenständen, in welchen er wirkt."[34]

Bildung bei Humboldt bedeutet, dass die in der Natur des Menschen angelegten Fähigkeiten ausgebildet werden, so „daß sie in ihrer Entwicklung den allgemeinen Forderungen an allgemeine idealistische Vortrefflichkeit nicht widersprechen und sich auf je individuelle Weise zu einem harmonischen, in sich geschlossenen Ganzen fügen".[35] *Leben ist demnach Bildung.* Der Mensch vergöttlicht sich durch Bildung, ohne dass er dazu der Gnade bedürfte, da die Gnade bereits von Geburt an in ihm ursprünglich und natürlich veranlagt ist. Dem Menschen kommt von Natur aus Göttlichkeit zu. Entscheidende Bedeutung kommt nach Humboldt der Sprache zu: „Die Sprache, in ihrem wirklichen Wesen aufgefaßt, ist etwas beständig und in jedem Augenblicke Vorübergehendes. Selbst ihre Erhaltung durch die Schrift ist immer nur eine unvollständige, mumienartige Aufbewahrung, die es doch erst wieder bedarf, daß man dabei den lebendigen Vortrag zu versinnlichen sucht. Sie selbst ist kein Werk (Ergon), sondern eine Thätigkeit (Energeia). Ihre wahre Definition kann daher nur eine genetische sein. Sie ist nämlich die sich ewig wiederholende Arbeit des Geistes, den articulirten Laut zum Ausdruck des Gedanken fähig zu machen. Unmittelbar und streng genommen, ist dies die Definition des jedesmaligen Sprechens; aber im wahren und wesentlichen Sinne kann man auch nur gleichsam die Totalität dieses Sprechens als die Sprache ansehen."[36]

Heidegger würde Argumente vorbringen, aufgrund des philosophisch bei Leibniz beheimateten Unterbaus von Humboldts. Der Descartsche Ansatz ist prägend für diese Position. (zum Folgenden: HGA 88, 99–115). Es sind Kritikpunkte, die auch mit der Monadologie Leibniz' einhergehen, also der „monadologischen Auslegung der Seiendheit des Seienden". (HGA 88, 100). Die *substantia* wird als *monas* begriffen. Die Monade ist durch und durch von Einheit bestimmt. Die Einheit ist nicht Folge, sondern sie ist Grund und Anfang. Sie stiftet ursprünglich Einheit, und verwahrt diese Einheit auch und das aus sich heraus: und „deshalb auf sich zu und für sich und in sich". (HGA 88, 102 f.). „Allein die Einigung, weil ursprünglich vor-greifend über alles." (HGA 88, 103). „Deshalb ‚ist' das Sichvereinzelnde zugleich in sich das universum selbst." (HGA 88, 103). „Einheit (...) ist hier ursprüngliche Einigung, vor-stellen des Zusammengehörigen als solchen, d.h. das Identische der identitas. (...) Diese identitas ist als Seiendheit des Seienden zugleich das Wahre und die eigentliche Wahrheit (...)." (HGA 88, 105). Kraft ist die Seiendheit des Seienden. (HGA 88, 108). Vis ist der ontologische Grund, also die Monade ist nicht mit Kraft begabt. Sondern das ursprüngliche Wesen der Monade ist Kraft, „d.h. das In-sich – über sich hinaus – zu sich aus sich Einigende, aber nicht ‚Fertige' und nie Fertige, das Sichüberhöhen, die Ständigkeit des sich Überhöhens". (HGA 88, 108). Eigentlich gibt es nichts, was die Monade nicht ist, daher gibt es eigentlich auch kein Außen und keine Fenster. Sich-Vorstellen als Sich-Zeigen (quasi das Dasein im Sinne Heideggers) wird als *perceptum dei* ausgelegt, also im absoluten Sinne. (HGA 88, 111). Die Wahrheit des Seins bleibt aber unbefragt. „Humboldt bringt die Sprache als eine Art und Form der durch sie in der menschlichen Subjektivität ausgearbeiteten Weltansicht zur Sprache. Zu welcher Sprache? Zu einer Folge von Aussagen, die in der Sprache der Metaphysik seines Zeitalters sprechen, bei welcher Sprache die Philosophie von Leibniz ein maßgebendes Wort mitspricht. Es bekundet sich am deutlichsten dadurch, daß Humboldt das Wesen der Sprache als Energeia bestimmt, diese jedoch ganz ungriechisch im Sinne von Leibnizens Monadologie als die Tätigkeit des Subjektes versteht. Humboldts Weg zur Sprache nimmt die Richtung auf den Menschen, führt durch die Sprache hindurch auf anderes: das Ergründen und Darstellen der geistigen Entwicklung des Menschengeschlechtes." (HGA 12, 238).

Friedrich Schiller (1759–1805)

Der Mensch soll zu dem erzogen werden, was er wirklich ist.[37] Durch den Übertritt des Menschen aus der Natur in die Geschichte beginnt Geschichte und beginnt der Mensch *menschlich* zu sein („Kultur").[38] „Wenn einer etwas hervorbringen kann, dann nennt man ihn Künstler!" Es geht um die Erziehung des Menschen im Sinne von Gestaltung der Geschichte, „in einem solchen Sinn, daß für die Erziehung die schöne Kunst eine Mitte bildet und deshalb = *die* Kunst wird".[39] „Mit dieser Frage, was es mit der Kunst auf sich habe im Ganzen des menschlichen Daseins – mit dieser Frage beschäftigt sich Schillers Erziehung des Menschen zum ästhetischen Zustand, als demjenigen Zustand, aus dem heraus und innerhalb dessen Geschichte sich wahrhaft bildet. Grade das unmittelbare Scheitern der französischen Revolution, das Aufkommen und das Sichausbreiten des Barbarischen und des Wilden, überzeugte Schiller, daß moralische Gesetze, Vernunftgesetze, politische Regeln nie unmittelbar dem Menschen eingepflanzt werden können, sondern daß es einen Weg braucht, vom natürlichen (tierischen) Zustand zum moralischen Zustand – den Weg des ästhetischen Zustandes."[40] Ästhetisch ist bei Schiller sehr weit und dem Grundsatz nach sehr grundsätzlich gefasst.[41] Schiller: „Eine Sache kann sich unmittelbar auf unseren sinnlichen Zustand, unser Dasein und Wohlsein beziehen." Das Ästhetische ist nicht die Bestimmung des Empfundenen.[42] Gefühl ist „immer der einheitliche, ungebrochene Bezug zur Welt und zu uns selbst".[43] Freiheit ist nach Schiller: sich selbst ein Gesetz geben. Damit ist Freiheit so verstanden der Grundbegriff für das Sich-selbst-bestimmen des Menschen, das „Person-sein" und letztlich damit für die Moral.[44] „Der ästhetische Zustand ist der Zustand, in dem der Mensch sich verhält zur Schönheit. Und die Schönheit ist nach Schiller = Freiheit in der Erscheinung. Damit hängt es zusammen, daß hier, wo gesagt werden soll, was der ästhetische Zustand sei, eigentlich gehandelt wird von der Freiheit."[45] Allgemein gesagt, ist der ästhetische Zustand ein Zustand des Menschen.[46] Er ist das Grundverhältnis, zu etwas zu stehen und inbegriffen damit auch zu sich selbst qua Fühlen.[47] Die Menschheit muss „nicht nur nach ihren Bestandsstücken betrachtet werden, sondern es muß gefragt werden: Wie kommt der Mensch zum wirklichen Menschsein in seiner eigentlichen Freiheit?"[48]

Für Schiller gelingt Menschsein erst aufgrund einer II. Schöpfung, qua Schönheit.[49] Im ästhetischen Zustand ist der Mensch erst eigentlich Mensch[50] – hierzu ist er zu erziehen. Der Mensch kommt durch Schönheit in den ästhetischen Zustand. Durch die Schönheit des Kunstwerks, durch das Kunstwerk[51], durch schöne Kunst = Kunst des Ideals. Ideal stammt von *idea*. Idee ist der Vernunftbegriff bei Kant, als Vermögen der Prinzipien. Idee meint etwas grundsätzlich-ganzes. Es ist das Grundsätzliche, Prinzipielle eines Bereiches im Ganzen.[52] Ideal impliziert die versinnlichte Idee.[53] Erziehung meint nicht nur das Beibringen von Kenntnissen über die Kunst.[54] Der ästhetische Zustand muss sich bestimmen als Verfassung des Sichverhaltens zum Schönen im Werk. Das Schöne wird bestimmt durch die Schönheit. Also ist die Schönheit die Bedingung der Möglichkeit des Menschseins als des geschichtlichen. Damit die Vorstellung dazukommt, braucht es das Denken.[55] Ich denke ist zugleich die Form des Frei-seins. „Die Einheit wird nicht den Dingen gegeben, sondern was allein gedacht und identifiziert wird, das sind die Eindrücke, ist das Gegebene, sind die sinnlichen Gegebenheiten."[56] Durch die Kunst wird der Mensch eigentlich erzogen dahingehend, dass er in einen Zustand kommt, in dem er nicht mehr einer Erziehung bedarf. Er soll vielmehr frei werden für das Bedürfen, Erleben und Schätzen und Handeln. Er soll durch Erziehung in einen Zustand gelangen, mit dem geschichtlich der Grund seines Daseins erreicht wird.[57] Die Empfindung geht dem Bewusstsein vorher. Der Raum ist dasjenige, was im Vorhinein die sinnliche Anschauung bestimmt.[58] Die Form bestimmt dabei etwas. Die Form der reinen Anschauung ist der Raum. Da sie die sinnliche Anschauung erst ermöglicht, ist sie keine sinnliche Anschauung, sondern reine Anschauung.[59] Es liegt im Wesen des Menschen, dass er wesenhaft stets zunächst auf die Sinne ausgegeben und verloren und angewiesen ist. Er kann nur zu sich selbst gelangen, indem er den Übergang findet von der Sinnlichkeit zum „*ich denke*". So geht es um den wirklichen Menschen. Dieser ist die Einheit der beiden Bestandsstücke selbst und übernimmt sie auch. Es muss nochmals der Schritt zurück in die Sinnlichkeit erfolgen, um die Sinnlichkeit *per se* zu erhalten. Durch diesen Schritt zurück wird die wirkliche Aneignung vollzogen. „Dieser Schritt zurück ist die Kunst."[60]

Nach Schiller sind Vernunft und Sinnlichkeit aufeinander angewiesen.[61] Was die Vernunft wesenhaft ausmacht ist die Selbständigkeit, das Bei-sich-selbst, letztlich die Freiheit. Die Frage nach der Menschheit ist immer die Frage nach Freiheit. Die Sinnlichkeit wird durch die Freiheit des Menschen selbst frei und kann so miteinbezogen werden.[62] Der Mensch kann Freiheit erreichen, indem die Sinnlichkeit seingelassen wird. Das Wie wird dadurch bestimmt, dass man ihr nicht blind unterworfen wird. Dies bedeutet, dass die Sinnlichkeit Macht einbüßen muss, es bedeutet aber keineswegs ihre Beseitigung.[63] Freiheit bedeutet, so sich selbst zu *wollen*. Im ästhetischen Zustand gelangt der Mensch in denjenigen Zustand, in dem er eigentlich Mensch ist. Der Mensch bewirkt den ästhetischen Zustand, wenn er eigentlich Mensch ist.[64] Der ästhetische Zustand kann nicht erzwungen werden.[65] Ästhetischer Zustand ist Wirklichkeitsermöglichung.[66] Der Zustand der aktiven, realen Bestimmbarkeit (offensein für, frei-sein) ist der ästhetische Zustand. Der ästhetische Zustand und die Freiheit haben einen inneren Bezug zueinander. Nach Schiller ist er „der eigentliche Ursprung des geschichtlichen Freiseins".[67] Schillers ästhetischer Zustand als reale aktive Bestimmbarkeit entspricht Kants Einbildungskraft.[68] Wir brauchen das Werk, damit wir uns in den ästhetischen Zustand setzen.[69] Was ist das Schöne an einem Gedicht? Nach Schiller soll es die Form tun. Was alle zur Sprache gehörenden Formelemente zusammenhält, das ist die Form.[70] „Das Schöne am Gedicht ist das Gedicht selbst." Schönheit und Stimmung machen den ästhetischen Zustand aus[71]: Was den Zustand selbst bestimmt, ist Schönheit. Der Zustand ist die Stimmung. Ästhetische Erziehung umfasst die Erziehung des ganzen Menschen („Sinnlichkeit und Vernunft werden zur Einheit ihrer Selbständigkeit gebracht").[72] Wille ist nach Kant aber das Frei-sein zum Gesetz. Zur Verwirklichung des ästhetischen Zustandes braucht man also den Willen, als Handelnder handeln zu können.[73] „Der Wille muß also zum Wollen gebracht werden." Der ästhetische Zustand unterscheidet sich nach Schiller von anderen: dem rohen Naturzustand und dem moralischen Zustand. Zur Sinnlichkeit muss zurückgegangen werden, um die sinnlich-vernünftige Einheit zu verwirklichen. Sodann zum Ästhetischen, wobei sich die Frage nach dem Wie? stellt. Da dieser Schritt immer auch Geschenk der Natur ist, kann er nicht rein willensmäßig geleistet werden.

Der Mensch steht immer schon in der Vernunft, wenn er wahrhaft Mensch ist. Konsequenz dessen ist, dass ein physischer Zustand niemals nur physisch ist.[74] Die Vernunft muss in diesem rohen Zustand bereits eine eigentümliche Übermacht über den Menschen erlangen. Von der Vernunft her bleibt aber die Sinnlichkeit Herr. „Die Vernunft fordert das Absolute, das In-sich-selbst-Begründete, Unendliche." Vernunft will das Absolute, nicht Einzelnes. Das Absolute ist das Riesenhafte, wird also sinnlich, räumlich-zeitlich, quantitativ, begriffen. Nach Schiller ist die Vernunft primär. Sie nimmt die Sinnlichkeit in sich auf.[75] Es muss zur sinnlichen Welt wieder zurückgekehrt werden, da diese nicht in der menschlichen Natur liegt. Den Bereich, in dem der ästhetische Zustand sich bewegt, bezeichnet der Schein. Kunst ist nur Kunst des schönen Scheins.[76] Schein ist das Erscheinen der Form. Oder: Dieses Sichzeigen im reinen Schein, so, dass alles, was in Sinnliches eingeht, durch und durch gestaltet ist vom Schein selbst, ist nichts anderes als Form. „Das Reich des Scheinens ist dasjenige Reich, in dem wir uns sowohl mit Bezug auf die Form als auch mit Bezug auf den Stoff eigentlich frei bewegen, d.h. derjenige Bereich, wo wir der Sinnlichkeit Herr sind, und, von der Vernunft gesehen, die eigentliche Freiheit des Menschen als des ganzen Menschen (nicht nur des rein moralischen) sich vorbereitet. Deshalb ist für die Erziehung zum ästhetischen Zustand die Grundnotwendigkeit: dieser Bereich des Scheins, d.h. den Bereich der schönen Kunst zu schaffen. Die einzelnen Stufen, in denen sich dieser Bereich der schönen Kunst aufbaut. Von der Phantasie zur eigentlichen schöpferischen Gestaltung und zur Vernunft."[77] Schiller: „Dem selbständigen Schein nachzustreben erfordert mehr Abstraktionsvermögen, mehr Freiheit des Herzens, mehr Energie des Willens, als der Mensch nötig hat, um sich auf die Realität einzuschränken, und er muß diese schon hinter sich haben, wenn er bei jenen anlangen will."[78] „Die Schönheit ist dasjenige, worauf der ästhetische Zustand sich bezieht, wodurch er eigentlich bestimmt ist. Der ästhetische Zustand selbst ist verstanden als ein notwendiger Durchgang für den Menschen, sofern er als geschichtlicher Mensch eine Kultur gründen soll. Also ist die eigentliche Zielsetzung für diese

Ausarbeitung einer ästhetischen Erziehung des Menschen die Kultur. Die Kultur aber ist das Ziel der Menschheitsentwicklung selbst im Sinne der Einheit von Würde und Glückseligkeit. Würde ist Herrschaft der Vernunft über die Sinnlichkeit. Glückseligkeit ist das Recht der Sinnlichkeit gegenüber der Vernunft."[79] Würde und Glückseligkeit sind das eigentliche Ziel. Deren Einheit = Kultur; Würde ist die Einheit von Sinnlichkeit und Vernunft; Glückseligkeit ist die Einheit von Vernunft und Sinnlichkeit. „Das Ideal der Einheit gehört aber in die Vernunft, es ist ein Vernunftideal. Das Erziehungsziel ist, das Vernunftideal, ist die Herrschaft der Vernunft, die absolute Freiheit der Vernunft des Menschen in sich selbst."[80] „Schiller will zeigen, daß der Mensch erst als Natur in der Einheit mit der Vernunft zum freien geschichtlichen Handeln kommt."[81] Bestimmt durch die Bejahung des Vernuftideals wird die Auffassung des Ästhetischen. Das Ästhetische, das Schöne, die Kunst ist Instrument der Kultur. Kunst ist nur Ausdruck einer Kultur. Schiller will bzgl. der Schönheit zeigen, dass sie vernunft-notwendig ist (das vermisst er bei Kant).

Ästhetische Erziehung heißt: Erziehung des ganzen Menschen (Sinnlichkeit und Vernunft werden zur Einheit ihrer Selbständigkeit gebracht).[82] Durch die transzendentale Betrachtung des ästhetischen Zustandes wird die Einheit gegründet. Ein Zustand der aktiven realen Bestimmbarkeit ist der ästhetische Zustand (gleichbedeutend mit Einbildungskraft). Das Vorstellen ohne unmittelbare Anwesenheit des Vorgestellten ist nach Kant die Einbildungskraft.[83] Nach Schiller soll die Form alles tun. Diese wird kantisch von Descartes und dem Nominalismus mitbestimmt.[84] Der Titel für das Sein, für das Wesen des Seienden ist die Form. „Einheit oder Form ist eines, so, wie begegnendes eines als eines sich zeigt."[85] Gleichzeitig ist Form gleichzusetzen mit Regel und Gesetz. Darin beruht das so bestimmte Gegenständliche.[86] Kant hat als erster den inneren Zusammenhang der Form mit der Sinnlichkeit gesehen (daher ist für ihn Bemühung um das eigentümliche Hineinregelnde des Formenden in das Sinnliche = Schematismus[87]). Heidegger kritisiert diesen Schematismus (HGA 3, 97 ff.): Schemabildung als Versinnlichung von Begriffen. Man könnte sagen, „der empirische Anblick enthalte gerade alles, was auch der Begriff enthält, wenn nicht sogar mehr. Aber er enthält es nicht so, wie der Begriff es vorstellt, als Eines, das für viele gilt." „Was die Logik Begriff nennt, gründet im Schema." (HGA 3, 98). Der Begriff bezieht sich jeweils unmittelbar auf das Schema. Das Bild von der Zahl fünf: „Die Zahl selbst sieht nie so aus wie die fünf Punkte, aber auch nicht etwa so wie die Zeichen 5 oder V. (...) Freilich zeigt diese Punktreihe die Zahl nicht dehalb, weil sie übersehbar ist und wir ihr scheinbar die Zahl entnehmen können, sondern weil sie sich mit der Vorstellung der Regel der möglichen Darstellbarkeit dieser Zahl deckt."

(HGA 3, 99 f.). „Wir haben jede Zahl schon ‚in der Vorstellung einer Methode, einem gewissen Begriffe gemäß eine Menge (z.E. eintausend) in einem Bilde vorzustellen'." (HGA 3, 100). Daher sind auch die mathematischen Begriffe auf Schemata gegründet und nicht auf schlicht erblickbare Bilder. Kant: „In der Tat liegen unseren reinen sinnlichen Begriffen nicht Bilder (unmittelbare Anblicke) der Gegenstände, sondern Schemata zum Grunde." (HGA 3, 100). Alles begriffliche Vorstellen ist dem Wesen nach Schematismus. „Wenn der Schematismus zum Wesen der endlichen Existenz gehört und die Endlichkeit in der Transzendenz zentriert, dann wird das Geschehen der Transzendenz in seinem Innersten ein Schematismus sein müssen." (HGA 3, 101).

Johann Gottlieb Fichte (1762–1814)

Fichte erstrebt einen Prozess der Selbstwerdung des Menschen, des „Ich". Dieser ist für ihn der Prozess der Gewissensbildung. Von ihm wird das ganze Ich umfasst: als empirisch-sinnliches wie geistig-sittliches Wesen.[88] In sittlichem Handeln sieht Fichte die Bestimmung des Menschen. Dazu ist für ihn Freiheit die essentielle Grundbedingung, um überhaupt in diesen Prozess des Werdens eintreten zu können. Dieser Prozess ist dabei stets unabgeschlossen – auch wenn sich der Mensch zum sittlichen Handeln entwickelt hat. „Der Mensch ist nur dann ein Mensch als Folge dieses Denkens, wenn er unendlich strebt, ein sich abbildendes Bild Gottes zu sein"[89] – ohne dieses Ideal jemals vollständig erreichen zu können. Dabei differenziert Fichte verschiedene Stufen in diesem Werdensprozess zum sittlichen Handeln, dem Überwinden des Nicht-Ich durch das Ich. Die dabei zu durchschreitenden Stufen stehen miteinander in einem Abhängigkeitsverhältnis: die jeweils nächste Stufe baut auf der je vorangehenden auf. Da wäre zunächst die Stufe der naiven Freiheit des „Ichs": wenn es versucht, auf Dinge einzuwirken, für sie ursächlich zu sein, da die Dinge seinen „freien" Willen beeinträchtigen.[90] Diese naive Freiheit kann er nur überschreiten, wenn er versucht, die Objekte zu überwinden. Um dies anzuvisieren, muss das Subjekt Kenntnisse über das Objekt haben. Er erreicht dann die nächste Stufe, diejenige der „Reflexion", wenn er seine Erkenntnisse sachgerecht anwendet. „Damit hat das Ich ‚die Zweckmäßigkeit des Dinges nur zum Teil aufgefaßt; ich erkenne nicht den eigentlichen Zweck desselben, sondern nur etwa einen willkürlichen, für welchen man es unter anderen auch brauchen kann'."[91] Es gilt aber, das Objekt zu überwinden. „Es (das endliche Ich, MPL) betrachtet die Gesetze der Objekte im Hinblick auf deren Setzung durch das Absolute und bestimmt damit deren Endzweck: in bestimmten Grenzen eingeschlossene

Tätigkeit des Absoluten zu sein. (...) Erst wenn kein Zweifel mehr vorhanden ist, wenn statt dessen das Gefühl der absoluten Gewißheit eingetreten ist, daß das Absolute nur in dieser einen und in keiner anderen Weise tätig gewesen, bzw. daß Gott sich nur in dieser einen Weise geäußert haben kann, erfährt das Ich das ‚Wie', d.i. die konkrete inhaltliche Bestimmung des Endzweckes des einzelnen Objektes."[92] Fichte: „Das Kriterium der Richtigkeit unserer Überzeugung ist (...) ein inneres. Ein äußeres, objektives, gibt es nicht, noch kann es ein solches geben, da ja das Ich gerade hier, wo es als moralisch betrachtet wird, ganz selbstständig und von allem, was außer ihm liegt, unabhängig sein soll."[93] Das Ich handelt dann nach seinem Gewissen und geht damit über die vorherigen Begrenzungen hinaus, ist damit selbst kausal für sein Handeln. „Diese Gesetze, die sittlichen Gesetze, beruhen auf dem freien verantwortlichen Urteil des Ich, das allein abhängig ist von seiner Setzung durch das Absolute."[94] Folgt das Ich den sittlichen Gesetzen, so entscheidet es sich dazu, Ich zu sein.

Aufgrund der Voraussetzung der Freiheit für den skizzierten Entwicklungsprozess, ist dieser auch von außen beeinflussbar, das Wesen kann also erzogen werden. Erziehung bedeutet die Aufforderung zur freien Selbsttätigkeit – entsprechend den einzelnen Stufen seiner Heranbildung. Wissen wird im Prozess der Selbstwerdung stets angeeignet, ohne dieses läuft er nicht, es führt alleinig aber nicht zum Ziel. Bildung umfasst damit *immer auch* Wissensvermittlung, um zum Gewissen zu führen; Fichte trennt beide nicht voneinander. Bildung ist also stets mehr als bloße Wissensvermittlung. „Der Bildungsgehalt liegt im Erscheinen des ursprünglich durch das Absolute gesetzten Nicht-Ich auf der jeweiligen des Realisierungsprozesses des Nicht-Ich, also in dem Bild, das sich auf der jeweiligen Stufe abbildet."[95] Das Nicht-Ich wurde vom Absoluten als dasjenige gesetzt, das dem endlichen Ich im Urbild als reiner Begriff erscheint, also nicht als Objekt.[96] Der reine Begriff bildet sich unabhängig vom absoluten Ich im Wissen auf dessen einzelnen Stufen ab. „Der Bildungsgehalt des Wissens ist durch das Abbild des reinen Begriffs im Wissen gesetzt. Der Bildungsgehalt ist damit gesetzt durch das Absolute, durch dessen Verendlichung zum Nicht-Ich." Alle Stufen im o.g. Verständnis werden durch Bildung zu ihrem Ursprung in Verbindung gesetzt. Es geht also darum, den absoluten Gesamtzusammenhang der Stufen der Reflexionsreihe im Blick zu halten. Das Ding wird als Bild der Gesetze aufgefasst, diese wiederum als Bild des Urbildes (ohne zwanghaft zu wirken, also auch nicht theologisch). Bei der Wissensvermittlung fehlt das Urbild gerade, es geht ihr nicht um das Absolute. Sie strebt lediglich das Nicht-Ich als Objekte (Sachbereiche) an. Es geht bei ihr also nicht um Reflexionen des endlichen Ich, um diesem letztlich zur persönlichen Gewissensvermittlung zu verhelfen.

Heidegger würde die Gegenstellung von *ens – ego* (Fichte) anstelle von Sein und Zeit (Heidegger) kritisieren: Seiendes und Sein – Ich. (HGA 28, 130 ff.). Das *ens* ist dogmatisch, da es die Seinsfrage nicht im Grundsatz stellt. Das Ichsein macht sie nicht zum Problem. Sie erklärt sie vielmehr aus dem Bewusstsein und der Erkenntnisfrage. (HGA 28, 137). Das Problem des *ens* wird bei Fichte in das des *ego* hineingenommen. Es ist aber nicht so, dass das Problem des Seins auf das Ich-Sein, respektive die Zeitlichkeit grundgelegt würde. Es ist gerade nicht die Seinsfrage, die die Bestimmung der Ichheit des Ichs anleitet, sondern vielmehr die erstrebte Grundlegung eines absoluten Wissens. Fichtes Wissenschaftslehre verschlingt die Frage nach dem Sein. (HGA 28, 139). Heidegger: „Metaphysik und Mensch = Ich = Bewusstsein = Subjekt = absolutes (methodisch-logisches) Subjekt. ‚Mensch als Subjektivität'." (HGA 28, 244). Darauf beruht letztlich auch der Bildungsbegriff Fichtes: Metaphysik!, da nicht vom Sein ausgegangen wird, sondern vom metaphysisch gesetzten Ich.

Georg Wilhelm Friedrich Hegel (1770–1831)

Wie sieht Hegel den Menschen? Das System Hegels konkretisiert nicht die menschliche Person. Man könnte gar von ihrer Auflösung sprechen zugunsten der Weltvernunft, des Geist-Absoluten, das sich im Durchgang durch die Welt verwirklicht.[97] Hegel sieht den Menschen nicht anthropologisch. Die Frage nach dem Geist impliziert die Gottesfrage ebenso wie diejenige nach dem Menschen.[98] Das schlechthin geistige Wesen ist der Mensch – so Hegel.[99] Es kann diesbzgl. keine exakte Definition geliefert werden, da bereits der Mensch als solcher nicht exakt naturwissenschaftlich-mathematisch vergegenständlicht werden kann. Das geistige Wesen des Menschen ist daher nur ein Aspekt des Menschen. „‚Der Mensch ist einerseits ein natürliches Wesen'. Er existiert nur, er ‚lebt', indem er genau wie das Tier eingebettet ist in die ihn umgebende und in ihm selbst wirkende Natur. Aber das eigentlich Menschliche, das ‚Wahrhafte des Menschen', das, was ihn vom Tier unterscheidet und über es emporhebt, ist – der Geist", oder wie es Hegel auch nennt, das Denken.[100] Die Einheit des Menschenwesens soll aber nicht zerstört werden, indem der Mensch in ein Aggregat von Kräften, Vermögen, Bereichen oder ähnliches aufgelöst wird. Daher ist ihm daran gelegen, dass eine Abhebung des Menschen vom Natürlich-Lebendigen nicht eine Scheidung innerhalb des Menschen zur Folge hat. Das ganze menschliche Sein wird durch den Geist umfasst und bestimmt. Der Mensch fällt aus der Natur wegen seiner Geistigkeit heraus. Er bildet so den Gegensatz zur natürlichen Welt.[101] Der Geist tritt nach Hegel nicht punkthaft im Einzelwesen auf. Der Geist entfaltet sich nach Hegel zu einer großen und vieldimensionalen Gestalt. Der Mensch erlangt, weil er teilhat an diesem extensiven Kosmos als geistiges Wesen, Wirklichkeit. In Gegenstellung zur natürlichen Welt bezeichnet Hegel den Menschen als das Wesen, das sich in die Zweite Welt erhebt.[102] Wie sieht die Struktur zwischen Einzelmensch und Struktur der Welt aus? „Das Reich des Geistes ist nach Hegel das, was von dem Menschen hervorgebracht wird."[103] Wir haben es also mit dem Verhältnis einer wechselseitgen Beziehung und Wechselwirkung zu tun.[104] „Der Mensch erhebt sich selbst zum geistigen Wesen und bringt geistiges Werk hervor in Auseinandersetzung mit der ihn umgebenden geistigen Welt. Er ist der Träger des Geistes, indem er vom Geist getragen wird." Die Geschichte bildet eine der geistigen Dimensionen. Der Geist wirkt in der Zeit. Folglich dauert er in ihr; diesen seinen Weg in der Zeit überschauend, wandelt er sich.[105] Als das geistige Wesen ist das menschliche Wesen das geschichtliche Wesen.[106] Indem es schöpferisch teilhat an der objektiven geistigen Welt, macht es so die Geschichte. Nach Hegel ist der Geist Inbegriff des vernünftigen, freien – damit auch verantwortlichen – menschlichen Denkens.[107]

Sieht man den Mensch so, ist er auch stets in Erziehung und Bildung. Der Geist ruht nicht, ist weder etwas Festes oder Fertiges. Er ist vielmehr lebendig, das absolut Unruhige. Hegel verfolgt ein metaphysisches Anliegen. Das Absolute ist der Geist – so seine höchste Definition.[108] Das Absolute kommt zur Entfaltung sowohl im Weltprozess, in der Geschichte als auch im philosophischen Prozess. Hegel: „In der philosophischen Ansicht des Geistes wird er selbst als in seinem Begriff sich bildend und erziehend betrachtet."[109] Ohne das Zutun des Menschen – Selbstgestaltung und -bildung – kann das Werden des Geistes nicht erfolgen.[110] Weil er Geist ist, muss sich der Mensch zu dem machen, was er ist. Das betrifft auch das Kind, das auch kindhaft Geist ist. Damit ist es befähigt, sich zu wahrer Geistigkeit zu erheben. Im Menschen bilden Natur und Geist eine Einheit. Hegel: „Der Mensch ist, was er ist, nur durch Bildung."[111] Um Mensch zu sein, muss der Mensch in den Bildungsprozess eintreten. Bildung ist für ihn Pflicht. Es besteht ein entsprechender Trieb und entsprechendes Streben. Die Kinder erahnen das Höhere der Erwachsenenwelt. Daher besteht ihrerseits ein Bestreben und Trieb, dieser erahnten Erwachsenenwelt anzugehören.[112] Erziehung gehört somit dem Wesen des Menschen notwendig an. Erziehung bedeutet nämlich Mensch-werdung in einem eigentlichen, geistigen Sinn. Damit ist eine zweite Geburt der Kinder, die geistige Geburt, umfasst. Erziehung und Bildung sind wesentlich auch insbesondere, damit der Mensch zu seiner Vollwertigkeit gelangt. Wenngleich der Mensch immer beides ist, betrifft dies den Geist. „Die noch ganz abstrakte, unmittelbare Realität des Geistes ist aber die Natürlichkeit, die Ungeistigkeit."[113] Wo die Natürlichkeit noch überwiegt, ist der Mensch noch nicht Geist, sondern Seele; sein Geist ist noch bewusstlos. Seele ist somit nach Hegel der Naturgeist. Erziehung erfolgt als Negation des Natürlichen, geht also nicht natürlich aus der Natur hervor.[114] Der Menschengeist ist nach Hegel als Eins aufzufassen: aus Wille und Intelligenz. Er ist also keine „mechanische Sammlung" (Hegel).[115] Bildung bei Hegel steht immer in Zusammenhang mit „Zucht"[116]. Erziehung ist lokalisiert in naturhafter Begrenztheit, Festgelegtheit des Menschen und seinen geistigen Möglichkeiten. „Das ‚Natürliche', die Unmittelbarkeit, in der der Geist am Beginn seines bildenden Werdeganges noch festgehalten ist, erscheint unter einem neuen (...) Gesichtspunkt, sobald wir die dialektische Bewegung des Geistes zu Ende verfolgen und von dort zurückblicken. Denn erst von hier, wo der Geist bei sich selbst ist (= ‚zu sich selbst gekommen ist'), wird sein wahres Wesen offenbar und werden von diesem her die einzelnen voraufliegenden Stufen in ihrem eigentlichen Stellenwert erkennbar."[117] Geistiges Wesen heißt: teilzuhaben am Reich des Allgemeinen. Man muss emporgebildet werden, damit man zum Allgemeinen gehört: vom Besonderen zum Allgemeinen.[118] Nach Hegel darf die menschliche Eigentümlichkeit nicht zu hoch eingestuft werden. Zum selbstständig denkenden und sittlich handelnden Menschen gelangt das Individuum prozesshaft, indem es einen Aufstieg von der natürlichen Subjektivität zu immer größerer Allgemeinheit vollzieht.[119] Wer eigensinnig oder unwissend seine Partikularität in den Vordergrund stellt, bedarf noch Bildung respektive ist ungebildet. „Ungebildet (...) ist, wer das Allgemeine in der Struktur einer Sache, einer Handlungsweise, einer Situation etc. wissentlich verletzt oder es nicht erkennt oder es nicht zur Geltung zu bringen mag."[120] Je gebildeter der Mensch ist nach Hegel, desto weniger tritt in seinem Verhalten „etwas nur ihm Eigentümliches, daher Zufälliges hervor".[121] Zunächst kann man unter gebildeten Menschen verstehen, „daß sie alles machen wie andere".[122] Im Erziehungsprozess steht demnach das Allgemeine gegen die individuelle Besonderheit. Zum vernünftigen Wesen, welches das Allgemeine und sich als Allgemeines weiß und will, gelangt man nicht durch ein ruhiges Sich-enfalten. Die Entwicklung des Geistes bedarf der Erziehung und damit auch des „Kampfes" der Gegenseiten (Naturwesen mit „Instinktbewegung" *versus* Erhebung zum Geist). Daraus resultiert die Notwendigkeit der Zucht als wesentliches Element der Erziehung. Daraus resultiert die Forderung an das Kind zum Gehorsam gegenüber dem Erzieher, der bei Hegel nicht den „Rohrstock des Magisters" verbildlicht. „Wie der Wille, so muß auch der Gedanke beim Gehorsam anfangen."[123] Der Bildungsprozess ist keine organisch-harmonische Selbstentfaltung. Ebenso ist er keine Unterdrückung und Vergewaltigung des Individuums; vielmehr ist er als seine Befreiung aufzufassen.[124] Hegel: „Die Bildung ist (...) in ihrer absoluten Bestimmung die Befreiung und die Arbeit der höheren Befreiung, nämlich der absolute Durchgangspunkt zu der, nicht mehr unmittelbaren, natürlichen, sondern geistigen, ebenso zur Gestalt der Allgemeinheit erhobenen unendlich subjektiven Substantialität der Sittlichkeit. – Diese Befreiung ist im Subjekt die harte Arbeit gegen die bloße Subjektivität des Benehmens, gegen die Unmittelbarkeit der Begierde, sowie gegen die subjektive Eitelkeit der Empfindung und die Willkür des Beliebens."[125] Nur eine abstrakte, oder scheinbare, formelle ist die Freiheit der Willkür. Vielmehr sind mit ihr realiter Abhängigkeit, Befangenheit im „Sinnlichen" und „Natürlichen" verbunden.[126] Die Befreiung – wozu der Prozess der Bildung führt – vollzieht sich in Unterordnung und Anerkennung.[127] Bildung ist für Hegel die Negation der Subjektivität und damit das Erarbeiten des Allgemeinen. „Durch diese Arbeit der Bildung ist es (...) daß der subjektive Wille selbst in sich die Objektivität gewinnt."[128]

Die Negativität ist Heidegger zufolge das Wesen der Negation: Negativität verstanden „als das aus sich herausgehende In-sich-Zurück-Kehren". (HGA 86, 290). „Negativität als Ich-heit. Ich-bin-ich." (HGA 86, 292). Die Negativität ist für Hegel keine Frage. Der Wesensbestand dessen, was dieser Name umschließt, wird nicht fragwürdig und nicht fragbar, weil die Negativität mit dem vorausgesetzten „Bezirk" seines Fragens schon gesetzt ist. Gesetzt ist mit dem Denken: „ich stelle etwas vor im Allgemeinen" – in seinem „Begriff", in seiner Gedachtheit, als der Gedanke. Es kommt darauf an, die Gedachtheit unbedingt zu denken. (HGA 68, 37). Das Negative ist unhinterfragbar, da „ja" und „nein" fraglos zusammengehören. Denn das Denken hat immer irgendetwas zu denken, das zeichnet den Menschen letztlich aus (*animal rationale*); daraus ergibt sich die Fraglosigkeit des Prinzips der Negativität. (HGA 68, 38). Da also das Denken nicht fragwürdig ist, ist es die Negativität auch nicht. (HGA 68, 39). Es ist eine metaphysische Fraglosigkeit. Daher besteht demzufolge zwischen Mensch und Seyn eine Selbstverständlichkeit. (HGA 68, 40). Demnach, aufgrund dieses Verständnisses von Negativität, bleiben unentschieden: Verhältnis: Mensch – Sein; Unterschied zwischen Sein und Seienden. (HGA 68, 41).

Eduard Spranger (1882–1963)

„Geisteswissenschaftliche Psychologie ist Wissenschaft vom subjektiven Geist."[129] Bei Spranger findet sich eine metaphysische Deutung des Menschen, die in ihrem Anfang auf Platon und Aristoteles verweist.[130] Den Menschen zeichnet der Geist aus: seine geistbezogene Seins- und Existenzweise. Dieser ist ein unsinnliches Medium, in dem der Mensch existiert. Der Mensch ist geistbegabt, gehört aber auch der Natur an. Nach Spranger ist er gleichsam in beiden eingebettet. Es besteht zwischen beiden ein korrelatives Verhältnis. Spranger fasst den Menschen als „subjektiven Geist" auf. Er unterscheidet vier Erscheinungsweisen des Geistes: 1. objektivierter, 2. objektiver oder Gemeingeist, 3. normativer Geist, 4. subjektiver oder personaler Geist.[131] Alle diese vier sind aufeinander bezogen. Spranger: „Geist ist ein bloß gedachtes, zeitloses metaphysisches Prinzip, das sich in seinen zeitlichen Auslegungen manifestiert."[132] Wie stehen subjektiver und objektiver Geist zusammen? Der Geist ist ein „überindividuelles Lebensgewebe (...), dem jeder Einzelne von uns eingefügt, eingegliedert ist".[133] „Der Einzelne mit seinem ‚subjektiven Geist' ist nur ein Ausschnitt, ein bedingtes Glied dieses objektiven Geistes."[134] Der subjektive Geist ist demnach die individuelle Erscheinungsform des Geistes (als leiblich-seelisch individuierter Geist). Dem subjektiven oder personalen Geist ist nach Spranger der Primat einzuräumen.[135] Die Sonderstellung kommt zustande, da sich Geist durch Bewusstsein auszeichnet. Spranger: Der Geistzusammenhang „ist der einzige Ort, wo der Gehalt des Geistes bewußt wird ...".[136] Der Geistzusammenhang bleibt ohne Bewusstsein tot. Um fortzubestehen, bedarf es des Individuums als eines Bewusstseinsträgers.[137] Er ist bedingt durch die Kultur. Spranger stellt sich bzgl. des Wesens des Menschen bewusst in die deutsche Philosophie des Geistes.[138] Er knüpft an Hegel an, geht dann aber, was er auch verdeutlicht, eigene Wege. Und das ist dann auch Gegenstand von Sprangers geisteswissenschaftlicher Psychologie.[139] Denn Gegenstand dieser Psychologie ist die geistig verstehende Seele, „das geistige Subjekt" oder der „subjektive Geist".[140] Die unterschiedlichen Termini drücken das gleiche aus. „Immer ist die geisttragende und geisterfüllte, die wertfähige und wertwollende individuelle Seele gemeint, die aufgrund ursprünglich in ihr angelegter geistiger Urtendenzen mit der sie umgebenden geistigen Welt in Sinnbeziehungen steht und sich durch die Fähigkeit zur Sinnerfahrung, Sinngebung und Sinndeutung auszeichnet."[141] Spranger sieht den Menschen als ganzen, innerlich reichen Menschen.

Sinn pädagogischer Tätigkeit ist die Menschenbildung.[142] Spranger kann sein Bildungsverständnis nicht definieren. Spranger: „‚Bildung' bedeutet die Gestalt, die das Innere eines Individuums dadurch empfangen hat, daß es Welteindrücke und Schicksale gemäß ihrem abgestuften Wertgehalt für die Person produktiv in sich verarbeitet hat."[143] Der Gebildete hat seinen Beruf, nicht der Beruf ihn. Der Gebildete soll sich nach Spranger immer als „ganzer Mensch fühlen können". Er lernt auch seinen Beruf in einem größeren Kulturzusammenhang aufzufassen. Und er lernt, geistig über ihm zu stehen, nicht von ihm verschlungen zu werden. Er soll dazu befähigt sein, seinem Dasein „eine sinnvolle, sittliche Richtung zu geben".[144] Bildung bedeutet nicht literarische Bildung. Der reine Spezialist und wurzellose Mensch sind ebenfalls nicht gebildet.[145] „Bildung betrifft die an den objektiv echten Wertgehalten der Kultur erworbene, entwicklungsfähige Wesensformung des Individuums, ‚die es zu objektiv wertvollen Kulturleistungen befähigt und objektive Kulturwerte erlebnisfähig (einsichtig) macht'." Bildung ist „geistig-sittliche" Formung des inneren Menschen. Bloße Kenntnisse oder Denkfähigkeiten sind noch keine Bildung: auch Seelenkultur (philosophisch-religiös, „Herz") gehört dazu, und praktischer Sinn. Bildung ist nach Spranger ganzheitlich bezogen. Spranger: „Wo eine Kraft verkümmert, die zu den notwendigen Lebensäußerungen des Menschen gehört, kann man nicht von wahrer Bildung sprechen."[146] Bildung ist immer in Dynamik begriffen und nie abgeschlossen – lebendig. Es ist das, was organisch geworden ist, „was man intellektuell aufgenommen hat" (Spranger).[147] „Was sie begründet, ist der Sachverhalt, daß ‚Gehalte des großen gemeinsamen Lebens persönlich assimiliert, angeeignet, gleichsam in das Innere der Seele hineingenommen werden'."[148] Sie ist das Resultat der Auseinandersetzung zwischen Mensch und Welt in einem erweiterten Lebenshorizont. Damit verbunden ist auch eine Weltanschauung über den Sinnzusammenhang der Welt und zum Wert des Weltzusammenhangs. Bildung ereignet sich in Beziehung zu Werten und geistigen Gehalten. Bildung ist bei Spranger ein kulturphilosophischer Begriff – nicht nur ein psychologischer. Das Wesen der Bildung ist für Spranger „die lebendig wachsende Aufnahme aller objektiven Werte, die zu der Anlage und dem Lebenskreise eines sich entwickelnden Geistes in Beziehung gesetzt werden können".[149] Bildung umfasst, „Kultur zu tragen, Kultur zu schaffen und Kultur zu haben".[150] Bildung heißt auch Kulturverantwortlichkeit, also sich dem geistigen Erbe verantwortlich zu fühlen. Bildung beim „späten Spranger" ist die Verbindung von echtem Wert, ethischer Gesinnung, Bejahung sittlicher Forderungen, Verantwortungsbewusstsein des Menschen, und transzendezbezogenem Gewissen. Das ethische Moment gerät damit in den Vordergrund. Das Gewissen steht dabei im Brennpunkt der Bildung.[151] Kultur muss nach Spranger immer ein wesentlicher Bestandteil von Bildung sein. Daran bilde sich die Seele. Aber nur die Kulturgüter sind relevant für Bildung, denen ein ethisches Niveau zukommt.[152] Der Mensch erfährt die Stimme des Gewissens und erfährt darin seinen wesensmäßigen Bezug auf die metaphysische Ordnung, aus der er stammt.[153] Bildungsideale können nach Spranger verschiedene konkrete Gestalten annehmen. Sie wechseln mit der Zeit, sind „geschichtlich wandelbar". In jeder Epoche gibt es verschiedene Bildungsideale. Meist herrscht ein „Kampf der Bildungsideale" (Spranger).[154] Spranger erkennt diese

Pluralität, sieht aber ein Bildungsideal als unbedingt verpflichtend an[155], also ein bestimmter „normativer Inhalt" zur Befreiung, Entfaltung und Bewahrung des Menschlichen im Menschen: „1. das selbständige Gewissen, 2. die Kraft zur verantwortlichen Entscheidung, 3. der Lebensglaube, mit dem man steht und fällt."[156] Diese Grundsätze *a priori* sind aus religiösem Glauben erhoben. Ewige Leitsterne der Menschenbildung sind: „1. freie Menschen (Ernst der Wahl), 2. Menschen mit Gewissen, 3. Menschen, die aus einem echten Glauben (metaphysischen Glauben) heraus existieren."[157] Das ist der Inbegriff des übergeordneten Bildungsideals. Daraus resultiert ein Charakter des absoluten Sollens. „Es (das Bildungsideal, MPL) hat einen Kern, der eine absolute Norm enthält" (diese hat allgemeingültigen und verpflichtenden Charakter) und einen „Mantel" (Spranger). Dieser Mantel kann freier gestaltet werden. Dabei muss aber der Kernforderung Genüge geleistet werden. Spranger strebt mit seinem Bildungideal eine „Bindung (an, MPL), die im Innersten der Seele zu höheren und heiligen Mächten besteht, wie es am deutlichsten in der Gewissensbindung zum Ausdruck kommt".[158] Das eigentlich Menschliche im Menschen wird durch die religiöse Bindung begründet. Humanität ist hier bei Spranger eine „religiös-metaphysische Kategorie" (Spranger). Es geht bei jeder Bildung immer um Freilegung eines höheren Selbst.[159] Bildung und Dasein verlieren ohne Gewissen überhaupt ihren Sinn.[160] Das „Innerlichste und Einsamste" wird durch das Gewissen umfasst. Man kann es ggfs. „übertäuben, aber niemals ganz überhören".[161] Hier kommt es zu der Begegnung mit dem Göttlichen.[162] Das Gewissen reguliert das Innere des Menschen. Das Gewissen ist nach Spranger ein „Orientierungspunkt" für den Menschen; es setzt ihm auch einen letztgültig verbindlichen Maßstab. Es ist der Ort der Transzendenzerfahrung.[163] Ein Verweisungszusammenhang existiert zwischen Gewissen und Verantwortung. Das Gewissen ist für Spranger „Durchbruch eines metaphysischen Regulators"[164]. In der „Stimme des Gewissens" sieht er einen „Ewigkeitsbezug".

Zusammengefasst: „Das Ideal jeder wahren Bildung besteht also in der organischen Entfaltung der menschlichen Individualität von innen heraus, zum Zwecke ihres Emporhebens zu reinem Menschentum. Ausgangspunkt ist auch hier die Individualität, die sich zur Universalität, wie diese zur Totalität ausweiten muß. Mit anderen Worten, in der geprägten Individualform muß das Streben erweckt werden, mit allen Seelenkräften alles, was den Inhalt des Menschentums dabei ausmacht, in sich aufzunehmen und dann ein harmonisches Ganzes zu werden oder zumindest danach zu streben."[165] Wahre Bildung ist somit „Erwecken" „von emporhebenden Innenkräften, auf das Entfalten der totalen Wertempfänglichkeit und Wertgestaltungsfähigkeit der werdenden Seele, von innen heraus zielen".[166]

Für Heidegger steht die aufklärerisch zweckrationale Einseitigkeit auf einer (niederen) Stufe mit der – „existenzphilosophisch" gesehenen – Vordergründigkeit der „Kultur". Darin steht er im Gegensatz zu Sprangers Begriff der Kultur. Dieser Begriff nämlich umfasst ebenso Kunst, Religion wie Wissenschaft, Technik und Wirtschaft. Spranger traut dem Menschen mit seiner Bildungsfähigkeit und dem existentiell wirksamen Gewissen eine kultivierende ethische Dynamik zu, womit die Persönlichkeit zum Kulturkorrektiv werden könne. Kultur bei Spranger ist ein Bestand, das was festgestellt wurde als Kultur etc. (HStudien 1996, 13). Alle Kulturphilosophie ist Weltanschauungsphilosophie. Sie stellt bestimmte geistesgeschichtliche Situationen still und will die Kultur deuten unter Verkennung des Kulturlebens. Weltanschauung ist Stillstellung, Abschluss, Ende, System. Phänomenologie hingegen ist nie abschließend, nur vorläufig. Versenkung in die Echtheit des Lebens. In der Weltanschauung liegt das Problem Sprangers.

Weltanschauung ist immer eine Einengung der Blickbahn, durch einen bestimmten Blick. (HGA 65, 37). Sie muss sich demnach konstant halten. Darauf allein richtet sie sich aus. Daher kann sie auch gar nicht bedacht sein auf neue Erfahrungen. Neue Möglichkeiten finden in ihr keinen Widerhall. (HGA 65, 37). Das hat freilich auch etwas mit der Entwicklung des 19. Jahrhunderts zu tun, wo sich eine Weltanschauungsphilosophie neben die wissenschaftliche Philosophie setzt. (HGA 65, 37). Dort kam man wissenschaftlich zu einer technischen Kulturdeutung, auf der anderen Seite sollte die Weltanschauung des Einzelnen als Substitut Werte und Ideale zusammenhalten. Weltanschauung freilich enthält Willkürliches und Rechthaberisches. Philosophie wird so zum Kulturgut. (HGA 65, 38). Heute kommt es zur Herrschaft von Weltanschauungen, die sich über die Philosophie hinaussetzen will, weil sie natürlich durch diese gefährdet wird. Insofern handelt es sich bei der Weltanschauung um „Machenschaft". (HGA 65, 38). Heidegger: „Daß die ‚Weltanschauung' gerade eigenste Sache des Einzelnen und seiner Lebenserfahrung und eigensten Meinungsbildung sein kann, daß im Gegenzug hiergegen die ‚Weltanschauung' als totale, jede Eigenmeinung auslöschende, auftreten kann, dies gehört in dasselbe Wesen der Weltanschauung überhaupt. So grenzenlos jene in ihrer Beliebigkeit, so starr ist diese in ihrer Endgültigkeit." (HGA 65, 39 f.). Philosophie, wenn sie starr und totalitär ist, begibt sich in die Nähe der Weltanschauung. Man kann einem „Volksleib" auch nicht einfach eine Idee im Sinne Platons vorsetzen, einen spezifischen Sinn oder Werte, als Marge, als Ziel, dass es so werden soll. (HGA 65, 42). „Woher und wie diese Vorsetzung?" (HGA 65, 42).

Heidegger (HGA 65, 72): „Solange wir nicht erkennen, daß alles Rechnen nach ‚Zwecken' und ‚Werten' einer ganz bestimmten Auslegung des Seienden (als idea) entspringt, (...) solange ist alles laute Lärmen vom ‚Seyn', von ‚Ontologie', von ‚Transzendenz' und ‚Paratranszendenz', von ‚Metaphysik' und angeblicher Überwindung des Christentums grundlos und leer."

Spranger ist berühmt geworden für seine Typologie von sechs Kultur- und Lebensbereichen. Jürg Blickenstorfer: „Die Wissenschaftler mögen endlos über die Frage debattieren, ob die Realität der Erziehung durch die sechs Bereiche erschöpfend und richtig charakterisiert ist, die drängenden Fragen der Gegenwart bleiben damit unberücksichtigt. Will die Pädagogik einen Beitrag zur Rettung der Kultur leisten, so muß sie Werte setzen, sich für jetzt gültige Ziele, Mittel und Methoden entscheiden."[167] Und das genau ist ja das Ziel Sprangers. Es liegt nicht eigentlich im Kategorisieren. Und genau an dieser Aufgabe scheitert er, da er nicht darüber hinauskommt, dass der große Wissenschaftler es aufgrund seiner Erfahrung quasi instinktiv weiß, was echte Werte und Ideale seien.[168] Er fühlt sich als dieser „große Wissenschaftler" im Bereich der Wissenschaften, als „sittlicher Held", der Deutschland zusammen mit den sittlichen Helden der anderen Kulturbereiche erlösen könne und auch solle. Blickenstorfer weiter: „Man kann bemerken, daß Typologien in sozial bewegten Zeiten nicht geeignet sind, neue Ordnung zu schaffen."[169] Spranger versucht nur eine subjektive Lösung aufgrund seiner Biographie und persönlichen Erfahrungen herbeizuführen – also qua Weltanschauung, wo der Einzelne Werte und Ideale zusammenhalten soll. (siehe soeben Heidegger). Damit handelt er machenschaftlich, aufgrund von Privatwissen. Die Besinnung wird verkürzt, da alles nur ge-setzt wird. Und in diesen Zusammenhang, in das Innere dieses Zusammenhanges hinein legt Spranger dann das Gewissen als zentrale Instanz.

Spranger freilich erkennt sein Scheitern, positive Werte zu setzen und damit gegen den Verfall der Kultur anzugehen. Er fordert in dieser Situation aber auch entsprechende Leistungen der Philosophen.[170] Er verlangt von ihnen, „eine große gedankliche Zusammenschau der Mächte, die im gegenwärtigen Abendland als unser Schicksal oder als unsere Freiheit eine Rolle spielen.[171] (...) Ich nenne diese Aufgabe der Philosophie, die natürlich nicht ihre einzige bleiben soll, bewußt Kulturphilosophie."[172]

Der springende Punkt bei Spranger ist, und hierbei handelt es sich um eine richtige Annahme, dass der Mensch auch ein Produkt seiner Prägung durch den Einfluss der Kultur ist. Der Sozialcharakter des Menschen ist also auch entscheidend. Daher braucht er eine konkrete Auffassung über objektiv geltende Werte. Und genau hier ist Heidegger *proto-wissenschaftlich* weiter. Das ist sozusagen das *Ethos*, das unhintergehbar ist.[173] Er schreibt also keine Ethik, sondern dringt tiefer zum *Ethos* durch. Zunächst durch seine Existenzialien, mit deren Hilfe er zufragen kann auf die Wissenschaften, und später dann vertiefend im Denken der Wahrheit des Seyns. („Beiträge zur Philosophie" [HGA 65], seit den 1930er Jahren). Heidegger geht es auch darum, schal gewordene Werte, Tradition wiederzubeleben. In das Seinsdenken kommt man durch den Nachvollzug der Geschichte des Seyns (HGA 69), respektive beim frühen Heidegger von den Existenzialien aus. Von hier ist zuzufragen auf das Seiende. So sehen wir dann auch, was es mit bestehenden Werten auf sich hat, respektive welche Werte benötigt werden. Aber philosophisch aus dem Anfang, nicht weltanschaulich von einem Ende her, das der permanenten Bestätigung bedarf. Die Existenzialien sind unhintergehbar, nicht wissenschaftlich, sondern *vor*-wissenschaftlich. Das Ereignisdenken (später Heidegger, „Kehre") denkt das existenziale Denken radikaler, tiefer. Es ist kein Abwenden. Ziel ist es, sich auf das metaphysische Denken zu besinnen, es sich aussprechen zu lassen, eine Konfrontation dessen mit der *offenen Weite* – also ein ab-gründiges Denken im Zeit-Raum, dem Hier und Jetzt, dem „Augenblicksdenken", also nichtmetaphysisch. Diese lässt dann das Seiende, Metaphysische, anwesen. Hier gehören Sein und Mensch zusammen, im Vernehmen des An-spruchs der Sprache, die dann ursprünglich sich zu-spricht. Es ist freilich ein mühevoller anstrengender Weg, der zu beschreiten ist.

Es muss der Gang der Auslegung der Geschichte der Metaphysik, die mit Hegel an ihr Ende gekommen ist, nachvollzogen werden. Sie muss verwunden werden. Dazu verhelfen die Griechen. Wir müssen zunächst also wieder lernen, griechisch zu denken. Natürlich als *wesenhafte* Wiederholung. Diesen Weg weist Heidegger in den „Beiträgen zur Philosophie". (HGA 65: Der Anklang – Das Zuspiel – Der Sprung – Die Gründung – Die Zukünftigen – Der letzte Gott). Die bisherige Geschichte muss verwandelt werden zur Geschichte des Seyns. (HGA 69). Sehr aufschlussreich ist auch die „Besinnung" (HGA 66): sie geht über den formalen Rahmen der „Beiträge" hinaus und bildet quasi eine Mitte. (HGA 69, 5). In diesem Denken wirkt Sein und Zeit (1927) weiter fort: nur tiefer gehängt.

Und dann erfahren wir aus diesem Denken heraus auch das Gewissen tiefgreifender, da fundierter. Was aber heute mit Heidegger gesehen werden muss, ist: Die Würde des Menschen, also der unverfügbare Freiheitsraum des Menschen und die Gewissensfreiheit sind beide unbedingt vorauszusetzen: einmal als unverfügbarer Wahrnehmungsraum, dann als unverfügbarer Verantwortungsraum. Beide existieren gleichzeitig. Das heißt: beide sind nicht-kategorial einfach hinzunehmen, sie sind un-verfügbare Bereiche. Das Gewissen erschließt, es gibt Antworten im Sinne des Ver-antwortens. Der Ruf des Gewissens kommt aus mir und über mich. Nach Heideggers „Sein und Zeit": Die

Eigentlichkeit der Existenz findet man im Gewissen: Eigentliches Seinkönnen liegt im Gewissen-haben-wollen. (HGA 2, 311). Wir nehmen eine existenziale Analytik des Gewissens als Phänomen des Daseins vor. (HGA 2, 356). Das Gewissen ist keine vorkommende Tatsache, sondern eine Seinsart des Daseins. Das Gewissen ist eine Erschlossenheit. (HGA 2, 358). Das Gewissen ist das Phänomen, das dem Dasein sein eigenes Selbstsein erschließt, im Gegensatz zum Gerede, das dem Dasein das Man-selbst erschließt. Das Gerede lärmt, ist zweideutig und spricht die Neugier an. Das Gewissen ist dagegen ein lärmloser, unzweideutiger Ruf, der keinen Anhalt für die Neugier gibt. (HGA 2, 360). Das Gewissen ist der Ruf der Sorge. Rufer ist das Dasein. Schon-sein-in: sich ängstigend in der Geworfenheit. Sich-vorweg: Das Angerufene (Dasein) wird zu seinem eigensten Seinkönnen aufgerufen. Schon-sein-bei: Das Dasein wird aus dem Verfallen in das „Man" aufgerufen. (HGA 2, 367 f.). Doch das Gewissen wird durch das Man missverstanden als eine „allgemeine", „nicht bloß subjektive" Stimme – ein „öffentliches Gewissen". (HGA 2, 370). Das existenziale Verständnis des Gewissens trägt weder positiv noch negativ zu dessen Verständnis bei. (HGA 2, 391). „Das Gewissen offenbart sich [am Ende] demnach als eine zum Sein des [menschlichen] Daseins gehörende Bezeugung, in der es dieses selbst vor sein eigenstes Seinkönnen ruft." (HGA 2, 382 f.). Daraus erhellt freilich die Offenheit und auch die Unberechenbarkeit des Menschen. Demnach ist die Verfassung des menschlichen Da-seins seine Freiheit.

„Das Wesen des Menschen wird seit langem in der Richtung der Bestandstücke Leib, Seele, Geist bestimmt; die Art der Schichtung und der Durchdringung, die Weise, wie je das eine vor den anderen einen Vorrang hat, sind verschieden. Ebenso wandelt sich die Rolle, die jeweils eines dieser ‚Bestandsstücke' übernimmt als Leitfaden und Richtpunkt der Bestimmung des übrigen Seienden. (...) Und weil die Frage nach dem Seienden erstanfänglich geradezu gestellt werden mußte und als Leitfrage künftig trotz Descartes, Kant u.s.f. so gestellt blieb, mußte auch immer dergleichen wie Seele, Vernunft, Geist, Denken, Vorstellen einen Leitfaden abgeben, derart freilich, daß mit der Ungeklärtheit der Leitfragenstellung selbst auch der Leitfaden in seinem Leitfragencharakter unbestimmt blieb und vollends nicht gefragt wurde, warum ein solcher Leitfaden notwendig ist, ob diese Notwendigkeit nicht im Wesen und in der Wahrheit des Seins selbst liegt und inwiefern. Wie sich aus diesem Hinweis leicht ergibt, muß eben zuvor die Frage nach der Wahrheit des Seyns als Grundfrage im wesentlichen Unterschied zur Leitfrage aufgerichtet werden." (HGA 65, 312 f.). Auch wenn Spranger von objektiven Kulturwerten ausgeht, die nur subjektiv angeeignet werden und so lebendig bleiben können, bestimmt der objektive Bestand die subjektive Aufnahme. Insofern existiert ein S-O-

Verhältnis. Alles hängt von dem verobjektivierten Bestand ab.[174] (Zur Kritik an der Anthropologie siehe oben.) Heidegger sieht das Ethische fundamentaler im Sinne des *Ethos*.[175] Das Wohnen des Menschen in der Welt als offenständiges, ek-sistierendes Da-sein ist das Ansinnen Heideggers. Es macht das Menschsein aus. Und keine Typologien im Sinne Sprangers, die aus einem Kulturbestand resultieren, und damit den Menschen bereits gewissermaßen *a priori* festlegen. Entscheidend ist die Aneignung und der Weg dorthin. Es ist ein langer Weg, der zu beschreiben ist, um Heideggers Seinsdenken anzu-eignen.[176] Das sagt er nicht nur in HGA 65. Schlagworte reichen dabei nicht aus.

Schluss

„Keiner, der nicht das Mathematische begriffen hat, soll hier einen Zugang haben."
(Spruch über dem Eingang der Platonischen Akademie)

Nach dem, was wir erörtert haben, ist es die Seinsfrage, die zu stellen ist. Damit muss eine Abstandnahme vom Seienden einhergehen. Heidegger geht davon aus, dass „das Lehren (...) schwieriger (sei) als das Lernen.[177] (...) Nicht deshalb, weil der Lehrer die größere Summe von Kenntnissen besitzen und sie jederzeit bereit haben muß. Das Lehren ist darum schwerer als das Lernen, weil Lehren heißt: lernen lassen." (HGA 8, 17). Unter einem anderen Aspekt begründet Heidegger, nicht dazu im Widerspruch stehend, warum das Lernen schwerer als das Lehren sei (HGA 41, 74): „Lernen ist schwerer als Lehren; denn nur wer wahrhaft lernen kann – und nur solange er es kann – der allein kann wahrhaft lehren. Der wahrhafte Lehrer unterscheidet sich vom Schüler nur dadurch, daß er besser lernen kann und eigentlicher lernen will. Bei allem Lehren lernt am meisten der Lehrer."

Nutzbare Kenntnisse zu vermitteln reicht als Aufgabe des Lehrers nicht aus. Es ist also die Aufgabe des Lehrers, lernen zu lassen. Seine Autorität erwächst niemals daraus, viel zu wissen oder beauftragt zu sein, etwas zu lehren. Vielmehr muss es dem Lehrer gelingen, Fragen zu stellen und entsprechend sein Tun und Lassen darauf auszurichten, was sich ihm wesenhaft zu-spricht. (HGA 8, 17). Es geht also beim Lernen nicht darum, sich etwas ins Gedächtnis zu rufen, sondern vielmehr, sich Fragen zu stellen, immer wieder, und so „geistig" voranzuschreiten. Letztlich geht es um die „Versetzung in den Grundzug des je eignen Wesens". Insofern handelt es sich auch um einen Liebesakt. Dabei freilich ist Liebe hier in einer anderen als gewöhnlichen Bedeutung zu verstehen, nämlich im Sinne des „*volo, ut sis*" („ich will, dass Du seiest" [was du bist] – Augustinus zugeschrieben [HBrief, 23]): „Die Liebe ist als Wille zu verstehen, als der Wille, der will, daß das Geliebte in seinem Wesen sei, was es ist. Der höchste und weiteste und entscheidenste Wille dieser Art ist der Wille als Verklärung, der das in seinem Wesen Gewollte in die höchsten Möglichkeiten seines Seins hinaus- und hinaufstellt." (HGA 6.1, 422).

So muss sich der Mensch selbst bewusst werden, indem er zu sich, zu seiner Menschlichkeit gelangt. Er darf nicht bei der Reflektion stehen bleiben. Wir behalten das, was uns an-spricht und zu-spricht (wobei gerade der höchste An-spruch des Menschen die Ethik ist [so Heidegger]), wenn wir es nicht aus dem Gedächtnis lassen. „Das Gedächtnis ist die Versammlung des Denkens. Worauf? Auf das, was uns im Wesen hält, insofern es zugleich bei uns bedacht ist." (HGA 7, 129; HJahresgabe 1993). Es geht darum, was ist, in seine Fülle zu verwandeln. Es geht darum, den Schüler hierhin zu führen. Damit er das ergreift, *was er schon hat*. „Das ursprüngliche Lernen ist jenes Nehmen, worin wir dieses, was je ein Ding überhaupt ist, in die Kenntnis nehmen, was eine Waffe ist, was ein Gebrauchsding ist. Aber das wissen wir doch eigentlich schon. Wenn wir dieses Gewehr oder auch ein bestimmtes Gewehrmodell kennenlernen, lernen wir nicht erst, was eine Waffe ist, sondern dies wissen wir schon vorher und müssen es wissen, sonst könnten wir das Gewehr überhaupt nicht als solches vernehmen. Indem wir im Voraus wissen, was eine Waffe ist, und nur so, wird uns das vorgelegte Gesehene allererst sichtbar in dem, was es ist. Freilich kennen wir das, was eine Waffe ist, nur im Allgemeinen, in einer unbestimmten Weise. Wenn wir uns dies und uns *eigens* und in bestimmter Weise zur Kenntnis nehmen, bringen, dann nehmen wir etwas in die Kenntnis, was wir schon haben. Gerade dies ‚zur Kenntnis nehmen' ist das eigentliche Wesen des Lernens (...) Diesem Lernen entspricht auch das Lehren. Lehren ist ein Geben, Darbieten; aber dargeboten wird im Lehren nicht das Lernbare, sondern gegeben wird nur die Anweisung an den Schüler, sich selbst das zu nehmen, was er schon hat. Wenn der Schüler nur etwas Dargebotenes übernimmt, lernt er nicht. Er kommt erst zum Lernen, wenn er das, was er nimmt, was er eigentlich schon hat." (HGA 41, 73). Das, was wir an den Dingen „eigentlich" schon kennen, nennt Heidegger das Mathematische, „*manthanein*": „Das Mathematische ist jenes Offenbare an den Dingen, darin wir uns immer schon bewegen, demgemäß wir sie überhaupt als Dinge und als solche erfahren. Das Mathematische ist jene Grundstellung zu den Dingen, in der wir die Dinge uns vor-nehmen auf das hin, als das sie uns schon gegeben sind, gegeben sein müssen und sollen. Das Mathematische ist deshalb die Grundvoraussetzung des Wissens von den Dingen." (HGA 41, 76).

Als solches muss es erfahren werden. (vgl. auch HGA 25, 86). Der Mensch versteht sich und die Welt durch die Stimmung, die Befindlichkeit, in der der Mensch sich befindet. (HGA 2). Das Seiende zeigt sich dem Dasein als Sein-können, also als Möglichkeit. Befindlichkeit heißt in diesem Kontext, dass die Welt auf uns zukommt in unserer Befindlichkeit. Verstehen hingegen ist das Zugehen auf die Welt. Der Mensch aber versteht nur dann, wenn er Sprache hat. Rede ist das „gegliederte Bedeutungsganze" – so verstanden (Otto Pöggeler). Alles sich Artikulierende ist Sprache. Im Technischen (der Seinsvergessenheit) nach Heidegger wird hingegen alles festgestellt, verwahrlost, da es dann nur noch seinsvergessen ist. Demnach wird es in seinen Bestand bestellt, als Ergebnis bloßen Wollens und Tuns. (HGA 7, 25). Es geht dann letztlich nur noch darum, den Bestand zu sichern. Auf diese Weise entsteht das Mittel-Zweck-Denken. Daher muss zu technischen Mitteln und Zwecken ein Abstand gewonnen werden, damit diese überhaupt erst überschaut werden können. Erfolgt dies nicht, dann bleibt man beim Funktionieren stehen, das heißt, es wird kein Blick hin zum Allgemeinen geöffnet, genausowenig wie andersherum. Bei ihm steht das Leistungsprinzip im Vordergrund. Es gilt als sein höchstes Prinzip. Die auszuführenden Arbeiten werden auf diese Weise verselbständigt, das heißt also, dass es darum geht, der Gesellschaft „zu dienen". Hier freilich lässt sich trefflich die Frage stellen, wie es um das „Dienen" steht? Beides bedingt sich eigentlich. Nur indem der Mensch für sich „eigentlich" da ist, ist er auch für die Gesellschaft da.

Der Mensch befindet sich demnach in Stimmungen, wenngleich alles festgestellt ist, und ist aufgefordert, sich zu besinnen, um sein Sein erst wirklich wahrnehmen zu können. Eine Konsequenz: Betäubung und Flucht in den Konsum. Das ist eine Charakterisierung des technischen Zeitalters. „Der Ordnungsvorgang der Technik wird durch die Leere der Seinsverlassenheit bestimmt, innerhalb deren der Verbrauch des Seienden für das Machen der Technik, zu der auch die Kultur gehört, der einzige Ausweg ist, auf dem der auf sich selbst erpichte Mensch noch die Subjektivität in das Übermenschentum retten kann."[178] Der Mensch isoliert die Kultur von der Wirklichkeit. Heimatlosigkeit ist die Konsequenz. Wir haben nach wie vor zu fragen und zu wählen. Nur so sind wir in der Lage, uns zu wählen. Und das freilich haben auch schon unsere Vorfahren getan. Hierin liegt gerade die Tradition. So muss dann freilich auch der Umgang mit dem Technischen erlernt werden. Indem wir „Ja" und „Nein" sagen zur Technik (HG, 24 f.), können wir sehr ruhig auch im Technischen leben, und ohne das Technische wäre heute sicherlich kaum noch ein Leben möglich. Es ist demnach wichtig, dem Technischen nicht zu verfallen, zu wissen, was es bedeutet. Das ist die heideggersche „Gelassenheit zu den

Dingen". (vgl. zu deren Voraussetzung: HGA 16, 528). Heidegger: „Das Wort ‚bilden' meint einmal: ein Vor-bild aufstellen und eine Vor-schrift herstellen. Es bedeutet sodann: vorgegebene Anlagen ausformen. Die Bildung bringt ein Vorbild vor den Menschen, demgemäß er sein Tun und Lassen ausbildet. Bildung bedarf eines zum Voraus gesicherten Leitbildes und eines allseitig befestigten Standortes. Das Erstellen eines gemeinsamen Bildungsideals und seine Herrschaft setzen eine fraglose, nach jeder Richtung gesicherte Lage des Menschen voraus. Diese Voraussetzung ihrerseits muß in einem Glauben an die unwiderstehliche Macht einer unveränderlichen Vernunft und ihrer Prinzipien gründen." (HGA 7, 64). „‚Bildung' ist Prägung zumal und Geleit durch ein Bild", wobei sich die Prägung einer „vorgreifenden Anmessung an einen maßgebenden Anblick (verdankt), der deshalb das Vor-bild heißt". (HGA 9, 217). Gebildet ist derjenige, „der den Tatsachen gegenüber einen auswählenden und distanzierenden Instinkt behält, wer die Alleinherrschaft von Affekten im Herzen ebenso scheut wie die von Abstraktionen im Kopfe; wer einen Sinn hat für die Vielheit der Bedeutungen einer inneren Situation, für das Unausgesagte, Potentielle, Unerprobte, Verletzbare darin; zur Kultur gehört ein fundierter Optimismus und, vor allem, eine intakte Idealität im Menschlichen, also der noch unbezeichnete Gegenbegriff des Mißtrauens – die Selbstverständlichkeit, den anderen dadurch über sich hinauswachsen zu lassen, daß man dies als seine Fähigkeit voraussetzt".[179] Es geht bei der Bildung letztlich darum, dass der Mensch seine Vielzahl an Möglichkeiten erkennt, und zwar diejenigen seines eigenen Wesens.

„Allein aus dem Menschenwesen, d.h. aus der Art, wie der Mensch dem Anspruch des Seins das Wort der Antwort gewährt, kann dem Sein ein Widerglanz seiner Würde erstrahlen." (HGA 6.2, 441). Somit kann ausgeführt werden, dass die Sprache als das Haus des Seins die Heimat des Menschen im Seienden ist. Es besteht, ein gleichursprüngliches Verhältnis von Sein, Seiendem und In-der-Welt-sein. Der Mensch ist somit niemals ohne die Anderen. Die Menschen begegnen einander „dia-logisch". „Sichaussprechende Rede ist Mitteilung. Deren Seinstendenz zielt darauf, den Hörenden in die Teilnahme am erschlossenen Sein zum Beredeten der Rede zu bringen." (HGA 2, 223). Das Dia-logische (dia-*logos-ansprechen-lassen – entgegen neuzeitlicher Logik*) ist unmittelbar. Es muss das Sprechen im Gespräch der Sprache entsprechen: Die Sprache ist also kein Gegenstand. Es geht um Unmittelbarkeit, die Sprechenden sollen in einer Vorurteilslosigkeit zueinander stehen. Das setzt voraus, dass die Gesprächspartner hören können, wozu es einer gewissen demütigen Haltung bedarf. Dies führt zur Bildung. „Nur was sich in sich selbst zurückfestigt, vermag aus sich entspringen zu lassen, ohne dadurch sein Wesen zu verlieren." (HGA 4, 146). Entscheidend ist nach dem Ausgeführten das Erkennen des Selbst des Menschen im Prozess der Selbstwerdung. Das ist die Voraussetzung der Freiheit. Die Freiheit ist der Bereich des Geschicks, wo sich das Sein zuschickt, das jeweils eine Entbergung auf ihren Weg bringt. Die Freiheit besteht in der Gelassenheit zu den Dingen. Gleichzeitig besteht sie in der Offenheit für das Geheimnis des Seins. (HGA 16, 528). Diese Freiheit ist der Grund und Boden. Auf ihm kann sich der Mensch als endlicher Mensch in der Welt aufhalten. Wir schließen daraus: Wir sind mit Heidegger der Auffassung, dass das Wesen des Menschen „aus den Fugen geraten ist", ja: der Mensch heimatlos geworden ist. Hieraus ergeben sich – wie wir auch aufgezeigt haben – Probleme beim Begriff „Bildung". Was dies nicht zuletzt politisch und kulturell bedeutet, muss nicht besonders betont werden. Was ist zu tun? Der Dimensionen und der Vielschichtigkeit von Sprangers Bildungsbegriff ist zu erinnern. Er-innern heißt in diesem Bezug: Wir müssen mit ihm (wieder) ins Gespräch kommen. Dies kann uns aufgrund des aufgezeigten weiten Verständnisses des Da-seins („Menschen") nur mit Heideggers Denken gelingen! Dass Sprangers Verständnis von Heidegger unzureichend ist, davon zeugen bereits seine Ausführungen in „Zwei Auffassungen vom Wesen der Philosophie" (1942)[180]. Hier spricht er von „Existenz"philosophie, vom Heideggerschen „Subjekt", von „Einsamste der Person" und dergleichen mehr. Sprangers Werk ist unabgeschlossen. Er spielt in der gegenwärtigen Pädagogik explizit kaum noch eine Rolle. Wir können weiter *über* ihn reden. Aber: *Cui bono?* Greifen so Studenten wieder zu seinen Schriften? Kaum. Es ist notwendig, mit Spranger ins Gespräch zu kommen, zu sehen, was uns an-spricht und wie es uns an-spricht. Nur so, durch die Befreiung seines Denkens, können wir ermessen, ob es heute noch Sinn macht, ihn zu lesen oder nicht bzw. ergeben sich neue Perspektiven für die Pädagogik und damit auch für unseren Bereich: die politische Bildung.

„Nach unserer menschlichen Erfahrung und Geschichte, soweit ich jedenfalls orientiert bin, weiß ich, daß alles Wesentliche und Große nur daraus entstanden ist, daß der Mensch eine Heimat hatte und in einer Überlieferung verwurzelt war. Die heutige Literatur zum Beispiel ist weitgehend destruktiv."[181]

Spranger:[182] „(...) Das ist der Vorzug des menschlichen Geistes vor allen primitiveren Gestalten des Bewußtseins: Wir können uns verstehend mit dem Gefüge vieler Geistesgebilde identifizieren, unser Ich zu einer Welt erweitern und uns auch historisch von 3000 Jahren und mehr Rechenschaft geben. Bis dahin gelangen wir in der horizontalen Richtung des zeitlichen Geschichtsverlaufes. All dies Leben aber hängt in den Angeln einer höheren Welt, die gleichsam in der Vertikale zu suchen ist. Es ist nämlich so, daß alles Kämpfen und Mühen in der räumlich-zeitlichen Wirklichkeit sinnlos bliebe, wenn nicht unser Innerstes empfänglich wäre für eine Sinnquelle ganz anderer Art. Man mag Einzelzusammenhänge der Geschichte aus ihrer Verknüpfung mit dem Vorangehenden verstehen, und sogar voraussagen können, was aus der gegebenen Kräfteverteilung folgen muß. Was aber geschehen *soll*, damit die Geschichte nicht ins Leere oder gar in den Abgrund steuere, das erschließt sich ihren verantwortlichen Trägern – wir Lebenden sind es sämtlich – nur in den magischen Berührungen mit dem höchsten Sinngeber, die immer wieder im Inneren der Seele stattfinden. Hier ist der eigentliche Ort der christlichen Lebensdeutung. Wird diese Dimension ausgeschaltet, so verwandelt sich alles in ein unheimliches Spiel gottferner Kräfte, und selbst *diese* Welt muß schließlich in Trümmer sinken."

Siglenverzeichnis der verwendeten Werke Martin Heideggers

– Gesamtausgabe (HGA)

HGA 2: Sein und Zeit, hgg. v. F.-W. von Herrmann, Frankfurt/M. 1977.
HGA 3: Kant und das Problem der Metaphysik, hgg. v. F.-W. von Herrmann, Frankfurt/M. 1991.
HGA 4: Erläuterungen zu Hölderlins Dichtung, hgg. v. F.-W. v. Herrmann, Frankfurt/M. 1981.
HGA 5: Holzwege, hgg. v. F.-W. von Herrmann, Frankfurt/M. 1977.
HGA 6.1: Nietzsche, Erster Band, hgg. v. B. Schillbach, Frankfurt/M. 1996.
HGA 6.2: Nietzsche, Zweiter Band, hgg. v. B. Schillbach, Frankfurt/M. 1997.
HGA 7: Vorträge und Aufsätze, hgg. v. F.-W. von Herrmann, Frankfurt/M. 2000.
HGA 8: Was heißt Denken?, hgg. v. P.-L. Coriando, Frankfurt/M. 2002.
HGA 9: Wegmarken, hgg. v. F.-W. von Herrmann, Frankfurt/M. 1976.
HGA 12: Unterwegs zur Sprache, hgg. v. F.-W. von Herrmann, Frankfurt/M. 1985.
HGA 13: Aus der Erfahrung des Denkens, hgg. v. H. Heidegger, Frankfurt/M. 1983.
HGA 16: Reden und andere Zeugnisse eines Lebensweges, hgg. v. H. Heidegger, Frankfurt/M. 2000.
HGA 17: Einführung in die phänomenologische Forschung, hgg. v. F.-W. von Herrmann, Frankfurt/M. 1994.
HGA 20: Prolegomena zur Geschichte des Zeitbegriffs, hgg. v. P. Jaeger, Frankfurt/M. 1979.
HGA 25: Phänomenologische Interpretation von Kants Kritik der reinen Vernunft, hgg. v. I. Görland, Frankfurt/M. 1977.
HGA 27: Einleitung in die Philosophie, hgg. v. O. Saame und I. Saame-Speidel, Frankfurt/M. 1996.
HGA 28: Der deutsche Idealismus (Fichte, Schelling, Hegel) und die philosophische Problemlage der Gegenwart, hgg. v. C. Strube, Frankfurt/M. 1997.
HGA 31: Vom Wesen der menschlichen Freiheit, hgg. v. H. Tietjen, Frankfurt/M. 1982.
HGA 41: Die Frage nach dem Ding, hgg. v. P. Jaeger, Frankfurt/M. 1984.
HGA 63: Ontologie, hgg. v. K. Bröcker-Oltmanns, Frankfurt/M. 1988.
HGA 65: Beiträge zur Philosophie (Vom Ereignis), hgg. v. F.-W. von Herrmann, Frankfurt/M. 1989.
HGA 66: Besinnung, hgg. v. F.-W. von Herrmann, Frankfurt/M. 1997.
HGA 68: Hegel, hgg. v. I. Schüßler, Frankfurt/M. 1993.
HGA 69: Die Geschichte des Seyns, hgg. v. P. Trawny, Frankfurt/M. 1998.
HGA 70: Über den Anfang, hgg. v. P.-L. Coriando, Frankfurt/M. 2005.
HGA 76: Leitgedanken zur Entstehung der Metaphysik, der neuzeitlichen Wissenschaft und der modernen Technik, hgg. v. C. Strube, Frankfurt/M. 2009.

HGA 86: Seminare: Hegel – Schelling, hgg. v. P. Trawny, Frankfurt/M. 2011.
HGA 88: 1. Die metaphysischen Grundstellungen des abendländischen Denkens; 2. Einführung in das philosophische Denken, hgg. v. A. Denker, Frankfurt/M. 2008.

– Einzelbände

HBrief: Martin Heidegger – Elisabeth Blochmann, Briefwechsel 1918-1969, hgg. v. J.W. Storck, Marbach a. Neckar 1989.
HG: Gelassenheit, 2. Aufl., Pfullingen 1960.
HJahresgabe 1993: M. Heidegger, Das Wesen des Menschen (Das Gedächtnis im Ereignis). Jahresgabe der Martin-Heidegger-Gesellschaft 1993 (unveröffentlicht).
HStudien 1996: M. Heidegger, Die Idee der Philosophie und das Weltanschauungsproblem, in: Heidegger-Studien 1996.
HSZ 1927: Sein und Zeit, Halle a.d. Saale 1927.
HZS: Zollikoner Seminare, hgg. v. M. Boss, 2. Aufl., Frankfurt/M. 1994.

Anmerkungen

1. Anregungen für das Folgende aus den „Sätze(n) über die Wissenschaft", in: HGA 65, 145 ff.
2. I. Kant, Metaphysische Anfangsgründe der Naturwissenschaft. Vorrede, A IX. In: Immanuel Kants Werke, hgg. v. E. Cassirer. Band IV, Berlin 1922, 372, zit. nach HGA 27, 43.
3. Im Sinne von: M. Porsche-Ludwig, Proto-Politik. Eine Grundlegung, Berlin 2008.
4. Vgl. hierzu: M. Porsche-Ludwig, Macht und Ohnmacht von Politik. Proto-politische Perspektiven politikwissenschaftlicher Grundlagenforschung, Shanghaier Vorträge, Berlin [u.a.] 2007.
5. Vgl. M. Porsche-Ludwig, Proto-Politik. Eine Grundlegung, Berlin 2008.
6. Vgl. K. Kanthack, Das Denken Martin Heideggers. Die große Wende der Philosophie, 2. Aufl., Berlin [u.a.] 1964, 51 ff.
7. F. Wiplinger, Wahrheit und Geschichtlichkeit, Freiburg [u.a.] 1961, 64.
8. Vgl. M. Scheler, Die Stellung des Menschen im Kosmos, Darmstadt 1928; H. Plessner, Die Stufen des Organischen und der Mensch, Berlin 1928; A. Gehlen, Der Mensch. Seine Natur und Stellung in der Welt, Berlin 1940; Existenz an sich seiender Werte.
9. Vernünfftige Gedancken von Gott, der Welt und der Seele des Menschen, 2. Aufl. 1751, Kapitel 3 und 5.
10. Vgl. im Einzelnen L.J. Pongratz, Problemgeschichte der Psychologie, Bern [u.a.] 1967, 28 ff.
11. Vgl. F.A. Lange, Die Grundlagen der mathematischen Psychologie. Ein Versuch zur Nachweisung des fundamentalen Fehlers bei Herbart und Drobisch, 1865; vgl. auch L.J. Pongratz, Problemgeschichte der Psychologie, Bern [u.a.] 1967, 74 ff.
12. Vgl. insbesondere W. Dilthey, Gesammelte Schriften, Leipzig [u.a.] 1914 ff.: „Realpsychologie"; „beschreibende und zergliedernde Psychologie", von dem die psychologische Schule ausging.
13. Vgl. K. Jaspers, Allgemeine Psychopathologie, 9. Aufl., Berlin [u.a.] 1973, 191.
14. K. Jaspers, Allgemeine Psychopathologie, 9. Aufl., Berlin [u.a.] 1973, 190; interessant dazu die Arbeiten Medard Boss', z.B. Martin Heidegger und die Ärzte, in: G. Neske (Hg.), Martin Heidegger zum siebzigsten Geburtstag, Pfullingen 1959, 276 ff. Er bezeichnet das Problem als „Scheinproblem".
15. Vgl dazu L.J. Pongratz, Problemgeschichte der Psychologie, Bern [u.a.] 1967, 43 ff.
16. Vgl. insbesondere W. Stern, Person und Sache 1–3, 1906–1924.
17. So L.J. Pongratz, Problemgeschichte der Psychologie, Bern [u.a.] 1967, 212.
18. Vgl. näher M. Boss, Grundriß der Medizin und der Psychologie, Bern [u.a.] 1975, 147 ff.
19. Vgl. M. Boss, Grundriß der Medizin und der Psychologie, Bern [u.a.] 1975, 154.
20. Ebenso: K. Kanthack, Das Denken Martin Heideggers. Die große Wende der Philosophie, 2. Aufl., Berlin [u.a.] 1964, 79 f.
21. Vgl. auch S. Meier-Öser, Wissenschaft, in: Historisches Worterbuch der Philosophie, hgg. v. J. Ritter, Band 12, Basel [u.a.] 2004, 902 ff.

22 Vgl. H.M. Baumgartner, Wissenschaft, in: Handbuch Philosophischer Grundbegriffe, hgg. v. H. Krings, H.M. Baumgartner, Ch. Wild, Band III, München 1974, 1743.
23 Vgl. I. Newton, Principia mathematica, 1686/87.
24 Brief an Seckendorff, Mai 1685, A I.4.507, zit. nach H. Poser, Gottfried Wilhelm Leibniz zur Einführung, Hamburg 2005, 39.
25 Discours de Métaphysique, Paragraf 5, A VI.4/1537; Paragraf 36, A VI.4.1586, zit. nach H. Poser, Gottfried Wilhelm Leibniz zur Einführung, Hamburg 2005, 39.
26 Vgl. hierzu und zum Folgenden: K. Kanthack, Das Denken Martin Heideggers. Die große Wende der Philosophie, 2. Aufl., Berlin [u.a.] 1964, 74 f.
27 F.W.J. Schelling, Philosophische Untersuchungen über das Wesen der menschlichen Freiheit und die damit zusammenhängenden Gegenstände, zit. nach K. Kanthack, Das Denken Martin Heideggers. Die große Wende der Philosophie, 2. Aufl., Berlin [u.a.] 1964, 75.
28 Hier zeigen sich gewisse Parallelen zur Papstrede Benedikts im Deutschen Bundestag am 22.09.2011 anlässlich seines Deutschlandbesuches, vgl. www.bundestag.de/kulturundgeschichte/geschichte/gastredner/benedict/rede.html [24.02.2013].
29 Zit. nach C. Menze, W. von Humboldt, Lehre und Bild vom Menschen, Ratingen b. Düsseldorf 1965, 104.
30 Ebd., 104.
31 Zit. nach ebd., 104 f.
32 Ebd., 105.
33 Vgl. ebd., 99.
34 Ebd., 97.
35 Ebd., 125.
36 W. v. Humboldt, Über die Verschiedenheit des menschlichen Sprachbaues, zit. nach HGA 12, 235 f.
37 M. Heidegger, Übungen für Anfänger. Schillers Briefe über die ästhetische Erziehung des Menschen, hgg. v. U. von Bülow, Marbach a. Neckar 2005, 11.
38 Ebd., 11.
39 Ebd., 13.
40 Ebd., 14.
41 Ebd., 16.
42 Ebd., 18.
43 Ebd., 21.
44 Ebd., 22.
45 Ebd., 23.
46 Ebd., 24.
47 Ebd., 26.
48 Ebd., 30.
49 Ebd., 31.

50 Ebd., 34 f.
51 Ebd., 35.
52 Ebd., 35.
53 Ebd., 36.
54 Ebd., 37.
55 Ebd., 41.
56 Ebd., 46.
57 Ebd., 47.
58 Ebd., 54.
59 Ebd., 54.
60 Ebd., 57.
61 Ebd., 60.
62 Ebd., 61.
63 Ebd., 63.
64 Ebd., 68.
65 Ebd., 69.
66 Ebd., 71.
67 Ebd., 71.
68 Ebd., 73.
69 Ebd., 75.
70 Ebd., 76.
71 Ebd., 79.
72 Ebd., 97.
73 Ebd., 120 f.
74 Ebd., 123.
75 Ebd., 124.
76 Ebd., 126.
77 Ebd., 128.
78 Ebd., 128.
79 Ebd., 129 f.
80 Ebd., 130.
81 Ebd., 130.
82 Ebd., 97.
83 Ebd., 97.
84 Ebd., 109.
85 Ebd., 109.
86 Ebd., 110.
87 Ebd., 111.
88 I. Schindler, Reflexion und Bildung in Fichtes Wissenschaftslehre von 1794, Düsseldorf

    1966, 106.
89 Ebd., 95.
90 Ebd., 97.
91 Fichte, zit. nach ebd., 99.
92 Ebd., 100.
93 Ebd., 103.
94 Ebd., 103.
95 Ebd., 125.
96 Ebd., 125.
97 F. Nicolin, Hegels Bildungstheorie. Grundlinien geisteswissenschaftlicher Pädagogik in seiner Philosophie, Bonn 1955, 28.
98 Ebd., 28.
99 Ebd., 29.
100 Ebd., 30.
101 Ebd., 31.
102 Ebd., 32.
103 Hegel, zit. nach ebd., 33.
104 Ebd., 34.
105 Ebd., 34.
106 Ebd., 35.
107 Ebd., 35.
108 Ebd., 37.
109 Ebd., 37.
110 Ebd., 38.
111 Hegel, zit. nach ebd., 41.
112 Ebd., 41.
113 Hegel, zit. nach ebd., 47.
114 Ebd., 50.
115 Ebd., 54.
116 Ebd., 56.
117 Ebd., 56.
118 Ebd., 59.
119 Ebd., 60.
120 Ebd., 62.
121 Ebd., 63.
122 Ebd., 63.
123 Hegel, zit. nach ebd., 67.
124 Ebd., 69.
125 Hegel, zit nach ebd., 69 f.

126 Ebd., 71.
127 Ebd., 71.
128 Hegel, zit. nach ebd., 77.
129 Spranger, nach R. Klussmann, Die Idee des Erziehers bei Eduard Spranger vor dem Hintergrund seiner Bildungs- und Kulturauffassung, Frankfurt/M. [u.a.] 1984, 50.
130 Ebd., 50.
131 Ebd., 52.
132 Spranger, zit. nach ebd., 53.
133 Spranger, zit. nach ebd., 53.
134 Spranger, zit. nach ebd., 54.
135 Ebd., 54.
136 Spranger, zit. nach ebd., 54.
137 Ebd., 54 f.
138 Ebd., 55.
139 Ebd., 56 ff.
140 Ebd., 59.
141 Ebd., 59.
142 Ebd., 258.
143 Spranger, zit. nach ebd., 259.
144 Spranger, zit. nach ebd., 259.
145 Ebd., 260.
146 Spranger, zit. nach ebd., 260.
147 Ebd., 261.
148 Spranger, zit. nach ebd., 261.
149 Spranger, zit. nach ebd., 261 f.
150 Spranger, zit. nach ebd., 262.
151 Ebd., 262.
152 Ebd., 263.
153 Ebd., 267.
154 Spranger, zit. nach ebd., 267.
155 Ebd., 268.
156 Spranger, zit. nach ebd., 268.
157 Spranger, zit nach ebd., 268.
158 Spranger, zit. nach ebd., 269.
159 Ebd., 271.
160 Ebd., 271.
161 Spranger, zit. nach ebd., 272.
162 Ebd., 272.
163 Ebd., 273.

164 Spranger, zit. nach ebd., 273.
165 N. Louvaris, Eduard Sprangers Philosophie des Geistes, in: FS für Eduard Spranger zum 75. Geburtstag, Tübingen 1957, 76.
166 N. Louvaris, Eduard Sprangers Philosophie des Geistes, in: FS für Eduard Spranger zum 75. Geburtstag, Tübingen 1957, 76 f.
167 J. Blickenstorfer, Pädagogik in der Krise. Hermeneutische Studie mit Schwerpunkt Nohl, Spranger, Litt zur Zeit der Weimarer Republik, Bad Heilbrunn 1998, 69.
168 Näher J. Blickenstorfer, Pädagogik in der Krise. Hermeneutische Studie mit Schwerpunkt Nohl, Spranger, Litt zur Zeit der Weimarer Republik, Bad Heilbrunn 1998, zusammenfassend: 69.
169 J. Blickenstorfer, Pädagogik in der Krise. Hermeneutische Studie mit Schwerpunkt Nohl, Spranger, Litt zur Zeit der Weimarer Republik, Bad Heilbrunn 1998, 70.
170 E. Spranger, Aufgaben der Philosophie in der Gegenwart (1953), in: ders., Kulturphilosophie und Kulturkritik, Gesammelte Schriften, Band 5, hgg. v. H. Wenke, Tübingen 1969, 320–327.
171 E. Spranger, Aufgaben der Philosophie in der Gegenwart (1953), in: ders., Kulturphilosophie und Kulturkritik, Gesammelte Schriften, Band 5, hgg. v. H. Wenke, Tübingen 1969, 326.
172 E. Spranger, Aufgaben der Philosophie in der Gegenwart (1953), in: ders., Kulturphilosophie und Kulturkritik, Gesammelte Schriften, Band 5, hgg. v. H. Wenke, Tübingen 1969, 327.
173 Vgl. M. Porsche-Ludwig, Demokratie als Lebensform. Zum politischen System Deutschlands, Ein Lehr- und Studienbuch, Wien [u.a.] 2009.
174 „Werte wie Ideale sind gleichsam Spiegel, in denen sich Subjekt und Gemeinschaft selbst widerspiegeln, interpretieren, abgrenzen und nicht selten grandios erhöhen. Werte sind stets Endprodukte, deren Verfertigungsgang nicht mehr nachvollziehbar ist. Nicht zuletzt sind sie in ihrem zeitweiligen Aufscheinen der uneingestandene Widerschein unbewusster Triebregungen und elementarer Interessen von Einzel- und Gruppensubjekten. Damit Werte (...) kommunikabel werden, bedürfen sie ihrer kulturellen Zurichtung und sozialpolitischen Musterung. Kurzum, Werte schwanken in ihrer Produktqualität zwischen blankem Subjektivismus und gesellschaftspolitischen Mustergaben mit Identifikationsanspruch." Vgl. E. Möde, Politik und Christentum. Eine Wertefrage? Wider eine politische Vereinnahmung des christlichen Glaubens, in: ders. u.a. (Hg.), Jesus hominis salvator. Christlicher Glaube in moderner Gesellschaft (FS für W. Mixa), Regensburg 2006, 232.
175 Vgl. zu diesem Gesamtzusammenhang auch: M. Porsche-Ludwig, Alexander Schwan. Fundamente normativer Politik(wissenschaft), Berlin [u.a.] 2010.
176 Vgl. hierzu insbesondere die ausgezeichneten Arbeiten F.-W. von Herrmanns. Als erster Zugang empfehlenswert: HGA 2; HGA 17; HZS.
177 Zum Folgenden vgl. insbesondere: S. Duda, Selbstwerdung und Sprache bei Martin Hei-

degger als Grundlage für eine pädagogische Anthropologie, Wien 1971; auch U. Horn, Dialogische Bildung und pädagogische Dimension. Versuch einer Studie zu Fragen nach dem Verhältnis von Sein und Nichtsein im Hinblick auf die ontologische Dimension des Pädagogischen unter besonderer Berücksichtigung von Aristoteles, Hegel, Heidegger, Freiburg/Br. 1975. Entfernter auch: Th. Ballauf, Philosophische Begründungen der Pädagogik. Die Frage nach Ursprung und Maß der Bildung, Berlin 1967.

178 S. Duda, Selbstwerdung und Sprache bei Martin Heidegger als Grundlage für eine pädagogische Anthropologie, Wien 1971, 52.

179 A. Gehlen, Die Seele im technischen Zeitalter. Sozialpsychologische Probleme in der industriellen Gesellschaft, Hamburg 1963, 117, zit. nach S. Duda, Selbstwerdung und Sprache bei Martin Heidegger als Grundlage für eine pädagogische Anthropologie, Wien 1971, 77.

180 In: ders., Kulturphilosophie und Kulturkritik, Gesammelte Schriften, Band 5, hgg. v. H. Wenke, Tübingen 1969, 265–289. In „Aufgaben der Philosophie in der Gegenwart" (1953), abgedruckt im selben Band, spricht er gar davon, dass „Existenzphilosophie" das Resultat des Zusammenschrumpfens einer bestimmten Richtung der Anthropologie sei (321).

181 Martin Heidegger, im SPIEGEL-Gespräch am 23. September 1966, vgl. HGA 16, 670.

182 Verantwortung in der politisch-geschichtlichen Welt, in: ders., Gedanken zur Daseinsgestaltung, München 1963, 137.

Johannes Bottländer

Individuum und Gemeinschaft im Spannungsfeld von kirchlicher Jugendarbeit, Jugendbewegung und pädagogischem Diskurs

Parallele, beeinflussende und befruchtende Faktoren 1880–1930

Der Titel dieses Beitrags vermag in einer ersten Einschätzung ohne Schwierigkeiten zu verdeutlichen, welcher Sachverhalt in den Mittelpunkt der Untersuchung gerückt werden soll. Zum einen wird aufgezeigt, wie in der kirchlichen Jugendarbeit und in der Jugendbewegung das wechselseitige Verhältnis von Individuum und Gemeinschaft verstanden und im praktischen Lebensvollzug umzusetzen versucht wurde; zum anderen soll aufgezeigt werden, wie auch im wissenschaftlichen Diskurs jener Zeit eben dieses Spannungsverhältnis in den Fokus pädagogischer Fragestellungen und Auseinandersetzungen rückte, um auf die „Erziehungsnot" der jungen Generation – als solche wurde die pädagogische Ausgangslage erkannt und präzise formuliert – eine Antwort zu finden. Dabei wird ersichtlich, dass der Problemkreis „Individuum und Gemeinschaft" sowohl auf der Handlungsebene des praktischen Tuns als auch auf der Ebene der wissenschaftlichen Theorienbildung parallele Gemeinsamkeiten aufweist, die eine wechselseitige Befruchtung beider Bereiche belegen.

1 Die Marianischen Kongregationen

Es mag zunächst verwunderlich erscheinen, in einer pädagogischen Abhandlung, die den praktischen Vollzug und die theoretischen Grundlegungen des ambivalenten Verhältnisses von Individuum und Gemeinschaft zum Untersuchungsgegenstand hat, einen historischen Rückgriff vorzunehmen, der bis in die Mitte des 16. Jahrhunderts reicht, zumal doch als weiteres thematisches Eingrenzungselement der Zeitraum von 1880 bis 1930 explizit im Untertitel angegeben ist. Dieser Rückgriff ist jedoch insofern angebracht, als erzieherische Grundsatzfragen schon in der Zeit der Postreformation „angedacht" und über dreihundert Jahre hinweg weiterentwickelt wurden. Das Wissen um diese Ansätze – man kann auch sagen: „Prä-Dispositionen" – ermöglicht das tiefere Verstehen der Fragestellungen im Untersuchungszeitraum. Diese Erhellungsfunktion ist sogar in zweifacher Hinsicht nützlich: Sie betrifft zum einen den „Dissens über die Jugendbewegung" und zum anderen den „Streit um den Begriff der Sozialpädagogik", zwei Phänomene, die nicht zufällig fast gleichzeitig sichtbar werden und – weil sie auf den Kern der Auseinandersetzung, nämlich auf das Spannungsverhältnis von Individuum und Gemeinschaft, zurückweisen – die Untersuchungsschwerpunkte dieses Beitrags darstellen.

Bevor dieser historische Rückgriff jedoch in Angriff genommen wird, soll in gebotener Kürze das Augenmerk auf zwei Aspekte gerichtet werden, die sich in besonderer Weise auf das sachlogische Reibungsverhältnis von Jugend und Kirche beziehen und nicht aus dem Blick geraten dürfen.

1.1 Jugend im Spannungsfeld von Kirche und Gesellschaft

Mit dieser Ausgangsperspektive ist die Hypothese, die diesem Beitrag zugrunde liegt, bereits angedeutet: Begriffe, die im pädagogischen Bereich von zentraler Bedeutung sind, unterliegen einem fortwährenden Wandlungsprozess und bedürfen eines ständigen neuen Beschreibungsversuches.

Die Geschichte der kirchlichen Jugendarbeit vermag einen guten Anhaltspunkt zu bieten, um diesen Sachverhalt darzustellen. Allerdings ist die Einflussnahme des gesellschaftlichen Umfeldes auf die der Jugendarbeit zugrunde liegenden Wertstrukturen ein derart breit gefächertes Beobachtungsfeld, dass Einengungen methodisch unvermeidbar erscheinen. So wird in wissenschaftlichen Untersuchungen beispielsweise der Begriff der Autorität exemplarisch ausgewählt; dabei werden die Problemkreise „Freiheit und Selbstbestimmung", „Führertum" und „autoritas", „Elite und Masse" sowie „kirchliche Seelsorge und außerschulische Jugendpädagogik" häufig miteinbezogen, da sie zum einen auf das jeweilige Autoritätsverständnis hinzielen und zum anderen zu den Grundsatzfragen gehören, mit denen sich Theoretiker und Praktiker in der kirchlichen Jugendarbeit über den ganzen Untersuchungszeitraum hinweg bis zum heutigen Tag auseinander gesetzt haben. Dieser Beitrag richtet den Blick auf die Frage, wie das Verhältnis von Individuum und Gemeinschaft zunächst ansatzweise in den Anfängen der kirchlichen Jugendarbeit zum Tragen kam und wie es unter dem Einfluss der Jugendbewegung und des Streites um den Begriff der Sozialpädagogik eine neue Ausgestaltung erfuhr.

Die zweite Einschränkung ist nicht nur arbeitsökonomisch, sondern auch sachbezogen begründet: Anhand der Entwicklung der katholischen Jugendbewegung lässt sich nicht nur der Wandel des Autoritätsbegriffes (einschließlich der mit diesem Begriff zusammenhängenden Fragestellungen) nachweisen. Vielmehr gibt es auch Wertvorstellungen, die von denen der übrigen Jugendverbände erheblich abweichen. Als Grund für diese Feststellung kann man anführen, dass einerseits weder die „Jugend" noch die „Kirche" sich den historisch und gesellschaftlich bedingten Veränderungen im menschlichen Zusammenleben entziehen können, andererseits jedoch diese veränderten Wertvorstellungen nicht ohne weiteres übernommen und weitergegeben werden: Die Kirche ist selbst eine die Jugendarbeit beeinflussende Institution; aus diesem Grunde ist der Ausgangspunkt der eingangs erwähnten Hypothese (Jugend im Spannungsfeld von Kirche und Gesellschaft) durchaus gerechtfertigt.

1.2 Der Ausgangspunkt: Geschichte als Erbe

Versucht man, die Entwicklung der katholischen Jugendarbeit in den Jahren 1880 bis 1930 nicht nur in ihren einzelnen Phasen zu beschreiben, sondern sie auch zu verstehen, d.h. sie zu ihrem Recht kommen zu lassen, dann ist ein geschichtlicher Rückgriff unumgänglich. Die Notwendigkeit eines solchen Vorgehens verdeutlicht Hans Freyer, wenn er „Geschichte" im ursprünglichen Sinne des Wortes definiert als „Schichtung der Welt, in der wir gegenwärtig leben, wie der Baum das Schichtengefüge seiner Jahresringe und Astansätze, die Erde das Schichtengefüge der Lagen und Eruptionen ist, in denen sie sich aufgebaut hat. Während aber in der materiellen Welt nur ein räumliches Neben- und Übereinander stattfindet, das den einstigen Werdeprozeß im erstarrten Nachbild aufbewahrt, bleibt im geistigen Leben vieles lebendig, vieles wirksam, vieles an seiner Stelle gültig. Es gibt Institutionen und Rechte, die, vor langem gestiftet, unverkürzt in die Gegenwart durchreichen, Gewohnheiten und Wertungen, die sich mit der Zeit nicht abschleifen, sondern einleben."[1] Geschichte wird in diesem Sinne verstanden als Erbe und somit als unverzichtbarer Bestandteil unseres Daseins: „Sie ist da als eine dem gegenwärtigen Leben eingelegte Dimension, konkret gesprochen als Erbe, das zu seinem Bestand gehört. Die Struktur – man möchte sagen: die Feinstruktur – des Materials, aus dem die sozialen Gebilde allesamt aufgebaut sind, ist geschichtlich."[2] Wenn

Manfred Plate in seinem zweiteiligen Aufsatz nach dem „Erbe" der Jugendbewegung fragt[3], dann setzt diese Fragestellung zweifelsohne voraus, dass bestimmte Vorgänge im kirchlichen wie im säkularen Bereich, wie sie 1980 festgestellt werden können, nur dann eine verständnisvolle (der Sache adäquate) Beurteilung finden können, wenn man auch die Gegenwart als von der Geschichte vorgeprägt anerkennt: „So wäre also die Vergangenheit nicht nur [...] als das Objekt der Historie, sondern auch als die Brunnenstube anzusehen, aus der alle Gegenwart und Zukunft ausströmt. Aus ihr kommen die realgeschichtlichen Tendenzen, die die Situationen vorauswerfen, und aus ihr kommen – im Aggregatzustand der Möglichkeit – die Kräfte, die diesen Situationen gewachsen sein können. Wenn man sich nicht auf den chiliastischen Irrweg begeben will, so können nirgends anders als in dieser Brunnenstube die Reserven an Menschlichkeit gefunden werden, deren die Geschichte dauernd bedarf, um ihre nächste Epoche zu verwirklichen".[4] Unsere Fragestellung erkundigt sich nach dem Erbe, das die katholische Jugendarbeit zu Beginn des 20. Jahrhunderts vorgefunden hat. Die Forderung: „ad fontes!" ist nicht neu, jedoch für den um die Erhellung des Sachverhalts Bemühten unumgänglich, auch wenn dieser sich der Einschränkung bewusst ist, dass wohl kaum ein Konsens aller Forschenden darüber zustande kommen wird, wie weit der Rückgriff für das Erkennen einer gegenwärtigen Sachlage vorgenommen werden muss.

1.3 Der Anfang: Pater Leunis als „spiritus rector"

Die wenigen Autoren, die einen Überblick über die Entwicklung der katholischen Jugendarbeit in diesem Untersuchungszeitraum vermitteln wollen, bezeichnen übereinstimmend die Entstehung und Ausbreitung der Marianischen Kongregationen als Richtung weisende Meilensteine auf dem langen Weg der seelsorgerischen Bemühungen der Kirche um die Jugend. Allerdings bleibt es bei einzelnen Hinweisen aus der Geschichte der Kongregationen, ohne dass auf den gesamten Werdegang oder auf die inhaltlichen Zielsetzungen dieser – für das Selbstverständnis der katholischen Jugendarbeit noch bis in die vierziger Jahre des vergangenen Jahrhunderts so bedeutenden – Vereinigungen eingegangen wird. So erwähnt Wilhelm Spael lediglich, dass es bereits 1578 in Köln eine Kongregation für Unverheiratete gab[5]; Franz Henrich weist auf das Verbot der MC am 4. Juli 1882 in Preußen hin und erwähnt zahlreiche Versuche, diese staatliche Rechtsvorgabe zu umgehen[6]; nur Paul Hastenteufel gibt einen kurzen historischen Überblick über die Entwicklung der Kongregationen, verzichtet jedoch darauf, die Intentionen und die Struktur dieser Gemeinschaften wenigstens ansatzweise zu erläutern.[7] So soll im Folgenden der Versuch unternommen werden, die Geschichte, die inhaltlichen Bestimmungsmerkmale und die Struktur der Marianischen Kongregationen in einem kurzen Überblick darzustellen, soweit sie für das Verständnis der kirchlichen Jugendarbeit in dem Zeitraum von 1880 bis 1930 von Bedeutung sind.

Es kann wohl kaum als Zufall bezeichnet werden, dass das Abschlussjahr des Konzils von Trient (1563) zugleich das Gründungsjahr der Kongregationen darstellt. Das Konzil von Trient war der sichtbare Ausdruck eines Neuanfangs, des unerschütterlichen Willens, nach dem „Un-Heil" der Glaubensspaltung die in der Kirche „not-wendigen" Reformen in die Tat, das heißt bis in die kirchliche Praxis hinein, umzusetzen. Das Entstehungsjahr 1563 wird von Max von Gumppenberg angegeben.[8] Paul Hastenteufel führt an, dass schon seit 1550 kleine kirchliche Gemeinschaften existierten.[9] Auch Josef Stierli ordnet die Entstehung der ersten Kongregationen in die Mitte des 16. Jahrhunderts ein.[10] Somit kann die zeitliche Einordnung eines namentlich nicht genannten Verfassers eines Zeitschriftenaufsatzes, die Marianischen Kongregationen seien von Pater Leunis etwa um 1670 (!) gegründet worden, als unrichtig bezeichnet werden.[11] Unzertrennbar allerdings ist die Gründung der ersten Kongregation mit dem Namen dieses Jesuitenpaters verbunden. Dabei strebte der Geistliche, als er die Schüler der unteren Klassen des neu errichteten Römischen Kollegs im Fach „Latein" unterrichtete, keineswegs auf geradem Weg seinem erklärten Ziel zu, die Jugend an der Erneuerung der Kirche teilnehmen zu lassen und eine Kongregation zu gründen. Es ist nicht ohne weiteres ersichtlich, ob seine primäre Zielsetzung pädagogischer oder rein seelsorglicher Art war. Diese Fragestellung hat auch bis in unsere Zeit hinein nichts an Aktualität und Spannkraft verloren und führt insofern zu Konflikten, wenn Kirchengemeinden auch für die nicht vereinsgebundene – also offene – Jugendarbeit Räumlichkeiten zur Verfügung stellen und sich schwer tun, von den Intentionen der kirchlichen Jugendarbeit abweichende Zielsetzungen und Methoden der Sozialen Arbeit mit Jugendlichen zu akzeptieren. Da Pater Leunis bei vielen Jugendlichen beliebt war, folgten zahlreiche Schüler seinem Angebot, sich nach dem Unterricht vor einem geschmückten Marienbild zu versammeln, gemeinsam zu beten und zu singen sowie das Gewissen zu erforschen. In den Fächern „Latein" und „Religion" führte er Quizspiele durch; kleine Preise für die Sieger dienten als Anreiz.

1.4 Die grundsätzliche Frage: Elite oder Masse?

Im Jahre 1563 nahm Pater Leunis eine entscheidende Änderung seiner Erziehungsmethode vor: Er verzichtete auf die große Masse seiner Schüler und versammelte nur noch diejenigen um sich, die ihm von ihrer Frömmigkeitshaltung und (!) schulischen Leistung her für seine kleine Kerngemeinschaft geeignet schienen. Elite oder Masse – diese Fragestellung sollte noch bis in das 21. Jahrhundert hinein nicht an Zündstoff verlieren, wenn es darum ging, bei der Suche nach dem rechten Weg kirchlicher Jugendarbeit eine befriedigende Antwort zu finden; 1563 wurde diese Frage zugunsten der Elite entschieden. Die ausgewählte Schar verpflichtete sich, eine „regula vitae" zur Richtschnur ihres Handelns zu machen, die später in den Satzungen der Marianischen Kongregationen ihren Niederschlag fand.

Der Begriff „Elite" ist häufig mit dem Begriff der „Gruppe" verknüpft: „Die Gruppenbildung ist ein Urphänomen der Menschheit. Wo immer eine Führernatur aufsteht, schafft sie sich eine Gefolgschaft, wo immer eine zündende Idee, ein neues Ziel erscheint, schließen sich um sie die Menschen zusammen: Es entsteht eine politische Partei, ein Verein, eine Aktiengesellschaft, ein Orden, je nachdem."[12] Am 1. Januar 1564 erfolgte dann die offizielle Gründung der Congregatio Mariana: 70 Schüler der unteren sechs Klassen bekannten sich ausdrücklich zu dieser Vereinigung unter dem Titel „Beatae Mariae Virginis Annuntiatae". Im Jahr 1565 beginnt Pater Leunis mit dem Aufbau eines Internats für Jugendliche aus vornehmen Familien. Exerzitien wecken in den Schülern die Bereitschaft, sich auch in Paris zu einer Congregatio Mariana zusammenzuschließen. Bald bilden sich an zahlreichen Wirkungsstätten der Jesuiten neue Gemeinschaften: 1574 in Dillingen[13] und 1578 in Köln[14]; weitere Gründungen erfolgten in Ingolstadt, Wien, Innsbruck, München und Trier.[15] Auch bei den Gründungen im deutschen Sprachraum wird der Auslesecharakter dieser Vereinigungen deutlich: „Im Römischen Kolleg gehörten von 426 Schülern zunächst nur 70 der MC an. In Dillingen wurden von 150 nur 25 zugelassen. Die Ingolstädter MC zählte zunächst nur 20 Sodalen. Vor der Aufnahme war eine lange und genaue Erprobung vorgesehen."[16] Die Mitglieder der Kongregationen sollten als Sauerteig in ihrem vorgegebenen Lebensraum wirken, wenngleich das strenge Ausleseprinzip eine ständige Gefahr mit sich brachte, auf die Ottilie Moßhamer eindringlich hinweist: „Die Kongregation kann ein Ghetto werden, wenn die Mitglieder sich aussperren aus der Gemeinschaft. Es ist die Gefahr des Dünkels und der Überheblichkeit gegeben und damit die Gefahr des Aussterbens einer Kongregation. Denn Frömmigkeit muß gleichzeitig freundlich und liebenswürdig machen, anziehend, nicht abstoßend wirken. Sonst taugt sie nichts."[17] Diese kritische Mahnung, vor einem arroganten Verhalten im zwischenmenschlichen Handlungsgefüge auf der Hut zu sein, weist auf eine grundsätzliche „Schwachstelle" des jesuitischen Selbstverständnisses hin, welches in der starken Betonung des Elitegedankens begründet ist.

Allerdings kann man davon ausgehen, dass der Vorbildcharakter Mariens dazu beigetragen hat, diese systemimmanente Tendenz zu einem hochmütigen Dünkel zu verringern und zu einer korrigierenden Einstellungs- und Verhaltensänderung beizutragen. Die biblischen Berichte über Maria heben besonders eine Eigenschaft der Mutter Jesu hervor, die im deutschen Sprachgebrauch als „Demut" bezeichnet wird: eine Einstellung, die dadurch gekennzeichnet ist, dass von Gott an den Menschen gestellte Anforderungen ohne langes „Wenn und Aber" bejaht werden, und zwar auch dann, wenn diese Anforderungen schwer zu erfüllen sind oder ihr Sinn nicht gleich einleuchtet. Der Mensch stellt sich unter den Willen Gottes, er erhebt sich nicht über ihn oder macht sich gar selbst zum Götzen. In diesem Sinne kommt Maria eine Vorbildfunktion zu, der im Erziehungsverständnis der Kongregationen ein hoher Stellenwert zugemessen wird; damit wird die Affinität, einer allzu menschlichen Eigenschaft – nämlich einer arroganten Selbstüberheblichkeit – zu erliegen, zwar nicht grundsätzlich in ihrer Wirksamkeit aufgehoben, wohl aber durch die normative Verhaltensvorgabe eines „Du sollst" beziehungsweise „Du darfst nicht" zumindest moralisch geächtet und somit auch – weil eben unerwünscht – zumindest reduziert.

1.5 Die zweifache Zielsetzung: Selbstheiligung und Apostolat

Die Schaffung einer kleinen Elite ermöglicht das ständige Hinarbeiten auf zwei Intentionen: Die Mitglieder sind angewiesen, Fortschritte in der Wissenschaft und in der Frömmigkeitshaltung zu machen[18]; sie sollen den Versuch unternehmen, Bildung und Wissenschaft zu vereinigen und dabei dem Leitspruch „In pietate litterisque progressus"[19] Rechnung tragen. Das zweite Ziel ist apostolischer Art und kommt in der Bezeichnung zum Ausdruck, die häufig für die Marianischen Kongregationen synonym verwendet wird: „Katholische Aktion". Dieser neue Name ist mehr als nur eine neue Vereinsbezeichnung; er enthält vielmehr ein Programm, das auf das zweite biblische Vorbild dieser Vereinigungen hinweist: auf Paulus. Dieser schreibt nämlich im ersten Brief an Timotheus einen Kernsatz christlichen Glaubens: „Gott will, dass allen(!) Menschen geholfen wird und sie zur Erkenntnis der Wahrheit gelangen" (1. Tim. 2,4). Werden die Pariser Sodalen noch dazu aufgefordert, eine Abgrenzung von allen Mitmenschen vorzunehmen, die in irgendeiner Form der Häresie verdächtigt werden oder verdächtig zu sein scheinen, wird in der Kölner Kongregation hingegen nicht das alleinige Seelenheil der Kongregationsmitglieder als Ziel formuliert, sondern das Bemühen um die Menschen herausgestellt: Die Sodalen sollen „in dem, was sie in der Kongregation gelernt haben, andere unterweisen, die Irrtümer der Häretiker mit schlagenden Beweisen widerlegen, Frieden stiften, Trost spenden, zum häufigen Sakramentenempfang anregen, gegen das Fluchen, Spielen, den Aberglauben auftreten, Almosen geben."[20]

Allerdings ging auch im deutschsprachigen Raum der Verwirklichung des Apostolats die harte Auseinandersetzung zwischen dem neuen Glauben und der alten Kirche voraus. Gemäß den Dekreten des Konzils von Trient bemühten sich die Mitglieder der Kongregationen in erster Linie um eine Herausarbeitung der Unterscheidungslehren; diese Aufgabenstellung wird nur dann verständlich, wenn man berücksichtigt, in welcher Situation sich die katholische Kirche 1574 angesichts weit reichender epochaltypischer Tendenzen befand; weltpolitische und religionsgeschichtliche Auseinandersetzungen bahnten sich an: „Die Kirche war damals in der Lage eines Dreifronten-Krieges: sie mußte sich selber behaupten gegen die Glaubenserneuerungen, sie mußte sich verteidigen gegen die Türkengefahr, und mußte im eigenen Lager sich reinigen und läutern."[21] Allerdings wird man kaum dem weiteren Argumentationsstrang Moßhamers zustimmen können, wenn diese schreibt: „Daß entgegen allen menschlichen Erwartungen der Westen und Süden Deutschlands damals katholisch blieb und daß darüber hinaus die wahre Reform des kirchlichen Lebens in diesen Gebieten durchgriff – das war der kleinen Lebenszelle der Marianischen Kongregation und des Marianischen Colloquiums in Dillingen und Ingolstadt zu danken. Mit der Hilfe Mariens und unter der Gnadenführung des Heiligen Geistes wurde dort eine neue Führungsgeneration und eine neue priesterliche Generation herangebildet, durch die auch eine unmittelbare Einflußnahme auf das große politische Geschehen dieser Zeit möglich wurde."[22] An diesem einseitigen Kausalzusammenhang ist nicht so sehr die subjektive Darstellungsweise der Autorin – die Hilfestellung Mariens und die Einflussnahme des Heiligen Geistes – zu kritisieren; eine voraussetzungsfreie historische Darstellung dürfte wohl kaum in reiner Form zu verwirklichen sein; da man um die weltanschauliche Position der Autorin weiß, sollte man diese auch als solche betrachten, d.h. deren subjektiven Blickwinkel nicht von vornerein verurteilen. Was allerdings als Mangel dieser Ursache-Folge-Konstruktion festgestellt werden muss, ist der Umstand, dass die – den Marianischen Vereinigungen zugesprochene – außerordentliche gesellschaftspolitische Einflussnahme nicht belegt wird, sondern im Raum stehen bleibt. Auch die Rückführung der heutigen machtpolitischen Konstellation auf diesen einseitigen, weil eingleisigen Kausalzusammenhang erscheint bedenklich: „Es ist bedeutsam, daß damals die Grenzlinie zwischen Kreuz und Halbmond ungefähr dort verlaufen ist, wo sich heute Christ und Antichrist gegenüberstehen und sich die größten weltanschaulichen und politischen Gegensätze unseres Jahrhunderts berühren."[23] Auch diese Einschätzung, die auf die historisch-politische Situation des Kalten Kriegs Bezug nimmt (der Aufsatz ist im Jahre 1964 verfasst worden) und einen Deutungsversuch des West-Ost-Konfliktes zwischen der „christlichen" und der „kommunistischen" Welt darstellt, wird nicht belegt.

Als im Jahre 1773 die Tätigkeit der Jesuiten verboten wird, übernehmen Weltpriester sowie Priester aus anderen Orden die Leitung der Kongregationen. Ende des 18. Jahrhunderts gibt es in den kleinen und großen – monarchisch regierten – deutschen Staaten etwa 150 Jugendkongregationen.[24] Diese allerdings bleiben nicht auf die studierende Jugend beschränkt, sondern öffnen sich auch berufstätigen Jugendlichen. Der Allgemein- und Berufsbildung wird ein hoher Stellenwert eingeräumt: „Es gab nicht nur missionarisch ausgerichtete Kerngemeinschaften von hohem Wert für die Persönlichkeitsbildung ebenso wie für das Apostolat; es gab auch allgemein- und berufsbildende Veranstaltungen, Lehrkurse, Sektionen, Akademien und das, was wir heute ‚Hobbygruppen' nennen würden."[25] Wenn auch die aus dem Mittelalter überkommene Gliederung der Gesellschaft nach Ständen mit ein Grund dafür gewesen sein mag, dass es zunehmend Kongregationen gab, die Mitglieder gleicher Berufsgruppen, ja sogar gleicher Berufe zusammenfassten, so liegen die eigentlichen Gründe für die differenzierte soziale Struktur in der inhaltlichen Zielsetzung der Kongregationen selbst: „Die ständische Vollkommenheit und berufliche Tüchtigkeit sollte für den apostolischen Dienst fruchtbar gemacht werden. Durch Zusammenfassung der gleichen Berufe erzielte man eine größere Durchschlagskraft. Andererseits waren das erste Apostolatsfeld die Arbeitskameraden und das eigene soziale Milieu. Die Kongregationen sollten Sauerteig in ihrer Umwelt sein."[26] Die Formen, in denen sich diese ständische Gliederung konkretisiert, sind jeweils abhängig von den sozialen Verhältnissen und den Aufgaben; die Prinzipien selbst sind keiner Veränderung unterworfen.

1.6 Mittel der Heiligung

Man kann die primäre Zielsetzung der Marianischen Kongregationen in dem einfachen Satz zusammenfassen, dass es diesen Vereinigungen im Wesentlichen darum geht, dass ihre Mitglieder ein wahrhaftiges, christliches Leben führen und sich und ihren Stand damit heiligen (Allg. Stat. R.1).[27] Die Mittel der Heiligung, die den Mitgliedern zur Verfügung stehen, sind ein eifriges sakramentales Leben (regelmäßige Beichte und häufiger Kommunionempfang) sowie die morgendliche Betrachtung und abendliche Gewissenserforschung. Die Bedeutung, die der christlichen Aszese zukommt, hat vor allem Ludwig Esch hervorgehoben, indem er auch den menschlichen Erfahrungsbereich von Unrecht und Leid in seinen Definitionsversuch miteinbezieht: „Gott sucht eben und spricht heilig nicht das Unrecht, das geschieht, aber die Liebe und die Auswirkungen der Liebe bei all denen, die in freier Hingabe das Schwere tragen."[28] Die Liebe kann somit als letztes Motiv bezeichnet werden, das die christliche Aszese substanziell in ihrem Wesen kennzeichnet und ausmacht. Dies wird auch in einem weiteren Beschreibungsversuch von Ludwig Esch deutlich, der eine Antwort auf die Frage geben soll, was das spezifisch Christliche der christlichen Aszese eigentlich ausmacht: „Nicht Haß gegen die Welt als etwas in sich Schlechtes wie bei den Manichäern, nicht hochmütige Weltverachtung wie bei den Stoikern, nicht Weltschmerz wie bei den Buddhisten, nicht die Leistung an sich gibt den Wert, sondern die Liebe. […] Nicht *die* Leistung der Enthaltsamkeit ist am wertvollsten, in der die höchste Willensenergie, die größte asketische Kraftentfaltung liegt, sondern in der sich die reinste und selbsteloseste Liebe betätigt."[29] Neben der Aszese werden auch die geistlichen Übungen (Exerzitien) des heiligen Ignatius als Mittel der Heiligung betrachtet.

1.7 Marianischer Lebensstil

Der Versuch, die Marianischen Kongregationen von ihrem Selbstverständnis her zu verstehen, kann nur dann gelingen, wenn man deren marianischen Charakter angemessen berücksichtigt. Die Verehrung Mariens geht auf Pater Leunis zurück und ist in den Satzungen aller Kongregationen verankert: „Eine sozusagen *rechtliche Verpflichtung* zu besonderer Marienverehrung leiteten die ersten Sodalen von der Erwählung Mariens zu ihrer Schutzherrin = Patronin und Fürsprecherin ab, so wie in damaliger Zeit der Klient, der Hörige zum Dienst und zur Ehrfurcht seinem Patron gegenüber verpflichtet war."[30] Allerdings mussten sich die Mitglieder der Kongregationen ständig den Vorwurf gefallen lassen, dass die Christozentrik, unverzichtbarer Bestandteil jeglicher Frömmigkeitshaltung und -praxis, unter der Hervorhebung Mariens leiden und zudem zu viel Gefühlsmomente den eigentlichen Sinn christlicher Frömmigkeit überlagern würden. Ottilie Moßhamer unternimmt den Versuch, mit Hilfe eines bekannten bildlichen Vergleichs die theologische Stellung – oder soziologisch formuliert: die „Rolle" – Mariens im Hinblick auf den Heilsplan Gottes zu verdeutlichen und die aufgezeigten Gefahrenmomente übersteigerter Marienverehrung abzuschwächen: „Eine an Schrift und Liturgie und der Lehre der Kirche orientierte und gewachsene Marienverehrung wird niemals Christus aus der Mitte verlieren. Darin leuchtet ja die Stellung der Gottesmutter im Heilsplan und der Heilsgeschichte deutlich auf, wie sie in Wahrheit der Morgenstern ist, der in der Sonne Christus versinkt."[31] Diese engagierte Stellungnahme ist eine Position, die als solche Beachtung verdient, aber keine überzeugende Antwort auf den Vorwurf möglicher Überdunkelung christlichen Glaubens durch eine unangemessene Heraushebung Mariens gibt.

Wesentlich eindeutiger und somit auch hilfreicher ist die christusbezogene Argumentationslinie, mit der Ludwig Esch in diesen innerkirchlichen Diskurs über den Konnex von Askese und Marienverehrung korrigierend und mahnend eingreift: „Es gibt im Grunde nur *eine* Aszese für alles christliche Vollkommenheitsstreben in Welt und Kloster, und zwar die, in der Christus Weg, Wahrheit und Leben ist. An diesem Grundsatz darf durch keinen marianischen Gedanken gerüttelt werden. Man kann darum nicht von einem ‚marianischen Lebensideal' in dem Sinne sprechen, als wäre Maria Ziel und Endpunkt unserer Heiligung. ‚Niemand kommt zum Vater, es sei denn durch den Sohn'."[32] Wenn man sich diesen Sachverhalt verdeutlicht, ist man der Gefahr einer vernachlässigten Christusbeziehung entgangen; mit Recht allerdings kann man die Bezeichnung „marianischer Lebensstil"[33] für sinnvoll erachten und argumentieren: „Sicher ist gerade einer christologisch erfaßten Jugendbewegung eine Innigkeit marianischer Haltung besonders in den entscheidenden Jahren Notwendigkeit und Wirklichkeit, wie sie in allen Zeiten in den Kongregationen junge Menschen erfaßte und zur Größe führte. Christologische Haltung wäre irgendwie nicht echt, wenn sie nicht auch marianisch wäre."[34] Für den Vorbildcharakter der Mutter Jesu spricht vor allem deren Fähigkeit, ungewohnte, ungewöhnliche und leidvolle Situationen mutig zu bewältigen, indem trotz der krisenhaften Lebenslage und der dadurch bestimmten schwierigen psychosozialen Verfasstheit ein Sich-Einlassen auf ungewisse Entwicklungen das reaktive Verhalten bestimmt.

1.8 Zusammenfassung: Konstitutive Bestandteile der jesuitischen Erziehung

Zum Schluss des ersten Kapitels soll auf die erzieherischen Werte eingegangen werden, die den Mitgliedern der Kongregationen vermittelt wurden. Dabei wird zugleich in besonders evidenter Weise als beeinflussender Faktor die bereits erwähnte Tatsache ersichtlich, dass die ersten Kongregationen an den Schulen der Jesuiten ins Leben gerufen wurden. Unternimmt man den Versuch, die wesentlichen Werte, die von den Mitgliedern internalisiert werden sollen, aus dem umfangreichen Schrifttum und aus der Praxis der Kongregationen „herauszufiltern", so lassen sich sechs Bausteine feststellen, die konstitutive Elemente der jesuitischen Erziehung sind: erstens die „Ganzheit des Erziehungszieles, das aus der Tiefe des gelebten Glaubens auf alle Gebiete des beruflichen und sozialen Lebens ausstrahlt"[35]; zweitens der wechselseitige Zusammenklang „von umfassender Bildung (Schulungsgemeinschaft) und praktischem Einsatz (Werkgemeinschaft)"[36]; drittens die Verbindung von priesterlicher Führung und mitverantwortlicher Initiative der Mitglieder; viertens die bewusste Bejahung der kirchlichen Autorität; fünftens die Verehrung der Mutter Jesu als Urbild der Mitarbeit am Heilsauftrag Jesu Christi; sechstens die uneingeschränkte Anerkennung und praktische Handhabung des qualitativen Ausleseprinzips. An dieser Stelle ist der Hinweis angebracht, dass diese sechs Erziehungselemente – wenn auch mit verändertem Stellenwert und in variierter Form – bis in die kirchliche Jugendarbeit des Jahres 1965 hinein als konstitutive, die Erziehungsarbeit inhaltlich mitbestimmende Momente von Bedeutung sind. Dass diese Bausteine die Vereinsarbeit auch über die Zeit der Aufklärung hinweg geprägt haben, ist bemerkenswert; zu einem eklatanten Wandel der kirchlichen (wie später auch nichtkirchlichen) Jugendarbeit, aber auch zu einer Akzentverschiebung des wissenschaftlichen Erziehungsverständnisses tragen allerdings die – durch die Industrielle Revolution umfassend veränderten – Ausgangsbedingungen des zwischenmenschlichen Handlungsgefüges bei.

2 Der Umbruch: Die Industrielle Revolution und ihre Auswirkungen auf das soziale Umfeld des Menschen

Aus der Rückschau heraus erhalten gesellschaftliche Zusammenhänge häufig einen anderen Stellenwert als zu der Zeit, in der sie sich vollziehen, ereignen, geschehen. Dennoch gibt es zu allen Zeiten Individuen, die trotz oder auch wegen ihres gesellschaftlichen Eingebunden-Seins in den realen Tatbeständen die „Zeichen der Zeit" erkannt und daraus die Schlussfolgerungen in Bezug auf ihr weiteres Denken, Forschen und Handeln gezogen haben. Bevor das Engagement dieser Menschen in den Mittelpunkt der Auseinandersetzung rückt, ist es jedoch erforderlich, die pädagogische Relevanz der Industriellen Revolution in der gebotenen Kürze aufzuzeigen. Nur auf diesem Wege ist es möglich, wenigstens ansatzweise nachvollziehen zu können, welche veränderten Voraussetzungen die Wissenschaftler in den Universitäten und die „Praktiker" vor Ort vor die gewaltige Aufgabe stellten, das Spannungsverhältnis von Individuum und Gemeinschaft, aber auch die Wechselbeziehung von Einzelwesen und Gesellschaft in die pädagogische Theorienbildung erneut einzubeziehen und in der praktischen Erziehungsarbeit mit jungen Menschen angemessen zu berücksichtigen.

2.1 Die Omnipotenz des Fortschritts als prägende Kraft des Wandels

Die vielschichtigen Wirkungen der Industriellen Revolution auf das zwischenmenschliche Handlungsgefüge im 19. Jahrhundert mit wenigen Worten zusammenzufassen, dürfte aufgrund der Komplexität dieses historisch „ein-maligen" Zeitabschnittes nicht einfach sein. Für unsere Untersuchung sind vor allem zwei Aspekte des Phänomens „Industrielle Revolution" von besonderer Relevanz, die den gesellschaftspolitischen Hintergrund – das eben so und nicht anders gestaltete Lebensumfeld – verdeutlichen. Das Urteil Hans Freyers wird dieser schwierigen Aufgabenstellung gerecht: „Keine Fernwanderung, keine Weltreligion, keine Geistesmacht, sondern das Äußerlichste vom Äußerlichen: eine bestimmte Technik, Waren zu produzieren und Arbeit zu organisieren, hat die weltgeschichtliche Situation heraufbeschworen, die im absoluten Sinne universal ist. In diesem Apparat, vielmehr in dem Lebenssystem, das überall zu grassieren begann, wo man sich auf ihn einließ, saß mehr Sprengkraft als in irgendeiner revolutionären Idee, mehr expansive Energie als in irgendeinem Imperialismus. Der Fortschritt selbst saß in ihm – der Fortschritt in dem wertfreien Sinne, in dem eine Kettenreaktion der schiere Fortschritt ist."[37] So ist der erste Gesichtspunkt auf die – alle Bereiche des sozialen Bedingungsfeldes umfassende – Omnipotenz des Fortschritts und (damit unzertrennbar verbunden) die unaufhaltsame Geschwindigkeit dieses Wandlungsprozesses gerichtet.

2.2 Die Schwächung der Institutionen als neue „Voraus-Setzung" für pädagogisches Handeln im sozialen Bedingungsfeld

Die gewaltige Energie, die das neue Lebenssystem in sich birgt, ist die eine, der Wirkungsverlust der herkömmlichen Institutionen die andere Seite: „Fast alle Vorgänge, die für die Sozialgeschichte der letzten 100 Jahre charakteristisch sind, haben die Institutionen geschwächt: die gewaltige Zunahme der Bevölkerung, die wirtschaftliche Umstellung von einer Agrar- auf eine Industriegesellschaft, die Zusammenballung von Menschen verschiedenster Herkunft in den Großstädten, die soziale Mobilität wie die Ausbreitung der technischen Nachrichten- und Unterhaltungsmittel. Besonders stark hat die religiöse Entwurzelung zur Desintegration der Gesellschaft beigetragen." Mit dieser Erkenntnis spricht Brezinka den zweiten Gesichtspunkt an, der auf ein menschliches Problem hinweist, dem sich die Pädagogik wie auch die Jugendseelsorge seit der Mitte des 19. Jahrhunderts stellen muss: Wie kann Jugendlichen eine Orientierungshilfe gegeben werden, wenn sie nicht im Schutze umfassender und stabiler Institutionen heranwachsen? Um eine Antwort auf diese Fragestellung zu ermöglichen, soll nun die Entwicklung in zwei Bereichen näher untersucht werden: Zum einen wird aufgezeigt, wie in der Jugendbewegung das wechselseitige Verhältnis von Individuum und Gemeinschaft verstanden und im praktischen Lebensvollzug umzusetzen versucht wurde; zum anderen wird verdeutlicht, wie auch im wissenschaftlichen Diskurs jener Zeit eben dieses Spannungsverhältnis in den Fokus pädagogischer Fragestellungen und Auseinandersetzungen rückte, um auf die „Erziehungsnot" der jungen Generation – als solche wurde die pädagogische Ausgangslage erkannt und präzise formuliert – eine Antwort zu finden. Dabei wird ersichtlich, dass der Problemkreis „Individuum und Gemeinschaft" sowohl auf der Handlungsebene des praktischen Tuns als auch auf der Ebene der wissenschaftlichen Theorienbildung parallele Gemeinsamkeiten aufweist, die eine wechselseitige Befruchtung beider Bereiche belegen.

3 Der Dissens über die Jugendbewegung

Bis zum heutigen Tage sind sich Wissenschaftler in ihrem Urteil über die Jugendbewegung uneins. Neben unterschiedlichen Ursache-Folge-Konstruktionen wird bisweilen sogar der Begriff „Schuld" (beziehungsweise in abgeschwächter Form der Ausdruck „Mitschuld") für historische und gesellschaftliche „Fehlentwicklungen" verwandt, während andererseits „Verdienste" herausgestellt werden. Die Aufarbeitung einiger negativer wie positiver Aspekte soll Hilfestellung für ein differenziertes Urteil geben. Zuvor ist es allerdings erforderlich, im Sinne einer Erhellung der Genese dieses historisch einmaligen Phänomens auf das zwischenmenschliche Handlungsgefüge – man kann auch sagen: auf das soziale Bedingungsfeld – einzugehen, in welchem Jugendliche in der Zeit von 1880 bis 1930 aufwuchsen, sozialisiert wurden und sich dem schwierigen Prozess ihrer ureigenen Individuation unterziehen mussten.

3.1 Jugend im Spannungsfeld der mangelnden Kongruenz von „Schule" und „Leben"

Im Jahre 1966 erschien im Auftrage des Jugendwerkes der Deutschen Shell AG die dritte Untersuchung zur Lage der Jugend in der Bundesrepublik Deutschland unter dem Titel „Jugend, Bildung und Freizeit". Es mag dem Leser dieses Aufsatzes vielleicht befremdlich erscheinen, dass im Zusammenhang einer Darstellung über die Jugendbewegung um 1900 ein Beitrag herangezogen wird, der – mit der Methode der rekonstruktiven Sozialforschung empirisch ermittelte – Forschungsergebnisse aus der Mitte der sechziger Jahre enthält. Für diese Vorgehensweise gibt es jedoch einen guten Grund: Zu Beginn dieser Untersuchung wird nämlich in einer Begriffsklärung der Terminus „Freizeit" zu definieren versucht, indem vier Bausteine als inhaltliche Bestimmungsmerkmale mit dem Begriff „Freizeit" in Verbindung gebracht werden[38]: Erstens bedeutet Freizeit zweckfreie Zeit (Muße, Ausruhen, Zerstreuung); zweitens ist Freizeit gekennzeichnet durch selbstbestimmte Arbeit (Haushalt, zusätzlicher Gelderwerb); drittens kann Freizeit charakterisiert werden durch selbstbestimmte körperliche Beschäftigung („do it yourself", Sport); viertens beinhaltet Freizeit Bildung im engeren Sinne (Teilnahme am kulturellen Leben, Weiterbildung). Mit diesem Begriff ist demnach die Zeit gemeint, die dem eigenen Entschluss unterworfen ist; Freizeit ist also nicht gleichzusetzen mit arbeitsfreier Zeit. Für die Fragestellung dieses Beitrags sind der dritte und der vierte Deskriptionsversuch von Bedeutung. So lautet das Fazit des Kapitels VII der Shell-Studie, welches die Sportinteressen der befragten Jugendlichen wiedergibt: Sport trägt zur Vereinheitlichung des gesellschaftlichen Unterschiedes zwischen den Schichten bei.[39] Diese Aussage – so wertvoll sie für den

Jugendforscher auch sein mag – bedarf nämlich der inhaltlichen Ausgestaltung durch einen historischen Rückgriff genau auf die Zeit um die Jahrhundertwende, als die Begriffe „Jugend" und „Sport" sich als durch ein korrelatives Verhältnis verknüpfte Phänomene des gesellschaftlichen Bereichs – eben des zwischenmenschlichen Handlungsgefüges – erwiesen.

Im Jahre 1896, als der Wandervogel entstand, hatte der Begriff „Jugend" nicht den gesellschaftlichen Stellenwert, wie dies heute der Fall ist. Übergeordnetes Ziel der Eingliederung junger Menschen in die Gesellschaft – der Sozialisation – war das Erwachsen-Sein: „Kinder trugen Erwachsenenkleidung. Jungen trugen einige Jahre Blusen, deren Schnitt Matrosenuniformen nachgebildet war. Danach den gesteiften Kragen und die gestärkte Hemdbrust der Erwachsenen. Die Mädchen wurden gezwungen[,] Korsetts, hochhackige Schuhe und Kleider zu tragen, die ihnen jede Bewegung hemmte. Die Lebensführung der Jugend entsprach ihrer Kleidung. Ihre Vergnügungen waren schlechte Nachahmungen des gesellschaftlichen Lebens der Erwachsenen, Tanzkränzchen, Museumsbesuche (die die Möglichkeit in sich bargen für heimliche Küsse in entlegenen Ecken) und jede Art von Heimlichkeit."[40]

Hinzu kam der offensichtliche Widerspruch von „Schule" und „Leben", den viele Jugendliche aus den Kreisen des Bürgertums empfanden: „[D]ie Kalok'agathie der Griechen war doch auf den Kathedern kaum leibhaftig vertreten, und damit, daß deutsche Dichter ‚in tyrannos' geschrieben hatten, wurde die Frage nach gegenwärtigen Unterwürfigkeiten meist übergangen oder verdeckt. Die sinnfälligen Realitäten der Natur und der Technik schienen nicht zur höheren Bildung zu gehören. [....] Die Wirklichkeit stand unter der Fron des ‚Klassenziels' mit seinen disparaten Inhalten, und die Empfindsamen und Nachdenklichen fühlten sich besonders bedrückt und verkannt durch die Selbstverständlichkeit, mit der man ihre künftige gesellschaftliche Geltung zum Motiv ihrer Bildungsbeflissenheit zu machen suchte."[41]

Ein dritter Faktor spielte bei der Entstehung der Jugendbewegung ebenfalls eine entscheidende Rolle: Lehrer und Eltern erfahren in ihrem pädagogischen Alltagshandeln, dass junge Menschen sich ständig auf der Suche nach Identifikationsobjekten befinden und auf diese für ihre angestrebte Selbstfindung und -verwirklichung entscheidend angewiesen sind. Durch die gesamte Ausrichtung des Erziehungsvorgangs auf die Eingliederung in die Erwachsenenwelt und durch die mangelnde Übereinstimmung von „Schule" und „Leben" befand sich das Bürgertum im Kaiserreich Wilhelms II. in Bezug auf die erzieherischen Praktiken in einer Zwangslage, der es sich nur durch die Flucht in einen kleinlichen Konservatismus zu entziehen vermochte (oder zumindest zu entziehen versuchte): „Durch diese Fluchthaltung (Eskapismus), die aus Unzufriedenheit und Unsicherheit entstanden war und durch die Maske einer überhöhten Autorität kompensiert werden sollte, verwickelten sich die erzieherischen Erfordernisse und Praktiken in ein unauflösbares Dilemma. Die Väter waren als Identifikationsobjekt für die nachrückende Generation fragwürdig geworden."[42] Angesichts dieses Sachverhalts ergibt sich nun die Frage, wie junge Menschen auf diese drei Phänomene „ihres"(?) Zeitalters reagierten.

3.2 Natur und Kultur in der Jugendbewegung

Um die am Schluss des vorgehenden Teilabschnitts aufgeworfene Frage beantworten zu können, ist der Hinweis angebracht, dass von mehreren „Antwort-Handlungen" auszugehen ist, da es „die" Jugend in dem angesprochenen Zeitabschnitt nicht gibt. Allerdings lassen sich aus dem historisch-sozialen Kontext des zwischenmenschlichen Handlungsgefüges zumindest zwei signifikante Reaktionsweisen junger Menschen entnehmen: Eine Folge war, dass viele Jugendliche außerhalb der sozialen Kontrollinstanzen „Schule" und „Familie" über die Stränge schlugen: „Sie rauchten und kneipten, flanierten und poussierten nach studentischem Modell. Ob aber gänzlich versteckt oder von den Vätern und Lehrern mit Augenzwinkern gebilligt, dieses Treiben war doch nichts, worin die Jungen mit ihren eigenen guten Kräften wahrhaft einig sein konnten. Sie fühlten das auch, manchmal in weltschmerzlicher Stimmung."[43] In dem berühmten Film „Die Feuerzangenbowle" wird – trotz mancher klischeehafter Überzeichnung des Gymnasiums der Kaiserzeit – dieser Lebensstil sehr gut von Heinz Rühmann dargestellt.

Ein anderer Teil der Jugend (vor allem aus der Schicht des gehobenen Bürgertums in den Großstädten) zog es vor, hinaus in die Natur zu ziehen. Was machte den „Wandervogel" in den Augen der jungen Menschen so attraktiv, worin bestand seine Anziehungskraft? Es war nicht so sehr die Bezeichnung für einen neuen Zusammenschluss von Gymnasiasten und Studenten, sondern der Bedeutungsinhalt des Wortes selbst, der dem „Wandervogel" eine große Faszination verlieh: „Ein Wort voller Weite und Zugkraft, großartig Uraltes und die Sehnsucht einer Zeit verbindend, in der täglich mehr Menschen durch Deutschland reisen als noch fünfzig Jahre früher im ganzen Jahr. Wandervogel – das ist modernes Lebensgefühl ohne die Beschränkung der Organisation.

Wandervogel – das ist Kokettieren mit der Heimatlosigkeit im Schoß der bürgerlichen Familie, [...] sinnvolle Nutzung der freien Zeit, die in der Zivilisation zunimmt, und Vertreiben der gegenwärtigen Zeit durch die Rückkehr ins Historisch-Gewesene."[44] Das bekannte Wort des Wandervogel-Führers Hans Breuer, nämlich „Erlöse Dich selbst, suche draußen den einfachen, natürlichen Menschen", ist ambivalent: „Das ‚Erlöse dich selbst' verwies auf den individuellen, das ‚Suche den Menschen' auf den sozialen Sinn. Beides aber geschah in kollektiver Weise in der Wandervogelhorde."[45] Das Naturgefühl, das sich des Denkens und Handelns dieser jungen Menschen bemächtigte, steigerte sich bis hin zu einem artistischen Lebensgenuss, ja erfüllte bisweilen sogar die Funktion nicht bloß einer Lebensphilosophie, sondern – man beachte den graduellen Unterschied in der sprachlich bewusst hervorgehobenen Wortwahl – übernahm zunehmend die Rolle eines konstitutiven Elementes einer Weltanschauung: Das echte Deutschtum zeigte sich über die oft so angeprangerte, als Zerfallserscheinung interpretierte westliche Gefühllosigkeit erhaben[46] – ein Phänomen, das in der Bündischen Jugend, wie deren Schrifttum offenbart, noch bis in die zwanziger Jahre des vergangenen Jahrhunderts zu beobachten war.

Jedoch nicht nur in dem raschen Ansteigen des Stellenwertes, den das Wandern in der Natur in dem Bewusstsein der Jugendlichen aus der städtischen Bürgerschicht einnahm, lässt sich ein entscheidender Durchbruch zu einer allgemeinen gesellschaftlichen Aufwertung sportlicher Betätigung ablesen. Es gibt noch einen weiteren Indikator für ein allmähliches Zunehmen körperlicher Tätigkeit zu Beginn des 20. Jahrhunderts: „Das Bismarck-Reich war wohl den Erfordernissen der Wirtschaft einigermaßen gerecht geworden; aber es hatte den Menschenmengen in den neuen Städten nicht die Chance gegeben, die Kunst des bürgerlichen Zusammenlebens zu entwickeln, die das Axiom der Zivilisation ist. Es verbaute ihnen im Gegenteil mit seiner hierarchischen Ordnung den Zugang zu ihr."[47] Zur Kunst des Zusammenlebens gehört auch die Art und Weise, wie man Feste zu feiern pflegt. Und hier lag einiges im Argen: Zahlreiche Gedenkfeste, von der Obrigkeit verordnet, ließen den Pflichtenmenschen entstehen: „Er hatte in Wahrheit kein Selbstbewußtsein, sondern ein Bewußtsein, so sein zu müssen, wie die nationale Hierarchie dieses Selbst wünschte."[48] Doch nicht nur die staatlichen Gedenkfeiern, auch die Stiftungsfeste der Vereine wurden wegen ihres ständig gleich bleibenden – man kann sogar sagen: schematisierten – Ablaufs zunehmend einer Kritik unterzogen: „Wir sprachen damals auch über den *traurigen Tiefstand unserer Vereinsfeste*; wir litten unter der Hoffnungslosigkeit, es ändern zu können. Wir dachten an die öde, mechanische Weise, wie die Stiftungsfeste verlaufen. Blechmusik, dann die Begrüßung aller Anwesenden durch den ersten Vorsitzenden mit folgender Worterteilung an den hochwürdigen Festredner, von dem erwartet wird, daß er zum 27. Male den zwingenden Nachweis von der unerläßlichen Notwendigkeit und dem unerhört ersprießlichen Wirken führt. Ehrung der Jubilare, die meist wirklich nichts dafür können, daß sie nicht gestorben sind, dreiundzwanzigmal der Glückwunsch der 23 verehrlichen Vereine, die da gipfeln im Blühen, Wachsen und Gedeihen! [....] Wir sprachen [...] von den *Ansätzen zu neuer Festgestaltung* in unserer Jugend. Die Schwierigkeiten, die ihrem guten Wollen im Wege stehen, sind nicht unerheblich. Oft fehlt die Kraft, vom seelenlosen Alten (das gute alte hoch in Ehren) ganz loszukommen. Oft gebricht es am Vollbringen des im Geiste geschauten Neuen. Aus unseren Vereinssälen ist der *Tabaksqualm* nicht zu bannen, das *Klirren der Biergläser* nicht zu entfernen."[49] Dass diese treffliche (weil realitätsnahe) Beschreibung der – nach starren Satzungsvorgaben festgelegten – alljährlichen Stiftungsfeste gelegentlich auch noch heute für einige Vereine zutrifft, kann bisweilen – wenn auch in modifizierter Form – in der lokalen Berichterstattung nachgelesen werden. Ergänzt werden die Berichte in der Regel durch die Mitteilung, dass der jeweilige Verein nicht nur einen erheblichen Mitgliederrückgang, sondern einen Besorgnis erregenden Nachwuchsmangel zu verzeichnen habe, weil – so die Klage – „keine jungen Leute mehr in die Vereine kämen". Allerdings gibt es auch eine andere „Vereinsrealität": Viele Gesang- und Heimatvereine gehen in der Jugendarbeit neue Wege; sie nehmen dabei Rückschläge in Kauf, können aber auch Erfolge aufweisen.

So wie es heute nicht „die" Jugendarbeit schlechthin gibt, so zeigen sich auch, was die Zeit von 1880 bis 1930 betrifft, sehr unterschiedliche Facetten der alljährlichen Vereinsfeste. So sei – als Kontrast zu dem oben geschilderten Stiftungsfest – aus demselben Aufsatz als Beispiel einer frohen, veränderten Festgestaltung, welche die körperliche Aktivität aller Beteiligten in den Mittelpunkt stellte, der folgende Bericht über den Verlauf eines Sportfestes erwähnt: „Unsere Jugend war sehr zahlreich zur Stelle. Von Eltern und Älteren waren recht viele zum frohen Spiel der Jugend herausgeeilt. Herr *Pfarrer und alle Kapläne* waren gekommen. Wenn ich den Nachmittag überschaue und klar werden will, was mir eigentlich so gut gefallen hat, so muß ich sagen: [E]s ist ein *wirkliches Volksfest* geworden. Es ist *kein Programm* erledigt worden. Alles war *zwanglos* und froh und doch gebunden zur Einheit. [....] Vom Gesellenverein spielten einige mit schwerem Medizinball; nicht weit davon ging im Lydiakreis ein leichterer Ball durch die Runde. Gruppen der Deutschen Jugendkraft warfen Ger und Diskus, übten Wettlauf und anderes mehr. Die Neudeutschen und das Jungvolk des Jugendvereins vergnügten sich mit Bogenschießen, röm[ischem] Wagenrennen und anderem lustigen Spiel. Der Liebfrauenbund hatte Freude am Volkstanz. Großdeutsche mußten den Übermut büßen mit vernichtendem Sieg durch einen Kaplan im Stockumwerfen. Die Mädel vom Agnesverein haben leckere Preise im Wettspiel mannigfacher Art erobert; eine ganze Anzahl Älterer nahm an ihrem frohen Spiel teil. (Angelockt durch den Frohsinn oder durch die Mohrenköpfe? Wer wollte das entscheiden?) Wer über den Festplatz schritt, der sah überall *frohes Volk, lustige Jugend, freundliche Menschen*. Ich habe nirgends einen argen Mißklang empfunden. Die große Zahl derer, die mitmachten, war aufgeteilt *ohne Kommando* ganz von allein in lebendige Gruppen. Was alle verband und störende Absonderung verhinderte, war die *gemeinsame Freude*. [....] In der Vorbereitung war es ganz deutlich ausgesprochen worden: [E]s sollte nichts geboten und nichts geleistet werden; *es sollten alle in Spiel und Bewegung froh sein*. Daß alles so schön geworden, ist dem guten Willen der Gruppen anzurechnen [...]."[50] Der Leser möge die Länge dieses Textausschnittes für verzeihlich erachten, wie auch eine ausführliche Erläuterung der satzungsgemäßen Vereinsziele der angeführten katholischen Jugendorganisationen an dieser Stelle nicht erfolgen kann, weil dies über den Rahmen dieses Beitrages weit hinausgehen würde. Die detaillierte Wiedergabe der Wachsmannschen Schilderung ist jedoch sachlich gerechtfertigt, da diese Beschreibung ein anschauliches Bild über die damaligen Sportfeste der kirchlichen Vereine vermittelt.

Die körperlichen Aktivitäten allerdings erhielten jedoch nicht nur durch die kirchlichen Jugendgruppen eine erhöhte Bedeutung: Die Pfadfinderbewegung aus England gab dem Begriffspaar „Jugend und Sport" neue, entscheidende Impulse. Während der „Wandervogel" noch immer das künstliche Ausgesetzt-Sein in der freien Natur zum Bestandteil jugendlichen Erlebens zu machen pflegte, schaffte es Baden-Powell (1907), den Hordentrieb mit nützlichen, aber nichtsdestoweniger romantischen Künsten zu verbinden. Seine Erziehungsvorstellung setzte sich aus drei Bausteinen zusammen[51]: Die spielerische Selbstbetätigung stellt das sportliche Element dar, Fairness und Blick für die Umwelt beinhalten das erzieherische Moment und die Verpflichtung, soziale Aufgaben zu erfüllen (Versprechen) weist auf den gesellschaftsbezogenen Bestandteil der Pfadfinderidee hin.

Stehen „Leben" und „Natur" in einem engen Zusammenhang, so gilt dies in gleicher Weise für den Konnex von „Leben" und „Kultur": „Eine Kultur ist der Leib, den sich ein Gemeingeist baut."⁵² Eine Exploration vermag diesen Deskriptionsversuch verständlich zu machen: „Leben heißt Leib haben. Unsere Zeit ist leiblos, sie lebt nur noch vom Gehirn, sie ist ein körperlos in der Wüste spukender Geist, der verzehrt wird von Sehnsucht nach jenem Leib, der in der Gehirnsprache Kultur heißt. Denn Kultur ist Selbstdarstellung, Konkretwerdung einer Idee [...]."⁵³ Wenn Kultur die Darstellung des gesellschaftlichen Selbst bedeutet, wenn „Leben" mit „Leib haben" unzertrennbar verknüpft ist, dann ist auch im ursprünglichen Sinne eine Wiedergeburt des Körpergefühls erforderlich, denn „Leben" ist nicht gleichzusetzen mit ausschließlich geistigem Leben: „Was uns not tut, ist eine neue *Liebe* zum Körper, eine Renaissance unseres Körpergefühls. Und die muß in der Jugenderziehung einsetzen. Eine von Grund aus veränderte Schulerziehung muß den jungen Menschen wieder lehren, sich mit seinem Körper zu identifizieren, muß ihn nicht einseitig als Gehirnarbeit leistendes Wesen, sondern auch in seiner Körperlichkeit bewerten und ihm ein neues, starkes Gefühl für körperliche Werte erschließen."⁵⁴ Die Leiblichkeit des Menschen wird wiederentdeckt.

Allerdings fehlte es nicht an kritischen Stimmen, die vor einer übertriebenen Hoffnung warnten, die Probleme der Zivilisation könnten durch bewusste Förderung körperlicher Aktivitäten leichter gelöst werden. So ist es nicht verwunderlich, wenn sich der Verfasser eines – in der zweiten Hälfte der zwanziger Jahre des vergangenen Jahrhunderts geschriebenen – Aufsatzes in seiner vorgefassten Meinung bestätigt sieht: „Die Flucht aus der Heimatlosigkeit unserer Zivilisation in *Natur* und in die neuentdeckte *Leiblichkeit* hat nicht gebracht, was man davon erwartete, noch kam man weiter damit, daß man sich im Wirbel der Meinungen und Forderungen auf das *Gewissen* und die persönliche *Wahrhaftigkeit* zurückzog."⁵⁵ Inwieweit diese Bilanz zutreffend ist, geht im Wesentlichen von der subjektiven Erwartungshaltung des Bilanzierenden aus. Sicherlich fließen sowohl das Moment einer nicht in Erfüllung gegangenen Hoffnung als auch die Enttäuschung über eine nicht eingelöste Erwartung als gewichtende Beweggründe in ein abschließendes Fazit ein; allerdings ist Theo Hoffmann entgegenzuhalten: „Diese Kritik an der Jugendbewegung, die sich zum einen auf den Wandervogel, zum anderen auf die Meißnerformel von 1913 bezieht, geht jedoch an dem festzustellenden Tatbestand der Zunahme körperlicher Aktivitäten insofern vorbei, als es dem Verfasser ausschließlich um die Beachtung der religiösen Dimension in der Erziehung junger Menschen geht."⁵⁶ Es gibt genügend Beispiele, die unmissverständlich belegen, dass der – durch die Jugendbewegung in Gang gesetzte – höhere gesellschaftliche Stellenwert körperlichen Tuns auch in den Kirchen seine Wirkung nicht verfehlt hat: Die Geschichte des „Christlichen Vereins Junger Männer" sowie die Entstehungsphase der „Deutschen Jugendkraft" geben davon Zeugnis, wie auch Ludwig Esch diese Entwicklung kurz, aber zutreffend zusammengefasst hat: „Skier und Schott gehören zum jungen Menschen."[57] Mit dem „Schott" ist das im deutschen Sprachraum weit verbreitete Messbuch der katholischen Kirche gemeint, das dem Laien die bewusste Teilnahme am sonntäglichen Gottesdienst ermöglichte und besonders in der kirchlichen Jugendbewegung seinen festen Platz einnahm. Mit dieser Aussage aus dem Jahre 1952 – nämlich dass sportliche Betätigung und sonntägliche Eucharistiefeier keine sich ausschließenden Alternativen darstellen, sondern als gemeinsame Elemente jugendlichen Lebensgestaltung betrachtet werden müssen – sind wir wieder bei der zweiten Hälfte des 20. Jahrhunderts angelangt, bei dem Zeitraum also, von dem aus der historische Rückgriff seinen Ursprung genommen hat, indem die Deskription des Freizeitbegriffs in der Shell-Studie 1966 als „systemimmanente Lesebrille" bewusst in die Einleitung des Wandervogel-Kapitels aufgenommen worden ist.

Zusammenfassend kann man sagen: Natur, Fest und Spiel, aber auch Wandern und sportliche Betätigung waren wesentliche Elemente eines historisch einmaligen Phänomens: des Wandervogels. Die Impulse, die in der Jahrhundertwende von der entstehenden Jugendbewegung ausgingen, haben die körperlichen Aktivitäten nicht nur gesellschaftlich legitimiert, sondern – darüber hinausgehend – auch zum unverzichtbaren Bestandteil des jugendlichen Erziehungs- und Selbstfindungsprozesses gemacht. Allerdings muss auch der wissenschaftliche Tatbestand erwähnt werden, dass es bis zum heutigen Tage unter den Jugendforschern keinen Konsens über die Jugendbewegung gibt: So wird zum einen neben unterschiedlichen Ursache-Folge-Konstruktionen bisweilen sogar der Begriff „Schuld" (beziehungsweise in abgeschwächter Form der Ausdruck „Mitschuld") für historische und gesellschaftliche „Fehlentwicklungen" verwandt, wenn zum Beispiel die Frage zu klären versucht wird, warum der Nationalsozialismus in der Republik von Weimar so gute Ausgangsbedingungen hatte. Zum anderen werden aber auch „Verdienste" herausgestellt, die zum Beispiel den Widerstand vieler bündischer und kirchlicher Jugendgruppen gegen die nationalsozialistische Gleichschaltungspolitik betreffen oder gar das mutige Verhalten einzelner Führungskräfte im Dritten Reich hervorheben. Im Folgenden soll nun versucht werden, einige negative wie positive Gesichtspunkte aufzuarbeiten und somit eine Hilfestellung für ein differenziertes Urteil zu geben.

3.3 Der erste negative Gesichtspunkt: Die Überbetonung elitärer Vorstellungen

Die Ursachen für das auffällige Hervorheben des Elite-Begriffs in der Jugendbewegung sind vielfältig. Wie jedoch gerade das vergangene Unterkapitel verdeutlicht hat, wird im Zusammenhang mit dem Problemkreis „Natur und Kultur" der Forschende explizit bei der Untersuchung der Bedeutung körperlicher Aktivitäten auf eine ganz bestimmte Form kollektiver Selbstdarstellung und -bestätigung hingewiesen: auf das Fest. „Die spezifischen Erfahrungen, welche die gemeinsamen Feste den Teilnehmern vermittelten, provozierten das Bewußtsein, einer exklusiven Gruppe anzugehören[,] und forcierten elitäres Selbstverständnis. Dieser Punkt und die Kultivierung irrationaler und mystischer Vorstellungen sind die beiden negativen Kriterien dieser Art von Festen, da sie von den eigentlichen Problemen und Aufgaben dispensierten und eine gefühlvoll-romantische Genußgemeinschaft unterstützten."[58] Demnach kann man von einem dreigliedrigen Schritt sprechen: Die kollektive Form des Sich-Selbst-Darstellens, des Sich-selbst-zum-Ausdruck-Bringens, wie sie sich im Fest offenbart, führt zu einer diffusen Gefühlsgemeinschaft, die wiederum für das Entstehen eines Elitebewusstseins Mitverantwortung trägt.

Verstärkt wird die negative Funktion dieses Elitedenkens besonders durch den Umstand, dass die Jugendbewegung „die Elitebildung zu sehr als ein Privileg einer bestimmten Schicht der Gesellschaft ansah und die Rolle ihrer eigenen kleinen Kreise für die Bildung und Wirksamkeit von Eliten gemeinhin überschätzte"; mit anderen Worten: „Die landläufige Auffassung sah in der Elite eine bequeme Form, sich von der Masse zu distanzieren und allenfalls eine Herrschaft über die Masse vorzubereiten. In manchen Kreisen verlor der Begriff der Elite vollends seinen gesellschaftspolitischen Bezug und wurde nur noch als Auslese von moralisch und ethisch Qualifizierten angesehen, die mit bestimmten pädagogischen Methoden in Form gebracht werden sollten."[59] Die Bewältigung sozialer und sozialpolitischer Probleme wird als die Aufgabe einzelner – mit charismatischen Eigenschaften ausgestatteter – Führerpersönlichkeiten gesehen: „Es geht nicht um Kleinigkeiten, sondern um große Dinge. Nur die Wenigen, die innerlich stark und klar geworden sind, können die Aufgabe übernehmen, die der Bund sich setzt, den neuen edlen Menschen zu bilden. Es wird von ihnen gefordert, daß sie eine Idee vermitteln, ihr Werkzeug seien. Das aber erfordert Hingabe des ganzen Lebens."[60] Wenige, Starke also leisten Großes.

Die Konsequenz aus dieser Einstellung ist einleuchtend: „Der Protest gegen die Masse und ihre Erscheinungsformen, die eine am Bild der autonomen Persönlichkeit orientierte Kulturgesinnung abstoßen mußten, drängte die Frage danach, wo die menschlichen Probleme dieser Masse liegen und wie sie zu lösen sind, zurück."[61] Demnach kann man folgende Ursache-Folge-Konstruktion aufstellen, die jedoch nicht im Sinne eines einzig gültigen Kausalitätsprinzips verstanden werden darf: Wird „Elite" ausschließlich als Privileg einer bestimmten gesellschaftlichen Schicht angesehen, so ist damit der Verzicht auf die Hinterfragung der Probleme der Masse als mögliche Folgeerscheinung nicht von der Hand zu weisen.

3.4 Der zweite negative Gesichtspunkt: Die Betonung des Irrationalen

Neben der Hervorhebung des Elite-Begriffs wird der Jugendbewegung ein weiteres Faktum als negativer Kritikpunkt angelastet, nämlich ihre mangelnde Fähigkeit, auf aktuelle gesellschaftliche Fragen Antwort zu geben. Eine mögliche Ursache, warum die Jugendbewegung ihren Mitgliedern diese Hilfestellung nicht zu geben vermochte, nennt Heinz Stephan Rosenbusch, wenn er die Jugendbewegung wie folgt charakterisiert: „Dazu war sie auf der einen Seite zu gutgläubig-utopistisch, andrerseits zu naiv-narzistisch. Zwar richtete sie in der moralisch deformierten zugleich ständischen und kapitalistischen Gesellschaft Fanale neuer Wertorientierung auf. [....] Doch waren die idealistischen Formeln nicht mit realitätsverbundenen gesamtgesellschaftlichen Inhalten gefüllt, [sie] entbehrten weitgehend des politischen Selbstverständnisses."[62] Diese – schon seit den Ursprüngen der Jugendbewegung (etwa um 1900) latente – Gefahr der Verleugnung des Geistigen bei gleichzeitiger Hinwendung zum Irrationalen wird besonders in den Jahren nach 1930, also nach der Weltwirtschaftskrise, manifest.[63]

Einen wesentlichen Grund für das mangelhafte Bemühen, Konflikte rational aufzuarbeiten und anschließende ebenso rational zu bewältigen, sieht Werner Kürsteiner in dem auffälligen Umstand, dass die Mitglieder der Jugendbewegung das Heil ausschließlich im sozialen Fühlen sehen: „Der Egoismus vereinzelt die Menschen, er schließt sie gegeneinander ab. Der einzelne benutzt den andern, wenn er egoistisch handelt, bloß als Mittel zu seinem Wohlergehen, bloß wie eine Sache. Alle Tendenzen, welche Menschen zusammenführen, vereinigen wollen, alles soziale Streben, hat seine Wurzeln in der

Liebestendenz, in der Erotik."[64] Es deutet sich in diesen Worten eine ähnliche Auseinandersetzung an, wie sie in der Erziehungswissenschaft innerhalb des zeitgleich sich entwickelnden Diskurses über die Frage zum Ausdruck kommt, was denn nun eigentlich unter „Sozialpädagogik" zu verstehen sei, ob diese in der Pädagogik schlechthin „aufgehe" oder – wie der Meinungsstreit über individuale und soziale Erziehung zeige – nur eine Seite der Pädagogik näher beleuchte (auf diesen „Streit" soll im letzten Hauptkapitel dieses Betrags näher eingegangen werden). Wenn auch – wie Kürsteiner mit Recht anmerkt – zahlreiche Artikel in den Verbandsorganen der Wandervogel-Bewegung und der Bündischen Jugend sich mit dem Wesen und der Funktion der Erotik auseinandersetzen, so wird letzten Endes doch das wechselseitige Verhältnis von Individuum und Gemeinschaft als zentrales Grundproblem in den Mittelpunkt der Erörterung gestellt. Dabei ist Vorsicht angebracht, wenn ausschließlich das Soziale als Allheilmittel in allen schwierigen Lebenslagen des zwischenmenschlichen Handlungsgefüges gesehen wird: „Unsere Zeit zeigt eine starke soziale Strömung, zum Teil als Reaktion gegen den ausgesprochen egoistischen Materialismus, der die vorausgegangenen Jahrzehnte beherrschte. Sie ist sehr geneigt, im Egoismus die Ursache aller Übel der Vergangenheit und im sozialen Fühlen die Rettung und Heilung davon zu suchen. Beides, die Verurteilung des Egoismus und die Verherrlichung der rettenden Liebe, sind sehr von Affekten bedingt."[65] Der in dieser Feststellung angesprochene Wille zur Gemeinsamkeit jedoch ist ambivalent zu betrachten, und zwar insofern, als dieser auf der einen Seite nicht nur negative Folgeerscheinungen im Sinne einer Überbetonung des Irrationalen mit sich gebracht hat, sondern auf der anderen Seite auch als ein positives Element bei der Überwindung des als negativ bewerteten Elite-Masse-Problems angesehen werden kann. Die nun folgende Darstellung von zwei positiven Aspekten der Jugendbewegung vermag diese wechselseitige Funktion des Gemeinschaftswillens zu verdeutlichen.

3.5 Der dritte negative Gesichtspunkt:
Die „Selbstreservierung der Jugend" – ein „Versteckspiel vor dem Ernst des fordernden Lebens" (Eduard Spranger)

Als großes Ereignis in der Geschichte der Jugendbewegung gilt das Treffen auf dem Hohen Meißner, das in der Nähe von Kassel am 11. und 12. Oktober 1913 stattfand. Hier gelang den vielen – seit siebzehn Jahren um ihre Unabhängigkeit bemühten – Gruppen, die in 13 Verbänden zusammengeschlossen waren, endlich, eine gemeinsame Erklärung zu verabschieden: „Die freideutsche

Jugend will aus eigener Bestimmung vor eigener Verantwortung mit innerer Wahrhaftigkeit ihr Leben gestalten. Für diese innere Freiheit tritt sie unter allen Umständen geschlossen ein." Diese Meißnerformel wurde anschließend in den Schriften der Jugendbewegung und seit 1920 auch in den programmatischen Erläuterungen der Bündischen Jugend – geradezu „inflationär" – als einigendes Band immer wieder beschworen, kann jedoch im Wesentlichen, ausgehend von unterschiedlichen Perspektiven, in zweierlei Hinsicht interpretiert werden: „Die Jugend selbst hat sie als ‚Abwehrformel' bezeichnet. Also Emanzipation von den Erwachsenen! Positiv könnte man ihr den Namen ‚Autonomieformel' geben. Der vom deutschen Idealismus herkommende Geist der freien Selbstbestimmung der Persönlichkeit greift hier auf die Jugend als ganze Altersklasse über."[66]

Allerdings – und hier setzt der kritische Einwand Sprangers an – „überlagert" die explizite Überbetonung der jugendlichen Intention „Freiheit *von* den Zwängen, von den Erwachsenen, von den Autoritäten" die nicht minder wichtige Klärung der Frage: „Freiheit *wozu*?": „Nun schwelgte [die Jugend] in dem Selbstgenuß, den man schon von den Romantikern her kennt, dadurch für immer frei zu bleiben, daß sie die Entscheidung nach irgendwelcher Seite ins Unbestimmte hinausschob [...]."[67] Die wunderbare Suche nach der „Blauen Blume" des Romantikers Novalis sollte immer währen. Allerdings ist der nur allzu gern geübte Verzicht auf eine oder mehrere finite Zielvorgaben, auf die hinzuarbeiten mitunter der „Schweiß des beharrlichen Aushaltens" nicht zu umgehen ist, im ursprünglichen Sinn des Wortes „fatal" und bleibt nicht – wie Spranger bilanziert, ohne Konsequenzen: „Dieses Versteckspiel vor dem Ernst des fordernden Lebens sollte in Zukunft immer wieder eine verhängnisvolle Rolle spielen. Ich will deshalb dafür den kurzen Ausdruck: *Selbstreservierung* der Jugend einführen."[68] In diesem Sinne erfährt der im volkstümlichen Liedgut bekannte und gerade von älteren Menschen gern gesungene Text „Lass doch der Jugend ihren Lauf" eine Korrektur hinsichtlich der auch – oder gerade – an die jungen Menschen gerichteten Verpflichtung, nicht nur einem individuellen Sich-Ausleben zu frönen, sondern realitätsbezogen auf die Erlangung von Kenntnissen und Fertigkeiten hinzuarbeiten, um den Aufgaben des Alltagsvollzugs in allen Handlungsbereichen des sozialen Bedingungsfeldes gerecht zu werden.

3.6 Der erste positive Gesichtspunkt: Die ideellen Grundlagen der Gemeinschaft

In einem sehr kritischen Beitrag zur Lage der Jugend im Jahre 1926 wird auf die überzogenen Erwartungen hingewiesen, die mit der Realisierung des Gemeinschaftsbegriffes verbunden wurden und sich als nicht erfüllbar erwiesen haben: „Selbst nicht die jubelnd begrüßten *neuen Gemeinschaften*: Bund, Volk, Geschlecht haben das gegeben, was man so sehnsüchtig von ihnen erwartet, in sie hineingeredet hatte, und unter Schmerzen rang sich auch hier die Erkenntnis durch, daß Gemeinschaft nicht gemeinsames Genießen, sondern Ertragen und Besiegen starker Gegensätzlichkeiten bedeutet, daß, wer sich kampflos dahineinbegibt, im Grunde nur wieder ein unerlöstes Ich, nicht die so sehr ersehnte Einheit zwischen dem Ich und den Dingen findet."[69] Der Schwerpunkt dieser Aussage beruht auf dem Hervorheben der Tatsache, dass ein bloßes Nachgehen gleichgearteter Interessen nicht „das" konstitutive Element des Gemeinschaftsbegriffs darstellt; vielmehr muss man anerkennen, dass Leben Spannung ist und somit das gegenseitige Einander-Ertragen (gegensätzlich motivierter und strukturierter Persönlichkeiten) in die Definition von „Gemeinschaft" inhaltlich miteinbezogen werden muss. „Gemeinschaft" ist somit weder eine bloße Interessengemeinschaft, die ein äußeres (Teil-)Ziel verfolgt und für die innere Verfasstheit ihrer Mitglieder nicht Sorge trägt, noch versteht man darunter eine nur auf Gefühlen beruhende Sympathiegemeinschaft: „Eine solche Gemeinschaft verweichlicht und entnervt, sie führt zur Abkapselung und Absperrung von der Umwelt und macht so unfähig[,] den Forderungen des Lebens zu genügen. Die Sympathiegemeinschaft ist eine der größten Versuchungen für jede Jugendbewegung. Auch wenn wir sie prinzipiell ablehnen, fallen wir ihr leicht zum Opfer."[70] Gemeinschaft bezieht sich auf das ganze Leben, Jugendbewegung versteht sich als Lebensbewegung!

Um diesen hehren Anspruch nicht nur als – bis in die Endlosigkeit reichendes – Ziel zu deklarieren, welches im ursprünglichen Sinne des Wortes als „utopisch" charakterisiert werden kann (ου τόπος: der noch nicht verwirklichte Realisierungsort), „[…] muß der Mensch zunächst *gemeinschaftsfähig* sein, also aus der Eigenwelt der naiven Selbstbezogenheit herausgetreten sein."[71] Zu diesem Postulat merkt Spranger kritisch an, dass diese Forderung in Deutschland allzu sehr nur auf die Schulgemeinschaftsfähigkeit bezogen werde. Die Gemeinschaftsfähigkeit erstreckt sich aber auf alle Handlungsbereiche des sozialen Bedingungsfeldes – und hier ist in ähnlicher Weise, wie die Jugendbewegung sich als Lebensbewegung definiert, die Schule gefordert: „Denn die wesentliche [...] Folgerung liegt darin, die Schule aus einer Unterrichts- und Lerngemeinschaft in eine, das ganze Jugendleben umfassende *Lebensgemeinschaft* zu verwandeln, aus ihr – nicht nur eine Arbeitsschule –, sondern eine wahre *Lebensschule* zu machen."[72] Besondere Aufmerksamkeit verdienen die äußeren Umstände, unter denen diese auffällige Parallelität von Jugendbewegung und Pädagogischer Bewegung coram publico nicht nur in den wissenschaftlichen, sondern auch in den politischen Diskurs eingebracht wurde. In einer Erläuterung zu Sprangers Aufsatz weist Gerhard Kudritzki nämlich darauf hin, dass „[diese Abhandlung] nach einer brieflichen Auskunft Sprangers zuerst 1920 als Rede in Anwesenheit des Reichspräsidenten Ebert gehalten wurde und als Einführung in die zentralen Bestrebungen der Pädagogischen Bewegung und ihren geisteshistorischen Hintergrund gelten darf."[73] Spranger nimmt ausdrücklich bei seiner Erläuterung der zu schaffenden (schulischen) Lebensgemeinschaft Bezug auf das bereits bestehende konkrete Beispiel der Jugendbewegung: „Dieses tiefere Gemeinschaftserlebnis ist der einzig sichtbare, aber für sich genug beachtenswerte Grundzug der heutigen Jugendbewegung, so weit sonst ihre Ziele auseinandergehen mögen. An diesem Erlebnis erkennen sich die Geister. In ihm ist der neue Typus Mensch begründet. Denn eine Jugendbewegung ist nicht eine Schulrevolution, auch nicht Klubwesen oder Lebensreform, sondern Wetterleuchten einer neuen Geistesart – neues Seelentum, neues Volkstum."[74] Auch in der Beschreibung des „neuen Typus Mensch" gilt das unabdingbare, sich gegenseitig erst in seiner Fülle ermöglichende Wechselverhältnis von Einzelwesen und „ens sociale": „Neues Seelentum" verweist auf das Individuum, „neues Volkstum" auf die Gemeinschaft.

Interessant ist in diesem Zusammenhang die Schlussfolgerung Sprangers, nämlich dass der Kern der Jugendbewegung im Grunde religiös ist: „Alle charakteristischen Merkmale sprechen dafür: Bekehrung, Wiedergeburt, vita nuova, persönliche Offenbarungen. Dem Außenstehenden mag oft genug das Gemeinschaftserlebnis ohne greifbaren Inhalt erscheinen. Aber wo es echt ist, da ist es Gemeinschaft im Tiefsten, Wesensoffenbarung, Hingegebensein, und gerade diese an die Mystik erinnernde Umrißlosigkeit ist wieder religiös."[75] Sich hingeben, aber auch sich binden: In diesem Sinne kommt die Jugendbewegung dem lateinischen Begriff „religio" sehr nahe, der ja explizit die bewusste Bindung des Individuums an ein höheres – man kann auch sagen übergeordnetes – Wesen beinhaltet; die Bindung an die Gemeinschaft ist das „Wesentliche".

Wenn man nun Sprangers Forderung, die Schule zu einer wahren „*Lebensschule*" zu gestalten und in eine „*Lebensgemeinschaft*" zu transformieren (siehe oben), im Lichte seines Beitrags über den inneren Zusammenhang von Jugendbewegung und Gemeinschaft betrachtet, so wird nunmehr der Blick auf die unverzichtbare Eigenleistung des Sich-Einbringens in diese Gemeinschaft geschärft: „So ist unverkennbar, daß diese Gemeinschaft die Individualität nicht ausschließt, sondern auf ihr ruht. Die Tiefe der gegenseitigen Wesensoffenbarung wäre nicht denkbar, wenn nicht jeder sein Eigenstes in dieses Zusammenklingen hineingäbe. Nur starkes Individualleben ist in *diesem* Sinne gemeinschaftsfähig. Religiöse Echtheit und ästhetischer Reiz wirken hier geradezu gemeinschaftsstiftend."[76] Auch hier gilt: Der „homo religiosus" bringt sich in diese Gemeinschaft ein, die selbst einen religiösen Kern hat.

Wer in einer Gemeinschaft lebt, setzt sich für andere ein, ohne jedoch dabei in einen blinden Aktivismus zu verfallen. Mitläufertum ist nicht gefragt, wie wir einem programmatischen Aufsatz entnehmen können, der sich mit dem neudeutschen Gemeinschaftsideal auseinandersetzt: „Weil Neudeutschland schaffen will, weil es der jugendlichen Tatkraft Ziele und Wege zeigen will, kann es auch nicht ein Verein von lammfrommen Jungens sein, von passiven Elementen, von Efeunaturen, die stets eine Eiche brauchen, an der sie emporklettern. Wir können *bloße Mitläufer* nicht brauchen. Wir wollen uns auch fernhalten alle *egoistischen* Schmarotzer, die nur zu uns kommen wollen, um möglichst viel zu profitieren. Nein, wir wollen Tatmenschen, junge Leute, die schaffen nicht bloß für sich, sondern auch für andere. Wir gehen heutzutage am Egoismus [zugrunde]. Wucherei, Schiebertum und vieles andere sind ja nichts als die Äußerungen dieses ekligen Selbstsuchtgeistes."[77] Einen ähnlichen kritischen Einwand erhebt Spranger: „Oft genug auch mischen sich in den Kreis der Thyrsosträger solche, die keine Begeisterten sind, oft genug Geister, die die ‚Aktualitätskonjunktur' benutzen und ihre Negationen ausleben wollen. Eine Jugendbewegung lebt nicht von Negationen. Soziologisch genommen liegt das Ja in der bezeichneten Richtung: Gemeinschaftserlebnis als Wesensgemeinschaft, als Berührung der *ganzen* Seelen in ihrer tiefsten Wahrheit."[78] Allerdings gilt für dieses „große Ja": Nicht nur der Inhalt, sondern auch die Form des Gemeinschaftslebens ist von wesentlicher Bedeutung: „Diese Form muß so sein, daß sie wirklich Gemeinschaft ist. [….] Alle muß die Form unseres Gemeinschaftslebens umfassen, die großen Massen und die Elite, die Schwachen und die Starken, die jungen Arbeiter und Angestellten, die Bauern und Handwerker, die aus dem vornehmen Haus und die aus der Mietskaserne."[79] Dieser Anspruch, der an die Gemeinschaftsform gestellt wird, scheint besonders in Bezug auf die zahlreich genannten Zielgruppen unerfüllbar zu sein; dass diese Skepsis durchaus angebracht ist zeigt auch der kritische Hinweis auf eine –

keineswegs unbedeutende, sondern aufschlussreiche – Akzentverschiebung: „Nicht ohne Grund wird statt von Gemeinschaft oft von einem Gemeinschaftsideal gesprochen, welches immer wieder anzustreben gilt."[80] Eine mögliche Hilfestellung bei der Realisierung dieses Gemeinschaftsideals wird im Sport gesehen (wie im Unterkapitel 3.2 aufgezeigt worden ist). Die wachsende Anerkennung, die den körperlichen Aktivitäten nicht nur in der Bündischen Jugend, sondern nunmehr auch in der kirchlichen Jugendarbeit (etwa seit 1910) zuteil wird, vermag diesen Sachverhalt zu bestätigen.

3.7 Der zweite positive Gesichtspunkt: Der Sport als persönlichkeitsförderndes Ideal

Die katholische Kirche hat in ihrer nahezu zweitausendjährigen Geschichte in Bezug auf die Leiblichkeit eine große Unsicherheit an den Tag gelegt.[81] Auf diesen Umstand weist auch Carl Diem hin, wenn er kritisch bilanziert: „Die katholische Welt hat das Sportwesen spät und unter größeren Schwierigkeiten aus ihren Jünglingsvereinen entwickelt. Der Katholizismus war in den ersten Jahrhunderten seiner Geschichte ohne Zweifel leibfeindlich. Sein Gegensatz zum Heidentum schloß auch die Abkehr von der heidnischen Gymnastik ein, zumal ihm diese nur in ihrer Verfallsform begegnete."[82] Der ursprüngliche Beweggrund für die katholischen Bischöfe in Deutschland, sich zu Beginn des 20. Jahrhunderts in der Jugendarbeit zu engagieren und das Entstehen von Jugendvereinen zu fördern, war rein seelsorglich bestimmt. Das Prinzip des Wandervogels, dass Jugend durch Jugend geführt werden müsse, akzeptierten die Kirchenführer nicht. Von einer ausdrücklichen Anerkennung körperlicher Aktivitäten kann man noch nicht sprechen. Die primäre Betonung pastoraler Aspekte kann einer Mitteilung des Bistums Speyer entnommen werden, auf die Franz Henrich hinweist: „Im Bischöflichen Amtsblatt des Jahres 1905 wurde dringend zur Gründung von Jugendvereinen aufgerufen, da die männliche Jugend, besonders in den Städten, sich größtenteils vom religiösen Leben entfremdet habe und durch den Anschluß an allgemeine Turn-, Spiel-, Gesang- oder Athletenvereine vom kirchlichen Leben ferngehalten werde."[83] Diese allgemein gehaltene Sorge des deutschen Episkopats wird anhand eines aufschlussreichen Beispiels konkretisiert: „Vor allem fürchtete man den sozialdemokratischen Einfluß in den Turn- und Sportvereinen."[84]

Dennoch gibt es Anzeichen für eine wachsende Einsicht in die Eigenwertigkeit sportlichen Tuns in der katholischen Jugendarbeit: „Die 8. Generalversammlung des Verbandes der Katholischen Jünglingsvereine Deutschlands, die im September 1912 in Hildesheim stattfand, beschloß, in den Diözesen einen Ausschuß für Turnen, Spiel und Wanderwesen einzurichten, der am 13. Juli 1913 in einem Zentralausschuß mit dem Sitz in Düsseldorf Leitsätze über die ‚Stellung zu den Vereinen für Körperpflege' aufstellte."[85] Ebenfalls in Düsseldorf erschien im Oktober 1913 der 1. Jahrgang der Zeitschrift „Jugendkraft"; bedingt durch den Ersten Weltkrieg konnte der 2. Jahrgang erst im Frühjahr 1920 wieder erscheinen, allerdings unter dem erweiterten Titel „Deutsche Jugendkraft" (DJK).[86] Als sich in diesem Jahr die Präsides des Jungmännerverbandes in Würzburg erstmals trafen, wurde bei dieser Gelegenheit die DJK als Sportorganisation ins Leben gerufen.[87] Auch hier ist zu beachten, dass Erwachsene, und zwar ausschließlich Geistliche, das Konzept dieser Jugendorganisation vorbereiteten und realisierten.

3.8 Zusammenfassung: Individuum und Gemeinschaft als lösbares Spannungsverhältnis in der Jugendbewegung

Individuum und Gemeinschaft: diese beiden Begriffe stehen in einem wechselseitigen Spannungsverhältnis. Im Bereich des Sports besteht die Chance, beide sich ergänzende Pole menschlichen Daseins zu vereinen: „Ein Ansatz zur personalen Erziehung war es gewiß, den menschlichen Leib in seiner Würde und integrativen Bedeutung für den Aufbau der Gesamtperson zu sehen, seine Gesunderhaltung und Ertüchtigung zugleich als Mittel der Persönlichkeitsbildung zu werten. Oberstes Ziel der Sportpflege in der katholischen Jugend war daher nie das Streben nach olympischen Rekorden, sondern der ‚Breitensport', wie wir heute sagen, in seiner menschen- und gemeinschaftsbildenden Funktion."[88] In diesem Sinne kann zweifelsohne von einer – in diesem Falle allerdings positiven – Instrumentalisierung des Sports durch die kirchliche Jugendarbeit gesprochen werden.

So ist hinsichtlich des Dissenses über die „Fehlleistungen" und „Verdienste" der Jugendbewegung und deren „Beeinflussungsmomente" auf die kirchliche Jugendarbeit folgendes Fazit zu ziehen: Wir haben einerseits gesehen, dass das Hervorheben elitärer Vorstellungen sowie die Überbetonung des Irrationalen jungen Menschen keine ausreichende Hilfestellung bei der Suche nach einer angemessenen Lebensbewältigung zu geben vermochten; andererseits jedoch gelangten wir zu der Feststellung, dass der beiden Komponenten entspringende Wille zur Gemeinsamkeit ambivalent betrachtet werden muss und somit auch positive Ansatzpunkte enthält. Die ideellen Grundlagen der Gemeinschaft betonen ein – auf Gegenseitigkeit beruhendes – Einander-Ertragen, heben also das Toleranzprinzip hervor und tragen mit dazu bei, egoistischen Handlungsweisen positive Problemlösungsmuster entgegenzusetzen. Dies gilt besonders beispielhaft für den Bereich körperlicher Aktivitäten: Im Sport wird das Spannungsverhältnis von Individuum und Gemeinschaft als Chance betrachtet, personale Erziehung und Bildung zur Gemeinschaftsfähigkeit vorbildlich zu vereinen.

4 Sozialpädagogik: Antwort auf die „soziale Frage"

Bereits im Jahre 1851 taucht in der pädagogischen Literatur ein Begriff auf, der in den folgenden Jahrzehnten an Bedeutung gewinnen sollte: Sozialpädagogik. Dieser Begriff erscheint erstmals in einer Schrift von Adolph Diesterweg[89]: Auf 110 Seiten werden 73 Bücher und 15 Zeitschriften unter 19 Ordnungsgesichtspunkten aufgeführt. Die Kategorie 9 des Verzeichnisses empfehlenswerter Lektüren trägt die Überschrift: „Schriften über Sozial-Pädagogik".[90] Dieses Wort wurde für Diesterweg und viele seiner im Spannungsbereich zwischen Erziehungswirklichkeit und Erziehungsanspruch engagierten Zeitgenossen „Ausdruck der Hoffnung, mit einer erneuerten, den aufklärerischen und individualistischen Zeitgeist überwindenden Pädagogik die desintegrierenden und überkommene soziale Werte und Gebilde auflösenden Folgen des heraufziehenden Industriezeitalters zu überwinden."[91] Allerdings fällt bereits in der Entstehungsphase dieses Begriffs auf, dass dieser trotz zunehmender Verwendung inhaltlich mit unterschiedlichen Intentionen ausgefüllt wurde. Ein Grund für den damals mangelnden Konsens über die Frage, was „Sozialpädagogik" eigentlich beinhaltet, lässt sich mit Sicherheit darauf zurückführen, dass die Erzieher, die diesen neuen Terminus als Schlüsselwort in die pädagogische Diskussion einbrachten, in unterschiedlicher Sichtweise zunächst einmal ihre eigene konkrete Gegenwart interpretierten und von diesem Vor-Verständnis heraus die sich daraus ergebenden – logischerweise ebenfalls unterschiedlichen – Zielvorstellungen in den neuen Begriff einarbeiteten. Dieser – auf eben nicht einheitlichen Prä-Dispositionen beruhende – hermeneutische Entwicklungsprozess trug letztendlich dazu bei, dass die in der neuen Bezeichnung zum Ausdruck kommende pädagogische Neubesinnung als ein Bemühen um die Verwirklichung eines – lediglich im formalen Sinne einheitlichen – sozialethischen Anliegens verstanden werden konnte.

Dass das Bemühen um begriffliche Klärung einen so langen Zeitraum in Anspruch nahm, mag zwar auf den ersten Blick bedauerlich erscheinen, kann aber auch – und diese Ambivalenz ist im Sinne einer um Objektivität bemühten Darstellung erwähnenswert – positiv gesehen werden: Der Zwang, zu einer sowohl methodologisch als auch inhaltlich exakten Definition zu gelangen, führte zu einer fruchtbaren Diskussion über die intentionale Ausgestaltung dieses Begriffs. Das Ergebnis dieses Klärungsprozesses hat Klaus Mollenhauer – 115 Jahre nach Diesterwegs Ratgeber für Lehrer – in seinen Definitionsversuch miteinbezogen: „Das Wort Sozialpädagogik hat sich als Bezeichnung für einen bestimmten Umkreis pädagogischer Aufgaben und Einrichtungen und deren Theorie eingebürgert. Die Sozialpädagogik umfaßt alle jene Aufgaben, die in der ‚industriellen Gesellschaft' als besondere Eingliederungshilfen notwendig geworden sind und gleichsam an den Konfliktstellen dieser Gesellschaft entstehen. Es gibt sie in diesem Sinne erst, seit die gesellschaftlichen Vorgänge einer pädagogischen Kritik unterzogen werden und es auffällig wurde, daß die traditionellen Erziehungswege nicht mehr ausreichten, um den Vorgang des Heranwachsens zu sichern."[92] Diese Umschreibung trifft erste Aussagen darüber, in welchem zwischenmenschlichen Handlungsgefüge – man kann auch sagen: in welchem sozialen Bedingungsfeld – „Sozialpädagogik" neben ihrer theoretischen Grundlegung auch ihre praxisbezogene Umsetzung findet, und ist für diese Untersuchung insofern relevant, als sie wesentliche Aussagen zu den Grundproblemen dieses Begriffes enthält. Diese Grundprobleme sollen im Folgenden kurz aufgezeigt werden, da sie das Denken und Handeln der in der Anfangsphase der kirchlichen Jugendarbeit engagierten Erzieher und Erzieherinnen entscheidend beeinflussten.

4.1 Notwendigkeit der Ergänzung christlich-caritativer Einzelfallhilfe durch sozialpflegerische Maßnahmen als Folge des Merkantilismus

Im 18. Jahrhundert hatten im deutschen Sprachraum die regierenden Fürsten ihre Untertanen fest in der Hand. Dennoch blieben die Gedanken der Aufklärung nicht ohne Folgen: „Individualismus war nicht mehr nur eine Bewußtseinshaltung der Gebildeten, sondern drang als Orientierungs-Vorstellung und Verhaltensweise auch in die unteren sozialen Schichten ein."[93] Neben diesem Vordringen des Individualismus in alle Schichten zeigten sich auch erste Risse in der gesellschaftlichen Struktur: „Die Gesellen konnten weithin nicht mehr Meister werden und zogen als Arbeitslose durchs Land (oder nestelten sich als

Bönhasen in Schlupfwinkeln). Die merkantilistische Politik sprach von Industrie und begünstigte Arbeitsweisen, die viele als unerhört empfanden. Die Lockerung der tradierten gesellschaftlichen Formen war noch anfänglich, aber sie war doch spürbar."[94] Mit der Einführung der Gewerbefreiheit verschärften sich die krisenhaften Lebenslagen für weite Teile der Bevölkerung: „Seit dem Mittelalter wurden die versorgungs- und hilfsbedürftigen Mitglieder des Standes durch dessen korporative Struktur mitgetragen. Ein Rückhalt fehlte nur denjenigen Gewerbetreibenden, die zu keiner Innung oder Korporation gehörten. Die Zahl dieser aber mußte mit der Einführung der Gewerbefreiheit und dem Fabrikwesen steigen. Das bedeutete, daß sich der sozial, und damit in bestimmter Hinsicht auch pädagogisch nicht erfaßte Teil der Bevölkerung vergrößerte; er stand mithin den gesellschaftlichen Gefährdungen besonders ungeschützt gegenüber."[95] Die Auflösung des korporativen Schutzes erforderte Gegenmaßnahmen.

Wie sollten diese Hilfestellungen aussehen? Konnte ein Sich-Einfügen des Menschen in ein gesellschaftliches System überhaupt erwartet werden, nachdem die bestehende Ordnung des Miteinander-Umgehens ihre für selbstverständlich gehaltene Daseinsberechtigung und von Gott legitimierte Gültigkeit allmählich einbüßen würde? Die mangelnde Fähigkeit, gesellschaftlich bedingte Ursache-Folge-Konstruktionen in ihrer multikausalen Verflechtung zu analysieren, lässt die ersten sozialpädagogischen Theoriebildungsversuche aus der heutigen Sicht als sehr naiv erscheinen: „Man konnte noch nicht soziologisch denken. D.h. der Blick hatte sich noch nicht geöffnet für die Macht der Vergesellschaftung, der der Mensch unterliegt, der er, wie wir heute wissen, immer unterlegen ist, die nur erst durch den unaufhaltsamen Wandel, den die Industriegesellschaft zuwege brachte, sichtbar wurde. Naiv erscheint uns vor allem die Vorstellung, man könnte auf Ziele hin, die man sich setze, (die man in der Theorie ausdenke), die Gesellschaft zu dem erziehen, was sie sein solle."[96] Horst-Erich Pohl weist in diesem Zusammenhang darauf hin, dass die ständig zunehmenden sozialpädagogischen Bemühungen sogar bis zum Ende des 19. Jahrhunderts ohne einheitliches theoretisches Fundament blieben: „Sie gingen zwar alle aus derselben Intention hervor, nämlich durch ganz reale Hilfeleistungen der sittlichen Verwahrlosung des Volkes zu begegnen, als deren Ausdruck die Existenznot des einzelnen gesehen wurde. Aber die offizielle deutsche Pädagogik des gesamten 19. Jahrhunderts hat, obwohl sie unter dem gleichen Anspruch der sittlichen Charakterbildung des Individuums stand, die außerschulischen sozialpädagogischen Aktivitäten bei ihren Theoriebildungen nahezu gänzlich ignoriert."[97] Auf die bis ins 20. Jahrhundert hineinreichenden nachteiligen Folgen dieses mangelnden Konsenses kann im Rahmen dieser Abhandlung allerdings nicht näher eingegangen werden.

Allerdings zeigt das Entstehen sozialpädagogischer Denk- und Handlungsansätze trotz der divergierenden Prä-Dispositionen unmissverständlich einen epochaltypischen Wandel in dem Verständnis von Fürsorge und Prävention auf: Die übergeschichtliche „caritas christiana" diente nicht mehr als alleiniger Beweggrund, um anhand einer auf das Individuum bezogenen Einzelfallhilfe Schäden zu beseitigen, die durch den gesellschaftlichen Wandlungsprozess mitverursacht worden waren. Vielmehr wurde der Begründungszusammenhang für das sozialpflegerische und fürsorgerische Engagement am Ende der Aufklärung erweitert: „Die ersten sozialpädagogischen Einrichtungen entstanden, als sich die Formen der christlich-caritativen Fürsorge mit den Erziehungsintentionen der ausgehenden Aufklärung verbanden. Diese, vom Merkantilismus des absolutistischen Staates stark beeinflußten Institutionen der Erziehung der Armen zur Arbeitsamkeit, der Waisenkindererziehung, der ‚Besserung' von Verwahrlosten und Kriminellen, vor allem von vagabundierenden Kindern und Jugendlichen sind als die Vorläufer einer im 19. Jahrhundert einsetzenden differenzierten sozialpädagogischen Praxis anzusprechen."[98] In der nachnapoleonischen Zeit werden besonders drei Motive für den Ausbau weiterer sozialpädagogischer Einrichtungen sichtbar: zum einen die Idee einer breiten – alle Schichten der Bevölkerung umfassenden – Volkserziehung, zum anderen der Kampf gegen den Pauperismus, dem man zwar erzieherisch, aber außerhalb der herkömmlichen pädagogischen Einrichtungen begegnen wollte; als dritter Handlungsursprung für sozialpädagogisches Engagement lässt sich die Jugendverwahrlosung nachweisen, die nun erst als pädagogisches Problem angesehen wird.

4.2 Die Diskrepanz zwischen Gegebenem und Aufgegebenem: „Verwahrlosung" als pädagogischer Begriff

„Verwahrlosung" steht in engem Zusammenhang mit dem Begriff „Kultur"; diesen unzertrennbaren Konnex aufzuzeigen, trägt mit dazu bei, die zeitgeschichtlich bedingte Genese sozialpädagogischer Theorie- und Handlungsansätze zu verstehen: „Verwahrlosung gibt es nur, wo es Kultur gibt. Verwahrlosung als ein pädagogisches Problem taucht nur dort auf, wo bestimmte Aufgaben unbewältigt bleiben, verfehlt oder überhaupt nicht gesehen werden; wo es nicht gelingt, einen gegebenen Bestand von Auflagen und Dispositionen mit den Normen, dem Aufgaben-System der Gruppen einer Kultur in ein gültiges Verhältnis zu setzen. Dieses Mißlingen ist das Wesentliche."[99] Ergo ist Verwahrlosung definiert durch das Misslungen-Sein der erzieherischen „Kultivierung" der Person.

Somit ist Verwahrlosung in zweierlei Hinsicht zu betrachten: zum einen unter dem Aspekt des Eingebunden-Seins des Individuums in eine geschichtliche Situation, in ein zwischenmenschliches Handlungsgefüge (als solches kann der Begriff „Gesellschaft" definiert werden). Deutlich wird dieser Gesichtspunkt, wenn man die Entstehung des Begriffs „Verwahrlosung" betrachtet: „Zwar wurden die bewahrenden sozialen Ordnungen nicht in ihrem geschichtlich bedingten Charakter erkannt, sondern als naturgegebene oder gottgewollte als allgemeingültig angesehen, damit zugleich bestimmte Erscheinungen abwertend beurteilt, die gerade in der sozialen Übergangssituation jener Jahrzehnte keinesfalls mit Sicherheit als Verwahrlosungserscheinungen zu fixieren gewesen wären; der richtige Ansatz aber, daß nämlich Verwahrlosung nur zu bestimmen ist im Hinblick auf konkrete *Ordnungen einer geschichtlichen Situation und Individuallage*, war hier enthalten."[100] Zum anderen ist Verwahrlosung zu untersuchen unter dem Blickwinkel der Kluft zwischen dem, was das soziale Handlungsgefüge von dem einzelnen Mitglied der Sozietät fordert, und dem, was dieser aufgrund seiner Anlagen, aber auch seiner situativen Gegebenheit zu leisten vermag: „Verwahrlosung als Diskrepanz zwischen Gegebenem und Aufgegebenem, als Anforderung, die die soziale Ordnung an den Einzelnen stellt – und Verwahrlosung als pädagogisch hilfsbedürftiger Zustand andererseits: das ist das Schema, das den dargestellten Äußerungen zu diesem Problem zugrunde liegt und sich unter dem Eindruck der drohenden Auflösung alter Sozialformen herausbildete und ins Bewußtsein gehoben wurde."[101]

Allerdings ist gerade im Hinblick auf den letzten Aspekt der Verwahrlosungsbegriff vom erzieherischen Standpunkt aus nicht unproblematisch: „Verwahrlosung ist ein pädagogischer Begriff, mit dem die Diskrepanz zwischen der Wirklichkeit und der Möglichkeit eines Menschen bezeichnet werden soll. Was [aber] möglich ist, wird vom [real] Gegebenen begrenzt, vom ‚Aufgegebenen' her [erwartet und] gefordert. Ob ein Mensch verwahrlost ist, vermag nur der zu entscheiden, der das ‚Aufgegebene' und das ‚Verheißene' kennt. D.h.: Verwahrlosung läßt sich nicht auf Anhieb konstatieren; um sie zu erkennen, bedarf es einer gründlichen Analyse der pädagogischen Situation."[102] Demnach ist der Verwahrlosungsbegriff nur dann pädagogisch sinnvoll, wenn durch ihn das derzeit gültige System von Wertorientierungsmustern und Verhaltensweisen als „nicht verwahrlost" angesehen wird.

4.3 „Sozialpädagogik" und „persönliche Hilfe" als ambivalente Folgeerscheinungen der Aufklärung

„Sozialpädagogik" und „persönliche Hilfe" sind nicht gleichzusetzen, sondern stellen unterschiedliche Begriffe dar, weil sie von unterschiedlichen Denk-Voraus-Setzungen ausgehen: „‚Sozialpädagogik' geht vom Verlust altüberkommener Sozialformen aus, ‚persönliche Hilfe' vom Primat des Menschen als Person, der sich im selben Zeitpunkt gesellschaftlich zu etablieren beginnt, da jene alten Ordnungen des Sozialen sich in Auflösung befinden."[103] Anders formuliert: „‚Sozialpädagogik' ordnet ihre Theoreme aus der Sorge um das Gesellschaftliche und seine Gliederungsformen gegen die von der sozialen Individualisierung ausgelöste Dynamik; ‚persönliche Hilfe' ordnet sich aus der Sorge um die Wahrung der Personalität gegen die Überwältigung des einzelnen durch soziale Zwänge."[104] Mit Recht folgert Martin Rudolf Vogel, dass der Begriff „Sozialpädagogik" sich als zutiefst reaktiv begründet darstellt: „Er kann zwar diesen oder jenen Wandel der Sozialverfassung partikular erfassen und beantworten, der prinzipiell-neuzeitlichen Gesellschaftsdynamik aber vermag er seiner eigentümlichen Optik wegen nicht gerecht zu werden. Auch dort, wo er ‚Erneuerung der Volksordnung' oder ‚Integration' will, meint er damit zuletzt Rückkehr zur gesellschaftlichen Stabilität im altständischen Sinne."[105]

Zu einem ähnlichen Urteil gelangt auch Horst-Erich Pohl, der die Reaktivität des Begriffs „Sozialpädagogik" auf die mangelnde einheitliche theoretische Basis der fürsorgerischen Bemühungen zurückführt: „Das Problem eines durchreflektierten sozialpädagogischen Begründungszusammenhanges erwies sich insofern als äußerst nachteilig, als die Zielsetzungen der unterschiedlichen sozialen und sozialpädagogischen Hilfsmaßnahmen bis ins 20. Jahrhundert hinein mit der gesellschaftspolitischen Entwicklung in keiner Weise Schritt hielten. So blieb die von der erziehungswissenschaftlichen Theorie unbeachtete christliche und humanitäre Sozialhilfe mitsamt den ebenfalls zur Linderung von Lebensnot praktizierten pädagogischen Hilfen überwiegend an einer Sozialordnung orientiert, deren feudalistisches System caritativer Gnadenerweise schon längst nicht mehr funktionierte."[106] Nicht nur für die Feststellung, dass die sozialpädagogischen Hilfsmaßnahmen dem gesellschaftlichen „Procedere" nachhinkten, ist der Hinweis auf die – diesen Maßnahmen zugrunde liegende – Orientierung an einer feudalen Sozialordnung von Bedeutung; vielmehr zeigt sich auch in dem sozialen Bedingungsfeld der kirchlichen Jugendarbeit in ganz konkreter Weise, dass die Bemühungen um die Jugend von einem Festhalten an althergebrachten Sozialstrukturen gekennzeichnet waren – und zwar auch noch dann, als der Wandel dieser Strukturen nicht nur offensichtlich, sondern schon weit fortgeschritten war.

„Persönliche Hilfe" geht von der Einmaligkeit des Menschen als Person aus und hat durch die Aufklärung einen besonderen Impuls erhalten: „Indem die Aufklärung den Menschen aus der vollständigen Festlegung und Bestimmung durch seine Gesellschaft als eine gleichsam zweite Naturgewalt herausgelöst [hat] und ihm Bereiche der Selbstbestimmung einräumt, wird das ‚Persönliche' erst für innerweltlich bezogenes Handeln relevant."[107] Damit wird aber eindeutig offenbar, dass sowohl die Betonung der Individualität des Menschen, seine Heraushebung als Person, als auch die Entstehung des Begriffs „Sozialpädagogik" als ambivalente Folgeerscheinungen einen gemeinsamen geschichtlichen Ursprung haben: die Aufklärung. Diese Feststellung bedarf insofern besonderer Beachtung, als die Entstehung des Begriffs „Sozialpädagogik" im Allgemeinen in erster Linie mit der Industriellen Revolution in Verbindung gebracht wird. Genauer formuliert Klaus Mollenhauer in seinem Deskriptionsversuch diesen sozialgeschichtlichen Konnex: „[Sozialpädagogik] ist ein Bestandteil desjenigen pädagogischen Systems, das durch die industrielle Gesellschaft hervorgebracht wurde [...]. Von ihrem Beginn an und in all ihren Formen war sie ein Antworten auf Probleme dieser Gesellschaft, die der Sozialpädagoge zu Erziehungsaufgaben umformulierte."[108] Somit ist festzuhalten: Der Begriff „Sozialpädagogik" ist mit dem industriellen sozialen Bedingungsfeld eng verknüpft; seine Genese weist jedoch bis in die Aufklärung zurück.

4.4 Die „monistische" Pädagogik-Auffassung Paul Natorps: Sozialpädagogik als Pädagogik schlechthin

Erst am Ende des 19. Jahrhunderts wurde von Paul Natorp der Versuch einer theoretischen Grundlegung der bestehenden Erziehungsintentionen unternommen. Dabei kommt der Wechselwirkung von Individuum und Gemeinschaft ein zentraler Stellenwert zu. Natorp geht zunächst von der Behauptung aus, dass der Begriff des Individuums die Folge eines künstlichen Abstrahierungsvorganges darstelle und somit das unteilbare Einzelwesen eine abgesonderte reale Existenz nicht aufweisen könne: „Die Gemeinschaft ist nichts außer den Individuen; sie ist ihrem ganzen Begriff nach nur Gemeinschaft der Individuen; sie besteht allein im Verein der Individuen, und dieser Verein allein im Bewußtsein der Einzelnen, die daran teilnehmen. Aber auch umgekehrt gibt es kein menschliches Individuum anders als in menschlicher Gemeinschaft und durch sie. Nur durch Abstraktion läßt sich vom Individuum reden ohne ausdrückliche Rücksicht auf die Gemeinschaft."[109] In einem anderen Zusammenhang trifft Natorp eine ähnliche Aussage: Zwischen Individuum und Gemeinschaft besteht nach seiner Auffassung eine Wechselbeziehung, die so eng ist, dass keiner der beiden Beziehungsfaktoren losgelöst von dem jeweils anderen betrachtet werden kann: „[So wird] eine äußere Scheidung einer individualen von einer sozialen Pädagogik überhaupt sinnlos [...]. Zwar ist eine bloß individuale Betrachtung als Abstraktion allenfalls möglich, obwohl inkomplett; aber die soziale Betrachtung schließt die individuale notwendig ein, oder enthält wenigstens die Prinzipien für sie."[110] Somit kann man – nach Natorp – nicht von einem Gegensatz von Individuum und Gemeinschaft (und erst recht nicht von einer Einengung des Existenzanspruchs der Individualität durch die Gemeinschaft) sprechen.

Aber auch die „dualistische" Pädagogik-Auffassung, die jedoch von keinem schroffen Gegensatz von Individuum und Gemeinschaft ausgeht, sondern die Position vertritt, dass die individuale und soziale Betrachtung der Erziehung sich ergänzend gegenüberstehen, findet nicht die Zustimmung Natorps, sondern wird abwertend als „Sowohl-als-auch-Pädagogik"[111] charakterisiert. So setzt der streitbare Erziehungswissenschaftler dieser „dualistischen" Vorstellung seine „monistische" Ansicht von Pädagogik entgegen und präjudiziert Sozialpädagogik als „die *konkrete* Fassung der Aufgabe der Pädagogik überhaupt und besonders der Pädagogik des Willens."[112] Auf den Willen wirkt die Gemeinschaft: „Man lernt wollen, indem man die Erfahrung macht vom Wollen des Andern. Der energische Wille des Andern, sagt man, reißt uns fort, etwa dem starken Strom gleich, der den trägen Zufluß in sich aufnimmt und so sein Gewässer in die gleiche mächtige Bewegung zwingt."[113] Dieser bildhafte Vergleich vermag jedoch nicht darüber hinwegzutäuschen, dass die Voraussetzungen der Natorpschen Vorstellung von Sozialpädagogik in zweierlei Hinsicht nicht unproblematisch sind: Zum einen deutet diese Auffassung auf einen Verlust des ganzheitlichen Menschenbildes hin. Darauf weist auch Horst-Erich Pohl hin: Natorp habe „das Individuum auf Intellekt und Willen reduziert und es aufgehen lassen in der Gemeinschaft, einem regulativen Prinzip zur Durchsetzung allgemeiner Vernunftgesetzlichkeit."[114] Zum anderen ist der Ableitungsversuch des Begriffs „Sozialpädagogik" aus der Philosophie als solcher „frag-würdig": Natorp ist als Anhänger des Neukantianismus davon überzeugt, dass die Bildung des Willens den „Eckstein" jeglicher Erziehung darstellt und es sich beim Erziehungsgeschehen um die Auseinandersetzung mit der philosophischen Fragestellung nach dem Sollen, dem Zweck und der Idee handelt.

4.5 Der neukantianische Ansatz der Natorpschen Sozialpädagogik: Gemeinschaft als Idee, als absoluter Zweck

Im Lichte des Neukantianismus ist es somit nicht verwunderlich, dass der Idee als alle Erfahrung konstituierendem Gesetz die Funktion des obersten Prinzips der Pädagogik zugesprochen wird: „[Die Idee] ist in einem letzten Sinne Ziel der Erziehung, insofern von ‚Ziel' zu reden nicht sinnvoll sein könnte, wenn es nicht ein einziges, alleiniges und letztes Ziel gäbe."[115] Das Einbringen des philosophischen Begriffs der Idee stellt für die neukantianische Erziehungsauffassung eine Voraus-Setzung a priori dar, deren Konsequenz weit reichend ist: „Voraussetzung und Zielsetzung verschmelzen hier, weil als nichtgegenständliche Regulativen gedacht, zur Einheit. Die Idee ist Voraussetzung aller Erziehung, weil sie die verschiedenen Verhaltensweisen als wertbezogen kennzeichnet, sie ist aber ebensowohl Ziel der Erziehung, weil nur in ihr irgend ein Verhalten seinen sittlichen Zweck zu finden vermag."[116] Aus diesem Erziehungsverständnis lässt sich weiterhin ableiten, dass nicht die Ethik allein das Ziel der Erziehung bestimmt. Gerade in dieser Auffassung liegt die Wurzel von Natorps unermüdlichen Angriffen auf die Herbartianer. Die Konsequenz des Neukantianismus beruht nämlich auf diesem Begründungszusammenhang: „Wenn das Ziel in der Idee gesehen werden muß, dann muß die konkrete Bestimmung auch durch alle Faktoren erfolgen, die in dieser Spitze zusammenlaufen: Logik, Ethik, Ästhetik. Mit diesen drei Disziplinen ist aber das Ganze der Philosophie in ihrer gesetzgebenden Funktion bezeichnet. Auf sie hat sich demgemäß die Pädagogik in ihrem Aufbau zu stützen."[117] Somit stellt die Idee nicht nur das Ende, sondern auch den Anfang jeglichen Erziehungsgeschehens dar.

An diesen Idee-Begriff knüpft Natorp an, wenn er seinen Gegnern die Nichtbeachtung des Unterschieds zwischen Gemeinschaft als Idee und als Faktum vorwirft. In dem Begriff „Sozialpädagogik" sei *„Erziehung als Idee auf Gemeinschaft als Idee"* bezogen: „Gemeinschaft besteht […] nur im Bewußtsein der in Gemeinschaft Stehenden. *Wie* aber besteht sie darin? Nicht als Bewußtsein bloß von etwas, das *ist*, sondern das *sein soll*; nicht also als Bewußtsein eines *gegebenen Faktums*, sondern von etwas, das *wird* und *sich entwickelt*; nicht als bloßer *mechanischer Resultante* der jeweils gegebenen

Kräfte, sondern als einer *Aufgabe*, und zwar einer *unendlichen* Aufgabe."[118] Daraus leitet sich der absolute Anspruch ab, dass der Weg der Erziehung des Individuums nur über die Gemeinschaft möglich ist: „Von der Voraussetzung des individuellen Bewußtseins einer spezifischen Werthaltung führt die Realisierung der Werte in die Gemeinschaft, um von da aus, weil die Verwirklichung der Idee im Endlichen eine unendliche Aufgabe ist, wieder zurückzukehren in die Beschlossenheit der Voraussetzung; diese nun, als Ergebnis der vollzogenen Differenzierung im Endlichen zu gesteigertem Wertbewußtsein gekommen, ist abermals Voraussetzung für die Fortsetzung des nie abreißenden, ins Unendliche weisenden Prozesses. Darum kann sich der Mensch nur zum Menschen bilden in der menschlichen Gemeinschaft."[119] So ist es durchaus verständlich, dass die Kritik an empirischen Gemeinschaften nicht die Erfahrungen in der sozialen Wirklichkeit zum Ausgangspunkt nimmt. Erfahrung ermöglicht nur bedingte Erkenntnis, während die Idee der Gemeinschaft unbedingte Geltung beansprucht: „Die unendliche Bahn des ewigen Prozesses von Wertverwirklichung als Richtpunkt ins Auge zu nehmen, das ist nur möglich, weil der Mensch seinem Willen Aufgaben zu stellen vermag, die als ein ‚Sollen' über alles ‚Sein' hinausweisen."[120] Der Wille fordert ein Sollen!

Dennoch bleibt die Frage offen, ob die konkret gegebene Gemeinschaft von der Natorpschen Sozialpädagogik völlig außer Acht gelassen wird. Diese Frage ist bisher noch nicht eindeutig beantwortet worden. Jürgen Rittberg hat in seiner „Kritik der Grundlegung von Paul Natorps Sozialpädagogik" auf die Unstimmigkeiten des Natorpschen Gemeinschaftsbegriffes hingewiesen.[121] Auf die Auseinandersetzung um diesen Begriff einzugehen, ist insofern von Bedeutung, da die Folgen der verschiedenen Auffassungen von „Gemeinschaft" und – damit verbunden – der unterschiedlichen Betrachtung des Wechselverhältnisses von Individuum und Gemeinschaft die Auseinandersetzung in der Jugendbewegung nachhaltig beeinflusst haben und letztlich auch auf dem Feld der kirchlichen Jugendarbeit – wenn auch in modifizierter Form – ihre Spuren hinterlassen haben und aus ihrem latenten Verborgen-Sein heraus zumindest ansatzweise manifest geworden sind.

Wie verwirrend Natorps Gemeinschaftsbegriff ist, lässt sich an dem Versuch Max Fichtners aufzeigen, diesen Begriff zu umschreiben: „Gemeinschaft bedeutete rein formal Gemeinsamkeit der Bewußtseinsgesetzlichkeit und Gemeinsamkeit im Strebensziel; diesem Begriffe schob sich der der lebendigen Gemeinschaft unter, gleichsam als wenn die Lebenswirklichkeit ihr Recht geltend machte; und zu diesen zwei, die nur das Sein umfassen, gesellt sich der dritte, der auf das Sollen hinweist, auf Gemeinschaft als Idee."[122] Fichtner geht demnach von drei Gemeinschaftsbegriffen aus; vier Seiten weiter jedoch beschreibt er das Wort „Gemeinschaft", wie es Natorp deute, wie folgt: „[E]s besagt ihm erstens feststellbare, im sympathischen Zusammenleben sich offenbarende Verbindung der Menschen; diese ist aber weitgehend zerstört. Zweitens bedeutet ihm Gemeinschaft ursprüngliche Verbundenheit der Individuen durch das ‚Es'. Aus der zweiten Auffassung sondert sich noch die lebensphilosophische heraus. Alle drei sind für die pädagogischen Grunderwägungen wichtig. Die metaphysisch transzendentale und die lebensphilosophische legen der Pädagogik das Sein der Gemeinschaft dar, während die erstgenannte auf die Gemeinschaft als Norm hinweist."[123] Die Widersprüchlichkeit beider Erklärungsversuche ist offensichtlich: Hat die „feststellbare Gemeinschaft", die „Gemeinschaft als Norm", ethisch-normative Gültigkeit, indem sie mit Insistenz den Blick auf das Sollen richtet (dies besagt der zweite Beschreibungsversuch), oder erfüllt die „Gemeinschaft als Idee" den normativen Geltungsanspruch (wie dies dem ersten Deskriptionsversuch zu entnehmen ist)?[124]

Anlass zu solchen begrifflichen Verständigungsschwierigkeiten bietet insbesondere die Definition des Begriffes „Sozialpädagogik" durch Paul Natorp. Unmittelbar auf seine philosophische Präjudizierung, Sozialpädagogik sei „die *konkrete* Fassung der Aufgabe der Pädagogik überhaupt und besonders der Pädagogik des Willens", lässt Natorp folgenden Beschreibungsversuch folgen: „Der Begriff der Sozialpädagogik besagt also die grundsätzliche Anerkennung, daß ebenso die Erziehung des Individuums in jeder wesentlichen Richtung sozial bedingt sei, wie andrerseits eine menschliche Gestaltung sozialen Lebens fundamental bedingt ist durch eine ihm gemäße Erziehung der Individuen, die an ihm teilnehmen sollen. Danach muß dann auch die letzte, umfassendste Aufgabe der Bildung für den Einzelnen und für alle Einzelnen sich bestimmen. Die *sozialen* Bedingungen der *Bildung* also und die *Bildungs-*bedingungen des *sozialen Lebens*, das ist das Thema dieser Wissenschaft."[125] Auffällig ist, dass Natorps Ausdrucksweise häufig additiv ist und zahlreiche Wiederholungen enthält. So ist an dieser Stelle zum Beispiel zu untersuchen, inwieweit die „sozialen Bedingungen der Bildung" und die „Bildungsbedingungen des sozialen Lebens" nicht dasselbe soziale Bedingungsfeld umschreiben und die Konjunktion „und" nur eine Anhäufung desselben Sachverhalts darstellt. Natorps Deskription vermag auch nicht durch den Interpretationsversuch Paul von Fragsteins die erforderliche Klarheit darüber zu gewinnen, wie „Gemeinschaft" nun zu verstehen sei. Wenn auch Natorp – so von Fragstein – in seiner apologetischen Ausdrucksweise mit dem Diktum, im Begriff der Sozialpädagogik sei von Anfang an „*Erziehung als Idee auf Gemeinschaft als Idee*"[126] bezogen, den gesamten Begründungszusammenhang des Gemeinschaftsbegriffes in den Bereich des Sollens gezogen habe, so könne man trotzdem auch von dem Faktum der empirischen Gemeinschaft ausgehen, da ansonsten die Sozialpädagogik nicht – wie Natorp formuliere – als Grundthema die Frage nach den „sozialen Bedingungen der Bildung" und den „Bildungsbedingungen des sozialen Lebens" stellen könne.[127] Die Frage nach dem gleichrangigen Stellenwert der Gemeinschaft als Idee und als reales Faktum ist allerdings mit dieser „wohlwollenden" Deutung nicht geklärt.

Der Vorrang, der dem – auf Bewusstsein gründenden – ideellen Gemeinschaftsbegriff zukommt, wird jedoch ersichtlich, wenn man dessen Konsequenz hinsichtlich des Absolutheitsanspruches der Idee berücksichtigt: „Als Idee aber – und nur als solche erlangt die Gemeinschaft ja ihre konstitutive Bedeutung für das Individuum – kann Gemeinschaft nicht den Charakter eines bloßen Mittels tragen. Die Gemeinschaft selbst muß ein absoluter Zweck sein, dem sich das Individuum in Bewährung seiner sittlichen Selbstbestimmung zu verpflichten hat."[128] Diese grundlegende Funktion, die der Gemeinschaft als Idee zugesprochen wird, indem sie als letztendlichen Zweck unbedingte Gültigkeit beansprucht, steht im Einklang mit dem Pädagogik-Verständnis Natorps. Ausgehend von der Voraus-Setzung, dass im Erziehungsbegriff das philosophische „Problem des *Sollens* oder des *Zwecks* oder [...] der *Idee*" enthalten sei, führt dieser aus: „Bilden [...] heißt formen, wie aus dem Chaos gestalten; es heißt, ein Ding zu seiner eigentümlichen Vollkommenheit bringen; vollkommen aber heißt, was ist[,] wie es sein soll. Dasselbe besagt nur deutlicher das Wort Idee: [E]s besagt die Gestalt einer Sache, die wir in Gedanken haben als die sein sollende, zu der der gegebene Stoff, sei es gestaltet werden oder sich selbst gestalten soll. Das ist die innere und wesentliche Beziehung der Begriffe Bildung und Idee."[129]

Allerdings wird „Bildung" bei Natorp reduziert auf die Bildung des Willens, was die Definition des Begriffs „Erziehung" verdeutlicht: „Das Wort Erziehung wird am eigentlichsten von der Bildung des Willens gebraucht. Es hat zwar einen hinlänglich weiten Sinn, um zu gestatten, daß man auch von intellektueller, ästhetischer, religiöser Erziehung spricht. Aber auch dabei denkt man vorzugsweise an die Abhängigkeit der intellektuellen, der ästhetischen, der religiösen Bildung von der Bildung des Willens oder an ihre Rückwirkung auf diese. Andernfalls spricht man von Unterricht oder gebraucht das allgemeine Wort Bildung, Ausbildung."[130] Abgesehen davon, dass das Wort

„eigentlich" schon die „Radix" eines jeden Begriffes erfasst (das, was diesem Begriff schon „von der Wurzel her" eigen ist), diesem Wort also die Funktion eines „suum cuique" zukommt und somit der Superlativ „am eigentlichsten" nicht nur stilistisch fragwürdig, sondern auch sachlich falsch ist, erweckt das Wörtchen „man" (im dritten Satz) den unrichtigen Eindruck eines gängigen – also allgemein üblichen – Sprachgebrauchs; es handelt sich jedoch um Natorps Bildungsbegriff; unkritisch ist ferner die synonyme Verwendung der Begriffe „Bildung" und „Ausbildung". So lässt sich „Pädagogik" nach Auffassung des Neukantianismus wie folgt definieren: „Pädagogik ist [...] die Theorie der Anleitung des Menschen zur Erfüllung seiner Bestimmung. Eine Anleitung dazu ist darum notwendig, weil die Einzigartigkeit des Menschen darin gesehen wird, daß seine Bestimmung nicht nur unter dem Gesetz des Seins, sondern vornehmlich und spezifisch unter einem Gesetz des Sollens steht. Das Gesetz des absoluten Sollens ist die Idee, die KANT im Primat der praktischen Vernunft bestimmt hat."[131] Ein Argumentieren, welches auf „Tatsachen" hinweist, „Erfahrungen" miteinbezieht und von der „Erziehungswirklichkeit" ausgeht, ist der neukantianischen Pädagogik-Auffassung fremd.

4.6 Die Usurpation und Instrumentalisierung des Religionsbegriffs durch den neukantianischen Denkansatz Paul Natorps

Die Gemeinschaft als Idee erhält im Lichte dieser definitiven Setzung von „Erziehung" einen so umfassenden Gültigkeitsanspruch, dass Natorp sogar die wachsende Bedeutung des Begriffs „Religion" in seinen Argumentationsstrang miteinbezieht, um das menschliche Streben nach einem idealen Endzustand, sei es im eschatologischen oder utopisch-diesseitigen Sinne, verständlich zu machen. Ausgehend von der Einschätzung, dass der neue Stellenwert der Religion sich nicht so sehr auf eine religiöse Erneuerung zurückführen lässt, sondern auf der zunehmenden Erkenntnis der sozialen Relevanz dieses „Faktors Religion" gründet, interpretiert Natorp „Religion" in neukantianischer Weise von seinem Vorverständnis vom sozialen Leben her: „Jene vollendete *Gemeinschaft*, die wir als Ziel aufstellen, ist ein so unendliches Ideal wie die ewige Wahrheit. Und weil sie nun hienieden stets unerreicht bleibt, so hat sie die suchende Phantasie der Völker wie einzelner tief angelegter Menschen stets wieder, sei es in ein überweltliches Jenseits geflüchtet, oder in einen unmeßbar fernen idealen Endzustand des Menschengeschlechts hier auf Erden hinausgeschoben."[132] Fasst man nun die herausragende Bedeutung des ideellen Gemeinschaftsbegriffs und dessen Übereinstimmung mit dem philosophischen Pädagogik-Verständnis des Neukantianismus noch einmal in den einzelnen Argumentationsschritten zusammen, dann ist die Folgerung in der Tat bestechend und einleuchtend: „Gemeinschaft ist selbst Idee, nämlich der ‚Zweck', dem sich das Individuum verpflichtet, will es zu sich selbst finden. Als Idee aber ist Gemeinschaft eine unendliche Aufgabe; [so] erweisen sich alle empirischen Gemeinschaften als Glieder einer endlosen Kette, die als ‚Ganzes' erst *die* Gemeinschaft ist. Der darin umschlossene geschichtsphilosophische Sinn der Mehrheit von Kulturgemeinschaften fordert von der Erziehung die Gewährleistung der Kontinuität des Geisteslebens; darum – und nur darum – ist Pädagogik ‚Sozialpädagogik'."[133] Das ambivalente Verhältnis von Individuum und Gemeinschaft unterliegt einer teleologischen Konstruktion: Dem durch das Sittengesetz verpflichteten Individuum ist es nur durch die Gemeinschaft möglich, dem Anspruch gerecht zu werden. Will das Individuum der Idee seiner Bestimmung gerecht werden, so geht dies nur, wenn zugleich auch die Idee der Gemeinschaft ins Auge gefasst wird. Der Pädagogik kommt dabei die Funktion einer Theorie der Wegweisung des Menschen zur Realisierung seiner Bestimmung zu.

4.7 Die Kritik Wilhelm Reins an Natorp: Persönlichkeit als Conditio sine qua non aller Sittlichkeit

An diese Gleichsetzung, dass der Begriff der Sozialpädagogik nichts anderes als der Begriff der Pädagogik selbst sei, knüpft Wilhelm Rein in seiner Kritik des Natorpschen Erziehungsverständnisses an, indem er auf den Wandel hinweist, der hinsichtlich der Auffassung, was das Sein des Menschen ausmache, im Zeitabschnitt von 1799 bis 1899 stattgefunden habe. „Um die Wende des vorigen Jahrhunderts verdunkelte die individuale Auffassung des Menschenlebens, eine notwendige Folge der Aufklärungszeit, die sozialen Bedingtheiten; heute ist das Umgekehrte der Fall: [I]n die soziale Massenmühle stampft man die individualen Rechte ein und giebt leichthin die Errungenschaften der individualen Arbeit in der Erziehung preis."[134] Dieser kritische Gesamtbeitrag von Flügel, Just und Rein folgte auf Natorps Schrift „Herbart, Pestalozzi und die heutigen Aufgaben der Erziehungslehre"[135]. Doch mit dieser Antwort sollte keine Ruhe in den wissenschaftlichen Diskurs zwischen den Herbartianern und Neukantianern kommen: Natorp zeigte sich unversöhnlich und reagierte mit einem erneuten Aufsatz, nämlich „Kant oder Herbart? Eine Gegenkritik"[136]. Horst-Erich Pohl geht in seiner Dissertation auf diesen – immerhin bis zum Jahre 1907 währenden – Streit ein und weist darauf hin, dass Natorp zum einen mit dieser kompromisslosen „Frontstellung" eine im Grunde – nicht mehr den bisher erreichten wissenschaftlichen Diskussionsstand berücksichtigende – „ahistorische Kritik an der Erziehungskonzeption Herbarts" übte und zum anderen während dieser langjährigen literarischen Fehde auch vor persönlichen Demütigungen des Gegners nicht zurückschreckte.[137] Als Beispiel nennt Pohl den Beitrag „Der Streit um den Begriff der Sozialpädagogik"[138] aus dem Jahre 1907: „[So hat Natorp] in einer Anmerkung seines Aufsatzes an einer Darstellung Reins sachliche und sprachliche Mängel korrigiert. Der Text konnte ihm aber nur deshalb fehlerhaft erscheinen, weil er in ihn die eigene Konzeption hineingelesen hat."[139] In die Sprache der heutigen rekonstruktiven Sozialforschung übersetzt, kann man diese – von Pohl angeführte – Verstehensproblematik als gutes Beispiel für eine „kommunikative Grundgegebenheit" heranziehen, die immer wieder erneut im Bewusstsein der Kommunikationspartner zu vergegenwärtigen ist: Fremdverstehen ist selbst bei bestem Bemühen und bei bester Absicht von ständigen „Fallstricken" begleitet, weil die Dialogpartner zwar „Fremdes" aufnehmen und verarbeiten, dabei jedoch diese Informationen grundsätzlich von ihrem Selbstverständnispotenzial her gesehen in ihren Wissensstand integrieren. Wolfgang Hinrichs nimmt in einem Beitrag über Schleiermacher auf den Verstehensvorgang Bezug, indem er die Begriffe „Standpunkt" und „Standpunktüberlegenheit" miteinander in Beziehung setzt: „Nur wer nicht auf dem flachen Boden bleibt, sondern gleichsam einen Turm *über* seinem Bodenstandpunkt besteigt, ein höheres *Niveau* erreicht, kann seinen Horizont vergrößern und ist fähig zu größerer Überschau. Standortüberlegenheit gehört notwendig zum *Ver-stehen* anderer, wozu ein größerer ‚Horizont' Voraussetzung ist: das Verlassen also des eigenen und das Sichhinein-Ver-setzen in den anderen Standpunkt."[140] Die Berücksichtigung dieser Grundvoraussetzung ermöglicht nicht nur die Sinnhaftigkeit eines geselligen Gesprächs, sondern auch das fruchtbare Voran-Schreiten in einem wissenschaftlichen Diskurs. In diesem Sinne ist die Kritik an Natorp vor allem auf dessen Beharren bezogen, den eigenen „Standpunkt" nicht zu verlassen und sich auf den schwierigen und mitunter nicht immer angenehmen Weg der „Turmbesteigung" zu begeben.

Ausgehend von der Voraus-Setzung, dass der einzelne Mensch nicht nur die Funktion eines Mittels für einen außer ihm liegenden Zweck ausübe, sondern auch Zweck für sich selbst sei, begründet Rein seine ablehnende Haltung gegenüber der Natorpschen Definition des Begriffs der Sozialpädagogik: „Wird der Schwerpunkt einseitig in das Soziale gelegt, saugt die Sozialpädagogik, als die eine, alles der Erziehung Zugehörige in sich auf, so liegt die Gefahr nahe, daß das Recht des einzelnen auf eine in seiner Individualität ruhende und durch seine Eigenart bestimmte Ausbildung verkürzt werde."[141] Im Lichte dieser Ausführung kann aus diesen hundert Jahren nach der Aufklärung ein signifikantes Fazit gezogen werden: Was das Verständnis von „Pädagogik" und – damit zusammenhängend – erst recht die Auffassung von „Sozialpädagogik" betrifft, so fällt die Begriffszuschreibung in dem wissenschaftlichen Diskurs dieses Zeitraums von einem Extrem ins andere.

Nicht außer Acht zu lassen ist der Ausgangspunkt der Reinschen Argumentation: Diese beruht nämlich auf dem Grundsatz, dass die Persönlichkeit die Sittlichkeit überhaupt erst ermöglicht und mit der Autonomie des Willens in einen engen Zusammenhang gebracht werden muss: „Versteht man [...] unter Autonomie des Willens die Sehnsucht des Menschen nach Selbstbestimmung und Selbständigkeit, die darin zum Ausdruck kommt, daß jeder selbstthätig seine Sittlichkeit schafft, aber in Verbindung mit der Gemeinschaft, so kommen wir der Wahrheit näher. Persönlichkeit ist die Bedingung aller Sittlichkeit. Denn die Person allein kann Zwecke mit Bewußtsein erkennen, auch übersinnliche, sie festhalten, darüber reflektieren und die notwendigen Mittel zu ihrer Verwirklichung unterscheiden und wählen."[142] Natorp nimmt in seiner Entgegnung auf diese Zeilen Bezug und antwortet kompromisslos, aber konsequent: „Wenn Rein will, daß ‚jeder selbsttätig seine Sittlichkeit schafft, aber in Verbindung mit der Gemeinschaft' (S. 312), so ist für mich das ‚aber' zu viel, da gerade die Selbsttätigkeit in der Gemeinschaft erstarkt und die Gemeinschaft in der Selbsttätigkeit."[143] Somit kommt – nach Natorp – dem Begriff „Sozialpädagogik" nicht nur eine inhaltliche, sondern auch eine funktionale Bedeutung zu. Die Bezeichnung „Sozialpädagogik" für die Pädagogik schlechthin ist nach Natorps Auffassung nicht nur deshalb legitim, weil der Begriff der Gemeinschaft weit zwingender den des Individuums einschließt (eben als Gemeinschaft der Individuen), während im Begriff des Individuums die Vereinzelung hervorgehoben wird, sondern ist auch deshalb angebracht, da sie die Aufgabe einer Losung erfüllt[144], einer programmatischen Absichtserklärung.

Auch in diesem Zusammenhang fehlt es nicht an großen Worten: Natorp unterlässt es nicht, auch hier wieder die Bibel für Glaubwürdigkeit seines überhöhten Gemeinschaftsbegriffs und dessen folgerichtige Einbeziehung in die pädagogische Begriffsklärung durch die Verwendung der Bezeichnung „Sozialpädagogik" heranzuziehen: „Das Individuum gewinnt seinen höchsten Selbstwert, indem es sich an der Gemeinschaft hält; es erlischt dagegen rettungslos in der Loslösung von ihr; ganz nach dem tiefen Wort: Wer sein Leben verliert, der wird es behalten, wer es behalten will, der gerade verliert es. Hingabe macht groß, Eigensucht klein."[145] Das Bemühen Natorps, seine Kritiker argumentativ zu überzeugen, gewinnt auch dadurch nicht an Glaubwürdigkeit, dass dieser vor persönlichen Angriffen auf seine Skeptiker nicht zurückscheut[146], dabei jedoch die Schuld für das ihm nicht entgegengebrachte Verständnis sehr wohl bei seinen Kontrahenten sieht. Geradezu vorwurfsvoll resümiert Natorp: „Man wird freilich müde, immer dasselbe zu sagen. Man wundert sich nur, daß die Kritiker nicht bloß es nicht leid werden, immer dieselben oft widerlegten Einwände wieder aufzutischen, sondern, daß sie dabei so selten die Verpflichtung fühlen, sich einigermaßen an das zu halten, was man wirklich behauptet hat."[147] Abgesehen davon, dass Natorp aus einer sehr einseitigen Perspektive heraus auf die kritischen Stellungnahmen reagiert, die zwangsläufig sich aus seinen Ausführungen ergeben – der Leser nämlich wird freilich auch müde, immer dasselbe zu lesen, zumal die Glaubwürdigkeit nicht durch ständiges Repetieren erreicht wird –, liegt das ständig neue Aufwerfen und Sichtbar-Machen der mit der Natorpschen Auffassung von Sozialpädagogik verbundenen Probleme möglicherweise an Natorp selbst, an seiner mangelnden Fähigkeit, seine Kritiker zu überzeugen. Auf diese mögliche eigene Schwäche geht Natorp natürlich nicht ein; außerdem muss er sich die Kritik insofern gefallen lassen, als der Beruf des „Professors" erst im wissenschaftlichen Disput zur Geltung kommt: Das Ringen um die Wahrheit und das anschließende „Bekennen" dieser Wahrheit kommen der ursprünglichen Bedeutung des Wortes „Professor" in der lateinischen Sprache sehr nahe, wobei es neben der Wahrheit als Objekt wissenschaftlichen Erkennens auch um die Wahrhaftigkeit und Redlichkeit des „modus procedendi" geht. Bei Zugrundelegung dieses originären Berufsverständnisses offenbart sich das Hinterfragen unklarer Schwachpunkte der Natorpschen Sozialpädagogik als Pflicht und lässt somit Natorp als Urheber der zahlreichen persönlichen Angriffe auf seine Kritiker in einem ungünstigen Licht erscheinen.

4.8 Die Kritik Otto Willmanns an Natorps Sozialpädagogik: Der Güterbegriff als Garant eines abgestimmten Verhältnisses von individualer und sozialer Erziehung

Die Feststellung Wilhelm Reins, dass man in Bezug auf die Frage, ob die individuelle Verfasstheit oder die soziale Bedingtheit das Sein des Menschen konstituiere, in den zurückliegenden hundert Jahren von einem Extrem ins andere gefallen sei, ist jedoch nicht der einzige Ansatzpunkt kritischer Stellungnahmen zur Natorpschen Definition des Begriffes „Sozialpädagogik". So weist Otto Willman darauf hin, dass auch der Güterbegriff in diesem Zeitraum einen Funktionsverlust habe hinnehmen müssen, da er die Bedeutung eines – den Begriff „Erziehung" mitkonstituierenden – Faktors weitgehend eingebüßt habe.[148] Willmann versteht den Erziehungsvorgang als Weitergeben von Gütern: „Die Erziehenden gewähren den Kindern die Bedingungen des physischen Lebens: Nahrung, Kleidung, Wohnung; es sind materielle Güter, was den Gegenstand dieser Gaben bildet. Es ist uns aber auch geläufig, die Erziehung selbst als Gabe zu fassen; wir sagen: Er hat eine gute Erziehung erhalten oder genossen; die Eltern haben ihn für den Lebensweg ausgestattet u.ä. Mit den materiellen Gütern verschränken sich eben geistige. […]"[149] Der Bereich der geistigen Güter wird nun weiter differenziert: „Den materiellen Gütern stehen die geistigen als immaterielle gegenüber, aber ein Teil derselben hat mit jenen den Charakter der Zeitlichkeit und Natürlichkeit gemeinsam, ein anderer ist außerzeitlichen und übernatürlichen Ursprungs. Von ersterer Art sind die intellektuellen, von letzterer die spirituellen Güter; zu den ersteren gehören die Sprache, die Sprachkunst, die Literatur, die Wissenschaft, die Kunst, die Industrie, von letzterer Art dagegen sind die Güter, welche die Religion in sich begreift."[150] Während den Individuen die Aufgabe des Vermittelns dieser Güter zukommt, werden die Gemeinschaften – von Willmann als „soziale Verbände" bezeichnet – als ihre Träger angesehen.

Willmann wählt als Ausgangspunkt seiner Betrachtung ebenfalls wie Rein zunächst die Zeit der rationalistischen Aufklärung: Im 18. Jahrhundert sei der Mensch als autonomes Wesen ganz in den Mittelpunkt des Interesses gerückt worden. Immanuel Kants Lehre von dem autonomen Subjekt, dessen Wille durch sich selbst gut sei, stelle einen Höhepunkt in dieser Tendenz dar, den Menschen, insofern er ein verständiges Individuum sei, als zur Herrschaft über alles auf der Erde Seiende berufen anzusehen. Die Hervorhebung der Individualität des Menschen als wichtigste Prä-Disposition für erzieherisches Handeln, wie sie von Locke und Rousseau vertreten worden sei, beinhalte einen weiteren Meilenstein in dieser Entwicklung, die ihre Zuspitzung jedoch endgültig im 19. Jahrhundert durch Nietzsches Ideal des jenseits von gut und böse stehenden Übermenschen erlangt habe.[151] Diese kritische Einschätzung des vorläufigen Endpunktes einer bereits mit der Aufklärung begonnenen Entwicklung erfährt eine ausdrückliche Unterstützung durch Wilhelm Rein. Unter der Fragestellung, wie die Autonomie des Willens – ein unverzichtbarer „Eckstein" der Natorpschen Sozialpädagogik – zu interpretieren sei, führt dieser aus: „Soll [die Autonomie des Willens] die Selbstherrschaft des Willens und damit das Recht jeder einzelnen Persönlichkeit bedeuten, sich selbst Gesetze des Wollens und Handelns zu geben? Dann hat Willmann recht, wenn er bei Nietzsche die Konsequenzen dieser Auffassung gezogen: Selbstauslebung ist das Ziel des Menschenlebens. Nicht alle sind dazu berufen, nur wenige sind auserwählt. In der Selbstauslebung ohne Rest zeigt sich der Übermensch, diese Ausgeburt menschlichen Größenwahns."[152] Wenn Willmann und Rein mit dem Hinweis auf Nietzsche auf die extreme Folge eines übersteigerten Autonomie-Begriffes hinweisen, so kann daraus nicht eine einseitige und übertriebene – weil überspitzte – Sichtweise des Verhältnisses von individualer und sozialer Erziehung abgeleitet werden; vielmehr erweist sich gerade in dem Aufzeigen möglicher Extreme – seien diese negativer oder positiver Art – die Fähigkeit, den zu interpretierenden Sachverhalt in seiner vollen Tragweite auszuloten und nicht nur partiell für den eigenen Standpunkt auszuschöpfen.

Dass gerade Willmann um eine genaue Analyse der geistigen Entwicklung des zugrunde liegenden Zeitabschnittes bemüht ist und somit von einer einseitigen Beurteilung nicht die Rede sein kann, zeigen die folgenden Ausführungen, die auch einen Hinweis auf eine gegenläufige Tendenz enthalten: Nach Willmanns Ansicht ist eine Korrektur dieser konstatierten einseitigen Überhöhung des Menschen als Einzelwesen erst mit dem Beginn der geschichtlichen Betrachtungsweise des menschlichen Lebens eingeleitet worden. Neben dieser historischen Einsicht, dass der Mensch in große übergeordnete Zusammenhänge eingeflochten ist, sieht Willmann auch die Untersuchungen von Vertretern der philosophischen Pädagogik als einflussreiche – die neue Phase des Verständnisses vom Menschen und seinem sozialen Eingebunden-Sein verstärkende – Faktoren an: „Herbart ging zwar von dem binären Verhältnisse von Erzieher und Zögling aus, überzeugte sich aber, daß dieses ein Lebensganzes voraussetze, und daß auch die Ethik und die Psychologie den Menschen nicht ohne Gesellschaft und Geschichte verstehen könnten. Bei Schleiermacher treten die beiden Gesichtspunkte von vornherein zusammen: [E]r bestimmt die Aufgabe dahin, die Erziehung solle das Individuale heraus- und in die Lebensaufgaben hineinbilden."[153] Da Herbart und Schleiermacher[154] sich auf die ethischen und pädagogischen Vorstellungen Platons und Aristoteles beziehen, tragen sie nach Willmann dazu bei, dass die individuale und die soziale Ansicht sich nicht als Gegensatzpaar, sondern als notwendige Ergänzung verstehen: „Aristoteles lehrt, daß jede Gemeinschaft um eines Gutes willen besteht (Politik I, 2); bei Platon ist das Wissen und die Gerechtigkeit des Individuums ein Teilhaben an dem von der Gemeinschaft vertretenen Gute und die Erziehung dessen Überlieferung an den Nachwuchs."[155] Somit wird durch den Güterbegriff die Verbindung des individualen und des sozialen Aspekts möglich.

Dieser Explikation des Güterbegriffs kommt bei Willmann ein zentraler Stellenwert zu; denn mit dem Rückgriff auf die griechische Philosophie „treffen wir [...] in dieser Auffassung den Kern jenes Gedankens, den Willmann, seinen Ansatz an einen Gedanken des Aristoteles knüpfend, zu der Lehre von den Gemeinschaften als Trägern der geistigen und sittlichen Güter erweitert hat und aus dem heraus die Erziehung als ‚geistige Güterbewegung' interpretiert werden kann."[156] So ist es auch nur als konsequent zu beurteilen, dass Willmann die Schleiermachersche Erziehungsformel zwar anerkannt, aber um ein entscheidendes konstitutives Element erweitert sehen möchte: den Güterbegriff. Diesen hätte Schleiermacher den beiden Erziehungsfaktoren als Konjunktion hinzufügen sollen; denn: „[H]erauszubilden haben wir doch nur die Anlagen und Kräfte, die auf das Gute, konkreter: auf die Güter hingeordnet sind, und diese geben zugleich die Mittel und die Bedingungen des Hineinbildens in das Gemeinleben, das ihr Träger ist. Darum wird dem Erziehungsbegriffe erst genuggetan, wenn er bestimmt wird als die Einwirkung gereifter Menschen auf die Entwicklung werdender, um diesen an den die Lebensgemeinschaften begründenden Gütern Anteil zu geben."[157] Somit erfüllt der Güterbegriff die unverzichtbare Funktion eines das rechte Verhältnis von individualer und sozialer Erziehung gewährleistenden Bindegliedes.

Nach Willmanns Auffassung ging die Überbetonung der individualen Ansicht vom Wesen des Menschen in der Neuzeit mit einer zunehmenden Außerachtlassung des Güterbegriffs einher; das Ergebnis einer solchen Entwicklung war eindeutig und voraussehbar: „So mußte die Erziehung nicht mehr als Überlieferung, sondern nur als Einwirkung auf das Individuum erscheinen."[158] Im Lichte dieser Aussage erscheint die Feststellung Franz Kellers durchaus einleuchtend: „Nur für die verfehlte individualistische Auffassung der Erziehungsaufgabe, die den Menschen abstrakt, losgelöst von seinen gesellschaftlichen Beziehungen betrachtet und behandelt, ist Sozialpädagogik etwas durchaus Neues, eine wesentlich von der Individualpädagogik verschiedene Aufgabe."[159] Ähnlich wie Rein äußert Keller zu dieser Sozialpädagogik-Sichtweise Bedenken, wenn er auf eine neue Gefahr hinweist: „Eine so verstandene Sozialpädagogik fällt dann aber leicht in das andere, sozialistische Extrem, indem sie die Mannigfaltigkeit der Gesellung und die Mehrheit der Sozialverbände in die unterschiedslose Einheit aller auflösen will."[160] Zusammenfassend kann man sagen: Der Güterbegriff garantiert das aufeinander abgestimmte

Verhältnis von individualer und sozialer Erziehung und ist demzufolge in den Beschreibungsversuch des Pädagogik-Begriffes miteinzubeziehen: „In der Definition der Erziehung muß [die Pädagogik] ebensowohl als Obsorge für Gedeihen und Entwicklung des Individuums wie als Überlieferung von Gütern und Eingliederung in Gemeinschaften charakterisiert werden; wenn man vom Herausbilden handelt, muß man schon klar darüber sein, wie es sich zum Hineinbilden verhält; das Verhältnis von Erzieher und Zögling muß vertauschbar sein mit dem von gereifter und nachgewachsener Generation."[161] Somit ergeht eine doppelte Anforderung an den Erzieher: Herausbilden der individuellen Fähigkeiten des Zöglings und hineinbilden des jungen Menschen in den größeren Lebensraum der Gemeinschaft; die angemessene Realisierung dieser beiden erzieherischen Erfordernisse gewährleistet als Bindeglied der Güterbegriff.

4.9 Die modifizierte Übernahme des Güterbegriffs in das kirchliche Erziehungsverständnis: Extra ecclesia nulla salus

Die Auseinandersetzung um den Stellenwert des Güterbegriffs in der Pädagogik ist insofern für die kirchliche Jugendarbeit von Bedeutung, als dieser Güterbegriff dem christlichen Denken sehr nahekommt, so dass die beeinflussende Wirkung des altgriechischen philosophischen Denkens auf die Interpretation christlicher Offenbarungswahrheiten im Hinblick auf die Konsistenz des Güterbegriffs – das heißt in Bezug auf dessen uneingeschränkten Fortbestand über viele Jahrhunderte hinweg – auch im pastoralen Arbeitsfeld „Jugendarbeit" sichtbar wird. Eine Schlüsselrolle kommt dabei dem ersten Vers des 11. Kapitels des Hebräerbriefes zu: „Glaube aber ist: Feststehen in dem, was man erhofft. Überzeugtsein von Dingen, die man nicht sieht."[162] Die Übersetzer machen auf einer weiteres Übersetzungsmöglichkeit dieser Stelle aufmerksam: „Der Glaube aber ist die Grundlage dessen, was man erhofft, und die Gewißheit über Dinge, die man nicht sieht."[163] Unter ausdrücklicher Bezugnahme auf diese Stelle führt Willmann aus: „[D]er Glaube wird die Substanz der erhofften Güter genannt (Hebr. 11, 1). Der Glaube in diesem Sinne ist die Glaubenswahrheit, also der Offenbarungsinhalt, die *fides quae creditur* im Gegensatze zu dem Glaubensakte, als *fides qua creditur*. Wird dieser Unterschied festgehalten, so treten auch Wissenschaft und Wissen einander gegenüber als *scientia (disciplina) quae scitur und scientia qua scitur* und analog Kunst und Können, Ethos als Inbegriff der sittlichen Güter und als sittlicher Charakter."[164] Durch die Positivität des Glaubensinhaltes wird der zu tradierende Lehrinhalt von vornherein vor der Gefahr einer Subjektivierung bewahrt, wobei dem Grundsatz „extra ecclesia nulla salus" uneingeschränkte Gültigkeit zukommt.

Diesem Sachverhalt trägt Gerhard Mücher Rechnung, wenn er den Begriff „christliche Erziehung" wie folgt zu definieren versucht: „Christliche Erziehung ist prinzipiell nur möglich als Erziehung vom Evangelium her zum Evangelium hin, als Erziehung aus dem Glauben und zum Glauben. Da die Vermittlung des Evangeliums und des Glaubens nach dem Willen Christi jedoch wesenhaft an die Kirche gebunden ist, muß alle christliche Erziehung letztlich im Auftrage der Kirche geschehen. In diesem Sinne ist christliche Erziehung dann immer auch Hineinerziehung des jungen Menschen in die Kirche."[165] Damit ist einerseits der enge Zusammenhang von „Erziehung" und „Gemeinschaft" auch im kirchlichen Bereich evident, wenn auch der pastorale Aspekt, die Hinführung des einzelnen jungen Menschen zum Heil, sich von „Erziehung" insofern abhebt, als dieser Begriff das Mündig-Werden in dieser Welt intendiert: „Da sich jede Erziehung – ganz gleich, unter welchem erziehungstranszendenten Glaubens- oder Weltanschauungshorizont sie praktiziert wird – am Ende selbst überflüssig machen und den Erziehungsbedürftigen schließlich als Erzogenen sehen möchte, liegt es in der Tat nahe, dieses erziehungsimmanente Ziel *Mündigkeit* zu nennen, insofern nämlich die Erziehung seit eh und je, überall und immer darauf aus ist, den Zögling aus der ‚munt', d.h. aus der Hand und Schutz bietenden erzieherischen Hilfe ihrer *Vormund*schaft in die mündige Selbstverantwortung hinein zu entlassen."[166] Andererseits beinhaltet Müchers Definition des Begriffs „christliche Erziehung" eine auffallende Übereinstimmung mit der bereits fünfzig Jahre zuvor von Otto Willmann beschriebenen kirchlichen Erziehungsauffassung: „Nach der christlichen Anschauung ist die Kirche die Verwahrerin der uns durch die Erlösung gewordenen geistigen Güter und berufen, den Gläubigen Anteil daran zu sichern und sie den Generationen zu überliefern."[167] Der Kirche allein kommt die entscheidende Vermittlerfunktion zu.

4.10 Die konfliktträchtige Relevanz des kirchlichen Erziehungsverständnisses für die kirchliche Jugendarbeit: Unterschiedliche Intentionen von Seelsorge und Erziehung

Mit dieser Übernahme des aus der griechischen Philosophie stammenden Güterbegriffs in das christliche Erziehungsverständnis ist der Konflikt in der christlichen Jugendarbeit bereits vorprogrammiert: Ist die Kirche allein berechtigt, die geistigen Güter zu tradieren, erfährt der Begriff „Jugendseelsorge" eine nicht zu unterschätzende Akzentuierung, da es sich um seelsorgerische Bemühungen dahingehend handelt, den jungen Menschen am Heilsgeschehen Gottes teilnehmen zu lassen. Damit jedoch liegt der Jugendseelsorge eine wesentliche andere Intention zugrunde als dem Erziehungsbegriff, der ein Befähigen des jungen Menschen zur bewussten – und damit auch mündigen – Teilnahme am Vollzug des gemeinschaftlichen Lebens anstrebt. Wie aus der Willmannschen Zusammenfassung der christlichen Güterauffassung hervorgeht, bewahrt und tradiert die Kirche durch die Zeiten hindurch diejenigen Güter, die dem Menschen durch die Erlösung zuteil geworden sind. Von Bedeutung ist hier der Begriff „Erlösung", der sich wesentlich vom Erziehungsbegriff unterscheidet: „Während die Erlösung ex definitione Gottes ureigene Tat ist, handelt es sich bei der Erziehung – gleich, wo und wann und in welchem Selbstverständnis sie geschieht – um einen immer schon so oder anders interpretierten, auch außerhalb des jüdisch-christlichen Bereichs allerorten und immerzu praktizierten humanen Grundakt, der nicht das Verlorensein, sondern das Geborensein voraussetzt. Und das führt uns zum vielleicht gravierendsten Differenzpunkt: Erlösung setzt *Sünde* voraus, Erziehung nicht; Erlösung bedingt *Umkehr*, Erziehung nicht; Erlösung bewirkt *Versöhnung*, Erziehung nicht; Erlösung schafft *Heil*, Erziehung nicht."[168] Damit kommt der christlichen Erziehung trotz der Übernahme der aus der griechischen Philosophie stammenden – die individuale und soziale Komponente des Erziehungsbegriffs verbindenden – Güterlehre eine andere Funktion zu, die – vom theologischen Interesse ausgehend – das Heil des einzelnen Menschen (und in der Jugendseelsorge das Heil des einzelnen jungen Menschen) intendiert.

Mit dieser Feststellung hat sich der gedankliche Kreis geschlossen, wir sind zum Ausgangspunkt unserer Überlegungen zurückgekehrt: Mit der dem Einleitungsabschnitt bewusst zugeordneten Überschrift „Jugend im Spannungsfeld von Kirche und Gesellschaft" hatten wir auf das sachlogisch bedingte Reibungsverhältnis hingewiesen, welches insbesondere den Problemkreis „Jugend und Kirche" als systemimmanente Grundvoraussetzung kennzeichnet. Die Intention dieses Beitrags bestand darin, wie das Verhältnis von Individuum und Gemeinschaft zunächst ansatzweise in den Anfängen der kirchlichen Jugendarbeit zum Tragen kam und wie es unter dem Einfluss der Jugendbewegung und des Streites um den Begriff der Sozialpädagogik eine neue Ausgestaltung erfuhr. In besonderer Weise haben wir festgestellt, dass Eduard Spranger mit seiner Forderung, die Schule in eine Lebensgemeinschaft zu verwandeln, nicht nur eine Parallelität mit dem Gemeinschaftsverständnis der Jugendbewegung aufgezeigt hat. Sein Begründungszusammenhang, der im Wesentlichen darauf beruht, dass die Gemeinschaft in dem Maße gestärkt wird, wie das Individuum sich aktiv in diese Gemeinschaft einbringt, offenbart sogar eine enge Verzahnung Sprangers mit der Jugendbewegung, die nicht zuletzt auch darin zum Ausdruck kommt, dass der „Schulpädagoge" Spranger sich mehrere Male bei „seinem" Schulentwurf der Einheitsschule ausdrücklich auf die Jugendbewegung bezieht. So verwundert es nicht, dass auch in der Zusammenfassung seines Beitrages „Drei Motive der Schulreform" noch einmal das Vorbild der Jugendbewegung aufgegriffen wird: „Dieser [Gemeinschafts-] Geist entsteht aus der neuen Lebensrichtung der Jugend. Schon in dieser Bewegung ist Individualität und Freiheit. Denn das Gemeinschaftserlebnis verlangt nicht Gleichheit der Glieder, sondern nur die Berührung in einem Tiefsten: im Willen zur Reinheit, Wahrheit, Echtheit des Innern, und in der Bejahung des Willens zum echten Wert [....]. Aber die Individualitäten stehen nicht fremd und beziehungslos nebeneinander, sondern sie sind verbunden durch ein aus dem Wesen quellendes Band des Verstehens."[169]

Zusammenfassend lässt sich die nun erreichte Problematisierung des Begriffs „christliche Erziehung" auf fünf Schritte zurückführen, die nicht nur in methodologischer, sondern auch in sachlogischer Hinsicht aufeinander aufbauen: Zunächst wurden in diesem Beitrag zwei grundlegende Thesen der Natorpschen „Sozialpädagogik" dargestellt: Zum einen schafft Natorp eine problematische Gleichsetzung von Sozialpädagogik mit der Pädagogik überhaupt, was per definitionem bedeutet, dass „Sozialpädagogik" nicht der Titel einer eigenen pädagogischen Disziplin darstellt: „Der Name will vielmehr die Bestimmung des *Begriffs der* Pädagogik festhalten. Ihrem Begriffe nach ‚sozial' ist die Pädagogik, weil Gemeinschaft das Prinzip aller pädagogischen Akte ist, und zwar deshalb, weil jeder pädagogische Vollzug, indem er die Gültigkeit des lernenden Individuums will, auch seine Rücksicht auf das menschliche Zusammenleben wollen muß; denn es gibt im strengen Sinne keinen menschlichen Akt, der *ausschließlich* ‚privat' *gilt*."[170] Zum anderen vertritt Natorp die neukantianische Auffassung von Gemeinschaft als Idee, nicht jedoch als Faktum: „[J]eder tatsächliche pädagogische Akt ist, so betrachtet, bereits Vollzug der *Idee* der Gemeinschaft aller Menschen; denn er weist zurück auf den Gedanken, daß es bei aller Verschiedenheit der Individuen, die im pädagogischen Werk vereinigt sind, etwas geben muß, auf Grund dessen Individuum und Individuum sich verbinden und miteinander verstehen können."[171]

In einem zweiten Schritt wurden anhand der kritischen Beiträge Wilhelm Reins und Otto Willmanns die Natorpschen Auffassungen dem Urteil zeitgenössischer Pädagogen unterzogen. Als besonders bedeutsam hat sich die Kritik Willmanns erwiesen, der den Güterbegriff als notwendigen Bestandteil der Erziehung in die Auseinandersetzung um den Begriff „Sozialpädagogik" eingebracht hat. Allerdings weist der Güterbegriff – wie Wolfgang Hinrichs anmerkt – bereits bei Friedrich Schleiermacher einen gemeinschaftsbezogenen Aspekt auf, indem das „sittliche Problem der Gemeinschaften" einer neuen Betrachtung unterzogen wird.[172] Als dritten Schritt kann Willmanns folgerichtige Übertragung des Güterbegriffs in das kirchliche Erziehungsverständnis angesehen werden: Sie zwingt uns, in einem vierten Schritt über die Folgen dieses „Transfers" nachzudenken, indem sie auf die Fragestellung hinweist, ob christliche Erziehung mit dem Erziehungsbegriff in Einklang steht, oder ob diese Kongruenz insofern eine unzulässige Gleichsetzung darstellt, als christliche Erziehung als Seelsorge zu verstehen ist. Damit ist der Forschende bei dem fünften Schritt angelangt: Es gilt, eine Antwort auf die Frage zu finden, ob die kirchliche Auffassung von Erziehung – gleich, ob sie als Erziehung im eigentlichen Sinne oder als seelsorgeakzentuiert realisiert wird – für die Verwirklichung auf dem Felde der kirchlichen Jugendarbeit nicht schon eine entscheidende Prä-Disposition darstellt, also ein latentes Problem bedeutet, das sich auf verschiedene Weise, in verschiedenen Formen und bei verschiedenen Anlässen manifestiert. Diesen „Spuren" nachzugehen und ihren Ursprung zurückzuverfolgen, schafft Voraussetzungen dafür, gegenwärtige Erscheinungen in der kirchlichen Jugendarbeit sachgerecht beurteilen und sich abzeichnende Tendenzen sensibel wahrnehmen zu können; auf dieser Grundlage ist auch ein möglicher Funktionswandel des Begriffs „kirchliche Jugendarbeit" rechtzeitig zu erkennen und mit Hilfe eines erforderlichen neuen Definitionsversuches zum Ausdruck zu bringen.

Eine Anregung für kirchliche pädagogische Jugendarbeit könnte Pestalozzis Wirken geben. Entschieden *christlich* und nicht kirchlich konfessionell abgrenzend, hat Johann Heinrich Pestalozzi in evangelischen und katholischen Regionen der Schweiz sein Sorgen für die Seele und seine Erziehungskonzeption des Haushaltens und „Industrie"-Arbeitens verstanden. Erziehung zur auch gesellschaftlichen und politischen *Mündigkeit* hat er so als *Menschenbildung* in immer neuen praktischen Versuchen und seinen Schriften weltweit bekannt gemacht. Er beschwört in seiner „Abendstunde eines Einsiedlers" 1779/80 ein Ideal des Gewahr-Werdens der je eigenen „Individualbestimmung des Menschen", der je einmaligen Bestimmung und Berufung des Menschen. Diese kommt aus dem personalen Innersten, dem *Mittelpunkt*, worin Pestalozzi zugleich Gottes Wirken sieht. Im Idealfall führt das zum Ergreifen des eigenen

Berufs aus dem Erfüllt-Sein des bodenständigen Werdens der Persönlichkeit. Damit ist real soziale vorberufliche Tätigkeit gemeint in den eigenen überkommenen „engen" und durch Selbstwerden wachsenden, sich ausdehnenden *Lebenskreisen*.[173]

Anmerkungen

1 Hans Freyer: Theorie des gegenwärtigen Zeitalters. Deutsche Verlags-Anstalt. Stuttgart, 17.–19. Tausend 1967, S. 177; Hinweis: alte Rechtschreibung im Original. Auch die folgenden Zitate sind in der jeweiligen Rechtschreibung des Originals übernommen.
2 Ders., a.a.O., S. 178.
3 Vgl. Manfred Plate: Das Erbe der Jugendbewegung in Kirche und Welt. Heinrich Kahlefeld zum Gedächtnis. In: Christ in der Gegenwart. 32. Jg., Nr. 12 und 13. Herder Verlag. Freiburg im Breisgau 1980, S. 99 f. und S. 107 f.
4 Hans Freyer, a.a.O., S. 237.
5 Vgl. Wilhelm Spael: Das katholische Deutschland im 20. Jahrhundert. Seine Pionier- und Krisenzeiten. 1890–1945. Echter Verlag. Würzburg 1964, S. 53.
6 Vgl. Franz Henrich: Die Bünde katholischer Jugendbewegung. Ihre Bedeutung für die liturgische und eucharistische Erneuerung. Kösel Verlag. München 1968, S. 151 f.
7 Vgl. Paul Hastenteufel: Selbstand und Widerstand. Wege und Umwege personaler Jugendseelsorge im 20. Jahrhundert. Handbuch der Jugendpastoral. 1. Band. Freiburg im Breisgau, 1. Auflage 1967, S. 19.
8 Vgl. Max von Gumppenberg SJ: Die reineren Züge ihrer Jugend. In: Korrespondenz der Präsides, Priester- und Theologen-Sodalen. 13. Jg., Heft 1. Augsburger Druck- und Verlagshaus GmbH. Augsburg, Januar/Februar 1963, S. 1.
9 Vgl. Paul Hastenteufel, a.a.O., ebd.
10 Vgl. Josef Stierli: Stichwort „Kongregationen, Marianische". In: Lexikon der Pädagogik. Neue Ausgabe. Band II: „Frankreich – Kuba". Herder Verlag. Freiburg im Breisgau 1970, S. 474 f.
11 Vgl. Woher stammen die katholischen Jugendvereine? In: Jung-Wacht. Zeitschrift für die Jugendabteilungen katholischer Jünglingsvereinigungen Deutschlands. Schriftleiter: J. Mosmann. 1. Jg., Nr. 8. Verlag Schwann. Düsseldorf, 15. Juli 1919, S. 29.
12 Max von Gumppenberg SJ, a.a.O., S. 2.
13 Vgl. Ottilie Moßhamer: „Worauf es heute ankommt". In: Korrespondenz der Präsides, Priester- und Theologen-Sodalen. 14. Jg., Heft 1. Augsburger Druck- und Verlagshaus GmbH. Augsburg, Januar/Februar 1964, S. 17.
14 Vgl. Wilhelm Spael, a.a.O., S. 53.
15 Vgl. Paul Hastenteufel, a.a.O., S. 19.
16 Max von Gumppenberg SJ, a.a.O., S. 3.
17 Ottilie Moßhamer, a.a.O., S. 22.
18 Vgl. Max von Gumppenberg SJ, a.a.O., S. 5.
19 Josef Stierli: Die soziale Gliederung der Kongregationen in der Geschichte. Vortrag. Entnommen aus: Die ständische Gliederung der Kongregationen. Referate in Zusammenfassung. In: Korrespondenz der Präsides, Priester- und Theologen-Sodalen. 13. Jg., Heft 1. Augsburger Druck- und Verlagshaus GmbH. Augsburg, Januar/Februar 1963, S. 12.

20 Max von Gumppenberg SJ, a.a.O., S. 5.
21 Ottilie Moßhamer, a.a.O., S. 17; fehlerhafte Kleinschreibung (hinter dem Doppelpunkt) und fehlerhaftes Komma hinter „Türkengefahr" im Original.
22 Dies., ebd.
23 Dies., ebd.
24 Vgl. Paul Hastenteufel, a.a.O., S. 19.
25 Ders., ebd.
26 Josef Stierli: Die soziale Gliederung der Kongregationen in der Geschichte. Vortrag, a.a.O., S. 12.
27 Vgl. Josef Stierli: Stichwort „Kongregationen, Marianische". In: Lexikon der Pädagogik. Band III: „Klugheit – Schizophrenie". Herder Verlag. Freiburg im Breisgau, 4. Auflage 1965, Spalte 28.
28 Ludwig Esch SJ: Neue Lebensgestaltung in Christus. Wege des jungen Menschen zur inneren Größe. Arena Verlag. Würzburg, 2. Auflage 1952, S. 23.
29 Ders., ebd.; Hervorhebung im Original.
30 Max von Gumppenberg SJ, a.a.O., S. 7: Hervorhebung im Original.
31 Ottilie Moßhamer, a.a.O., S. 23.
32 Ludwig Esch SJ, a.a.O., S. 82; Hervorhebung im Original.
33 Ders., ebd.
34 Ders., a.a.O., S. 86.
35 Josef Stierli: Stichwort „Kongregationen, Marianische". In: Lexikon der Pädagogik. Band III: „Klugheit – Schizophrenie". Herder Verlag. Freiburg im Breisgau, 4. Auflage 1965, Spalte 29.
36 Josef Stierli: Stichwort „Kongregationen, Marianische". In: Lexikon der Pädagogik. Neue Ausgabe. Band II: „Frankreich – Kuba". Herder Verlag. Freiburg im Breisgau 1970, S. 475.
37 Hans Freyer, a.a.O., S. 251 f.; dieses Zitat ist auch dann berechtigt, wenn man auf den Titel des Freyerschen Buches hinweist ("Theorie des gegenwärtigen Zeitalters"). Aus dem gesamten Kontext der Abhandlung Freyers geht in bestechender Anschaulichkeit hervor, dass der Zeitabschnitt der Industriellen Revolution sogar die Entwicklung des 20. Jahrhunderts entscheidend mitbeeinflusst hat.
38 Vgl. Jugendwerk der Deutschen Shell (Hrsg.): Jugend, Bildung und Freizeit. Dritte Untersuchung zur Situation der Deutschen Jugend im Bundesgebiet. Durchgeführt vom EMNID-Institut für Sozialforschung. Bearbeitet von Viggo Graf Blücher in Verbindung mit Karl Friedrich Flockenhaus und Anne Schürmann. O.O., 1966, S. 4.
39 Vgl. Jugendwerk der Deutschen Shell (Hrsg.), a.a.O., S. 55.
40 Fritz Borinski/Werner Milch: Jugendbewegung. Die Geschichte der deutschen Jugend. 1896–1933. Reihe: Quellen und Beiträge zur Geschichte der Jugendbewegung. Band 2. Dipa Verlag. Frankfurt am Main 1967, S. 24; englische Originalfassung: German Educational Reconstruction No. 3/4. London 1945.

41 Hans Bohnenkamp: Die Jugend vom Hohen Meißner. In: Zeitschrift für Pädagogik. 5. Beiheft: Einsichten und Impulse – Wilhelm Flitner zum 25. Geburtstag am 20. August 1964. Verlag Julius Beltz. Weinheim/Bergstraße 1964, S. 35.
42 Heinz Stephan Rosenbusch: Die deutsche Jugendbewegung in ihren pädagogischen Formen und Wirkungen. Dipa Verlag. Frankfurt am Main, 1. Auflage 1973, S. 18 f.
43 Hans Bohnenkamp, a.a.O., S. 35.
44 Harry Pross: Jugend, Eros, Politik – Die Geschichte der deutschen Jugendverbände. Scherz Verlag. Bern – München – Wien, 1. Auflage 1964, S. 64.
45 Ders.: Jugend, Eros, Politik. A.a.O., S. 69.
46 Vgl. ders.: Jugend, Eros, Politik. A.a.O., S. 66.
47 Harry Pross: Wandervogel, Jungenstaat und Staatsjugend. In: Frankfurter Allgemeine Zeitung. Ausgabe D-II. Frankfurt am Main, 23. Juli 1958.
48 Ders.: Jugend, Eros, Politik. A.a.O., S. 152.
49 Alfons Maria Wachsmann: Wie wir es am Jugendsonntag hielten. In: Verband der katholischen Jugend- und Jungmännervereine Deutschlands (Hrsg.): Jugendführung. Werkblatt für Jungführer (Schriftleitung: Ludwig Wolker). 19. Jahrgang. Verlag Schwann. Düsseldorf 1928, S. 187.
50 Ders., a.a.O., S. 188; Hervorhebung im Original.
51 Vgl. Jugend, Eros, Politik. A.a.O., S. 102 f.
52 Gustav Wyneken: Der Weltgeschichtliche Sinn der Jugendbewegung. In: Ders.: Der Kampf für die Jugend. Gesammelte Aufsätze. Eugen Diederichs Verlag. Jena, 1.–3. Tausend 1919, S. 160; zuerst veröffentlicht in: Die Freie Schulgemeinde. Januar 1916.
53 Gustav Wyneken: Eros. Adolf Saal Verlag. Lauenburg/Elbe, 1.–3. Tausend 1921, S. 66.
54 Ders.: Eros. A.a.O., S. 21; Hervorhebung im Original.
55 Theo Hoffmann: Vom Schicksal und Sinn der deutschen Jugend. In: Leuchtturm. Monatsschrift der neudeutschen Jugend. 20. Jahrgang. Verlag von Joseph Bercker. München, April 1926–März 1927, S. 292; Hervorhebung im Original.
56 Johannes Bottländer: Natur und Kultur in der Jugendbewegung. Referat auf dem Seminar: Sport und Kultur/Sports et civilisations. Association Suisse des sciences appliquées aux sports/Schweizerische Vereinigung für sportbezogene Wissenschaften. Université de Fribourg/Universität Freiburg. Freiburg/Schweiz, 30.05.–02.06.1984, S. 8.
57 Ludwig Esch SJ: Neue Lebensgestaltung in Christus. A.a.O., S. 14.
58 Heinz Stephan Rosenbusch, a.a.O., S. 122.
59 Felix Raabe: Die Bündische Jugend. Ein Beitrag zur Geschichte der Weimarer Republik. Hrsg. vom Studienbüro für Jugendfragen e.V. Bonn. Brentanoverlag. Stuttgart 1961, S. 192 f. (beide Zitate).
60 Werner Kürsteiner: Zur Psychologie der Autorität, mit besonderer Berücksichtigung der Jugendbewegung. Dissertation. Bern 1922, S. 42.
61 Felix Raabe, a.a.O., S. 193.

62 Heinz Stephan Rosenbusch, a.a.O., S. 174.
63 Vgl. Felix Raabe, a.a.O., S. 29.
64 Werner Kürsteiner, a.a.O., S. 32.
65 Ders., ebd.
66 Eduard Spranger: Fünf Jugendgenerationen: 1900–1949. In: Eduard Spranger: Pädagogische Perspektiven. Quelle & Meyer. Heidelberg, 1. Auflage 1951, S. 32.
67 Ders., a.a.O., S. 33.
68 Ders., ebd.
69 Theo Hoffmann, a.a.O., S. 292; Hervorhebung im Original.
70 Alfred Beer: Das Gemeinschaftsideal der neudeutschen Persönlichkeit. In: Leuchtturm. Monatsschrift der neudeutschen Jugend. 20. Jahrgang. Verlag von Joseph Bercker. München, April 1926–März 1927, S. 190.
71 Eduard Spranger: Der Eigengeist der Volksschule. Quelle & Meyer. Heidelberg, 4., unveränderte Auflage, 10.–13. Tausend 1956, S. 106; Hervorhebung im Original.
72 Eduard Spranger: Drei Motive der Schulreform. In: ders.: Kultur und Erziehung. Gesammelte pädagogische Aufsätze. Quelle & Meyer. Leipzig, 4. vermehrte Auflage, 11.–14. Tausend 1928, S. 157; Hervorhebung im Original.
73 Wilhelm Flitner/Gerhard Kudritzki (Hrsg.): Die deutsche Reformpädagogik. Band II: Ausbau und Selbstkritik. In: Wilhelm Flitner (Hrsg.): Pädagogische Texte. Reihe. Verlag Helmut Küpper vormals Georg Bondi. Düsseldorf und München 1962, S. 256.
74 Eduard Spranger: Drei Motive der Schulreform. A.a.O., S. 156.
75 Ders., ebd.
76 Ders., a.a.O., S. 157; Hervorhebung im Original.
77 Vom Geist Neudeutschlands. In: Die Burg. Hrsg. von J. Sartorius und R. Faustmann (Mainz). 8. Jahrgang. Heft 12/13. Paulinus Verlag. Trier, 28. Dezember 1919, S. 173 f.; Hervorhebung im Original.
78 Eduard Spranger: Drei Motive der Schulreform. A.a.O., S. 157; Hervorhebung im Original.
79 Georg Wagner: Neisse ruft ans Werk. In: Verband der katholischen Jugend- und Jungmännervereine Deutschlands (Hrsg.): Jugendführung. Werkblatt für Jungführer (Schriftleitung: Ludwig Wolker). 19. Jahrgang. Verlag Schwann. Düsseldorf 1928, S. 106 f.
80 Johannes Bottländer: Der Dissens über die Jugendbewegung. Referat auf dem Seminar: Sport und Kultur/Sports et civilisations. Assocation Suisse des sciences appliquées aux sports/Schweizerische Vereinigung für sportbezogene Wissenschaften. Université de Fribourg/Universität Freiburg. Freiburg/Schweiz, 30.05.–02.06.1984, S. 6.
81 Siehe hierzu als guten Überblick: Horst-Erich Pohl: Die Unsicherheit gegenüber der Leiblichkeit. Referat auf dem Seminar: Sport und Kultur/Sports et civilisations. Assocation Suisse des sciences appliquées aux sports/Schweizerische Vereinigung für sportbezogene Wissenschaften. Université de Fribourg/Universität Freiburg. Freiburg/Schweiz, 30.05.–02.06.1984.

82 Carl Diem: Weltgeschichte des Sports und der Leibeserziehung. Willi Daume zugeeignet. Cotta Verlag. Stuttgart 1960, S. 611.
83 Franz Henrich: Die Bünde katholischer Jugendbewegung. Ihre Bedeutung für die liturgische und eucharistische Erneuerung. Kösel Verlag. München 1968, S. 219.
84 Vgl. Generalien des Bistums Speyer. Ausgabe Nr. 1268 vom 25. September 1905; angeführt bei: Franz Henrich, ebd., Anmerkung 7.
85 Carl Diem, a.a.O., S. 611.
86 Vgl. Franz Henrich, a.a.O., S. 221.
87 Vgl. Paul Hastenteufel, a.a.O., S. 34.
88 Paul Hastenteufel, a.a.O., S. 137.
89 Adolph Diesterweg: Wegweiser zur Bildung für deutsche Lehrer. Verlag G.D. Bädeker. Essen, 4. verbesserte und in der Literatur fortgeführte Auflage 1851.
90 Siehe hierzu: Adolph Diesterweg: Wegweiser zur Bildung für deutsche Lehrer. Besorgt von Julius Scheveling. Reihe: Schöninghs Sammlung pädagogischer Schriften. Quellen zur Geschichte der Pädagogik. Verlag Ferdinand Schöningh, Paderborn 1958, S. 65.
91 Werner Küchenhoff: Stichwort „Sozialpädagogik". In: Lexikon der Pädagogik. Neue Ausgabe. Band IV: „Schulbücherei – Zypern". Herder Verlag. Freiburg im Breisgau 1975, S. 122.
92 Klaus Mollenhauer: Stichwort „Sozialpädagogik". In: Hans-Hermann Groothoff (Hrsg.)/ Edgar Reimers (Mitwirkung): Fischer Lexikon „Pädagogik", Fischer Bücherei KG. Frankfurt am Main, 118.-137. Tausend, Dezember 1968, S. 288 f.
93 Klaus Mollenhauer: Die Ursprünge der Sozialpädagogik in der industriellen Gesellschaft. Eine Untersuchung zur Struktur sozialpädagogischen Denkens und Handelns. In: Erich Weniger (Hrsg.): Göttinger Studien zur Pädagogik. Neue Folge. Heft 8. Verlag Julius Beltz. Weinheim/Bergstraße 1959, S. 24.
94 Carl Mennicke: Sozialpädagogische Entwürfe im 18. Jahrhundert. In: Zeitschrift für Pädagogik, Beiheft 1: Herman Nohl zum 80. Geburtstag. Verlag Julius Beltz. Weinheim/Bergstraße 1959, S. 40. Das niederdeutsche Wort „Bönhase" bezeichnet einen Pfuscher, einen nichtzünftigen Handwerker.
95 Klaus Mollenhauer: Die Ursprünge der Sozialpädagogik in der industriellen Gesellschaft. A.a.O., S. 21.
96 Carl Mennicke, a.a.O., S. 40.
97 Horst-Erich Pohl: Der Streit um den Begriff „Sozialpädagogik". In: Arbeiterwohlfahrt Bundesverband e.V. (Hrsg.): Theorie und Praxis der sozialen Arbeit. 24. Jahrgang, Nr. 2. Bonn, Februar 1973, S. 42 f.
98 Klaus Mollenhauer: Einführung in die Sozialpädagogik. Probleme und Begriffe der Jugendhilfe. Sozialpädagogische Reihe. Band 1 (hrsg. von Wolfgang Bäuerle/Anneliese Buß/Carl-Ludwig Furck/Klaus Mollenhauer). Verlag Julius Beltz. Weinheim/Berlin, 4. Auflage 1968, S. 13.
99 Ders., a.a.O., S. 48.

100 Ders.: Die Ursprünge der Sozialpädagogik in der industriellen Gesellschaft. A.a.O., S. 45; Hervorhebung im Original.
101 Ders., ebd.
102 Ders.: Einführung in die Sozialpädagogik. A.a.O., S. 47.
103 Martin Rudolf Vogel: Sozialpädagogik und Sozialarbeit in der heutigen Gesellschaft. In: Klaus Mollenhauer (Hrsg.): Zur Bestimmung von Sozialpädagogik und Sozialarbeit in der Gegenwart. Reihe: Sozialpädagogisches Forum. Band 3 (hrsg. von Wolfgang Bäuerle /Anneliese Buß/Carl-Ludwig Furck/Klaus Mollenhauer). Verlag Julius Beltz. Weinheim 1966, S. 75; zuerst erschienen in: Hamburger Lehrerzeitung. Beilage. 16. Jahrgang, Nr. 17, 1963.
104 Ders., ebd.
105 Ders., a.a.O., S. 75 f.
106 Horst-Erich Pohl, a.a.O., S. 43.
107 Martin Rudolf Vogel, a.a.O., S. 73.
108 Klaus Mollenhauer: Einführung in die Sozialpädagogik. A.a.O., S. 19.
109 Paul Natorp: Der Streit um den Begriff der Sozialpädagogik. In: Die Deutsche Schule. 11. Jahrgang, Nr. 10, 1907, S. 603.
110 Paul Natorp: Sozialpädagogik. Theorie der Willenserziehung auf der Grundlage der Gemeinschaft. Fr. Frommanns Verlag (E. Hauff). Stuttgart, 3. vermehrte Auflage 1909, Anmerkung S. 95.
111 Ders.: Der Streit um den Begriff der Sozialpädagogik. A.a.O., S. 603.
112 Ders.: Sozialpädagogik. A.a.O., S. 94; Hervorhebung im Original.
113 Ders., a.a.O., S. 92.
114 Horst-Erich Pohl, a.a.O., S. 44.
115 Herwig Blankertz: Der Begriff der Pädagogik im Neukantianismus. In: Erich Weniger (Hrsg.): Göttinger Studien zur Pädagogik. Neue Folge. Heft 9. Verlag Julius Beltz. Weinheim/Bergstraße 1959, S. 20.
116 Ders., a.a.O., S. 21.
117 Ders., ebd.
118 Paul Natorp: Der Streit um den Begriff der Sozialpädagogik. A.a.O., S. 607; Hervorhebung im Original.
119 Herwig Blankertz, a.a.O., S. 29.
120 Ders., a.a.O., S. 30.
121 Vgl. Jürgen Rittberg: Kritik der Grundlegung von Paul Natorps Sozialpädagogik. Dissertation. Marburg/Lahn 1975, S. 136–138.
122 Max Fichtner: Transzendentalphilosophie und Lebensphilosophie in der Begründung von Natorps Pädagogik. Dissertation. Leipzig 1933, S. 18; zitiert bei: Jürgen Rittberg, a.a.O., S. 136.
123 Ders., a.a.O., S. 22; zitiert bei: Jürgen Rittberg, a.a.O., S. 137.

124 Vgl. Jürgen Rittberg, a.a.O., S. 137.
125 Paul Natorp: Sozialpädagogik. A.a.O., S. 94; Hervorhebung in beiden zitierten Textauszügen im Original.
126 Ders.: Der Streit um den Begriff der Sozialpädagogik. A.a.O., S. 607; Hervorhebung im Original; siehe auch Anmerkung 66 dieser Arbeit.
127 Vgl. Paul von Fragstein: Paul Natorp in der Entwicklung seines pädagogischen Denkens. Dissertation. Breslau 1929, S. 27; wiedergegeben bei: Jürgen Rittberg, a.a.O., S. 138.
128 Herwig Blankertz, a.a.O., S. 30.
129 Paul Natorp: Sozialpädagogik. A.a.O., S. 5; Hervorhebung im Original.
130 Ders., a.a.O., S. 3.
131 Herwig Blankertz, a.a.O., S. 60; Hervorhebung von „Kant" im Original.
132 Paul Natorp: Sozialpädagogik. A.a.O., S. 246 f.; Hervorhebung im Original.
133 Herwig Blankertz, a.a.O., S. 64; Hervorhebung im Original.
134 Wilhelm Rein: Herbart, Pestalozzi und Herr Professor Paul Natorp. Zur Pädagogik. Beitrag zu: Otto Flügel/Karl Just/Wilhelm Rein: Herbart, Pestalozzi und Herr Professor Paul Natorp. In: Otto Flügel/Wilhelm Rein (Hrsg.): Zeitschrift für Philosphie und Pädagogik. 6. Jahrgang, 1899. Verlag Hermann Beyer und Söhne. Langensalza 1899, S. 310; Schreibweise „giebt" im Original.
135 Paul Natorp: Herbart, Pestalozzi und die heutigen Aufgaben der Erziehungslehre. Acht Vorträge, gehalten in den Marburger Ferienkursen 1897 und 1898, nach der Erstveröffentlichung erneut aufgenommen in: Paul Natorp: Gesammelte Abhandlung zur Sozialpädagogik. Erste Abteilung: Historisches. Fr. Frommanns Verlag (E. Hauff). Stuttgart 1907, S. 203–343.
136 Paul Natorp: „Kant oder Herbart? Eine Gegenkritik". In: Robert Rissmann, Deutscher Lehrerverein (Hrsg.): Die Deutsche Schule. Monatsschrift. Verlag von Julius Klinkhardt. 3. Jahrgang. Berlin und Leipzig, Juli 1899, S. 424–434, und August 1899, S. 497–510; nach der Erstveröffentlichung erneut aufgenommen in: Paul Natorp: Gesammelte Abhandlung zur Sozialpädagogik. Erste Abteilung: Historisches. A.a.O., S. 345–385.
137 Vgl. Horst-Erich Pohl: Die Pädagogik Wilhelm Reins. Dissertation. In: Albert Reble (Hrsg.): Würzburger Arbeiten zur Erziehungswissenschaft. Reihe. Verlag Julius Klinkhardt. Bad Heilbrunn/Obb. 1972, S. 122 ff.
138 Siehe Anmerkung 57.
139 Horst-Erich Pohl: Die Pädagogik Wilhelm Reins. A.a.O., S. 293, Anmerkung 81.
140 Wolfgang Hinrichs: Schleiermachers Kulturphilosophie – Geselligkeit, Gespräch und Liebe als Grundmotive. In: Johanna Hopfner (Hrsg.): Schleiermacher in der Pädagogik. Reihe: Erziehung, Schule, Gesellschaft. Band 24. Ergon Verlag. Würzburg 2001, S. 152; Hervorhebung im Original.
141 Wilhelm Rein: Herbart, Pestalozzi und Herr Professor Paul Natorp. Zur Pädagogik. Beitrag zu: Otto Flügel/Karl Just/Wilhelm Rein: Herbart, Pestalozzi und Herr Professor Paul Natorp. A.a.O., S. 310.

142 Ders., a.a.O., S. 312 f.; „selbstthätig" im Original.
143 Paul Natorp: Gesammelte Abhandlungen zur Sozialpädagogik. Erste Abteilung: Historisches. A.a.O., S. 382.
144 Vgl. ders.: Der Streit um den Begriff der Sozialpädagogik. A.a.O., S. 606.
145 Ders.: Der Streit um den Begriff der Sozialpädagogik. A.a.O., S. 619.
146 Siehe hierzu die Anmerkung 137 dieses Beitrags: Horst-Erich Pohl: Die Pädagogik Wilhelm Reins. A.a.O., S. 293, Anmerkung 81.
147 Paul Natorp: Der Streit um den Begriff der Sozialpädagogik. A.a.O., S. 619 f.
148 Vgl. Otto Willmann: Stichwort „Sozialpädagogik". In: Ernst M. Roloff (Hrsg.): Lexikon der Pädagogik. Band 4: „Prämien – Suggestion". Herdersche Verlagsbuchhandlung. Freiburg im Breisgau 1915, Spalte 1110; nach Angaben des Herausgebers sind sämtliche fünf Bände dieses Nachschlagewerkes unter maßgeblicher Mitarbeit Otto Willmanns entstanden.
149 Ders.: Stichwort „Güterbegriff". In: Ernst M. Roloff (Hrsg.): Lexikon der Pädagogik. Band 2: „Fortbildung – Kolping". Herdersche Verlagsbuchhandlung. Freiburg im Breisgau 1913, Spalte 530.
150 Ders.: Didaktik als Bildungslehre nach ihren Beziehungen zur Sozialforschung und zur Geschichte der Bildung. Verlag Friedr. Vieweg & Sohn Aktiengesellschaft. Braunschweig, 5. Auflage 1923, S. 605; der erste Band dieses ursprünglich aus zwei Bänden bestehenden Werkes erschien bereits 1882.
151 Vgl. ders.: Stichwort „Sozialpädagogik". A.a.O., Spalte 1109.
152 Wilhelm Rein: Herbart, Pestalozzi und Herr Professor Paul Natorp. Zur Pädagogik. Beitrag zu: Otto Flügel/Karl Just/Wilhelm Rein: Herbart, Pestalozzi und Herr Professor Paul Natorp. A.a.O., S. 312.
153 Otto Willmann: Stichwort „Sozialpädagogik". A.a.O., Spalte 1109.
154 Zu Schleiermachers Güterlehre siehe auch: Wolfgang Hinrichs: Schleiermachers Theorie der Geselligkeit und ihre Bedeutung für die Pädagogik. Dissertation. Verlag Julius Beltz. Weinheim/Bergstraße 1965, S. 65 ff. und 70–73.
155 Otto Willmann: Stichwort „Sozialpädagogik". A.a.O., Spalte 1110; zur Übertragung des Güterbegriffs auf den kirchlichen Bereich und zu den daraus sich ergebenden Konsequenzen siehe Abschnitt 4.9 dieses Beitrags.
156 Fritz Pfeffer: Die pädagogische Idee Otto Willmanns in der Entwicklung. System der wissenschaftlichen Pädagogik und Vorgeschichte der „Didaktik". Schriften des Willmann-Instituts München-Wien. Verlag Herder KG. Freiburg im Breisgau 1962, S. 52.
157 Otto Willmann: Stichwort „Güterbegriff". A.a.O., Spalte 532.
158 Ders.: Stichwort „Sozialpädagogik". A.a.O., Spalte 1110.
159 Franz Keller: Stichwort „Soziologie". In: Ernst M. Roloff (Hrsg.): Lexikon der Pädagogik. Band 4. A.a.O., Spalte 1115.
160 Ders., a.a.O., Spalte 115 f.
161 Otto Willmann: Stichwort „Sozialpädagogik". A.a.O., Spalte 1111.

162 Biblisch-pastorale Arbeitsstelle der Berliner Bischofskonferenz (Hrsg.): Einheitsübersetzung der Heiligen Schrift. Das Neue Testament. St. Benno Verlag GmbH. Leipzig, 2. Auflage 1981, S. 528.
163 Dies., ebd.
164 Otto Willmann: Stichwort „Güterbegriff". A.a.O., Spalte 531; Hervorhebung durch anderes Schriftbild im Original.
165 Gerhard Mücher: Glaube und Erziehung im katholischen Erziehungsdenken der Gegenwart. A. Henn Verlag. Ratingen 1967, S. 164.
166 Hans Schilling: Grundlagen der Religionspädagogik. Zum Verhältnis von Theologie und Erziehungswissenschaft. Patmos Verlag. Düsseldorf, 1. Auflage 1970, S. 310 f.; Hervorhebung im Original.
167 Otto Willmann: Stichwort „Sozialpädagogik". A.a.O., Spalte 1110.
168 Hans Schilling, a.a.O., S. 259 f.; Hervorhebung im Original.
169 Eduard Spranger: Drei Motive der Schulreform. A.a.O., S. 163.
170 Jörg Ruhloff: Paul Natorps Grundlegung der Pädagogik. Dissertation. In: Alfred Petzelt (Hrsg.): Grundfragen der Pädagogik. Reihe. Band 19. Lambertus Verlag. Freiburg im Breisgau 1966, S. 146; Hervorhebung im Original.
171 Ders., a.a.O., S. 1434; Hervorhebung im Original.
172 Vgl. Wolfgang Hinrichs: Schleiermachers Theorie der Geselligkeit und ihre Bedeutung für die Pädagogik. A.a.O., S. 71.
173 Vgl. Johann Heinrich Pestalozzi: Die Abendstunde eines Einsiedlers, 1780. In: Johann Heinrich Pestalozzi: Sämtl. Werke (SW), Krit. Ausg., Bd. I, Verlag Walter de Gruyter & Co. Berlin und Leipzig 1927, S. 166 f.